SA
8524

NOUVEAU COURS
DE
MATHEMATIQUE,
A L'USAGE
DE L'ARTILLERIE ET DU GENIE.
OÙ L'ON APPLIQUE

Les Parties les plus utiles de cette Science à la Théorie & à la Pratique des différens sujets qui peuvent avoir rapport à la Guerre.

DEDIÉ
A SON ALTESSE SERENISSIME
MONSEIGNEUR
LE DUC DU MAINE.

Par M. BELIDOR, Professeur Royal des Mathematiques des Ecoles de l'Artillerie, Correspondant des Académies Royales des Sciences de France & d'Angleterre.

A PARIS,
Chez Nyon, Fils, Quay des Augustins, près le Pont Saint Michel, à l'Occasion.

M. DCC. XXV.
Avec Approbation de Messieurs de l'Académie Royale des Sciences.

Oratorii Parisiensis catalogo inscriptus, ex dono R. P. Dav. Ans. DE BARDONENCHE.

A SON ALTESSE SERENISSIME
MONSEIGNEUR
LE DUC DU MAINE,
PRINCE LEGITIMÉ DE FRANCE,
Prince Souverain de Dombes, Comte d'Eu, Duc d'Aumale, Commandeur des Ordres du Roy, General des Suisses & Grisons, Gouverneur & Lieutenant General pour Sa Majesté dans ses Provinces du Haut & Bas Languedoc, Grand Maître & Capitaine Général de l'Artillerie de France.

ONSEIGNEUR,

 Ce n'est point le désir d'être Auteur qui me fait mettre ce Livre au jour. Mon ambition va plus loin; c'est d'apprendre à la posterité que j'ai été assez heureux pour composer un Ouvrage qui s'est trouvé du goût de VOTRE ALTESSE SERENISSIME: *Car aussi-*

EPITRE.

tôt que j'ai sçû que la lecture des Traités que je donnois dans l'Ecole de la Fere, avoit mérité son approbation, je me suis mis à les travailler tout de nouveau, pour les rendre publics, espérant qu'ils seroient bien reçûs, dès qu'on les verroit sous la protection d'un Prince à qui toutes les Sciences sont connuës, particulierement celle que je traite ici; puisque les Mathématiques qui ont toujours été estimées des grands Hommes, ont trouvé par ce seul endroit chez VOTRE ALTESSE SERENISSIME, un accueil qui flatte plus ceux qui les cultivent, que la découverte des Problêmes les plus interessans : Et de tous ceux-là, je serois, MONSEIGNEUR, celui qui auroit lieu d'être le plus content de son sort, si avec l'avantage que j'ai d'enseigner Messieurs les Officiers de l'Artillerie, & de Royal Artillerie, pour les mettre en état de servir Sa Majesté avec plus de distinction que jamais, j'osois espérer que le présent que j'ai l'honneur de vous faire de mon Ouvrage, fût un témoignage assez puissant du profond respect avec lequel je serai toute ma vie,

DE VOTRE ALTESSE SERENISSIME,

MONSEIGNEUR,

Le très-humble & très-
obéissant serviteur,
BELIDOR.

PREFACE.

SI ceux qui donnent quelque Ouvrage au Public font dans l'obligation de lui rendre compte de leur deſſein, je puis moins que perſonne me diſpenſer d'expliquer le mien. Il eſt queſtion ici d'un Livre de Mathématique, que j'ai crû rendre utile dans un tems où l'on s'y applique plus qu'on n'a encore fait. Mais comme beaucoup d'habiles gens ont travaillé ſur cette matiere, ne dira-t'on pas qu'on a aſſez de Livres dans ce goût-là, & que l'on ne peut que répeter ce que les autres ont dit? Je n'ai pas été ſans faire cette réflexion; & elle auroit ſuffi pour m'engager au ſilence, s'il ne m'avoit paru qu'il étoit toûjours permis d'écrire, quand on ſentoit quelque nouveau moyen de rendre la Science qu'on veut traiter plus intelligible aux Commençans, en appliquant ſes principes à des ſujets qui en faſſent voir toute l'utilité. J'ai conſideré auſſi que parmi ceux qui étudient les Mathématiques, les uns s'y appliquoient pour ſe rendre l'eſprit juſte, pénétrant & capable des Sciences abſtraites, comme de la Phyſique, de la Métaphyſique, &c. les autres pour ſe mettre en état de ſervir avec diſtinction dans le Génie ou l'Artillerie; & que perſonne n'ayant travaillé particulierement pour ceux

a iij

PRÉFACE.

ci, il seroit avantageux qu'ils eussent un Livre dans lequel ils pussent trouver toutes les parties des Mathématiques qui leur sont nécessaires, afin de leur éviter la peine de les aller démêler dans un grand nombre d'autres, où ils ne trouveroient peut-être pas ce qui leur convient; & c'est l'objet que je me suis proposé dans celui-ci. Or comme ce n'est qu'en appliquant la Théorie à la Pratique qu'on peut leur faire sentir l'usage d'une quantité de principes, dont ils ne voyent point l'utilité, je me suis attaché à leur rendre les Mathematiques interessantes; en les faisant servir à un nombre de sujets différens, qui regardent les Ingenieurs & les Officiers d'Artillerie, comme l'on en pourra juger par le détail suivant.

Cet Ouvrage contient dix Parties. Dans la premiere on enseigne les Elemens de la Géométrie, mis dans un ordre nouveau, & démontrés par des voyes beaucoup plus courtes & plus aisées que celles dont on se sert ordinairement. Ils sont divisés en huit Livres. Dans le premier Livre on donne une introduction à la Géométrie & à l'Algébre, afin de mettre les Commençans en état d'entendre les autres suivans. Le second traite des Proportions ou Rapports des grandeurs. On y enseigne aussi les Fractions numériques & algébriques. Le troisiéme traite des différentes Position des lignes droites par rapport aux angles qu'elles peuvent former. Dans la quatriéme on démontre les Proprietés des figures rectilignes,

PREFACE.

particulierement des Triangles & des Parallelogrammes ; & ce Livre qui ne contient que douze Propofitions, comprend plus de Géométrie, qu'Euclide n'en enfeigne en foixante-deux, dans le premier & fecond Livre de fes Elemens. Le cinquiéme explique les proprietés du Cercle par rapport aux différentes lignes tirées au dehors ou au dedans de la circonférence ; la mefure des angles formés par ces lignes ; le rapport des rectangles compris fous les parties de celles qui fe coupent ou fe rencontrent au dedans ou au dehors du Cercle, & l'on y donne tous les principes fur lefquels la Trigonométrie eft établie. Le fixiéme traite des Poligones réguliers infcrits & circonfcrits au Cercle : & comme la plûpart ne peuvent fe tracer fimplement avec la Regle & le Compas, l'on y donne la conftruction & l'ufage d'une courbe, pour infcrire toutes fortes de Polygones au Cercle, avec laquelle on peut aufli divifer un angle en autant de parties égales que l'on voudra. Dans le feptiéme on applique la doctrine des proportions aux figures planes ; l'on y fait voir le rapport des côtés de celles qui font femblables ; celui de leur fuperficies ; la maniere de les augmenter ou diminuer felon une raifon donnée, & comme l'on peut trouver des lignes proportionnelles à d'autres données. Enfin dans le huitiéme on traite des rapports des Surfaces & des folidités des Corps ; de la maniere de les mefurer, de les augmenter ou de les diminuer felon une raifon

PREFACE.

donnée ; & ce Livre eſt démontré d'une maniere ſi aiſée & ſi différente de celles dont on s'eſt ſervi juſqu'ici, qu'en ſeize Propoſitions, y compris pluſieurs Problêmes, l'on voit ce qu'Archimede a découvert de plus beau ſur la Sphere, le Cône & le Cylindre.

Pour faire voir l'utilité des Livres précédens, l'on a mis après chaque Propoſition des Corollaires qui en montrent la fecondité ; & l'on voit avec admiration l'étenduë de la Géométrie, dont il ſuffit de ſçavoir les premiers Elemens, pour découvrir des vérités qui ſemblent ſe préſenter d'elles-mêmes à l'eſprit, au lieu que dans la plûpart des autres Sciences l'on eſt toûjours dans l'incertitude de ſçavoir ſi l'on poſſede la vérité ; & malgré les ſoins qu'on s'eſt donné pour la chercher, l'on n'oſe s'aſſurer d'avoir été aſſez heureux pour la rencontrer.

Comme les ſimples Elemens de la Géométrie ne ſuffiſent pas pour entendre beaucoup de choſes qui ſont traitées dans les autres Parties, qui demandent une connoiſſance des Sections Coniques, j'en ai donné un petit Traité à la fin de la premiere Partie, qui comprend les proprietés de la Parabole, de l'Ellipſe & de l'Hyperbole, qui ſe trouvent démontrées d'une façon ſi ſimple, que pour peu qu'on y apporte d'attention, on n'aura nulle peine à les entendre.

La ſeconde Partie eſt un Traité de Trigonometrie rectiligne. L'on y enſeigne l'uſage des tables

PREFACE.

bles des Sinus, la Théorie du Calcul des Triangles, que l'on applique enfuite à la maniere de mefurer les hauteurs & les diftances acceffibles & inacceffibles, à celles de calculer les parties d'une Fortification, & comme on les peut tracer fur le terrain. L'ufage de la Trigonométrie dans la conduite des Galeries des Mines, lorfqu'on rencontre quelque obftacle qui oblige le Mineur à fe détourner du droit chemin. Enfin l'on donne la maniere de lever les Cartes par le calcul des Triangles.

La troifiéme Partie eft un Traité de la Théorie & de la Pratique du Nivellement pour les opérations fimples & compofées, foit avec le Niveau d'eau, ou avec le Niveau à lunette, & l'on y donne tout ce qui peut fervir à faire des Nivellemens avec précifion.

La quatriéme Partie eft un Traité du Calcul ordinaire du Toifé & de celui de la Charpente : toutes les opérations de ce Calcul y font démontrées ; & l'on s'eft attaché à le rendre fi clair & fi facile, que les Commençans peuvent en peu de jours fe le rendre familier.

La cinquiéme Partie eft une application générale de la Géométrie à la mefure des Solides reguliers & irréguliers : par exemple, on y enfeigne la maniere de toifer les Voûtes en plein ceintre, furbaiffées, en tiers point & bonnet de Prêtre ; comme il faut toifer géométriquement la

é

PRÉFACE.

maçonnerie du revêtement des Fortifications; par exemple, les orillons & les flancs concaves, les arrondissemens des Contrescarpes, les pyramides tronquées qui se trouvent aux angles, l'onglet des bâtardeaux, les solides formés par l'excavation des Mines, & une quantité d'autres choses, dont la plûpart n'avoient pas encore été traitées ; & cette cinquiéme Partie finit par un principe général pour trouver la surface qu'une ligne droite ou courbe peut décrire par une circonvolution autour d'un axe : & comme on peut par le même principe trouver la solidité de toutes sortes de corps formés par la circonvolution d'un plan autour d'un axe, en connoissant les centres de gravité des lignes & des plans.

La sixiéme Partie est une application des principes de la Géométrie à la Géodesie, c'est-à-dire, à la division des Champs, pour partager les figures triangulaires, quadrilateres, & même toutes sortes de Polygones, selon telle raison que l'on voudra, & par des points donnés.

La septiéme Partie est une application de la Géométrie à l'usage du Compas de proportion, pour faire voir comme l'on peut avec cet Instrument résoudre beaucoup de Problêmes d'une façon fort aisée. Il est vrai qu'on peut s'en passer; mais j'ai eu intention seulement de le faire connoître à ceux qui n'en sçavent pas l'usage. Ensuite est une application de la Géométrie à l'Artillerie

PREFACE.

dans plusieurs Problêmes fort utiles. Par exemple, l'on donne la maniere de faire l'analyse de la fonte de chaque espece de métal dont le Canon est composé ; celle de trouver le diamétre des Boulets de toutes sortes de calibres ; comme l'on peut déterminer les dimensions des mesures qui servent à distribuer la Poudre ; quelle longueur doivent avoir les piéces de Canon par rapport à leurs différens calibres, pour chasser un Boulet avec le plus de violence qu'il est possible ; & plusieurs Dissertations sur les effets de la Poudre dans le Canon.

Dans la huitiéme Partie l'on traite du choc & du mouvement des Corps accelerés & retardés, des courbes qu'ils décrivent, quand ils sont jettés selon des directions paralleles ou obliques à l'horison ; & ces principes sont ensuite appliqués à la Théorie & à la Pratique du Jet des Bombes.

La neuviéme Partie est un Traité de Mécanique, démontré selon le principe de M. Descartes & celui de M. Varignon : & après avoir enseigné les proprietés des Machines simples & composées, & donné la maniere d'en calculer les forces, ont fait voir les différens usages ausquels elles sont propres ; soit pour les manœuvres de l'Artillerie, ou pour la pratique des Arts ; & les principes généraux sont ensuite appliqués à la construction des Magazins à poudre, ou de tout

PREFACE.

autre édifice, pour faire voir la différence de la poussée de la Voûte en plein ceintre, avec celle qui est surbaissée, ou en tiers point : & comme l'on peut regler l'épaisseur des pieds droits qui soûtiennent ces Voûtes, pour que leur résistance soit en équilibre avec le poids & la poussée des mêmes Voûtes. L'on détermine après cela quel est le choc des Bombes & des Boulets de Canon, qui viennent rencontrer des surfaces horisontales ou inclinées, & quelle élevation il faut donner à un Mortier, pour qu'une Bombe venant à tomber sur un Magazin à poudre, choque la Voûte avec toute sa pésanteur absoluë ; & ce Traité finit par un discours sur la Théorie des Mines & contre-Mines, où l'on fait voir la maniere de regler la charge de leurs Fourneaux par rapport à leurs différentes lignes de moindre résistance, & à l'effet auquel on les destine.

La dixiéme Partie qui est une suite de la précédente, contient un Traité d'Hydraulique, où l'on démontre l'équilibre des Liqueurs, les vîtesses avec lesquelles elles s'écoulent par différens ajutages; le choc des Eaux courantes contre des surfaces perpendiculaires ou obliques au courant, & l'usage qu'on peut tirer de toutes ces Regles, pour conduire & ménager les Eaux; & cette Partie finit par un Discours sur la nature & les proprietés de l'Air, pour servir d'Introduction à la Physique, & à expliquer l'effet

PREFACE.

des Machines hydrauliques, comme des Pompes, Siphons, &c.

Voilà une idée des Parties que j'ai crû qui devoient compofer un Cours des Mathématiques à l'ufage du Génie & de l'Artillerie. Il femblera peut-être que j'aurois dû y joindre un Traité de Fortification, pour rendre cet Ouvrage complet. Mais comme je n'ai eu en vûë ici que les Mathématiques fpéculatives, je compte de fatisfaire bien-tôt au refte par le Traité de Fortification que j'ai promis en 1720. comme il eft prêt à être mis fous la preffe, & que les Planches, qui font en très-grand nombre, vont être finies, je ne tarderai guéres à le rendre public. Il me refte à defirer qu'on foit content de celui-ci, & que ceux qui commencent, ayent autant de goût pour l'aprendre, que j'ai pris de foin de le rendre utile, clair & intereffant. Cependant comme il pourroit fe trouver des perfonnes qui après avoir appris ce Livre-ci, defireroient d'en avoir d'autres, où ils puffent apprendre plus d'Algébre que je n'en enfeigne. Je rapporte une Lifte des meilleurs Livres des Mathématiques que nous avons en François : on la trouvera à la fin de la premiere Partie, plufieurs habiles gens m'ayant fait connoître qu'elle pourroit être utile, entr'autres Monfieur M....... Ingenieur en Chef de B........ auffi recommandable par fon mérite, que par fon fçavoir. Je lui fuis même

PREFACE.

redevable de plusieurs bonnes choses sur lesquelles il m'a engagé de travailler; & l'on trouvera dans mon Traité de Fortification quelques morceaux qu'il a bien voulu me communiquer. J'aurai toujours beaucoup d'obligation à ceux qui voudront bien me donner lieu de travailler sur des sujets utiles, & je serai charmé de leur en faire honneur dans le Public.

ETABLISSEMENT
DES
ECOLES D'ARTILLERIE.

Comme les Ecoles de l'Artillerie commencent à donner des marques du succès que le Roy a esperé de leur établissement, & que c'est particulierement pour leur instruction que j'ai fait cet Ouvrage, je crois qu'il convient de dire un mot sur la conduite qu'on y observe, afin d'en donner la connoissance à ceux qui n'en sçavent pas les particularitez.

Le Roy voulant former un Corps composé de Canoniers, Bombardiers, Mineurs, Sapeurs & Ouvriers, fit assembler à Vienne en Dauphiné dans le mois de Février 1720, les quatre Bataillons du Régiment Royal Artillerie, le Régiment des Bombardiers, les quatre Compagnies de Mineurs, & un nombre d'Ouvriers que chaque Bataillon de l'Infanterie avoit eu ordre de fournir, pour être incorporez, aussi-bien que les Bombardiers & les Mineurs, dans le Régiment Royal d'Artillerie, qu'on divisa en cinq Bataillons, composez de huit Compagnies de 100 hommes.

Il y a dans chaque Compagnie un Capitaine en premier, un Capitaine en second, deux Lieutenans, deux Sous-Lieutenans, deux Cadets, quatre Sergens, quatre Caporaux, quatre Enspassades, deux Tambours, & quatre-vingt-quatre Soldats.

Chaque Compagnie est divisée en trois Escoüades. La premiere, qui est double, est composée de vingt-quatre Canoniers ou Bombardiers, & de vingt-quatre Soldats apprentifs.

ETABLISSEMENT

La seconde est composée de douze Mineurs ou Sapeurs, & de douze Apprentifs.

La troisiéme est composée de douze Ouvriers en fer, en bois & autres propres à l'usage de l'Artillerie, & de douze Apprentifs.

Les cinq Bataillons ayant été formez, ils eurent ordre de se rendre à Metz, Strasbourg, Grenoble, Perpignan & la Fere, qui étoient les Garnisons qui leur étoient destinées.

Dans chacune de ces Places le Roy a établi des Ecoles de Théorie & de Pratique, qui sont commandées par un Lieutenant d'Artillerie, & par deux Officiers d'Artillerie, qui commandent en second & en troisiéme. Outre ces Commandans, le Roy a nommé Messieurs Camus Destouche & de Valiere, Directeur & Inspecteur des mêmes Ecoles, pour les visiter tous les ans, afin de reconnoître les progrès que les Officiers y font, & d'en rendre compte à la Cour.

L'Ecole de Théorie se tient trois jours de la semaine; le matin depuis 8 heures jusqu'à 11. Messieurs les Officiers, à commencer par les Capitaines en second, Lieutenans, Sous-Lieutenans & Cadets, sont obligez de s'y trouver, aussi-bien qu'un grand nombre d'Officiers de l'Artillerie, qui sont entretenus dans chaque Ecole, dans lesquelles on veut bien recevoir les jeunes gens de famille Volontaires dans l'Artillerie, ou Royal Artillerie, pour y profiter des Instructions, & remplir les Emplois vacans, quand on les en juge dignes.

L'on commande tous les jours de Mathématiques un Capitaine en premier pour présider à l'Ecole, afin d'y maintenir le bon ordre. Il y a aussi une Sentinelle à la porte, pour empêcher que pendant la Dictée l'on ne fasse du bruit dans le voisinage. Ces Dictées sont remplies par des Traitez d'Arithmétique, d'Algébre, de Géométrie, des Sections Coniques, de Trigonométrie, de Mécanique, d'Hydraulique, de Fortification, de Mines, de l'attaque & de la défense des Places, & de Mémoires sur l'Artillerie. Comme

DES ECOLES D'ARTILLERIE.

Comme fuivant l'Ordonnance du Roy, il ne peut être mis à la tête des Bataillons du Regiment Royal Artillerie, foit pour Lieutenant Colonel, Major ou Capitaine, que des gens élevés dans le Corps, & que les Officiers d'Artillerie qui font aux Ecoles, ne fe reffentent des graces du grand Maitre de l'Artillerie, qu'autant qu'ils s'attachent à s'inftruire des chofes que l'on enfeigne, il fe fait un Examen tous les fix mois par le Profeffeur des Mathématiques, en prefence des Commandans de l'Artillerie & du Bataillon, où les Officiers font interrogés les uns après les autres fur toutes les parties du Cours de Mathématiques dont ils démontrent les Propofitions qui leur font demandées; & après qu'ils ont fatisfait à l'Examen, le Profeffeur dicte publiquement l'apoftille de celui qui a été examiné : & comme l'inégalité des âges & des génies, & même de bonne ou mauvaife volonté de la plûpart, peut faire beaucoup de différence dans un nombre de près de cent Officiers qu'il y a dans chaque Ecole, l'état de l'Examen eft divifée en trois Claffes. Dans la premiere font ceux qui fe diftinguent le plus par leur application. Dans la feconde, ceux qui font de leur mieux, & dans la troifiéme, ceux dont on n'efpere pas grand chofe. Cet Etat eft enfuite envoyé à la Cour, qui a par ces moyens une connoiffance des progrés de chacun.

Pour l'Ecole de Pratique qui fe fait les trois autres jours de la femaine, où l'on n'enfeigne point de Théorie, elle confifte principalement à exercer les Canoniers, les Bombardiers, les Mineurs & les Sapeurs, à tirer du Canon, jetter des Bombes, à apprendre les Manœuvres de l'Artillerie, qui font proprement des pratiques de Mécaniques, à conftruire des Ponts fur des Rivieres avec la même promptitude qu'on les fait à l'Armée; à conduire des Galeries de Mines & de Contre-Mines, des Tranchées & des Sappes. Comme tous ces exercices ont pour principal objet l'Art d'attaquer & de défendre les Places, l'on a élevé dans chaque Ecole à la campagne un front de Fortification, accompagné des autres ouvrages détachés d'une grandeur suffisante pour pouvoir être attaqué & défendu, comme dans une véritable Action; ce qui s'exécute par un Siege que l'on fait tous les deux ans, & qui dure deux ou trois mois de l'Esté.

C'est ainsi que joignant la Théorie à la Pratique dans les Ecoles; chacun travaille à se perfectionner dans le Métier de la Guerre; l'exactitude & le bon ordre avec lequel tout ce qui s'y passe est dirigé, doit faire juger des avantages que le Roy retirera un jour d'un Etablissement aussi digne de la France que celui-ci.

Page 452 *art.* 772 , *lig.* 19 , P. Q : : BC. BG. *lif.* P. Q :: BG. BC.
Page 474 *lig.* 31 , mobile , *lif.* immobile.
Page 489 *lig.* 4 , troifiéme coup , *lif.* premier coup.
Pag. 503 *lig.* 20 , HD , *lif.* DQ.
Page 504. *lig.* 1 , par des batteries , *lif.* tiré des batteries.
Page 557 *lig.* 25 & 37 , rarefraction , *lif.* rarefaction.

AVERTISSEMENT.

Comme un Auteur ne peut s'affurer de la bonté de fon Ouvrage que par le témoignage des habiles gens à qui il le communique, je n'ai pas plutôt eu achevé le mien, qu'il m'eft venu un fcrupule, de fçavoir fi le deffein que je m'étois propofé, étoit bien rempli. Dans cette efpece d'embarras, j'ai crû ne pouvoir mieux faire que de prier Meffieurs de l'Académie Royale des Sciences, de vouloir bien l'examiner avec foin, afin que s'il m'étoit échappé quelque chofe qui ne fût point exact, je pûs faire les corrections qu'ils jugeroient à propos, avant que mon Livre parût, & tirer de là occafion de faire voir à une Compagnie auffi illuftre, que je cherchois à me rendre digne par mon travail de la continuation de fes bontés ; & quoique l'ufage de l'Académie ne fût pas d'examiner les Ouvrages qui ne fortent point directement de chez elle, elle a cependant bien voulu me faire la grace de répondre à mes inftances ; & voici l'Approbation qu'elle a jugée à propos de me donner.

EXTRAIT
DES REGISTRES DE L'ACADEMIE
Royale des Sciences.

Du 27 Janvier 1725.

LEs Reverends Peres Sebaftien & Reneau, & Meffieurs Saurin, de Mairan & Chevalier, qui avoient été nommés pour examiner un Ouvrage prefenté par M. Belidor, Profeffeur Royal des Mathématiques aux Ecoles d'Artillerie de la Fere, & intitulé: *Nouveau Cours de Mathématique, à l'ufage de l'Artillerie & du Génie*, en ayant fait leur rapport; la Compagnie a jugé que puifque l'Auteur avoit recueilli avec choix & avec ordre des diverfes Parties des Mathématiques, les principales connoiffances qui pouvoient appartenir au Génie & au fervice de l'Artillerie; qu'il avoit rendu toutes fes démonftrations plus nettes & plus courtes, en y employant l'Algébre, dont il donne les premiers élemens, & qu'il faifoit voir l'ufage des connoiffances qu'il donnoit, en les appliquant à des exemples confiderables, tirez du Génie même & de l'Artillerie ; il avoit bien rempli les vûës qu'il s'étoit propofées, & qu'on ne pouvoit trop loüer fon zele pour le progrès de l'Ecole à laquelle il a voüé fes foins & fes travaux. En foi de quoi j'ai figné le prefent Certificat. A Paris ce 29. Janvier 1725.

FONTENELLE, *Sec. perp. de l'Ac. R. des Sc.*

NOUVEAU

NOUVEAU COURS
DE
MATHEMATIQUE,
A L'USAGE
DES INGENIEURS ET OFFICIERS D'ARTILLERIE.

LIVRE PREMIER.
Où l'on donne l'Introduction à la Géométrie.

DEFINITIONS.

I.

A Géométrie est une Science qui ne considere pas tant la grandeur en elle-même, que le rapport qu'elle peut avoir avec une autre grandeur de même genre. Article premier.

II.

2. Tout ce qui peut tomber en question s'appelle *proposition*. Il y en a de differentes natures, & elles changent de nom selon leur sujet. Par exemple,

III.

3. *Axiome* est une proposition si claire, qu'elle n'a pas besoin de preuve.

IV.

4. *Théoreme* est une proposition dont il faut démontrer la vérité.

V.

5. *Problême* est une proposition dans laquelle il s'agit de faire quelque chose, & de prouver ce qu'on avoit proposé de faire.

VI.

6. *Lemme* est une proposition qui en précede une autre pour en faciliter la démonstration.

VII.

7. *Corollaire* est une proposition qui n'est qu'une suite ou une conséquence d'une autre précedente; & comme toutes ces propositions ont pour objet la grandeur, voici l'idée qu'il faut s'en former.

VIII.

Planche premiere. 8. Il y a trois sortes de dimensions; *Longueur*, *Largeur*, & *Profondeur*.

IX.

9. La *Longueur* considerée sans largeur & sans profondeur, se nomme *Ligne*.

X.

10. La *Longueur* & la *Largeur* considerées sans la profondeur, se nomment *Surface*, laquelle est aussi nommée *Surface plane*, ou simplement *Plan*, quand elle est plate & unie comme un miroir.

XI.

11. La *Longueur*, la *Largeur*, & la *Profondeur* conside-rées ensemble, se nomment *Corps* ou *Solide*.

XII.

12. Le *Point* est l'extrêmité d'un *Corps* ou d'une *Surface*, ou bien d'une Ligne que l'on conçoit comme indivisible ou sans dimension, c'est-à-dire, auquel on n'attribue aucune *Longueur*, *Largeur*, ni *Profondeur*.

XIII.

13. La *Ligne droite* est la plus courte de toutes celles que l'on peut mener d'un point à un autre, comme AB.

XIV.

14. La *Ligne courbe* est celle qui n'est pas la plus courte qu'on peut tirer d'un point à un autre, comme CD.

XV.

15. La *Ligne mixte* est celle qui est en partie courbe & en partie droite, comme EF.

XVI.

16. Une *Ligne perpendiculaire* est une *Ligne droite*, CD, qui aboutissant sur AB, ne panche pas plus d'un côté que de l'autre. Fig. 4.

XVII.

17. *Quarré* est une figure composée de quatre côtez égaux, qui aboutissent perpendiculairement les uns sur les autres. Fig. 1.

XVIII.

18. *Rectangle* est un *Quadrilatere* dont les quatre côtez ne sont pas égaux entr'eux, mais seulement ceux qui sont opposez & qui aboutissent aussi perpendiculairement les uns sur les autres. Fig. 2.

A ij

XIX.

Fig. 3.   19. Le *Cube* est un Corps qui a la figure d'un dez à jouer; il est renfermé par six quarrez égaux, & à ses trois dimensions égales.

XX.

Fig. 5.   20. *Parallelepipede* est un solide renfermé par six re-*ctangles*, dont les opposez sont égaux, & qui n'a point ses trois dimensions égales.

21. Il y a une maniere de considerer les trois especes de l'étendue, c'est-à-dire, la *Ligne* la *Surface* & le *Corps* qui est très-propre à expliquer beaucoup de choses en Géométrie; c'est d'imaginer la Ligne composée d'une infinité de Points, la Surface composée d'une infinité de Lignes, & le Corps composé d'une infinité de plans. Mais pour faire entendre ceci, considerez deux points, comme A & B, éloignez l'un de l'autre d'une distance quelconque; si l'on suppose que le point A se meut pour aller vers le point B, sans s'écarter ni à droite ni à gauche, & qu'il laisse sur son chemin une trace d'autres points, il arrivera qu'ils formeront ensemble une ligne droite AB, puisqu'il n'y aura point d'espace dans la longueur AB si petit qu'il soit, que le point A n'ait parcouru : ainsi toute la ligne droite AB peut être considérée comme ayant été formée par une multitude de *points*, dont la quantité est exprimée par la longueur de la ligne même.

Fig. 2.   22. L'on concevra de même que le Plan est composé d'une infinité de *lignes*; car supposant que la ligne AC se meut le long de la ligne CD en demeurant toujours également inclinée, il est sensible que si elle laisse après elle autant d'autres lignes qu'il y a de points dans CD, que lorsqu'elle sera parvenue au point D, toutes les lignes composeront ensemble la surface BC.

Fig. 5 & 6.   23. Enfin si l'on a un plan AB, qui se meuve le long de la ligne BC, & qu'il laisse autant de plans après lui qu'il y a de points dans cette ligne, l'on voit que lorsque le plan fera arrivé à l'extrêmité C, il aura formé un corps tel que DB, qui fera composé d'une infinité de *plans*, dont la somme sera exprimée par la ligne BC.

24. Comme l'on entend par la genération d'une chose les parties qui l'ont formée, il s'ensuit que selon ce qui vient d'être dit, le point est le generateur de la ligne, la ligne la generatrice de la *surface*, & la *surface* la generatrice du corps.

25. Si l'on suppose que la ligne AC soit de 8 pieds, & la ligne CD de 6, & que l'on considere ces nombres comme exprimant la quantité de points qui se trouve dans ces lignes, l'on verra que multipliant 8 par 6, le produit sera la valeur de la surface AD; car cette surface étant composée d'une infinité de lignes, & chacune de ces lignes étant composée d'une infinité de points, il s'ensuit que la surface est composée d'une infinité de points, dont la quantité sera le produit de tous les points de la ligne CD, par tous les points de la ligne AC, c'est-à-dire, de sa longueur AC, par sa largeur CD, qui donnera 48 pieds, qu'il faut bien se garder de confondre avec le pied courant; car le pied courant n'est qu'une longueur sans largeur, au lieu que ceux qui sont formez par le produit de deux dimensions, sont autant de surfaces quarrées, qui servent à mesurer toutes les superficies. *Fig. 2.*

26. Or comme le solide DB est composé d'autant de plans qu'il y a de points dans la ligne CB, il faut donc multiplier le plan AB par la ligne BC, pour avoir le contenu de ce solide; ainsi supposant que le plan AB vaut 48 pieds quarrez, & que les points de la ligne BC soient exprimez par 4 pieds courans, multipliant 48 par 4, l'on aura 192 pieds pour la valeur du solide AC. Il faut faire encore attention que ces pieds sont differens du pied courant & du pied quarré; car ce sont autant de petits solides qui ont un pied de longueur, un pied de largeur, & un pied de hauteur, que l'on nomme cubes, à cause qu'ils ont leurs trois dimensions égales. Ainsi il *Fig. 5.*

faut remarquer que les lignes mesurent les lignes, que les surfaces sont mesurées par des surfaces, & les solides par des solides.

27. Mais comme il s'agit beaucoup moins ici de chercher la valeur des grandeurs, que de trouver le rapport qu'elles ont entr'elles, nous nous servirons de lettres de l'alphabet, au lieu de nombre, pour exprimer les grandeurs, afin de rendre générales les démonstrations des propositions.

28. Par exemple, pour exprimer une ligne, l'on se servira d'une des lettres a, b, c, d, &c. & pour exprimer un plan, on mettra deux lettres l'une contre l'autre, & pour un solide, trois lettres; car quand plusieurs lettres sont les unes près des autres, elles représentent le produit dont chaque lettre exprime une dimension.

29. Par exemple, ab représente un plan dont les deux dimensions sont a & b, qui ayant été multipliées l'une par l'autre, ont donné ab pour la valeur du plan.

30. Comme l'on nomme toujours les lignes égales par les mêmes lettres, & les lignes inégales par des lettres différentes, dès que l'on verra ab ou cd, l'on jugera que ce sont des rectangles, parce que leurs dimensions sont inégales, au lieu que aa signifie un quarré, parce que l'on voit que les deux dimensions sont égales.

31. De même quand on verra aaa, l'on jugera que c'est un cube, puisque les trois dimensions sont égales, chacune d'elles étant représentée par a; & quand l'on verra abc, l'on jugera que c'est un parallelepipede, puisque les trois dimensions sont inégales.

32. Les caracteres de l'alphabet sont bien plus propres pour exprimer les grandeurs, que les nombres; car quand je vois, par exemple, ce nombre 8, je ne sçai s'il représente une ligne de 8 pieds courans, ou un plan de 8 pieds quarrés, ou un solide de 8 pieds cubes; car un plan qui auroit 4 pieds de longueur sur 2 de largeur, aura 8 pour sa superficie, & un solide qui auroit chacune de ses trois dimensions exprimées par une ligne de 2 pieds

aura auſſi 8 pour ſa ſolidité : ainſi dans les opérations que l'on fait avec les nombres, il faut que la mémoire ſoit aſſujettie à retenir ce qu'ils ſignifient, au lieu que celles qui ſe font avec les lettres ne la fatiguent aucunement, puiſque la nature des grandeurs eſt repreſentée par les lettres mêmes ; car dès que je vois aa & bcd, j'apperçois auſſi-tôt que aa eſt un quarré, & que bcd, eſt un ſolide, au lieu que ſi ces grandeurs étoient repreſentées par des nombres, je ne ſçaurois ce qu'elles ſignifient.

33. Comme l'on fait avec les lettres de l'alphabet les opérations qui ſe font ſur les nombres, c'eſt-à-dire, l'*Addition*, la *Souſtraction*, la *Multiplication*, la *Diviſion*, & l'*Extraction des racines*; & que les quantitez inconnues entrent dans le calcul, de même que les quantitez connues, l'on eſt convenu, pour diſtinguer ces differentes eſpeces de quantitez, que l'on nommeroit celles qui ſont inconnues avec les dernieres lettres de l'alphabet $ſ$, t, u, x, y, z, &c. & celles que l'on connoît avec les premieres lettres a, b, c, d, &c.

34. L'on ſe ſert dans l'Algebre de quelques ſignes qui marquent les opérations que l'on fait ſur les lettres, par exemple, ce ſigne $+$ ſignifie *plus*, & marque l'addition; car $a+b$ marque que a eſt ajoûté avec b.

35. Ce ſigne $-$ au contraire ſignifie *moins*, & marque la ſouſtraction; car $a-b$ ſignifie que b eſt ſouſtrait de a.

36. Quand on veut marquer qu'une grandeur eſt multipliée par une autre, on met entre les deux ce ſigne $\times$; ainſi $c \times d$ marque que c doit être multiplié par d.

37. Quand on verra une petite ligne, au deſſus & au deſſous de laquelle il y aura quelque lettre, cela veut dire que les lettres de deſſus ſont diviſées par les lettres de deſſous; par exemple, $\frac{ab}{c}$ ſignifie que ab eſt diviſé par c.

38. Lorſqu'on verra ce ſigne $=$ précedé d'une quantité Algebrique, & ſuivie d'une autre, cela voudra dire

que ces quantitez font égales : c'eft pourquoi on le nomme le figne d'*égalité*, ainfi $ab = cd$ fignifie que ab eft égal à cd.

39. Les deux quantitez Algebriques differentes, entre lefquelles fe trouve le figne d'égalité, font nommées enfemble *Equation*; ainfi $a = b$, $cd + xx = aabb$, $y = \frac{ab}{a}$ font des *Equations*.

40. L'on appelle *Membre* d'une Equation les deux quantitez Algebriques qui fe trouvent de part & d'autre du figne d'égalité ; ainfi les quantitez abc & dfx, font les *Membres* de l'Equation $abc = dfx$, dont abc eft nommé le premier *Membre*, parce qu'il précede le figne =, & dfx le fecond *Membre*, parce qu'il fuit le figne =.

41. Quand on a une quantité produite par la multiplication de plufieurs lettres femblables, comme aaa, ou abb, l'on peut abreger, au lieu de aaa, écrire un a avec un 3 au devant ; & pour lors a^3 eft la même chofe que aaa, parce que l'un & l'autre fignifient que c'eft un produit de trois dimenfions, & par confequent au lieu de abb, on peut écrire ab^2, & dans ce cas on nomme le nombre qui fait voir la quantité de fois qu'une lettre a été multipliée par elle-même *expofant*.

42. Mais pour exprimer le Quarré ou le Cube d'une ligne qui fera, par exemple, nommée AB dans une Figure, l'on marquera $\overline{AB}^2$ ou $\overline{AB}^3$; car $\overline{AB}^2$ fignifie le quarré de la ligne AB, & $\overline{AB}^3$ le Cube de la même ligne.

43. Quand une quantité Algebrique a été multipliée une fois, deux fois, trois fois, quatre fois, &c. le produit eft appellé *Puiffance* ou *Degrez* : ainfi a ou a^1 eft nommé le premier Degré ou la premiere Puiffance, & aa ou a^2 le fecond Degré ou la feconde Puiffance, ou fi l'on veut, le Quarré de a, & aaa, ou a^3 le troifiéme Degré, ou la troifiéme Puiffance, ou le Cube de a; enfin a^4 fera le quatriéme Degré, ou le Quarré quarré, c'eft-à-dire, aa multiplié par lui-même ; ou, ce qui eft la même chofe, a multiplié par a^3: ainfi des autres.

DE MATHEMATIQUE.

44. Une puissance peut être regardée comme le produit de deux puissances ; car a^5 est la même chose que le produit a^2 par a^3.

45. Il peut y avoir aussi des puissances faites du produit de deux ou plusieurs lettres multipliées l'une par l'autre ; car si l'on multiplie ab par lui-même, le produit $aabb$ sera la seconde puissance de la puissance ab, qui devient pour lors le côté ou la *racine* de la puissance $aabb$, de même qu'on peut dire que a est le côté ou la *racine* de aa, & que b est la *racine* de b^2.

46. Les quantités Algebriques sont nommées *incomplexes*, lorsqu'elles ne sont pas accompagnées des signes $+$ ou $-$; ainsi ab, bd, $\frac{bb}{d}$ sont des quantités *incomplexes*, & quand elles sont liées avec les signes $+$ & $-$, elles sont nommées *complexes*, comme $a+b$, $aa+bb$, $ab+cd-ac$, $\frac{aa+cc}{a}$.

47. L'on nomme *termes* les parties des quantités complexes, qui sont distinguées par les signes $+$ & $-$; ainsi $aa+bc-dd$ est une quantité complexe, qui renferme trois termes, aa, bc, & dd.

48. Lorsque les quantités incomplexes ne sont précédées d'aucuns signes, on suppose qu'elles sont toujours précédées du signe $+$; car $+ab$ est la même chose que ab, & pour lors les quantités sont nommées *positives*, & quand elles sont précédées du signe $-$, elles sont nommées *negatives* ; ainsi $+bd$, ou simplement bd, est une quantité *positive*, & $-ab$ est une quantité *negative*.

49. Lorsqu'une quantité incomplexe, ou les termes d'une quantité complexe sont précédés de quelques nombres, ces nombres sont nommés *coëfficiens* ; ainsi les nombres 4 & 3 sont les *coëfficiens* des termes $4ab$ & $3cd$.

50. Lorsque les quantités incomplexes, où les termes des quantités complexes contiennent les mêmes lettres, on les nomme *semblables* : par exemple, $4abc$ est une quantité semblable à $3abc$. De même si l'on a

B

$3bcd + 5bcd - abd$, les termes $3bcd$ & $5bcd$ sont encore semblables ; mais pour s'appercevoir facilement de la similitude des quantitez Algebriques, l'on observera d'écrire toûjours les premieres lettres de l'alphabet les premieres, & les autres selon leur rang ; ainsi au lieu d'écrire bca ou cab, il faut écrire abc.

PREMIERE REGLE POUR REDUIRE
les quantitez Algebriques à leurs moindres termes.

51. Quand on a des quantitez Algebriques complexes, qui renferment des termes semblables, il faut ajoûter les coëfficiens de ceux qui ont le même signe, & donner à la somme le même signe, afin de les réduire à leurs moindres termes. Ainsi $4ab - 2ac + 2ab - 3ac$ étant réduits, deviennent $6ab - 5ac$.

52. Quand les quantitez semblables ont des signes differens, il faut souftraire le plus petit coëfficient du plus grand, & donner à la difference le signe du plus grand : par exemple pour réduire $cd + 6ab + aa - 4ab$, il faut souftraire $-4ab$ de $+6ab$, & l'on aura après la réduction $cd + aa + 2ab$. De même l'on voit que faisant la réduction de $2ab + 5cd + 3ab - 7cd$, il vient $5ab - 2cd$.

53. Enfin lorsque deux termes sont semblables & égaux, & que l'un a le signe $+$, & l'autre le signe $-$, ils se détruisent, puisque la difference se réduit à rien, ou autrement à 0 : ainsi $aab + cdb - aab$, est la même chose que cdb, puisque $-aab$ étant souftrait de $+aab$, la difference est 0.

ADDITION DES QUANTITEZ ALGEBRIQUES
incomplexes & complexes.

54. Pour ajoûter ensemble des quantitez Algebriques, qui ne sont précédées d'aucuns signes, il faut les écrire de suite, & les lier avec le signe $+$: ainsi pour

ajoûter les quantitez ab, cd, ac, l'on écrira * $ab + cd$ *Art.34.
$+ ac$.

55. Si les quantitez que l'on véut ajoûter font complexes, on les écrira auſſi de fuite avec leurs ſignes; & après avoir réduit les termes ſemblables, l'on aura la ſomme de ces quantitez. Par exemple, pour ajoûter $2aab - 3acd$ avec $acc + 5acd - 6aab$, l'on écrira $2aab - 3acd + acc + 5acd - 6aab$, qui ſe réduit à * $acc + 2acd$ *Art.51.
$- 4aab$: pour ajoûter $6add + 5aac - 4abb$ avec $2aac - 2abb$, l'on écrira $6add + 5aac - 4abb + 2aac - 2abb$, qui ſe réduit à $6add - 6abb + 7aac$. Enfin pour ajoûter $abc - ddc - dcc$ avec $dcc - abc + 3ddc$, on écrira $abc - ddc - dcc + dcc - abc + 3ddc$, qui ſe réduit à $2ddc$; puiſque les grandeurs qui ſont ſemblables & égales ſe détruiſent. * \hfill *Art.53.

SOUSTRACTION DES QUANTITEZ
Algebriques incomplexes & complexes.

56. Pour fouſtraire une quantité Algebrique d'une autre, il faut changer les ſignes de celle qui doit être fouſtraite, c'eſt-à-dire, qu'il faut, où il y a $+$ mettre $-$, & où il y a $-$ mettre $+$, & puis les écrire de ſuite, & l'on aura après la réduction faite la difference de ces deux quantitez.

Par exemple, pour fouſtraire bb de aa, je fais précéder bb du ſigne $-$, parce que l'on ſous-entend que bb a le ſigne $+$, étant une grandeur poſitive : ainſi la difference ſera $aa - bb$.* De même pour fouſtraire $c + d$ de *Art.35.
$a + b$, il faut changer les ſignes de $c + d$, & écrire $a + b - c - d$, qui ſera la difference. Pour fouſtraire $b - d$ de $a + c$; l'on écrira $a + c - b + d$. Pour fouſtraire $2bb - 3cc$ de $aa + bb$, l'on écrira $aa + bb - 2bb + 3cc$, qui ſe réduit à $aa - bb + 3cc$.* Enfin pour fouſtraire $ab - dc + bb$ *Art.53.
$- 3aa$ de $aa - dc + 3bc - bb$, l'on écrira $aa - dc + 3bc - bb - ab + dc - bb + 3aa$, qui étant reduits, donnent $3bc - 2bb - ab + 4aa$. Il en ſera ainſi des autres.

ECLAIRCISSEMENT
sur la Souſtraction litterale.

Il n'eſt pas difficile de comprendre pourquoi on change le ſigne $+$ ſous-entendu en $-$ dans le premier terme de la grandeur, & dans les autres qui ont le ſigne $+$; *Art.35. car c'eſt en cela même que conſiſte la Souſtraction:* mais preſque tous les Commençans ſont ſurpris de ce qu'il faut changer les ſignes des autres termes de $-$ en $+$; cependant cela eſt facile à comprendre, ſi l'on fait attention que pour ôter $b-d$ d'une quantité quelconque, telle que $a+c$, il ne faut pas ôter b tout ſeul, puiſque ce ſeroit trop ôter de toute la quantité d étant plus grand que $b-d$ de la quantité d, cependant b étant précédé du ſigne $-$, il eſt abſolument retranché de $a+c$; c'eſt pourquoi afin de ne point ôter plus qu'il ne faut, on rend par le ſigne $+$ la quantité d qu'on avoit ôté de trop.

Mais comme on entendra mieux ceci par les nombres, ſuppoſons qu'il faille retrancher du nombre 12 la quantité $6-2$ ſelon la Regle, il faut écrire $12-6+2$, dont la difference eſt 8; car comme $6-2$ eſt égal à 4, l'on voit qu'on ne peut retrancher que 4 de 12, & que par conſequent ſi au lieu de 4 on en retranche 6, il faut rendre à 12 la quantité 2, qui eſt ce qu'on avoit ôté de trop.

Enfin pour expliquer ceci d'une autre façon, ſuppoſons deux perſonnes, dont l'une a cent écus, & ne doit rien, & l'autre au contraire n'a rien, & doit cent écus, il eſt certain que la premiere perſonne eſt plus riche que la ſeconde de deux cens écus; par conſequent ſi l'on retranche moins de plus, la difference ſera plus.

MULTIPLICATION DES QUANTITEZ
incomplexes.

57. Quand on veut multiplier deux ou pluſieurs lettres l'une par l'autre, il faut les écrire de ſuite ſans aucuns ſignes qui les ſepare, & l'on aura le produit. Par

exemple, pour multiplier ab par ac, l'on écrira $aabc$: * *Art.28.
pour multiplier $2c$ par $3dd$, il faut multiplier les deux
coëfficiens 2 & 3, enſuite mettre l'une contre l'autre les
lettres que les coëfficiens précedent, & écrire $6cdd$. Pour
multiplier $3aa$ par $4bb$, l'on écrira $12aabb$.

58. Pour multiplier deux ou pluſieurs quantitez ſemblables qui ont des expoſans, il faut ajoûter les expoſans
enſemble, & en écrire la ſomme après une des lettres
des quantitez ſemblables. Par exemple, pour multiplier
a^2 par a^3, l'on ajoûtera les expoſans 2 & 3 enſemble,
qui font 5, & l'on écrira a^5.* Mais ſi les quantitez ne *Art.44.
ſont pas ſemblables: il ne faut pas toucher aux expoſans,
il ſuffira d'écrire les lettres de ſuite, accompagnées de
leurs expoſans : ainſi pour multiplier a^3 par c^2, l'on écrira $a^3 c^2$. Il en ſera de même pour les autres.

MULTIPICATION DES QUANTITEZ
complexes.

59. Pour multiplier une grandeur complexe par une
autre complexe ou incomplexe, il faut faire autant de
multiplications particulieres que le multiplicateur a de
termes, obſervant de donner le ſigne + au produit des
deux termes, s'ils ſont chacun précedez du ſigne + ou —,
de donner au produit le ſigne —, ſi l'une des quantitez
eſt précedée du ſigne +, & l'autre du ſigne —. Ainſi la
regle generale de la multiplication des quantitez complexes, eſt que + multiplié par +, donne + ; — par
— donne +, & que — par +, ou + par — donne —.

60. Il faut obſerver de multiplier d'abord les coëfficiens des quantitez, s'il y en a; enſuite les lettres: après
quoi il faut additionner toutes les multiplications, en
faire la réduction, & l'on aura le produit total. Ainſi pour
multiplier $+a$ par $+a$, l'on écrit $+aa$; pour multiplier $-b$ par $-b$, l'on écrit $+bb$. Pour multiplier $-d$
par $+d$, ou $+d$ par $-d$, l'on écrit $-dd$.

61. Pour multiplier $2a+b$ par $3c$, l'on dit $2a$ par $3c$
donne $6ac$,* $3c$ par b donne $+3bc$:* ainſi le produit *Art.57.

sera $6ac + 3bc$; pour multiplier $a-b$ par d, l'on dira d par a donne ad, & d par $-b$ donne $-bd$, & par conséquent le produit est $ad-bd$: pour multiplier $a+c$ par $a+c$, je mets une de ces quantités sous l'autre, & commençant à multiplier par la gauche, je dis a par a donne aa, a par $+c$ donne $+ac$; & plus multipliant par la seconde lettre, je dis $+c$ par a donne $+ac$, & $+c$ par $+c$ donne $+cc$; & additionnant le tout, le produit est $aa+ac+ac+cc$; & pour abreger, au lieu d'écrire deux fois la même quantité ac, je marque seulement

Art.51. $2ac$; ce qui donne $aa+2ac+cc$.

62. Pour multiplier $a-b$ par $a-b$, je pose encore une de ces quantités sous l'autre, & je dis a par a donne aa,

Art.59, & puis a par $-b$ donne $-ab$. (car on sous-entend que a a le signe $+$) Ensuite multipliant par la seconde lettre du multiplicateur, je dis $-b$ par a donne $-ab$, & $-b$ par

Art.59. $-b$ donne $+bb$. Et après avoir fait l'addition, je trouve au produit $aa-2ab+bb$.

Enfin l'on voit que multipliant $aa+bb-ad-xx$ par $aa+bc$, que le produit est $a^4+aabb-aaad-aaxx+aabc+bbbc-abcd-bcxx$.

Art.61. Mult. $2a+b$, $a-b$, $a+c$ $a-b$
          par $3c$ d $a+c$ $a-b$
          1. prod. $6ac+3bc$, $ad-bd$, $aa+ac$ $aa-ab$

*Art.60. 2. produit $+ac+cc$ $-ab+bb$

          Produit total $aa+2ac+cc$ $aa-2ab+bb$

Art.62. Multiplier $aa+bb-ad-xx$
          par $aa+bc$

          premier prod. $a^4+aabb-aaad-aaxx$
          2. produit $+aabc+bbbc-abcd-bcxx$

          Produit total $a^4+aabb-aaad-aaxx+aabc+bbbc-abcd-bcxx$

ECLAIRCISSEMENT SUR LA
Multiplication des quantitez complexes.

Il n'est pas difficile de juger pourquoi $+$ multiplié par $+$ donne $+$, puisque cela est assez naturel ; mais on a de la peine à comprendre pourquoi $+$ par $-$ donne $-$, & $-$ par $-$ donne $+$. C'est pourquoi ces deux cas ont besoin d'être expliquez.

La raison du premier cas est que multipliant, par exemple, $a-b$ par d, l'on ne peut multiplier a par d sans que le produit ad ne soit plus grand qu'il ne doit être, parce que a est plus grand que $a-b$, & par conséquent pour ôter ce qu'il y a de trop dans le produit ad, il faut multiplier b par d, & ôter le produit bd de ad pour avoir $ad-bd$, qui est conforme à la Regle.

Et pour le faire voir par les nombres, multiplions $15-5$ par 6. Or comme $15-5$ est égal à 10, c'est proprement 10 par 6 qu'il faut multiplier, & non pas 15 par 6, à moins que, selon la Regle, l'on ne multiplie aussi 5 par 6, pour en ôter le produit de celui de 15 par 6 ; mais comme le produit de $15-5$, c'est-à-dire, de 10 par 6 est 60, & que de celui de $15-5$ par 6 est $90-30$, qui est encore égal à 60, il s'enfuit que ce principe est vrai.

A l'égard du second cas il paroît bien étrange ; mais ce qui fait qu'on met $+$, c'est que les deux termes qui sont précedés du signe $-$, donnant deux multiplications negatives, par lesquelles on ôte plus qu'il ne faut, l'on est obligé de mettre $+$ au produit des deux termes qui ont le signe $-$, pour remplacer ce qu'on avoit ôté de trop. Par exemple, pour multiplier $a-b$ par $a-b$, je vois, après avoir fait la Regle que du produit aa il faut retrancher $-2ab$, & que retranchant plus qu'il ne faut de toute la quantité bb, il faut rendre à aa cette même quantité bb en la liant à elle par le signe $+$.

Pour le faire voir par les nombres ; multiplions, par exemple, $10-4$ par $10-4$, qui est la même chose que de multiplier 6 par 6, puisque 10 — 4 est égal à 6. Or comme 6 par 6 donne 36, voyons si 10 — 4 par 10 — 4 produira 36, je dis donc d'abord 10 fois 10 font 100 ; 10 par — 4 donne — 40, & puis — 4 par + 10 donne — 40, & — 4 par — 4 donne + 16, & additionnant le tout, il vient 100 — 80 + 16. Or vous voyez que si l'on retranchoit 80 de 100, il ne resteroit que 20, qui est fort éloigné de 36 : mais que si à 100 on y ajoûte 16, l'on aura 116 ; d'où ayant retranché 80, il reste 36.

AVERTISSEMENT.

Pour donner une idée de la facilité que l'on a de démontrer les Propositions de Géométrie par le moyen du calcul Algebrique, j'ai crû qu'il étoit à propos avant d'aller plus avant, de faire une application de la Multiplication à la démonstration des propositions suivantes.

PROPOSITION PREMIERE.
Théoreme. *

* Art. 4.

63. *Le Quarré de toutes grandeurs exprimées par deux lettres positives, est égal au quarré de chacune de ces lettres, plus à deux Rectangles compris sous les mêmes letttres.*

Car si l'on multiplie $a + b$ par $a + b$, l'on aura au produit $aa + 2ab + bb$, qui est composé des Quarrez aa & bb, & de deux Rectangles compris sous a & sous b, qui sont $2ab$.

PROPOSITION II.
Théoreme.

64. *Le Cube de toutes grandeurs positives exprimées par deux caracteres, est égal au Cube du premier, plus au Cube du second, plus à trois parallelepipedes du Quarré du premier par le second ; plus enfin à trois autres parallelepipedes du Quarré du second par le premier.*

Car

DE MATHEMATIQUE. 17

Car le quarré de $a+b$ étant $aa+2ab+bb$ *, si on le *Art.63.
multiplie encore par $a+b$, l'on aura le cube $a^3+3aab+3abb+b^3$, qui renferme a^3 Cube de a; plus $3aab$, qui font trois parallelepipedes du quarré aa par b; plus $3abb$, qui font trois autres parallelepipedes de a par le quarré bb; plus enfin b^3 Cube de b : nous nous servirons de ceci dans la suite pour démontrer les opérations de la Racine quarrée & de la Racine cube.

Racine $a+b$	Quar. $aa+2ab+bb$
par $a+b$	par $a+b$
$aa+ab$	$a^3+2aab+abb$
$+ab+bb$	$+aab+2abb+b^3$
Quarré $aa+2ab+bb$	Cube $a^3+3aab+3abb+b^3$

PROPOSITION III.
Théoreme.

65. *Si l'on a une ligne AB divisée également au point C, &* Fig. 7.
inégalement au point D, je dis que le rectangle compris sous les parties inégales AD & DB, avec le quarré du milieu CD, est égal au quarré de la moitié de la ligne AB, c'est-à-dire, au quarré de AC ou CB.

Nous nommerons AC ou CB a, CD x, ainsi DB sera $a-x$, & AD, $a+x$.

DEMONSTRATION.

Si l'on ajoûte à AD × DB ($aa-xx$) le quarré de CD (xx) l'on pourra former cette équation AD × DB $+ \overline{CD}^2$ ($aa-xx+xx$) = AC^2 (aa) puisqu'effaçant ce qui se détruit, les deux membres de l'équation se réduisent à o.
C. Q. F. D.

COROLLAIRE. *   *Art 7.

66. Il suit de cette proposition que si une ligne est di-

visée également & inégalement, que le quarré de la moitié de la ligne moins le quarré de la partie du milieu, est égal au rectangle compris sous les parties inégales, ce qui est bien évident, puisque $\overline{AC}^2 - \overline{CD}^2 (aa-xx) =$ AD×DB $(aa-xx)$

PROPOSITION IV.
Théoreme.

Fig. 7.   67. Si l'on a *une ligne* droite *AB*, *divisée également au point C, & qu'on lui en ajoûte une BE, je dis que le rectangle compris sous la composée des deux AE, & sous l'ajoûté BE avec le quarré du milieu CB, sera égal au quarré de la ligne CE, composée de la moitié CB, & de l'ajoûté BE.*
Nous nommerons AC ou CB a, CE x; ainsi BE sera $x-a$, & AE, $x+a$.

Demonstration.

Il est évident que si l'on ajoûte au rectangle de AE×BE ($xx-aa$) le quarré de CB (aa) l'on pourra former cette équation AE×BE + $\overline{CB}^2$ ($xx-aa+aa$) = $\overline{CE}^2$ (xx) puisqu'effaçant ce qui se détruit, il vient $xx=xx$. C. Q. F. D.

Corollaire.

68. Il suit de cette proposition que si à une ligne divisée en deux également, l'on en ajoûte une autre, que le quarré de la ligne CE composé de la moitié de la ligne & de l'ajoûtée moins le quarré du milieu CB, sera égal au rectangle compris sous toute la ligne AE, & la partie ajoûtée BE, ce qui est bien évident, puisque $\overline{CE}^2 - \overline{CB}^2 =$ AE×BE ($xx-aa$.)

PROPOSITION V.
Théoreme.

69. *Si l'on a deux lignes, dont la premiere soit double de la seconde, je dis que le quarré de la premiere sera quadruple du quarré de la seconde.*

DEMONSTRATION.

Si de ces deux lignes la seconde se nomme a, la premiere sera $2a$. Or multipliant $2a$ par $2a$, l'on aura $4aa$ pour le quarré de la premiere ligne, & si on multiplie a par lui-même, l'on aura aa, & par conséquent le quarré de la premiere ligne est quadruple du quarré de la seconde.

DIVISION DES QUANTITEZ ALGEBRIQUES
incomplexes & complexes.

70. Pour diviser une quantité Algebrique incomplexe par une autre incomplexe, il faut écrire le diviseur au dessous du dividende, & faire soustraction, dont la différence sera le quotient. Par exemple, pour diviser abb par a, l'on écrira $\frac{abb}{a}$ *, & ôtant a de abb, on aura bb Art. 37. pour le quotient : la raison est que multipliant le quotient bb par le diviseur a, l'on a abb, qui est égal au dividende; ce qui prouve que la division est bien faite : car la preuve de la division Algebrique est la même que celle de la division Arithmétique. Ainsi pour diviser bbc par bb, l'on voit que le quotient est c, puisque le quotient c multiplié par le diviseur bb, donne bbc, qui est égal au dividende ; mais si l'on rencontre des lettres dans le diviseur, qui ne se trouvent point dans le dividende, qui empêchent qu'on ne puisse faire la division réellement, on fait une fraction du dividende & du diviseur, que l'on regarde comme étant le quotient de la division. Ainsi si l'on veut, par

exemple, diviser *abb* par *cc*, on marque $\frac{abb}{cc}$, qu'on regarde comme le quotient.

71. Si quelques nombres précedent les lettres des quantitez Algébriques, que l'on veut diviser, on divise les nombres par les nombres, & les lettres par les lettres, & l'on écrit le coëfficient des nombres avant les lettres. Ainsi pour diviser 6*ab* par 2*a*, l'on dit en 6 combien de fois 2, on trouve 3, & qui de *ab* ôte *a* reste *b*, & le quotient est 3*b*.

72. Quand on divise une quantité complexe ou incomplexe, il faut que si chaque grandeur a le même signe +, ou le même signe —, que le quotient ait le signe +, & que si l'une des grandeurs a le signe +, & l'autre le signe —, que le quotient ait le signe —.

73. Par exemple, divisant + *ab* par + *a*, le quotient sera + *b*, parce que multipliant le diviseur + *a* par le quotient + *b*, le produit + *ab* est égal au dividende; de même que pour diviser — *ab* par — *a*, il faut que le quotient soit + *b*, parce que multipliant le diviseur — *a* par le quotient +*b*, le produit sera — *ab*,* puisque — par + donne —. Si l'on divise + *ab* par — *a*, le quotient sera — *b*, parce que multipliant le diviseur — *a* par le quotient — *b*, le produit sera + *ab*, puisque — par — donne +, * & par la même raison si l'on divisoit — *ab* par + *a*, le quotient sera encore — *b*, puisque multipliant le diviseur par le quotient, le produit est — *ab*.

*Art. 59.

*Art. 59.

74. Pour diviser *ab* + *ad* par *a*, je dis qui de *ab* ôte *a*, reste *b*, que j'écris au quotient; & qui de *ad* ôte *a* reste + *d*, qui étant écrit à la suite de *b*, donne *b*+*d* pour le quotient : & pour avoir plûtôt fait, il n'y a qu'à effacer dans le diviseur & le dividende les lettres qui se trouvent égales & autant de fois, ce qui restera sera le quotient; faisant attention que ceci ne peut avoir lieu que quand le diviseur est incomplexe.

75. Quand le diviseur & le dividende contiennent plusieurs termes, on dispose la division à peu près comme celles des nombres.

DE MATHEMATIQUE. 21

76. Par exemple, pour diviser $aa + 2ab + bb$ par $a + b$, je pose les premiers termes du diviseur sous les premiers termes du dividende, & puis je dis qui de aa ôte a, le quotient est a, qu'il faut multiplier par le diviseur $a + b$ pour avoir $aa + ab$*, qu'il faut retrancher du dividen- *Art. 61. de, en les écrivant à la suite avec des signes contraires*, *Art. 56. & le restant sera $aa + 2ab + bb - aa - ab$, qui étant réduit, donne $ab + bb$*, & je continuë la division en di- *Art. 53. sant qui de ab ôte a vient $+ b$, que j'écris à la suite de la lettre que je viens de marquer au quotient, & multipliant $+ b$ par le diviseur, il vient $ab + bb$, que j'écris encore à la suite du dividende avec des signes contraires, & le restant est $ab + bb - ab - bb$, qui se réduit à 0. Ainsi l'on voit que la division est exacte, puisqu'il ne reste rien, & que le quotient est $a + b$.

77. Pour diviser $aa - 2ab + bb$ par $a - b$, je dis qui de aa ôte a vient $+ a$ au quotient, que je multiplie par le diviseur $a - b$: donc le produit est $aa - ab$*, que je re- *Art. 60. tranche du dividende pour avoir le restant $aa - 2ab + bb - aa + ab$*, qui étant réduit, donne $- ab + bb$*, que *Art. 56. je divise encore par $a - b$, en disant qui de $- ab$ ôte $+ a$, *Art. 52. vient $- b$ au quotient, qui étant multiplié par le diviseur, & 53. le produit est $- ab + bb$, & le retranchant du dividende, reste $- ab + bb + ab - bb$, qui se réduit à 0; ainsi le quotient est $a - b$.

78. Pour diviser $aa - bb$ par $a + b$, je dis qui de aa ôte a vient $+ a$ au quotient, qui étant multiplié par le diviseur, le produit est $aa + ab$, le retranchant du dividende, il reste $aa - bb - aa - ab$, qui étant réduit, donne $- bb - ab$, ou bien $- ab - bb$, que je divise encore par $a + b$, en disant, si de $- ab$ j'ôte $+ a$, le quotient sera $- b$, qui étant multiplié par le diviseur, vient $- ab - bb$, qui étant retranché du dividende, vient $- ab - bb + ab + bb$, qui se réduit à 0. Par consequent le quotient est $a - b$; ce qui est bien évident, puisque si l'on multiplie le diviseur $a + b$ par le quotient $a - b$, le produit sera $aa - bb$ égal au dividende.

C iij

*Art. 76. *Dividende $\underline{aa + 2ab + bb}\,\Big(^{\text{quotient}}_{\ a}$

    Diviseur $a + b$
    Produit $aa + ab$
    Soustraction $aa + 2ab + bb - aa - ab$
    Reduction $\underline{ab + bb}\,\Big(^{\text{quotient}}_{\ a+b}$
    Diviseur $a + b$
    Produit $ab + bb$
    Soustraction $ab + bb - ab - bb = 0$

*Art. 77. *Dividende $\underline{aa - 2ab + bb}\,\Big(^{\text{quotient}}_{\ a}$

    Diviseur $a - b$
    Produit $aa - ab$
    Soustraction $aa - 2ab + bb - aa + ab$
    Reduction $\underline{-ab + bb}\,\Big(^{\text{quotient}}_{\ a-b}$
    Diviseur $a - b$
    Produit $-ab + bb$
    Soustraction $-ab + bb + ab - bb = 0$

*Art. 78. *Dividende $\underline{aa - bb}\,\Big(^{\text{quotient}}_{\ a}$

    Diviseur $a + b$
    Produit $aa + ab$
    Soustraction $aa - bb - aa - ab$
    Reduction $\underline{-ab - bb}\,\Big(^{\text{quotient}}_{\ a-b}$
    Diviseur $a + b$
    Produit $-ab - bb$
    Soustraction $-ab - bb + ab + bb = 0$

AVERTISSEMENT.

Nous n'avons point parlé des quatre Regles ordinaires de l'Arithmétique, parce que nous avons supposé que ceux qui étudieront ce Traité, sçauront au moins l'Addition, la Souftraction, la Multiplication & la Divifion des nombres: mais comme la plûpart pourroient n'avoir aucune connoiffance de la Racine quarrée, & de la Racine cube, nous avons crû qu'il étoit à propos d'enfeigner la maniere de faire ces Régles fur les nombres, afin de faire mieux entendre comme on extrait la Racine quarrée & la Racine cube des quantités Algébriques.

MANIERE D'EXTRAIRE LA RACINE
quarrée.

79. Pour trouver facilement la racine quarrée de quelque nombre qu'on puiffe propofer, il faut au moins connoître les quarrés des chiffres fimples depuis 1 jufqu'à 10, ainfi qu'ils font marqués dans la Table fuivante, où les chiffres fimples depuis 1 jufqu'à 10 fe trouvent dans la rangée d'en haut & les quantités des mêmes chiffres fe trouvent en bas immédiatement deffous.

1	2	3	4	5	6	7	8	9	10
1	4	9	16	25	36	49	64	81	100

Ainfi vous voyez que le quarré de 1 eft 1, que le quarré de 2 eft 4, que celui de 3 eft 9, celui de 4 eft 16, & celui de 5 eft 25; ainfi des autres.

80 Extraire la racine quarrée d'un nombre, c'eft chercher un autre nombre, qui multiplié par foi-même, produit un tout égal au premier nombre propofé; ou bien c'eft trouver un nombre, qui étant multiplié par foi-même, donne un produit qui approche le plus près qu'il eft poffible du nombre propofé. Ainfi extraire la racine quarrée de 25, c'eft chercher le nombre 5, parce que ce nombre étant multiplié par lui-même, produit 25; de même qu'extraire la racine quarrée de 68, c'eft chercher le nombre 8, parce que ce nombre étant multiplié par lui-même, eft le plus grand nombre quarré qui puiffe être contenu dans le nombre 68.

Pour extraire la racine quarrée des nombres qui ne sont composez que de deux figures, on pourra le faire par cœur, ou par le moyen de la Table précedente. Mais si le nombre donné contient plus de deux figures, il faut avoir recours à une operation qui fait tout l'objet de la racine quarrée, comme on le va voir.

81. Pour extraire la racine quarrée de 1967. il faut separer les chiffres de deux en deux, en commençant par la droite, pour avoir un nombre de tranches qui donneront chacune une figure pour la racine; ainsi ayant donc separé 19|67 (comme on le voit marqué) je commence, pour en avoir la racine quarrée, par dire, la racine quarrée de 19 est 4, que je pose au quotient, & le quarré de 4 est 16, qui étant ôté de 19 reste 3.

Or comme la racine quarrée doit être composée d'autant de figures qu'il y a de tranches dans le nombre donné; pour avoir la figure de la seconde tranche, je double celle qui est provenue de la premiere tranche, c'est-à-dire, 4 pour avoir 8, qui doit me servir de diviseur, que je pose sous le nombre 6; ensuite je dis en 36 combien de fois 8, il y est 4, & posant 4 au quotient, & le même 4 sous le nombre 7 à côté de 8, je multiplie les nombres 8 & 4 par la seconde figure que je viens de poser au quotient, en disant 4 fois 4 font 16, qui ôte de 17 reste 1 & retiens 1, & puis 4 fois 8 font 32, & 1 que j'ai retenu font 33, qui ôté de 36 reste 3 : après quoi je vois que la racine est 44, & qu'il reste 31.

82. Pour extraire la racine quarrée de 2978, je sépare les chiffres de ce nombre de deux en deux, pour avoir encore deux tranches, c'est-à-dire, pour avoir (29|78.) & puis je dis comme ci-devant, la racine quarrée de 29 est 5, que je pose au quotient, & 5 fois 5 font 25, qui ôté de 29 reste 4.

Pour avoir la figure de la seconde tranche je double 5 pour avoir 10, que je pose sous 4 & sous 7, en plaçant 0 sous 7, & en avançant 1 sous 4; après quoi je dis en 4 combien de fos 1? & je vois qu'il y est 4, que je pose

au

au quotient, & puis sous le 8 à côté du 0, & multipliant par 4 ce que j'ai posé sous le nombre donné, je dis 4 fois 4 font 16, qui ôté de 18 reste 2 & retiens 1, & puis 4 fois 0 est 0, & 1 que j'ai retenu font 1, qui ôté de 7 reste 6, & 4 fois 1 font 4, qui ôté de 4 reste 0 : ainsi la racine quarrée de 2978 est 54, & il reste 62.

Art. 81. $\begin{array}{r}3|31\\19|67(44\\84\end{array}$ Art. 82. $\begin{array}{r}0|\\4|62\\29|78(54\\1|04\end{array}$

83. Pour extraire la racine quarrée de 867972, je sépare les chiffres de deux en deux, commençant de la droite à la gauche, & je dis, la racine quarrée de 86 est 9, dont le quarré est 81, qui étant ôté de 86 reste 5.

84. Et pour avoir le diviseur de la seconde tranche, je dis 2 fois 9 font 18, je pose 8 sous le 7, & j'avance 1 sous le 5, & je dis en 5 combien de fois 1, je trouve qu'il ne peut y être que 3 fois : je pose donc 3 au quotient, que je place aussi sous le 9 à côté du 8 ; & puis je dis 3 fois 3 font 9, qui ôte de 9 reste rien ; 3 fois 8 font 24, qui ôté de 27 reste 3, & 3 fois 1 font 3, & 2 que j'ai retenu font 5, qui ôté de 5 reste rien.

85. Or pour trouver le diviseur de la troisiéme tranche je double les deux figures qui sont au quotient, en disant, 2 fois 3 font 6, que je pose sous la premiere figure de la troisiéme tranche, & puis 2 fois 9 font 18, & je pose 8 sous la seconde figure de la seconde tranche, c'est-à-dire, sous 9, & j'avance 1 sous le 7, & puis je dis en 3 combien de fois 1, je trouve qu'il ne peut y être qu'une fois, je pose 1 au quotient, & sous la seconde figure de la derniere tranche : ensuite je multiplie, en disant, 1 fois 1 est 1, qui ôté de 2 reste 1, & 1 fois 6 est 6, qui ôté de 7 reste 1, 1 fois 8 est 8, qui ôté de 10 reste 2 & retiens 1, & 1 fois 1 est 1, & 1 que j'ai retenu font 2, qui ôté de 3 reste 1 : après quoi je trou-

ve que la racine est 931, & qu'il reste 1211.

Art. 83 & 84.

```
        0 |
      8 | 30 |
 Art. 83 & 84.  86 | 78 | 72 (93
      1 | 83 |
```

Art. 85.
```
        0 | 12 |
      8 | 30 | 11
 Art. 85.  86 | 78 | 72 (931
      1 | 83 | 61
             | 18 |
```

86. Pour extraire la racine quarrée du nombre 97515625, je sépare les chiffres de deux en deux, en commençant de la droite à la gauche, & je dis la racine quarrée de 97 est 9, que je pose au quotient; puis 9 fois 9 font 81, qui ôté de 97 reste 16.

87. Pour avoir le diviseur de la seconde tranche, je dis 2 fois 9 font 18; ainsi je pose 8 sous le 5, & j'avance 1 sous le 7, pour dire en 16 combien de fois 1, je trouve qu'il ne peut y être que 8 fois; ainsi je pose 8 au quotient, & je le place aussi sous la seconde figure de la seconde tranche, & je multiplie en disant 8 fois 8 font 64, qui ôté de 71 reste 7 & retiens 7, & puis 8 fois 8 font 64, & 7 que j'ai retenu font 71, qui ôté de 75 reste 4 & retiens 7, & 8 fois 1 font 8, & 7 de retenu font 15, qui ôté de 16 reste 1.

88. Pour avoir le diviseur de la troisiéme tranche, je double 98 du quotient, en disant 2 fois 8 font 16, & je pose 6 sous la premiere figure de la troisiéme tranche & retiens 1, & 2 fois 9 font 18, & un que j'ai retenu font 19, & posant 9 sous la seconde figure de la seconde tranche, & 1 sous la premiere, je dis en 14 combien de fois 1, je trouve qu'il ne peut y être que 7 fois, je pose 7 au quotient, & je le place aussi sous la seconde figure de la troisiéme tranche, & puis je multiplie, en disant 7 fois 7 font 49, qui ôté de 56 reste 7 & retiens 5, 7 fois 6 font 42, & 5 de retenu font 47, qui ôté de 55 reste 8 & retiens 5, 7 fois 9 font 63, & 5 de retenu font 68, qui ôté de 77 reste 9 & retiens 7; & 7 fois 1 font 7, & 7 de retenu font 14, qui ôté de 14 reste 0.

DE MATHEMATIQUE. 27

89. Enfin pour trouver le diviseur de la quatriéme tranche, je double les figures que j'ai posées au quotient en disant 2 fois 7 font 14, je pose 4 sous la premiere figure de la quatriéme tranche, & avançant les autres comme à l'ordinaire, je dis 2 fois 8 font 16, & 1 de retenu font 17, pose 7 & retiens 1, & 2 fois 9 font 18, & 1 de retenu font 19, je pose 9 & avance 1, qui se trouvant sous le 9 qui est resté, je dis en 9 combien de fois 1, je trouve qu'il n'y peut être que cinq fois; ainsi je pose 5 au quotient, aussi-bien que sous la seconde figure de la derniere tranche, & je dis 5 fois 5 font 25, qui ôté de 25 reste 0 & retiens 2, 5 fois 4 font 20, & 2 de retenu font 22, de 22 reste 0 & retiens 2; 5 fois 7 font 35, & 2 de retenu font 37, de 37 reste 0 & retiens 3, 5 fois 9 font 45, & 3 de retenu font 48, de 48 reste 0 & retiens 4, & 5 fois 1 font 5, & 4 de retenu c'est 9, de 9 reste 0; ainsi je vois que la racine quarrée de 9751562$ est justement 9875, puisqu'il ne reste rien.

Art. 87.　　Art. 88.　　Art. 89.

90. La preuve se fait en quarrant la racine que l'on a trouvée, & en ajoûtant au produit les nombres qui sont restez; car la somme doit faire une quantité égale au nombre donné. Par exemple, pour sçavoir si l'on a bien fait l'opération de la premiere Regle, je quarre la racine 44 pour avoir le produit 1936, auquel ajoûtant 31 qui sont restez en faisant la Regle, je trouve 1967, qui est égal au nombre donné.

De même pour sçavoir si je ne me suis pas trompé dans

D ij

la troisiéme Regle, je quarre la racine 931 pour avoir le produit 866761, auquel j'ajoûte 1211, qui sont restez, & comme le tout fait 867972, je conclud que l'opération a été bien faite.

MANIERE D'APPROCHER LE PLUS PRES qu'il est possible de la racine d'un nombre donné par le moyen des Décimales.

91. Comme le principal usage de la racine quarrée dans la Géométrie, sur-tout dans la Géométrie Pratique, est de trouver en nombre le côté d'un quarré égal à une quantité de toises ou de pieds quarrez, il est necessaire pour agir avec plus de précision, d'approcher le plus près qu'il est possible de la racine qu'on cherche, en faisant en sorte que les restans soient de si petite consequence, qu'on puisse les regarder comme de nulle valeur. Pour cela voici ce qu'il faut suivre.

Si l'on veut avoir la racine d'une quantité de toises quarrées, il faut supposer que la toise courante est divisée en mille petites parties, que l'on nomme *décimales*; par consequent la toise quarrée sera de 1000000, qui est le produit de 1000 par 1000. Or si l'on a, par exemple, à extraire la racine quarrée de 869 toises, je multiplie ce nombre par 1000000 pour avoir 869000000, dont j'extrais la racine, que je trouve de 29478, que je regarde comme la racine positive, parce que je néglige les restans, comme étant d'une très-petite valeur.

92. Mais comme cette racine est exprimée en petites parties, pour sçavoir combien elle contient de toises, je la divise par 1000, valeur de la toise en petites parties, & je trouve 29 toises, sur quoi il reste 478 petites parties, dont je trouverai la valeur, en faisant ce raisonnement : si 1000 valeur de la toise courante en petites parties, m'a donné 6 pieds pour les parties ordinaires de la toise, que me donneront 478 (petites parties de la toise) pour les parties de la toise ordinaire, la

Regle étant faite, je trouve 2 pieds 10 pouces 4 lignes 11 points : ainsi la racine quarrée de 869 toises, est 29 toises 2 pieds 10 pouces 4 lignes 11 points.

Si l'on vouloit trouver la racine d'un nombre de pieds quarrez, on pourra, pour abreger, supposer le pied courant divisé en 1000 parties ; par consequent il faudra multiplier les pieds quarrez dont on veut avoir la racine par 10000, & on fera le reste comme ci-devant.

93. Si l'on a une quantité composée de toises, de pieds, de pouces, comme, par exemple, 24 toises, 3 pieds, 9 pouces, pour en extraire la racine quarrée, il faut réduire 3 pieds 9 pouces en petites parties, & cela en considerant le rapport que 3 pieds 9 pouces ont avec la toise : ainsi comme trois pieds est la moitié de la toise, ils vaudront donc la moitié de 1000000, c'est-à-dire, 500000, & comme 9 pouces est le quart de 3 pieds, 9 pouces vaudront donc le quart de 500000, c'est-à-dire, 125000. Or mettant la valeur de 3 pieds & celle de 9 pouces dans une somme, l'on aura 625000, & si l'on multiplie, comme ci-devant, 24 toises par 1000000, l'on aura 24000000 pour les toises réduites en petites parties : à quoi ajoûtant 625000, l'on aura 24625000 pour les 24 toises 3 pieds 9 pouces, réduites en petites parties, dont la racine quarrée est 4962, & cherchant la valeur de cette quantité, en la divisant par 100, & en faisant une regle de trois pour connoître la valeur des restans, je trouve que la valeur de 24 toises, 3 pieds, 9 pouces, est 4 toises, 5 pieds, 9 pouces, 3 lignes 2 points.

MANIERE D'EXTRAIRE LA RACINE
quarrée des quantitez Algebriques.

94. Comme il n'est rien de plus aisé que d'appercevoir la racine quarrée d'une quantité incomplexe, nous n'en parlerons pas ici, afin de nous attacher seulement aux quantitez complexes, parce que l'on est souvent obligé

pour trouver la valeur d'une inconnuë, de se servir de la racine quarrée.

Pour extraire la racine quarrée de $aa + 2ab + bb$, il *Art.45. faut dire, la racine de aa est a,* qu'il faut poser au quotient, & l'ayant multiplié par lui-même, il vient aa, qu'il *Art.56. faut souftraire de la grandeur donnée,* & il refte $2ab + bb$; enfuite il faut doubler a, & divifer le refte par $2a$, l'on trouvera qu'il vient $+ b$ au quotient, qu'il faut ajoûter avec le divifeur $2a$ pour avoir $2a + b$, qu'il faut multiplier enfuite par b, & le produit eft $2ab + bb$, qu'il faut fouftraire de ce qui refte de la quantité donnée ; & comme il ne refte plus rien, l'on voit que la racine demandée eft $a + b$.

Pour voir fi l'on a bien fait l'opération, il n'y a qu'à quarrer la racine qu'on a trouvée comme on a fait pour les nombres ; & fi le produit eft égal à la quantité donnée, ce fera une preuve que la regle eft bien faite.

95. Pour extraire la racine quarrée de $aa - 2ab + bb$, il faut dire, la racine quarrée de aa eft a, qu'il faut poser au quotient : enfuite ôter le quarré de a de la quantité donnée, & il refte $-2ab + bb$, qu'il faut divifer par $+2a$, & il vient $-b$, parce que $-$ divifé par $+$ donne $-$: après cela il faut ajoûter $-b$ au divifeur pour avoir $+2a - b$, qu'il faut multiplier par $-b$, & il vient $-2ab + bb$, qui étant retranché de $-2ab + bb$, refte 0 ; par conféquent la racine eft $a - b$, parce que multipliant $a - b$ par lui-même, il vient $aa - 2ab + bb$.

96. Quand on ne peut pas extraire réellement la racine quarrée d'une quantité Algébrique, on l'extrait par indiction, & l'on fe fert de ce caractere $\sqrt{\ }$, qu'on appelle figne *radical*, auquel on joint l'expofant de la puiffance dont on veut extraire la racine. Par exemple, fi c'eft une racine quarrée, l'on marquera $\sqrt[2]{\ }$, & fi c'eft une racine cube $\sqrt[3]{\ }$, & l'on tire un petit trait au deffus, qui embraffe les termes de la quantité dont on veut extraire la racine.

Par exemple, $\sqrt[2]{aa + cd - dd + c - g}$ fignifie qu'il faut ex-

DE MATHEMATIQUE. 31

traire la racine quarrée des trois termes $aa + cd - dd$, parce qu'ils sont embrassez par le trait qui accompagne le signe radical; car pour les autres termes au dessus desquels ce trait ne passe point, il n'est pas question de leur racine.

<table>
<tr><td>Art. 94.</td><td>Art. 95.</td></tr>
<tr><td>$aa + 2ab + bb\,(a$</td><td>$aa - 2ab + bb\,(a$</td></tr>
<tr><td>$aa - aa + 2ab + bb$</td><td>$aa - aa - 2ab + bb$</td></tr>
<tr><td>$2ab + bb\,(a + b$</td><td>$-2ab + bb\,(a - b$</td></tr>
<tr><td>aa</td><td>$+2a$</td></tr>
<tr><td>$2ab + bb$</td><td>$-2ab + bb$</td></tr>
<tr><td>$2ab + bb$</td><td>$-2ab + bb$</td></tr>
<tr><td>$2ab + bb - 2ab - bb = 0$</td><td>$-2ab + bb + 2ab - bb = 0$</td></tr>
</table>

DEMONSTRATION DE LA RACINE quarrée.

97. Pour démontrer les Regles précedentes, nous extrairons la racine quarrée d'un nombre, par exemple, de 676, & nous ferons voir la raison de chaque operation.

Pour extraire la racine quarrée de 676, après avoir séparé les figures de deux en deux, je commence par dire, la racine quarrée de 6 est 2, ou autrement la racine quarrée de 600 est 20, à cause des deux nombres qui sont sur la droite du 6, & qui le font valoir 600 ; ainsi je pose 2 au quotient avec un point à côté, qui tient lieu de la seconde figure qui doit venir au quotient ; & qui fera que 2 vaudra 20; ainsi retranchant le quarré de 2, qui est 4 de 6, c'est tout comme si je retranchois le quarré de 20, qui est 400 de 600 : c'est pourquoi d'une façon comme de l'autre il me reste 2. Cela posé, l'on sçait encore que selon la Regle il faut doubler 2, ou autrement doubler 20 pour avoir 40, qui doivent servir de diviseur ; car si l'on met un petit point sur la droite du 4 au-dessous du 6, il fera que 4 vaudra 40, & après avoir trouvé ce diviseur, je dis, en 27 combien de fois 4, je trouve qu'il y est 6, & posant le 6 au quotient, & à côté du 4, je dis 6 fois 6 font 36, qui ôté de 36 reste o & retiens 3, & 6 fois 4 font 24, & 3 de retenu font 27, de 27 il ne reste rien ; ainsi la racine est 26. Mais par l'article 63. le quarré d'une grandeur composée de deux quantitez est égale au quarré de chacune de ces quantitez, plus à deux rectangles compris sous ces mêmes quantitez ; ainsi le quarré de 26, ou autrement de 20 & de 6 sera donc composé du quarré de 20, qui est 400, du quarré de 6, qui est 36, & de deux rectangles compris sous 20 & sous 6. Or comme nous avons ôté de 676 d'abord le quarré de 20, ensuite le produit de 40 par 6, qui est la même chose que deux rectangles compris sous 20 & sous 6, & outre cela le quarré de 6, il s'ensuit donc que l'on a ôté du nombre donné les grandeurs qui composent le quarré de la racine 26, & que par consequent la racine de 676 est 26, puisqu'il n'est rien resté de la soustraction qu'on a faite.

Mais si au lieu de deux tranches il y en avoit trois ou davantage, la démonstration seroit toujours la même, parce que l'on regarderoit les nombres que l'on a trouvez au quotient de la premiere & de la seconde tranche, comme ne faisant qu'un terme de la racine, supposant toûjours un o à la place du second terme : c'est pourquoi on le double pour avoir le terme d'après, que l'on regardera comme le second terme de la quantité qui doit composer la racine. Ainsi ayant trouvé 430 pour la racine des deux premieres tranches de 186749, je regarde 430 comme étant le premier terme de la racine ; & comme j'en ai déja soustrait le quarré, qui est 184900 du nombre donné, je double 430 pour avoir le second terme, qui sera 2, & posant 2 à la place ordinaire, j'ôte son quarré de la quantité donnée, & je multiplie 860, qui est le double de 430 par 2, pour soustraire de la quantité donnée un produit égal aux deux rectangles compris sous 430 & sous 2. Ainsi l'on voit que l'operation de trois tranches, ou plus, étant la même

que

DE MATHEMATIQUE. 33

que celle que l'on fait pour deux tranches, la démonstration que nous avons donnée pour deux tranches, sera generale pour toutes les autres.

MANIERE D'EXTRAIRE LA RACINE Cube.

98. Extraire la racine cube d'un nombre, c'est trouver le côté du plus grand cube qui peut être contenu dans le nombre. Par exemple, extraire la racine cube de 234, c'est trouver le nombre 6, qui est le côté du plus grand cube, qui peut être contenu dans 234; car ôtant le cube de 6, qui est 216, de 234, je vois qu'il reste 18, & que la racine du nombre donné est 6; de même je vois que la racine cube de 519 est 8, parce que le cube de 8 est 512, qui est le plus grand cube qui peut être contenu dans 519.

L'on trouvera de même la racine cube de tous les nombres qui ne seront composés que de trois figures ayant recours seulement à la Table suivante, qui contient les cubes des nombres depuis 1 jusqu'à 10,

1	2	3	4	5	6	7	8	9	10
1	8	27	64	125	216	343	512	729	1000

qu'il est nécessaire d'apprendre par cœur afin d'appercevoir d'abord le plus grand cube qui peut être contenu dans un nombre donné.

PREMIER EXEMPLE.

Mais pour extraire la racine cubique d'un grand nombre, comme de 81439, il faudra séparer les figures de trois en trois de la droite à la gauche, pour avoir un nombre de tranches comme à la racine quarrée, & operer de la maniere suivante.

Je commence par extraire la racine cube de la premiere tranche, en disant : le côté du plus grand cube qui peut

E

être contenu dans 81 est 4; c'est pourquoi je pose 4 au quotient, & je souftrait son cube, qui est 64 de 81, & il reste 17; & comme dans la racine cube, aussi-bien que dans la racine quarrée, il doit venir autant de figures au quotient qu'il y a de tranches dans le nombre donné. Pour trouver la figure de la seconde tranche, voici de la maniere qu'on doit opérer.

```
     17|439 (4
        4
        4
       ──
       16
        3
       ──
       48
```

Il faut quarrer sur un bout de papier le quotient de la premiere tranche, c'est-à-dire, 4 pour avoir le quarré 16, qu'il faut multiplier par 3 pour avoir 48, qui doit servir de diviseur pour trouver la figure de la seconde tranche, je pose 8 sous la premiere figure 4 de la seconde tranche, & j'avance 4 sous la derniere figure de la premiere, puis je dis, en 17 combien de fois 4, il y est trois fois; ainsi je pose 3 au quotient, & un autre 3 sous la derniere figure du diviseur; pour multiplier le diviseur 48 par la figure que je viens de trouver, je dis donc: 3 fois 8 font 24, je pose 4 & retiens 2, 3 fois 4 font 12, & 2 de retenu font 14, je pose 4 & avance 1: & après la multiplication faite j'efface le diviseur 48, & le multiplicateur 3, parce qu'il n'en est plus question.

```
   17|              17|
   8z|439 (43       8z|439 (43
    4|8             4 |8
                      3
                     ───
                  A  144
```

Après cela il faut quarrer la seconde figure du quotient, & tripler son quarré 9 pour avoir 27, qu'il faut multiplier par la premiere figure 4 du quotient pour avoir 108, qu'il faut poser sous le produit, en avançant d'une figure sur la droite.

```
     17|           3
     8z|439 (43    3
      4|8          9
        3          3
       ───        ──
     A 144        27
     B 108         4
     C  27       ─────
                  108
```

DE MATHEMATIQUE.

Enfin il faut cuber 3, c'eſt-à-dire, la ſeconde figure du quotient, & poſer ſon cube 27 ſous le produit B, en avançant d'une figure ſur la droite.

Preſentement il faut ajoûter enſemble les trois produits A, B, C, pour avoir le nombre D, qu'il faut ſouſtraire de ce qui eſt reſté du nombre donné, après que l'on a eu ôté le cube de la premiere tranche, c'eſt-à-dire, qu'il faut ſouſtraire 15507 de 17439, & la différence E, qui eſt 1932, ſera le reſtant du nombre donné 81439, après en avoir extrait la racine, qui eſt 43.

```
17 | -
81 | 439 ( 43
 4 | 8
     3

A  144
B  108
C   27
D  15507
E   1932
```

Il eſt à remarquer que ſi le nombre D ſe trouve plus grand que le reſtant de la quantité donnée, après en avoir ôté le cube de la premiere tranche, c'eſt une preuve que la ſeconde figure que l'on a trouvée eſt trop grande, & que quand la premiere figure du nombre reſtant, après en avoir ſouſtrait le nombre D, ne s'évanoüit pas, que c'eſt preſque toujours une marque que la ſeconde figure qu'on a poſée au quotient eſt trop petite.

Second Exemple.

Pour extraire la racine cube de 148089, je ſépare les chiffres qui me donnent encore deux tranches, & je dis; la racine cube de 148 eſt 5, dont le cube eſt 125, qui étant ôté de 148, reſte 23.

```
  23
 148 | 089 ( 5
```

Pour trouver la figure de la ſeconde tranche, je quarre 5 pour avoir 25, qui étant triplé donne 75, que je poſe ſous le nombre donné pour me ſervir de diviſeur, & je dis en 23 combien de fois 7, il y eſt 2, que je poſe au quotient.

```
              |  5
   23 |       |  5
  148 | 089 ( 52 | 25
   7 5        |  3
              | 75
```

E ij

Je multiplie après cela le diviseur 75 par la figure 2 que je viens de trouver, qui me donne le produit F.

```
       23 |
      1̶4̶8 | 089 ( 52
       7̶|8̶
          2
      ─────────
      F  150
```

Après cela je multiplie la seconde figure par elle-même, qui donne 4 pour son quarré, que je triple pour avoir 12, qui étant multiplié par la premiere figure 5, donne 60 au produit, que je pose à l'endroit G sous F, en avançant d'une figure sur la droite.

```
       23 |        | 2
      1̶4̶8 | 089(52 | 2
       7̶|8̶        | 4
          2        | 3
      ─────────    | ──
      F  150       | 12
      G   60       | 5
                   | 60
```

Enfin pour derniere opération, je cube 2, & je mets le produit 8 sous G à l'endroit H, en avançant d'une figure sur la droite, & additionnant après cela les trois produits F, G, H, j'ôte la somme I dé 23089, & il vient le restant K; ainsi la racine cube de 148089 est 52, & il reste 7481.

Pour sçavoir si l'on ne s'est pas trompé en faisant la regle, il faut cuber la racine 52, ou toute autre que l'on aura trouvée, & ajoûter au produit 140608 ce restant K qui est 7481 : si la somme

```
       23 |
      1̶4̶8 | 089 ( 52
       7̶|8̶
          2
      ─────────
      F  150
      G   60
      H    8
      ─────────
      I  15608
      K   7481
```

148089 est égale au nombre donné, il s'ensuivra que la regle est bonne.

Troisiéme Exemple.

Pour extraire la racine d'un plus grand nombre, comme de 99865243 : je sépare les chiffres de 3 en 3, ce qui me donne trois tranches ; & comme il faut opérer sur la premiere & la seconde de la même maniere que dans les regles précedentes, je fais abstraction de la troisiéme

DE MATHEMATIQUE.

tranche, & j'extrais la racine cube de 99865, que je trouve être 46, sur quoi il reste 2529. Or comme la premiere & la seconde tranche ont donné les figures 4 & 6 au quotient. Pour trouver celle de la troisiéme tranche, voici comme il faut operer.

Je joins sur la droite de 2529 restant des deux premieres tranches les nombres 243 de la troisiéme tranche pour avoir 2529243, qui est le restant total, auquel je cherche un diviseur, pour qu'il me donne la figure de la troisiéme tranche.

```
   35|        |-4| 6
   99|865|243(46| 4| 6
    4|8        |16|36
      6        | 3| 3
                  ——
     288        |48|108
     432            | 4
     216            |——
     ——             |432
    33336
  L 2529
```

Pour le trouver je quarre 46 pour avoir son quarré 2116, que je triple pour avoir 6348, qui est le diviseur que je cherche ; ainsi je divise donc le restant L par 6348, en disant en 25 combien de fois 6, je trouve qu'il y est 3 fois ; ayant donc posé 3 au quotient à côté des deux autres figures, je multiplie le diviseur M par le même 4 pour avoir le produit N.

```
L 2529243(463    46
M 6348           46
         3      ———
                276
                184
N 19044         ———
                2116
                   3
                ———
                6348
```

Après cela je quarre 3 pour avoir le quarré 9, que je triple pour avoir 27, que je multiplie par la premiere & la seconde figure du quotient, c'est-à-dire, par 46, & le produit me donne 1242, que je pose sous le nombre N à l'endroit O, en avançant d'une figure sur la droite.

```
L 2529243(463     3
M 6348            3
         3       ——
                  9
N 19044           3
G    1242       ——
                 27
                 46
                ——
                162
                108
                ——
                1242
```

38 Nouveau Cours

Enfin je cube 3, & je pose le produit 27 sous le nombre O à l'endroit P, en avançant d'une figure sur la droite, & j'ajoûte comme ci-devant les trois produits N, O, P, pour avoir la somme Q, que je retranche du nombre L, & la soustraction étant faite, la différence 612396 est le restant du nombre donné 99865243, après en avoir extrait la racine, qui est 463.

L	2529243 (463	3
M	6348	3
	3	9
N	19044	3
O	1242	27
P	27	
Q	1916847	
R	612396	

Si au lieu de trois tranches, il y en avoit quatre, l'on trouveroit la figure de la quatriéme tranche en quarrant les trois figures du quotient; & en multipliant le quarré par 3, qui donnera un produit qui servira de diviseur. Il en sera de même pour cinq, six ou sept tranches, &c.

MANIERE D'APPROCHER LE PLUS PRE'S qu'il est possible de la racine cube d'un nombre donné par le moyen des Décimales.

99. Supposant la toise courante divisée en 1000 parties, c'est-à-dire, en décimales, comme à la racine quarrée, la toise quarrée sera encore de 1000000, & par conséquent la toise cube sera de 1000000000. Or pour nous servir des décimales dans la racine cube comme dans la racine quarrée, il faut pour trouver la racine cube la plus approchante d'un nombre donné, le multiplier par 1000000000, & extraire la racine cube du produit. Ainsi voulant extraire la racine cube de 694, je multiplie ce nombre par le précedent pour avoir 694000000000, dont j'extrais la racine cube qui se trouve de 8895 petites parties, que je divise par 1000 pour avoir des toises; ainsi je trouve que la racine est 8 toises, & quelque chose que je trouverai en cherchant la valeur 895 en pieds, pouces, lignes, &c. pour cela je fais une regle de 3 en disant, si 1000 m'a donné

6 pieds ; combien me donneront 895 ; après avoir fait la regle, je trouve 5 pieds 4 pouces 5 lignes 3 points & $\frac{1}{4}$ de point ; ainsi la racine cube de 694 est 8 toises, 5 pieds 4 pouces 5 lignes 3 points, & $\frac{1}{4}$ de point.

100. Mais si l'on vouloit extraire la racine cube d'un nombre de toises, pieds, pouces, lignes, cubes, il faudra réduire les pieds, les pouces, les lignes en décimales, en considerant le rapport que ces parties ont avec 100000000, & faire pour la racine cube ce qui a été enseigné à l'occasion de la racine quarrée pour les pieds, pouces, lignes, quarrés, &c.

MANIERE D'EXTRAIRE LA RACINE CUBE
des Quantités litterales.

101. Pour extraire la racine cube de $a^3 + 3aab + 3abb + b^3$, il faut commencer par extraire la racine cube du premier terme a^3, qui est a *, qu'il faut poser au quotient ; ensuite ôter le cube de a de la quantité donnée : après cela il faut quarrer a, & en tripler le quarré pour avoir $3aa$, pour servir de diviseur ; ainsi l'on dira $3aab$ divisé par $3aa$, donne $+b$ * au quotient ; après quoi il faut multiplier le diviseur $3aa$ par b, & le produit sera $3aab$, qu'il faut ôter de la quantité donnée : ensuite il faut quarrer b, multiplier ce quarré par la premiere lettre a qu'on a trouvée au quotient, tripler le produit bba pour avoir $3bba$, qu'il faut encore soustraire de la quantité donnée, enfin il faut cuber b, & ôter encore le produit b^3 de la quantité donnée, & l'on verra que la réduction générale se réduit à 0, & que par conséquent la racine cube que l'on a demandée est $a+b$.

*Art. 45.

*Art. 73.

Pour être assuré de la justesse de cette regle, il faut cuber $a+b$, & si le produit est égal à la quantité donnée avec le restant, s'il y en a, c'est une preuve que l'opération est bonne.

$$a^3 + 3aab + 3abb + b^3\ (a$$
$$3aab + 3abb + b^3\ (a+b$$

$3aa$	bb
b	a
$3aab$	bba
	3
	$3abb$
	b^3

$$3aab + 3abb + b^3 - 3aab - 3abb - b^3$$

DÉMONSTRATION DE LA RACINE CUBE.

102. Pour démontrer la racine cube, nous ferons voir les raisons de chaque operation qu'il faut faire pour tirer la racine d'un nombre, comme de 97336, en supposant seulement qu'on est bien prévenu de ce qu'on a dit dans l'article 64. que le cube de toutes les grandeurs composées de deux termes, est égale au cube du premier terme, plus à trois parallelepipedes sous le quarré du premier & le second, plus à trois autres parallelepipedes sous le quarré du second & le premier, plus enfin au cube du second.

Pour extraire la racine cube du nombre donné, je sépare les chiffres comme à l'ordinaire, & puis je dis; la racine cube de 97 est 4, dont la racine cube est 64, qui étant soustrait de 97, reste 33. Mais comme le 4 que je viens de poser au quotient, doit être accompagné d'une autre figure, à cause qu'il y a deux tranches au nombre donné ; il s'enfuit que ce 4 doit valoir 40, & que c'est le cube de 40 que j'ai retranché du nombre, & non pas celui de 4; car l'on voit que le cube de 40 étant 64000, si on le retranche du nombre donné, il restera après la soustraction 33336. Ainsi regardant

DE MATHEMATIQUE. 41

40 comme le premier terme de la racine, l'on voit qu'on a retranché son cube du nombre donné.

$$\begin{array}{r|l} 33 & \\ \not{9}\not{7} & 336\,(4 \end{array}$$

Presentement pour trouver la seconde figure, je quarre 4 & je triple ce quarré qui donne 48 au produit que je pose à l'endroit A. Or si l'on fait attention qu'ayant placé le nombre 48 à l'endroit où il est, on l'a avancé de deux figures, qui font que ce nombre au lieu de valoir 48, vaut 4800 ; l'on verra qu'agissant ainsi, c'est comme si l'on avoit quarré 40, & triplé son quarré pour avoir un diviseur.

$$\begin{array}{r|l} 33 & \\ \not{9}\not{7} & 336\,(4 \\ A\ 4 & 8 \end{array}$$

Après avoir trouvé le diviseur je dis, en 33 combien de fois 4, je trouve qu'il y est 6, je pose donc 6 au quotient, qui devient le second terme de la racine. Après cela je multiplie le diviseur par le second terme pour avoir le produit B, qui vaut, comme on le peut voir dans le lieu où il est 28800, qui est une quantité égale à trois parallelepipedes compris sous le quarré du premier terme, & sous le second, c'est-à-dire, sous le quarré de 40 & sous 6 ; car quand on a triplé le quarré de 4 ou autrement celui de 40, l'on n'a fait autre chose que joindre ensemble les trois bases des premiers parallelepipedes, pour leur chercher une hauteur commune.

$$\begin{array}{r|l} & 97\,|\,336\,(46 \\ A & 4\,|\,8 \\ & 6 \\ \hline B & 288 \end{array}$$

Continuant donc à suivre la regle ordinaire, je quarre 6 & triple son quarré pour avoir 108, qui étant multiplié par la premiere figure 4, donne 432, que je pose à l'endroit C, en faisant attention qu'à la place où est ce nombre, il vaut 4320, & qu'agissant ainsi, c'est comme

E

42 Nouveau Cours

si j'avois multiplié par 40 le triple du quarré 6, c'est-à-dire, 108 ; par conséquent je puis donc dire que le nombre C vaut trois parallelepipedes compris sous le quarré du second terme, & sous le premier, puisque quand j'ai triplé le quarré du second terme, je n'ai fait autre chose que mettre ensemble les trois bases des trois parallelepipedes du second terme pour les multiplier par le premier qui est leur hauteur commune.

Enfin en suivant la regle, je cube la seconde figure pour avoir 216, que je pose à l'endroit D, c'est-à-dire, que j'ajoûte aux parallelepipedes précedens, le cube du second terme ; additionnant donc les trois quantités B, C, D, pour avoir la somme E, je vois que la soustrayant du restant du nombre donné, il n'y a aucune différence, & que par conséquent la véritable racine du nombre donné est 46, puisqu'en ayant ôté le cube de la premiere quantité, trois parallelepipedes sur le quarré de la premiere & la seconde, trois parallelepipedes sous le quarré de la seconde & sous la premiere, & le cube de la seconde, il n'est rien resté.

```
        33
        97 | 336 (46
     A   4 | 8
             6
     B   288
     C   432
     D   216
     E  33336
```

L'on pourra démontrer de même les opérations que l'on fera pour trois tranches, quatre tranches, &c. en considérant (comme on l'a dit dans la démonstration de la racine quarrée) les figures de la premiere & seconde tranche, comme ne faisant que le premier terme de la racine, & celle de la troisiéme, comme étant le second terme. Ainsi des autres.

MÉTHODE DE DÉGAGER LES QUANTITEZ
inconnues des Equations.

DÉFINITION.

103. Lorsqu'une quantité est positive, & qu'elle ne se trouve qu'une seule fois dans un seul membre d'une équation, on l'appelle *Quantité dégagée*; par exemple, dans l'équation $a+b=x$, la quantité x est une quantité dégagée.

AXIOME * PREMIER.   *Art. 3.

104. Si à des grandeurs égales on en ajoute d'égales, les tous seront égaux.

II.

105. Si de grandeurs égales on en retranche d'égales, les restes seront égaux.

III.

106. Si l'on multiplie des grandeurs égales par une même grandeur, les produits seront égaux.

IV.

107. Si l'on divise des grandeurs égales par une même grandeur, les quotiens seront égaux.

V.

108. Si l'on extrait la racine des quantités égales, ces racines seront égales.

SECONDE REGLE.

Où l'on fait voir l'usage de l'Addition & de la Soustraction pour le dégagement des inconnues.

109. Pour dégager une quantité, il faut faire passer les grandeurs qui l'accompagnent dans l'autre membre

avec des signes contraires, & les effacer du membre où elles étoient.

Par exemple, si l'on a une équation $a+c=x-d$, pour dégager x, il faut faire passer $-d$ du second membre dans le premier, avec le signe $+$, & l'on aura $a+c+d=x$, ou la quantité x est dégagée, puisque sa valeur est $a+c+d$; car comme on n'a fait qu'ajouter d à chaque membre d'équation, il s'ensuit par l'axiome premier, qu'on n'a rien changé à l'égalité.

De même, pour dégager y dans l'équation $y+a=b+c$, l'on fera passer a du premier membre dans le second avec le signe $-$ pour avoir $y=b+c-a$, qui donne la valeur de y; puisque par le second axiome on n'a fait que retrancher de deux grandeurs égales la même grandeur.

COROLLAIRE.

110. Il suit de la Regle précedente, premierement, que l'on peut rendre tous les termes d'une équation positifs, en transposant ceux qui ont le signe $-$ d'un membre de l'équation dans l'autre, en leur donnant le signe $+$. Par exemple, pour rendre positifs tous les termes de l'équation $ab-cc+cd-dd=aa+bb$, il n'y a qu'à faire passer les termes cc & dd, qui ont le signe $-$ du premier membre dans le second, en leur donnant le signe $+$, & après les avoir effacé du premier membre, l'on aura $ab+cd=aa+bb+dc+dd$, où il n'y a plus de quantités negatives. De même si l'on a $aa-dd+cd-ab=ac+cc-ad$, l'on n'a qu'à faire passer dd & ab du premier membre dans le second, & aa du second dans le premier avec des signes contraires, l'on aura $aa+cd+ad=ac+cc+dd+ab$, où il n'y a plus de termes negatifs.

111. L'on peut encore par la même Regle faire passer tous les termes d'un des membres d'une équation dans l'autre en réduisant l'égalité à 0; car pour faire passer, par exemple, les termes du second membre de cette équation $aa+bb=cd+bc-dd$ dans le premier, l'on n'a qu'à transposer les termes, en leur donnant des signes contraires, & l'on aura $aa+bb-cd-bc+dd=0$.

Troisiéme Regle.

Où l'on fait voir l'usage de la Multiplication pour dégager les inconnues, & pour délivrer de fractions les équations.

112. Pour dégager une quantité qui se trouve divisée par quelque nombre, ou par quelque lettre, il faut multiplier les autres termes de l'équation par le diviseur de cette quantité, sans toucher à cette quantité, que pour en effacer le diviseur: ainsi pour dégager $\frac{xx}{c}$ dans l'équation $a+b=\frac{xx}{c}$, il faut multiplier le terme $a+b$ par le diviseur c, & l'on aura $ac+bc=xx$ où xx est dégagé: de même si l'on avoit $c+b=\frac{z}{2}$, il faut pour dégager $\frac{z}{2}$ multiplier les termes $c+b$ par le diviseur 2, & l'on aura $2c+2b=z$; ce qui est bien évident par le troisiéme axiome, puisqu'ayant multiplié les deux membres de cette équation par une même quantité, on n'a rien changé à l'égalité.

Corollaire.

113. Comme la division indiquée ou autrement $\frac{a}{b}$ n'est autre chose qu'une fraction. Il s'ensuit par la Regle précedente que l'on peut non-seulement dégager les quantités inconnues qui sont divisées, mais que l'on peut encore délivrer de fractions, les termes d'une équation, en multipliant tous les autres termes de l'équation par les dénominateurs des fractions. Par exemple, pour ôter la fraction qui se trouve dans l'équation $a+\frac{dd}{c}+b=d+c$, je multiplie tous ces termes par le dénominateur c de la fraction $\frac{dd}{c}$, & il vient $ac+dd+bc=dc+cc$, où il n'y a plus de fractions. Pour ôter les fractions de l'équation $xd+\frac{bbc}{a}-cc=dd-\frac{aad}{c}+bc$, je commence par multiplier

tous les termes de l'équation par le dénominateur a de la premiere fraction pour avoir $adx + bbc - acc = add - \frac{aaad}{c} + abc$, où il n'y a plus de fractions dans le premier membre; ensuite je multiplie tous les termes de cette nouvelle équation par le dénominateur de la seconde fraction pour avoir $adcx + bbcc - accc = acdd - a^3d + abcc$, où il n'y a plus de fractions. Enfin si l'on avoit une équation comme $\frac{a}{b} + \frac{c}{d} + \frac{x}{a} = \frac{b}{c} + \frac{y}{e}$, l'on en feroit évanouir toutes les fractions, en multipliant chaque dénominateur par le numerateur de toutes les autres fractions, & l'on aura $aacde + abcce + bcdex = abbde + abcdy$.

114. Mais au lieu de multiplier l'un après l'autre chaque dénominateur par tous les numerateurs des autres fractions, on peut tout d'un coup ôter les fractions d'une équation, en multipliant chaque terme par le produit de tous les dénominateurs, & puis effacer dans les numerateurs & les dénominateurs de chaque fraction, les lettres qui se trouvent semblables.

Quatriéme Regle.

Où l'on fait voir l'usage de la division pour dégager les inconnues.

115. Lorsqu'une quantité inconnue, que l'on veut dégager, est multipliée par une grandeur connue, on dégagera l'inconnue, en divisant chaque membre de l'équation par cette grandeur connue.

Ainsi pour dégager l'inconnue x dans l'équation $ax = bb - cc$, l'on divisera chaque membre par a, & l'on aura

Art. 70. $x = \frac{bb-cc}{a}$: de même si l'on a $cz = dd + az$, on dégagera l'inconnue z en faisant passer az du second membre dans le premier, avec un signe contraire, pour avoir $cz - az = dd$, & divisant chaque membre par $c - a$, l'on aura

DE MATHEMATIQUE.   47

$z = \frac{dd}{c-a}$; ce qui est bien évident par l'axiome quatriéme, puisqu'ayant divisé chaque membre de l'équation par la même grandeur, les quotiens doivent être égaux.

COROLLAIRE.

116. Il suit de cette Regle, que lorsque tous les termes d'une équation sont multipliés par une même lettre, ou par une même grandeur, qu'on peut rendre l'équation plus simple, en divisant tous les termes par cette grandeur.

Par exemple, si l'on a $aa + ab = ac - ad$, où tous les termes sont multipliés par a, l'on n'a qu'à diviser les deux membres de cette équation par cette même lettre a, il viendra l'équation $a + b = c - d$, qui est plus simple que la précedente; mais s'il se trouvoit quelque terme qui ne pût pas être divisé comme les autres, ne contenant pas des lettres semblables au diviseur : cela n'empêche pas que la division ne se fasse toujours, parce que quand on ne peut pas la faire effectivement à l'égard de quelque terme, on la fait par indiction.

Par exemple, pour diviser cette équation $abb - cbb = cdx + bbe$ par bb, dans laquelle il y a le terme cdx, qui n'a point de lettres semblables au diviseur, l'on efface bb des autres termes, & l'on marque pour celui-ci $\frac{cdx}{bb}$: ainsi l'on a $a - c = \frac{cdx}{ab} + e$.

117. Enfin lorsque les deux membres d'une équation ont un diviseur commun, on pourra les réduire à une équation plus simple, en divisant chaque membre par le diviseur qui leur est commun.

Par exemple, si l'on a une équation comme $bbx - bxx = bba - bax$, dont les membres ont pour diviseur commun $bb - bx$, l'on fera la division, qui donnera cette autre équation $x = a$.

CINQUIÉME REGLE.
Où l'on fait voir l'usage de l'Extraction des racines pour dégager les inconnues.

118. Quand on a une équation, où l'un des membres ne contient que des grandeurs connues, & que l'autre où est l'inconnue est un quarré ou un cube parfait, il faut extraire la racine de ces deux membres pour avoir une nouvelle équation, dans laquelle on pourra dégager l'inconnue.

*Art.94.
*Art.109. Par exemple, si l'on a $xx + 2ax + aa = bc + dd$; où le premier membre de cette équation est un quarré parfait, on extrait la racine quarrée de chaque membre * pour avoir $x + a = \sqrt[2]{bc + dd}$; d'où faisant passer a * du premier membre dans le second, l'on aura $x = \sqrt[2]{bc + dd} - a$; qui fait voir que si l'on extrait la racine quarrée de $bc + dd$, & que l'on ôte de cette racine la grandeur a, la différence sera la valeur de x.

*Art.95.
*Art.109. De même pour dégager x de $xx - 2ax + aa = bb$, j'extrais la racine quarrée de chaque membre *, qui donne $x - a = b$, ou bien $x = b + a$ *.

119. Comme le premier membre de l'équation $x^3 + 3axx + 3aax + a^3 = aab$ est un cube parfait, en tirant la racine cube de chaque membre, l'on aura l'équation

*Art.101. plus simple $x + a = \sqrt[3]{aab}$ *, & en transposant, l'on aura $x = \sqrt[3]{aab} - a$, qui fait voir que si l'on extrait la racine cube de aab, & que l'on ôte de cette racine la grandeur a, la différence sera la valeur de x.

Le premier membre de cette équation $x^3 - 3axx + 3aax - a^3 = bdd$ étant encore un cube parfait, si l'on extrait la racine cube de chaque membre, l'on aura $x - a = \sqrt[3]{bdd}$, & en dégageant x, l'on aura $x = a + \sqrt[3]{bdd}$, qui fait voir que la grandeur a, plus la racine bdd est égale à x.

120. Il arrive quelquefois qu'on peut rendre le membre d'une équation où est l'inconnue, une puissance parfaite, en lui ajoûtant une grandeur connue : par exemple, si l'on ajoûte aux membres de l'équation $xx + 2ax = bc$ le quarré aa, l'on aura $xx + 2ax + aa = bc + aa$, où le premier membre est un quarré*; ainsi extrayant la racine quarrée de l'un & de l'autre membre, l'on aura $x + a = \sqrt[2]{bc + aa}$ *, ou bien en dégageant x, $x = \sqrt[2]{bc + aa} - a$. *Art.63. *Art.94.

De même, si l'on ajoûte aa à chaque membre de l'équation $xx - 2ax = cd$, l'on aura $xx - 2ax + aa = cd + aa$, où le premier membre est un quarré : ainsi extrayant la racine quarrée de l'un & l'autre membre, l'on aura $x - a = \sqrt[2]{cd + aa}$, ou bien $x = a + \sqrt[2]{cd + aa}$.

121. Mais si l'on avoit $xx + ax = ab$, l'on pourra encore changer le premier membre en un quarré parfait, en ajoûtant $\frac{1}{4} aa$ à l'un & l'autre membre pour avoir $xx + ax + \frac{1}{4} aa = ab + \frac{1}{4} aa$, ou la racine du premier membre est $x + \frac{1}{2} a$; car si l'on multiplie $x + \frac{1}{2} a$ par $x + \frac{1}{2} a$, le produit sera le quarré de x plus deux demi xa, qui font ensemble xa plus le quarré de $\frac{1}{2} a$, qui est $\frac{1}{4} aa$; ainsi l'équation précédente se changera en celle-ci, après en avoir extrait la racine, $x + \frac{1}{2} a = \sqrt[2]{ab + \frac{1}{4} aa}$, ou bien $x = \sqrt[2]{ab + \frac{1}{4} aa} - \frac{1}{2} a$, qui donne la valeur de x.

122. Enfin si l'on a $xx - ax = bc$, & que l'on ajoûte encore à chaque membre $\frac{1}{4} aa$, l'on aura $xx - ax + \frac{1}{4} aa = bc + \frac{1}{4} aa$, où le premier membre est un quarré ; ainsi extrayant la racine de l'un & l'autre membre, il viendra $x - \frac{1}{2} a = \sqrt[2]{bc + \frac{1}{4} aa}$, ou bien $x = \frac{1}{2} a + \sqrt[2]{bc + \frac{1}{4} aa}$.

Art. 121.
$x + \frac{1}{2}a$
$x + \frac{1}{2}a$
―――――――
$xx + \frac{1}{2}xa$
$\quad + \frac{1}{2}xa + \frac{1}{4}aa$
―――――――
$xx + xa + \frac{1}{4}aa$

Art. 122.
$x - \frac{1}{2}a$
$x - \frac{1}{2}a$
―――――――
$xx - \frac{1}{2}xa$
$\quad - \frac{1}{2}xa + \frac{1}{4}aa$
―――――――
$xx - xa + \frac{1}{4}aa$

SIXIÉME REGLE.

Où l'on donne la maniere de substituer dans une équation la valeur des inconnues.

123. Quand on connoît la valeur de quelques lettres que l'on veut faire évanoüir dans une équation, on substitue à leur place les quantitez qui leur sont égales, en leur donnant le même signe.

Par exemple, si l'on a l'équation $a + z = y + b - c$, où l'on veut faire évanoüir z, & que l'on suppose $z = d + e$ l'on effacera z dans l'équation, & l'on mettra à sa place sa valeur $d + e$, & l'on aura ensuite $a + d + e = y + b - c$ où z ne se trouve plus, si l'on a cette équation $b + d - x = c + z$, dans laquelle on veut faire évanoüir x, supposant que $x = a - e$, l'on effacera x, & l'on mettra à sa place $-a + e$, à cause que x a le signe $-$, & l'on aura $b + d - a + e = c + z$, où x ne se trouve plus.

124. Si la lettre qu'on veut faire évanoüir est multipliée ou divisée dans l'équation par quelque autre grandeur, il faut multiplier ou diviser sa valeur par cette même grandeur, & l'écrire dans l'équation avec le même signe.

Par exemple, si de l'équation $bb + ax - cc = ad + aa - yy$, l'on veut faire évanoüir x, supposant que $x = e + f$, il faut, à cause que x est multiplié par a dans l'équation, multiplier sa valeur $e + f$ par la même lettre a pour avoir $ax = ae + af$, & mettant $ae + af$ à la place de ax, l'on aura $bb + ae + af - cc = ad + aa - yy$, où x ne se trouve plus.

125. Pour faire évanoüir de l'équation $cc + yy - 2db = aa - bz$, la lettre z supposant que $z = d - e + g$, il faut multiplier la valeur de z par b pour avoir $bz = bd - be + bg$, & comme bz a le signe — dans l'équation, il faut changer les signes de $bd - be + bg$, & mettre dans l'équation $-bd + be - bg$, & l'on aura $cc + yy - 2db = aa - bd + be - bg$, ou z ne se trouve plus.

126. Pour faire évanoüir y de l'équation $2ab + ze = be + \frac{ddy}{a-f}$, supposant que l'on a $y = e - g$, il faut multiplier $e - g$ par dd pour avoir $ddy = dde - ddg$: mais comme ddy est divisé par $a - f$ dans l'équation, il faut pour y substituer $dde - ddg$ le diviser aussi par $a - f$, & alors on aura $2ab + ze = be + \frac{dde - ddg}{a-f}$, où y ne se trouve plus.

127. Pour faire évanouir u de l'équation $aa + dd = au + bd$, supposant que l'on a $u = \frac{aa - cc + fg}{b+d}$, il faut, à cause que u est égal à une fraction, multiplier le numérateur de cette fraction par a pour avoir $au = \frac{a^3 - acc + afg}{b+d}$, & puis mettre à la place de au dans la premiere équation la fraction qui lui est égale, & l'on aura $aa + dd = \frac{a^3 - ace + afg}{b+d} + bd$, où u ne se trouve plus.

Et si l'on veut ôter la fraction de cette équation, l'on n'aura qu'à multiplier les autres termes par le dénominateur * $b + d$, & l'équation sera transformée en celle-ci (après avoir effacé les termes bdd, qui se trouvent dans l'un & l'autre membre avec le même signe *) $aab + aad + d^3 = a^3 - acc + afg + bbd$. * Art. 12.
* Art. 105.

128. Si la lettre qu'on veut faire évanoüir est le côté d'un quarré ou d'un cube, il faut quarrer ou cuber sa valeur, & mettre son quarré ou son cube dans l'équation à la place du quarré ou du cube de la lettre qu'on veut faire évanoüir.

Par exemple, si l'on veut faire évanoüir y de l'équation $yy - 2bd = 2ax + dd$, supposant que $y = b+d$, il faut quarrer la valeur de y pour avoir $yy = bb + 2bd + dd$, & mettre la valeur du quarré de y à la place de yy, & l'on aura $bb + 2bd + dd - 2bd = 2ax + dd$, & effaçant $+ 2bd$ & $- 2bd$, qui se détruisent dans le premier membre, & dd qui se trouve dans le premier & le second membre avec le même signe, l'équation se réduira à $bb = 2ax$; d'où dégageant x en divisant les deux membres de l'équation par $2a$, l'on aura $\frac{bb}{2a} = x$, qui donnera la valeur de x.

L'on pourra de même substituer dans une équation la valeur d'un cube, quand on connoîtra celle de sa racine.

Comme l'on ne fait en substituant, que mettre une grandeur égale à la place d'une autre dans une équation, il s'ensuit que les deux membres de l'équation demeurent toûjours égaux.

Septiéme Regle.

Où l'on fait voir comment on peut faire évanoüir toutes les inconnues d'une équation.

129. Pour résoudre un Problême par l'Algébre, il faut commencer par considérer attentivement l'état de la question, & toutes les conditions qu'elle renferme, ensuite marquer ce que l'on connoît avec les premieres lettres de l'alphabet, & ce que l'on ne connoît pas avec les dernieres; & considérant le Problême comme résolu, l'on tirera autant d'équations qu'on a employé de lettres inconnues, lesquelles seront nommées les premieres équations.

On choisira la plus simple de ces équations pour dégager une des inconnues qu'elle renferme, & ayant trouvé la valeur de cette inconnue, on la sustituera dans les autres équations aux endroits où cette inconnue se trouvera.

DE MATHEMATIQUE.

On recommencera de nouveau à choisir la plus simple des autres équations pour y dégager une seconde inconnue, & l'on substituera comme auparavant la valeur de cette lettre dans les autres équations, & l'on réïterera la même chose pour faire évanoüir l'une après l'autre toutes les lettres inconnues; & de cette maniere on trouvera la valeur connue de toutes les inconnues; ce qui donnera la résolution du Problême.

Pour rendre ceci plus sensible, nous allons faire évanoüir toutes les lettres inconnues des trois équations $x+y=z+a$, $y+z=b+x$, & $x+z=c+y$. Pour cela je commence par chercher la valeur de z dans la premiere équation, en la dégageant de a que je fais passer dans l'autre membre avec le signe contraire *, afin d'avoir $x+y-a=z$, qui me donne la valeur de z; ensuite je mets cette valeur à la place de z dans les autres équations *, qui se trouvent changées en celle-ci, $2y+x-a=b+x$, & $2x+y-a=c+y$; & comme x se trouve dans le premier & le second membre de la premiere équation avec le signe $+$, de même que y dans la seconde: je les efface, & en dégageant les inconnues * qui restent, il vient $2y=b+a$, & $2x=c+a$, ou bien $y=\frac{b+a}{2}$ & $x=\frac{c+a}{2}$*, où les valeurs de x & de y se trouvent d'elles-mêmes, sans avoir été obligé de faire une seconde substitution. Or si l'on met présentement dans la premiere équation où l'inconnue z a été dégagée la valeur de x & de y*, l'on aura $\frac{b+a+c+a}{2} - a = z$, ou bien $\frac{b+c}{2} = z$. Par conséquent on a trouvé la valeur des inconnues x, y & z en lettres connues.

* Art. 109.

* Art. 123.

* Art. 109.

* Art. 115.

* Art. 123.

AVERTISSEMENT.

On s'est contenté de donner seulement un petit exemple de cette Regle, parce qu'on en va voir l'application, aussi-bien que des précedentes dans la résolution de plusieurs Problêmes curieux, que l'on a rapportez exprès

NOUVEAU COURS

pour familiariser les Commençans avec le calcul Algebrique, & pour rendre interessant ce que l'on a vû jusqu'ici, qu'il est à propos d'entendre parfaitement pour avoir le plaisir de comprendre sans peine tout ce qui compose la suite de cet Ouvrage.

APPLICATION DES REGLES PRECEDENTES
à la résolution de plusieurs Problêmes curieux.

PREMIERE QUESTION.

Trois personnes ont gagné ensemble au jeu 875 livres ; la seconde personne a gagné deux fois autant que la premiere, & 10 livres de plus : la troisiéme a gagné autant que la premiere & la seconde, & 15 livres de plus ; on demande combien chaque personne a gagné.

Pour résoudre cette Question, j'appelle x le gain de la premiere personne, par consequent celui de la seconde sera $2x$, parce qu'elle a gagné le double de la premiere, & comme elle a gagné encore 10 livres de plus, son gain sera $2x+10$. Or comme la troisiéme personne a gagné autant que la premiere & la seconde, & même 15 livres de plus, j'ajoûte ensemble le gain des deux premieres personnes, c'est-à-dire, x & $2x+10$ pour avoir $3x+10$: à quoi ajoûtant 15, le gain de la troisiéme personne sera $3x+25$; & comme le gain de trois personnes est égal à 875, je forme cette équation $x+2x+10+3x+25 = 875$: d'où je dégage la quantité inconnue, en faisant passer la somme des nombres que je connois du premier membre dans le second avec le signe — *& réduisant le tout au moindre terme, il vient cette nouvelle équation $6x = 875 - 35$, ou bien $6x = 840$, que je divise par 6 *, pour avoir $x = 140$, qui me fait voir que la premiere personne a gagné 140 livres. Pour avoir le gain de la seconde je double 140, & j'ajoûte 10 au produit, qui donne $2x+10 = 290$. Enfin si j'ajoûte cette équation à la précedente, & 15 à la somme, j'aurai la valeur

*Art. 109.
*Art. 115.

DE MATHEMATIQUE. 55

du gain de la troisiéme personne, c'est-à-dire, $3x+25 = 445$: par conséquent la premiere personne a gagné 140 livres, la seconde 290 livres, la troisiéme 445 liv. ce qui est bien évident, puisque ces trois sommes font ensemble 875 livres.

SECONDE QUESTION.

Quatre Sapeurs ont fait chacun une quantité de toises de sappe, & ils ont gagné ensemble 140 livres : le second Sapeur a gagné trois fois plus que le premier moins 8 livres : le troisiéme a gagné la moitié de ce qu'ont gagné ensemble le premier & le second moins 12 livres ; & le quatriéme a gagné autant que le premier & le troisiéme. L'on demande combien ils ont gagné chacun.

Pour résoudre cette Question, j'appelle x le gain du premier Sapeur ; ainsi $3x-8$ sera le gain du second, $2x-16$ le gain du troisiéme, & $3x-16$ le gain du quatriéme ; & comme toutes ces quantitez prises ensemble sont égales à 140 l. je forme cette équation $x+3x-8+2x-16+3x-16=140$, que je réduis en moindre terme, en ajoûtant ensemble toutes les quantitez semblables*, & il vient $9x-40=140$, ou bien $9x=180$, en faisant passer 40 du premier membre dans le second. Or si l'on divise les membres de cette équation par 9 * pour dégager l'inconnue, l'on trouvera $x=20$, qui donne le gain du premier Sapeur, qui est 20 livres : ainsi celui du second, qui est $3x-8$, sera 52 livres ; celui du troisiéme, qui est $2x-16$, sera 24 livres ; & celui du quatriéme, qui est $3x-16$, sera 44 livres ; ce qui est bien évident, puisque ces quatre sommes prises ensemble sont égales à 140 livres.

* Art. 51.

* Art. 115.

TROISIE'ME QUESTION.

Cinq Canoniers ont tiré dans un après-midi 96 coups de Canons : le second a tiré le double du premier, plus 2 coups ; le troisiéme a tiré autant que le premier & le second moins 6 coups; le quatriéme a tiré autant que le second & le troisiéme, plus 10 coups; & le cinquiéme a tiré autant que le premier & le quatriéme, moins 20 coups : On demande combien de coups de Canon ils ont tiré chacun.

Ayant nommé x la quantité de coups que le premier a tiré, je trouverai pour le second $2x+2$; pour le troisiéme $3x+2-6$, ou, ce qui est la même chose, $3x-4$; pour le quatriéme $5x+2-4+10$, ou bien $5x+8$; enfin pour le cinquiéme $6x+8-20$, ou bien $6x-12$. Or comme toutes ces quantitez prises ensemble doivent être égales à 96, je forme cette équation $x+2x+2+3x-4+5x+8+6x-12=96$, que je réduis en moindre terme, en ajoûtant dans une somme toutes les quantitez connues qui ont le signe + & le signe − *, & il vient $17x-6=96$, ou bien $17x=102$, après avoir fait passer − 6 du premier membre dans le second. Pour sçavoir présentement la valeur de x, je divise cette équation par 17 *, & je trouve $x=6$; ce qui fait voir que le premier Canonier a tiré 6 coups; ainsi le second, qui est $2x+2$, en aura tiré 14; le troisiéme, qui est $3x-4$, en aura aussi tiré 14; le quatriéme, qui est $5x+8$, en aura tiré 38; & le cinquiéme, qui est $6x-12$, en aura tiré 24; ce qui est évident, puisque tous ces nombres pris ensemble font 96.

* Art. 51.

* Art. 15.

QUATRIÉME QUESTION.

Un Officier de Mineurs a fait faire en trois mois mille toises courantes de galerie de Mine; il a fait le second mois le double de l'ouvrage du premier, & 50 toises de plus, parce qu'il a reçû un renfort de Mineurs : le troisiéme mois il a fait 200 toises d'ouvrage de moins que le second, parce qu'une partie de son monde est tombé malade. On demande combien il a fait de toises de galerie de Mine dans le premier mois, dans le second & dans le troisiéme.

Pour

DE MATHEMATIQUE. 57

Pour résoudre cette Question, je nomme x la quantité de toises de galerie de Mines qui s'est faite le premier mois, $2x+50$ pour ce qui s'est fait le second mois, & $2x+50-200$, ou bien $2x-150$ pour la quantité qui a été faite dans le troisiéme mois, & comme la somme de ces quantités doit être égale à 1000 toises, je forme cette équation $x+2x+50+2x-150=1000$, qui étant réduit *, donne $5x-100=1000$, ou bien $5x=1100$, & divisant chaque membre de cette équation par 5 *, l'on aura $x=220$; ce qui fait voir que dans le premier mois on a fait 220 toises courantes de galerie de Mines; par conséquent on en a fait 490 toises le second mois, & 290 le troisiéme mois : ce qui est évident, puisque ces trois quantités font ensemble 1000 toises.

*Art. 51.

* Art. 115.

CINQUIE'ME QUESTION.

On a fait un détachement de Grenadiers pour attaquer un Poste, parmi lesquels il s'en trouve deux qui raisonnant ensemble sur les Grenades qu'ils ont dans leurs poches, le premier dit au second : Si tu m'avois donné une de tes Grenades, j'en aurois autant que toi; & le second lui répond : Si tu m'en avois donné une des tiennes, j'aurois le double de celles que tu as. On demande combien ils avoient de Grenades chacun.

Comme cette question renferme deux inconnues, je nomme y le nombre des Grenades qu'a le premier Grenadier, & z le nombre de celles qu'a le second; & puis je fais autant d'équations comme il y a d'inconnues, selon l'art. 129. Or pour former la premiere je dis : Si y avoit une Grenade de plus, & z une Grenade de moins, y seroit égal à z : ainsi je puis écrire $y+1=z-1$; & puis pour la seconde équation je fais encore ce raisonnement : Si z avoit une Grenade de plus, & y une Grenade de moins, z seroit double de y; par conséquent je puis donc écrire $z+1=2y-2$. Presentement que j'ai autant d'équations que d'inconnues, je dégage l'inconnue z de

H

la première équation, en faisant passer -1 du second membre dans le premier * pour avoir $y+2=z$: ensuite je substitue dans la seconde équation à la place de z sa valeur *, & il vient $y+3=2y-2$, où z ne se trouve plus *, & faisant passer -2 du second membre dans le premier, il vient $y+5=2y$, & effaçant y de part & d'autre, j'aurai cette équation $5=y$*, qui me donne la valeur de y, & substituant la valeur de y dans l'équation où z est dégagé, l'on aura $7=z$; par conséquent le premier Grenadier avoit cinq Grenades, & le second sept : ce qui est bien évident, puisque ces deux nombres s'accordent avec les conditions du Problême.

* Art. 109.
* Art. 123.
* Art. 124.
* Art. 105.

SIXIEME QUESTION.

Trois Bombardiers ont jetté en une journée une certaine quantité de Bombes dans une Place assiegée : le premier & le second en ont jetté ensemble 20 plus que le troisiéme, le second & le troisiéme 32 plus que le premier, & le premier & le troisiéme 28 plus que le second. On demande combien chaque Bombardier a jetté de Bombes.

Comme les quantités connues dans cette Question sont exprimées par des nombres, nous substituerons à leur place dans le calcul Algebrique les premieres lettres de l'alphabet : ainsi au lieu de 20, 32, 28, nous prendrons a, b, c, parce que nous supposerons que $20=a, 32=b, 28=c$ pour rendre la résolution de ce Problême plus generale ; & nous nommerons x la quantité de Bombes que le premier Bombardier a jetté, y la quantité du second, & z la quantité du troisiéme.

Cela posé, je dis : Si de $x+y$, qui exprime la quantité de Bombes qu'ont jetté le premier & le second Bombardier, je soustrais a, qui exprime la quantité de Bombes que le premier & le second Bombardier ont tiré plus que le troisiéme, j'aurai $x+y-a=z$ pour la premiere équation ; $y+z-b=x$ pour la seconde, & $x+z-c=y$ pour la troifiéme. Or confidérant que j'ai trois équations qui renferment chacune trois inconnues, je cherche la valeur d'une de ces inconnues, pour la fubftituer dans les autres équations, aux endroits où cette inconnue fe trouvera*; & comme la premiere équation $x+y-a=z$ me donne la valeur de z, qui eft la quantité $x+y-a$, je la mets dans la feconde & la troifiéme équation à la place de z; enfuite elles fe trouveront changées en celles-ci $y+x+y-a-b=x$, & $x+y-a+x-c=y$, dont les termes étant rendus pofitifs, & réduits à leur plus fimple expreffion, donnent $2y=a+b$, & $2x=a+c$, qui étant divifés par 2, *donnent enfin $y=\frac{a+b}{2}$, & $x=\frac{a+c}{2}$. Or comme il n'y a plus d'inconnues dans ces deux équations, il faut revenir à la premiere, c'eft-à-dire, à $x+y-a=z$; afin de fubftituer à la place de x & de y leur valeur $\frac{a+b}{2}$ & $\frac{a+c}{2}$ pour avoir $\frac{1}{2}a+\frac{1}{2}b+\frac{1}{2}a+\frac{1}{2}c-a=z$ *, ou bien $\frac{b+c}{2}=z$ (parce que deux demi $+a$ détruifent $-a$) on a donc la valeur de z, qui eft la derniere quantité qu'il reftoit à connoître.

* Art. 129.

* Art. 115?

* Art. 139.

Prefentement que je fçais que $x=\frac{a+c}{2}$, que $y=\frac{a+b}{2}$, & que $z=\frac{b+c}{2}$, je prends à la place de la moitié de $a+c$ la moitié des quantités qu'ils repréfentent, c'eft-à-dire, la moitié de 20 & de 28, pour avoir 24, qui fera la valeur de x. A la place de la moitié de $a+b$ je prend la moitié de 20 & de 32 pour avoir 26, qui eft la valeur de y, & à la place de la moitié de $c+b$ je prends la moitié de 28 & de 32 pour avoir 30, qui fera la valeur de z: d'où je conclus que le premier Bombardier a jetté 24 Bombes, le fecond 26, & le troifiéme 30; ce qui eft évident, puifque ces nombres fe rencontrent avec les conditions de la Queftion.

SEPTIEME QUESTION.

L'on a assiegé une Place, dont la Garnison étoit composée de troupes Allemandes, Angloises, Hollandoises, & Espagnoles. Après la prise de la Place l'on a trouvé qu'il y avoit eu ensemble autant d'Allemands, d'Anglois & de Hollandois de tuez, moins 620 hommes que d'Espagnols ; autant d'Allemands, d'Anglois & d'Espagnols ensemble moins 460 hommes que de Hollandois ; autant d'Allemands, de Hollandois & d'Espagnols ensemble moins 380 hommes que d'Anglois : enfin autant d'Anglois, de Hollandois & d'Espagnols ensemble moins 500 hommes que d'Allemands. On demande combien il y a eu d'Allemands de tuez, combien d'Anglois, de Hollandois & d'Espagnols.

Ayant nommé u le nombre d'Allemands, x celui des Anglois, y celui des Hollandois, & z celui des Espagnols, nous supposerons que $620 = a$; que $460 = b$: que $380 = c$, & que $500 = d$, afin de rendre la solution de la Question plus generale.

Cela posé comme cette question me donne quatre équations, j'écris $u + x + y = z + a$ pour la premiere, $u + x + z = y + b$ pour la seconde, $u + y + z = x + c$ pour la troisiéme, & $x + y + z = u + d$ pour la quatriéme. Après cela je dégage une inconnue dans la premiere équation*, qui sera, par exemple, z pour avoir $u + x + y - a = z$, qui me donne la valeur de z, que je substitue dans les trois autres équations, qui sont changées en celles-ci, $u + x + u + x + y - a = y + b$, $u + y + u + x + y - a = x + c$, & $x + y + u + x + y - a = u + d$, ou bien en celles-là, $2u = a + b - 2x$, $2y = a + c - 2u$, & $2x = a + d - 2y$, après les avoir réduit en moindres termes, & dégagé $2u$, $2x$, & $2y$, ou prenant la valeur de $2u$ pour la substituer dans l'équation $2y = a + c - 2u$, il vient $2y = c + c - a - b + 2x$, où u ne se trouve plus* : & si à la place de $2y$ je mets sa valeur dans l'équation $2x = c + d - 2y$, il viendra cette derniere équation, $2x = a + d - a - c + a + b - 2x$,

*Art. 129.

*Art. 129.

DE MATHEMATIQUE. 61

ou bien $x = \frac{a+d-c+b}{4}$ *, où il n'y a plus d'inconnues: or si à la place de $2x$, dans l'équation $2u = a+b-2x$, l'on met la moitié de la valeur de $4x$, c'est-à-dire, $\frac{1}{2}a + \frac{1}{2}d - \frac{1}{2}c + \frac{1}{2}b$, l'on aura $2u = a+b - \frac{1}{2}a - \frac{1}{2}d + \frac{1}{2}c - \frac{1}{2}b$ ou $2u = \frac{a+b-d+c}{2}$, ou $u = \frac{a+b-d+c}{4}$, qui donne la valeur de u, & si l'on met dans l'équation $2y = a+c-2u$, la moitié de la valeur $4u$, c'est-à-dire, $\frac{1}{2}a + \frac{1}{2}b - \frac{1}{2}d + \frac{1}{2}c$, l'on aura $2y = a+c - \frac{1}{2}a - \frac{1}{2}b + \frac{1}{2}d - \frac{1}{2}c$, ou $y = \frac{a+c-b+d}{4}$, qui donne la valeur de y: enfin si l'on met dans l'équation $u+x+y-a=z$, les valeurs de u, x & y, l'on aura après la réduction $z = \frac{b+c+d-a}{4}$.

* Art. 51.
& 115.

Comme l'on vient de trouver $u = \frac{a+b+c-d}{4}, x = \frac{a+b+d-c}{4},$ $y = \frac{a+c+d-b}{4}, \& z = \frac{b+c+d-a}{4}$: il s'ensuit que le Problême est résolu ; puisque si l'on divise 1460 — 500 par 4, qui est égal à $\frac{a+c+b-d}{4}$, l'on trouvera 240 pour la valeur de u; & en faisant de même pour les autres, l'on trouvera 300 pour la valeur de x, 260 pour celle de y, & 180 pour celle de z. Ainsi il y a eu 240 Allemands de tuez, 300 Anglois, 260 Hollandois, & 180 Espagnols: ce qui est évident, puisque ces nombres répondent aux circonstances de la Question.

NOUVEAU COURS
DE MATHEMATIQUE.

LIVRE SECOND.

Qui traite des proportions des Raports & des Fractions.

DEFINITIONS.

130. ON appelle *Homogenes* les grandeurs de même genre, comme deux *Nombres*, deux *Lignes*, deux *Surfaces*, deux *Solides*.

131. On les appelle *Hétérogenes*, quand elles sont de divers genres, comme un *Nombre*, une *Ligne*, une *Surface*, un *Solide*.

132. *Raison* ou *Rapport* est la comparaison de deux grandeurs *homogenes*.

133. Ce Rapport peut être de deux manieres, *Aritmétique*, ou *Géométrique*.

134. Le Rapport *Arithmétique* est quand on considere combien la plus grande surpasse la plus petite; ce qui s'appelle *différence*. Par exemple, combien 15 surpasse 5, ou *a* surpasse *b*; comme on ne peut le connoître que par la soustraction, on marque 15 — 5, ou $a - b$: car on peut prendre la soustraction indiquée pour la soustraction même, ou pour la différence des deux grandeurs qui la composent.

135. Le Rapport *Géométrique* est quand on considere la maniere dont une grandeur est contenue dans une autre. Par exemple, combien de fois 4 est contenu dans 12, ou combien de fois *b* est contenu dans *a*; & comme

DE MATHEMATIQUE. 63

on ne peut le sçavoir que par la division, l'on marque $\frac{12}{4}$ ou $\frac{a}{b}$; car on peut prendre la division indiquée pour la division même, ou pour le quotient des quantités qui la forment.

136. Les grandeurs qui ont entr'elles un rapport de nombre à nombre sont appellées *Commensurables*, parce qu'elles ont au moins l'unité pour commune mesure. Par exemple, une ligne de 4 pieds est dite commensurable avec une ligne de 10 pieds, parce que ces deux lignes ont un rapport de nombre à nombre, qui est celui de 4 à 10.

137. Les grandeurs qui n'ont point un rapport de nombre à nombre, ou qui ne peuvent avoir de mesures communes si petites qu'elles soient, sont nommées *Incommensurables*. Par exemple, si l'on a un quarré de 16 pieds, & un autre de 32 pieds, la racine du premier quarré sera incommensurable avec celle du second; car comme 32 n'est point un nombre quarré, quelque près que l'on puisse approcher de la racine de ce nombre, il y aura toujours quelque reste, si petit qu'il puisse être : ainsi ne pouvant trouver précisément la racine de 32, elle sera donc incommensurable avec celle de 16, puisqu'on ne pourra pas déterminer le rapport de ces deux racines.

138. Comme une raison ou rapport est toujours composée de deux termes, le premier s'appelle *Antecedent*, le second *Conséquent* : ainsi comparant 12 avec 4, ou a avec b, 12 est l'antecedent, & 4 le conséquent, de même que a est encore l'antecedent, & b le conséquent.

139. Une raison est égale à une autre, quand l'antecedent de l'une contient autant de fois son conséquent, que l'antecedent de l'autre contient le sien. Par exemple, la raison de 12 à 4 est égale à celle de 15 à 5, parce que 12 contient autant de fois 4, que 15 contient de fois 5; sçavoir, 3 fois, & pour lors on marque $\frac{12}{4} = \frac{15}{5}$: & si a a même rapport avec b, que c avec d, l'on peut marquer

encore $\frac{a}{b} = \frac{c}{d}$ qui fait voir que les quatre grandeurs a, b, & c, d, forment deux rapports Géométriques égaux.

140. Comme $\frac{12}{4}$, ou $\frac{a}{b}$, repreſentent également des rapports Géométriques des diviſions & des fractions, on remarquera que lorſqu'il s'agira de rapport, on appellera le terme qui eſt au-deſſus de la ligne, *Antecedent*, & celui qui eſt au-deſſous, *Conſequent*, & que quand il s'agira de diviſion, le premier ſera appellé *Dividende*, & le ſecond *Diviſeur*; & que quand on parlera de fraction, le premier ſera appellé le *Numerateur*, & l'autre le *Dénominateur*.

141. On appelle Raiſon d'*égalité* celle où l'antecedent eſt égal au conſéquent, & on l'appelle Raiſon d'*inégalité*, lorſque l'un eſt plus grand que l'autre; ce qui peut arriver en deux manieres. La premiere, quand l'antecedent eſt plus grand que le conſequent, pour lors on la nomme Raiſon *de plus grande inégalité*; la ſeconde, quand l'antecedent eſt moindre que le conſequent, on l'appelle Raiſon *de moindre inégalité*.

142. Si quatre grandeurs ſont diſpoſées de telle ſorte que la premiere ſurpaſſe ou ſoit ſurpaſſée par la ſeconde, comme la troiſiéme ſurpaſſe ou eſt ſurpaſſée par la quatriéme, elles compoſeront une Proportion qu'on appelle *Arithmétique*. Ainſi 2, 4, 6, 8, ou bien 8, 6, 4, 2, compoſent une Proportion Arithmétique.

143. S'il ſe trouve plus de quatre grandeurs, qui ſoient en Proportion, c'eſt-à-dire, qui ſe ſurpaſſent chacune de la même quantité, on les appelle *Progreſſion Arithmétique*, comme les nombres 1, 2, 3, 4, 5, 6, 7, 8, &c.

144. Si quatre grandeurs ſont diſpoſées de telle ſorte que la premiere contienne autant de fois, ou autant de parties de la ſeconde, que la troiſiéme contient de fois la quatriéme, ou de ſes parties, elles compoſent une Proportion qu'on appelle *Géométrique*: ainſi 15. 5 : : 12. 4. compoſent cette proportion, puiſque 15 eſt à 5 comme

12 eſt à 4, c'eſt-à-dire, puiſque 15 contient autant de fois 5 que 12 contient de fois 4.

Mais ſi au lieu de nombre l'on prend des lettres pour exprimer une Proportion Géométrique, l'on voit que ſi on nomme *e*, ou toute autre lettre, le rapport du premier terme au ſecond, il faudra auſſi nommer *e* le rapport du troiſiéme terme au quatriéme : ainſi ſuppoſant que de quatre grandeurs *a*, *b*, *c*, *d*, il y ait même raiſon du premier terme au ſecond, que du troiſiéme au quatriéme, nommant *e* le rapport des antecedens aux conſequens ; l'on aura donc $\frac{a}{b}=e$, & $\frac{c}{d}=e$; & comme ces deux rapports ſont égaux, l'on pourra marquer ſi l'on veut $\frac{a}{b}=\frac{c}{d}$.

145. Pour diſtinguer la Proportion *Géométrique* d'avec la Proportion *Arithmétique*, lorſqu'elles ſont exprimées par des lettres, l'on marque quatre petits points entre le ſecond & le troiſiéme terme de la Proportion Géométrique, qui ſignifient *comme*, & l'on n'en marque que deux entre le ſecond & le troiſiéme terme de la Proportion Arithmétique, qui ſignifient la même choſe;ainſi *a. b* :: *c. d.* marque que *a* eſt à *b*, comme *c* eſt à *d*; c'eſt-à-dire, que *a. b. c. d.* ſont en Proportion Géométrique ; & quand on verra *a. b* : *c. d.* cela voudra dire que *a. b. c. d.* ſont en Proportion Arithmétique.

146. S'il ſe trouve plus de quatre grandeurs qui ſoient en Proportion Géométrique, c'eſt-à-dire, dont les termes ſe contiennent également, on les appelle *Progreſſion Géométrique*, comme 2. 4. 8. 16. 32. &c.

147. La Proportion tant *Arithmétique* que *Géométrique*, eſt *diſcrete* ou *continue* : la continue eſt compoſée de trois termes, que l'on nommera *Proportion Arithmétique continue*, quand le premier terme eſt autant ſurpaſſé par le ſecond, que le ſecond eſt ſurpaſſé par le troiſiéme, comme 2. 4. 6. & la *Proportion Géométrique continue*, eſt celle dont le premier terme a même rapport avec le ſecond, que le ſecond avec le troiſiéme; de même que 4. 6. 9. Quant à la *Proportion diſcrete*, elle n'eſt autre

chose qu'une proportion Arithmétique ou Géométrique, composée de quatre termes, comme celles que l'on a vû ci-devant.

148. La Proportion continue Arithmétique se marque ainsi ÷ 2. 4. 6. ou ÷ *a. b. c.* & la Géométrique se marque ∺ 4. 6. 9. ou bien ∺ *a. b. c.* & quelquefois *a. b* :: *b, c.* parce que le conséquent de la premiere raison peut servir d'antecedent à la seconde.

149. Les quantitez qui forment une Proportion, sont nommées *proportionnelles* : ainsi *a. b* :: *c. d.* renferme les quatre proportionnelles *a. b. c. d.* & la Proportion continue ∺ *a. b. c.* n'en renferme que trois, dont celle du milieu est nommée *moyenne proportionnelle, Arithmétique*, ou *Géométrique*, selon que la Proportion est Arithmétique ou Géométrique ; & dans l'une & dans l'autre Proportion le premier terme & le dernier sont nommez *extrêmes*, & les deux du milieu sont appellez *moyens*.

AVERTISSEMENT.

Je crois devoir avertir ici ceux qui commencent la Géométrie, qu'il est de la derniere importance de s'appliquer à bien sçavoir les Propositions de ce second Livre, particulierement la premiere, puisque c'est presque par elle seule que sont démontrées toutes les Propositions où il s'agit de rapport & de proportion.

PROPOSTION PREMIERE.

Théoreme.

Si quatre grandeurs sont en proportion Géométrique, le produit des extrêmes sera égal à celui des moyens, c'est-à-dire, que si a, b :: c, d, *on aura* ad = bc.

DÉMONSTRATION.

150. Comme dans la proportion *a. b* :: *c. d.* le rapport de *a* à *b* doit être le même que celui de *c* à *d*, l'on aura

donc $\frac{a}{b}=\frac{c}{d}$*; & si l'on fait évanoüir la fraction du premier membre, l'on aura $a=\frac{bc}{d}$* : & faisant évanoüir aussi la fraction du second membre, l'on voit que $ad=bc$; ce qui prouve que le produit des extrêmes a & d est égal à celui des moyens b & c. C. Q. F. D. * Art. 139.
* Art. 112.

Quoique cette démonstration soit fort naturelle, en voici une autre qui paroîtra peut-être moins abstraite.

151. Ayant $a.b::c.d.$ si l'on suppose que $\frac{a}{b}=f$, l'on aura aussi $\frac{c}{d}=f$*; & en faisant évanoüir les fractions, l'on aura $bf=a$, & $df=c$ * : & si au lieu des antecedens a & c de la proportion, on met à leurs places leurs valeurs bf & df, on aura $bf,b::df,d$, où le produit des extrêmes est égal à celui des moyens, puisque l'un & l'autre donnent $bdf=bdf$, qui est la même chose que $ad=bc$. * Art. 144.
* Art. 112.

COROLLAIRE I.

152. Il suit de cette proposition que dans une proportion Géométrique continue, le produit des extrêmes est égal au quarré de la moyenne ; car si l'on a $\div a.b.c.$ ou bien $a.b::b.c.$ l'on aura $ac=bb$.

COROLLAIRE II.

153. Il suit encore que connoissant trois termes a,b,c, d'une proportion, on pourra toûjours trouver le quatriéme ; car si l'on nomme x ce quatriéme, l'on aura $a,b::c,x$; par conséquent $ax=bc$, ou bien $x=\frac{bc}{a}$*, qui fait voir que pour trouver ce quatriéme terme, il faut multiplier le second par le troisiéme, & diviser le produit par le premier. * Art. 109.

COROLLAIRE III.

154. Il suit encore qu'on peut toûjours prendre le produit du second & du troisiéme terme d'une propor-

tion divise par le premier, pour le quatriéme terme de la même proportion; car comme x est égal à $\frac{bc}{a}$, l'on pourra donc avec les trois termes a, b, c, écrire $a \cdot b :: c \cdot \frac{bc}{a}$; l'on voit que la regle de trois est fondée sur le Théoreme précedent, puisqu'on ne fait autre chose dans l'operation de cette regle, que de chercher un quatriéme terme proportionnel aux trois premiers.

155. De même dans la proportion continue connoissant les deux premiers termes a & b, l'on trouvera le troisiéme terme x en quarrant la moyenne b, & divisant le quarré bb par a, puisqu'ayant $\div a \cdot b \cdot x$. l'on aura $bb = ax$, par consequent $\frac{bb}{a} = x$.

156. Mais si l'on avoit le premier terme a & le troisiéme c, & que l'on voulût trouver la moyenne, que nous appellerons x, il faudroit multiplier ce premier terme par le troisiéme, & extraire la racine quarrée du produit, cette racine seroit la moyenne que l'on cherche; car ayant $\div a \cdot x \cdot c$. l'on aura $ac = \overline{xx}^2$, par consequent $\sqrt{ac} = x$.

PROPOSITION II.

Théoreme.

157. *Si quatre grandeurs sont disposées de telle sorte que le produit des extrêmes soit égal au produit des moyens, ces quatre grandeurs seront proportionnelles.*

DÉMONSTRATION.

Si les quatre grandeurs a, b, c, d, donnent $ad = bc$, je dis que $a, b :: c, d$, ou bien $\frac{a}{b} = \frac{c}{d}$ *; pour le prouver, il n'y a qu'à diviser les deux produits égaux ad & bc chacun par la même grandeur bd, l'on aura les exposans nouveaux $\frac{a}{b}$ & $\frac{c}{d}$; car $\frac{ad}{bd}$ est égal à $\frac{a}{b}$, en effaçannt d dans

*Art. 139.

le numerateur & dans le dénominateur. Par la même raison $\frac{bc}{bd}$ est égal à $\frac{c}{d}$ en effaçant aussi b dans le numerateur & dans le dénominateur. Or comme on a divisé deux grandeurs égales par une même grandeur, les quotiens doivent être égaux; par conséquent $\frac{a}{b} = \frac{c}{d}$, qui donne $a, b :: c, d$. C. Q. F. D.

158. Il est à remarquer que selon ce Théoreme, l'on pourra toûjours prouver que quatre grandeurs sont proportionnelles, lorsqu'on fera voir que le produit des extrêmes est égal à celui des moyens; c'est pourquoi il est à propos d'être bien prévenu de ce principe, parce qu'il va être le fondement de toutes les démonstrations que nous ferons par l'Algebre.

COROLLAIRE I.

159. Il suit de cette proposition qu'une équation peut toûjours être regardée comme ayant un de ses membres formée par le produit des extrêmes, & l'autre par celui des moyens d'une proportion, & que l'on peut même former une proportion avec les racines des produits qui forment chaque membre d'une équation, comme on le verra ailleurs.

COROLLAIRE II.

160. Il suit encore du Théoreme précedent, que si quatre grandeurs sont en proportion Géométrique, elles le feront encore dans les quatre variations suivantes: premierement, en *raison inverse*; secondement, en *raison alterne*; troisiémement, en *composant*; quatriémement, en *divisant*.

161. Pour changer en raison *inverse*, l'on fait servir les conséquens d'antecedens, & les antecedens de conséquens, c'est-à-dire, que si $a, b :: c, d$, que $b, a :: d, c$; ce qui est bien évident, puisqu'on vient de voir que les quatre termes d'une proportion peuvent toûjours former une équation; & comme la proportion inverse, aussi-bien

que la directe, donne $bc=ad$, il s'enfuit qu'en renverfant les termes, cela n'empêche pas qu'ils ne forment toûjours une proportion.

162. Pour changer en *raifon alterne*, l'on compare les antecedens avec les antecedens, & les confequens avec les confequens, c'eft-à-dire, que fi $a, b :: c, d$, on peut dire $a, c :: b, d$; ce qui eft bien évident, puifque l'un & l'autre donnent $ad=bc$.

163. En *compofant* l'on fe fait des antecedens de la fomme de l'antecedent & du confequent, pour les comparer avec les mêmes confequens, c'eft-à-dire, que fi $a, b :: c, d$, on aura $a+b, b :: c+d, d$; ce qui fera évident, fi l'on fait voir que le produit des extrêmes eft égal à celui des moyens, c'eft-à-dire, fi $ad+bd$ eft égal à $bc+bd$. Or comme l'on a $bc=ad$, fi à la place de bc dans le produit des extrêmes, l'on met ad, qui lui eft égal, l'on aura $ad+bd=ad+bd$.

164. En *divifant* on fe fait des antecedens de la différence qu'il y a de l'antecedent au confequent; ainfi fi $a, b :: c, d$, on en fait $a-b, b :: c-d, d$; ce que l'on prouvera encore en faifant voir que le produit des extrêmes $ad-bd$ eft égal à celui des moyens $bc-bd$, pour cela comme on a toûjours $bc=ad$, il ne faut que mettre bc à la place de ad dans le produit des extrêmes, & l'on aura $bc-bd=bc-bd$.

PROPOSITION III.

Théoreme.

165. *Lorfque quatre grandeurs font en proportion Arithmétique, la fomme des deux extrêmes eft égale à la fomme des deux moyens, c'eft-à-dire, que fi l'on a* $\div a, b, c, d$, *il faut prouver que* $a+d=b+c$.

DÉMONSTRATION.

Comme ces quatre grandeurs doivent fe furpaffer également, * nous fuppoferons que la premiere a eft furpaffée par la feconde d'une quantité e: cela étant, l'on

* Art. 142.

DE MATHEMATIQUE. 71

aura $b=a+e$; & comme c doit auſſi ſurpaſſer b de la même quantité e, l'on aura $b+e=c$, ou bien $a+2e=c$, & par la même raiſon l'on aura $a+3e=d$: or ſi au lieu de $\div a. b. c. d.$ l'on écrit $a, a+e, a+2e. a+3e$, l'on aura $2a+3e=2a+3e$, pour la ſomme des extrêmes & celle des moyens C. Q. F. D.

COROLLAIRE.

166. Il ſuit de cette Propoſition que dans une proportion continue Arithmétique la ſomme des deux extrêmes eſt égale au double de la moyenne; car ſi à la place de $\div a. b. c.$ l'on écrit $a, a+e, a+2e$, l'on aura pour la ſomme des extrêmes $2a+2e$, qui eſt double de la moyenne $a+e$.

Ainſi pour trouver un moyenne Arithmétique entre deux nombres 4 & 10, il faut les ajoûter enſemble pour avoir 14, & en prendre la moitié pour la moyenne; car 4 eſt à 7, comme 7 eſt à 10, puiſque ces nombres ſe ſurpaſſent également.

PROPOSITION IV.

Théoreme.

167. *Lorſque pluſieurs grandeurs ſont en proportion Géométrique, ou qu'elles forment des rapports égaux, la ſomme des antecedens eſt à la ſomme des conſequens, comme celui des antecedens que l'on voudra eſt à ſon conſequent, c'eſt-à-dire, que ſi des grandeurs comme* a. b. c. d. e. f. *forment les rapports égaux* $\frac{a}{b}=\frac{c}{d}=\frac{e}{f}$, *on aura* a+c+e, b+d+f :: a. b. *ou comme* c *eſt à* d.

DEMONSTRATION.

Pour le prouver, nous ferons voir que le produit des extrêmes, & celui des moyens, donnent $ab+cb+be=ab+ad+af$; ce qui eſt bien évident, ſi l'on conſidere que selon l'hypothese $a, b :: c, d$, & $a, b :: e, f$, qui donne $ad=bc$, & $be=af$, qui font voir que dans le premier membre de la premiere équation cb est égal à ad dans le second, & que be du premier est égal à af du second. C. Q. F. D.

PROPOSITION V.
Théoreme.

168. *Lorsque deux raisons ont même rapport à une troisiéme, ces deux raisons sont égales entr'elles, c'est-à-dire, que si l'on a* $a, b :: e, f$ *&* $c, d :: e, f$, *on aura* $a, b :: c, d$.

DÉMONSTRATION.

Si l'on divise l'antecedent a par son consequent b, & que le quotient soit g, divisant de même les autres antecedens par leurs conséquens, le quotient sera encore g *; ainsi l'on aura $\frac{a}{b}=g, \frac{e}{f}=g, \frac{c}{d}=g$, qui donne $bg=a$, $fg=e$, $dg=c$. * Or pour faire voir que $a, b :: c, d$, il n'y a qu'à mettre bg à la place de a, & dg à la place de c pour avoir $bg, b :: dg, d$, d'où l'on tire $bdg=bdg$. C. Q. F. D.

* Art. 144.
* Art. 1.

PROPOSITION VI.
Théoreme.

169. *Deux grandeurs demeurent en même raison, quoique l'on ajoûte à l'un & à l'autre, pourvû que ce que l'on ajoûte à la premiere soit à ce que l'on ajoûte à la seconde comme la premiere est à la seconde.*

DÉMONSTRATION.

Si aux deux grandeurs a & b l'on ajoûte les deux grandeurs c & d, & que a soit à b comme c est à d, je dis que $a+c, b+d :: a, b$, & pour le prouver nous ferons voir * que $ab+cb=ab+ad$ formé par le produit des extrêmes & celui des moyens ; pour cela considerez que l'on

* Art. 158.

l'on a $a, b :: c, d$; par conséquent $cb = ad$, & que si à la place de ad l'on met cb dans le second membre de la premiere équation, on aura $ab + cb = ab + cb$. C. Q. F. D.

PROPOSITION VII.

Théoreme.

170. *Deux grandeurs demeurent en même raison, quoique l'on retranche à l'une & à l'autre, pourvû que ce qu'on retranche à la premiere soit à ce que l'on retranche à la seconde comme la premiere est à la seconde.*

DEMONSTRATION.

Si l'on a deux grandeurs a & b, & deux autres c & d, de maniere que a soit à b, comme c est à d, je dis que $a-c$, $b-d :: a, b$; & pour le prouver, nous ferons voir * que $ab-ad = ab-bc$: pour cela considerez que selon la supposition $a, b :: c, d$, par conséquent $ad = bc$, & que si à la place de bc l'on met ad dans le second membre de la premiere équation, on aura $ab-ad = ab-ad$. C. Q. F. D.

* Art. 158.

PROPOSITION VIII.

Théoreme.

171. *Si l'on multiplie les deux termes d'une raison par une même quantité, les produits seront dans la même raison que ces termes étoient avant d'être multipliés.*

DEMONSTRATION.

Pour prouver que si l'on multiplie deux grandeurs comme a & b par une autre grandeur c, l'on a $ac, bc :: a, b$, considerez que * le produit des extrêmes, & celui des moyens donnent $abc = abc$. C. Q. F. D.

* Art. 158.

COROLLAIRE.

172. Comme les rapports ou les divisions indiquées sont des fractions, il s'ensuit par cette proposition qu'on peut

K

multiplier le numérateur & le dénominateur d'une fraction par une grandeur quelconque, sans changer la valeur de cette fraction; ainsi multipliant $\frac{a}{b}$ par c, on aura toujours $\frac{ac}{bc} = \frac{a}{b}$.

PROPOSITION IX.

Théoreme.

173. *Si l'on divise les deux termes d'une raison par une même quantité, les quotiens seront dans la même raison que les grandeurs que l'on a divisé.*

DEMONSTRATION.

Pour démontrer que si l'on divise deux grandeurs a & b par une même quantité c, les quotiens seront dans la même raison que ces grandeurs, nous supposerons que *$\frac{a}{c} = d$, & que $\frac{b}{c} = f$. Cela posé, considerez que *$a = cd$ & $b = cf$, & que pour prouver que $a, b :: d, f$, on n'a qu'à mettre à la place de a & de b (dans la proportion) leur valeur cd & cf, pour avoir $cd, cf :: d, f$, qui donnera $cdf = cdf$ pour le produit des extrêmes & celui des moyens. C. Q. F. D.

*Art. 113.

COROLLAIRE.

174. Il suit de cette proposition que l'on peut diviser le numérateur & le dénominateur d'une fraction par une même quantité, sans changer la valeur de la fraction: Car si l'on divise, par exemple, $\frac{abc}{dc}$ par c, l'on aura toujours $\frac{abc}{dc} = \frac{ab}{d}$. Ce qui est bien évident, car si l'on forme une proportion comme $abc, dc :: ab, d$ avec ces deux rapports l'on verra qu'elle est juste, puisque * le produit des extrêmes & celui des moyens donnent $abcd = abcd$: ainsi dans la suite quand on aura des fractions qui con-

*Art. 150.

tiendront des lettres semblables dans le numerateur & le dénominateur, on pourra les effacer, pourvu que l'on en efface autant dans le numerateur que dans le dénominateur, ce qui s'appelle réduire une fraction en moindre dénomination.

PROPOSITION X.
Théoreme.

175. *Dans toutes équations les racines des produits qui forment chaque membre, sont réciproquement proportionnelles, c'est-à-dire, qu'en prenant les racines d'un des membres pour les extrêmes, & les racines de l'autre pour les moyens, on formera une proportion Géométrique.*

Demonstration.

Si l'on a formé, par exemple, l'équation $aad = bbc$, il faut prouver que $aa, bb :: c, d$; pour cela je divise chaque membre par dc, qui me donne $\frac{aad}{dc} = \frac{bbc}{dc}$, ou $\frac{aa}{c} = \frac{bb}{d}$ * en effaçant les lettres semblables; d'où l'on tire $aa, bb :: c, d$.* C. Q. F. D.

* Art. 174.

* Art. 159.

176. Comme on ne peut réduire une équation en proportion, sans que les produits de chaque membre se puissent séparer par la division, l'on est souvent obligé, quand les membres contiennent plusieurs termes, de faire passer un terme d'un membre dans l'autre, pour la réduire en proportion : par exemple, comme on ne peut réduire en proportion cette équation $bbcc = aadd + ccxx$, à cause que le second membre ne peut être divisé par aucune quantité, je fais passer $ccxx$ du second membre dans le premier pour avoir $bbcc - ccxx = aadd$, dont le premier membre peut être divisé par cc, & le second par dd; mais si on les divise l'un & l'autre par $ccdd$, l'on aura $\frac{bbcc - ccxx}{ccdd} = \frac{aadd}{ccdd}$, ou $\frac{bb - xx}{dd} = \frac{aa}{cc}$ *, d'où l'on tire $bb - xx$, * Art. 174. $dd :: aa, cc$.

De même pour réduire en proportion l'équation $aayy - b^4 = aabb$, l'on voit qu'il faut faire passer b^4 du premier membre dans le second pour avoir $aayy = aabb + b^4$. D'où l'on tire $aa+bb, yy :: aa, bb$. Il en sera ainsi des autres.

AVERTISSEMENT.

Comme les rapports sont presque toujours exprimés en fractions, & que ces rapports ou fractions se trouvent souvent dans le calcul Algebrique, il nous reste à faire voir comme on souftrait, comme on multiplie, & comme on divise les fractions, afin de n'être point arrêté aux endroits où il s'en rencontrera.

MANIERE DE REDUIRE LES FRACTIONS
en même dénomination.

177. Pour réduire deux fractions en même dénomination, comme $\frac{2}{3}$ & $\frac{1}{4}$, ou autrement leur donner un dénominateur commun, il faut multiplier le numerateur & le dénominateur de la seconde fraction par le dénominateur de la premiere, c'est-à-dire, $\frac{1}{4}$ par 3 pour avoir $\frac{3}{12}$ * & puis multiplier le numerateur & le dénominateur de la premiere fraction par le dénominateur de la seconde, c'est-à-dire, $\frac{2}{3}$ par 4 pour avoir $\frac{8}{12}$ *, & l'on aura les deux fractions $\frac{8}{12}$ & $\frac{3}{12}$, qui auront 12 pour dénominateur commun.

[a Art. 172.]
[b Art. 172.]

Pour réduire en même dénomination $\frac{a}{b}$ & $\frac{c}{d}$, je multiplie encore $\frac{c}{d}$ par b, & $\frac{a}{b}$ par d, pour avoir $\frac{ad}{bd}$ & $\frac{cb}{bd}$, dont le dénominateur commun est bd.

Mais si l'on avoit plusieurs fractions, comme $\frac{2}{3}, \frac{1}{2}, \frac{2}{5}$, à réduire en même dénomination, il faudroit commencer par multiplier les deux dénominateurs 3 & 2 l'un par l'autre, & multiplier $\frac{2}{5}$ par le produit 6, pour avoir $\frac{12}{30}$;

ensuite multiplier le premier dénominateur par le troisiéme, c'est-à-dire, 3 par 5, & multiplier le produit 15 par $\frac{1}{2}$ pour avoir $\frac{15}{30}$, il faut multiplier $\frac{2}{3}$ par 10 produit du second & du troisiéme dénominateur pour avoir $\frac{20}{30}$, $\frac{15}{30}$, & $\frac{12}{30}$, réduits en même dénomination, puisque le dénominateur commun est 30.

En agissant de même on verra que les fractions $\frac{a}{b}, \frac{c}{d}, \frac{e}{f}$, pour avoir un dénominateur commun, seront changées en celles-ci $\frac{adf}{bdf}, \frac{bcf}{bdf}, \frac{bde}{bdf}$.

Il est évident qu'on ne change aucunement la valeur des fractions, en les réduisant en même dénomination, puisque l'on ne fait que multiplier les deux termes d'une raison par une même grandeur.

ADDITION DES FRACTIONS.

178. Pour additionner $\frac{2}{3}$ avec $\frac{3}{5}$, il faut les réduire en même dénomination pour avoir $\frac{10}{15}$ & $\frac{9}{15}$; ensuite ajouter les deux numérateurs pour faire de leur somme le numérateur d'une nouvelle fraction, dont le dénominateur sera le commun que l'on a trouvé : ainsi la somme de ces deux fractions est $\frac{10+9}{15}$, ou bien $\frac{19}{15}$.

Pour ajouter $\frac{ab}{c}$ avec, $\frac{df}{g}$, on les réduira en même dénomination pour avoir $\frac{abg}{cg}$ & $\frac{cdf}{cg}$, & additionnant les deux numérateurs, on aura $\frac{abg+cdf}{cg}$ pour la somme des deux fractions $\frac{ab}{c}$ & $\frac{df}{g}$.

SOUSTRACTION DES FRACTIONS.

179. Pour soustraire une fraction d'une autre, il faut les réduire toutes deux en même dénomination, soustraire le numérateur de la premiere de celui de la seconn-

de, & donner à la différence le dénominateur commun.

Ainsi pour soustraire $\frac{2}{3}$ de $\frac{3}{4}$, je les réduis en même dénomination pour avoir $\frac{8}{12}$ & $\frac{9}{12}$, je soustrais 8 de 9, & je marque pour la différence $\frac{9-8}{12}$, ou $\frac{1}{12}$.

Pour soustraire $\frac{c}{d}$ de $\frac{a}{b}$, je les réduis en même dénomination pour avoir $\frac{bc}{bd}$ & $\frac{ad}{bd}$, après quoi je soustrais le numerateur bc du numerateur ad, & j'écris $\frac{ad-bc}{bd}$ pour la différence.

180. Mais si l'on vouloit soustraire $a - \frac{cx}{d}$ de $2y + \frac{bb}{f}$, composés d'entiers & de fractions, il faudra réduire les entiers de chaque quantité en fraction, en multipliant les entiers par le dénominateur de la fraction à laquelle ils sont liés par les signes $+$ ou $-$: ainsi pour que $a - \frac{cx}{d}$ soit tout en fraction, il faut multiplier a par d, & écrire $\frac{ad-cx}{d}$, & pour ne faire aussi qu'une seule fraction de $2y + \frac{bb}{f}$, l'on multipliera $2y$ par f pour avoir $\frac{2yf+bb}{f}$; mais comme $\frac{ad-cx}{d}$ ne peut être soustrait de $\frac{2yf+bb}{f}$, sans qu'ils ne soient réduits en même dénomination, il faut donc leur donner un dénominateur commun *, l'on aura $\frac{adf-cfx}{df}$, & $\frac{2yfd+bbd}{df}$, d'ou soustrayant la quantité précedente, l'on aura $\frac{2yfd+bbd-adf+cfx}{df}$ pour la différence.

* Art. 177.

MULTIPLICATION DES FRACTIONS.

181. Pour multiplier une fraction par une autre, on multiplie premierement les deux numerateurs l'un par l'autre, ensuite les deux dénominateurs, & l'on fait une nouvelle fraction avec les deux produits.

Ainsi pour multiplier $\frac{3}{7}$ par $\frac{2}{5}$, je multiplie les deux nu-

DE MATHEMATIQUE. 79

merateurs l'un par l'autre, qui donnent 12, & les dénominateurs aussi l'un par l'autre, qui donnent 35, & j'écris $\frac{12}{35}$ pour le produit.

182. Pour multiplier $5 + \frac{3}{4}$ par $7 + \frac{5}{6}$, c'est-à-dire, cinq entiers & trois quarts, pour sept entiers & cinq sixiémes, je réduis les entiers en fractions, en disant 4 fois 5 font 20, & 3 font 23, que je divise par 4 pour avoir $\frac{23}{4}$; je multiplie aussi 7 par 6 pour avoir 42, qui ajoûtez avec 5 font $\frac{47}{6}$; & puis multipliant ces deux dernieres fractions l'une par l'autre, il vient $\frac{1081}{24}$, qui étant réduits, c'est-à-dire, divisés par 24, donne $45\frac{1}{24}$ pour le produit.

Pour multiplier $\frac{a}{b}$ par $\frac{c}{d}$, je multiplie les deux numérateurs a & c, ensuite les deux dénominateurs b & d, & j'écris $\frac{ac}{bd}$ pour le produit.

Pour démontrer que $\frac{ac}{bd}$ est le produit de $\frac{a}{b}$ multiplié par $\frac{c}{b}$, nous supposerons que $\frac{a}{b} = f$, & que $\frac{c}{d} = g$, & nous ferons voir que $\frac{ac}{bd} = fg$, ou que $ac = bdfg$, qui est la même chose. Pour cela je considere que $\frac{a}{b} = f$, donne $a = bf$, & que $\frac{c}{d} = g$ donne $c = dg$, & qu'en multipliant les deux membres $a = bf$ par les deux membres de $c = dg$, il vient $ac = bdfg$. C. Q. F. D.

183. Pour multiplier $\frac{bx}{a} - y$ par $\frac{bx}{a} + y$, je réduis les entiers en fractions, en les multipliant par le dénominateur de la fraction à laquelle ils sont liés avec les signes $+$ ou $-$, & il vient $\frac{bx - ay}{a}$ & $\frac{bx + ay}{a}$, & multipliant les deux numerateurs l'un par l'autre, c'est-à-dire, $bx - ay$ par $bx + ay$, il vient $bbxx - bxay + bxay - aayy$, ou bien $bbxx - aayy$, à qui il faut donner pour dénominateur le produit des dénominateurs des deux fractions, qui sera aa,

& l'on écrira $\frac{bbxx - aayy}{aa}$ pour le produit de la multiplication, ou bien $\frac{bbxx}{aa} - yy$.

184. Quand on a une quantité composée d'entiers & de fractions, ou seulement de fractions à multiplier par un entier, il faut donner à l'entier l'unité pour dénominateur, & faire la multiplication comme ci-devant : ainsi pour multiplier $\frac{ac}{d}$ par une grandeur b, il faut réduire b en fraction, en lui donnant l'unité pour dénominateur, & au lieu de b, l'on aura $\frac{b}{1}$, qui étant multiplié par $\frac{ac}{d}$, le produit sera $\frac{abc}{d}$.

DIVISION DES FRACTIONS.

185. Pour diviser une fraction par une autre, il faut multiplier le numerateur du dividende par le dénominateur du diviseur, & le produit sera le numerateur du quotient ; ensuite multiplier le dénominateur du dividende par le numerateur du diviseur, & le produit sera le dénominateur du quotient.

Par exemple, pour diviser $\frac{3}{4}$ par $\frac{2}{9}$, je multiplie 3 numerateur du dividende par 9 dénominateur du diviseur, & le produit 27 sera le numerateur du quotient : ensuite je multiplie le numerateur 2 du diviseur par le dénominateur 4 du dividende, & le produit 8 sera le dénominateur du quotient ; par conséquent $\frac{27}{8}$ sera le quotient, ou bien $3 + \frac{3}{8}$, parce que le numérateur 27 vaut trois entiers & trois huitièmes.

186. Pour diviser $\frac{a}{b}$ par $\frac{c}{d}$, je multiplie a par d pour avoir ad, qui sera le numerateur du quotient, & b par c, qui en sera le dénominateur : ainsi $\frac{ad}{bc}$ sera le quotient que l'on cherche.

DE MATHEMATIQUE. 81

De même, si l'on vouloit diviser $\frac{ab-cc}{d}$ par $\frac{aa}{c}$, l'on multipliera $ab-cc$ par c, & aa par d, & l'on écrira $\frac{abc-ccc}{aad}$ pour le quotient.

187. Enfin si l'on avoit des entiers & des fractions à diviser par des entiers & des fractions, on réduira les entiers du dividende & du diviseur en fractions, comme on a fait pour la multiplication, & l'on fera la multiplication comme ci-devant.

Mais pour prouver que $\frac{a}{b}$ divisé par $\frac{c}{d}$ donne au quotient $\frac{ad}{bc}$ nous supposerons que $\frac{a}{b}=f$ & que $\frac{c}{d}=g$, & nous ferons voir que $\frac{ad}{bc}=\frac{g}{f}$: pour cela considerez que $a=bf$, & $c=dg$; & que si dans la fraction $\frac{ad}{bc}$ l'on met dans le numerateur bf à la place de a, qui lui est égal, & dg à la place de c dans le dénominateur, l'on aura $\frac{ad}{bc}=\frac{bdf}{bdg}=\frac{f}{g}$ en effaçant bd dans le numerateur & le dénominateur, donc $\frac{ad}{bc}$ est égal à $\frac{g}{f}$

REGLE DE PROPORTION DES FRACTIONS.

188. Pour avoir un quatriéme terme proportionnel aux trois fractions $\frac{2}{3}$, $\frac{3}{7}$, & $\frac{8}{9}$, il faut multiplier la seconde fraction par la troisiéme, & le produit sera $\frac{24}{63}$, qu'il faut diviser par $\frac{2}{3}$, & le quotient sera $\frac{72}{126}$, ou bien $\frac{36}{63}$, & l'on aura $\frac{2}{3}$, $\frac{3}{7}$ :: $\frac{8}{9}$, $\frac{36}{63}$.

189. Pour trouver un quatriéme terme proportionnel aux grandeurs $\frac{ay}{b}$, $\frac{bx}{a}$, & a, il faudra, à cause que le troisiéme terme est un entier, le réduire en fraction, en lui donnant l'unité pour dénominateur, & multiplier le second terme $\frac{bx}{a}$ par le troisiéme $\frac{a}{1}$, & le produit sera

L

$\frac{abx}{a}$, qui étant réduit, donne bx, que je réduis en fraction, en lui donnant l'unité pour dénominateur. Ainsi je divise $\frac{bx}{1}$ par $\frac{ay}{b}$, & le quotient $\frac{bbx}{ay}$ est le quatrième terme que je cherche : par conséquent l'on aura $\frac{ay}{b}, \frac{bx}{a}$ :: $\frac{a}{1}, \frac{bbx}{ay}$.

Si quelqu'un des termes étoit accompagné d'entiers, il faudroit les réduire en fractions, & faire la Regle comme ci-devant.

EXTRACTION DES RACINES DES QUANTITEZ
Fractionnaires.

190. Pour extraire la racine d'une fraction, il faut extraire la racine du numerateur pour en faire le numerateur d'une autre fraction, & extraire aussi la racine du dénominateur pour en faire le dénominateur de cette autre fraction, & cette nouvelle fraction sera la racine que l'on cherche. Ainsi la racine de $\frac{aa}{bb}$ sera $\frac{a}{b}$; la racine de $\frac{aacc}{ddyy}$ sera $\frac{ac}{dy}$. Il en sera de même des autres.

AVERTISSEMENT.

Nous n'avons consideré jusqu'ici en parlant des raisons que le rapport qu'une grandeur peut avoir avec une autre de même genre, & nous n'avons rien dit des raisons composées, parce que ces dernieres étant formées par le produit de plusieurs raisons, il falloit être prévenu des operations des quatre Regles des Fractions, parce que les fractions étant, comme nous l'avons dit*, des rapports, il falloit faire voir que ces rapports pouvoient être ajoûtez, soustraits, multipliez & divisez; mais comme les raisons composées ont de la peine à être entendues par les Com-

* Art. 140.

DE MATHEMATIQUE. 83

mençans, & que d'ailleurs nous ne nous en servirons pas beaucoup dans la suite de cet Ouvrage, il suffira seulement de bien comprendre les Définitions que voici.

DÉFINITIONS.

191. Si l'on multiplie plusieurs rapports $\frac{a}{b}$, $\frac{c}{d}$, $\frac{e}{f}$, le produit des numerateurs a, c, e, que l'on peut prendre pour des antecedens, & le produit des dénominateurs b, d, f, que l'on peut prendre pour des consequens, formeront une *raison composée* $\frac{ace}{bdf}$, à cause qu'elle est composée des rapports simples $\frac{a}{b}$, $\frac{c}{d}$, $\frac{e}{f}$, que l'on appelle aussi *Rapports composans*.

192. Une raison composée de deux raisons égales s'appelle *raison doublée* de chacune de ces raisons. Ainsi ayant $\frac{a}{b} = \frac{c}{d}$, si l'on multiplie les deux antecedens a & c l'un par l'autre, l'on aura $\frac{ac}{bd}$, qui est un *rapport doublé*, parce qu'il est composé de deux rapports égaux $\frac{a}{b}$ & $\frac{c}{d}$.

193. Une raison composée de trois raisons égales, s'appelle *Raison triplée* de chacune de ces raisons ; c'est pourquoi si l'on a $\frac{a}{b} = \frac{c}{d} = \frac{e}{f}$, multipliant les trois antecedens a, c, e, l'un par l'autre, & les trois consequens b, d, f, leur produit sera $\frac{ace}{bdf}$, qui est une *Raison triplée*, puisqu'elle est composée de trois raisons égales $\frac{a}{b}$, $\frac{c}{d}$, & $\frac{e}{f}$

Il faut prendre garde de ne point confondre la raison doublée avec la raison double, ni la raison ttiplée avec la raison triple ; car la raison double est une raison simple, parce qu'elle ne peut être que la raison d'une chose

L ij

qui feroit double d'une autre, au lieu que la raifon doublée eft compofée de deux raifons, & même de deux raifons égales : ainfi quand je confidere le rapport du 2 à 8, je vois qu'il peut être compofé de celui de la raifon de 2 à 4, & de celle de 4 à 8 ; mais comme ces deux raifons font égales, elles compofent enfemble une raifon doublée : par confequent la raifon de 2 à 8 eft doublée.

194. De même, il faut faire une difference de la raifon triple à la raifon triplée, parce que la raifon triple eft une raifon fimple, qui fait voir qu'une chofe eft triple d'une autre, au lieu que la raifon triplée eft, comme nous l'avons dit, une raifon compofée de trois raifons qui doivent être égales; par exemple, la raifon de 2 à 16 eft triplée en la confiderant compofée de 2 à 4, de 4 à 8, & de 8 à 16.

NOUVEAU COURS
DE MATHEMATIQUE.

LIVRE TROISIE'ME.

Où l'on considere les differentes positions des Lignes droites.

DEFINITIONS.

I.

195. LES *Lignes paralleles* sont celles qui étant prolongées comme l'on voudra, sont toujours également éloignées entr'elles, & dont les extrêmitez ne se rencontrent jamais comme AB & CD. — PLANCHE I. Fig. 7.

II.

196. L'*Angle* est un espace indéfini, causé par l'inclination d'une ligne sur une autre, lequel on appelle *Angle rectiligne*, quand ses deux lignes sont droites, comme ABC; *Angle curviligne*, quand les deux lignes sont courbes, comme DEF; & *Angle mixtiligne*, quand l'une des lignes est droite, & l'autre courbe, comme GHI. — Fig. 8. 9. & 10.

III.

197. L'*Angle droit* est celui dont les deux lignes sont perpendiculaires entr'elles, comme ABC, ou ABD. — Fig. 11.

IV.

198. L'*Angle oblique* est celui qui se fait par la rencontre de deux lignes obliques, c'est-à-dire, par la ren-

L iij

contre de deux lignes qui ne font pas perpendiculaires en-tr'elles, ou qui fe coupent à angles inégaux, comme LK & HI.

V.

199. L'*Angle obtus* eft celui qui eft plus ouvert ou plus grand qu'un droit, comme HIK.

VI.

200. L'*Angle aigu* eft celui qui eft plus petit ou moins ouvert qu'un droit, comme LIH.

VII.

261. L'on employe ordinairement trois lettres pour nommer un Angle, & celle qui fe trouve la feconde eft toûjours au point où les côtez de l'Angle fe rencontrent, qui eft nommé *Point angulaire*, ou *Sommet de l'Angle*.

VIII.

Fig. 13.   202. Le *Cercle* eft une Surface plane bornée par une feule ligne courbe, qu'on nomme *Circonference de Cercle*, au dedans de laquelle il y a un point appellé *Centre du Cercle*, duquel toutes lignes droites tirées jufqu'à la circonference, que l'on nomme *Rayons du Cercle*, font égales entr'elles, comme AB, AC, AD.

IX.

Fig. 14.   203. Le *Diamêtre d'un Cercle* eft une ligne droite qui paffe par le centre, & dont les extrêmitez vont aboutir à la circonference, comme ED, qui divife le cercle & la circonference en deux parties égales, que l'on appelle indifferemment *demi-cercle*, dont la moitié fe nomme par confequent *quart de Cercle*.

X.

204. *Arc de Cercle* eft une partie de la circonference, plus petite ou plus grande qu'un demi-cercle.

XI.

205. Les Mathématiciens ont divisé la circonférence du cercle en 360 parties égales, qu'ils ont appellées *Degrez*, & chaque Degré en 60 autres parties égales, qu'on appelle *Minutes*, dont chacune a été divisée en 60 autres parties égales, appellées *Secondes*. Ces divisions ont été faites particulierement pour déterminer la mesure des angles.

XII.

206. La *Mesure* d'un angle est un arc de cercle décrit à volonté de sa pointe, & terminé par ses deux côtez. Ainsi l'on connoît que la mesure de l'angle ABC est l'arc AC; de sorte qu'autant de degrez & de minutes que contiendra AC, autant l'angle ABC vaudra de degrez & de minutes. On peut remarquer que la mesure d'un angle droit est toûjours le quart de la circonférence d'un cercle, c'est-à-dire, de 90 degrez; car si l'on considere les deux diamétres AB, CD, qui se coupent à angles droits, on verra qu'ils divisent la circonférence du cercle en quatre parties égales, & que chacune est la mesure de l'angle droit qui lui correspond : par conséquent on peut dire encore qu'un demi-cercle est la mesure de deux angles droits.

Fig. 16.

Fig. 15.

PROPOSITION PREMIERE.
Problême. *

* Art. 5.

207. *D'un point donné hors d'une ligne donnée, tirer une perpendiculaire sur cette ligne.*

Pour tirer du point donné A une perpendiculaire sur la ligne BC, décrivez du point A comme centre, un arc de cercle, qui vienne couper la ligne donnée aux points B & C : ensuite décrivez des points B & C deux arcs de cercle avec une même ouverture de compas plus petite que celle du rayon AC, pour avoir le point E, par lequel

Fig. 17.

faisant passer la ligne AD, je dis qu'elle sera perpendiculaire sur BC.

208. Pour le prouver, considerez que par la construction les lignes AB & AC sont égales, étant rayons d'un même cercle*, & que les lignes EB & EC sont aussi égales ; ce qui fait voir que la ligne AD n'étant pas plus inclinée du côté B que du côté C, il s'ensuit * qu'elle est perpendiculaire sur BC.

* Art. 202.

* Art. 16.

PROPOSITION II.
Problême.

209. *D'un point donné dans une ligne donnée, élever une perpendiculaire.*

Fig. 18. Pour élever une perpendiculaire sur la ligne BC au point donné A, prenez deux points B & C, également éloignez de A, & de ces points comme centre, décrivez avec la même ouverture de compas deux arcs de cercle, qui se coupent en un point comme D ; puis tirez du point D au point A la ligne DA : elle sera perpendiculaire sur BC.

Il est naturel que la ligne DA soit perpendiculaire sur BC ; car comme les points B & C sont également éloignez du point A, & que par la construction le rayon BD est égal au rayon CD, il s'ensuit que la ligne DA est perpendiculaire sur BC, puisqu'elle n'est pas plus inclinée d'un côté que de l'autre.

PROPOSITION III.
Problême.

Fig. 19. 210. *Diviser une ligne donnée en deux parties égales.*

Pour diviser une ligne telle que AB en deux parties égales, décrivez des extrêmitez A & B comme centres, avec une même ouverture de compas deux arcs de cercle qui se coupent aux points C & D, & tirez par ces deux points la ligne CD, qui la coupera en deux également au point E. Puisque

DE MATHEMATIQUE. 89

Puisque les points D & C sont également éloignez des extrêmitez A & B, l'on voit que la ligne CD est perpendiculaire sur le milieu de AB * : par consequent elle divise la ligne AB en deux également, puisque le point E en est le milieu.

* Art. 209.

PROPOSITION IV.
Théoreme.

211. *On ne peut élever à un même point dans une ligne donnée plus d'une perpendiculaire.*

DÉMONSTRATION.

Si on a élevé au point C de la ligne AB une perpendiculaire CE, il est visible que si on vouloit en élever une autre telle que CD sur le même point C, on ne le pourroit faire sans que cette ligne ne soit plus inclinée d'un côté que de l'autre, comme ici, plus vers A que vers B; & comme ce seroit agir contre la définition des lignes perpendiculaires *, il s'enfuit qu'on n'en peut élever qu'une sur un même point dans une ligne.

Fig. 20.

* Art. 10.

PROPOSITION V.
Théoreme.

212. *D'un point donné hors d'une ligne on ne peut faire tomber du même point qu'une seule perpendiculaire sur cette ligne.*

DÉMONSTRATION.

Si du point A l'on a mené à la ligne DE la perpendiculaire AB, & que les points D, E, soient également éloignez de A; il est certain que le point de la ligne DE où tombera la perpendiculaire tirée de A, sera également éloigné des points D & E, tel que se trouve, par exemple, le point B : mais comme on ne peut tirer du point A une

Fig. 21.

M

autre ligne AC, sans que le point C ne soit à droite ou à gauche du point B, il s'ensuit que les points D & E ne seront pas également éloignez du point C, & que par conſequent la ligne AC ne ſera point perpendiculaire ſur DE.

PROPOSITION VI.
Théoreme.

213. *Une ligne perpendiculaire eſt la plus courte de toutes les lignes que l'on peut mener d'un point à une ligne.*

DÉMONSTRATION.

Fig. 22.

Si l'on a mené du point D la ligne DC perpendiculaire ſur AB, je dis que cette ligne DC ſera la plus courte de toutes celles que l'on peut mener du point D à la même ligne AB, & par conſequent plus courte que DF.

Pour le prouver, prolongez la ligne DC juſqu'en E, en ſorte que CE ſoit égal à CD, tirez la ligne FE, & conſiderez que la ligne DE eſt plus petite que la ligne DFE,

Art. 13. puiſque, ſelon la définition de la ligne droite elle eſt la plus courte de toutes celles qu'on peut tirer du point D au point E. Or comme FC eſt perpendiculaire ſur le milieu de DE, FD ſera égal à FE : ainſi la ligne DC, moitié de DE, ſera plus courte que DF, moitié de DFE. C. Q. F. D.

PROPOSITION VII.
Théoreme.

214. *Quand une ligne tombe obliquement ſur une autre, elle forme deux angles, qui pris enſemble, valent deux droits.*

DÉMONSTRATION.

Fig. 23.

Pour prouver que les deux angles ABC & CBD pris enſemble, valent deux droits, décrivez du point B comme centre un demi-cercle, & conſiderez que l'angle ABC a pour meſure l'arc AC, & que l'angle CBD a pour me

Art. 206. ſure CD : or comme ces deux arcs pris enſemble valent le demi-cercle, & que le demi-cercle est la mesure de deux angles droits*; il s'ensuit donc que ces angles ABC & CBD valent deux droits.

* Art. 206.

PROPOSITION VIII.
Théoreme.

215. *Lorsque deux lignes droites se coupent, elles forment les angles opposez au sommet égaux.*

DÉMONSTRATION.

Pour démontrer que les lignes AB, & CD, qui se coupent au point E, forment les angles AEC & DEB au sommet égaux : du point E décrivez l'arc du cercle CADB, & considerez que si l'on retranche des deux demi-cercles CAD & ADB, l'arc AD, qui leur est commun, il restera l'arc AC égal à DB*; ce qui prouve que l'angle AEC est égal à l'angle DEB, puisqu'ils ont pour mesure des arcs égaux. C. Q. F. D.

Fig. 24.

* Art. 105.

PROPOSITION IX.
Théoreme.

216. *Lorsque deux lignes droites & paralleles viennent aboutir sur une troisiéme, elles forment des angles égaux du même côté.*

DÉMONSTRATION.

Pour démontrer que les deux paralleles AB & CD, qui viennent tomber sur la ligne EF, forment les angles ABF & CDF du même côté égaux : considerez que l'angle n'étant autre chose que l'inclinaison d'une ligne sur une autre * l'égalité de ces inclinaisons fera l'égalité des angles, & que les deux lignes AB & CD ne peuvent être paralleles, sans qu'elles soient également inclinées sur la ligne EF, vous verrez que l'angle ABF est égal à l'angle CDF. C. Q. F. D.

Fig. 25.

* Art. 196.

PROPOSITION X.
Théoreme.

217. *Lorsque deux lignes paralleles sont coupées par une troisiéme ligne, elles forment les angles alternes égaux.*

DÉMONSTRATION.

Fig. 26. Si les lignes AB & CD sont paralleles, & qu'elles soient coupées par la ligne EF, l'angle AGF sera égal à l'angle EHD. Pour le prouver, considerez que les angles AGF & CHF sont égaux entr'eux par le Théoreme précedent, & que les angles CHF & EHD sont aussi égaux par le Théoreme 8. D'où il s'ensuit que l'angle AGF est égal à l'angle EHD. C. Q. F. D.

PROPOSITION XI.
Problême.

Fig. 27. 218. *D'un point donné mener une parallele à une ligne donnée.*

Pour mener du point donné C une parallele à la ligne AB, tirez du point C une ligne CB, qui aille rencontrer la ligne donnée à un point à volonté comme B, puis faites l'angle BCD égal à l'angle ABC, & vous aurez la ligne CD, qui sera parallele à AB; ce qui est évident par le Théoreme précedent, puisque les angles alternes ABC & BCD sont égaux.

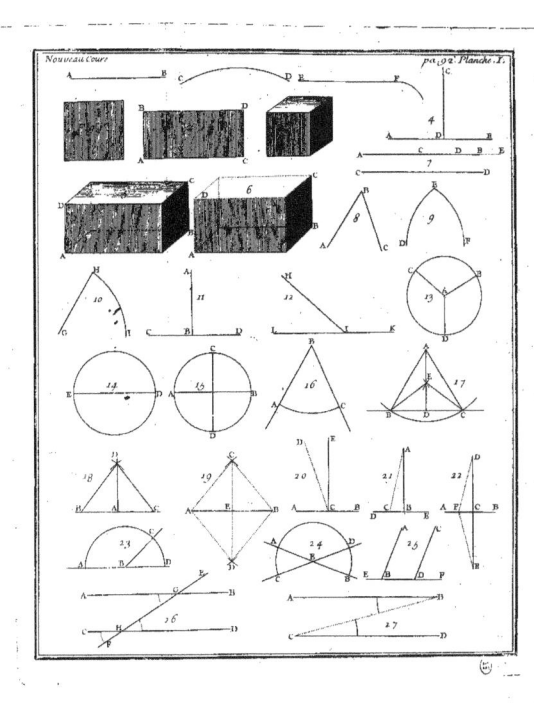

NOUVEAU COURS
DE MATHEMATIQUE.

LIVRE QUATRIE'ME.

Qui traite des proprietez des Triangles, & des Parallelogrammes.

DEFINITIONS.

219. *F**Igure rectiligne* est une surface plane terminée par des lignes droites, appellées *Côtez*, qu'on nomme *Triangle*, quand elle est bornée par trois droites; *Quadrilatere*, quand elle est bornée par quatre lignes droites, & *Poligone*, quand elle est bornée par plus de quatre lignes droites.

220. L'on distingue de six sortes de Triangles; le Triangle *équilateral*, le Triangle *isoscelle*, le Triangle *scalene*, le Triangle *rectangle*, le Triangle *oxigone* ou *acutangle*, & le Triangle *ambligone*, ou *obtus-angle*.

221. Le Triangle *équilateral* a ses trois angles & ses trois côtez égaux, l'*isoscelle* a deux angles & deux côtez égaux, le *scalene* a ses trois angles & ses trois côtez inégaux, le *rectangle* a un angle droit, l'*oxigone* a ses trois angles aigus, l'*ambligone* a un angle obtus.

222. La *base* d'un Triangle est le côté d'un Triangle, sur lequel on a tiré de l'angle opposé une perpendiculaire, qu'on appelle *hauteur* du Triangle; ainsi on connoît que la base du Triangle ABC est le côté AB à l'égard de sa hauteur ou perpendiculaire CD, soit qu'elle

Fig. 28.

divise, comme ici, la base AB en deux parties AD, DB, qu'on appelle *segmens* de la base, soit qu'elle tombe en dehors : ce qui arrivera, lorsqu'un des angles de la base sera obtus. On appelle aussi *base* le côté opposé à l'angle droit dans le Triangle rectangle, ou bien on le nomme *hypotenuse*.

Fig. 29. 223. *Trapeze* est un quadrilatere, comme G, qui n'a aucun de ses côtés paralleles.

Fig. 30. 224. *Trapezoïde* est un quadrilatere qui a deux de ses côtez opposez paralleles, comme la figure H.

Fig. 31. 225. *Parallelogramme* est une figure quadrilatere, dont les côtez opposez sont paralleles & égaux, comme EF.

226. *Diagonale* est une ligne, comme CD, tirée dans un parallelogramme, ou un rectangle d'un angle opposé à l'autre.

227. Si l'on mene par un point quelconque A de la diagonale CD une ligne BG parallele à ED, & une autre HI parallele à DF, l'on aura deux parallelogrammes AE & AF, qui seront dits *complemens* du parallelogramme EF.

Fig. 32. 228. *Figures semblables* sont celles qui ayant un même nombre de côtez, ont leurs angles égaux avec les côtez en proportion autour des mêmes angles.

PROPOSITION PREMIERE.

Théoreme.

229. *L'angle exterieur d'un Triangle est égal aux deux interieurs opposez, & les trois angles d'un Triangle valent deux droits.*

DÉMONSTRATION.

Fig. 33. Pour prouver que l'angle exterieur BDC est égal aux deux autres interieurs opposez A & B, tirez du point D la ligne DE parallele à AB, & considerez que l'angle A est égal à l'angle EDC par la neuviéme du Liv. 3. & que l'angle ABD est égal à l'angle BDE par la dixiéme du même Liv. & que par conséquent l'angle BDC est égal aux angles A & B pris ensemble.

Or comme il manque à l'angle BDC pour valoir deux droits, le troisiéme angle BDA du triangle ABD, je conclus que les trois angles de ce triangle sont égaux à deux droits. C. Q. F. D.

COROLLAIRE I.

230. Il suit de cette proposition que connoissant deux angles dans un triangle, on pourra connoître le troisiéme en soustrayant la somme des deux angles connus de la valeur de deux droits, pour avoir la difference qui sera la valeur de l'angle que l'on cherche : ainsi connoissant dans le triangle EDF l'angle E de 50 degrez, & l'angle D de 70 pour avoir la valeur de l'angle F, on ajoûtera ensemble 50 & 70 qui font 120 qu'il faut soustraire de 180 degrez, & la difference 60 degrez sera la valeur de l'angle F.

Fig. 32.

COROLLAIRE II.

231. Il suit encore que si deux triangles ont deux angles égaux chacun à chacun, que le troisiéme du premier triangle sera égal au troisiéme du second : car si l'angle A est égal à l'angle D, l'angle C à l'angle F, il est certain qu'il manquera autant de degrez à la somme des deux angles A & C pour valoir deux droits, qu'à la somme des deux angles D & F, pour valoir aussi deux droits. Or comme cette difference n'est autre chose que la valeur du troisiéme angle, il s'ensuit que l'angle B sera égal à l'angle E.

Fig. 32.

PROPOSITION II.

Théoreme.

232. *Deux Triangles sont égaux, lorsqu'ils ont deux côtez égaux chacun à chacun avec l'angle compris égal.*

DÉMONSTRATION.

Fig. 34. Pour démontrer que le Triangle G sera égal au triangle H, si le côté BA est égal au côté ED, le côté BC au côté EF, & l'angle B à l'angle E, imaginons que l'angle B est appliqué sur l'angle E, comme ils sont supposez égaux, aussi-bien que leur côté, les extrêmitez A & D aboutiront à un même point, aussi-bien que les extrêmitez C & F; par consequent les côtez de ces triangles conviendront parfaitement les uns sur les autres; d'où il suit qu'ils sont égaux.

PROPOSITION III.
Théoreme.

233. *Deux Triangles sont égaux, quand ils ont un côté égal, & que les angles sur le côté égal sont égaux chacun à chacun.*

DÉMONSTRATION.

Fig. 34. Si le côté AC du Triangle G est égal au côté DF du triangle H, & que l'angle A soit égal à l'angle D, l'angle C à l'angle F, il est certain que les triangles G & H feront égaux; car si l'on suppose le côté AC posé sur le côté DF, ils conviendront parfaitement, aussi-bien que les angles qui sont à l'extrêmité. Or comme par le Corollaire précedent l'angle B sera égal à l'angle E, il s'ensuit que ces deux angles conviendront aussi l'un sur l'autre, ou bien ils ne seroient pas égaux entr'eux; par consequent les côtez BA & ED seront égaux, aussi-bien que les côtez BC & EF; ce qui prouve que le triangle G est égal au triangle H. C. Q. F. D.

PROPOSITION IV.
Théoreme.

234. *Les parallelogrammes qui ont la même base, & qui sont renfermez entre les mêmes paralleles, sont égaux.*

DÉMONSTR.

DE MATHEMATIQUE.

DÉMONSTRATION.

Je dis que le parallelogramme AD sera égal au parallelogramme BF, s'ils ont la même base BD, & s'ils sont renfermez entre les mêmes parallelles AF & BH. *Fig. 35.*

Pour le démontrer, remarquez que les angles ABH & CDH sont égaux *, aussi-bien que les angles EBH & FDH, les uns & les autres étant formez par des paralleles qui aboutissent sur la ligne BH, & que si on retranche ces deux derniers angles des deux premiers, il restera l'angle ABE égal à l'angle CDF. * Or comme les côtez qui renferment les angles ABE & CDF sont égaux les uns aux autres, étant des côtez opposez de parallelogramme, on aura le triangle ABE égal au triangle CDF par la proposition 2. & si de ces deux triangles on retranche le triangle CGE, qui leur est commun, il restera le Trapezoïde ABGC égal au trapezoïde DGEF*, ausquels ajoûtant le triangle GBD, on verra que le parallelogramme AD est égal au parallelogramme BF. * C. Q. F. D.
* Art. 116.
* Art. 105.
* Art. 105.
* Art. 104.

COROLLAIRE.

235. Il suit de la proposition précedente que les parallelogrammes qui ont des bases égales, & qui sont renfermez entre les mêmes paralleles, sont égaux; car pour prouver que le parallelogramme AD est égal au parallelogramme GF, si les bases CD & EF sont égales, il n'y a qu'à tirer les lignes CG & DH, qui formeront le parallelogramme CH, & considerer que ce parallelogramme est égal au parallelogramme AD, parce qu'ils ont la même base CD, & que le même parallelogramme CH est égal au parallelogramme GF, puisqu'ils ont aussi la même GH, & que par consequent les parallelogrammes AD & GF sont égaux, puisqu'ils sont chacun égal à un troisiéme. *Fig. 36.*

PROPOSITION V.

Théoreme.

Fig. 37.   236. *Les triangles sont égaux, lorsqu'ayant la même base, ils sont renfermez entre les mêmes parallèles.*

DÉMONSTRATION.

L'on entendra aisément que les triangles CBD & FBD sont égaux, s'ils ont la même base BD, & s'ils sont renfermez entre les mêmes parallèles : car si on considere qu'ils sont les moitiez des parallelogrammes égaux BA & BE, on verra que les touts étant égaux, les moitiez seront égales.

COROLLAIRE I.

Fig. 38.   237. Il suit de cette proposition que si un parallelogramme AD, & un triangle AEC, renfermez entre les mêmes parallèles, ont la même base AC, que le triangle AEC est la moitié du parallelogramme, parce que le triangle BAC, qui lui est égal, est aussi la moitié du parallelogramme AD.

COROLLAIRE II.

Fig. 38.   238. Comme le triangle BAC est égal au triangle AEC, il est constant qu'ayant la même base, ils doivent avoir la même hauteur. Or comme la hauteur du premier est la perpendiculaire BA, la hauteur du second sera donc la perpendiculaire EF, qui est égale à BA : ce qui fait voir que la hauteur d'un triangle incliné sur sa base est une ligne perpendiculaire, tirée du sommet du triangle sur le prolongement de sa base. Ce sera la même chose pour les parallelogrammes inclinez.

COROLLAIRE III.

Fig. 39.   239. Un triangle ABC étant la moitié d'un parallelogramme AG, il sera égal au parallelogramme ADEC, dont la hauteur HF est supposée la moitié de la perpendiculaire BF, qui fert de hauteur commune au triangle & au parallelogramme : or comme pour trouver la superficie du parallelogramme ADEC, il faut multiplier la bafe AC par fa hauteur HF, moitié de la perpendiculaire BF : il s'enfuit que *multipliant la bafe d'un triangle par la moitié de la perpendiculaire, ou, ce qui revient au même, toute la perpendiculaire par la moitié de la bafe*, le produit donnera la fuperficie du triangle.

COROLLAIRE IV.

240. Si l'on confidere qu'un triangle ABC eft compofé Fig. 40. d'une infinité de lignes paralleles, qui en font les élemens, & que toutes les lignes étant également éloignées, fe furpaffent de la même quantité, on verra qu'elles compofent une progreffion Arithmétique d'une quantité infinie de termes, qui commencent par o, & dont la fomme eft exprimée par la perpendiculaire BD. Or comme l'on trouve la valeur d'un triangle, ou autrement la fomme de toutes ces paralleles, en multipliant la plus grande, qui eft la bafe par la moitié de la grandeur, qui en exprime la quantité, c'eft-à-dire, par la moitié de la perpendiculaire BD, il s'enfuit qu'on peut tirer de ce raifonnement le principe fuivant, qui eft que *la fomme des termes des quantitez infinies en progreffion Arithmétique, en commençant depuis o, eft égale au produit du plus grand terme par la moitié de la grandeur qui exprime la quantité des termes.*

Il faut s'attacher à bien comprendre ce Corollaire, parce que nous nous en fervirons utilement dans la fuite.

PROPOSITION VI.

Théoreme.

241. *Les complemens des parallelogrammes font égaux.*

DÉMONSTRATION.

Pour prouver que les complemens AE & AF du paral- Fig. 31. lelogramme EF font égaux, confiderez que le parallelogramme EF est divisé en deux triangles égaux CED & CDF, de même que les parallelogrammes BI & HG : or si l'on retranche du triangle CED les deux triangles CBA & AHD, il restera le complement EA ; & si du triangle CDF on retranche pareillement les deux triangles CAI & ADG, qui sont égaux aux deux précedens, il restera le complement AF, égal au complement AE, puisque si de grandeurs égales on en retranche d'égales, les restans sont égaux. C. Q. F. D.

PROPOSITION VII.

Théoreme.

242. *Les parallelogrammes qui ont la même hauteur, sont dans la même raison que leurs bases.*

DÉMONSTRATION.

Fig. 41. Je dis que si les parallelogrammes E & F ont la même hauteur, ils seront dans la même raison que leurs bases. Pour le prouver, je nomme a la base du premier ; b, celle du second ; & c, la hauteur de chacun : je conclus que $ac, bc :: a, b$, puisque $abc = abc$. C. Q. F. D.

COROLLAIRE.

Fig. 42. 243. Il suit de cette proposition que si l'on a deux triangles ABC & CDB, qui ont la même hauteur BE, puisque leur sommet aboutit au même point B, qu'ils seront dans la même raison que leurs bases AC & CD ; car les triangles étant les moitiez des parallelogrammes, il en sera des moitiez comme de leurs touts.

PROPOSITION VIII.

Théoreme.

244. *Si l'on coupe les deux côtez d'un triangle par une ligne parallele à la base, les côtez du triangle seront coupez proportionnellement.*

DÉMONSTRATION.

Je dis que les côtez AB & AC qui font coupez par la ligne DE, parallele à la bafe BC du triangle ABC, font divifez proportionnellement, c'eft-à-dire, qu'il faut faire voir que AD. DB :: AE. EC. Pour cela tirez les lignes BE & DC, qui donneront les triangles égaux BDE & DEC, puifqu'ils ont la même bafe DE, & qu'ils font renfermez entre les mêmes paralleles. Cela pofé, je nomme chacun de ces triangles égaux *g*, & le triangle ADE, *f*; comme les triangles ADE & DEB ont la même hauteur, ayant tous deux leur fommet au point E, ils font dans la même raifon que leurs bafes *, & par confequent AD. DB :: *f*. *g*. de même les triangles ADE & EDC ayant la même hauteur, ils feront encore dans la même raifon que leurs bafes, c'eft-à-dire, que AE. EC :: *f*. *g*. ainfi comme on a deux raifons qui font égales à une troifiéme raifon, il s'enfuit que AD. DB :: AE. EC. C. Q. F. D.

Fig. 43.

* Art. 243.

DÉFINITION.

245. L'on nomme côtez *proportionnels* dans les triangles femblables, auffi-bien que dans toutes les autres figures, les côtez qui font oppofez aux angles égaux; par exemple, pour dire que le côté AB eft au côté DE comme le côté AC eft au côté DF, il faut que l'angle C foit égal à l'angle F, & que l'angle B foit égal à l'angle E.

Fig. 44.

PROPOSTION IX.

Théoreme.

246. *Les triangles femblables ont leurs côtez proportionnels.*

DÉMONSTRATION.

Si le triangle ABC eft femblable au triangle CED, je dis que le côté AB eft au côté AC, comme le côté CE eft

Fig. 45.

au côté CD: pour le prouver il faut prendre les deux bases des triangles sur un même alignement, & prolonger les côtez AB & ED jusqu'à ce qu'ils se rencontrent au point F. Cela posé, remarquez que la figure CBFE est un parallelogramme, & que les côtez AF & AD du triangle AFD, sont coupez par la ligne BC, parallele au côté FD, & que par la proposition précedente on aura AB. BF :: AC. CD. Et si on met à la place de BF, CE, qui lui est égal, on aura AB. CE :: AC. CD. & en raison alterne, AB. AC :: CE. CD. *C. Q. F. D.*

COROLLAIRE I.

Fig. 44. 247. Si on a deux triangles semblables M & N, on aura par la proposition précedente $a, b :: c, d$, par consequent $bc = ad$, qui fait voir que deux côtez pris dans deux triangles semblables, & deux autres côtez pris dans les mêmes triangles, peuvent toûjours former deux rectangles égaux.

COROLLAIRE II.

Fig. 44. 248. Il suit encore que si l'on a deux triangles semblables, dont on conçoit deux côtez dans l'un & un côté dans l'autre, qu'on pourra trouver le second côté de l'autre: car supposant, par exemple, que dans les triangles M & N le côté a soit de 12 pieds, le côté b de 8, & le côté c de 9, & qu'on veuille connoître le côté d, il n'y aura qu'à faire une Regle de trois, & dire: Si 12 m'a donné 8, combien me donneront 9 ? On trouvera 6 pour la valeur du côté d. Il en sera ainsi des autres.

AVERTISSEMENT.

La proposition precedente est une des plus considerables de la Géométrie; car elle en est comme la base; c'est pourquoi il faut s'appliquer à la bien entendre pour pouvoir comprendre toutes celles qui suivent dès la premiere lecture, puisqu'elles sont presque toutes démontrées par celle-ci.

PROPOSITION X.
Théoreme.

249. *Si l'on abaisse de l'angle droit d'un triangle rectangle une perpendiculaire sur le côté opposé, elle divisera ce triangle en deux autres triangles, qui lui seront semblables.*

DÉMONSTRATION.

Pour démontrer que la perpendiculaire BD tirée de Fig. 46. l'angle droit ABC, forme les deux triangles ABD & BDC semblables au grand ABC, remarquez que les triangles ABC & ABD ont chacun un angle droit, & l'angle A, qui leur est commun, & que par consequent ils sont semblables : de même que les triangles ABC & BDC, qui ont aussi chacun un angle droit, & l'angle C leur est commun. C. Q. F. D.

PROPOSITION XI.
Théoreme.

250. *Dans un triangle rectangle le quarré du côté opposé à l'angle droit, est égal aux quarrez des deux autres côtez pris ensemble.*

Si l'on abaisse de l'angle droit B la perpendiculaire BD Fig. 47. sur le côté AC, & qu'on nomme AC. a. BA. b. BC. c. AD. x. DC sera $a-x$. Cela posé, nous ferons voir que $\overline{AC}^2 (aa) = \overline{AB}^2 + \overline{BC}^2 (bb + cc)$.

DÉMONSTRATION.

Comme la perpendiculaire BD divise le rectangle ABC en deux triangles semblables BAD & DBC, l'on aura AC(a), AB(b) :: AB(b), AD(x); & AC(a), CB(c) :: CB(c), DC($a-x$) qui donne ces deux équations $ax = bb$, & $aa - ax = cc$: or si on ajoûte ensemble ces deux équations, on aura $aa - ax + ax = cc + bb$, d'où effaçant ce qui se détruit, l'on voit que $\overline{AC}^2(aa) = \overline{AB}^2 + \overline{BC}^2$ ($bb+cc$) C. Q. F. D.

Corollaire I.

251. Cette proposition est la fameuse quarante-septiéme du premier Livre d'Euclide, pour laquelle Pythagore sacrifia cent bœufs aux Muses, après en avoir fait la découverte, pour les remercier de la faveur qu'il croyoit en avoir reçû : & pour être prévenu de l'usage que nous en ferons dans la suite, il faut remarquer que connoissant les quarrez de deux côtez d'un triangle rectangle, on pourra toûjours connoître celui du troisiéme; car si l'on a $\overline{AC}^2(aa)$ & $\overline{AB}^2(bb)$ on voit qu'on aura toûjours $\overline{AC}^2 - \overline{AB}^2(aa-bb) = \overline{BC}^2(cc)$ qui donne la valeur du quarré du côté de BC : on voit de plus que connoissant les deux côtez qui comprennent l'angle droit d'un triangle rectangle, on pourra connoître l'hypotenuse, en quarrant ces deux côtez, & en extrayant la racine des membres de l'équation $aa = bb + cc$, on aura $a = \sqrt{bb+cc}$; & si connoissant l'hypotenuse avec un autre côté, on vouloit trouver le troisiéme côté, on n'auroit qu'à soustraire du quarré de l'hypotenuse le quarré du second côté que l'on connoît, & la racine quarrée de la difference donnera la valeur du côté qu'on cherche : ainsi connoissant les deux côtez BC & AC, on voit que $\sqrt{aa-cc} = AB$.

Corollaire II.

252. Il suit encore de cette proposition que la perpendiculaire tirée de l'angle droit d'un triangle rectangle sur l'hypotenuse est moyenne proportionnelle entre les parties de l'hypotenuse; car comme la perpendiculaire BD divise le triangle ABC en deux autres triangles semblables; on aura par conséquent AD. DB :: DB. DC. C. Q. F. D.

PROPOSITION XII.

Théoreme.

253. Dans un triangle obtus-angle ABC le quarré du côté AC, opposé à l'angle obtus, est égal au quarré des deux autres côtés AB & BC pris ensemble, si on leur ajoûte deux rectangles compris sous le côté BC qui a été prolongé pour la perpendiculaire, & sous la partie BD qui est entre la perpendiculaire & l'angle obtus. *Fig. 48.*

Nous nommerons AC, a; AB, c; BC, b; BD, x; AD, e; & nous ferons voir que $\overline{AC}^2 (aa) = \overline{AB}^2 + \overline{BC}^2 + 2DB \times BC$ ($cc + bb + 2bx$.)

DEMONSTRATION.

Comme le triangle rectangle ADC donne $\overline{AC}^2 (aa) = \overline{AC}^2 + \overline{DC}^2 (ee + xx + 2bx + bb)$ & que le triangle rectangle ABD donne encore $\overline{AB}^2 (cc) = \overline{AD}^2 + \overline{DB}^2 (ee + xx)$ l'on voit que si on met dans le second membre de la première équation cc à la place de $ee + xx$, on aura $\overline{AC}^2 (aa) = \overline{AB}^2 + \overline{BC}^2 + 2DB \times BC$ ($cc + bb + 2bx$) C. Q. F. D.

COROLLAIRE.

254. Si l'on avoit un triangle ABC, dont on connût les trois côtés, on pourroit par cette proposition trouver la perpendiculaire AD qui détermine la hauteur du triangle; car comme l'on a $aa = cc + bb + 2bx$, si l'on fait passer $cc + bb$ du second membre dans le premier, il viendra $aa - cc - bb = 2bx$, qui étant divisé par $2b$, vient $\frac{aa - cc - bb}{2b} = x$, qui fait voir qu'on trouvera la valeur de la ligne DB, en soustrayant du quarré AC opposé à l'angle obtus les quarrés des côtés AB & BC, & en divisant

le restant par le double de la valeur du côté BC. Or comme on a le triangle ADB, qui donne $cc = ee + xx$, si l'on fait passer xx dans le premier membre, on aura $cc - xx$

* Art. 251. $= ee$, dont ayant extrait la racine, il viendra $\sqrt{cc - xx} = e$ *, qui fait voir que pour trouver la perpendiculaire AD, il faut ôter le quarré DB du quarré AB, & extraire la racine du restant.

PROPOSITION XIII.

Théoreme.

Fig. 49.   255. *Dans tous triangles comme ABC, le quarré du côté AB opposé à un angle aigu C avec deux rectangles compris sous le côté AC où tombe la perpendiculaire, & sous le segment DC entre la perpendiculaire & l'angle aigu, est égal aux quarrez des deux autres côtés AC & BC pris ensemble.*

Ayant nommé AB, a; BC, b; AC, c; BD, e; DC, x; AD sera $c - x$. Cela posé, nous ferons voir que $\overline{AB}^2 + 2AC \times DC$ $(aa + 2cx) = \overline{BC}^2 + \overline{AC}^2 (cc + bb)$.

DÉMONSTRATION.

Comme les triangles rectangles BAD & BDC donnent $\overline{AB}^2 (aa) = \overline{BD}^2 + \overline{AD}^2 (ee + cc - 2cx + xx)$ & $\overline{BC}^2 (bb) = \overline{BD}^2 + \overline{DC}^2 (ee + xx)$ si dans cette équation $aa + 2cx = cc + bb$, l'on met à la place de aa sa valeur $ee + cc - 2cx + xx$, & à la place de bb sa valeur $ee + xx$, l'on aura $ee + cc - 2cx + xx + 2cx = ee + xx + cc$, ou bien $ee + cc + xx = ee + cc + xx$, qui prouve que ce qu'on a avancé est démontré.

COROLLAIRE.

Fig. 49.   256. Comme cette proposition donne $aa + 2cx = cc + bb$, si l'on fait passer aa du premier membre dans le fecond, l'on aura $2cx = cc + bb - aa$, ou bien $x = \frac{cc + bb - aa}{2c}$, en divifant chaque membre par $2c$, qui fait voir que pour avoir la valeur du fegment DC, il faut ôter de la fomme des deux quarrés des deux côtés AC & BC, le quarré du côté oppofé à l'angle aigu, & divifer le reftant par le double de la valeur du côté AC. Or fi l'on veut connoître la valeur de la perpendiculaire BD, on n'aura qu'à ôter du quarré BC le quarré du côté DC, & extraire la racine du refte.

NOUVEAU COURS
DE MATHEMATIQUE.

LIVRE CINQUIE'ME.
Où l'on traite des proprietés du Cercle.

DEFINITIONS.

I.

PLANCHE 3. Fig. 50.

257. L'On nomme Cercles *concentriques*, ceux qui ayant été décrits du même centre, ont leurs circonférences paralleles. Tels sont les deux Cercles qui ont pour centre commun le point A.

II.

Fig. 51.

258. Les Cercles *excentriques* sont ceux qui ayant été décrits par des centres différens, n'ont pas leurs circonférences paralleles, comme B & C.

III.

Fig. 50.

259. L'on nomme *Couronne* l'espace renfermé entre les circonférences de deux cercles concentriques, comme est l'espace BB, terminé par les circonférences E & F.

IV.

Fig. 52.

260. *Segment* de Cercle est la partie d'un Cercle terminé par une ligne droite & par une partie de circonférence du même Cercle, comme ABC ou ADC.

V.

Fig. 53.

261. *Secteur* de Cercle est une partie de Cercle termi-

DE MATHEMATIQUE. 109

née par deux rayons, & par une partie de la circonférence du Cercle. Telle est la partie du Cercle CDE.

VI.

262. *Arc* de Cercle est une partie de circonférence plus Fig. 52. grande ou plus petite qu'un demi-Cercle.

VII.

263. L'on nomme *Cordes* toutes lignes droites, comme Fig. 52. AC, terminées par la circonférence d'un Cercle ou d'une partie de Cercle.

VIII.

264. Quand une ligne touche la circonférence d'un Fig. 54. Cercle sans le couper, cette ligne est nommée *tangente*; ainsi la ligne AB qui ne touche la circonférence du Cercle D qu'au point *d*, est dite *tangente* à ce Cercle.

IX.

Si on a une ligne qui au lieu de toucher un Cercle, le coupe, comme la ligne BE, cette ligne est nommée *sécante*.

PROPOSITION PREMIERE.

Théoreme.

265. *Si du centre d'un Cercle on abaisse une perpendi-* Fig. 5:- *culaire BD sur une corde AC, elle la divisera en deux également au point D.*

DÉMONSTRATION.

Pour le démontrer, considerez qu'ayant tiré les rayons BA & BC, l'on aura deux triangles rectangles BAD & BCD, & que l'angle A étant égal à l'angle C, l'angle ABD sera égal à l'angle CBD. Or comme les côtés qui comprenent ces angles sont égaux, le côté BD étant commun, & les autres BA & BC étant des rayons, il s'ensuit par l'art. 232. que la ligne AD est égale à la ligne DC. C. Q. F. D.

Corollaire.

266. Il suit de cette proposition, que si l'on prolonge la perpendiculaire BD jusqu'à la circonférence E, qu'elle divisera l'arc AEC en deux également ; car les angles ABE & EBC étant égaux, les arcs AE & EC le seront aussi.

PROPOSITION II.
Théoreme.

Fig. 56.

267. *Si du centre d'un Cercle on mene une ligne DC au point où une tangente AB touche le Cercle, je dis que cette ligne sera perpendiculaire sur la tangente.*

Demonstration.

Pour prouver que la ligne DC est perpendiculaire sur la ligne AB, si elle vient rencontrer cette ligne au point où elle touche le Cercle, remarquez que la ligne DC est la plus courte de toutes celles qu'on peut tirer du centre D sur la tangente AB à droite ou à gauche du point C, parce que toute autre ligne sortira du Cercle, & sera par conséquent plus grande que le rayon. Or puisque la ligne DC est la plus courte de toutes celles que l'on peut tirer du centre D sur la ligne AB, elle est perpendiculaire sur cette ligne par l'art. 213.

PROPOSITION III.
Théoreme.

Fig. 57.

. 268. *L'angle qui est à la circonférence d'un Cercle a pour mesure la moitié de l'arc sur lequel il s'appuye.*

Demonstration.

Pour prouver que l'angle ABC, qui touche la circonference, a pour mesure la moitié de l'arc AEC, tirez la ligne BE par le centre D, & les rayons DA & DC; en suite faites attention que le triangle DBA est isoscelle,

& que l'angle exterieur ADE valant les deux autres interieurs oppofés * qui font égaux entr'eux, il fera double de l'angle ABE, & que par la même raifon CDE fera double de l'angle CBE ; d'où il s'enfuit que la mefure de l'angle ABC n'eft que la moitié de l'arc AEC. C. Q. F. D.

* Art. 219.

COROLLAIRE.

Il fuit de cette propofition plufieurs conféquences.

269. 1°. Qu'un angle tel que ABC, qui eft renfermé dans un demi-cercle, eft droit ; ce qui eft bien évident, puifqu'il a pour mefure la moitié de l'arc AOC, qui eft un quart de cercle.

Fig. 59.

270. 2°. Qu'un angle comme DEF, qui eft renfermé dans un fegment plus petit qu'un demi-cercle, eft obtus, parce qu'il a pour mefure la moitié de l'arc DOF, qui eft plus grande qu'un quart de cercle.

Fig. 60.

271. 3°. Qu'un angle comme GHI, qui eft renfermé dans un fegment plus grand qu'un demi-cercle, eft aigu, puifqu'il a pour mefure la moitié de l'arc GOI, qui eft plus petite qu'un quart de cercle.

Fig. 61.

272. 4°. Que les angles comme ABC & ADC, qui font renfermés dans le même fegment, font égaux, puifqu'ils ont chacun pour mefure la moitié de l'arc AOC.

Fig. 62.

273. 5°. L'on pourroit encore faire voir quelle eft la mefure des angles qui ne font ni au centre, ni à la circonference, dont la pointe feroit dedans ou dehors le cercle : mais je laiffe aux Commençans le plaifir de la chercher eux-mêmes.

PROPOSITION IV.

Théoreme.

274. *Si l'on a un angle BAD, formé par une tangente AB & une corde AD, cet angle aura pour mefure la moitié de l'arc AFD.*

Fig. 58.

Tirez du centre E le rayon EA au point d'attouchement A, qui sera perpendiculaire sur la tangente AB*, & tirez la ligne FG perpendiculaire sur AD, qui sera divisée en deux également, aussi-bien que l'arc AFD.*

* Art. 267.
* Art. 265. & 266.

DEMONSTRATION.

Comme l'angle BAD ne peut valoir un droit sans l'angle GAE, & que l'angle AEG ne peut aussi valoir un droit sans le même angle GAB; il s'ensuit donc que l'angle BAD est égal à l'angle AEG : mais comme l'angle AEG a pour mesure l'arc AF, moitié de AFD, l'angle BAD aura donc aussi pour mesure l'arc AF, moitié de AFD. C. Q. F. D.

PROPOSITION V.
Théoreme.

Fig. 63

275. Si l'on a deux lignes AB & CD qui se coupent indifferemment dans un cercle, je dis que le rectangle compris sous les parties AE & EB de l'une est égal au rectangle compris sous les parties CE & ED de l'autre.

DEMONSTRATION.

Ayant tiré les lignes AC & DB, considerez que les triangles ACE & EBD sont semblables, puisqu'ils ont les angles au point E égaux, & que l'angle C est égal à l'angle B, ayant chacun pour mesure la moitié de l'arc AD*. Cela posé, l'on aura donc* EB. EC :: ED. EA. Par conséquent * EC × ED = EB × EA. C. Q. F. D.

* Art. 268.
* Art. 246. & 247.
* Art. 150.

PROPOSITION VI.
Théoreme.

Fig. 64

276. Si d'un point comme A pris hors d'un cercle, l'on tire deux lignes AB & AC, qui aillent se terminer à la circonférence concave, je dis que le rectangle compris sous une des lignes AB & sous sa partie exterieure AD au cercle, est égal au rectangle compris sous l'autre ligne AC, & sous sa partie exterieure AE.

DEMONSTR.

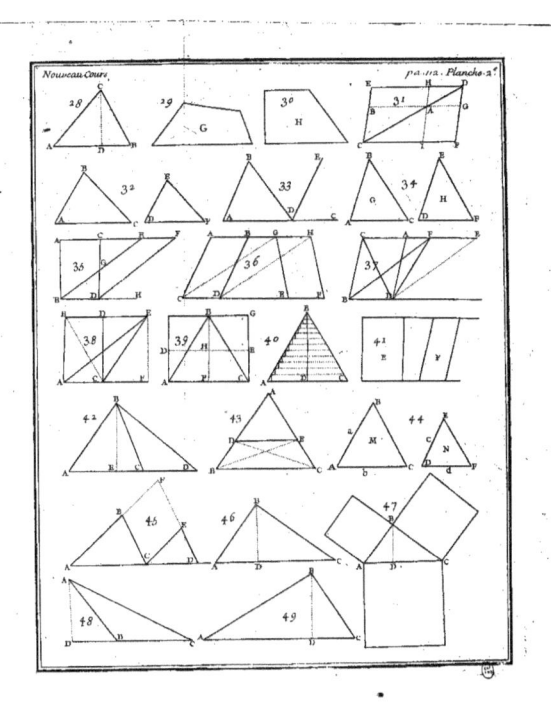

DE MATHEMATIQUE. 113

DEMONSTRATION.

Si l'on tire les lignes BE & CD, l'on aura deux triangles semblables ABE & ACD; car l'angle A leur est commun, & les angles B & C ont chacun pour mesure la moitié de l'arc DE : ainsi on aura * AE. AB :: AD. AC. Par conséquent * AB × AD = AC × AE. C. Q. F. D.

* Art. 246. & 247.
*Art. 150.

PROPOSITION VII.

Théoreme.

277. *Si l'on éleve une perpendiculaire BD à tel point que l'on voudra du diametre AC, le quarré de la perpendiculaire sera égal au rectangle compris sous les parties AD & DC du diametre.*

Fig. 65.

DEMONSTRATION.

Si l'on tire les lignes AB & BC, on aura l'angle droit ABC * ; & comme la perpendiculaire BD divise le triangle rectangle ABC en deux triangles semblables * ABD & BCD, l'on aura * AD. DB :: DB. DC. Par conséquent * $\overline{DB}^2$ = AD × DC. C. Q. F. D.

* Art. 269.
* Art. 249.
* Art. 246. & 247.
* Art. 152.

COROLLAIRE.

278. Il suit de cette proposition qu'à quel point du diametre d'un demi-cercle, qu'on éleve une perpendiculaire, qu'elle est toûjours moyenne proportionnelle entre les parties du diametre, & c'est ce que nous appellerons dans la suite la proprieté du Cercle.

PROPOSITION VIII.

Problême.

279. *Mener une tangente à un cercle par un point donné.*

Fig. 66.

Pour mener une tangente du point donné D au cercle C, tirez du centre C au point D une ligne DC, que vous diviserez en deux également au point E, & puis de ce

P

point comme centre, décrivez un demi-cercle CBD, je dis que la ligne qui fera menée de D en B, où ces deux circonferences fe coupent, fera tangente au cercle.

Pour le prouver, tirez le rayon CB, & confiderez que l'angle CBD eft droit, puifqu'il eft renfermé dans un demi-cercle, & par conféquent la ligne BD fera tangente, puifqu'elle eft perpendiculaire fur le rayon CB *. C. Q. F. D.

* Art. 267.

PROPOSITION IX.
Théoreme.

Fig. 67. 280. Si d'un point B hors d'un cercle l'on mene une tangente BA, & une fecante BC, je dis que le quarré de la tangente AB fera égal au rectangle compris fous la ligne BC, & fa partie exterieure DB.

DEMONSTRATION.

Pour le prouver, tirez les lignes AC & AD, & faites attention que les triangles CAB & ABD font femblables; car ils ont l'angle B de commun, & les angles BAD & ACD ont chacun pour mefure la moitié de l'arc AD : cela étant, nous aurons * BC. BA :: BA. BD. Par conféquent * BA = BC × BD. C. Q. F. D.

* Art. 246.
* Art. 152.

PROPOSITION X.
Théoreme.

Fig. 68. 281. Si l'on a une tangente CD perpendiculaire fur le diametre AB, je dis que fi l'on tire autant de lignes qu'on voudra du point A à la tangente, comme eft, par exemple, la ligne AC, que le quarré du diametre AB, fera égal au rectangle compris fous une ligne telle que AC, & fous la partie interieure AE au Cercle.

DEMONSTRATION.

Si l'on tire la ligne BE, on aura deux triangles femblables ABC & AEB, puisqu'ils ont chacun un angle droit, & l'angle CAB qui leur est commun : ainsi * AC. AB :: AB. AE. Par conséquent * AC × AE = $\overline{AB}^2$. C. Q. F. D.   *Art. 246. *Art. 152.

DÉFINITION.

282. L'on dit qu'une ligne est divisée *en moyenne & extrême raison*, quand elle est coupée en deux parties, de maniere que toute la ligne est à la plus grande partie comme la plus grande partie est à la plus petite ; & pour lors la plus grande partie est appellée la *mediane*.

PROPOSITION XI.
Problême.

283. *Diviser une ligne en moyenne & extrême raison.*   Fig. 69.

Pour diviser la ligne AB en moyenne & extrême raison, tirez sur l'extrêmité B la perpendiculaire BD égale à la moitié de la ligne donnée AB, du point D & de l'intervalle DB, décrivez un cercle, & tirez par le centre la ligne AC : puis faites AF égal à AE ; je dis que la ligne AB sera divisée en moyenne & extrême raison au point F.

Ayant nommé AF ou AE, x ; AB, a ; CE sera aussi a ; AC, $a+x$; & FB, $a-x$; nous ferons voir que AB (a) AF (x) :: AF (x) FB ($a-x$)

DÉMONSTRATION.

Par la proposition 9. l'on a AC ($a+x$) AB (a) :: AB (a) AE (x) qui donne * $aa = xa + xx$. Or si l'on fait passer xa du second membre dans le premier, on aura $aa - ax = xx$; d'où l'on tire * cette proportion $a . x :: x . a - x$. C. Q. F. D.   *Art. 152. *Art. 176.

NOUVEAU COURS
DE MATHEMATIQUE.

LIVRE SIXIE'ME.

Qui traite des Poligones reguliers inscrits & circonscrits au Cercle.

DEFINITIONS.

I.

284. ON dit qu'un Poligone regulier ou irregulier est *inscrit* au cercle, quand les sommes de tous les angles du Poligone touchent le cercle.

II.

285. On dit qu'une figure rectiligne est *circonscrite* à un cercle, quand chacun de ses côtés touche la circonference du cercle, ou autrement quand chaque côté devient tangente au cercle.

III.

286. *Poligone regulier* est une figure dont tous les angles & côtez sont égaux entr'eux.

IV.

287. Un Poligone regulier se nomme *pentagone* quand il a cinq côtés; *exagone* quand il a six côtés; *eptagone* quand il a sept côtés; *octogone* quand il a huit côtés; *enneagone* quand il a neuf côtés; *decagone* quand il a dix

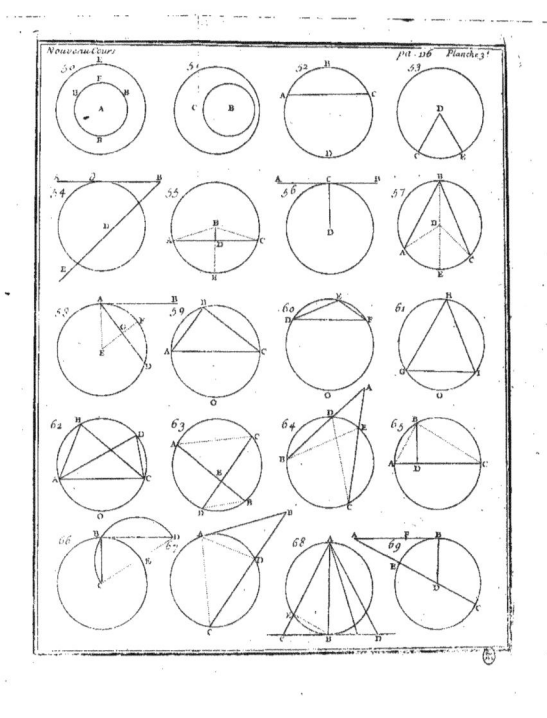

côtés ; *ondecagone* quand il a onze côtés ; *dodecagone* quand il a douze côtés.

V.

288. Dans un Poligone regulier il y a *l'angle du centre* & *l'angle du Poligone*.

VI.

289. L'*angle du centre* est un angle comme BAC, formé par deux rayons AB & AC, tirez du centre aux extrêmités d'un des côtés du Poligone. PLANCHE 4. Fig. 70.

VII.

290. L'*angle du Poligone* est un angle comme BCD, formé par la rencontre de deux côtés BC & CD.

COROLLAIRE.

291. Comme l'angle du centre d'un Poligone a pour mesure l'arc dont un des côtés du poligone est la corde, l'on trouvera toûjours la valeur de cet angle, en divisant 360, qui est le nombre de degrés du cercle par la quantité de côtés, dont le Poligone est composé : ainsi pour trouver l'angle du centre d'un exagone, je divise 360 par 6, & je trouve 60 degrés pour la mesure de l'angle que je cherche. Or comme l'angle du Poligone BCD est double de l'angle ABC, & que par conséquent il est égal aux deux angles de la base du triangle isoscelle ABC, il s'enfuit qu'il est égal à la difference qu'il y a de l'angle du centre à deux droits : ainsi on trouvera la valeur de l'angle du Poligone de tel nombre de côtés qu'on voudra, en prenant la difference de l'angle du centre à 180 degrés.

PROPOSITION PREMIERE.
Problême.

292. *Inscrire un exagone dans un cercle.*

Pour inscrire un exagone dans un cercle, il faut prendre le rayon du cercle avec le compas, & le porter six Fig. 70.

fois fur la circonférence, & l'on aura les points qui ſerviront à tracer l'exagone.

DEMONSTRATION.

Confiderez que le côté BC de l'exagone eſt égal au rayon AB ; car comme l'angle du centre BAC de l'exagone eſt de 60 degrés, l'on verra que la ſomme des deux angles de la baſe du triangle iſoſcelle BAC eſt de 120 degrés, & que par conſéquent ils feront chacun de 60. Or comme cela prouve que le triangle ABC eſt équilateral *, il s'enſuit que le côté BC eſt égal au rayon AB. C. Q. F. D.

* Art. 221.

PROPOSITION II.
Problême.

Fig. 71.

293. *Décrire un dodecagone dans un cercle.*

Pour décrire un dodecagone dans un cercle, il faut porter le rayon AC ſur la circonference pour avoir l'arc CD de ſoixante degrés, ou autrement égal à la ſixiéme partie du cercle ; & puis diviſer cet arc en deux également au point E, la corde DE ſera le côté du dodecagone, puiſqu'elle eſt la corde d'un angle de 30 degrés, c'eſt-à-dire, de l'angle du centre du dodecagone.

LEMME.

Fig. 72.

294. *Si l'on a un triangle iſoſcelle ABC, dont chaque angle de la baſe ſoit double de celui du ſommet, je dis que diviſant l'un des angles de la baſe comme BAC en deux également par une ligne AD qui aille rencontrer le côté oppoſé, qu'elle diviſera ce côté en moyenne & extrême raiſon au point D, c'eſt-à-dire, que l'on aura BC. BD :: BD. DC.*

DEMONSTRATION.

Confiderez que les triangles ABC & ADC ſont ſemblables, puiſqu'ils ont l'angle C commun, & que l'angle DAC eſt égal à l'angle B par la ſuppoſition ; de plus que

DE MATHEMATIQUE.   119
les lignes DB, DA & AC, font égales; car le triangle BDA eſt iſoſcelle, les angles DBA & BAD étant égaux. Cela poſé, l'on aura * BC. CA :: CA. CD & ſi à la place de CA on prend BD qui lui eſt égal, on aura BC. BD :: BD. DC. *C. Q. F. D.*

* Art. 146.

COROLLAIRE I.

295. Ceci fournit un moyen pour faire un triangle iſoſcelle, dont les angles de la baſe ſoient chacun double de celui du ſommet; car pour faire, par exemple, un triangle comme ABC, l'on n'aura qu'à diviſer le côté BC en moyenne & extrême raiſon *; & ſur la plus petite DC comme baſe, faire un triangle iſoſcelle par le moyen de deux ſections avec une ouverture de compas de la grandeur de la médiane BD, & l'on aura le point A, qui ſervira à former le triangle ABC.

Fig. 72.

* Art. 283.

COROLLAIRE II.

296. Il ſuit encore que ſi du point B comme centre, l'on décrit un cercle dont le rayon ſoit BA ou BC, la baſe AC du triangle iſoſcelle ABC ſera le côté du décagone inſcrit dans ce cercle; car par la nature du triangle ABC l'angle B ſera de 36 degrés, puiſque ceux de la baſe doivent être chacun de 72; par conſéquent l'angle B ſera égal à l'angle du centre du décagone; car diviſant 360 par 10, il vient 36.

Fig. 72.

PROPOSITION III.
Problême.

297. *Inſcrire un décagone dans un cercle.*

Pour inſcrire un décagone dans un cercle, il faut en diviſer le rayon en moyenne & extrême raiſon, & la médiane ſera le côté du décagone, qu'on n'aura qu'à porter dix fois ſur la circonférence pour avoir les points qui ſerviront à le tracer; ce qui eſt bien évident, puiſque par le Corollaire précedent la médiane BD eſt égale au côté AC du décagone.

Fig. 73.

Nouveau Cours

PROPOSITION IV.
Théoreme.

Fig. 74.   298. *Si l'on a une ligne droite composée du côté de l'exagone & du décagone inscrit dans le même cercle, elle sera divisée en moyenne & extrême raison au point où se joignent les deux lignes.*

Supposant que la ligne CB soit le côté du décagone inscrit dans le cercle A, & qu'on l'ait prolongée de la longueur CD égale au rayon AC côté de l'exagone, je dis que la composée des deux DB sera coupée en moyenne & extrême raison au point C.

Demonstration.

Tirez la ligne DA, & considerez que le triangle BDA est semblable au triangle BAC; car ils ont l'angle B de commun, & l'angle BDA est égal à l'angle CAD, puisqu'à cause du triangle isoscelle CDA, l'angle extérieur BCA est double de l'interieur BDA; & par le Corollaire précedent le même angle BCA est double de l'angle
* Art. 246.   CAB : ainsi l'on aura * DB. BA : : BA. BC. & prenant CD à la place de AB, l'on aura DB. DC : : DC. CB. *C. Q. F. D.*

AROPOSITION V.
Théoreme.

Fig. 75.   299. *Le quarré du côté du Pentagone inscrit dans un cercle est égal au quarré du côté de l'Exagone, plus celui du côté du Décagone inscrits dans le même cercle.*

Si l'on a dans un cercle le côté AB du pentagone, & que l'on divise en deux également au point C l'arc AB, la corde AC ou CB sera le côté du décagone, & le rayon DB celui de l'exagone. Cela posé, je dis que $\overline{AB}^2 = \overline{DB}^2 + \overline{AC}^2$.

Demonstr.

DÉMONSTRATION.

Divisez l'arc AC en deux également par le rayon DF, tirez la ligne EC, & considerez que le triangle AEC étant isoscelle, il sera semblable au triangle ACB, puisqu'ils ont l'angle CAB de la base commun, & que par consequent on aura AB. AC :: AC. AE. qui donne $\overline{AC}^2$ = AB×AE. Or si vous faites attention que l'angle du centre ADB du pentagone est de 72 degrez, vous verrez que les angles ABD & BAD sont chacun de 54 degrez, c'est-à-dire, qu'ils sont les trois quarts de celui du centre; & comme l'angle FDB est aussi les trois quarts de l'angle ABD, puisqu'il a pour mesure l'arc FB, il s'ensuit que les deux triangles ADB & DEB sont semblables, & qu'on a encore AB. BD :: BD. BE. qui donne $\overline{DB}^2$=AB×BE, mais comme AB×AE+AB×BE=$\overline{AB}^2$, il s'ensuit que $\overline{AB}^2$=$\overline{DB}^2$+$\overline{AC}^2$. C. Q. F. D.

PROPOSITION VI.
Problême.

300. *Inscrire un Pentagone dans un cercle.*

Pour inscrire un pentagone dans un cercle, tirez le Fig. 76. rayon CF perpendiculaire sur le diamétre AB, & divisez le demi-diamétre CB en deux également au point E, & de ce point comme centre, & de l'intervalle EF, décrivez l'arc FD, & la corde FD sera le côté du pentagone.

Pour le prouver, considerez que le triangle DFC est rectangle, & que le côté CF étant celui de l'exagone, il suffira de faire voir que le côté DC est celui du décagone; car pour que le côté FD soit celui du pentagone, on sçait par l'art. 299. qu'il faut que son quarré soit égal à celui de l'exagone & du décagone pris ensemble: pour cela ous nommerons CF ou CB, a; par consequent CE $\frac{1}{2}a$, & l'inconnue DC, x; ainsi DB sera $a+x$. Cela posé,

Comme EF est égal à ED, l'on aura à cause du triangle rectangle EFC $aa + \frac{1}{4}aa = xx + ax + \frac{1}{4}aa$, ou bien $aa = xx + ax$, après avoir effacé $\frac{1}{4}aa$, qui donne cette pro-

* Art. 175. portion * $x + a . a :: a . x$. qui fait voir que la ligne DB
* Art. 282. est divisée en moyenne & extrême raison au point C*,
* Art. 297. par conséquent la ligne DC est le côté du décagone. *
C. Q. F. D.

PROPOSITION VII.
Problême.

Fig. 77. 301. *Inscrire un Quarré dans un cercle.*

Pour inscrire un Quarré dans le cercle E, tirez le diamétre AB, & divisez chaque demi-cercle en deux également aux points C & D; & puis tirez les quatre lignes AC, CB, BD & DA, qui formeront un Quarré; car toutes ces lignes sont égales, puisqu'elles sont les cordes d'arcs, & ces quatre angles A, B, C, D, sont droits, puisqu'ils sont renfermez dans des demi cercles.

PROPOSITION VIII.
Problême.

Fig. 77. 302. *Inscrire un Octogone dans un cercle.*

Pour inscrire un Octogone dans un cercle il faut d'abord en diviser la circonference, comme si on vouloit y inscrire un quarré, & puis diviser en deux également chaque quart de cercle, tel que CB, & la corde CF ou FB sera le côté de l'Octogone.

AVERTISSEMENT.

Nous n'avons point parlé de la maniere d'inscrire dans un cercle l'*Eptagone*, l'*Ennéagone*, ni l'*Ondecagone*, parce que l'on n'a pas encore trouvé le moyen de tracer géométriquement ces trois poligones simplement avec la Regle & le Compas, étant obligé d'avoir recours à la Géomé-

DE MATHEMATIQUE. 123

trie compofée, c'eſt-à-dire, à la Géométrie des Courbes ; ce qui rend ces Problêmes très-difficiles, auſſi-bien que celui de la Triſſection de l'angle, c'eſt-à-dire, de diviſer un angle en trois, en cinq, en ſept parties égales, qui eſt un Problême ſolide, auſſi-bien que les précedens, que l'on nomme ainſi, parce qu'ils ſe réduiſent à des équations du troiſiéme dégré : & comme nous ne parlons point de ces ſortes d'équations dans ce Traité, nous allons donner la maniere de tracer une courbe, que l'on nomme la *Quadratrice de Dinoſtrate*, par le moyen de laquelle on pourra diviſer les angles & les circonferences des cercles en autant de parties égales que l'on voudra ; mais auparavant il faut être prévenu des deux Problêmes ſuivans.

PROBLEME PREMIER.

303. *Diviſer une Ligne droite en autant de parties égales que l'on voudra.* Fig. 80.

Pour diviſer une Ligne AB, par exemple, en neuf parties égales, tirez la ligne AC, qui faſſe avec AB un angle à volonté : enſuite du point A comme centre, & d'un intervalle quelconque comme AB, décrivez l'arc BC, qui ſera la meſure de l'angle CAB. Enſuite avec la même ouverture de compas, & du point B décrivez l'arc AD égal à BC, & tirez la ligne BD, qui donnera l'angle ABD égal à l'angle CAB. Cela poſé, marquez ſur le côté AC avec une ouverture de compas à volonté un nombre de parties égales, tel que celui dans lequel on veut que la ligne AB ſoit diviſée, c'eſt-à-dire, qu'en commençant du point A, il faut marquer neuf parties égales ſur la ligne AC; après quoi il en faut faire autant ſur la ligne BD, en commençant du point B : après cela, ſi l'on tire les lignes 9 A, 8 1, 7 2, &c. elles diviſeront la Ligne AB en neuf parties égales; ce qui eſt bien évident : car comme les lignes que l'on a tirées ſont paralleles entr'elles, elles donneront les triangles ſemblables A 1 E, A 9 B, &c. qui font voir que puiſque A 1 eſt la neuviéme partie de A 9, AE ſera la neuviéme partie de AB. Ainſi des autres.

Q ij

PROBLEME II.

Fig. 81.   304. *Diviser un Arc de cercle en un nombre de parties égales pairement paires.*

Si l'on veut diviser, par exemple, le quart de cercle ABC en seize parties égales, il faut des points A & C décrire avec la même ouverture de compas la section D, & tirer la ligne BD, qui divisera l'arc AC en deux également au point E, & diviser de la même maniere l'arc EC en deux également au point F, l'arc FC en deux également au point G, & l'arc GC en deux également au point H, pour avoir l'arc HC, qui sera la seiziéme partie de AC; ainsi des autres.

C'est ainsi qu'on pourra diviser géométriquement un arc de cercle en un nombre infini de parties égales, pourvû que l'on divise le tout & ses parties toûjours de deux en deux.

MANIERE DE DECRIRE LA QUADRATRICE.

Fig. 82.   305. Pour décrire cette courbe, il faut diviser le rayon AB en un grand nombre de parties égales; de maniere que le quart de cercle AT puisse être divisé en un même nombre de parties égales : ainsi nous supposerons que l'on a divisé le quart de cercle en seize parties, aussi-bien que le rayon AB. Cela posé, après avoir tiré les rayons BC, BD, BE, BF, &c. l'on tirera par les points G, H, I, K, &c. des paralleles au demi-diamétre BT, qui allant rencontrer les rayons qui divisent le quart de cercle, donneront les points L, M, N, O, &c. avec lesquels on tracera la courbe AS, que l'on pourra faire beaucoup plus juste, en divisant le quart de cercle & le rayon BA en un plus grand nombre de parties égales, que l'on n'a fait ici, afin d'avoir les points L, M, N, O, beaucoup plus près les uns des autres, & que le point R formé par la rencontre du dernier rayon BP, & la parallele QR, approche le plus près qu'il est possible du demi-diamétre BT, pour rendre insensible l'erreur que l'on pourroit faire en continuant mécaniquement la courbe AR jusqu'à la rencontre du demi-diamétre.

Il faut bien remarquer que, par la géneration de cette courbe, si l'on mene des paralleles HM & KO, qui aillent rencontrer la courbe aux points M & O, que si l'on tire par ces points des rayons BD & BF, qu'il y aura même raison de l'arc AD à l'arc DF, que de la ligne AH à la ligne HK. *Fig. 82.*

PROPOSITION IX.

Problême.

306. *Diviser un Angle en trois parties égales.*

Supposant que l'on ait tracé sur un morceau de corne ou de carton bien uni, la courbe AD de la façon qu'on vient de l'enseigner, on propose de diviser l'Angle OPQ en trois parties égales. *Fig. 83. & 85.*

Pour résoudre ce Problême, supposant que la courbe soit accompagnée de son quart de cercle AC, je fais l'angle ABE égal à l'angle donné, & au point F, où le rayon BE coupe la courbe AD, j'abaisse la perpendiculaire FG sur le demi-diamétre AB, qui me donne la partie AG, que je divise en autant de parties égales qu'on veut que l'angle donné soit divisé: ainsi je la partage en trois parties égales aux points H & K, desquels je mene les paralleles KL & HI, qui me coupent la courbe aux points L & I, par lesquels je mene les rayons BM & BN, qui divisent l'arc AE en trois parties égales aux points M & N; puisque par la proprieté de la courbe*, il y a même raison de AK à AG, que de AM à AE; & comme AK est la troisiéme partie de AG, l'arc AM sera donc la troisiéme partie de l'arc AE. ** Art. 305.*

Mais si l'on proposoit de diviser en trois parties égales un Angle obtus, comme RST, il semble que cela souffri- *Fig. 83. & 84.*

roit quelque difficulté, parce que l'arc RT ne peut pas être contenu dans l'arc AC, puisqu'il eft fuppofé plus grand que lui. Or en ce cas il faut divifer l'Angle obtus en deux également pour avoir l'angle aigu RSV, que nous fuppoferons être le même que l'angle ABE: ainfi divifant l'angle aigu en trois parties égales aux points M & N, l'on n'aura qu'à en prendre l'arc AN, qui étant double de la fixiéme partie de l'arc RT, fera par confequent le tiers du même arc RT.

PROPOSITION X.

Problême.

Fig. 78. 307. *Décrire un Ennéagone dans un cercle.*

Pour décrire un Ennéagone dans le cercle A, il faut porter le rayon du cercle fix fois fur la circonference pour avoir les points B, C, D, E, F, G, qui la diviferont en fix parties égales; & tirant des lignes du premier point au troifiéme, du troifiéme au cinquiéme, & du cinquiéme au premier, on aura un triangle équilateral BDF, qui divifera la circonference en trois parties égales. Or fi on divife après cela un de fes arcs, comme BCD, en trois parties égales par le Problême précedent, l'on aura la neuviéme partie de la circonference du cercle, dont la corde fera le côté de l'Ennéagone.

PROPOSITION XI.

Problême.

308. *Décrire un Eptagone dans un cercle.*

Pour décrire un Éptagone dans un cercle, il faut divifer le quart de la circonference du cercle en fept parties égales : ainfi chacune de ces parties fera la vingt-huitiéme partie de toute la circonference. Or prenant un arc égal aux quatre feptiémes du quart de cercle, il fera égal à la septiéme partie de la circonference du cercle : par consequent la corde de cet arc sera le côté de l'Eptagone.

PROPOSITION XII.

Problême.

309. Décrire un Ondécagonne dans un cercle.

Pour décrire un Ondécagone dans un cercle, il faut diviser le quart de la circonference en onze parties égales, & si l'on prend la corde d'un arc qui seroit les quatre onziémes du quart du cercle, elle sera le côté de l'Ondecagone.

REMARQUE.

L'on nomme *Quadratrice* la courbe AFD, parce qu'elle contribue à la quadrature mécanique du cercle ; car supposant que l'on ait trouvé le point D en traçant la courbe, il est démontré dans Papus, & dans Clavius, & dans plusieurs autres Auteurs, que le demi-diamétre BC est moyenne proportionnelle entre la base BD de la quadratrice, & la circonference AEC du quart de cercle, tellement qu'il y a même raison de BD à BC que du même BC au quart de la circonference AEC du cercle du rayon BC. Fig. 38.

PROPOSITION XIII.

Problême.

310. Circonscrire un Poligone autour d'un cercle.

Quand on veut circonscrire un Poligone autour d'un cercle, il faut commencer par en inscrire un semblable dans le même cercle : ainsi voulant, par exemple, circonscrire un exagone autour du cercle A, il faut commencer par en tracer un dans le cercle, & diviser un de ses côtez, tel que BC, en deux également par un Fig. 79.

rayon AE, & à l'extrémité E, mener la tangente FG, qu'il faut terminer par les rayons prolongez AB & AC jusqu'à la rencontre de la tangente, & l'on aura le côté FG de l'exagone circonscrit : ainsi on trouvera tous les autres en faisant la même chose ; mais pour avoir plûtôt fait, il vaut mieux, après que l'on a trouvé les points F, E, G, décrire un cercle du centre A, & de l'intervalle AG, sur la circonference duquel on pourra marquer les points qui serviront à tracer le poligone, en y portant avec le compas la longueur du côté FG.

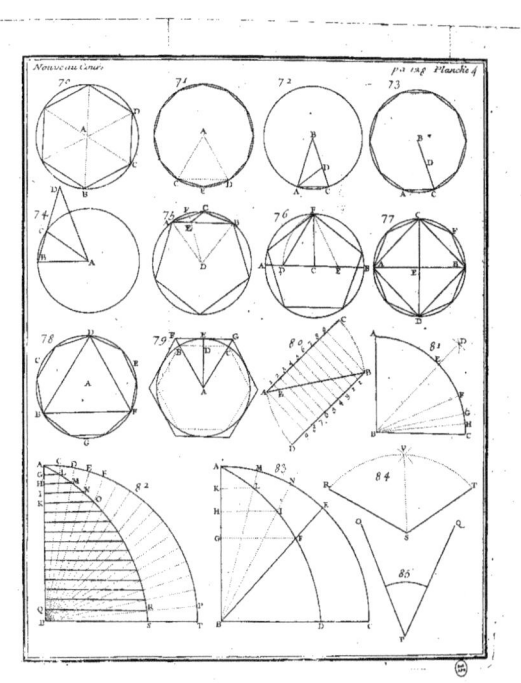

NOUVEAU COURS DE MATHEMATIQUE.

LIVRE SEPTIE'ME.

Où l'on considere le rapport qu'ont les circuits des figures semblables, & la proportion de leurs superficies.

DEFINITIONS.

I.

311. ON appelle côtés *homologues* les côtés des figures semblables, qui sont opposés aux angles égaux.

II.

312. On dit que deux quadrilateres ont leurs bases & leurs hauteurs reciproques, quand la base du premier est à la base du second, comme la hauteur du second est à la hauteur du premier.

PROPOSITION PREMIERE.

Théoreme.

313. *Si l'on a deux poligones reguliers & semblables A & B, je dis que le circuit du poligone A est au circuit du poligone B, comme le rayon AC est au rayon BF.* Planche 5. Fig. 86. & 87.

Nous nommerons CD, a; FG, b; AC, c; & BF, d. Or si chaque poligone a, par exemple, six côtés, le circuit du poligone A sera $6a$, & le circuit du poligone B sera $6b$. Ainsi il faut prouver que $6a$. $6b$ :: c. d.

DEMONSTRATION.

Comme les triangles ACD & BFG sont semblables, on aura $a.b :: c.d$. & multipliant les deux premiers termes a & b par 6, l'on aura encore * $6a. 6b :: c.d$. qui fait voir que ce que l'on a avancé est démontré.

* Art. 171.

COROLLAIRE.

Fig. 88. & 89.

314. Il suit de cette proposition que les circonferences des cercles sont dans la même raison que leurs rayons; car si l'on considere les cercles X & Y comme étant des poligones d'une infinité de côtés, nommant a la circonference du premier; c, le rayon; b, la circonference du second; & d, le rayon, l'on aura encore $a.b :: c.d$.

PROPOSITION II.
Théoreme.

Fig. 86. & 90.

315. *Si du centre d'un poligone regulier l'on abaisse une perpendiculaire AE sur l'un de ses côtés, je dis que la superficie de ce poligone sera égale à un triangle rectangle IKL, qui auroit pour hauteur la ligne IK, égale à la perpendiculaire AE, & pour base une ligne KL égale au circuit du poligone.*

DEMONSTRATION.

Si le poligone est, par exemple, un exagone, & que l'on tire du centre des rayons dans tous les angles, l'on aura autant de triangles égaux que le poligone a de côtés: ainsi le poligone A sera composé de six triangles, tels que CAD; mais comme les triangles CAD & KIL ont la même hauteur, ils seront dans la même raison que leurs bases *; & comme la base KL est sextuple de la base CD, le triangle KIL sera donc le sextuple du triangle CAD, par conséquent égal au poligone. C. Q. F. D.

* Art. 243.

COROLLAIRE.

316. Il suit de cette proposition que pour trouver la

DE MATHEMATIQUE. 131

superficie d'un poligone regulier, il faut multiplier la moitié de son circuit par la perpendiculaire tirée sur un de ses côtés, puisque pour trouver la valeur du triangle IKL, qui est la même chose, il faut multiplier la moitié de la base KL par la perpendiculaire IK *. *Art. 239.

PROPOSITION III.

Théoreme.

317. *La superficie d'un cercle est égale à un triangle qui auroit pour hauteur le rayon du cercle, & pour base la circonference.* Fig. 91.

DEMONSTRATION.

Comme un cercle est un poligone d'une infinité de côtés, si l'on prend la circonférence pour la somme de ces côtés, & le rayon pour la perpendiculaire, il s'ensuit qu'il sera égal à un triangle qui auroit pour hauteur le rayon MN, & pour base une ligne NO, égale à la circonference * C. Q. F. D. *Art. 315.

COROLLAIRE.

318. Puisque le triangle MNO est égal au cercle, & qu'il est aussi égal à un rectangle qui auroit pour base la moitié de la base NO, & pour hauteur la ligne MN * il s'ensuit qu'un cercle est égal à un rectangle qui auroit pour base la moitié de la circonférence, & pour hauteur le rayon; & que pour en trouver la superficie, il faut multiplier la moitié du diamétre par la moitié de la circonférence. *Art. 239.

REMARQUE I.

319. Si l'on considere la superficie d'un cercle comme étant composée d'une infinité de circonférences concentriques, dont les rayons se surpassent également, toutes ces circonférences composeront une progression infinie Arithmétique, dont le centre sera le plus petit terme, & la Fig. 89.

R ij

circonférence le plus grand. Or comme le demi-diamétre AB exprime la quantité des termes de la progreſſion, il s'enſuit qu'on en trouvera la ſomme, en multipliant le plus grand terme, qui eſt la circonférence par la moitié du demi-diamétre AB *.

*Art. 240.

REMARQUE II.

Il ſemble d'abord que la propoſition précédente donne la Quadrature du Cercle, parce qu'elle prouve qu'un cercle eſt égal à un triangle qui auroit pour baſe la circonférence du cercle, & pour hauteur le rayon ; mais comme on n'a pas encore trouvé geométriquement une ligne droite parfaitement égale à la circonférence d'un cercle, l'on n'a pû par conſequent trouver un triangle parfaitement égal au cercle. Quand je dis un triangle, l'on peut entendre un quarré égal au cercle, parce qu'on peut faire geométriquement un quarré égal à un triangle, comme on le verra ailleurs. Mais pour ne point rendre le mot de *Quadrature du Cercle* équivoque, il eſt bon que les Commençans ſçachent que la Quadrature du cercle conſiſte à trouver une propoſition qui donne le moyen de faire un quarré égal à un cercle, & qui démontre que le quarré eſt parfaitement égal au cercle.

Quoique les Géométres n'ayent pas encore trouvé une ligne droite parfaitement égale à la circonférence d'un cercle, cela n'empêche pas que dans la Pratique l'on ne ſuppoſe que cela ſe puiſſe faire, en ſe ſervant de quelques Regles, qui ſont des approximations de la Quadrature du Cercle, comme on le va voir.

320. Archimede ayant cherché avec aſſez d'exactitude le rapport du diamétre du cercle à ſa circonférence, il a trouvé qu'il s'en falloit peu qu'il ne fût celui de 7. à 22. Ainſi ſuppoſant que le diamétre ſoit 7, la circonférence vaudra trois fois le diamétre, & la ſeptiéme partie du même diamétre : or comme les diamétres des cercles ſont dans la même raiſon que leurs circonférences * ſi l'on avoit un cercle dont le diamétre fût, par exemple, de

* Art. 314.

28 pieds, pour en trouver la circonference, l'on diroit; si 7, diamétre d'un cercle, donne 22 pour la circonférence du même cercle, combien donneront 28, diamétre d'un autre cercle, pour sa circonférence, que l'on trouvera de 88 pieds.

Mais si l'on avoit un cercle dont on connût seulement la circonférence, que nous supposerons de 66 pieds, pour en trouver le diamétre, il faudroit faire encore une Regle de trois, en disant: Si la circonférence d'un cercle qui auroit 22 pieds, donne 7 pour son diamétre, combien donnera la circonférence d'un autre cercle qui seroit de 66 pieds pour le diamétre du même cercle, l'on trouvera 21 pieds pour le diamétre qu'on cherche.

PROPOSITION IV.

Theoréme.

321. *Si l'on a deux poligones A & B semblables, la superficie du premier sera à celle du second comme le quarré de la perpendiculaire AE sera au quarré de la perpendiculaire BH, ou comme le quarré du rayon AC au quarré du rayon BF.* Fig. 86. & 87.

Si l'on nomme le côté CD, a; la perpendiculaire AE, b; le côté FG, c; la perpendiculaire BH, d; le circuit du premier poligone sera $6a$; & celui du second sera $6c$, & multipliant les moitiés de ces circuits par leur perpendiculaire, l'on aura $3ab$ pour le poligone A, & $3cd$ pour le poligone B*; ainsi il faut faire voir que $3ab . 3cd :: bb . dd.$ ⁎ Art. 313.

DEMONSTRATION.

Pour prouver que $3ab . 3cd :: bb . dd.$ nous ferons voir que de cette proportion le produit des extrêmes, & celui des moyens donnent $3abdd = 3cbbd$; pour cela considerez qu'à cause des triangles semblables ACD & BFG, $a . c :: b . d.$ d'où l'on tire $ad = bc$. Or si à la place de bc l'on met ad dans la premiere équation, l'on aura $3abdd = 3abdd$. C. Q. F. D.

PROPOSITION V.

Théoreme.

Fig 88. & 89.

322. *Les superficies des cercles sont dans la même raison que les quarrés de leurs rayons.*

Si l'on a deux cercles X & Y, & que l'on nomme a la circonference du cercle X, c le rayon, b la circonference du cercle Y, & d le rayon, la superficie du premier cercle sera $\frac{ac}{2}$, & celle du second sera $\frac{bd}{2}$. Cela posé, il faut prouver que $\frac{ac}{2} \cdot \frac{bd}{2} :: cc \cdot dd$.

DEMONSTRATION.

Pour prouver que $\frac{ac}{2} \cdot \frac{bd}{2} :: cc \cdot dd$. nous ferons voir que le produit des extrêmes, & celui des moyens donnent $\frac{acdd}{2} = \frac{bdcc}{2}$. Pour cela considerez que ces circonferences de cercles étant dans la même raison que leurs rayons, * Art. 314. l'on aura * $a \cdot b :: c \cdot d$. d'où l'on tire $ad = bc$. Or si à la place de bc l'on met ad dans le second membre de la premiere équation, l'on aura $\frac{acdd}{2} = \frac{acdd}{2}$. C. Q. F. D.

PROPOSITION VI.

Théoreme.

Fig. 92. & 93.

323. *Les triangles semblables sont dans la même raison que les quarrés de leurs côtés homologues.*

Ayant les deux triangles E & F, si l'on nomme a la base du premier, b sa perpendiculaire, c la base du second, d sa perpendiculaire, la valeur du premier sera $\frac{ad}{2}$, & celle du * Art. 239. second sera $\frac{cd}{2}$ * : ainsi il faut faire voir que $\frac{ab}{2}, \frac{cd}{2} ::$ ou 237. $aa \cdot cc$.

DE MATHEMATIQUE. 135

DÉMONSTRATION.

Pour démontrer que $\frac{ab}{2} \cdot \frac{cd}{2} :: aa \cdot cc$, nous ferons voir que le produit des extrêmes, & celui des moyens, donnent $\frac{abcc}{2} = \frac{cdaa}{2}$. Pour cela considerez que les deux triangles étant semblables, l'on aura $a.b :: c.d$ par conséquent $ad = bc$; & que si à la place de ad dans le second membre de la premiere équation, l'on met bc, l'on aura $\frac{abcc}{2} = \frac{abcc}{2}$. C. Q. F. D.

REMARQUE.

L'on peut par cette proposition démontrer par la voye la plus courte que dans un triangle rectangle, comme ABC, le quarré du côté AC opposé à l'angle droit, est égal au quarré des deux autres côtés pris ensemble AB & BC; car abaissant de l'angle droit la perpendiculaire BD, l'on aura trois triangles semblables ABC, ABD, BDC.* Or prenant pour côtés homologues de ces triangles les côtés AC, AB, BC, qui sont opposés aux angles droits, l'on verra que puisque le grand triangle ABC est égal aux deux petits pris ensemble, que le quarré du côté AC est égal aux quarrés des deux autres côtés AB & BC pris ensemble.

Fig. 94.

*Art. 249.

PROPOSITION VII.
Théoreme.

324. *Les quadrilateres qui ont leurs bases & leurs hauteurs reciproques, sont égaux.*

DÉMONSTRATION.

Si l'on a deux quadrilateres E & F, & qu'on nomme a la base du premier, b la base du second, c la hauteur du second, & d la hauteur du premier, selon la supposition, l'on aura* $a.b :: c.d$. qui donne par conséquent $ad = bc$. C. Q. F. D.

Fig. 95. & 96.

*Art. 312.

COROLLAIRE.

325. Les triangles étant la moitié des parallelogrammes de même base & de même hauteur, il s'ensuit que lorsqu'ils auront leurs bases & leurs hauteurs réciproques, qu'ils seront égaux de même que les parallelogrammes.

PROPOSITION VIII.
Théoreme.

Fig. 97. & 98.   326. *Les parallelogrammes sont dans la raison composée de leurs bases & de leurs hauteurs.*

DEMONSTRATION.

Ayant les deux parallelogrammes G & H, si l'on nomme a la base du premier, b celle du second, c la hauteur du premier, d celle du second, $\frac{a}{b}$ sera la raison de la base du premier à celle du second, & $\frac{c}{d}$ sera la raison de la hauteur du premier à celle du second. Or multipliant ces

Art. 191. deux raisons l'une par l'autre, l'on aura $\frac{ac}{bd}$ pour la raison du parallelogramme G au parallelogramme H, qui est composé des raisons de a à b, & de celle de c à d. C. Q. F. D.

COROLLAIRE I.

327. Les triangles étant les moitiés des parallelogrammes, il s'ensuit qu'ils seront aussi dans la raison composée de leurs bases & de leurs hauteurs.

COROLLAIRE II.

Il suit encore que les triangles & les parallelogrammes semblables sont dans la raison doublée de celle de leurs bases & de leurs hauteurs; car s'ils sont semblables, la raison de la base de l'un à la base de l'autre, sera la même que

que colle de la hauteur de l'un à celle de l'autre : or étant dans la raison compofée de raifons égales, ils feront donc dans la raifon doublée * de leur bafe ou de leur hauteur. *Art. 192.

PROPOSITION IX.

Théoreme.

328. *Si l'on a trois lignes en proportion continue, je dis que le quarré fait fur la premiere, eft au quarré fait fur la feconde, comme la premiere ligne eft à la troifiéme ; ainfi il faut prouver qu'ayant* ∺ a. b. c. *que* aa. bb :: a. c.

DEMONSTRATION.

Pour prouver que *aa. bb* :: *a. c.* nous ferons voir que le produit des extrêmes, & celui des moyens, donnent *aac* = *bba*. Pour cela faites attention que ∺ *a, b, c,* donne *ac* = *bb*, & que mettant *ac* à la place de *bb* dans le fecond membre de l'équation précédente, l'on a *aac* = *aac*. C. Q. F. D.

COROLLAIRE.

329. Il fuit de cette propofition que fi l'on a trois lignes proportionnelles, non feulement le quarré fait fur la premiere eft au quarré fait fur la feconde comme la premiere eft à la troifiéme ; mais que tous poligones femblables qui feront faits fur la premiere & la feconde ligne, feront dans la même raifon que la premiere ligne eft à la troifiéme; car comme les poligones femblables font dans la même raifon que les quarrés de leurs rayons* fi à la place des rayons l'on prend leurs côtés homologues, qui font dans la même raifon, les poligones feront dans la raifon des quarrés de leurs côtés : ainfi la premiere & la feconde ligne fervant de côtés à ces poligones, leurs fuperficies feront dans la raifon de la premiere ligne à la troifiéme. *Art. 321.

PROPOSITION X.

Théoreme.

330. *Si l'on a deux lignes droites, que nous nommerons a & b, je dis que le rectangle compris sur ces deux lignes, est moyen proportionnel entre le quarré de chacune de ces lignes, c'est-à-dire, que* aa. ab :: ab. bb.

DEMONSTRATION.

Il est certain que *aa. ab :: ab. bb.* puisque le produit des extrêmes & celui des moyens donnent *aabb = aabb*.

PROPOSITION XI.

Théoreme.

331. *Si l'on a quatre grandeurs en proportion géométrique, il y aura même raison du quarré de la premiere au quarré de la seconde, que du quarré de la troisième au quarré de la quatrième.*

DEMONSTRATION.

Pour prouver que si *a. b :: c. d.* l'on a aussi *aa. bb :: cc. dd.* nous ferons voir que le produit des extrêmes & celui des moyens donnent cette égalité *bbcc = aadd*. Pour cela considerez que la premiere proportion donne *bc = ad*, & que si dans l'équation précédente l'on met *ad* à la place de *bc* dans le premier membre, & *bc* à la place de *ad* dans le second, l'on aura *abcd = abcd*. C. Q. F. D.

PROPOSITION XII.

Théoreme.

Fig. 99.   332. *Trouver une moyenne proportionnelle entre deux lignes données.*

Pour trouver une moyenne proportionnelle entre les deux lignes A & B, il faut joindre ces deux lignes en forte qu'elles n'en faſſent qu'une ſeule CD obſervant de marquer un point à l'endroit E, où elles ſe joignent : enſuite il faut diviſer toute la ligne CD en deux également au point F, & de ce point comme centre, décrire un demi-cercle. Préſentement ſi au point E où les deux lignes ſe joignent, on éleve une perpendiculaire EH, qui aille ſe terminer à la circonference, elle ſera la moyenne que l'on cherche. Ce qui eſt bien évident, puiſque par la proprieté du Cercle, toute *perpendiculaire comme HE, eſt moyenne proportionnelle entre les parties CE & ED du diamétre : ainſi ſuppoſant que la ligne K ſoit égale à HE, l'on aura les trois lignes proportionnelles A, K, B. *Art. 278.

333. Si l'on vouloit avoir une moyenne proportionnelle entre deux nombres donnés, comme entre 4 & 9, il faudroit multiplier ces deux nombres l'un par l'autre, & extraire la racine quarrée du produit 36, que l'on trouvera être 6, & ce nombre ſera la moyenne proportionnelle que l'on cherche; car comme le quarré de cette moyenne (c'eſt-à-dire, de 6,) donne 36, qui eſt égal au produit des deux extrêmes 4 & 9, l'on a donc ÷ 4. 6. 9.

Si le produit des deux extrêmes n'eſt pas un nombre quarré, on ſe ſervira de décimales* pour approcher le plus près que l'on pourra de la racine, qui eſt la moyenne qu'on cherche. *Art. 91.

PROPOSITION XIII.

Théoreme.

334. *Trouver une troiſiéme proportionnelle à deux lignes données.* Fig. 100.

Si l'on veut trouver une troiſiéme proportionnelle à deux lignes données M & N, enforte que la premiere ligne M ſoit à la ſeconde N, comme la ſeconde N eſt à celle que l'on cherche, il faut faire à volonté un angle ABC, & prendre ſur le côté BC la partie BD égale à la premiere ligne M, & la partie DF égale à la ſeconde N ;

S ij

140 NOUVEAU COURS

fur le côté BA la partie BE égale encore à la feconde N, & tirez la ligne ED.

Préfentement fi du point F l'on tire la ligne FG parallele à ED, l'on aura la ligne EG, qui fera la troifiéme proportionnelle que l'on cherche.

DEMONSTRATION.

*Art. 244.

Confiderez que le triangle BGF a fes deux côtés BG & BF coupez proportionnellement par la ligne DE parallele à la bafe FG, & que par conféquent l'on a * BD. DF :: BE. EG. & que BE étant égal à DF, par la conftruction l'on aura BD. DF :: DF. EG. Ainfi faifant la ligne O égale à EG, l'on aura les trois lignes proportionnelles M, N, O.

335. Pour trouver une troifiéme proportionnelle à deux nombres, comme à 2 & à 8, il faut quarrer le fecond nombre, divifer le produit par le premier, & le quotient fera la troifiéme proportionnelle que l'on cherche. Ainfi divifant le quarré de 8, qui eft 64 par 2, il viendra 32 pour le nombre qu'on cherche; puifque le produit des deux extrêmes 2 & 32 eft égal au quarré de la moyenne 8.

PROPOSITION XIV.

Problême.

Fig. 101. & 102.

336. *Trouver une quatriéme proportionnelle à trois lignes données.*

Pour trouver une quatriéme proportionnelle aux trois lignes P, Q, R, il faut, comme dans la propofition précédente, faire un angle à volonté XSC, & prendre fur le côté SC la partie SV égale à la ligne P, la partie VZ égale à la ligne Q; & fur l'autre côté SX la partie ST égale à la ligne R; après quoi tirer la ligne TV; à laquelle on menera du point Z la parallele ZX, qui donnera la ligne TX, qui eft la quatriéme proportionnelle que l'on cherche.

DEMONSTRATION.

Le triangle SXZ étant coupé par la ligne TV parallele à la base XZ, l'on aura* SV.VZ :: ST.TX : ainsi faisant la ligne Y égale à TX, l'on aura les quatre lignes proportionnelles P, Q, R, Y.

*Art. 244.

337. Pour trouver une quatriéme proportionnelle à trois nombres donnés, il n'y a qu'à faire la Regle de trois ordinaire, puisque la Regle de trois n'est autre chose que de trouver un quatriéme terme qui ait même raison au troisiéme que le second au premier.

L'on va voir dans les Problêmes suivans l'usage qu'on peut faire des proportionnelles.

PROPOSITION XV.

Problême.

338. *Faire un Quarré égal à un Rectangle.*

Pour faire un Quarré égal au Rectangle AC, il faut chercher une moyenne proportionnelle entre les côtés inégaux AB & BC du rectangle, & le quarré de cette moyenne sera égal au rectangle.

Fig. 103. & 104.

Si la ligne DE est moyenne proportionnelle entre AB & BC, il est certain que son quarré DF sera égal au rectangle AC, puisque ce rectangle est compris sous les extrêmes AB & BC.

COROLLAIRE.

339. Comme nous avons prouvé * qu'un cercle étoit égal à un rectangle compris sous la moitié de la circonference, & la moitié du diamétre, il s'ensuit donc que le quarré d'une ligne qui seroit moyenne proportionnelle entre la moitié du diamétre, & la moitié de la circonference, seroit égale au cercle.

*Art. 138.

S iij

PROPOSITION XVI.

Problême.

Fig. 105. & 106.

340. *Trouver un Quarré qui soit à un autre selon une raison donnée.*

Pour trouver un quarré qui soit au Quarré CB dans la raison, par exemple, de 3 à 5, je fais une ligne GH égale aux trois cinquiémes du côté AB, & entre les lignes AB & GH, je cherche une moyenne proportionnelle EF, sur laquelle je fais le quarré IF, qui sera les trois cinquiémes du quarré CB; car comme les trois lignes AB, EF, GH, sont proportionnelles, il y aura même raison de GH à AB, que du quarré IF au quarré CB*. Or GH étant les trois cinquiémes de AB, le quarré IF sera donc les trois cinquiémes du quarré CB.

* Art. 328.

Cette proposition nous fournit un moyen pour réduire de grand en petit, ou de petit en grand toutes les figures semblables.

PROPOSITION XVII.

Problême.

Fig. 107. & 108.

341. *Trouver le rapport de deux Figures semblables.*

Pour trouver le rapport de deux Poligones semblables A & B, il faut chercher une troisiéme proportionnelle telle que GH à leurs côtés homologues CD & EF, & le rapport de la ligne CD à ligne GH sera le même que celui du Poligone A au Poligone B.

Pour le prouver, considerez que les trois lignes CD, EF, & GH, étant proportionnelles, il y aura même raison de la figure faite sur la premiere CD à une autre semblable faite sur la ligne EF, que de la premiere CD à la troisiéme GH, & que par conséquent le Poligone A est au Poligone B comme la ligne CD est à la ligne GH.

PROPOSITION XVIII.

Problême.

342. *Faire un rectangle égal à un autre, qui ait un côté déterminé.*   Fig. 109, & 110.

L'on demande de faire un rectangle égal au rectangle BC, en sorte qu'il ait un de ses côtés égal à la ligne donnée DE.

Pour cela il faut chercher une quatriéme proportionnelle à la ligne donnée DE*, & aux deux côtés AC &   *Art. 336. AB du rectangle; ensuite si l'on fait un rectangle sous la ligne donnée DE, & sous la quatriéme que l'on aura trouvée, il sera égal au rectangle BC.

Pour le prouver, considerez que si l'on a fait le rectangle GH compris sous le côté FG (que je suppose être la quatriéme proportionnelle, que l'on a trouvée) & sous la ligne FH égale à DE, l'on aura FG. AC :: AB. FH. par consequent $FG \times FH = AC \times AB$. *C. Q. F. D.*

COROLLAIRE I.

343. Il suit de cette proposition que si l'on a plusieurs rectangles, dont les bases & les hauteurs soient inégales, on pourra les réduire tous à la même hauteur; & après cela si l'on veut n'en faire qu'un seul égal à tous les autres pris ensemble, en lui donnant pour base une ligne égale à la somme de toutes les bases, & pour hauteur la hauteur commune.

COROLLAIRE II.

344. Comme on peut réduire toutes figures rectili-   Fig. 131. gnes, telle que BE en triangles, & que de chaque triangle on en peut faire un rectangle, il suit encore que si

l'on donne aux rectangles provenans des triangles la même hauteur, on pourra en les réduisant tous dans un seul, faire un Quarré égal à une figure rectiligne composée d'un grand nombre de côtés, puisque l'on n'aura qu'à chercher une moyenne proportionnelle * entre les côtés inégaux du Rectangle qui vaudra tous les autres.

* Art. 338.

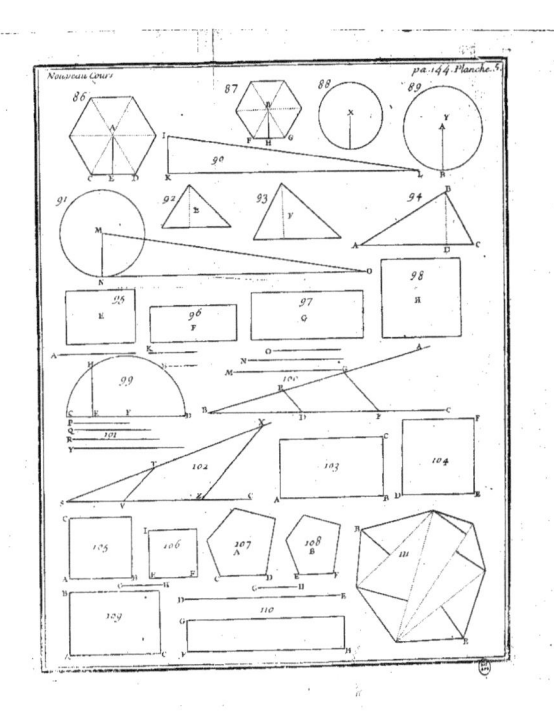

NOUVEAU COURS DE MATHEMATIQUE.

LIVRE HUITIE'ME.

Qui traite des Corps, & de leurs Surfaces.

DEFINITIONS.

I.

345. *P*Rifme eft un folide terminé par plufieurs plans, dont il y en a un qui lui fert de bafe, & un autre qui le couronne, qui eft égal & parallele à celui de la bafe, & les autres font autant de rectangles qu'il y a de côtez à la bafe, qui eft prefque toûjours un Poligone : voyez la figure A, qui eft un Prifme droit, que l'on nomme ainfi, pour le diftinguer de ceux qui font inclinez.

PLANCHE 6.
Fig. 112.

II.

346. *Cylindre* eft un folide qui eft produit par la circonvolution entiere d'un parallelogramme autour de l'un de fes côtez, lequel, à caufe de cela, eft appellé *axe du Cylindre*, qui paffe par le centre des deux bafes oppofées & paralleles, qui font deux cercles égaux.

Fig. 113.

III.

347. *Pyramide* eft un folide qui va fe terminer en pointe, & qui a pour bafe un Quarré ou un Poligone.

Fig. 114. & 115.

IV.

348. *Cone droit* eft un folide terminé en pointe, qu'on

Fig. 116.

T

appelle *sommet du Cone*, qui est produit par la circonvolution entiere d'un triangle rectangle, autour d'un de ses côtez, lequel à cause de cela est appellé *axe du Cone*, qui passe par le centre de la base, qui est un cercle, comme si autour du côté immobile CD on fait mouvoir par pensée le triangle CDB, ce triangle décrira le Cone ACB, dont l'axe est le côté immobile CD.

V.

Fig. 117. & 118.   349. *Cone tronqué droit* est un solide formé par la révolution d'un trapezoïde, tel que FGHI autour d'un de ses côtes GF, qui soûtient les deux angles droits, ou bien l'on peut dire qu'un Cone tronqué est ce qui reste d'un Cone tel que ABC, après en avoir ôté le petit Cone DBE, séparé par la section du plan DE parallele à la base AC.

VI.

Fig. 119.   350. La *Sphere* est un solide terminé par une seule surface courbe, qu'on appelle surface *spherique*, comme ADBC, au dedans de laquelle il y a un point, qu'on appelle *centre de la Sphere*, duquel toutes lignes droites tirées jusqu'à la surface, sont égales.

VII.

351. La *géneration* de la Sphere est la révolution d'un demi-cercle autour du diamétre.

VIII.

Fig. 119.   *Segment* ou *portion* de Sphere, est l'une des deux parties inégales ABC & ADC d'une Sphere coupée par un plan AC, qui ne passe pas par son centre, autrement au lieu d'une portion de Sphere on auroit la moitié d'une Sphere, qu'on nomme *Hemisphere*.

IX.

352. La *Zone* est une partie ABCD de la surface d'une
Fig. 120.   Sphere terminée par deux cercles BC & AD de la même

DE MATHEMATIQUE. 147
Sphere, qui font paralleles entr'eux, c'eſt-à-dire, qui ont deux mêmes points pour Poles.

X.

353. Le *Secteur* de Sphere eſt un ſolide terminé en pointe au centre de la Sphere, qui a pour baſe la ſurface d'un ſegment de Sphere, comme COGH. Fig. 121.

XI.

354. *Orbe* eſt un corps ſpherique terminé par deux ſuperficies ſpheriques, l'une concave, & l'autre convexe, comme le corps qui eſt borné par les deux ſuperficies ſpheriques BCDE, qui eſt convexe, & FGHI, qui eſt concave : ainſi vous voyez que l'Orbe eſt ce qui reſte, lorſque d'une grande Sphere, comme BCDE, on en a ôté une plus petite qui eſt en dedans, comme FGHI. Fig. 122.

XII.

355. Comme l'on peut concevoir un Orbe d'une épaiſſeur infiniment petite, il s'enſuit qu'une Sphere peut être conſiderée comme compoſée d'une infinité d'Orbes, dont le plus grand eſt la ſurface de la Sphere, & dont le plus petit eſt celui qui va ſe terminer à o, au centre de la Sphere.

XIII.

356. *Angle ſolide* eſt celui qui eſt renfermé par pluſieurs plans ; tel eſt, par exemple, l'angle E qui eſt compoſé des plans BEA, AED, DEC, & BEC. Pour mieux entendre cette Définition, on peut conſiderer le ſommet des pyramides, les coins des cubes & des parallelepipedes comme des angles ſolides. Fig. 127.

PROPOSITION PREMIERE.

Théoreme.

357. *La ſurface de tout Priſme, ſans y comprendre les baſes, eſt égale à celle d'un Rectangle, qui auroit pour baſe une* Fig. 123. & 124.

T ij

ligne FG égale à la somme de tous les côtez du Poligone AC, & pour hauteur une ligne HG égale à la hauteur AE du Prisme.

DÉMONSTRATION.

Si le Prisme droit a pour base un Exagone regulier, il sera renfermé par six rectangles tels que DE. Or si la ligne FG est égale aux côtez du Poligone pris ensemble, elle sera sextuple du côté AD; & comme les rectangles ED & FH, ont la même hauteur, le rectangle FH sera donc sextuple du rectangle ED; par conséquent égal à la surface du Prisme. C. Q. F. D.

COROLLAIRE.

358. Le Cylindre ayant pour base un cercle qu'on peut regarder comme un Poligone d'une infinité de côtez, il s'ensuit que le rectangle qui aura pour base une ligne droite égale à la circonference du cercle du Cylindre, & pour hauteur celle du Cylindre sera égal à la surface du Cylindre.

PROPOSITION II.
Théoreme.

Fig. 125. & 126.

359. *La surface d'une Pyramide droite, comme ABC, est égale à celle d'un triangle qui auroit pour base une ligne GI, égale à la somme des côtez du Poligone regulier, qui sert de base à la Pyramide, & pour hauteur une ligne HG égale à une perpendiculaire BF, tirée du sommet B de la Pyramide sur un des côtez DE.*

DÉMONSTRATION.

Si la Pyramide a pour base, par exemple, un Exagone, elle sera renfermée par six triangles tels que DBE, & la base GI sera sextuple de la base DE. Or les triangles DBE & GHI ayant la même hauteur, le triangle GHI sera

* Art. 243. sextuple* du triangle DBE; par conséquent égal à la surface de la pyramide. C. Q. F. D.

COROLLAIRE.

360. Un Cone droit pouvant être regardé comme une pyramide droite d'une infinité de côtez, il s'enfuit que sa surface sera égale à un triangle qui auroit pour base une ligne égale à la circonference du cercle de la base du Cone, & pour hauteur le côté du Cone.

PROPOSITION III.
Théoreme.

361. *Les Parallelepipedes & les Prismes droits sont en raison composée des raisons de leurs trois dimensions.*

DÉMONSTRATION.

Nous avons vû* que pour trouver la solidité des Parallelepipedes, il falloit multiplier le produit des deux dimensions de leurs bases par leurs hauteurs ; ce qui fait voir que leur solidité dépend de la multiplication de leurs dimensions : ainsi par la Définition des raisons composées *, l'on peut donc dire que la raison qui est entre les Parallelepipedes, est composée de celle de leurs trois dimensions. C. Q. F. D.

* Art. 26.

* Art. 191.

COROLLAIRE I.

362. Les Prismes & les Cylindres étant composez d'un nombre infini de plans égaux & semblables à ceux de leur base, l'on peut dire que puisque la quantité de ces plans est exprimée par la hauteur de ces solides, qu'il faudra donc pour en trouver la valeur multiplier la base par la hauteur. Or puisque la solidité des Prismes & des Cylindres dépend de la multiplication de leurs trois dimensions, il s'enfuit qu'ils feront dans la raison composée de celles des mêmes dimensions.

COROLLAIRE II.

363. Il suit encore qu'on trouvera toûjours le rapport

des solides de même espece, en multipliant leur base par leurs hauteurs : quand je dis de même espece, j'entens, par exemple, les Pyramides comparées ensemble, les Cônes, les Parallelepipedes, &c. car quoique nous n'ayons pas encore donné la maniere de trouver la solidité des Pyramides & des Cones, cela n'empêche pas que l'on ne soit convaincu qu'elles dépendent de leurs trois dimensions ; car si pour trouver la solidité d'une Pyramide il faut multiplier la base par le tiers ou la moitié de la hauteur, il est certain que pour trouver la solidité d'une autre Pyramide, il faudra aussi multiplier sa base par le tiers ou la moitié de sa hauteur. Ainsi en multipliant de la même façon les trois dimensions d'une Pyramide, & les trois dimensions d'une autre, si ces produits n'en donnent pas la solidité, ils doneront au moins le rapport que ces Pyramides ont entr'elles.

PROPOSITION IV.

Théoreme.

Fig. 128. 364. *Toute Pyramide, comme ABCDE, est le tiers d'un Prisme AKID de même base & de même hauteur.*

Supposant que la base AC soit un quarré, nous nommerons AD ou DC, a ; HA ou EF, b ; & la perpendiculaire EG $\frac{1}{2} a$, puisqu'elle est moitié de IK ou de AD.

DÉMONSTRATION.

Considerez que si du Prisme AK on retranche la Pyramide ABCDE, il restera quatre autres Pyramides telles que AHIEB, qui sont toutes égales entr'elles, ayant chacune pour base un des rectangles AHIB de la surface du Prisme, & pour hauteur une perpendiculaire EG. Or si l'on multiplie aa, qui est la base AC de la Pyramide AEC par son axe EF (b), l'on aura aab pour le produit des trois dimensions de cette Pyramide, & multipliant aussi ab, qui est la base de la Pyramide AHIEB par sa hauteur EG

($\frac{1}{2}a$), l'on aura $\frac{aab}{2}$ pour le produit des trois dimensions de cette autre Pyramide; & comme il y a quatre Pyramides égales à celle-ci, le produit de leurs trois dimensions ensemble, sera donc $\frac{4aab}{2}$, ou bien $2aab$, qui étant double de aab, produit des trois dimensions de la Pyramide AEC, il s'enfuit que cette Pyramide est le tiers du Prisme. C. Q. F. D.

COROLLAIRE I.

365. Il suit de cette proposition que pour trouver la solidité d'une Pyramide, telle que ABCDE, qui a pour base un quarré, il faut multiplier la base, c'est-à-dire, le quarré AD par le tiers de la hauteur de la Pyramide, qui est la perpendiculaire CH, ou bien multiplier la base par toute la hauteur, & prendre le tiers du produit.

Fig. 129.

COROLLAIRE II.

366. Si l'on coupe la Pyramide droite ACD par un plan, qui passant par l'axe, soit parallele à un des côtez de la base, la section donnera un triangle isoscelle FCG, dont tous les élemens tels que IK sont en progression arithmétique *. Mais comme tous ces élemens font autant de lignes égales aux côtez des quarrez qui composent la Pyramide, il s'enfuit que la Pyramide est composée d'un nombre infini de quarrez, dont tous les côtez sont en progression arithmétique. Or comme pour trouver la somme de tous ces quarrez, c'est-à-dire, la solidité de la Pyramide, il faut multiplier le quarré AD par le tiers de la perpendiculaire CH, l'on pourra tirer de ce raisonnement un principe général, qui est que *si l'on a une progression arithmétique infinie composée de lignes, dont la plus petite va se terminer à o, l'on trouvera la somme des quarrez de toutes ces lignes, en multipliant le quarré de la plus grande ligne par le tiers de la grandeur, qui exprime la quantité des lignes ou des quarrez.*

Fig. 129.

* Art. 240.

Il est important de bien entendre ce Corollaire, parce que nous nous en servirons dans les démonstrations suivantes.

COROLLAIRE III.

Fig. 130.

367. Il suit encore que pour trouver la solidité d'une Pyramide droite ABC, qui a pour base un Poligone AC, qu'il faut multiplier la base par le tiers de l'axe BD; car comme cette Pyramide est composée d'une infinité de Poligones semblables à celui de la base, tous ces Poligones semblables étant dans la même raison que les quarrez de leurs rayons *, & leurs rayons, tels que EF & AD étant les mêmes que les élemens du triangle ABD, on peut dire que ces poligones sont dans la raison des quarrez des lignes d'une progression infinie arithmétique, & que par conséquent pour en trouver la valeur, il faudra multiplier le plus grand Poligone AC par le tiers de la perpendiculaire BD. *

* Art. 321.

* Art. 366.

COROLLAIRE IV.

Fig. 132.

368. Comme le Cone ABC est composé d'une infinité de cercles, qui ont pour rayons les élemens tels que EF & AD du triangle ABD, il s'ensuit que les cercles étant dans la même raison que les quarrez de leurs rayons *, il faudra pour trouver la valeur de tous les cercles dont le Cone est composé, multiplier le plus grand cercle AC par le tiers de la perpendiculaire BD, qui en exprime la quantité.

* Art. 322.

PROPOSITION V.

Théoreme.

Fig. 130. & 131.

369. Si l'on a deux Pyramides ABC & HLK, dont la hauteur BD de la premiere soit égale à la hauteur LO de la seconde, je dis qu'elles seront dans la même raison de la base AC à la base HK.

Supposant que la base AC soit un Exagone regulier, & la base HK un quarré, nous nommerons le côté MN *a*

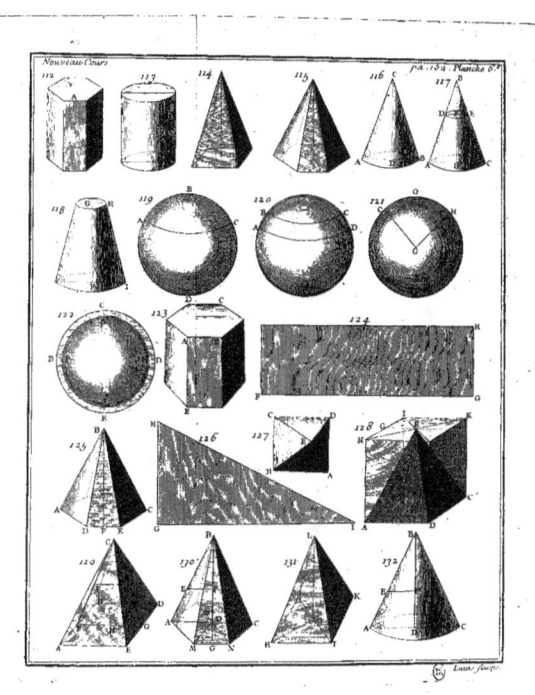

la perpendiculaire DG, b ; le côté HI ou IK, c ; & la hauteur BD ou LO, d. Cela posé, la base AC sera $\frac{6ab}{2}$, ou bien $3ab$, & la base HK sera cc, & multipliant les deux bases par le tiers * de la hauteur commune, c'est-à-dire, par $\frac{d}{3}$, l'on aura $\frac{3abd}{3}$, ou bien abd pour la valeur de la Pyramide ABC, & $\frac{ccd}{3}$ pour le valeur de la Pyramide HKL. Ainsi il faut démontrer que $abd . \frac{ccd}{3} :: 3ab . cc$.

*Art. 367.

DÉMONSTRATION.

Pour prouver que $abd . \frac{ccd}{3} :: 3ab . cc$. considerez que le produit des extrêmes & celui des moyens, donnent $abccd = abccd$, en faisant évanouir la fraction. C. Q. F. D.

COROLLAIRE.

370. Les Cones étant des Pyramides d'une infinité de côtés, il s'ensuit que lorsqu'ils auront la même hauteur, ils seront dans la même raison que leurs bases. Il en sera aussi de même pour les Prismes & les Cylindres.

PROPOSITION VI.

Théoreme.

371. *Si l'on a deux Prismes X & Y, dont les bases & les hauteurs soient reciproques, je dis qu'ils sont égaux.*

PLANCHE 7.
Fig. 133.
& 134.

DÉMONSTRATION.

Pour le prouver nous supposerons que ab est la base du Prisme X, & cd celle du Prisme Y, e la hauteur du Prisme Y, & f la hauteur du Prisme X. Cela étant, nous aurons par la supposition $ab . cd :: e . f$. Par conséquent $abf = cde$. Or comme le premier membre de cette équation est le produit des trois dimensions du Prisme X, & le second le produit des trois dimensions du Prisme Y, il s'ensuit que les Prismes X & Y sont égaux. C. Q. F. D.

154   Nouveau Cours

Corollaire.

372. Il suit de cette proposition que les Cylindres, les Pyramides & les Cones qui ont leurs bases & leurs hauteurs reciproques, sont égaux. *La démonstration en est la même que la précedente.*

PROPOSITION VII.
Théoreme.

Fig. 135. & 136.

373. *Une Pyramide tronquée comme $ABDE$ est égale à une Pyramide qui auroit pour base un plan égal aux deux quarrés BE & AH pris ensemble, plus un plan qui seroit moyenne géométrique entre ces deux quarrés, & pour hauteur l'axe FG.*

Considerant la Figure HKLI comme étant la coupe de la Pyramide tronquée, & le triangle HMI comme la coupe de la Pyramide entiere; nous nommerons le côté HI ou AD, a; KL ou BC, b; tout l'axe MG, c; le petit axe MF de la Pyramide KML, d: ainsi l'axe FG de la Pyramide tronquée sera $c-d$, & l'on aura $aa+bb+ab$ pour la base de la Pyramide égale à la Pyramide tronquée; car ab est

* Art. 330.

moyenne proportionnelle entre aa & bb * : ainsi il faut prouver que $aa+bb+ab$, multiplié par $\frac{c-d}{3}$, qui est $\frac{aac+bbc+abc-aad-bbd-abd}{3}$ est égal à la Pyramide tronquée.

Demonstration.

Faites attention que la Pyramide entiere HMI est $\frac{aac}{3}$,

* Art. 365.

& que la petite Pyramide KML est $\frac{bbd}{3}$ *, & que si l'on ôte la petite Pyramide de la grande, la différence sera la valeur de la Pyramide tronquée, qui est par conséquent $\frac{aac-bbd}{3}$, qui donnera avec $\frac{aac+bbc+abc-aad-bbd-abd}{3}$ cette équation, $\frac{aac-bbd}{3} = \frac{aac+bbc+abc-aad-bbd-abd}{3}$. Pour le

DE MATHEMATIQUE. 155

prouver, confiderez qu'à caufe des triangles femblables HMI & KLM, l'on a $a.b::c.d$. d'où l'on tire $bc = ad$. Or fi à la place de ad l'on met bc dans le quatriéme & le fi-xiéme terme du fecond membre de cette équation, l'on aura $\frac{aac - bbd}{3} = \frac{aac + bbc + abc - abc - bbd - bbc}{3}$. D'où effaçant ce qui fe détruit dans le fecond membre, il vient $\frac{aac - bbd}{3} = \frac{aac - bbd}{3}$. C. Q. F. D.

COROLLAIRE I.

374. Il fuit de cette propofition que pour trouver la valeur d'une Pyramide tronquée, il faut multiplier les deux plans BE & AH l'un par l'autre; extraire la racine quarrée du produit pour avoir le plan moyen *, ajoûter ce plan moyen avec les deux autres BE & AH, & multi-plier le tout par le tiers de la perpendiculaire FG.

* Art. 333.

COROLLAIRE II.

375. Comme un Cone tronqué eft compofé d'une quan-tité de cercles, qui font tous dans la même raifon que les quarrés qui compofent une Pyramide tronquée, il s'en-fuit que pour en trouver la folidité, il faut chercher un cercle moyen entre les deux cercles oppofez; ajoûter ce cercle avec les deux, & multiplier la fomme de ces trois cercles par le tiers de l'axe.

LEMME.

376. *La Ligne qui fera moyenne proportionnelle entre les parties EG & GF du diamétre EF fera le rayon du cercle égal à la couronne X.*

Fig. 137.

DEMONSTRATION.

Confiderez que la ligne HG eft moyenne proportion-nelle entre EG & GF par la proprieté du cercle *, & qu'à caufe du triangle rectangle HGD il manque au cercle du rayon DG le cercle du rayon GH pour valoir le cer-

* Art. 278.

V ij

Art. 150. & 322. cle du rayon DH*, & que puisqu'il manque auſſi au même cercle du rayon DG la couronne X, pour valoir le cercle du rayon DH. Il s'enſuit que cette couronne eſt égale au cercle du rayon GH.

PROPOSITION VIII.

Théoreme.

Fig. 138. 377. *Si l'on a une demi-Sphere AED inſcrite dans un Cylindre ABCD, je dis que la demi-Sphere eſt égale aux deux tiers du Cylindre.*

Prolongez le diamétre BC juſqu'en F, en ſorte que BF ſoit égal à BA, & tirez la ligne FA, qui donnera le triangle iſoſcelle ABF.

DEMONSTRATION.

Si l'on ſuppoſe que la demi-Sphere & le Cylindre ſont coupés par un plan GL parallele à la baſe AD, cette ſection formera la couronne GH, & ſi l'on abaiſſe du point H la perpendiculaire HI ſur le diamétre AD, elle ſera par le Lemme précédent le rayon du cercle égal à la *Art. 278.* couronne GH, puiſqu'elle eſt moyenne proportionnelle* entre les parties AI & ID, ou bien GH & HL, qui ſont les mêmes. Or comme les lignes HI, GA, GK, ſont égales, il s'enſuit que la couronne GH ſera égale au cercle qui auroit pour rayon la ligne correſpondante GK, qui eſt un des élemens du triangle ABF; & comme le triangle eſt compoſé d'autant d'élemens qu'il y a de couronnes dans l'eſpace qui eſt entre la demi-Sphere & le Cylindre, la ſomme des élemens & des couronnes étant exprimée par la ligne BA, il s'enſuit que tous les cercles qui auront pour rayons les élemens du triangle, vaudront pris enſemble toutes les couronnes : & comme pour trouver la valeur de tous ces cercles, il faut multiplier le cer-
Art. 368. cle du plus grand élement FB par le tiers de la ligne BA*, il faudra donc pour trouver la ſomme de toutes les couronnes, multiplier la plus grande couronne BC, qui eſt

le cercle du Cylindre par le tiers de la ligne AB hauteur du Cylindre : ce qui fait voir que toutes les couronnes prifes enfemble, font égales au tiers du Cylindre, & que par conféquent la demi-Sphere en eſt les deux tiers. C. Q. F. D.

COROLLAIRE I.

378. Puifqu'une demi-Sphere eſt les deux tiers du Cylindre où elle feroit infcrite, c'eſt-à-dire, de même baſe & de même hauteur, il s'enfuit que pour en trouver la folidité, il faut multiplier fon plus grand cercle AD par les deux tiers du rayon ME.

COROLLAIRE II.

379. Une demi-Sphere étant les deux tiers d'un Cylindre de même baſe & de même hauteur, une Sphere fera par conféquent les deux tiers du Cylindre qui auroit pour baſe le grand cercle de la Sphere, & pour hauteur le diamétre : ainſi il faut donc pour trouver la folidité d'une Sphere, *multiplier fon grand cercle par les deux tiers du diamétre*, ou bien multiplier le grand cercle par tout le diamétre, & prendre les deux tiers du produit.

COROLLAIRE III.

380. Si l'on confidere qu'un quart de cercle eſt compoſé d'une quantité infinie d'élemens tels que DE ; l'on verra que ſi le quart de cercle fait une circonvolution autour du rayon AB, il décrira une demi-Sphere telle que X, qui ſera compoſée d'une infinité de cercles, dont tous les élemens du quart de cercle AC feront les rayons. Or comme les cercles font dans la même raiſon que les quarrés de leurs rayons, & que pour trouver la valeur de tous les cercles qui ont pour rayons les élemens du quart de cercle AC, il faut multiplier le cercle du plus grand rayon BC par les deux tiers du demi-diamétre AB ; il s'en-

Fig. 139.

Fig. 142.

suit que pour trouver tous les quarrés des élemens du quart de cercle AC, il faut multiplier le quarré du plus grand élement BC par les deux tiers de la ligne AB, & que l'on peut tirer de ce raisonnement un principe général.

Qui est que *dans une progression qui seroit composée des élemens infinis d'un quart de cercle, la somme des quarrés de tous ces élemens seroit égale au produit du quarré du plus grand élement, c'est-à-dire, du rayon par les deux tiers du demi-diamétre.*

PROPOSITION IX.

Théoreme.

Fig. 143.   381. *Les solidités des Spheres sont dans la même raison que les cubes de leurs diamétres.*

Si l'on nomme le diamétre AB, a; sa circonférence b; le diamétre CD, c; & sa circonférence d, la superficie
* Art. 318. du grand cercle de la premiere Sphere sera $\frac{ab}{4}$*, & celle du grand cercle de la seconde sera $\frac{cd}{4}$, & multipliant l'un
* Art. 379. & l'autre cercle par les deux tiers de leur diamétre*, l'on aura $\frac{2aab}{12}$ ou $\frac{aab}{6}$ pour la solidité d'une des Spheres, & $\frac{2ccd}{12}$ ou $\frac{ccd}{6}$ pour la solidité de l'autre Sphere : ainsi il faut démontrer que $\frac{aab}{6} . \frac{ccd}{6} :: aaa . ccc$.

DÉMONSTRATION.

Pour prouver que $\frac{aab}{6} . \frac{ccd}{6} :: aaa . ccc$. nous ferons voir que le produit des extrêmes & celui des moyens donnent cette égalité $aabccc = aaaccd$. Pour cela considerez que les diamétres des cercles étant dans la même raison que
* Art. 314. leurs circonférences, l'on a * $a . b :: c . d$. d'où l'on tire $ad = bc$, & que si l'on met ad à la place de bc dans le pre-

mier membre de l'équation précedente, l'on aura $aaadcc = aaadcc$. C. Q. F. D.

COROLLAIRE.

382. De la façon qu'on a démontré cette proposition, l'on pourra prouver aussi que les Pyramides, les Cones, les Prismes & les Cylindres semblables sont dans la même raison que les cubes de leurs axes, & que par conséquent ils sont dans la raison triplée de leurs trois dimensions.

PROPOSITION X.

Théoreme.

383. *La surface d'une demi-Sphere AED est égale à celle d'un Cylindre ABCD, où elle est inscrite.* Fig. 140. & 141.

Supposant que le Cylindre AC & le Cone GHI ont la même base & la même hauteur, nous nommerons a les lignes égales FE, FD, KH, KI, & b les circonférences AD & GI. Cela posé, l'on aura $\frac{ab}{2}$ pour la valeur du cercle AD ou GI, qui étant multiplié par les deux tiers de EF $\left(\frac{2a}{3}\right)$ donnera $\frac{2aab}{6}$ ou bien $\frac{aab}{3}$ pour la valeur de la demi-Sphere *, & multipliant $\frac{ab}{2}$ par le tiers de HK $\left(\frac{a}{3}\right)$, il viendra $\frac{aab}{6}$ pour la solidité du Cone GHI. * Art. 377. & 378.

DEMONSTRATION.

Si l'on imagine la demi-Sphere AED comme étant composée d'une infinité de petits Cones, qui ont leurs bases dans la surface de la Sphere, & dont toutes les pointes venant aboutir au centre F, ont pour hauteur commune le rayon, l'on pourra dire que tous ces petits Cones sont égaux pris ensemble à un seul qui auroit pour base la surface de la Sphere, & pour hauteur le rayon. Or comme la valeur de ce Cone est ici $\frac{aab}{3}$, & que celle du Cone

GHI est $\frac{aab}{6}$, ces deux Cones ayant la même hauteur ; il s'enfuit qu'ils feront dans la même raison que leurs bases, c'eſt-à-dire, comme le cercle GI eſt à la ſurface de la Sphere, que l'on trouvera en diſant* comme $\frac{aab}{6}$ valeur du Cone GHI, eſt à $\frac{aab}{3}$ valeur du Cone égal à la demi-Sphere : ainſi $\frac{ab}{2}$ baſe du Cone GHI, eſt à la baſe du ſecond Cone, ou autrement à la ſurface de la demi-Sphere que l'on trouvera $\frac{6aaabb}{6aab}$, qui étant réduit, donne ab, qui eſt un rectangle égal à la ſurface du Cylindre, puiſ-qu'il eſt compris ſous la hauteur a, & la circonférence b. C. Q. F. D.

* Art. 153.

Autre Demonstration.

Conſiderez que ſi du Cylindre AC l'on retranche le Cone BFC, qui en eſt le tiers, le ſolide ABFCD qui reſtera, que nous nommerons *Entonnoir*, en ſera les deux tiers. Or comme la demi-Sphere inſcrite eſt auſſi les deux tiers du Cylindre, elle ſera par conſéquent égale à l'entonnoir : mais ſi l'on imagine l'entonnoir compoſé d'une infinité de petites Pyramides, dont toutes les baſes ſont dans la ſurface du Cylindre ; & dont la hauteur commune eſt le rayon FD, comme la demi-Sphere eſt auſſi compoſée de petits Cones, ou de petites Pyramides, qui ont leurs baſes dans la ſurface de la demi-Sphere, & dont la hauteur commune eſt encore le rayon FD, il s'enſuit que toutes les Pyramides de la demi-Sphere étant égales à toutes celles de l'entonnoir, toutes les baſes des unes priſes enſemble, ſeront égales à toutes les baſes des autres, puiſque ces Pyramides ont la même hauteur : mais toutes les baſes des unes valent la ſurface de la Sphere, & toutes les baſes des autres, la ſurface du Cylindre ; la ſurface de la Sphere eſt donc égale à celle du Cylindre. C. Q. F. D.

Corol.

Corollaire I.

384. La surface du Cylindre AC ayant pour base la circonference du grand cercle de la Sphere, & pour hauteur le rayon, il s'enfuit que la surface d'une demi-Sphere est égale au rectangle compris sous une ligne droite égale à la circonference de son grand cercle, & sous le rayon, & que par consequent la surface d'une Sphere est égale au rectangle compris sous une ligne égale à la circonference de son grand cercle, & sous son axe : ainsi pour trouver la surface d'une Sphere, il faut multiplier le diamétre de son grand cercle par sa circonference.

Corollaire II.

385. Le grand cercle d'une demi-Sphere étant la moitié du rectangle compris sous la circonference & sous le rayon*, il s'enfuit que la surface d'une demi-Spere est *Art. 315. double de celle de son grand cercle, & que par consequent la surface de toute la Sphere est quadruple de celle de son grand cercle.

Corollaire III.

386. Comme ces cercles sont dans la même raison que les quarrez de leurs rayons *il s'enfuit qu'un cercle qui *Art. 322. aura un rayon double d'un autre, aura une surface quadruple * : par consequent la surface d'une Sphere est éga- *Art. 69. le à celle d'un cercle qui auroit pour rayon l'axe de la même Sphere.

Corollaire IV.

387. Comme les surfaces de Sphere sont égales à des cercles qui auroient pour rayons le diamétre des Spheres, & les cercles étant comme les quarrez de leurs rayons, qui sont ici les mêmes que les diamétres des Spheres, il s'enfuit que les surfaces des Spheres sont comme les quarrez de leur diamétre.

PROPOSITION XI.

Théoreme.

Fig. 144. 388. *La solidité d'une Zone ABCD est égale aux deux tiers du Cylindre AEFD du grand cercle AD, plus au tiers du Cylindre GBCH du plus petit cercle BC.*

DEMONSTRATION.

Comme l'on trouve la valeur de toutes les couronnes qui font entre la Zone & le Cylindre AEFD, en multipliant la plus grande couronne EB par le tiers de la ligne EA ou OI*, il s'enfuit que ce produit est égal au tiers de l'efpace EG ou FH, qui regne entre les deux Cylindres AEFD & GBCH, & que par conféquent la partie ABG de la Zone qui regne autour du Cylindre GBCH en est les deux tiers : or si l'on retranche de ce Cylindre le Cone IBC, qui en est le tiers, il restera l'entonnoir GBICH, qui en fera les deux tiers ; ainsi la partie ABICD de la Zone vaudra les deux tiers du Cylindre AEFD. Mais comme le Cone BIC, qui fait aussi partie de la Zone, est le tiers du Cylindre GBCH, il s'enfuit que la folidité de la Zone ABCD est égale aux deux tiers du Cylindre AEFD, plus au tiers du Cylindre GBCH. C. Q. F. D.

*Art. 377.

COROLLAIRE.

Fig. 145. 389. Il suit de cette propofition que si l'on coupe une demi-Sphere inscrite dans un Cylindre par un plan FG parallele à la base AE que la partie ABCDE (qui est la différence de la demi-Sphere au secteur CBHD) est égale à l'entonnoir AFCGE du Cylindre correfpondant AG, puifque l'un & l'autre font les deux tiers du Cylindre AG.

PROPOSITION XII.

Théoreme.

390. *Si l'on coupe une demi-Sphere inscrite dans un Cylindre par un plan FG parallele à la base AE, je dis que la surface de la Zone ABDE est égale à celle du Cylindre correspondant AG.* Fig. 145.

DEMONSTRATION.

L'entonnoir AFCGE étant égal à la partie ABCDE de la Zone *, si l'on imagine l'entonnoir, comme étant composé d'une infinité de petites Pyramides, qui ont toutes leurs bases dans la surface du Cylindre AG, & pour hauteur le rayon CE, & la partie ABCDE de la demi-Sphere, comme étant aussi composée de petites Pyramides, dont les bases sont dans la surface de la Zone, & qui ont pour hauteur commune le rayon CE ; il s'ensuivra (toutes les Pyramides d'une part étant égales à toutes celles de l'autre, ayant toutes la même hauteur) que nécessairement toutes les bases d'une part seront égales à toutes les bases de l'autre, & qu'ainsi la surface de la Zone ABDE sera égale à celle du Cylindre AFGE. *C. Q. F. D.*

* Art. 389.

COROLLAIRE I.

391. Comme la surface de la demi-Sphere AHE est égale à celle du Cylindre AI, & que la surface de la Zone ABDE est égale à celle du Cylindre AG, il s'ensuit que la surface du segment BHD de la Sphere est égale à celle du Cylindre correspondant FI, ou bien au rectangle compris sous une ligne égale à la circonference du grand cercle de la Sphere, & sous la partie HK.

COROLLAIRE II.

392. Il suit encore que si l'on coupe une demi-Sphere inscrite dans un Cylindre par un plan parallele à la base

que les parties de la furface de la demi-Sphere feront égales aux parties correfpondantes du Cylindre.

COROLLAIRE III.

Fig. 145. 393. Les furfaces des Cylindres FI & AG ayant des bafes égales, feront dans la même raifon que leur hauteur HK & KC; & comme le premier Cylindre eft égal à la partie de la furface BHD de la demi-Sphere, & le fecond à la partie ABDE, il s'enfuit que les parties de la furface font dans la même raifon que les parties HK & KC du demi-diamétre, la demi-Sphere étant coupée par un plan BD, parallele à fon grand cercle.

394. L'on peut dire encore que fi on coupe une Sphere par un plan perpendiculaire à l'axe que les parties de la furface de la Sphere, feront dans la même raifon que les parties de l'axe.

PROPOSITION XIII.

Théoreme.

395. *Lorfque trois lignes* a, b, c, *font en proportion continue, le parallelepipede fait fur ces trois lignes eft égal au cube fait fur la moyenne; ainfi il faut prouver que* abc=bbb.

DÉMONSTRATION.

Art. 152. Si l'on a $\div$ a, b, c, l'on aura par confequent ac=bb: ainfi en mettant dans l'équation abc=bbb, ac à la place de bb, l'on aura abc=abc. C. Q. F. D.

PROPOSITION XIV.

Théoreme.

396. *Lorfque quatre lignes font en progreffion géométrique, le Cube fait fur la premiere, eft au Cube fait fur la feconde, comme la premiere ligne eft à la quatriéme, c'eft-à-dire, que fi l'on a* $\div$ a, b, c, d, *il faut prouver que* aaa. bbb :: a. d.

DE MATHEMATIQUE. 165

DÉMONSTRATION.

Considerez que dans la proportion $\div a, b, c, d$, les trois premiers termes donnent $ac=bb$*, & que tous quatre ensemble donnent $ad=bc$ * : or pour prouver que $aaa. bbb :: a. d.$ nous ferons voir que le produit des extrêmes & celui des moyens donnent $aaad=bbba.$ pour cela il n'y a qu'à mettre ac à la place de bb dans le second membre, & bc à la place de ad dans le premier, l'on aura $aabc=aabc$. C. Q. F. D.

*Art. 152.
*Art. 150.

PROPOSITION XV.
Problême.

397. *Trouver deux moyennes proportionnelles entre deux Lignes données.*

Fig. 146.

Pour trouver deux moyennes proportionnelles entre deux lignes données AB & CD, il faut faire un rectangle sous ces deux lignes, tel que EH; de sorte que EF soit égal à CD, & EG égal à AB : ensuite prolonger indéfiniment les côtez EF & EG, & du centre I du rectangle décrire un cercle de maniere que la circonference venant couper les lignes prolongées GK & FL, l'on puisse mener du point K au point L une ligne KL, qui ne fasse que toucher l'angle H, & l'on aura les lignes GK & FL, qui seront moyennes proportionnelles entre GE & EF, c'est-à-dire, entre les données AB & CD.

DÉMONSTRATION.

Considerez que si l'on abaisse les perpendiculaires IM & IN, que la corde OL sera divisée en deux également au point M*, aussi-bien que la ligne EF, & que par consequent OE est égal à FL, & que KP étant divisé en deux également au point N, aussi-bien que GE; GK sera égal à EP. Cela posé, comme les triangles OEP, HFL, KGH, sont semblables, l'on aura HF. FL :: EO. EP. mais comme OE est égal à FL, l'on aura HF. FL :: FL. EP. or comme

*Art. 155.

X iij

les deux triangles EOP & GKH donnent encore OE. EP :: GK. GH. si à la place de EP l'on met GK, qui lui est égal, l'on aura OE. GK :: GK. GH. ce qui prouve qu'il y a même raison de HF à FL, que de FL à GK, & que de GK à GH, & que par conséquent les lignes FL & GK sont moyennes proportionnelles entre GE & EF. *Ce qu'il falloit démontrer.*

REMARQUE.

Le Problême précedent est celui qu'on appelle communément *la Duplication du Cube*, parce qu'il sert à faire un cube double d'un autre, ou selon une raison donnée; il seroit à souhaiter qu'on pût le résoudre géométriquement, sans être obligé de tâtonner : car il est à remarquer qu'il faut décrire plusieurs cercles avant d'en trouver un dont la circonference venant à couper aux points K & L les lignes prolongées, l'on puisse tirer la ligne KL, qui ne fasse que toucher l'angle H. Il est vrai qu'on peut le résoudre encore d'une autre façon, comme on le verra après les Sections Coniques ; mais quoiqu'elle soit plus géométrique que celle-ci, elle n'a pas moins ses difficultez : cependant comme l'on se sert plus volontiers des nombres que des lignes dans la pratique, l'on va voir dans le Problême suivant comment on peut trouver deux nombres moyennes proportionnelles entre deux autres.

PROPOSITION XVI.

Problême.

398. *Trouver entre deux nombres donnez deux Moyennes proportionnelles.*

Pour trouver entre deux nombres deux moyennes proportionnelles, il faut cuber le premier nombre, & faire une Regle de trois, dont les deux premiers termes soient le premier & le second nombre donnés, & le troisième le cube du premier nombre, & le quatrième terme étant trouvé, l'on en extraira la racine cube, qui donnera la premiere des deux moyennes, & si l'on cherche entre cette premiere des deux moyennes, & le second nombre donné une moyenne proportionnelle, elle sera la seconde des deux que l'on cherche.

Ainsi pour trouver deux moyennes proportionnelles entre 2 & 16, je cube le premier nombre 2, qui donne 8, & je dis : Si 2 m'a donné 16, combien donneront 8 ; je trouve 64, dont la racine cube est 4, qui est la premiere des deux moyennes que je cherche : ensuite je multiplie cette premiere des deux moyennes par le second nombre donné 16, pour avoir 64, dont j'extrais la racine quarrée, qui est 8, & qui est moyenne proportionnelle entre 4 & 16 : ainsi 4 & 8 sont les deux moyennes entre 2 & 16 ; ce qui est bien évident, puisque les quatre nombres sont en progression géométrique.

Si les nombres donnez étoient tels que l'on ne pût pas dans les operations extraire les racines cubes & quarrées exactement ; dans ce cas il faudroit se servir des décimales*, afin d'approcher le plus près qu'il est possible des racines, & par conséquent des moyennes que l'on cherche. Comme les Commençans pourroient ne pas d'eux-mêmes comprendre la raison des operations que nous venons d'enseigner pour trouver deux moyennes proportionnelles entre deux nombres donnez, en voici la démonstration. * Art. 91.

L'on a vû * que lorsque quatre lignes étoient en progression géométrique, que le cube fait sur la premiere étoit au cube fait sur la seconde, comme la premiere ligne étoit à la quatriéme : ainsi l'on peut dire que la premiere ligne est à la quatriéme comme le cube de la premiere est au cube de la seconde. Or connoissant la premiere ligne, la quatriéme, & le cube de la premiere, l'on pourra trouver * le cube de la seconde, dont la racine sera la seconde même * : mais quand on aura une fois la seconde, l'on voit qu'il n'y a plus qu'à chercher une moyenne proportionnelle entre cette seconde & la quatriéme * (qui n'est autre chose que le second nombre donné) pour avoir la troisiéme proportionnelle des qua- * Art. 396.
* Art. 152.
* Art. 356.
* Art. 156.

tre, qui fera en même tems la feconde des deux moyennes que l'on cherche. *C. Q. F. D.*

PROPOSITION XVII.
Problême.

Fig. 147. & 148. 399. *Faire un Cube qui foit à un autre dans une raifon donnée.*

Pour faire un Cube qui foit au Cube C dans la raifon de 2 à 3, c'eſt-à-dire, qui foit les deux tiers du Cube C, il faut divifer le côté AB du Cube en trois parties égales, & faire une ligne DE égale à deux de ces parties; enfuite chercher entre AB & DE deux moyennes proportionnelles, telles que FG & HI, & le Cube qui aura pour côté la ligne FG, qui eſt la premiere des deux moyennes, fera celui que l'on demande; car nous allons prouver qu'il eſt les deux tiers du Cube C.

DÉMONSTRATION.

Les quatre lignes AB, FG, HI, DE, étant en proportion continue, il y aura même raifon du Cube de la ligne AB au Cube de la ligne FG que de la ligne AB à la ligne DE*: ainſi la ligne DE étant les deux tiers de AB, le Cube K fera les deux tiers du Cube C. *C. Q. F. D.*

*Art. 396.

Si le côté du Cube C étoit exprimé par nombre, il faudroit de même en prendre les deux tiers, & puis chercher entre le tout & les deux tiers deux moyennes proportionnelles*, & le Cube du premier nombre moyen fera celui qu'on demande.

*Art. 398.

COROLLAIRE.

400. Comme les Spheres font dans la même raifon que les Cubes de leurs diamétres*, de même que les Cylindres, les Prifmes, les Cones, & les Pyramides femblables, il s'enfuit que pour trouver quelqu'un de ces folides, qui foit à leur femblable dans des raifons données, il faut agir à l'égard de leurs axes, comme l'on vient de faire à l'égard

* Art. 381.

DE MATHEMATIQUE. 169
l'égard des côtez des Cubes, & après que l'on aura trouvé l'axe, l'on n'aura plus qu'à le faire convenir à un solide qui ait les mêmes angles, que celui auquel il doit être comparé.

PROPOSITION XVIII.

Problême.

401. *Faire un Cube égal à un Parallelepipede.*

Pour faire un Cube qui soit égal au Parallelepipede AE, il faut, si les trois dimensions du Parallelepipede sont inégales, comme cela est supposé ici, chercher une moyenne proportionnelle entre les deux plus petites AB & BC*, qui sera, par exemple, FG, & faire sur cette ligne un quarré FH, qui doit servir de base à un Parallelepipede FI, qui doit avoir pour hauteur la même hauteur que celle du Parallelepipede AE : ainsi le Parallelepipede AE sera égal au Parallelepipede FI, puisqu'ayant la même hauteur, le rectangle AC, qui sert de base au premier, est égal au quarré FH, qui sert de base au second. Cela posé, il faut chercher deux moyennes proportionnelles entre FG & GK*, qui seront, par exemple, NO & PQ, & je dis que le Cube fait sur la premiere NO sera égal au Parallelepipede FI ou AE.

Fig. 149.
& 150.

Art. 332.

Art. 397.

Pour le prouver, nous prendrons GD égal à FG pour avoir le Cube GO, nous nommerons FG, ou GH, ou GD, a; GK, b; & NO, c; ainsi le parallelepipede FI sera aab, & le Cube FM sera aaa, & le Cube de NO ccc : il faut donc faire voir que $aab = ccc$.

DÉMONSTRATION.

Le Cube FM & le Parallelepipede FI ayant la même base FH, seront dans la raison de leur hauteur GD & GK, d'où l'on tire $aaa . aab :: a . b$. & à cause des quatre proportionnelles, l'on verra que le Cube fait sur la premiere est au Cube fait sur la seconde, comme la premiere

Y

est à la quatriéme; qui donne $aaa.ccc. :: a.b.$ mais dans cette proportion, aussi bien que dans la précedente, les antecedens & les consequens de la seconde raison sont égaux, de même que les antecedens de la premiere; ainsi les consequens de la premiere le seront aussi; ce qui fait voir que $aab = ccc$. C. Q. F. D.

Si les dimensions du Parallelepipede donné étoient exprimées en nombre, on n'auroit (pour trouver un Cube égal au Parallelepipede) qu'à multiplier les trois dimensions l'une par l'autre pour avoir la valeur du Parallelepipede, dont on n'aura qu'à extraire la racine cube, qui donnera le côté du cube que l'on demande.

COROLLAIRE.

402. L'on voit par cette proposition qu'il n'y a point de Solides qu'on ne puisse réduire en Cubes; car les Cones & les Spheres pouvant se réduire en Cylindre, & les Pyramides en Prismes, si on change la base des Cylindres & des Prismes en Quarrez, qui leur soit égaux, on aura des Parallelepipedes, qu'on n'aura plus qu'à réduire en Cube.

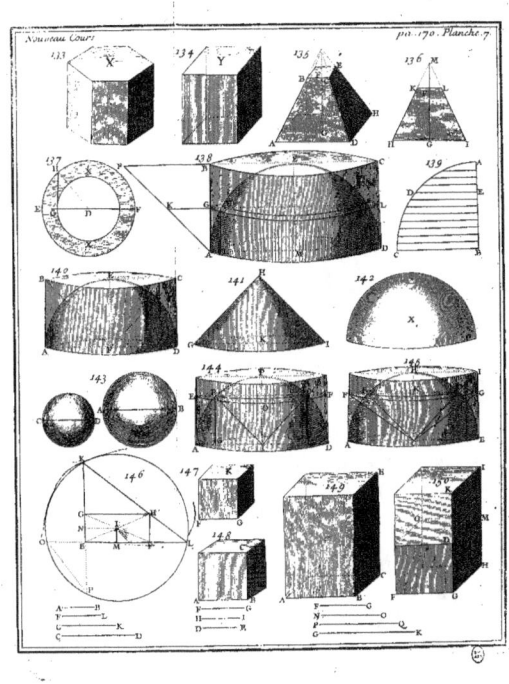

DISCOURS
SUR LES SECTIONS CONIQUES.

COmme tous les Livres qui traitent des Elemens de Géométrie ne parlent point des Sections Coniques, la plûpart de ceux qui étudient ces Elemens s'en tiennent là, sans s'embarasser de les chercher ailleurs, dans la pensée que cette étude est plus curieuse que nécessaire, & ne convient qu'aux personnes qui veulent se donner toutes entieres aux Mathematiques : cependant il est si utile de les sçavoir, que si on les ignore, il n'est pas possible de résoudre les Problêmes les plus communs de la Géométrie pratique, particulierement de cette Geometrie pratique qui convient à l'Ingenieur & à l'Officier d'Artillerie. Car si le premier veut toiser des Voûtes surbaissées, il faut qu'il sçache comme on trouve la superficie d'une Ellipse, que l'on appelle communément Ovale, & qui est une des Sections Coniques. Si le second veut sçavoir l'art de jetter les Bombes, il ne le peut encore sans connoître les proprietez de la Parabole, qui est aussi une des Sections Coniques. Enfin si un Mineur, pour charger un Fourneau, est obligé de mesurer la quantité des terres qu'il veut enlever, il faut qu'il ait aussi recours aux principes des Sections Coniques, parce que l'excavation des terres qu'enleve la poudre dans une Mine, n'est point un Cone comme la plûpart l'ont crû, & moins encore un Cone tronqué, mais bien un Paraboloïde, qui est un corps formé par la géneration d'une Parabole qui a fait une révolution sur son axe. Et pour être bien convaincu de la nécessité de sçavoir au moins les principales proprietez des Sections Coniques, il ne faut que lire l'Application de la Géométrie à la Pratique, l'on verra que les plus belles opera-tions en dépendent absolument. Cependant malgré cela les Sections Coniques seroient bien peu de chose, si elles n'avoient d'autres usages que ceux que l'on trouvera ici ; elles sont si nécessaires à un homme qui sans vouloir devenir grand Géomètre, veut seulement sçavoir cette Science passablement, qu'il ne peut pas les perdre de vûe d'un moment : car s'il veut résoudre un Probléme un peu composé, il trouvera des Equations qui lui indiqueront les Courbes dont il faudra qu'il se serve pour construire les Egalitez, c'est-à-dire, pour construire une Figure qui donne la solution du Probléme.

 Je ne parle point de ceci dans cet Ouvrage, parce que je ne donne que les principales proprietez des Sections Coniques, ayant eu seulement pour objet de les faire connoître à ceux qui ont du goût pour la Géométrie, afin de leur inspirer l'envie d'aller plus loin ; & d'ailleurs pour m'en servir dans les endroits où je ne pourrois m'en passer. Mais s'il se trouvoit de ces personnes dont je viens de parler, qui ne se bornent point à voir un Livre de Géométrie, je leur conseille d'étudier l'excellent Traité des Sections Coniques de M. le Marquis de l'Hôpital, qui est ce que nous avons de meilleur dans ce genre : Et comme je me suis servi dans ce que je donne ici d'une façon de démontrer fort approchante de la sienne, je ne doute pas qu'on n'ait une grande facilité à comprendre cet Auteur, si l'on entend bien ce qui suit, qui en est en quelque sorte l'introduction.

NOUVEAU COURS
DE MATHEMATIQUE.

LIVRE DES SECTIONS CONIQUES.
CHAPITRE I.
Qui traite des proprietez de la Parabole.
DEFINITIONS.
I.

403. SI l'on a une ligne droite AB, dans laquelle on aura pris les Parties AC & CD égales entr'elles, & que depuis C en venant vers B, l'on tire à la ligne OP (perpendiculaire à AB) une quantité de paralleles EF & GH, & que l'on fasse DE ou DF égal à AK, & DG, ou DH égal à AI; & que l'on continue à trouver une quantité de points tels que E, G, M, en faisant toûjours DM égal à AL, la ligne que l'on fera passer par ces points sera une courbe nommée *Parabole*. PLANCHE 8. Fig. 151.

II.

404. La ligne CB est nommée l'*axe* de la Parabole.

III.

405. Le point A est appellé *génerateur*; la ligne OP, *directrice*; le point D, le *foyer*.

IV.

Et le point C l'*origine de l'axe* ou de la Parabole, parce que c'est de ce point qu'on a commencé à mener des paralleles pour la former.

Y iij

V.

406. Chaque perpendiculaire comme KE ou IG est nommée *Ordonnée*.

VI.

407. Les parties CK, CI, de l'axe CB prises depuis l'origine C jusqu'au point K ou I, où l'on a tiré des Ordonnées, sont appellées *Abcisses*.

VII.

408. Si sur le point C de la ligne AB l'on éleve la perpendiculaire CN, quadruple de AC ou de CD, elle sera appellée *Paramétre* de la Parabole.

VIII.

409. Une ligne droite qui ne rencontre la Parabole qu'à un seul point, & qui étant continué de part & d'autre, n'entre point dedans, mais tombe au dehors, est appellée *Tangente*.

PROPOSITION PREMIERE.

Théoreme.

Fig. 151. 410. *Dans la Parabole le Rectangle compris sous l'Abcisse CI & le Paramétre CN, est égal au Quarré de l'ordonnée GI.*

Ayant nommé les données AC ou CD, a; & les indéterminées CI, x; & GI, y; AI ou DG sera $x+a$; & DI sera $x-a$; & NC sera $4a$; il faut prouver que CI×CN ($4ax$) $=\overline{GI}^2$ (yy).

DÉMONSTRATION.

Considerez qu'à cause du triangle rectangle GDI le
*Art. 63. quarré de DG ou de AI ($xx+2ax+aa$) * moins $\overline{DI}^2$
*Art. 251. ($xx-2ax+aa$) sera égal à $\overline{GI}^2$ *(yy). D'où l'on tire

$\overline{DG}^2 - \overline{DI}^2 (xx+2ax+aa-xx+2ax-aa) = \overline{GI}^2 (yy)$,

qui étant réduit donne $CI \times CN (4ax) = \overline{GI}^2 (yy)$. *Ce qu'il falloit démontrer.*

PROPOSITION II.

Théoreme.

411. *Dans la Parabole, je dis qu'il y a même raison du Quarré de l'ordonnée EK au quaré de l'ordonnée GI, que de l'Abcisse CK à l'Abcisse CI.*

DÉMONSTRATION.

Les quarrez des ordonnées étant égaux aux rectangles compris sous les Abcisses & sous le Paramétre, il s'enfuit que les quarrez des ordonnées sont comme les rectangles qui leur sont égaux: mais comme les rectangles ont la même hauteur, qui est le Paramétre, ils seront dans la même raison de leurs bases *, c'est-à-dire, que les Abcisses CK & CI; par conséquent $\overline{EK}^2 . \overline{GI}^2 :: CK . CI$. *C. Q. F. D.*

* Art. 242.

COROLLAIRE.

412. Si à l'origine de l'axe CB l'on mene une perpendiculaire SC, & que des points E, G, M, de la parabole l'on tire des perpendiculaires sur la ligne SC, il s'enfuit qu'il y aura même raison du Quarré CQ au Quarré CR, que de la ligne QE à la ligne RG, puisque les lignes CQ & CR sont égales aux ordonnées KE & IG, & que les lignes QE & RG sont égales aux Abcisses CK & CI.

Nous nous servirons de ce Corollaire dans la suite pour faire voir que les Boulets & les Bombes décrivent des Paraboles dans l'espace qu'ils parcourent depuis le lieu d'où ils sont poussez, jusqu'à l'endroit où ils vont se terminer.

PROPOSITION III.
Problême.

Fig. 152. 413. *Mener une Tangente à une Parabole par un point donné.*

Pour mener une Tangente à une Parabole par un point donné E, tirez de ce point au foyer C la ligne EC, & du même point la ligne ED parallele à l'axe BK, qui aille rencontrer la directrice HA au point D. Tirez la ligne DC; & si vous menez la ligne EG qui passe par le milieu I de la ligne DC, je dis qu'elle sera tangente à la Parabole, & qu'elle ne la touchera qu'au seul point E; tirez les lignes FD & FC, & les paralleles FH à l'axe BK.

DÉMONSTRATION.

* Art. 403. Considerez que les lignes EC & ED sont égales*, & qu'ainsi le triangle DEC étant isoscelle, la ligne EI sera perpendiculaire sur DC, puisqu'elle la divise en deux également: de plus l'angle DHF étant droit, la ligne FD sera plus grande que FH. D'où il s'ensuit que FC, qui est égale à FD, sera aussi plus grande que FH; & que par consequent le point F n'est point dans la Parabole, puisqu'il faudroit que FC fût égale à FH. Ainsi je conclus que la tangente FG ne touche la Parabole qu'au point E. C. Q. F. D.

DÉFINITION.

Fig. 152. 414. Si du point d'attouchement E l'on mene l'ordonnée EK à l'axe de la Parabole, la ligne GK sera nommée *sous-Tangente*.

PROPOSITION IV.
Théoreme.

Fig. 153. 415. *Si l'on éleve une perpendiculaire EM sur la Tangente GL au point où elle touche la Parabole, & que de ce même point*

point l'on tire une ordonnée EK à l'axe BM, je dis que la par- Fig. 153.
tie KM de l'axe sera égale à la moitié du Paramètre de cette
Parabole, c'est-à-dire à 2a.

DEMONSTRATION.

Comme les lignes DC & EM sont parallèles, étant perpendiculaires sur LG, & que les lignes DA & EK sont
égales, il s'ensuit que les triangles DAC & EKM sont
égaux & semblables, & que les lignes AC & KM sont
égales : donc la ligne KM vaut la moitié du Paramètre,
puisque AC est égal à $2a$, * C. Q. F. D. *Art. 410.

PROPOSITION V.

Théoreme.

416. *Nous servant de la même figure, je dis que la Sous-
tangente GK est double de l'abscisse BK.*

DEMONSTRATION.

Le parametre de cette parabole étant $4a$ * KM sera $2a$, *Art. 410.
& à cause des triangles semblables EGK & EKM *, l'on *Art. 249.
aura KM $(2a)$, KE (y) :: KE $(y) \frac{\overline{KE}^2}{KM} \left(\frac{yy}{2a}\right) =$ KG. Or
si dans l'équation $\frac{yy}{2a} =$ KG, l'on met $4ax$ à la place de yy,
qui lui est égal, * l'on aura $\frac{4ax}{2a} =$ KG, & par conséquent *Art. 410.
$2x =$ KG. C. Q. F. D.

COROLLAIRE.

417. L'on tire de cette proposition un moyen fort aisé
pour mener une Tangente à une Parabole; car, par
exemple, pour mener la ligne LG par le point E, Tangente à la Parabole, vous voyez qu'il n'y a qu'à abaisser
du point E la perpendiculaire EK sur l'axe BM, faire la ligne BG égale à l'abscisse BK, & par les points G & E mener la ligne LG.

DEFINITION.

Fig. 154. 418. Si du point A où la Tangente touche la Parabole, l'on tire une ligne AO parallele à l'axe ML, cette ligne sera nommée un *Diamétre* à la Parabole.

PROPOSITION VI.
Théoreme.

419. *Si l'on tire une ligne CD parallele à la Tangente NB, je dis qu'elle sera divisée en deux également au point E par le diamétre AO.*

Du point A menez l'ordonnée AG, & des points C, E, D, les lignes HI, EF, DL, paralleles à l'ordonnée AG, & prolongez le diamétre OA jusqu'à la rencontre de la ligne HC. Cela posé, nous nommerons MF, m; IF ou HE, t; FL ou EK, u; ainsi MI sera $m-t$; & ML, $m+u$; GF, $m-x$; parce que nous nommerons toûjours MG, x; & AG, y. Ainsi il faut prouver que EC est égal à ED, ou bien que HE $(t)=$EK (u): ce qui est la même chose; car si HK est divisé en deux également au point E, CD le sera aussi au même point, à cause des paralleles HI & DL.

DEMONSTRATION.

Remarquez que les triangles BGA, ECH, EDK, sont semblables, & qu'ils donnent ces deux proportions BG

*Art. 416.
Art. 154. $(2x)$, GA $(y) :: $ EK (u), KD $(\frac{yu}{2x})$*, & BG $(2x)$, GA $(y) :: $ EH (t) HC $(\frac{yt}{2x})$. De plus que CI $= y - \frac{yt}{2x}$, & que DL $= y + \frac{yu}{2x}$: & si l'on multiplie chacune de ces grandeurs

Art. 183. par elle-même, l'on aura $yy - \frac{yyt}{x} + \frac{yytt}{4xx}$ pour le quarré de la premiere (après en avoir fait la réduction,) & $yy + \frac{yyu}{x} + \frac{yyuu}{4xx}$ pour le quarré de la seconde. Or par la

Art. 410. proprieté de la Parabole, l'on a les deux proportions suivantes MG (x), ML $(m+u) :: \overline{AG}^2 (yy) \overline{LD}^2 (yy+\frac{yyu}{x}+\frac{yyuu}{4xx})$, & MG (x), MI $(m-t) :: \overline{GA}^2 (yy) \overline{CI}^2$, $(yy-\frac{yyt}{x}+\frac{yytt}{4xx})$, d'où l'on tire ces deux équations avec le produit des extrêmes, & celui des moyens $myy+uyy=xyy+yyu+\frac{yyuu}{4x}$, & $myy-tyy=xyy-yyt+\frac{yy\cdot t}{4x}$ (après les avoir réduit). Presentement si l'on retranche la seconde équation de la premiere, c'est-à-dire, le premier membre de la seconde du premier membre de la premiere, & le second membre de la seconde, du second membre de la premiere, il restera après la réduction $0 = \frac{yyuu}{4x} - \frac{yytt}{4x}$, D'où faisant passer $\frac{yytt}{4x}$ du second membre dans le premier, il viendra $yytt = yyuu$, en effaçant les dénominateurs égaux; & si l'on divise cette derniere équation par yy, il viendra $tt = uu$, ou bien * HE (t) = EK (u). Ce qu'il faut démontrer. * Art. 168.

DÉFINITIONS.

I.

420. Toute ligne comme EC ou ED menée parallele à la Tangente AB, est nommée *ordonnée* au diamétre AO. Fig. 154.

II.

421. Si l'on cherche une troisiéme proportionnelle à la ligne MB, & à la Tangente AB, cette ligne sera appellée le *Parametre* du diamétre AO.

COROLLAIRE.

422. Il suit de la définition précedente que si l'on tire une ligne du foyer P au point d'attouchement A qu'une ligne quadruple de AP sera égale au Parametre du diamétre AO.

Z ij

*Art. 403.
*Art. 421.

Pour le prouver nous supposerons que le point S est le point generateur, par conséquent SG sera égal à PA *; & si l'on nomme SM ou MP, a; MG, x; GA (y), nous aurons SG ou AP $= x + a$, & par la proportion premiere $4ax = yy$. Cela posé, si l'on nomme p le Parametre du diamétre AO, l'on aura par la définition précedente * MB (x), AB :: AB. p. par conséquent $px = \overline{AB}^2$: mais à cause du triangle rectangle ABG, l'on aura $\overline{AB}^2 (px) = \overline{BG}^2 + \overline{GA}^2 (4xx + yy)$, & si à la place de yy dans le second membre de cette équation l'on met $4ax$, l'on aura $px = 4xx + 4ax$, & divisant le tout par x; vient $p = 4$AP. ($4x + 4a$). C. Q. F. D.

PROPOSITION VII.

Théoreme.

Fig. 154.

423. *Le Quarré d'une ordonnée quelconque EC au diamétre AO est égal au rectangle compris sous l'abscisse AE & sous le parametre du diamétre AO (ou, ce qui est la même chose, sous une ligne quadruple de AP) les choses demeurant les mêmes que dans la proposition, les lignes de la figure seront nommées avec les mêmes lettres, excepté la ligne AE, que nous nommerons* z, *qui étant égale à FG, l'on aura* $z = m - x$.

DEMONSTRATION.

Il faut ajouter d'abord les deux équations $myy + uyy = xyy + yyu + \frac{yyuu}{4x}$, & $myy - tyy = xyy - yyt + \frac{yytt}{4x}$, ensemble, & mettre auparavant t à la place de u dans la premiere équation, puisque l'on a trouvé $t = u$, la réduction étant faite, il viendra $2myy = 2xyy + \frac{yytt}{2x}$, & en faisant

*Art. 113.

évanoüir la fraction * $4xmyy = 4xxyy + yytt$, qui étant divisé par yy, reste $4xm = 4xx + tt$, & faisant passer $4xx$ du second membre dans le premier, vient $4xm - 4xx$

$= tt$. Or comme $m-x$ dans le premier membre de cette derniere équation est multipliée par $4x$, on pourra à la place de $m-x$ mettre z, qui lui est égal, & qui donnera $4xz = tt$: mais à cause du triangle rectangle EHC, l'on aura $\overline{EC}^2 = \overline{HE}^2 + \overline{HC}^2 \left(tt + \frac{yytt}{4xx}\right)$ & mettant $4xz$ à la place de tt, & $4xa$ à la place de yy, qui lui est égal par la proposition premiere, l'on aura $\overline{EC}^2 = 4xz + \frac{4xx4az}{4xx}$, ou bien $\overline{EC}^2 = 4AP \times AE \,(4xz + 4az)$ C. Q. F. D.

COROLLAIRE.

424. L'on voit par ce Théoreme que la proposition premiere devient générale, puisque non-seulement le quarré d'une ordonnée à l'axe est égal au rectangle compris sous la Parametre de l'axe, & sous l'Abcisse, mais que le quarré de toute ordonnée à un diamétre, est aussi égal au rectangle compris sous l'abcisse, correspondante, & sous le Parametre de ce diamétre. Mais pour mieux faire entendre ceci, considerez que si la ligne RT est tangente au point M, extrêmité de l'axe, toutes les ordonnées à l'axe feront parallèles à cette tangente, & par la proposition premiere, le quarré de chacune de ces ordonnées sera égal au rectangle compris sous l'Abcisse correspondante, & sous une ligne quadruple de PM, qui est la distance du foyer au point d'attouchement. Or si l'on imagine que l'axe ML se soit mû parallèlement à lui-même jusqu'au point A, où il tient lieu de diamétre AO, & que la Tangente RT ait glissé sur la parabole, ne la touchant toûjours qu'à un seul point, jusqu'à ce que le point M devienne le point A : pour lors la Tangente RT deviendra la tangente NB, & la ligne PM deviendra la ligne PA, & par conséquent elle sera encore la quatriéme partie du parametre de l'axe devenu le diamétre AO, & les ordonnées que l'on auroit menées parallèles à la tangente RT, telle que VX, feront toûjours parallèles à

la tangente, s'ils ont accompagné l'axe, & si l'abcisse MV est égale à l'abcisse AE, l'ordonnée VX deviendra l'ordonnée EC, & l'on aura toûjours le quarré de EC égal au rectangle compris sous l'abcisse AE, & sous une ligne quadruple de la distance du point d'attouchement A au foyer P, comme on l'a démontré dans la proposition précedente.

On peut remarquer que si le point A approchoit plus du point M, il pourroit arriver que le point C tomberoit au-delà de l'axe ML : mais cela n'empêcheroit pas que tout ce que nous avons démontré ne subsistât de même, de quelque façon que la ligne DC puisse se trouver dans la parabole, puisqu'elle sera toûjours divisée en deux également par le diamétre, lorsqu'elle sera parallele à la tangente.

PROPOSITION VIII.

Theoréme.

Fig. 155. 425. *Si l'on coupe un cone par un plan parallele à un de ses côtés, la section sera une parabole.*

Si l'on a coupé le cone ABC par un plan parallele à un de ses côtés BC, je dis que la section, qui sera, par exemple, DEI, aura formé sur la surface du cone une courbe DHEKI, qui sera une parabole. Supposant que le cone a été coupé par un plan LM, parallele à sa base, la section sera un cercle dont les lignes FK, & FH seront des perpendiculaires au diamétre LM, & en même tems des ordonnées à la courbe. Cela posé, prenez sur le côté BC la partie BO égale à FM, & du point O menez à FM la parallele ON, qui sera le parametre de la parabole ; car nous démontrerons que le rectangle compris sous NO & l'abcisse EF, est égal au quarré de l'ordonnée FK, après avoir nommé BO ou FM, a; NO, p; EF, x; & FK, y.

DEMONSTRATION.

Considerez que les triangles NBO & LEF étant semblables donnent BO (a), NO (p) :: EF (x), LF ($\frac{px}{a}$)

D'où l'on tire NO×EF (px)=LF×FM ou BO ($\frac{apx}{a}$), & si à la place de FL×FM ou BO ($\frac{apx}{a}$) dans le second membre de l'équation, l'on met $\overline{FK}^2$ (yy), qui lui est égal * par la propriété du cercle, l'on aura NO×EF (px)=$\overline{FK}^2$ (yy.) C. Q. F. D.

* Art. 278.

PROPOSITION IX.
Problême.

426. *Décrire une Parabole, le Parametre étant donné.*   Fig. 156.

Pour décrire une parabole dont la ligne AB soit le parametre, prenez dans une ligne telle que EK les parties CE & CF chacune égale au quart de la ligne AB ; ensuite tirez une quantité de perpendiculaires telles que GH à la ligne EK, comme dans l'art. 363. & faites les lignes FG & FH chacunes égales à la ligne EI. Après cela, si l'on fait passer une ligne courbe par les extrêmités d'une quantité d'ordonnées, telles que GI, cette courbe sera une parabole.

DEMONSTRATION.

La démonstration de ce Problême est la même que celle de la proposition premiere.

PROPOSITION X.
Problême.

427. *Trouver l'axe d'une parabole donnée.*   Fig. 157.

Pour trouver l'axe d'une parabole donnée CLI, on n'a qu'à tirer à quelque endroit que l'on voudra de la parabole deux lignes AB & CD parallèles entr'elles ; diviser chacune de ces lignes en deux également aux points E & F, & tirer par ces points la ligne GH, qui sera un dia-

Art. 419. mètre de la parabole: ensuite du point C tirez la ligne CI, ensorte qu'elle coupe à angle droit la ligne GH. Divisez cette ligne en deux également au point K; & si sur ce point vous élevez la perpendiculaire KL, elle sera l'axe de la parabole.

DEMONSTRATION.

Les lignes AB & CD étant des ordonnées au diamétre GH, la ligne CI perpendiculaire à ce diamétre, sera une ordonnée à l'axe de la parabole. Or comme l'axe d'une parabole divise en deux également ses ordonnées, & qu'il les coupe toutes à angles droits, la ligne KL sera donc l'axe de la parabole.

PROPOSITION XI.

Problême.

Fig. 157. 428. *Trouver le parametre d'une parabole donnée.*

Pour trouver le parametre d'une parabole donnée, il ne faut que chercher à une abcisse quelconque LM & à l'ordonnée correspondante MN une troisiéme propor-
Art. 334. tionnelle, qui sera, par exemple, OP, & cette ligne OP sera le parametre que l'on demande, puisque le rectangle compris sous LM & OP, sera égal au quarré de l'or-
Art. 410. donnée MN.

PROPOSITION XII.

Problême.

429. *Trouver le foyer d'une parabole, dont on connoît le parametre.*

Pour trouver le foyer d'une parabole, il faut prendre dans l'axe LK une partie LQ égale au quart du parametre OP, & le point Q sera le foyer qu'on demande: ce qui est bien évident, puisque par la generation de la pa-
Art. 403. rabole le parametre est quadruple de la distance du foyer Q au sommet L de la parabole.

CHAP.

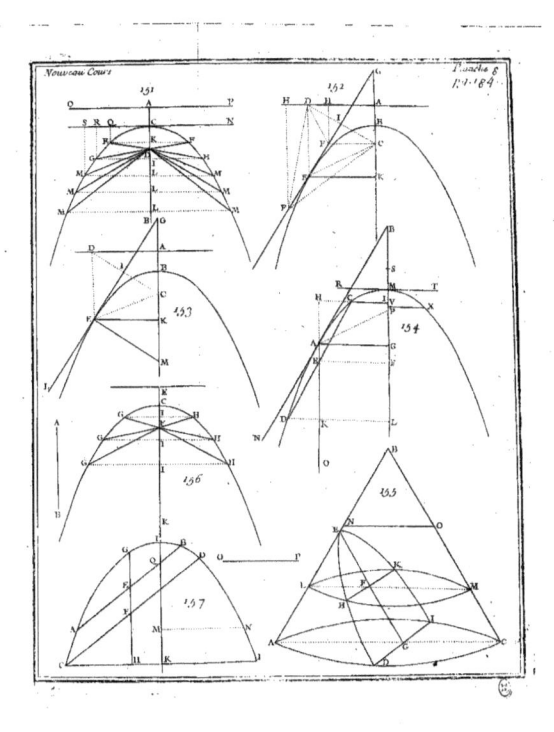

CHAPITRE II.

Qui traite de l'Ellipse.

DÉFINITIONS.

430. Ayant tiré sur un plan deux lignes droites & inégales AB, CD, qui se coupent par le milieu à angle droit au point E, si l'on décrit un demi-cercle, dont le diamétre soit la plus grande AB, & que l'on éleve sur ce diamétre une quantité de perpendiculaires, comme FG & IK, & qu'ensuite l'on fasse FH quatriéme proportionnelle aux lignes AB, CD, FG, & de même IL quatriéme proportionnelle à AB, CD, IK, & que l'on continue à trouver une quantité de points tels que H & L, la courbe que l'on fera passer par tous ces points sera nommée une *Ellipse*.

431. La ligne AB est nommée *grand Axe* de l'Ellipse, & la ligne CD qu'on suppose perpendiculaire sur le milieu de la ligne AB est dite *petit Axe*, ou bien la ligne CD est dite *Axe conjugué à l'Axe* AB, & de même l'Axe AB est dit *Axe conjugué à l'Axe* CD.

432. Toutes lignes telles que FH ou IL, menées perpendiculairement au premier axe AB, & terminées par l'Ellipse, sont appellées *Ordonnées* à cet Axe.

433. Si l'on cherche une troisiéme proportionnelle aux axes AB & CD, telle que MN, cette ligne est nommée *Paramétre* de l'Axe, qui fait le premier terme de la proportion.

434. Le point E où les axes se coupent à angles droits, est appellé *Centre* de l'Ellipse.

435. Si dans le grand axe AB d'une Ellipse l'on prend les points K, chacun éloignez des extrémitez C ou D du petit axe de la moitié du grand, ces points seront nommez *Foyers* de l'Ellipse.

PROPOSITION PREMIERE.
Théoreme.

Fig. 158. 436. *Dans l'Ellipse si l'on mene une ordonnée FH au premier axe, je dis que le rectangle des parties AF & FB de cet axe est au quarré de l'ordonnée correspondante FH, comme le quarré du premier Axe AB est au quarré de son conjugué CD; ou, ce qui est la même chose, comme le quarré AE est au quarré ED.*

Ayant nommé les données AE ou EB, a; CE ou ED, b; & les indéterminées EF, x; FH, y; FG, f; AF sera $a-x$, & FB $a+x$. Cela posé, il faut démontrer que AF×FB. $\overline{FH}^2 :: \overline{AB}^2 . \overline{CD}^2$.

DÉMONSTRATION.

Considerez que par la définition premiere l'on a AB

*Art. 334. ($2a$). CD ($2b$) :: FG (f). FH (y), par conséquent * $\overline{AB}^2$ ($4aa$). $\overline{CD}^2$ ($4bb$) :: $\overline{FG}^2$ (ff). $\overline{FH}^2$ (yy). Or si à la place du quarré de FG dans cette proposition, l'on met le re-

*Art. 277. ctangle AF×FB ($aa-xx$) * qui lui est égal par la propriété du cercle, l'on aura $\overline{AB}^2$ ($4aa$). $\overline{CD}^2$ ($4bb$) :: AF×FB ($4aa-xx$). $\overline{FH}^2$ (yy), ou bien AF×FB ($aa-xx$). $\overline{FH}^2$ (yy) :: $\overline{AB}^2$ ($4aa$). $\overline{CD}^2$ ($4bb$). C. Q. F. D.

COROLLAIRE I.

Fig. 158. 437. Si l'on a deux ordonnées FH & IL, l'on aura par la proposition précedente AF×FB. $\overline{FH}^2 :: \overline{AB}^2 . \overline{CD}^2$, &

*Art. 168. AI×IB. $\overline{IL}^2 :: \overline{AB}^2 . \overline{CD}^2$; ce qui fait voir * que AF×FB $\overline{FH}^2 :: $ AI×IB. $\overline{IL}^2$.

COROLLAIRE II.

438. Il suit encore que si du point H l'on mene l'or-

DE MATHEMATIQUE. 187

donnée HI au second axe CD, que le rectangle compris sous les parties ID & IC de cet axe, est au quarré de l'ordonnée correspondante IH, comme le quarré du même axe CD est au quarré de son conjugué AB.

Pour le prouver, considerez que FH étant égal à EI, Fig. 159. l'on aura EI=y, & que FE étant égal à HI, l'on aura encore HI=x; ainsi ID sera $b-y$, & CI $b+y$. Cela posé, faites attention à la proposition précedente $aa - xx$. yy :: aa. bb. dont le produit des extrêmes & celui des moyens donne * $bbaa - xxbb = yyaa$. Or si l'on fait passer $yyaa$ du second membre dans le premier, & $xxbb$ du premier dans le second, l'on aura $bbaa - yyaa = xxbb$, d'où l'on tire * ID×IC ($bb-yy$) $\overline{HI}^2$ (xx) :: $\overline{ED}^2$ (bb). $\overline{EB}^2$ (aa). * Art. 178.
Ainsi l'on voit que si l'on mene des ordonnées au grand axe ou au petit, la proprieté de l'Ellipse demeurera toûjours la même.

COROLLAIRE III.

439. Si l'on nomme a le premier axe d'une Ellipse, & b le second, p le paramétre, l'on aura * a. b :: b. p. par consequent * aa. bb :: a. p. mais comme la proprieté de l'Ellipse donne $aa - xx$. yy :: aa. bb. il s'enfuit qu'on aura aussi $aa - xx$. yy :: a. p. * Art. 433. * Art. 328.

REMARQUE I.

440. Il est à remarquer que puisque l'on a * AF×FB. $\overline{FH}^2$ :: AI×IB. $\overline{IL}^2$. que si à la place des antecedens l'on met Fig. 158. les quarrez de FG & IK, qui leur font égaux par la proprieté du cercle, l'on aura $\overline{FG}^2$. $\overline{FH}^2$ :: $\overline{IK}^2$. $\overline{IL}^2$. par consequent * FG. FH :: IK. IL. & en raison alterne * FG. IK :: FH. IL. qui fait voir que si l'on prend les lignes FH & IL pour des élemens de la superficie du quart d'Ellipse EAD, & les lignes FG & IK pour des élemens du quart de cercle EAM, que les élemens du quart de l'Ellipse sont dans la même raison que les élemens du quart de cercle. * Art. 331 Art. 162

Aa ij

REMARQUE II.

Art. 380. 441. L'on a vû * que dans une progreſſion qui feroit compoſée des élemens infinis, tels que FG & IK d'un quart de cercle, la ſomme des quarrez de tous ces élemens feroit égale au produit du quarré du plus grand élement EM par les deux tiers de la ligne AE, qui en exprime la quantité. Or comme les élemens de l'Ellipſe ſont dans la même raiſon que ceux du cercle, il s'enſuit qu'ils auront la même proprieté que ceux du cercle; & que par conſequent *ſi l'on a une progreſſion compoſée de termes infinis des élemens d'un quart d'Ellipſe EAD, la ſomme des quarrez de tous les élemens, tels que FH & IL, eſt égale au produit du quarré du plus grand élement ED par les deux tiers de la grandeur qui en exprime la quantité, c'eſt-à-dire, par les deux tiers de la ligne AE.*

Comme ces deux remarques nous ſervent beaucoup dans la Géométrie Pratique, il faut s'attacher à les bien comprendre.

AVERTISSEMENT.

Comme les Art. depuis 402. juſqu'à 414. n'ont rapport qu'à la troiſiéme propoſition, & que cette propoſition, malgré l'attention que j'ai eu de la démontrer le plus clairement qu'il m'a été poſſible, pourroit peut-être rebuter les Commençans, leur paroiſſant trop difficile, ils pourront paſſer ces articles, auſſi-bien que la propoſition, & ne s'attacher qu'au reſte de ce Chapitre, qui ſuffira pour entendre dans la Géométrie Pratique les choſes qui ont rapport à l'Ellipſe.

DEFINITIONS.

I.

Fig. 160. 442. L'on nomme *Diamétres* d'une Ellipſe deux lignes comme CD & EF, qui paſſent par le centre G, & qui ſont terminées par l'Ellipſe.

II.

443. Ayant mené d'un point quelconque C un diamétre CD, & une ordonnée CK à l'axe AB, si l'on fait GO troisiéme proportionnelle à GK & GA, le diamétre EF, que l'on aura mené parallele à CO, est appellé diamétre *conjugué* du diamétre CD; & de même le diamétre CD est dit *conjugué* du diamétre EF.

III.

444. Toute ligne comme HI, menée d'un point quelconque H, pris dans le diamétre CD, parallele à son conjugué EF, est appellée *ordonnée* du diamétre CD.

IV.

445. Si l'on cherche une troisiéme proportionnelle aux diamétres conjuguez CD, EF, elle sera nommée le *Paramétre du diamétre*, qui fait le premier terme de la proportion.

COROLLAIRE.

446. Par l'article 152. il s'ensuit que si l'on nomme GA, a; GK, x; KO, z, l'on aura GK (x). GA (a) :: GA (a) GO ($x+z$). D'où l'on tire $xx + xz = aa$; & en faisant passer xx du premier membre dans le second, l'on aura $xz = aa - xx$, c'est à-dire, que OK×KG = AK×KB. Nous nous servirons de ce que nous enseigne ce Corollaire, pour démontrer les propositions suivantes; c'est pourquoi il est à propos de le bien retenir.

PROPOSITION II.

Théoreme.

447. *Si des extrêmitez C & E des deux diamétres CD, EF, l'on mene à l'axe AB les ordonnées CK & EP, je dis que le quarré de la partie GP sera égal au Rectangle de AK par KB.* Fig. 160.

Ayant nommé GA, a; GP, f; GK, x; KO, z; GO sera $x+z$. Cela posé, nous ferons voir que AK×KB ($aa-xx$

*Art. 446. ou bien xz) * $=\overline{GP}^2(ff)$.

DÉMONSTRATION.

*Art. 437. Considerez que l'on tire de la proprieté de l'Ellipse *
AK×KB(xz). AP×PB($aa-ff$) :: $\overline{KC}^2$. $\overline{PE}^2$, & que si au lieu de aa dans le second terme de cette proposition l'on
*Art. 446. met $xx+xz$; qui est la même chose * par le Corollaire précedent, & au lieu de $\overline{KC}^2$ & $\overline{PE}^2$ l'on met $\overline{KO}^2(zz)$ & $\overline{PG}^2$ (ff), qui sont dans la même raison, à cause des triangles semblables OCK, GEP, l'on aura AK×KB(xz). AP×PB ($xx+xz-ff$) :: $\overline{KO}^2(zz)$. $\overline{GP}^2(ff)$, dont le produit des extrêmes & celui des moyens forment cette équation $xxzz+xzzz-ffzz=ffzz$; d'où transposant $ffzz$ du premier membre dans le second, vient $xxzz+xzzz=ffxz+ffzz$, d'où effaçant z de part & d'autre, reste $xxz+xzz=ffx+ffz$, qui étant divisé par $x+z$, donne AK×KB(xz) $=\overline{GP}^2(ff)$. C. Q. F. D.

COROLLAIRE.

*Art. 446. 448. Comme l'on a * $xx+xz=aa$, il suit de cette proposition que si l'on met ff à la place de xz dans l'équation précedente, l'on aura $xx+ff=aa$; d'où faisant passer ff du premier membre dans le second, l'on aura $\overline{GK}^2(xx)$ $=$ AP×PB ($aa-ff$).

PROPOSITION III.

Théoreme.

Fig. 160. 449. *Le rectangle fait des parties de CH par HD du diametre CD, est au quarré d'une ordonnée HI, à ce diametre, comme le quarré du même diametre est à celui de son conjugué EF.*

Après avoir tiré les lignes IN, HL, parallèles à CK, & la ligne HM parallèle à BA, nous nommerons GK, x; CK, y; GA, a; KO, z; HM ou LN, c; GL, g; GC, f.

DÉMONSTRATION.

Remarquez que les triangles semblables GKC, GLH, donnent GK (x). KC (y) :: GL (g). LH $\left(\frac{yg}{x}\right)$, & que les deux autres COK, IHM, qui sont aussi semblables, donnent encore KO (z) KC (y) :: HM (c). IM $\left(\frac{yc}{z}\right)$ d'où l'on tire IM+HL ou MN $\left(\frac{yc}{z}+\frac{yg}{x}\right)=$ IN, dont le quarré est $\frac{yycc}{zz}+\frac{2yycg}{zx}+\frac{yygg}{xx}$. De plus considerez encore que LN—LG ($c-g$)=GN, dont le quarré est $cc-2cg+gg$. Cela posé, il faut chercher une seconde valeur de $\overline{\text{IN}}^2$, que l'on trouvera par la proprieté de l'Ellipse *, car AK×KB ($aa-xx$). AN×NB ou $\overline{\text{GB}}^2-\overline{\text{GN}}^2$ * ($aa-cc+2cg-gg$) :: $\overline{\text{CK}}^2$ (yy). $\overline{\text{NI}}^2\left(\frac{aayy-ccyy+2cgyy-ggyy}{aa-xx}\right)$ Présentement si l'on forme une égalité avec les deux valeurs de $\overline{\text{IN}}^2$, l'on aura $\frac{yycc}{zz}+\frac{2yycg}{zx}+\frac{yygg}{xx}=\frac{aayy-ccyy+2cgyy-ggyy}{aa-xx}$. Mais comme l'on sçait que $xz=aa-xx$ *, l'on voit qu'en effaçant $2yycg$ (qui est divisé par des quantitez égales dans l'un & l'autre membre) & divisant ce qui reste par yy, il viendra $\frac{cc}{zz}+\frac{gg}{xx}=\frac{aa-cc-gg}{aa-xx}$. Présentement il faut multiplier par xx, afin de n'avoir plus gg en fraction*, & l'on aura $\frac{xxcc}{zz}+gg=\frac{xxaa-xxcc-xxgg}{aa-xx}$: l'on fera passer gg du premier membre dans le second, & on le réduira en fractions, afin d'avoir $\frac{xxcc}{zz}$ ou $\frac{ccx^4}{zzxx}=\frac{aaxx-ccxx-ggxx-aagg+xxgg}{aa-xx}$,

* Art. 437. & 446.
* Art. 66.

* Art 446.

* Art. 112.

faifant attention que $\frac{ccx^4}{zzxx}$ eft la même chofe que $\frac{ccxx}{zz}$, puifque le numerateur & le dénominateur ont été multipliez par xx. Or comme le premier membre de cette équation eft divifé par le quarré de la grandeur qui divife le fecond, il s'enfuit qu'on fera évanoüir les fractions, en multipliant le fecond membre par $aa-xx$; & après avoir réduit & fait paffer $ccxxaa$ du fecond membre dans le premier, on aura $ccaaxx = xxa^4 - gga^4 - aax^4 + ggaaxx$, qu'il faut divifer par $aaxx$; d'où l'on tire $\overline{LN}^2$ ou $\overline{HM}^2$ (cc) $= aa - xx + gg - \frac{ggaa}{xx}$. Cela pofé, confiderez que les triangles femblables GKC, GLH, donnent GK (x). GC (f)

*Art. 66. :: GL (g). GH $\left(\frac{fg}{x}\right)$. Par conféquent * $\overline{CG}^2 - \overline{GH}^2$, ou CH×HD $= ff - \frac{ffgg}{xx}$. Mais comme il arrive que les quatre grandeurs CH×HD $\left(\frac{ffxx-ffgg}{xx}\right)$. $\overline{HM}^2$ ($aa - xx + gg - \frac{ggaa}{xx}$) :: $\overline{CG}^2$ (ff), $\overline{GP}^2$ ($aa - xx$) font proportionnelles, le produit des extrêmes, auffi-bien que celui des moyens, étant égaux, il s'enfuit que fi à la place des conféquens $\overline{HM}^2$ & $\overline{GP}^2$, l'on met $\overline{HI}^2$ & $\overline{GE}^2$, qui font dans la même raifon, à caufe des triangles femblables HIM, GPE, l'on aura CH×HD. $\overline{HI}^2$ :: $\overline{CG}^2$. $\overline{GE}^2$. C. Q. F. D.

COROLLAIRE I.

Fig. 161.
450. L'on voit que ce qui a été démontré dans la propofition premiere par rapport aux deux axes, s'étend par le moyen de celle-ci à deux diamétres quelconques; car
*Art. 424. fi l'on fait le même raifonnement pour l'Ellipfe, que l'on a fait pour la Parabole *l'on verra que la Tangente HI à l'extrêmité A de l'axe AB, ayant gliffé le long de la courbe pour prendre la fituation QR, & l'axe AB ayant tourné

fur

sur le centre E pour prendre la situation FG, l'or- *Fig. 161.*
donnée KL, qui l'aura accompagné toûjours parallelement à la tangente HI, deviendra l'ordonnée OP; & comme l'axe conjugué CD aura aussi tourné parallelement à
la tangente HI, il deviendra le diamétre conjugué MN,
& par conséquent toutes ces lignes demeurant les mêmes
les unes par rapport aux autres, comme elles étoient auparavant, il s'ensuit que le rectangle compris sous les parties OF & OG du diamétre FG est au quarré de l'ordonnée OP, comme le quarré du diamétre FG est au quarré
de son conjugué MN.

COROLLAIRE II.

451. De-là il suit * que pour mener du point F une tan- *Art. 443.*
gente QR à une Ellipse, il faut du point F abbaisser une
perpendiculaire FS sur l'axe AB, & faire la ligne EQ
troisiéme proportionnelle aux lignes ES & EA pour avoir
le point Q, duquel l'on n'aura qu'à mener la tangente
par le point donné.

COROLLAIRE III.

452. Il suit encore que toute ligne, comme TP, menée
parallele à la tangente RQ, est divisée en deux également par le diamétre FG; car le rectangle de FO par OG
est au quarré OP, comme le quarré FG est au quarré
NM, & le même rectangle de FO par OG est encore au
quarré OT comme le quarré FG est au quarré NM; il
s'ensuit donc que le quarré OP est égal au quarré OT, &
que par consequent OP est égal à OT.

PROPOSITION IV.

Théoreme.

453. *La somme des quarrez des deux axes AB & QR* *Fig. 160.*
d'une Ellipse, est égale à la somme des quarrez des deux dia-
métres quelconques CD & EF.

DÉMONSTRATION.

Les choses étant supposées les mêmes que ci-devant, nous aurons toûjours *$\overline{GP}^2 = aa - xx$, & *$\overline{GA}^2 - \overline{GP}^2$, ou $AP \times PB = \overline{GK}^2 (xx)$. Or par la proprieté de l'Ellipse, l'on aura $\overline{GA}^2 (aa) . \overline{GR}^2 (bb) :: AP \times BP (xx) . \overline{PE}^2 \left(\frac{bbxx}{aa}\right)$, & d'une autre part $\overline{GA}^2 (aa) . \overline{GR}^2 (bb) :: AK \times KB (aa - xx) . \overline{KC}^2 \left(\frac{aabb - xxbb}{aa}\right)$. Or les triangles rectangles GPE, GKC, donnent $\overline{GP}^2 + \overline{PE}^2 \left(aa - xx + \frac{bbxx}{aa}\right) = \overline{EG}^2$, & $\overline{GK}^2 + \overline{CK}^2 \left(xx + \frac{aabb - xxbb}{aa}\right) = \overline{GC}^2$. Et si l'on ajoûte ensemble ces deux équations *, l'on aura $\overline{EG}^2 + \overline{GC}^2 = \frac{a^4 - xxaa + xabb + xxaa + bbaa - xxbb}{aa}$ qui étant réduit & divisé par aa, donne $\overline{GE}^2 + \overline{GC}^2 = aa + bb$, ou bien $\overline{AB}^2 + \overline{QR}^2 = \overline{CD}^2 + \overline{EF}^2$. C. Q. F. D.

* Art. 447.
* Art. 448.

* Art. 178.

PROPOSITION V.

Théoreme.

Fig. 162.

454. *Si par l'extrêmité A de l'axe AB l'on mene une tangente qui aille rencontrer aux points N & F les deux diametres MG & IH prolongez, je dis que le rectangle des parties NA par AF est égal au quarré de la moitié de l'axe CD.*

Ainsi il faut prouver que $AN \times AF = \overline{CE}^2$.

DÉMONSTRATION.

* Art. 448. Considerez que l'on a *$AL \times LB$ égal au quarré de EK,

qui est xx, & que par conséquent $\overline{AE}^2\,(aa).\overline{EC}^2\,(bb)::AL\times LB\,(xx).\overline{LM}^2\left(\frac{bbxx}{aa}\right)$. D'où extrayant la racine quarrée de $\frac{bbxx}{aa}$*, l'on aura la ligne LM, c'est-à-dire, LM $=\frac{bx}{a}$. *Art. 90.

Mais comme l'on a aussi* $AK\times KB=\overline{LE}^2$, l'on aura encore $\overline{CE}^2\,(bb).\overline{AE}^2\,(aa)::\overline{IK}^2\,(yy).AL\times LB\left(\frac{aayy}{bb}\right)$. Or comme $\frac{aayy}{bb}$ est aussi égal au quarré de la ligne EL, si l'on extrait la racine quarrée de cette quantité, l'on aura $EL=\frac{ay}{b}$. L'on pourra donc, à cause des triangles semblables EAF & ELM former cette proportion $EL\left(\frac{ay}{b}\right)$ $LM\left(\frac{bx}{a}\right)::EA\,(a).AF\left(\frac{abbx}{aay}\right)$. ou bien $\frac{bbx}{ay}$; & à cause des triangles semblables EAN & EKI, l'on aura encore $EK\,(x).KI\,(y)::EA\,(a).AN\left(\frac{ya}{x}\right)$. Or si l'on multiplie $AF\left(\frac{bbx}{ay}\right)$ par $AN\left(\frac{ya}{x}\right)$, l'on aura $\frac{bbayx}{ayx}$, qui étant réduit, donne $\overline{CE}^2\,(bb)=AN\times AF$. C. Q. F. D. *Art. 44.

PROPOSITION VI.

Théoreme.

455. *Si l'on coupe un Cone par un plan obliquement à la base, la section sera une Ellipse.* Fig. 164.

Si l'on coupe le Cone X par un plan AB obliquement à sa base, la section BEAF sera une Ellipse. Nous supposerons que le Cone a été coupé parallelement à sa base par un plan CM, qui passe par le milieu de l'axe AB, & par un autre plan LD, aussi parallele à la base qui passera par un point quelconque I de l'axe AB. Comme ces deux sections formeront des cercles, nous tirerons les lignes EF & HK, qui couperont les diamétres LD & CM à angles droits aux points I & G ; ainsi la ligne EF deviendra le petit axe de l'Ellipse, & les lignes IK & IH des ordonnées. Nous nommerons AG ou GB, a ; GF ou GE, b ; GM, c ; CG, d ; GI, x ; IK, y : ainsi IB sera $a+x$, & AI $a-x$, & nous ferons voir que AI×IB ($aa-xx$). $\overline{IK}^2$ (yy) :: $\overline{AG}^2$ (aa) $\overline{GF}^2$ (bb).

DÉMONSTRATION.

Les triangles semblables BGM & BID donnent BG (a). GM (c) :: BI ($a+x$). ID $\left(\frac{ac+xc}{a}\right)$, & les triangles CAG & LAI étant aussi semblables, donneront encore AG (a). GC (d) :: AI ($a-x$) LI $\left(\frac{ad-xd}{a}\right)$. & multipliant LI $\left(\frac{ad-xd}{a}\right)$ par ID $\left(\frac{ac+xc}{a}\right)$, l'on aura $\frac{aacd-xxcd}{aa}$ pour le produit, qui est égal au quarré de IK par la proprieté du cercle ; d'où l'on tire cette équation $\frac{aacd-xxcd}{aa} = yy$: & si à la place de CG×GM (cd) l'on met $\overline{GF}^2$ (bb) dans le premier membre de l'équation, l'on aura $\frac{aabb-xxbb}{aa} = yy$, en faisant évanouir la fraction ; c'est-à-dire, multipliant yy par aa, l'on aura cette derniere équation $aabb - xxbb = aayy$; d'où l'on tire cette proportion * AI×IB ($aa-xx$). $\overline{IK}^2$ (yy) :: $\overline{AG}^2$ (aa). $\overline{GF}^2$ (bb). C. Q. F. D.

* Art. 175.

PROPOSITION VII.

Théoreme.

456. *Si l'on coupe un Cylindre par un plan obliquement à* Fig. 165. *la base, je dis que la section sera une Ellipse.*

Pour être convaincu que la section BEAF du Cylindre Y est une Ellipse, il ne faut que lire la démonstration du Théoreme précedent, & par tout où il y aura le nom de Cone, il faudra y supposer celui de Cylindre, la démonstration étant la même.

PROPOSITION VIII.

Problême.

457. *Deux axes conjuguez AB & CD d'une Ellipse* Fig. 166. *étant donnez, la décrire par un mouvement continu.*

Il faut du point C comme centre, & d'un intervalle égal à la moitié du plus grand axe AI, décrire un arc de cercle qui vienne couper l'axe AB aux points E & F, que l'on nomme *foyers*. Ensuite il faut avoir un fil de la longueur du même axe AB, dont on attachera les extrémitez aux points E & F, en se servant d'un stile G pour tenir le fil tendu, l'on ira du point A au point D, & du point D au point B, pour décrire avec le bout du stile la demi Ellipse ADB; & faisant passer le stile de l'autre côté de l'axe AB, l'on décrira de la même façon avec le stile G l'autre moitié de l'Ellipse ACB.

L'Ellipse, de la maniere qu'on vient de la tracer, a les mêmes proprietez que celles que nous avons vû ci-devant; mais comme la démonstration dépend de plusieurs choses, dont nous n'avons pas parlé dans ce Chapitre. Si on desire la sçavoir, on la trouvera dans le second Livre des Sections Coniques de M. le Marquis de l'Hôpital.

PROPOSITION IX.

Problême.

Fig. 163. 458. *Trouver le centre & les deux axes conjuguez d'une Ellipse donnée.*

* Art. 452. Tirez les lignes AB & CD parallelles, que vous diviserez chacune en deux également aux points E & F, pour avoir les ordonnées du diamétre GH *, qui passant par les points E & F, passera aussi par le centre de l'Ellipse : ainsi en divisant la ligne GH en deux également au point I, ce point sera le centre de l'Ellipse, duquel décrivant l'arc GL, on aura deux points G & L également éloignez du centre, qui serviront pour faire la section M, par laquelle, aussi-bien que par le point I, tirant une ligne, on aura le grand axe NO.

Pour trouver le petit axe, il n'y a qu'à faire passer par le point I une ligne droite, qui fasse avec NO quatre angles droits.

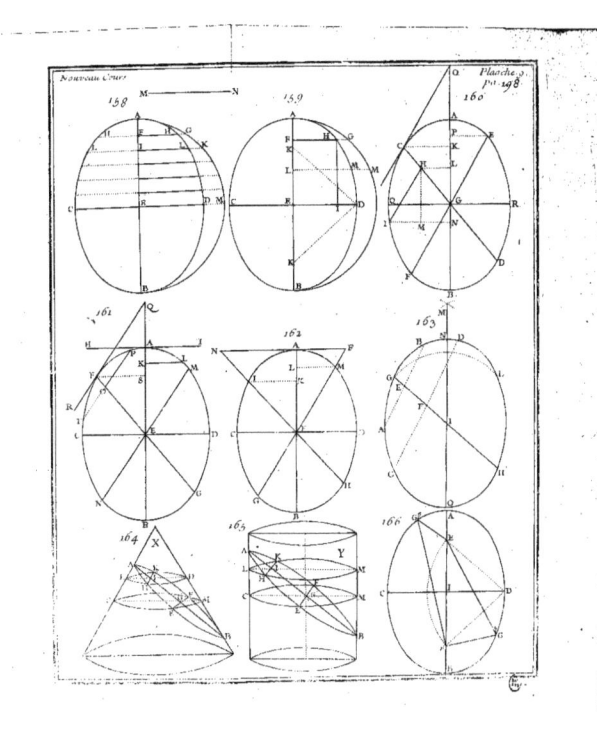

CHAPITRE III.

Qui traite de l'Hyperbole.

DÉFINITIONS.

459. Ayant tiré sur un plan deux lignes inégales AB & DE, en sorte qu'elles se coupent à angles droits par le milieu au point C, l'on élevera la perpendiculaire BS à l'extrêmité B; & après avoir prolongé AB par cette extrêmité vers O & P, l'on prendra dans la ligne BO une quantité de parties égales, telles que BG, GL, pour du point C comme centre décrire les demi-cercles GQI, LRK, &c. Ensuite l'on cherchera aux lignes AB, DE, BF, une quatriéme proportionnelle GH, que l'on élevera perpendiculaire sur le point G, & aux lignes AB, DE, BN, l'on cherchera encore une quatriéme proportionnelle LM, qu'on élevera perpendiculaire au point L. Et si l'on continue de même à trouver une quantité de points, tels que H, M, la courbe que l'on fera passer par tous ces points sera nommée *Hyperbole*.

PLAN-CHE 10.
Fig. 167.

460. Si dans le même tems l'on décrit deux Hyperboles, l'une à l'extrêmité A, & l'autre à l'extrêmité B, elles seront nommées *Hyperboles opposées*.

461. La ligne AB est nommée *premier Axe*, & la ligne DE *second Axe*, de chacune des deux Hyperboles opposées.

Les deux axes AB & DE sont appellez ensemble *conjuguez*, de sorte que le premier axe AB est dit *conjugué* au second DE, & reciproquement le second DE *conjugué* au premier AB.

462. Le point C, où se coupent les deux axes à angles droits, est nommé *Centre*.

Toutes lignes comme GH ou LM perpendiculaires au premier axe prolongé AB, sont appellées *Ordonnées* au premier axe AB; & toute ligne comme TV, menée perpendiculaire au second axe DE, & terminée par l'Hyperbole, est nommée *ordonnée* au second axe.

463. La ligne que l'on aura cherchée troisiéme proportionnelle aux deux axes, est nommée le *Paramétre de l'axe*, qui fait le premier terme de la proportion.

PROPOSITION PREMIERE.

Théoreme.

Fig. 167. 464. *Dans l'Hyperbole le rectangle des parties AG par BG de l'axe AB prolongé, est au quarré de l'ordonnée GH comme le quarré du grand axe AB est au quarré de son conjugué DE.*

Ayant nommé CA ou CB, a; CD ou CE, b; BF, c; les indéterminées CG ou CI, x; GH, y; BI sera $x+a$, & BG, $x-a$.

DÉMONSTRATION.

Par la construction de l'Hyperbole l'on a AB ($2a$). DE
* Art. 331. ($2b$) :: BF (c). GH (y). par conséquent * $4aa$. $4bb$ :: cc. yy.

Or si à la place de $\overline{BF}^2$ (cc), l'on met sa valeur IB×BG ou
* Art. 68. AG×BG ($xx-aa$). *, l'on aura $4aa$. $4bb$ :: $xx-aa$. yy.
ou bien AG×BG ($xx-aa$). $\overline{GH}^2$ (yy) :: $\overline{AB}^2$ ($4aa$), $\overline{DE}^2$ ($4bb$). C. Q. F. D.

COROLLAIRE.

465. Il suit de cette proposition que si l'on mene une ordonnée TV au second axe DE, que le quarré de cette ordonnée est au quarré TC, joint au quarré DC, moitié du second axe, comme le quarré de son conjugué AB est au quarré du même axe DE. Pour le prouver, considerez que TV=GC (x), & que TC=VG (y): or comme la proposition précedente donne $xx-aa$. yy :: $4aa$ $4bb$. nous en pouvons tirer cette équation $4aayy=4bbxx-4bbaa$; & faisant passer $4bbaa$ du second membre dans le premier,

DE MATHEMATIQUE. 201

premier, l'on aura $4aayy + 4bbaa = 4bbxx$; d'où l'on tire cette proportion * $\overline{TV}^2 (xx) . \overline{CT}^2 + \overline{CD}^2 (yy + bb) :: \overline{AB}^2$ *Art. 176. $(4aa) . \overline{DE}^2 (4bb)$.

REMARQUE.

466. Comme l'on a trouvé dans le Corollaire précedent cette équation $4aayy = 4bbxx - 4bbaa$, l'on voit qu'en effaçant 4, & divisant par aa, l'on aura $yy = \frac{bbxx}{aa} - bb$, qui est une équation dont nous aurons besoin dans la suite.

DEFINITION.

467. Si par l'extrêmité B l'on mene une ligne droite   Fig. 168. FG parallele au second axe DE, ensorte que BF ou BG soient chacunes égales à la moitié du même axe, & que du centre C l'on tire par les extrêmités F & G les lignes CF & CG, prolongées indéfiniment, ces lignes seront nommées les *assymptotes* de l'Hyperbole LBM, & si on les prolonge indéfiniment de l'autre côté du centre, elles deviendront *assymptotes* de l'autre Hyperbole opposée.

PROPOSITION II.

Théoreme.

468. *Si l'on mene une ligne droite HI parallele au second*   Fig. 168. *axe DE, en sorte qu'elle coupe une des Hyperboles, & qu'elle soit terminée par les assymptotes, je dis que le rectangle de HK par KI sera égal au quarré de DG ou FB, moitié du second axe DE.*

Ayant nommé CB, a ; CD ou BF, b ; les indeterminées CP, x ; PK, y ; il faut prouver que $\overline{DC}^2$ ou $\overline{FB}^2 =$ KH × KI.

Cc

DÉMONSTRATION.

Considerez que les triangles semblables CBF & CPH donnent CB (a). BF (b) :: CP (x). PH $(\frac{bx}{a})$. Ainsi l'on aura HP — KP $(\frac{bx}{a} — y)$ = KH, & PI + PK $(\frac{bx}{a}) + y$ = KI. Or multipliant KH par KI, il viendra $\frac{bbxx}{aa} — yy$ = KH×KI; & mettant à la place de yy sa valeur, qui est $\frac{bbxx}{aa} — bb$ *, l'on aura $\frac{bbxx}{aa} — \frac{bbxx}{aa} + bb$ = KH × KI, ou bien $\overline{FB}^2$ (bb) = KH × KI.

COROLLAIRE.

469. Il s'ensuit que si l'on mene des lignes TS & QR paralleles au second axe DE, & terminées par les asymptotes que les rectangles TO × OS, HK × KI, & QL × LR, sont égaux entr'eux; puisque chacun est égal au quarré de FB. D'où l'on peut conclure que OS. HK :: KI. OT, & que HK. QL :: LR. KI.

PROPOSITION III.

Théoreme.

Fig. 168.

470. *Si l'on mene par deux points quelconques K & O de deux Hyperboles opposées deux lignes droites VX & YZ paralleles entr'elles, & terminées par les asymptotes, je dis que le rectangle de VO par OX sera égal à celui de YK par KZ.*

DÉMONSTRATION.

Pour le démontrer, tirez par les points O & K les lignes TS & HI paralleles au second axe DE pour avoir les triangles semblables OSX, YHK, OTV, & KZI; d'où * Art. 469. l'on tire OS. KH :: OX. KY. & KI. OT :: KZ. OV. mais* les deux premiers termes OS, KH & KI, OT, donnent

OS.KH::KI.OT. les deux derniers donneront OX.KY::
KZ. OV. par conséquent OX×OV=KI×KZ. *C. Q. F. D.*

PROPOSITION IV.

Théoreme.

471. *Si l'on mene par deux points quelconques A & C* Fig. 169.
d'une Hyperbole, ou des Hyperboles opposées, deux lignes droites AB & CD paralleles entr'elles, & deux autres AE & CF aussi paralleles, & terminées par les asymptotes, je dis que le rectangle AE par AB sera égal à celui de CF par CD.

DEMONSTRATION.

Pour le prouver, menez par les points A & C les lignes GH & IK paralleles entr'elles, & considerez que les triangles semblables GEA, IFC, & ABH, CDK donnent GA.IC::EA.FC.& CK.AH::CD.AB. Mais nous avons aussi * GA, IC::CK.AH. Donc EA.FC::CD.AB. Par   * Art. 469.
conséquent AE×AB=FC×CD. *C. Q. F. D.*

COROLLAIRE I.

472. Il suit de cette proposition que si l'on mene par Fig. 169.
des points quelconques A, C, pris sur une Hyperbole, ou des Hyperboles opposées des lignes AP, CO, & AE, CF, paralleles aux asymptotes opposées, que les rectangles AE×AP, & CF×CO seront égaux entr'eux.

COROLLAIRE II.

473. Comme le point L est un des points de l'Hyperbole, il s'ensuit que menant les lignes LM & LN paralleles aux asymptotes opposées, l'on aura encore LM×LN=AE×AP, ou LM×LN=CF×CO. Mais comme LM×LN n'est autre chose que le quarré de LM, on voit que nommant LM, a; AP, x; AE, y; on aura toûjours AP×AE, ou CF×CO (xy) = $\overline{LM}^2$ (aa) qui est une équation qui fait

Cc ij

voir parfaitement la proprieté de l'Hyperbole avec ses asymptotes, & qui en détermine tous les points.

PROPOSITION V.
Problême.

Fig. 171.   474. *Par un point donné mener une Tangente à une Hyperbole, dont les asymptotes sont donnés.*

Pour mener une Tangente à une Hyperbole par le point donné A, il faut de ce point mener la ligne AB parallele à l'asymptote opposée EF, faire la partie BD égale à BE; & tirer la ligne DAC, qui sera tangente, puisqu'elle ne touche l'Hyperbole qu'au seul point A; car à cause des triangles semblables DCE, DAB; l'on voit que AC est égal à AD; par conséquent si l'on vouloit qu'elle la touchât encore au point H. Cela ne se pourroit sans que HD ne soit égal à AC ou à AD. Or comme cela est impossible, puisque, selon cette supposition, il faudroit que la partie HD fut aussi grande que son tout AD : il s'ensuit donc que DAC ne touche l'Hyperbole qu'au seul point A. *C. Q. F. D.*

COROLLAIRE.

475. Comme il n'y a que la seule ligne CD qui étant terminée par les asymptotes, soit coupée en deux également au point A, il s'ensuit que si une ligne droite CD, terminée par les asymptotes d'une Hyperbole est tangente au point A, où elle feroit coupée par une ligne IK, que cette ligne la divisera en deux parties égales AC & AD.

DEFINITIONS.

Fig. 170.   476. Si l'on a deux diamétres AB & CD, dont l'un, tel que CD, soit parallele à la tangente FG, qui passe par l'extrémité A ou B, & de plus terminé en C & en D par les lignes BD & BC, menées par le point d'attouchement B, parallele aux asymptotes opposées : ces deux diamétres AB & CD sont appellés ensemble *conjuguez*.

477. Si du point H d'une Hyperbole l'on mene une ligne HK parallele au diamétre CD, & terminée par l'autre AB, elle sera nommée *ordonnée* au diamétre AB.

PROPOSITION VI.

Théoreme.

478. *Le Quarré d'une ordonnée quelconque HK mené parallele à une Tangente FG, est au rectangle de AK par KB, comme le Quarré du diamétre CD est au Quarré de son conjugué AB.* Fig. 170.

Ayant mené par l'une des extrêmités B du diamétre AB une parallele FG au diamétre CD terminé par les asymptotes, elle sera tangente au point B, & par conséquent divisée en deux également par le Corollaire précedent : c'est pourquoi si l'on prolonge la ligne HI jusqu'aux asymptotes, les points L & M seront également éloignés du point K. Cela posé, nous nommerons EB ou EA, a; EC, ou DE, ou BF, ou BG, b; les indéterminées EK, x; & KH ou KI, y; par conséquent BK sera $x-a$, & AK sera $x+a$.

DÉMONSTRATION.

Considerez que les triangles semblables EBF ou EKL, donnent EB (a). BF (b) :: EK (x). KL $\left(\frac{bx}{a}\right)$. Ainsi LH, ou autrement LK — HK sera $\frac{bx}{a} - y$, & HM sera $\frac{bx}{a} + y$. Or si l'on multiplie LH par HM, l'on aura LH × HM $\left(\frac{bbxx}{aa} - yy\right) = \overline{FB}^2 (bb)$ *, qui étant délivré de fractions, donne $bbxx - aayy = aabb$; & faisant passer $aayy$ du premier membre dans le second, & $aabb$ du second dans le premier, l'on aura $bbxx - aabb = aayy$; d'où l'on tire cette proportion * $xx - aa . yy :: aa . bb$. c'est-à-dire, que AK × KB. $\overline{KH}^2 :: \overline{EB}^2 . \overline{CE}^2$. ou :: $\overline{AB}^2 . \overline{CD}^2$. *C. Q. F. D.* *Art. 468. *Art. 176.

COROLLAIRE.

479. Il fuit que ce que l'on a demontré dans la premiere propofition à l'égard des deux axes d'une Hyperbole s'étend par celle-ci, a deux diamétres conjugués quelconques AB & CD, auffi-bien que toutes les autres proprietés que l'on a démontrées d'une Hyperbole avec fes afymptotes: car pour s'en convaincre, il ne faut que lire de nouveau les art. précedens, & mettre diamétre par tout où il y aura axe ; car tout fubfiftera également, foit que l'angle CEB foit droit, ou non.

PROPOSITION VII.
Théoreme.

Fig. 172. 480. *Si l'on coupe un Cone droit ABC par un plan parallele à l'axe BQ, je dis que la courbe FHDKG fera une Hyperbole.*

Ayant prolongé les côtés CB du Cone jufqu'en P, en forte que BP foit égal à BD, la ligne PD fera le premier axe de l'Hyperbole, & la ligne BN tirée du point B perpendiculaire fur le milieu de la ligne PD, fera la moitié du fecond axe ; tellement que faifant NO=NB, OB fera le fecond axe. Ayant nommé les données NP ou ND, a; NO ou NB, b; les indéterminées NI, x; IK, y; DI fera $x-a$; & PI $x+a$: nous ferons voir que PI×DI $(xx-aa)$. $\overline{IK}^2 (yy) :: \overline{PD}^2 (4aa) . \overline{OB}^2 (4bb)$.

DEMONSTRATION.

Confiderez que les triangles femblables PNB, PIM, & DNB, DIL, donnent PN (a). NB $(b) ::$ PI $(x+a)$ IM $\left(\frac{bx+ba}{a}\right)$. & DN (a). NB $(b) ::$ DI $(x-a$. IL $\left(\frac{bx-ba}{a}\right)$. Or fi l'on multiplie les valeurs de IM & IL l'une par l'autre, le produit sera égal à $\overline{IK}^2$ par la proprieté du cercle. Ainsi on pourra en former cette équation $IM \times IL$ $\left(\frac{bbxx - bbaa}{aa}\right) = \overline{IK}^2(yy)$; & si l'on multiplie le second membre par le diviseur du premier, pour faire évanouir la fraction, l'on aura cette équation $bbxx - bbaa = yyaa$, laquelle étant réduite en proportion *, donnera $xx - aa$. *Art. 176. $yy :: aa . bb$. ou bien $PI \times DI (xx - aa) . \overline{IK}^2 (yy) :: \overline{PD}^2 (4aa) . \overline{OP}^2 (4bb)$ C. Q. F. D.

AVERTISSEMENT.

Nous ne parlerons point des différentes manieres de tracer l'Hyperbole, parce que cette courbe n'a gueres lieu dans la Geométrie Pratique : c'est pourquoi l'on pourra passer legerement sur ce Chapitre, pour s'attacher au Problême suivant, dont nous avons déja fait mention dans la Remarque qui suit l'art. 397.

PROPOSITION VIII.

Problême.

481. *Trouver deux moyennes proportionnelles entre deux lignes données.* PLANCHE II. Fig. 173.

Pour trouver entre deux lignes données M & N deux moyennes proportionnelles, je regarde la ligne AB comme étant la ligne M, & la ligne AD comme étant la ligne N. Cela posé, je divise en deux également la ligne AD, & j'éleve sur le point du milieu la perpendiculaire GH égale à la moitié de la plus grande AB, & de l'extrêmité G je décris un cercle de l'intervalle GA, & puis je décris une Parabole avec la ligne AD, qui doit servir de parametre, & la Parabole ayant rencontré la circonference du cercle au point C ; j'abaisse une perpendiculaire du point C sur la ligne AB, & je dis que les lignes CE & AE font moyennes proportionnelles entre les deux données AB & AD.

Nous nommerons AD, a; CE, y; AE, x; FE, z; ainsi DE sera $x-a$: or comme l'on voit qu'ayant abaissé la perpendiculaire GI, l'on a CE+EF $(y+z)$=AB. Il faut donc prouver que $a.y::y, x::x, y+z$.

DEMONSTRATION.

* Art. 410. La proprieté de la Parabole donne * $a.y::y.x$. & celle du
* Art. 286. Cercle * $x.y::z. x-a$. d'où l'on tire ces deux équations $yy=ax$, & $xx-xa=yz$, ou bien $xx=yz+xa$, & mettant yy à la place de ax, l'on aura $xx=yz+yy$; d'où l'on tire cette proportion $y.x::x.y+z$. Or si l'on joint les deux derniers termes de cette proportion aux deux derniers de la suivante $a.y::y.x$. l'on aura $a.y::y, x::x, y+z$. C. Q. F. D.

Fin de la premiere Partie.

NOUVEAU

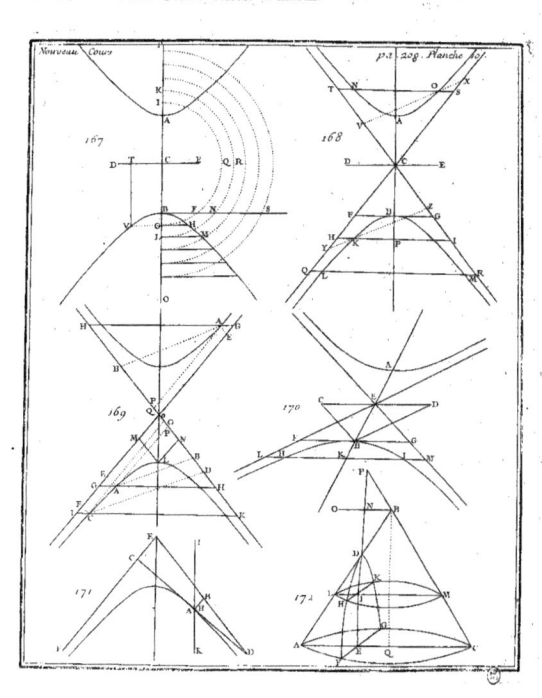

Addition à la premiere Partie.

AVERTISSEMENT.

Quand on est né avec le goût des Mathematiques, l'on ne s'en tient gueres à la lecture des simples Elemens; il suffit qu'ils nous ayent montré qu'on peut aller beaucoup plus loin pour desirer des Livres qui nous apprennent des choses nouvelles; car ceux qui ont l'esprit géométre, cherchent à se le nourrir des vérités d'une Science qu'il est difficile de connoître sans l'aimer. L'on cherche, l'on s'informe quels sont les bons Livres de Mathematiques qu'on n'a pas vûs; mais souvent à qui s'en informer? Sera-ce à ces personnes qui se contentent de la simple Pratique, & qui n'ayant point, ou très-peu de Theorie, méprisent tout ce qu'ils ne sçavent pas, détournent même les autres d'aller trop avant, crainte qu'on ne vienne à découvrir leur ignorance. Comme c'est ordinairement la situation de la plûpart des personnes qui s'appliquent aux Mathematiques dans les Provinces, où souvent elles ne peuvent être secondées, je leur ferai peut-être plaisir de rapporter ici une liste des meilleurs Ouvrages de Mathematique qu'ils pourront étudier. Au reste, je ne prétends parler que des principaux Livres qui ont été imprimés à Paris; car s'il falloit citer tous les bons qu'on a faits chez les Etrangers, & particulierement en Angleterre, il faudroit un Volume entier pour en faire le denombrement.

Comme ce que j'ai donné d'Algebre dans mes Elemens de Géométrie, ne suffit pas pour en sçavoir parfaitement toutes les opérations, l'on pourra avoir recours au Livre de *la Science du Calcul* du R. P. Reyneau. Cet Ouvrage sert d'introduction à un autre du même Auteur, qui a pour titre : *L'Analyse démontrée*, qui est ce que nous avons de meilleur sur l'Algebre; ce Livre est en deux vol. *in-4°*. Dans le premier on enseigne la résolution des Problêmes qui se réduisent à des équations simples & composées; ce qui est uniquement l'objet de l'Analyse; & dans le second l'on trouve les nouveaux Calculs, c'est-à-dire, le Calcul *differentiel*, & le Calcul *integral*, qui eft une autre forte d'Algebre, & ces Calculs font enfuite appliqués à la réfolution d'un grand nombre de Problêmes Phyfico-Mathematiques, qui font voir la beauté de ces Calculs, & une partie des belles découvertes qu'on a faites dans ces derniers tems; & c'eft dans cet Ouvrage que l'on connoît mieux que dans tout autre la fecondité des Mathematiques.

L'on peut voir après cela l'excellent Livre des *Infiniment petits* de M. le Marquis de l'Hôpital, qui traite uniquement du Calcul *differentiel* appliqué à la Géométrie *des Courbes*. Cet Ouvrage eft le plus beau morceau que nous ayons en France fur les Mathematiques; & comme il eft un peu abftrait, on pourra avoir recours au *Commentaire* qu'en a donné depuis peu M. de Croufas, qui fervira beaucoup à foulager les Commençans.

Quoique j'aye déja parlé du Traité *des Sections Coniques* de M. de l'Hôpital, je crois devoir recommander encore une fois aux commençans d'étudier férieufement cet Ouvrage, s'ils ont envie de faire du progrès, & de le lire même immédiatement après qu'ils auront étudié le premier Tome de l'Analyfe demontrée, parce qu'ils s'y fortifieront, & auront l'efprit plus difpofé à voir enfuite le fecond Tome de l'Analyfe.

Il y a auffi un Livre de M. Carré fur le *Calcul integral*, qui eft une application de ce Calcul à la mefure des furfaces, des folides, & à la maniere de trouver leur centre de gravité, &c. qu'il eft bon auffi de fçavoir, pour connoître l'ufage de ce Calcul.

Quoique je n'aye eu deffein que de parler des meilleurs Livres d'Algebre, en voici cependant encore deux qu'on ne peut guéres fe difpenfer d'avoir; c'eft la *Nouvelle Mécanique* de M. Varignon: Ouvrage dont le nom de l'Auteur fuffit pour en juger favorablement; & les *Oeuvres de M. Mariotte*, de l'Edition de Hollande, *in-*4°.

Si aux Livres précedens l'on joint les *Mémoires de l'Académie des Sciences*, l'on aura de quoi s'appliquer utilement.

DISCOURS

SUR LA TRIGONOMETRIE
& le Nivellement.

DE toutes les Parties des Mathematiques, il n'y en a point que les Commençans étudient plus volontiers que la Trigonometrie, parce qu'elle presente à l'esprit des Problêmes fort curieux, dont la solution est aisée, n'ayant besoin que du simple Calcul de l'Arithmetique. Cependant il faut se rendre bien familieres les analogies de ce Calcul, afin d'en placer les termes à propos ; car la Trigonometrie est d'un si grand usage dans le métier de la Guerre, qu'un homme qui est chargé des moindres choses dans le Genie, ou dans l'Artillerie, ne peut absolument l'ignorer ; puisque si l'on veut conduire quelque galerie de Mines, jetter des Bombes avec regles, calculer les parties d'une Fortification reguliere pour la tracer sur le terrain, lever un Camp, une Carte, le Plan d'une Tranchée, orienter des Batteries, il faut necessairement avoir recours à la Trigonometrie.

Et pour dire un mot du Traité que j'en donne ici, l'on sçaura que je ne parle que des Triangles rectilignes, parce que ceux qu'on nomme Spheriques, à cause qu'ils sont formés par des cercles de la Sphere, ne sont d'aucune utilité à un homme de Guerre, auquel il ne faut apprendre que les choses necessaires, crainte de le rebuter, en voulant lui fatiguer la memoire par celles qui sont purement curieuses, ou dont l'usage ne se rencontre point dans les choses de son ministere. J'ai fait ensorte d'éviter ce defaut, particulierement dans ce petit Traité, que j'ai tâché de rendre le plus clair & le plus interessant qu'il m'a été possible, en appliquant la Trigonometrie à quantité d'operations, qui feront plaisir à ceux qui n'aiment point à s'appliquer, sans voir dans le moment l'usage des Propositions qu'ils apprennent.

Comme en mesurant la distance d'un lieu à un autre, il ar-

D d ij

rive quelquefois qu'on est obligé d'en connoître auſſi les différentes hauteurs par rapport au centre de la Terre, il ſemble que le Nivellement eſt une partie des Mathematiques qui doit ſuivre immediatement la Trigonometrie : auſſi ai-je obſervé cet ordre, puiſqu'après la Trigonometrie l'on trouvera un Traité du Nivellement, où l'on fait voir l'uſage du Niveau d'eau, & celui d'un autre Niveau, pour niveler des grandes diſtances ; ces Inſtrumens ſont d'un ſi grand uſage dans la Pratique, qu'on ne ſçauroit trop engager ceux qui peuvent ſe trouver dans le cas de s'en ſervir, de s'appliquer à ce que l'on verra dans la ſuite ſur ce ſujet. Tout le monde ſçait que quand on veut faire un Canal de Navigation, joindre une Riviere avec une autre, conduire des eaux aux endroits où il en manque, les projets de ces ſortes de choſes ne peuvent avoir lieu, ſans avoir fait auparavant des Nivellemens fort exacts ; & c'eſt-là particulierement où la Théorie & la Pratique doivent travailler de concert. Combien de grands ouvrages n'a-t-on pas executés depuis qu'on a ſçû reduire à des principes l'art du Nivellement ? Auroit-on oſé tenter autrefois un travail auſſi admirable que celui de la jonction des deux Mers ? Toute la magnificence des Anciens a-t'elle jamais été juſqu'à faire naître des Jets d'eau dans des lieux fort éloignés de tous reſervoirs ? Et ſi cela s'eſt fait, étoit-on ſûr de la réuſſite avant l'execution ? Combien eſt-il arrivé de fois qu'après avoir commencé un grand projet, on s'eſt apperçû trop tard, & après de grandes dépenſes, de l'impoſſibilité du deſſein, au lieu qu'à preſent on trouve avec toute l'exactitude poſſible la difference du Niveau de pluſieurs endroits, lorſqu'on entend bien le Nivellement, & l'on ſçait ſi le projet qu'on a en vûë, eſt poſſible, ou non ; s'il faut des Ecluſes, à quelle diſtance il faut les conſtruire ; enfin on eſt en état de ne rien craindre du ſuccès d'une grande entrepriſe, ſi après en avoir fait le Nivellement, l'on a reconnu le projet poſſible.

NOUVEAU COURS DE MATHEMATIQUE.

SECONDE PARTIE.

Qui traite de la Trigonometrie rectiligne.

DEFINITIONS.

I.

482. LA *Trigonometrie* est une partie de la Géometrie, par le moyen de laquelle trois choses étant données ou connues dans un triangle, l'on vient à la connoissance du reste.

II.

483. Comme l'on ne parvient à trouver ce que l'on cherche dans la Trigonometrie que par le Calcul ordinaire de l'Arithmetique, l'on se sert de certaines Tables dressées pour ce sujet, qu'on appelle *Tables des Sinus, Tangentes, Secantes*, dont je donnerai l'usage seulement, sans en enseigner la construction, que l'on trouvera dans plusieurs Livres, ne voulant parler que des choses qu'il faut absolument sçavoir.

III.

484. Nous avons six choses à considerer dans un triangle ; sçavoir, les trois côtés & les trois angles, sans s'embarrasser de la superficie : & comme il y a trois de ces six termes, qui peuvent être donnés pour arriver à

la connoiffance des autres, il faut toujours que ce foit deux angles & un côté, ou un angle & deux côtés, ou bien enfin les trois côtés ; car les trois angles ne fuffifent pas pour connoître la valeur des trois côtés, parce qu'on peut former deux triangles, tels que les angles de l'un foient égaux aux angles de l'autre, chacun à fon correfpondant, fans que pour cela les côtés du premier foient égaux à ceux du fecond. Il eft bien vrai qu'on peut trouver la proportion de ces côtés, mais non pas leur jufte valeur.

IV.

485. Nous avons déja dit que la mefure d'un angle n'étoit autre chofe que la quantité de degrés, ou de degrés & de minutes, que l'arc terminé par les lignes qui forment cet angle peut contenir. Mais comme cette mefure eft relative dans la Trigonometrie à certaines lignes, qui en font le principal objet, voici leurs noms.

V.

PLAN-CHE II. Fig. 174.

486. *Sinus droit* d'un arc, ou d'un angle dont cet arc eft la mefure, eft une ligne droite, qui étant tirée d'une extrémité de l'arc, où eft rencontré un des côtés, vient tomber perpendiculairement fur l'autre côté. Ainfi la ligne FH tirée de l'extrémité F de l'arc FB perpendiculaire fur le côté BC, eft le finus de l'angle FCB.

COROLLAIRE I.

* Art. 265.

487. Si l'on prolonge la ligne FH jufqu'en G, le rayon CB étant perpendiculaire fur la ligne FG, la divifera en deux également au point H *, auffi-bien que l'arc FBG ; & comme la ligne FG eft la corde de cet arc, & que la ligne FH eft le finus de l'arc FB, il s'enfuit que le finus d'un arc eft la moitié de la corde d'un arc double.

COROLLAIRE II.

488. Comme plus l'angle FCB fera ouvert, & plus le finus FH fera grand; il s'enfuit que lorfque le rayon CF fera perpendiculaire fur AB, comme eft le côté CI le finus FH, & le côté CF, fe joindront pour ne faire qu'une feule ligne CI, & que dans ce cas le finus de l'angle droit ICH fera le rayon même du cercle : ce qui fait voir que l'angle droit a le plus grand de tous les finus, que l'on nomme à caufe de cela *Sinus total*.

REMARQUE.

489. Le finus de l'angle droit n'étant autre chofe que le rayon du cercle dont l'angle tire fa mefure, nous nommerons dans la fuite le rayon CB *Sinus total*.

VI.

490. *Sinus verfe* d'un arc ou de l'angle dont cet arc eft la mefure, eft la partie du rayon comprife entre le finus droit & l'extrêmité de cet arc ; ainfi la ligne droite, ou partie BH de rayon, eft finus verfé de l'arc FB ou de l'angle FCB, dont cet arc eft la mefure.

VII.

491. *Tangente* d'un arc, ou d'un angle dont cet arc eft la mefure, eft une ligne perpendiculaire fur l'extrêmité d'un des côtés de l'angle, & terminée par l'autre côté prolongé ; ainfi la ligne BE perpendiculaire à l'extrêmité B du côté CB, & terminée par la rencontre du côté CF prolongé jufqu'en E, eft la tangente de l'angle FCB.

VIII.

492. *Secante* d'un arc ou d'un angle, dont cet arc eft la mefure, n'eft autre chofe que le côté de l'angle prolongé, qui termine la Tangente ; ainfi la ligne CE eft fecante de l'angle FCB.

493. Quand on a conſtruit les Tables des Sinus, l'on a ſuppoſé le rayon CB, ou autrement le ſinus total diviſé en 10000000 parties, & l'on a cherché combien le ſinus de chaque angle depuis une minute juſqu'à 90 degrés, pouvoit contenir de parties du ſinus total, afin de connoître les ſinus en nombre; & c'eſt ainſi que l'on a trouvé que le ſinus d'un angle de 20 degrés, par exemple, contenoit 3420202 de ces parties, que le ſinus de 55 degrés 10 minutes en contenoit 8208170 ; ainſi des autres qui en contiennent plus ou moins, ſelon que l'angle approche plus ou moins de la valeur d'un droit; & ce ſont tous ces differens ſinus que l'on trouve dans la ſeconde colonne des Tables ſur chacun des feuillets.

494. Comme une tangente telle que BE, augmente ou diminue, ſelon que l'angle ECB approche ou s'éloigne plus ou moins de l'angle droit, l'on a cherché auſſi la valeur des tangentes de tous les angles depuis celle d'une minute juſqu'à celle de 90 degrés, en conſidérant combien elle contenoit de parties du ſinus total, c'eſt-à-dire, de 10000000, & l'on en a compoſé la troiſiéme colonne des Tables, qui ſuit immediatement celle des ſinus ; de ſorte que l'on a trouvé à côté des ſinus de chaque angle la valeur de la tangente du même angle. Ainſi l'on verra que la tangente de 20 degrés eſt de 3639702, & que la tangente de 55 degrés 10 minutes eſt 14370268 parties du ſinus total diviſé en 10000000.

495. Enfin l'on a cherché auſſi la valeur de la ſecante de chaque angle que l'on a trouvé par le moyen du ſinus total & de la tangente; car comme une ſecante telle que CE, n'eſt autre choſe que l'hypotenuſe d'un triangle rectangle CBE, dont l'angle droit eſt compris par le ſinus total CB, & la tangente BE de l'angle, l'on a quarré le ſinus total CB, & la tangente BE pour avoir la racine quarrée de la ſomme de ces deux produits, qui donne la valeur de la ſecante ; & c'eſt ainſi que l'on a trouvé les ſecantes de tous les angles depuis une minute juſqu'à 90

degrés,

degrez, dont on a composé la troisiéme colonne qui se trouve dans les Tables.

496. Or quand l'on veut sçavoir quel est le Sinus, la Tangente, la Secante d'un angle, l'on considere d'abord combien la mesure de l'angle contient de degrez, ou de degrez & de minutes, & l'on cherche dans la Table le feüillet, où il y a marqué en haut le nombre de degrez de cet angle ; par exemple, si l'angle est de 15 degrez, je cherche la page où est le nombre 15 en haut, & je trouve dans la premiere ligne que le Sinus de 15 degrez est 2588190, que sa tangente est 2679492, & que la Secante est 10352762.

497. Mais comme les degrez de chaque page sont accompagnez d'un nombre de minutes, qui sont en progression Arithmétique depuis 1 jusqu'à 60, qui se trouvent dans une petite colonne, où il y a au commencement ce mot *Minute*, si l'on vouloit sçavoir le Sinus de 15 degrez 24 minutes, je cherche d'abord, comme ci-devant, la page où il y a 15 degrez en haut, & je descends jusqu'à l'endroit de la colonne des minutes, où 24 se trouve marqué, & je prends le Sinus qui lui correspond, qui est de 2655561.

498. Comme le Sinus total, ou autrement le côté CB, Fig. 175. devient le côté commun de tous les angles, puisqu'il n'y a que l'autre côté CF qui varie pour faire l'angle plus ou moins ouvert : il est à remarquer que le Sinus total, la Tangente & la Secante d'un angle peuvent toûjours former les côtez d'un triangle rectangle, dont la grandeur est indéterminée, parce qu'il n'est question que de la proportion de ces côtez avec ceux d'un autre triangle qui lui seroit semblable ; & pour faire voir ceci plus clairement, considerez le triangle rectangle CEF, si du point C l'on décrit l'arc BD, qui sera, par exemple, de 35 degrez, & qu'on éleve au point B la perpendiculaire BA, l'on aura le triangle rectangle CBA, dont le côté CB pourra être pris pour le Sinus total, le côté AB pour la Tangente de l'angle C, & le côté CA pour la Secante du

même angle ; mais tous les côtez de ce triangle font connus : car le côté CB étant le Sinus total, fera de 10000000, le côté BA étant la Tangente d'un angle de 35 degrez, fera de 7002075, & le côté CA étant la Secante, fera par conſequent 12207746, & c'eſt par le moyen de ces triangles qu'on va réſoudre les Problêmes ſuivans.

REMARQUE.

499. L'on a diviſé, pour conſtruire les Tables, le Sinus total en un grand nombre de parties, afin que dans les diviſions que les operations demandent, l'on puiſſe négliger les reſtes, quand ils ſont compoſez de ces petites parties ; mais comme dans la pratique ordinaire de la Géométrie l'on peut ſe diſpenſer d'entrer dans une ſi grande exactitude, l'on pourra, au lieu de ſuppoſer que le Sinus total eſt diviſé en 10000000, le ſuppoſer ſeulement en 100000 ; & pour lors il faudra, au lieu de prendre toutes les figures qui ſont dans les colonnes des Sinus, des Tangentes & Secantes, prendre ſeulement les premieres, & négliger les deux dernieres, que l'on voit ſéparées à droite par un petit point, c'eſt-à-dire, que pour la Tangente de 30 degrez, au lieu de prendre 57735:03, on ne prendra que 57735 ; & c'eſt de cette façon que ſeront faits tous les Calculs que l'on verra dans la ſuite.

CALCUL DES TRIANGLES
Rectangles.

PROPOSITION PREMIERE.
Problême.

Fig. 176. 500. *Dans un Triangle rectangle ADE, dont on connoît un angle aigu A, & le côté AD, trouver le côté DE oppoſé à l'angle aigu.*

Suppoſant que l'Angle A ſoit de 30 degrez, & le côté AD de 20 toiſes, il faut chercher dans la Table la Tangente de 30 degrez, que l'on trouvera de 57735, & confiderer que les triangles ABC & ADE étant femblables, l'on a AB. BC :: AD. DE. qui nous fournit cette Regle, fi AB, qui eft le Sinus total de 100000, donne la Tangente BC de 57735, que donnera le côté AD de 20 toifes pour le côté DE, que l'on trouvera de 11 toifes 3 pieds & quelques pouces.

PROPOSITION II.

Problême.

501. *Connoiſſant dans un Triangle rectangle ADE, un angle aigu A de 30 degrez, & le côté AD de 20 toifes, trouver l'hypotenufe AE.* Fig. 176.

Il faut chercher la Secante de 30 degrez, qui eft 115470, & confiderer que le triangle ABC étant femblable au triangle ADE, AB. AC :: AD. AE. d'où l'on tire cette Regle, fi AB, qui eft le Sinus total de 100000, m'a donné 115470 pour la Secante AC, qui me donnera le côté AD de 20 toifes pour le côté AE, que l'on trouvera de 23 toifes & quelques pouces.

PROPOSITION III.

Problême.

502. *Dans un Triangle rectangle ABC dont on connoît un angle aigu A, & le côté BC oppofé à cet angle, trouver le côté AB oppofé à l'autre angle aigu C.* Fig. 177.

Si l'angle aigu A eft de 40 degrez, & le côté CB de 25 toifes, il faut chercher la Tangente de 40 degrez, qui eft 83909, & confiderer que les triangles AED & ABC étant femblables, l'on a DE. EA :: CB. BA. d'où l'on tire cette Regle, comme la Tangente DE de 83909 eft au côté EA Sinus total de 100000; ainfi le côté CB de 25 toifes eft au côté BA, que l'on trouvera de 29 toifes & quelque chofe.

503. Autrement comme l'angle A eft de 40 degrez, Fig. 178.

si l'on retranche ce nombre de 90; l'on aura 50 degrez pour l'angle C; & comme les triangles CED & CBA font semblables, l'on pourra, en cherchant la Tangente de l'angle C, dire, comme le côté CE, qui est le sinus total, est au côté ED, qui est la Tangente; ainsi le côté CB de 25 toises, est au côté BA, que l'on trouvera encore de 29 toises & quelque chose.

PROPOSITION IV.
Problême.

Fig. 179. 504. *Dans un Triangle rectangle ABC, dont on connoît les deux côtez AB & BC, qui comprennent l'angle droit, trouver l'angle aigu A.*

Supposant que le côté AB soit de 16 toises, & le côté BC de 14, remarquez que les triangles ADE & ABC étant semblables, AB. BC :: AD. DE. d'où l'on tire cette Regle, si le côté AB de 16 toises, donne le côté BC de 14, que donnera 100000, qui est le côté AD pour le côté DE, qui est la Tangente de l'angle A, que l'on trouvera de 875,000; & cherchant le nombre le plus approchant de celui-là dans la colonne des Tangentes, l'on trouvera qu'il correspond à 41 degrez & 12 minutes, qui est la valeur de l'angle A.

PROPOSITION V.
Problême.

Fig. 180. 505. *Dans un Triangle rectangle ABC, où l'on connoît deux côtez AB & AC, qui comprennent un angle aigu A, trouver la valeur de cet angle.*

Supposant le côté AB de 35 toises, & le côté AC de 40, l'on aura, à cause des triangles semblables ADE & ABC, AB. AC :: AD. AE. d'où l'on tire cette Regle, si le côté AB de 35 toises donne 40 toises pour le côté AC que donnera le Sinus total AD de 100000 pour la Secante AE de l'angle A, que l'on trouvera de 114285, &

ayant recours à la Table pour y chercher dans la colonne des Secantes le nombre qui approche le plus de celui-ci, on trouvera qu'il correfpond à 28 degrez 57 minutes, qui eft la valeur de l'angle A.

PROPOSITION VI.
Théoreme.

506. *Dans tous Triangles les Sinus des angles font dans la même raifon que leurs côtez oppofez.* Fig. 181.

Je dis que dans un triangle ABC il y a même raifon du Sinus de l'angle A à fon côté oppofé BC, que du Sinus de l'angle B à fon côté oppofé AC.

DÉMONSTRATION.

Ayant circonfcrit un cercle autour de ce triangle, on voit que l'angle A ayant pour mefure la moitié de l'arc BDC, la ligne BC fera la corde d'un arc double de celui qui mefure l'angle A, par conféquent la moitié de la ligne BC fera le Sinus de l'angle A*; & par la même raifon le Sinus de l'angle B fera la moitié de la ligne AC, comme le Sinus de l'angle C eft la moitié du côté AB; ainfi l'on aura donc $\frac{BC}{2}$. BC :: $\frac{AC}{2}$. AC. ou bien $\frac{AC}{2}$. AC :: $\frac{AB}{2}$. AB. *C. Q. F. D.*

* Art. 487.

PROPOSITION VII.
Théoreme.

507. *Dans un Triangle obtus-angle, le Sinus de l'angle obtus eft le même que celui de fon fupplément.* Fig. 184.

Ayant abaiffé la perpendiculaire CD fur la bafe prolongée BD, & décrit les arcs FE & HG avec une même ouverture de compas AF & BH, l'on abaiffera les perpendiculaires FI & HL. Cela pofé, comme AF eft égal à BH, l'un & l'autre fera nommé a; AC, b; CD, c; FI,

d; HL, e; CB, f; & nous ferons voir que FI (d). CB (f) :: HL (e). AC (b).

DÉMONSTRATION.

Les triangles CAD & FAI étant semblables, l'on aura CD (c). CA (b) :: FI (d). AF (a). Et comme les triangles CBD & HBL sont aussi semblables, l'on aura encore CD (c). HL (e) :: CB (f). HB (a). d'où l'on tire ces deux équations $ac = bd$, & $ac = ef$. Donc les premiers membres étant égaux, l'on aura par consequent $bd = ef$, d'où l'on tire FI (d). CB (f) :: HL (e). AC (b). qui fait voir que le Sinus HL du supplément de l'angle ABC a même raison au côté AC que le Sinus FI au côté BC, & que par consequent le Sinus d'un angle obtus est toûjours celui de son supplément. C. Q. F. D.

Ces deux Théoremes nous fournissent le moyen de connoître les angles & les côtez de la plûpart des triangles qui ne sont pas rectangles, comme on le va voir dans les Problêmes suivans.

PROPOSITION VIII.
Problême.

Fig. 182. 508. *Dans un Triangle ABC, dont on connoît deux angles & un côté; on demande de trouver les deux autres côtez.*

Le côté BC étant supposé de 15 toises, l'angle A de 40 degrez, & l'angle B de 60, l'on connoîtra le troisiéme angle, en soustrayant de la valeur de deux droits, c'est-à-dire, de 180 degrez, la somme des angles A & B, & l'on trouvera 80 degrez pour l'angle C. Cela posé, pour connoître le côté AC, je cherche dans les Tables le Sinus de l'angle A, c'est-à-dire, le Sinus de 40 degrez, qui sera celui de l'angle opposé au côté que je connois, & je trouve qu'il est 64278; & cherchant aussi celui de l'angle B opposé au côté que je cherche, je trouve qu'il est de 86602, presentement je dis : Si 64278, qui est le Sinus de l'angle A, donne 15 toises pour le côté BC que donnera 86602, qui est le Sinus de l'angle B, pour le côté AC, que l'on trouvera de 20 toises & quelque chose, pour trouver la valeur du côté AB, il faut chercher le Sinus de l'angle C, qui est de 98480; & dire encore: Si le Sinus de l'angle A, qui est 64278, donne 15 toises pour le côté BC, que donnera le Sinus de l'angle C, qui est 98480 pour le côté AB, que l'on trouvera de 23 toises & quelque chose.

PROPOSITION IX.

Problême.

509. *Dans un Triangle ABC, dont on connoît deux côtez AC & BC avec un angle A, trouver les deux autres angles.* Fig. 183.

Pour trouver d'abord l'angle B, supposant que le côté AC soit de 26 toises, le côté BC de 20, & l'angle A de 50 degrez, il faut chercher le Sinus de cet angle, qui est de 76604, & dire: Si le côté BC de 20 toises donne 76604 pour le Sinus de l'angle A, que donnera le côté AC de 26 toises pour le Sinus de l'angle B, que l'on trouvera de 99585; & cherchant dans la colonne des Sinus le nombre qui approche le plus de celui-ci, l'on verra qu'il correspond à 84 degrez 45 minutes, qui est la valeur de l'angle B.

Comme l'on connoît les angles A & B, l'on n'aura qu'à soustraire la somme de 180, le reste sera la différence 45 degrez 15 minutes pour l'angle C.

510. Mais si l'angle donné étoit plus ouvert qu'un Fig. 185. droit, comme dans le triangle ABC, où l'angle B est de 120 degrez, le côté AC de 18 toises, & le côté BC de 12, il faudra, pour connoître l'angle A, chercher le Sinus du supplément de l'angle obtus, c'est-à-dire, le Sinus de 60 degrez, qui est 86602, & dire: Si le côté AC de 18 toises donne 86602 pour le Sinus du supplément de l'angle obtus, que donnera le côté BC de 12 toises pour le Sinus de l'angle A, que l'on trouvera de 57734, qui correspond à 35 degrez 16 minutes.

PROPOSITION X.
Théoreme.

Fig. 186.   511. *Dans tous Triangles comme ABC, dont on connoît deux côtez BA & BC avec l'angle compris ABC, la somme des deux côtez connus est à leur différence comme la Tangente de la moitié de la somme des deux angles inconnus BAC, & BCA est la Tangente de la moitié de leur différence.*

DÉMONSTRATION.

Si du point angulaire B l'on décrit un cercle dont le rayon soit le côté BC, & que l'on prolonge le côté AB jusqu'à la circonference D & E, la ligne AD sera la somme des deux côtez connus, puisque BD est égal à BC, & la ligne AE sera la différence de ces deux côtez, puisque BA est plus petit que BD de toute la ligne AE. Cela posé, comme l'angle DBC est exterieur au triangle ABC, il sera égal aux deux interieurs BAC & BCA; ainsi il vaudra la somme des deux angles inconnus; & si l'on tire la ligne EC, l'angle DEC, qui est à la circonference, sera moitié de celui du centre DBC; ainsi il vaudra la moitié de la somme des deux angles inconnus: & si l'on tire la ligne DC, qui se trouve perpendiculaire sur EC, à cause que l'angle ECD est renfermé dans un demi-cercle, cette ligne sera la tangente de l'angle DEC, c'est-à-dire, de la moitié de la somme des deux angles inconnus. Présentement considerez que le triangle EBC est isoscelle, & que les angles BEC & BCE de la base sont égaux; par consequent l'angle BEC sera plus grand que l'angle BCA de tout l'angle FCE: & comme l'angle exterieur BAC du triangle EAC est plus grand que l'angle BEC de tout l'angle ACE, il s'ensuit donc que l'angle BAC est plus grand que BCA de deux fois l'angle ACE; ce qui fait voir que l'angle ACE est la moitié de la différence des deux angles inconnus BAC & BCA. Or si la ligne EF est perpendiculaire sur EC, elle sera la tangente de la moi-

tié

tié de la difference des deux angles inconnus étant tangente de l'angle FCE; mais les lignes DC & FE sont parallèles, puisqu'elles sont perpendiculaires sur EC : par conséquent l'angle FEA sera égal à son alterne EDC. Et comme les angles FAE & DAC sont aussi égaux, il s'ensuit que les triangles AFE & ADC sont semblables; d'où l'on tire AD. AE :: DC. FE. qui fait voir que la somme des deux côtez AD est à leur différence AE comme la ligne DC tangente de la moitié de la somme des deux angles inconnus, est à la ligne FE tangente de la moitié de leur différence. *C. Q. F. D.*

PROPOSITION XI.

Problême.

512. *Dans un Triangle ABC, dont on connoît deux côtez* Fig. 187. *AC & BC avec l'angle compris C; trouver les angles A & B.*

Comme ce Problême est une application du Théoreme précédent, il faut, pour le résoudre, ajoûter les deux côtez CB & CA ensemble, c'est-à-dire, 25, & 20 pour avoir la somme des deux côtez connus, & soustraire le plus petit côté du grand pour en avoir la différence, qui sera 5; & comme l'angle C est supposé de 40 degrez, l'on cherchera sa différence avec deux droits, que l'on trouvera de 140, dont la moitié 70 sera la moitié de la somme des deux angles inconnus A & B. Or cherchant la tangente de cet angle, qui est 274747, l'on dira : Si 45, somme des deux côtez connus, donne 5 pour leur différence, que donnera 274747, tangente de la moitié de la somme des deux angles inconnus pour la tangente de la moitié de la différence des deux angles inconnus, que l'on trouvera 30527.

Présentement si l'on cherche dans la colonne des Tangentes le nombre le plus approchant de celui-ci, l'on verra qu'il correspond à 16 degrez & 59 minutes : & comme cette quantité n'est que la moitié de la différence, il

Ff

faut la doubler pour avoir la différence entière, qui sera 33 degrez 58 minutes, qu'il faut souftraire de la fomme des deux angles inconnus, c'eft-à-dire, de 140 degrez, & l'on trouvera pour la différence 106 degrez 2 minutes, dont on n'a plus qu'à prendre la moitié pour avoir la valeur de l'angle oppofé au plus petit côté, c'eft-à-dire, de l'angle B, qui fera de 53 degrez une minute.

Pour avoir l'angle A, on n'a qu'à ajoûter la différence 33 degrez 58 minutes à la valeur de l'angle B, & l'on trouvera qu'il eft de 86 degrez 59 minutes.

Si l'on veut connoître le côté AB, il fera facile de le trouver par la septiéme propofition.

PROPOSITION XII.
Théoreme.

Fig. 188. 513. *Dans tous Triangles comme ABC, dont on connoît les trois côtez, la bafe AC eft à la fomme des deux autres côtez AB & BC, comme la différence de ces deux mêmes côtez eft à la différence des Segmens AG & GC de la bafe.*

DÉMONSTRATION.

Si du point B l'on décrit un cercle dont le rayon foit le côté BC plus grand que BA, & que l'on prolonge le côté AB jufqu'à la circonference, BD étant égal à BC, AD, fera la fomme des deux côtez AB & BC, & AF en fera la différence: & comme la ligne EC eft divifée en deux également par la perpendiculaire BG, EA fera la différence des deux fegmens AG & GC. Or fi l'on tire les lignes DC & EF, l'on aura les deux triangles femblables AEF & ADC, qui donnent cette proportion, AC qui eft la bafe, eft à AD, qui eft la fomme des deux côtez, comme AF, qui eft la différence de ces deux côtez, eft à AE, qui eft la différence des fegmens de la bafe. *Ce qu'il falloit démontrer.*

Ce Théoreme nous donne un moyen de connoître les trois angles d'un triangle dont on connoît les trois côtez, comme on le va voir dans le Problême suivant, qui en est une application.

PROPOSITION XIII.
Problême.

514. *Connoissant les trois côtez d'un Triangle ABC, l'on demande de trouver la valeur d'un des Segmens de la base.* Fig. 189.

Supposant que la base AC soit de 15 toises, le côté AB de 8, & le côté BC de 12, il faut dire : Comme la base AC de 15 est à la somme des deux autres côtez, qui est 20 ; ainsi la difference de ces deux côtez, qui est 4, est à la difference des deux segmens, que l'on trouvera de 5 toises 2 pieds. Presentement si l'on ajoûte cette quantité à la valeur de la base AC, l'on aura 20 toises 2 pieds, qui sera la valeur d'une ligne telle que EC : par consequent si on en prend la moitié, on connoîtra le plus grand segment DC, qui est ici de 10 toises 1 pied : mais comme l'on connoît dans le triangle rectangle DBC, les côtez BC & DC ; l'on pourra donc connoître aussi l'angle C, & ensuite les angles A & B.

USAGE DES LOGARITHMES POUR LE CALCUL
des Triangles.

515. L'on a pû voir dans les Tables qu'il y a deux colonnes sur la droite de celles dont nous nous sommes servis jusqu'à present, au sommet desquelles l'on trouve ces mots, *Logarithmes sinus*, *Logarithmes tangentes*, parce que ce sont les nombres logarithmes des sinus & des tangentes qui sont à côté. Outre cela l'on a pû voir encore une Table particuliere dans le Livre des Sinus, où il y a à la tête, *Table des Logarithmes pour les nombres naturels depuis l'unité jusqu'à* 100000. Or pour sçavoir à quoi servent ces Logarithmes. Je dirai qu'ils ont une proprieté, qui est que par leur moyen, l'on peut résoudre tous les Problêmes de Trigonométrie, sans être obligé de faire

F f ij

de multiplication ni de division, à cause que quand ils composent les termes d'une Regle de trois : ces termes au lieu d'être en proportion géométrique, sont en proportion arithmétique. Ainsi lorsqu'on en connoît les trois premiers, l'on ajoûte le second avec le troisiéme, pour souftraire de la somme le premier, & la différence devient le quatriéme que l'on cherche. Mais voici quelques exemples pour mieux entendre ceci.

Premier Exemple.

Fig. 176. 516. *Ayant un Triangle ADE, dont on connoît l'angle A de 30 degrez, & le côté AD de 20 toises ; l'on demande de trouver le côté DE, en se servant des Logarithmes.*

Pour le trouver, je cherche dans la Table la page au sommet de laquelle il y a 30 degrez ; & au lieu de prendre la Tangente de la troisiéme colonne, je prends celle de la cinquiéme, qui est 97614394. Et comme j'ai aussi besoin du Sinus total, au lieu de prendre celui qui est divisé en 10000000 parties, je prends celui des Logarithmes, qui est divisé en 100000000 parties : & comme il faut faire une Regle pour trouver le côté DE, dont le premier terme doit être le sinus total dont je viens de parler, le second la tangente que nous venons de trouver, & le troisiéme la valeur du côté AD. Il faut aussi, au lieu de mettre simplement 20 toises au troisiéme terme, mettre à sa place le Logarithme de ce nombre, que l'on trouvera dans le premier feüillet de la Table des Logarithmes des nombres naturels à coté du nombre 20, dont le Logarithme est 13010300. Presentement il faut dire : Si le sinus total 100000000 donne 97614394 pour le Logarithme de la tangente de 30 degrez, combien donneront 13010300 Logarithme de 20 toises, pour le Logarithme du nombre que je cherche ; & pour le trouver j'additionne le second & le troisiéme terme, & de la somme j'en souftrais le premier pour avoir 10624694, qui est le Logarithme du nombre que je cherche : &

pour sçavoir quel est ce nombre, j'ai recours à la Table des Logarithmes des nombres naturels pour chercher un Logarithme qui approche le plus de celui ci, & j'en trouve un qui est un peu trop petit, qui correspond au nombre 11, & un autre qui est un peu trop grand, qui correspond au nombre 12. C'est pourquoi j'en cherche un qui soit à peu près moyen entre ces deux-là, comme est, par exemple, $11\frac{1}{2}$; ce qui fait voir que le côté DE est à peu près de 11 toises 3 pieds.

Second Exemple.

517. Si l'on a un triangle rectangle ABC, dont on connoît le côté AB de 16 toises, & le côté BC de 14, pour connoître l'angle A, il faut chercher dans la seconde Table le Logarithme de 16, qui est 12041200, & le Logarithme de 14, qui est 11461280; & à cause des triangles semblables ABC & ADE, l'on dira : si 12041200 Logarithme du côté AB, donne 11461280 pour le Logarithme du côté BC, que donnera le Logarithme du côté AD, qui est 100000000 pour le Logarithme de la tangente DE, l'on trouvera (après avoir ajoûté le second & le troisième terme, & soustrait de leur somme le premier) que la difference est 99420080 pour le Logarithme de la tangente ; lequel correspond dans les Tables, à 41 degrez 12 minutes, qui est la valeur de l'angle A. Fig. 179.

Troisie'me Exemple.

518. Ayant un triangle ABC, dont on connoît l'angle A de 40 degrez, & l'angle B de 60, & le côté BC de 15 toises, l'on demande la valeur du côté AC. Fig. 180.

Je cherche le Logarithme du sinus de 40 degrez, qui est 98080675, & le Logarithme de 60 degrez, qui est 99375306; & enfin dans la seconde Table le Logarithme du nombre 15, qui est 11760913 : & faisant l'analogie ordinaire, je dis : Si le Logarithme du sinus de

F f iij

230 NOUVEAU COURS

l'angle A, qui eft 98080675, donne 11760913 pour le Logarithme du côté BC, que donnera le Logarithme du finus de l'angle B, qui eft 99375306, pour le Logarithme du côté AC, que je trouve de 13055544; & cherchant dans la feconde Table le Logarithme qui approche le plus de celui-ci, je trouve qu'il correfpond au nombre 20; ce qui fait voir que le côté AC eft de 20 toifes.

APPLICATION DE LA TRIGONOMETRIE
à la Pratique.

PROPOSITION XIV.

Prolême.

PLANCHE 12. Fig. 190.

519. *Trouver une diftance inacceffible.*

Une diftance étant donnée telle que C, qui eft un objet duquel on fuppofe qu'on ne peut pas approcher, on demande la quantité de toifes qu'il peut y avoir de cet objet à l'endroit D. Pour la trouver, il faut envoyer une perfonne avec un jalon à l'endroit A, éloigné d'une diftance proportionnée à l'intervalle qu'il peut y avoir du point D au point C. Cette diftance fera, par exemple, ici de 20 toifes, qui eft une quantité qui doit fervir de bafe pour faire l'operation. Après cela vous prendrez l'ouverture de l'angle formé par la bafe DA, & le rayon vifuel DC; & pour bien prendre cet angle, il faut commencer par mette les deux pinulles du graphometre, qui font immobiles d'alignement avec les points D & A : après quoi vous faites trouver l'alidale de maniere que vous puiffiez appercevoir par les fentes des pinulles (qui font à fes extrêmitez) l'objet C. Après quoi vous comptez la quantité de degrez que contient l'angle marqué fur le graphometre, c'eft-à-dire, l'angle compris par le côté du graphometre, qui eft d'alignement avec les points D & A, & le rayon vifuel qui apperçoit l'objet C; & je fuppofe que c'eft ici de 70 degrez. Cela étant fait, il faut pofer

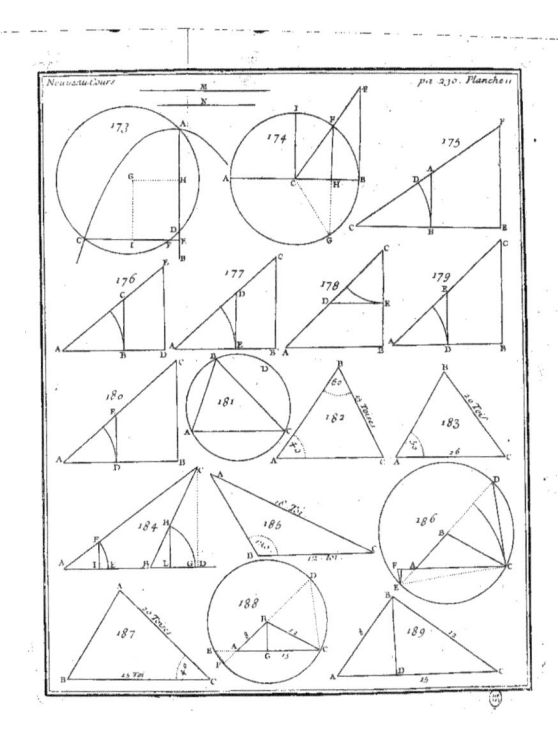

un autre jalon à l'endroit où étoit posé le pied du graphometre, c'est-à-dire, au point D, & puis venir à l'endroit A, pour y prendre la valeur de l'angle DAC, j'entends l'angle formé par la base, & par un second rayon visuel, qui doit observer l'objet C, & je suppose que cet angle est de 80 degrez. Cela posé, il ne s'agit plus que de connoître l'angle C, que l'on trouvera aisément en soustrayant la somme des deux angles A & D de la valeur de deux droits, & vous trouverez que cet angle est de 30 degrez. Or pour connoître le côté CD, il n'y a qu'à dire : Si le sinus de 30 degrez m'a donné 20 toises pour le côté AD, que me donnera le sinus de l'angle A de 80 degrez pour la valeur du côté CD : l'on trouvera 39 toises deux pieds pour la distance que l'on cherche.

REMARQUE.

520. Il arrive quelquefois qu'on est embarrassé de trouver une distance inaccessible, lorsqu'elle est extrêmement éloignée, comme si elle avoit deux ou trois lieues. La difficulté pour lors est d'avoir une base assez grande, qu'il faut dans ce cas-là au moins de 1000 toises. Comme il seroit fort pénible de mesurer une si longue distance, jointe à l'inégalité du terrein, & aux obstacles qu'on peut rencontrer, le parti qu'il faut prendre, c'est de se donner d'abord une petite base, par le moyen de laquelle vous pouvez en avoir une, trois ou quatre fois plus grande ; & avec cette seconde une troisiéme plus grande, & suffisante pour faire votre operation.

Les operations précedentes sont très-utiles pour lever des Cartes, afin de se donner des points capitaux, pour y rapporter tous les lieux qui y ont rapport ; ou bien si l'on veut lever la campagne qu'occupe une Armée, pour y marquer les Quartiers, les Lignes de circonvallation, les Postes de conséquence, enfin tout ce qui peut devenir interessant en pareil cas.

Si on assiege une Place, & que l'on soit obligé de faire

quelque Galerie pour établir des Fourneaux fous les angles du Chemin couvert, ou fous quelque ouvrage avancé, il faut abfolument avoir recours à cette operation, afin qu'étant prévenu de la diftance de l'entrée de la Galerie à l'objet vers lequel on chemine, on sçache donner à cette Galerie la longueur qu'il lui faut pour être pofitivement fous l'objet qu'on veut faire fauter.

PROPOSITION XV.

Problême.

Fig. 191. 521. *Trouver la diftance inacceffible d'un lieu à un autre, comme de l'endroit D à l'endroit C.*

Pour faire cette operation, il faut commencer par fe donner une bafe telle que AB, que je fuppofe ici de 100 toifes, & de l'extrêmité B prendre avec l'inftrument l'ouverture de l'angle ABC, formé par la bafe AB, & le rayon vifuel BC; & fuppofant cet angle de 92 degrez, du même endroit B il faut prendre auffi l'ouverture de l'angle ABD, qui fera, par exemple, de 45 degrez: & cette operation étant faite, il faut venir à l'autre extrêmité A de la bafe AB pour y prendre l'ouverture de l'angle DAB, que je fuppofe ici de 98 degrez; & du même endroit prendre encore l'ouverture de l'angle DAC, qui fera, par exemple, de 50 degrez. Les angles étant connus, auffi-bien que la bafe AB, l'on n'aura aucune difficulté de trouver la diftance DC, non plus que celle de D en A, & celle de B en C : car confiderez qu'il eft facile de trouver la valeur des côtez AC & BC du triangle CAB, parce que l'on connoît le côté AB de 100 toifes, & l'angle B de 92 degrez, & l'angle CAB de 48; & par conféquent l'angle ACB de 40 degrez. Ces chofes étant pofées, pour trouver la valeur du côté CB, il n'y a qu'à dire: Si le finus de l'angle ACB m'a donné le côté AB de 100 toifes, que me donnera le finus de l'angle CAB pour la valeur du côté CB que je cherche; & pour trouver le côté AC, il faut dire encore: Si le finus de l'angle ACB m'a donné

la

la valeur du côté AB, que me donnera le sinus de l'angle du complement de 92 degrez, qui sera celui de 88 degrez pour la valeur du côté AC, parce que l'angle ABC est obtus.

Comme on ne peut pas connoître la valeur du côté DC sans celle du côté DA, pour le trouver il faut dire : Si le sinus de l'angle ADB de 37 degrez m'a donné la valeur du côté AB de 100 toises, que me donnera le sinus de 45 degrez pour la valeur du côté DA, lequel étant connu, aussi-bien que le côté AC, & l'angle DAC, nous aurons deux côtez connus, & l'angle compris dans un triangle, qui pourra nous donner les deux angles inconnus; & en suivant ce qui est dit dans la prop. 11. art. 512. l'on trouvera le côté DC, qui est la distance que l'on demande.

Comme il arrive presque toûjours que la campagne n'est pas marquée sur le plan des Villes que l'on assiege, & que si elle y est figurée, l'on ne peut, sans faire de grandes erreurs, se fier à la précision de ceux qui les ont levez ou copiez; l'operation précedente nous donne un excellent moyen pour orienter sur le plan par rapport à la place, la queue de la Tranchée de chaque attaque, afin de pouvoir ensuite projetter les travaux que l'on a envie de faire d'une nuit à l'autre, ou seulement les y marquer à mesure qu'on les avance, parce qu'ayant une fois un bout de parallele, l'on peut de dedans la Tranchée mesurer les Boyaux, & prendre l'ouverture des angles qui sont les retours; marquer la position des Batteries : enfin lever le plan de la Tranchée avec autant d'exactitude que s'il n'y avoit aucun obstacle.

PROPOSITION XVI.
Problême.

522. *Tirer une Ligne parallele à une autre inaccessible.* Fig. 192.
On demande de tirer par le point C une parallele à une ligne inaccessible AB.

Pour résoudre ce Problême, il faut commencer par se

donner une base telle que CD, qui doit être, comme nous l'avons dit ailleurs, proportionnée à la distance de l'objet, afin que l'operation en soit plus juste, & nous supposons que 150 toises est la longueur qui lui convient.

Nous sçavons que les deux lignes parallelles étant coupées par une troisiéme, forment les angles alternes égaux, & que par consequent lorsque les angles alternes feront égaux, les lignes feront paralleles; d'où il s'ensuit que si l'on connoît l'angle ABC, formé par la parallele AB, & le rayon visuel CA, on n'aura qu'à faire l'angle DCE égal au précedent, pour que la ligne CE soit parallele à la ligne AB : ainsi toute la question est réduite à trouver la valeur de l'angle ABC. Afin de la connoître : je commence du point C par prendre l'ouverture de l'angle ACB, que je trouve de 40 degrez : ensuite je viens au point D pour y prendre l'ouverture de l'angle CDB, qui est de 86 degrez; & je prends aussi l'ouverture de l'angle ADB, qui sera, par exemple, de 60 degrez. Ces choses étant connues, je fais en forte de trouver par leur moyen la valeur des lignes CA & CB. Pour cela je cherche dans le triangle CDB la valeur du côté CB. Pour le trouver, je considere que l'angle BCD est de 80 degrez, & que l'angle CDB est de 86. D'où il s'ensuit que l'angle CBD est de 14 degrez. Cela posé, il faut dire : Si le sinus de l'angle de 14 degrez m'a donné 150, que me donnera le sinus de 86 pour la valeur du côté opposé CB.

Pour trouver le côté CA, je fais attention que l'angle CDA est de 26 degrez, & que l'angle ACD étant de 120 degrez, l'angle CAD doit être de 34 degrez. Cela étant, je dis encore : Si le sinus de l'angle CAD de 34 degrez m'a donné 150 toises pour le côté CD, que me donnera le sinus de l'angle CDA de 26 degrez pour la valeur du côté CA. Or comme nous avons dans le triangle ACB les deux côtez AC & CB de connus avec l'angle compris ACB, il s'ensuit que l'on trouvera aisément par la proposition 11. la valeur de l'angle ABC, dont la connoissance est la solution du Problême.

L'on est souvent obligé de mener une parallele à une ligne inaccessible dans une infinité d'occasions, soit qu'on veüille percer des Routes dans un Bois avec certaines précautions, ou soit dans les Sieges, quand on veut faire une Batterie qui soit parallele à la face de l'ouvrage que l'on veut battre, ou quand on en veut faire un autre en écharpe, dont les feux aillent se diriger selon un angle donné avec la face.

PROPOSITION XVII.
Problême.

523. *Mesurer une hauteur inaccessible.* Fig. 193.
Pour mesurer la hauteur AB d'une Tour, il faut se donner une base telle que EB, qu'il faut mesurer exactement depuis le point du milieu B de la Tour jusqu'à l'endroit E, qui est le lieu où l'on aura planté le graphométre; & supposant que cette base soit de 25 toises, l'on prendra l'ouverture de l'angle ACD formée par deux rayons visuels, dont le premier CD doit être parallele à l'horison, & le second CA doit aboutir au sommet de la Tour; & supposant que l'angle soit de 35 degrez, l'on cherchera dans le triangle ACD le côté AD, en disant: Comme le sinus total est à la tangente de l'angle C, ainsi le côté CD de 25 toises est au côté DA, que l'on trouvera de 17 toises 3 pieds: à quoi ajoûtant la hauteur DB ou CE du pied de l'instrument, qui est ordinairement de 4 pieds, on trouvera que la hauteur AB de la Tour est de 18 toises 1 pied.

Mais si l'on avoit à prendre la hauteur d'une Tour ou Fig. 194. d'une éminence qui fût inaccessible, comme on le voit dans la Fig. 194. il faudroit de l'endroit F prendre l'ouverture de l'angle ADG, formée par deux rayons; & supposant qu'on a trouvé cet angle de 50 degrez, il faudra se reculer sur l'alignement des points D & G jusqu'à l'endroit C, pour avoir une base EF d'une longueur suffi-

Gg ij

fante, pour que l'angle CAD ne foit pas trop aigu ; & cette bafe ayant été trouvée de 40 toifes, l'on prendra encore l'ouverture de l'angle ACG, qui fera, par exemple, de 30 degrez. Or comme l'angle ADG eft égal aux deux autres intérieurs oppofez du triangle CAD, la différence de cet angle, qui eft de 50 degrez à l'angle ACD, qui eft de 30 degrez, fera la valeur de l'angle CAD, que l'on trouvera de 20 degrez. Or comme dans le triangle rectangle ADG nous avons befoin de connoître le côté DA pour connoître le côté AG, l'on dira : Si le finus de l'angle CAD de 20 degrez m'a donné 40 toifes pour le côté CD, que donnera le finus de l'angle ACD de 30 degrez pour le côté AD, que l'on trouvera de 63 toifes 2 pieds.

Pour donc trouver le côté AG, je dis : Comme la Secante de l'angle ADG eft à fa tangente, ainfi le côté DA de 63 toifes 2 pieds eft au côté AG, que l'on trouvera de 48 toifes 3 pieds : à quoi il ne faut plus qu'ajoûter la hauteur du pied de l'inftrument, pour avoir la ligne AB.

MANIERE DE LEVER UNE CARTE
par le moyen de la Trigonométrie.

Fig. 195. 524. L'on doit diftinguer deux fortes de Cartes, les unes font des Cartes générales, & les autres des Cartes particulieres ; les dernieres font celles que l'on leve avec beaucoup d'attention, n'oubliant rien de tout ce qui peut avoir lieu dans la Carte, tel que la grandeur & la figure des Villages, des Bourgs & des Villes, les Bois, les Ponts, les Rivieres, les Chemins, les Fontaines, les Croix, Chapelles, Juftices, &c.

Pour les Cartes générales, l'on ne prend que la pofition des lieux les plus confiderables, & la figure des grands Chemins, omettant quantité de chofes, qui ne pourroient fe placer fur ces fortes de Cartes, parce qu'elles font ordinairement dreffées fur de petites échelles. Telles font les Cartes des Royaumes & des grandes Provinces. Cependant l'on peut dire que l'on s'y prend de la même façon pour lever les Cartes particulieres & générales, parce que pour les unes & les autres l'on commence par faire un Caneva, qui n'est autre chose que la grandeur de la Carte déterminée avec les principales positions, après quoi l'on entre dans le détail de chaque chose, comme nous le ferons voir après avoir enseigné la maniere de prendre les positions qui doivent faire les principaux points de la Carte.

Si l'on vouloit, par exemple, lever la carte des lieux marquez par les lettres de cette figure, l'on voit que l'objet qu'on se propose n'est autre chose que de placer sur le papier les differens endroits qui sont ici; en sorte que la distance qu'il y a d'un lieu à un autre ait le même rapport sur la Carte que sur le Terrein : ce qui est proprement faire une réduction de grand en petit. Or comme ces réductions ne peuvent se faire que par les triangles semblables, il s'enfuit qu'en levant la Carte d'un Pays par le moyen de la Trigonométrie, il ne s'agit que de trouver la valeur des angles & des côtez qui sont formez par la distance des lieux. Cela étant posé, je commence par établir une base la plus grande qu'il est possible, afin que les lieux qui doivent s'y rapporter soient plus exactement levez : pour cela il faut éviter, autant qu'il est possible, d'avoir des angles trop obtus & trop aigus. Ayant donc choisi les points de station A & B, je commence par en chercher la distance de la maniere que nous l'avons enseigné dans la seconde proposition : l'ayant trouvée, je viens à l'endroit B, pour y prendre l'ouverture des angles formez par la base AB, & les differens endroits que je me propose de lever. Pour cela je prends l'ouverture de l'angle ABC, de l'angle ABD, de l'angle ABE, je passe le point F, parce que l'angle qu'il formeroit avec la base seroit trop obtus, & qu'on auroit trop de peine à recouper le rayon qui seroit tiré de B en F : je continue à prendre l'ouverture des angles ABG, ABH, ABI, & ABK : je passe aussi le point L, parce que l'angle formé par la base AB, & le rayon de B en L seroit trop aigu.

Préfentement il ne s'agit plus, pour avoir la pofition des endroits qu'on voit marquez ci-deffus, que de recouper les rayons qu'on vient de tirer. Pour cela je viens au point A, pour y prendre l'ouverture de l'angle BAE, qui me donnera le point E, parce que dans le triangle ABE, je connois le côté AB, & la valeur des angles EAB & ABE, par le moyen defquels je trouverai les diftances AE & BE. Pour les autres points, je continue à recouper les rayons que j'ai tirez dans la premiere operation, en prenant l'ouverture des angles BAD, BAC, BAG, BAH, BAI, BAK, comme tous les triangles formez par les rayons, ont la bafe AB pour côté commun. Il s'enfuit qu'on pourra en trouver la longueur, puifqu'il n'y a point de triangle dans lequel on ne connoiffe deux angles & un côté. Comme nous avons paffé deux endroits, pour les raifons que nous avons dites, il faut faire voir comment on en peut trouver la pofition, fans fe fervir de la bafe AB: pour donc trouver le point F, je prends la diftance BE ou BG pour bafe, ou toute autre qui pourroit mieux convenir; mais je choifis ici le côté BE, & du point B je prends l'ouverture de l'angle EBF, & du point E l'ouverture de l'angle BEF, qui me donne le point F. Je fais la même chofe pour trouver le point L, & même le point M, que je fuppofe n'avoir pû prendre dans les opérations précedentes; c'eft-à-dire, je choifis la bafe AC, & du point A je prends les ouvertures des angles CAM & CAL, & du point C je prends encore l'ouverture des angles ACL & ACM.

Après avoir trouvé la valeur de tous les côtez du triangle qui font ici, il faut les rapporter fur le papier, en donnant à chaque ligne la valeur qu'elle doit avoir; ce qui fe fera fans difficulté par le moyen d'une échelle; & après que toutes ces pofitions feront rapportées bien exactement, l'on pourra, en fuivant la même méthode, continuer à lever les lieux qu'on aura pû découvrir dans les premieres opérations: ce qui fera bien aifé, puifqu'on aura de toutes parts des bafes, dont la valeur fera connue. Par exemple, pour lever les objets au-delà des points C & D, on pourra prendre la diſtance CD pour baſe, d'un autre côté on pourra prendre la ligne IH: enfin ſur la gauche la diſtance LK, ſur la droite toute autre ligne que l'on choiſira de même.

DES ATTENTIONS QU'IL FAUT FAIRE
pour lever une Carte particuliere.

525. Quand on veut lever une Carte d'une façon à ne rien omettre de toutes les particularitez qui entrent dans le détail d'une Carte, ceux qui conduiſent le travail doivent envoyer des perſonnes entendues dans les Villages pour lever leurs ſituations, leurs figures, la forme des Rues, la poſition des Fontaines, s'il s'y en trouve, des Carrieres, des Montagnes, Collines & Vallons, qui peuvent ſe rencontrer dans les environs. On réduit chaque Village ſur l'échelle de la Carte; & pour les rapporter on a ſoin que l'Egliſe ſoit poſitivement au point qui eſt marqué ſur le Caneva, parce que ces points ſont ordinairement des Clochers & des Tours. Pour les Villes, on fait en ſorte d'en avoir les plans, qu'on réduit à l'échelle de la Carte. Quand il ſe rencontre des Bois ou des Forêts, l'on commence par lever exactement les Villages & les Hameaux qui ſont les plus proches, pour avoir des baſes, qui ne ſont autre choſe que la diſtance d'un lieu à un autre, deſquels on forme un eſpece de polygone, qui entoure le Bois. Après quoi il eſt aiſé de rapporter à ce polygone un nombre de points, qui marquent les limites du Bois, pour en tracer enſuite à la vûe la figure extérieure, quand il ne s'agira que de quelque ſinuoſité peu conſiderable. Après cela il faut entrer dans le Bois, pour y conſiderer les principaux Chemins, les Ruiſſeaux, les Fontaines, les Maiſons & les Châteaux qui pourroient s'y rencontrer. Toutes ces choſes doivent être levées avec le plus de préciſion qu'il eſt poſſible. Pour cela l'on ſe donne des points de poſition que l'on prend

dans les Bois, par des opérations que l'on fait fur quelque éminence hors du Bois. Ces points de position sont ordinairement des Clochers, des Châteaux, ou bien quelques grands Arbres, qui se font distinguer au-dessus des autres : & lorsqu'on est une fois parvenu à la connoissance de quelqu'un de ces points, l'on peut sans aucune difficulté orienter les differens endroits qui se trouvent dans le Bois, à l'aide des positions connues.

APPLICATION DE LA TRIGONOMETRIE
à la Fortification.

PLANCHE 13.
Fig. 196.

526. Quand on veut tracer une Fortification sur le terrein, il est absolument nécessaire de connoître toutes les lignes & les angles qui en composent le projet : & comme cette connoissance doit être la plus exacte qu'il est possible, il ne conviendroit pas que l'on se servît du compas pour trouver avec l'échelle les lignes que l'on ne connoît pas, non plus que du rapporteur pour trouver la valeur des angles, puisque l'on peut faire des erreurs insensibles sur le papier, qui deviendroient de conséquence sur le terrein. C'est pourquoi il est à propos d'avoir recours à la Trigonométrie, pour connoître par le moyen des lignes que l'on connoît, celles que l'on ne connoît pas : & comme dans la Fortification, selon la Méthode de M. de Vauban, l'on connoît la base de 180 toises, la perpendiculaire CF de 30, & la face AD de 50. Voici de quelle manière on pourra connoître l'angle de l'épaule, l'angle flanquant, le flanc & la courtine; supposant qu'on est prévenu que la ligne DH est égale à la ligne DE.

Il faut avant toutes choses chercher la valeur de l'angle FAC, en disant : Comme le côté AC de 90 toises est au côté CF de 30, ainsi le sinus total AI est à la tangente ID, qui étant trouvée, l'on verra qu'elle correspond à un angle de 18 degrez 26 minutes, qui est la valeur de l'angle FAC; par consequent celle de l'angle HDE, à

cause

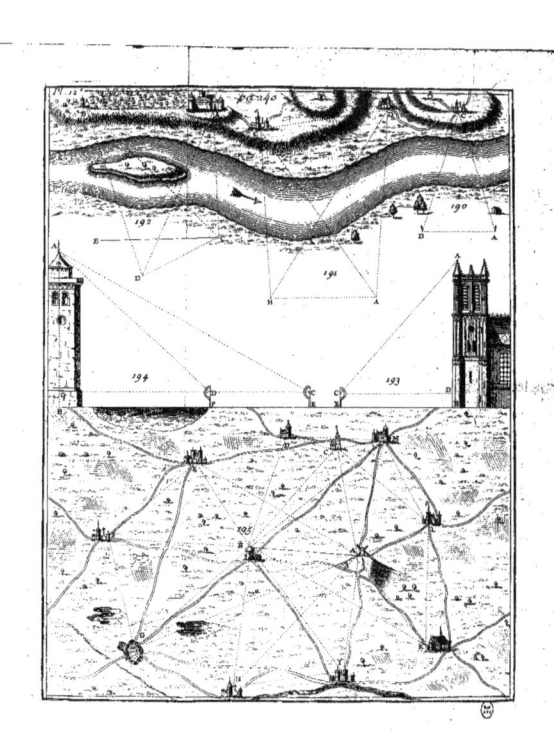

cause des parallèles AB & DE qui aboutissent sur AH.

Or comme nous avons besoin dans le triangle DAI du côté AI, on n'aura qu'à dire (pour le connoître) : Comme la sécante de l'angle DAI est au sinus total, ainsi le côté AD de 50 toises est au côté AI, que l'on trouvera de 47 toises 2 pieds, qu'on n'aura qu'à retrancher de la ligne AC de 90 toises pour avoir la ligne IC de 42 toises 4 pieds; & comme cette ligne est moitié du côté DE, on verra que ce même côté est de 85 toises 2 pieds.

Comme le triangle HDE est isoscelle, & que l'on connoît l'angle du sommet avec les deux côtez qui le comprennent, on n'aura qu'à dire (pour avoir le flanc HE). Si le sinus de l'angle DHE m'a donné le côté DE, que me donnera le sinus de l'angle HDE pour le flanc au côté HE, que l'on trouvera de 27 toises 2 pieds.

Comme les angles de la base du triangle isoscelle sont chacun de 80 degrez & 47 minutes, puisque l'angle du sommet est de 18 degrez 26 minutes; il s'ensuit, à cause des triangles alternes formez par les lignes parallèles GH & DE, que si de l'angle HED on retranche l'angle GED de 18 degrez 26 minutes, il restera 62 degrez 21 minutes pour l'angle GEH, dont le supplément a 180, qui est l'angle de l'épaule HEB est de 117 degrez 39 minutes: & si l'on ajoûte au contraire à l'angle DHE, l'angle GHD, qui est aussi de 18 degrez 26 minutes, l'on trouvera que l'angle flanquant GHE est de 99 degrez 13 minutes.

Or comme du triangle GHE l'on connoît les angles & le côté HE, l'on n'aura (pour connoître la courtine) qu'à dire: Comme le sinus de l'angle HGE est au côté HE, ainsi le sinus de l'angle GEH est au côté GH, que l'on trouvera de 76 toises 3 pieds.

Pour connoître l'angle flanqué, considerez qu'il est plus petit que l'angle de la circonference de deux fois l'angle DAI, qui est de 18 degrez 26 minutes : & comme l'on suppose qu'il s'agit ici d'un exagone, dont l'angle de la circonference est de 120 degrez, l'on n'aura

Hh

242

qu'à retrancher 36 degrez 52 minutes de 120 degrez pour avoir l'angle flanqué, qui fera de 83 degrez 8 minutes.

L'on pourra calculer de même tous les autres fronts de Fortification, dont le côté extérieur auroit plus ou moins de 180 toifes, parce que les proportions fe trouveront toûjours. Ainfi quand il s'agira de calculer les lignes & les angles dont un Ouvrage à corne, ou un Ouvrage à couronne eft compofé, il fuffira de connoître le côté extérieur, la perpendiculaire, & la place d'un Baftion pour connoître le refte : c'eft pourquoi cette pratique peut avoir également lieu dans la Fortification irréguliere comme dans la réguliere ; car foit que l'on faffe les flancs perpendiculaires fur la ligne de défenfe, ou fur la courtine, felon les cas où l'on feroit obligé de fuivre une méthode plûtôt qu'une autre, l'on trouvera le calcul également aifé, pourvû que l'on ait feulement quelques grandeurs connues, par le moyen defquelles on puiffe operer.

Fig. 197. 527. De tout ce qui regarde le calcul d'une Fortification, je n'ai point trouvé de partie plus difficile à calculer que la valeur de la face de la demi-Lune ; & l'on peut même regarder ce cas-là comme un petit Problême de Fortification : c'eft pourquoi je crois qu'on fera bien aife d'en voir la folution ; car quoiqu'elle paroiffe peu de chofe, elle ne laifferoit pas que d'embarraffer un Commençant : ainfi pour bien fçavoir de quoi il eft queftion, voici comme on fuppofe que la demi-Lune a été tracée.

Après avoir pris le point E fur la face d'un Baftion à 5 toifes au-deffus de l'angle de l'épaule, l'on a du point C comme centre, & de l'intervalle CE, décrit un arc, qui venant rencontrer la capitale, a donné le point F pour la pointe de la demi-Lune ; enfuite l'on a pris le point D à trois toifes au-deffus de l'angle de l'épaule, & l'on a tiré la ligne FD : après quoi l'on a fait le foffé de 20 toifes fur le prolongement de la face à l'endroit AH, & l'on a tiré la ligne HK, qui détermine la longueur IF de la face de la demi-Lune, dont il s'agit de trouver la valeur.

Comme il feroit facile de trouver la longueur IF, si l'on connoissoit la valeur des lignes DI & DF, nous allons voir comment on peut y parvenir, en tirant les lignes DH, DK, CF, & en connoissant les parties du corps de la Place que nous venons de trouver. Pour y arriver, je cherche dans le triangle rectangle CLF la valeur de l'angle LCF, par le moyen des deux côtez LC & CF, qui me sont connus (puisque l'un vaut la moitié de la Courtine, & que l'autre est égal à la ligne CE) en disant: Comme le côté LC est au côté CF; ainsi le sinus total est à la secante, qui donnera 65 degrez pour l'angle LCF, duquel ayant retranché l'angle MCD de 18 degrez 26 minutes, restera 46 degrez 34 minutes pour l'angle DCF.

Or comme le côté DC est de 88 toises 2 pieds, & le côté CF de 90 toises 2 pieds, & que l'on connoît l'angle qu'ils comprennent, on trouvera par l'analogie ordinaire que le côté DF est de 70 toises 2 pieds, & que l'angle CDF est de 68 degrez 15 minutes.

Comme nous avons besoin de connoître l'angle CDK, aussi-bien que le côté DK, considerez que dans le triangle CDK, l'on connoît les deux côtez DC & CK avec l'angle qu'ils comprennent, & que par consequent il sera facile de trouver ce que l'on cherche. Aussi verra-t'on que CDK est de 17 degrez 49 minutes, & le côté DK de 88 toises.

Or comme il faut dans le triangle HDK connoître outre le côté DK, le côté HD avec l'angle qu'ils comprennent pour parvenir à la solution du Problême, considerez que dans le triangle AHD l'on connoît le côté AD de 47 toises, & le côté AH de 20, & qu'on connoîtra l'angle HAD, quand on sçaura la valeur de l'angle flanqué, puisqu'il en est la difference avec deux droits; & comme l'on suppose que c'est ici un exagone, l'angle flanqué sera par consequent de 83 degrez 8 minutes: ainsi

Hh ij

l'angle DAH sera de 96 degrez 52 minutes ; & en fai-
* Art. 512. sant la régle ordinaire, l'on trouvera * que le côté HD
est de 53 toises 1 pied, & que l'angle ADH est de 21
degrez 59 minutes.

Présentement si l'on retranche de 180 degrez, la somme des deux angles CDK & ADH, il restera 140 degrez
12 minutes pour la valeur de l'angle HDK.

Or comme l'on connoît dans le triangle HDK deux
Art. 512. côtez & l'angle compris, on trouvera par conséquent* les
deux autres angles, particulierement l'angle DKI, dont
nous avons besoin, qui est de 14 degrez 4 minutes ; &
comme il nous faut aussi l'angle FDK, on trouvera qu'il
est de 50 degrez 26 minutes, si l'on retranche de l'angle
FDC l'angle KDC : mais comme ceci nous donne la valeur de l'angle DIK, qui est de 115 degrez 30 minutes,
l'on pourra donc dire pour trouver le côté DI : Si le sinus
du supplément de l'angle DIK a donné le côté DK, que
donnera le sinus de l'angle DKI pour la valeur du côté
DI, que l'on trouvera de 23 toises 4 pieds, qu'on n'aura
qu'à retrancher de la ligne DF, qui vaut, comme nous
l'avons vû, 70 toises 2 pieds, l'on trouvera que la face
IF de la demi-Lune est de 46 toises 4 pieds.

528. Pour trouver la demi-gorge IN de la demi-Lune,
faites attention que dans le triangle ODF, l'on connoît
les deux angles FOD, & ODF, & que par conséquent on
connoîtra l'angle OFD, qui se trouve de 40 degrez 11
minutes ; & comme cet angle se trouve aussi dans le triangle INF, dont on connoît l'angle NIF, puisqu'il est supplément de l'angle DIK, il s'ensuit qu'ayant deux angles
dans le triangle IFN, l'on connoîtra le troisiéme INF ;
par conséquent l'on pourra dire : Si le sinus de l'angle INF
de 75 degrez 19 minutes a donné le côté IF, que donnera le sinus de l'angle IFN pour le côté IN, que l'on trouvera de

Enfin si pour tracer la demi-Lune, l'on avoit besoin de
la distance du milieu L de la courtine au point F, il seroit

facile de la trouver, en difant : commme le finus total eft à la tangente de l'angle LCF, ainfi le côté CL eft au côté LF, que l'on trouvera de

Je ne parle point de la maniere de calculer les lignes, tant droites que courbes, qui forment la Contrefcarpe, parce que c'eft une chofe qui m'a paru fort aifée, & que les Commençans pourront faire d'eux-mêmes. Je ne dis rien non plus de la maniere de calculer une Fortification, dont les Baftions feroient à orillons, pour leur lajffer le plaifir de faire quelque chofe par eux-mêmes, ayant mieux aimé leur donner, au lieu de cela, une idée de la façon de tracer une Fortification fur le terrein.

MANIERE DE TRACER LES FORTIFICATIONS fur le Terrein.

529. Après que l'on a fait le calcul des lignes & des angles qui compofent la Fortification, on commence, pour la tracer fur le terrein, par planter des piquets à tous les angles qui doivent former le poligone : enfuite l'on s'attache à tracer la Fortification de chaque front, jufqu'à ce que tout foit achevé. *Fig. 199.*

Si l'on fuppofe que les points A & B repréfentent deux endroits aufquels l'on a planté des piquets, qui déterminent la longueur AB d'un des côtez du poligone, qui fera, par exemple, de 180 toifes. Voici comment il faut s'y prendre pour tracer le front qui correfpond à fes côtez.

Ayant marqué fur un plan le projet de la Fortification avec la valeur des lignes & des angles, comme on le voit dans la Fig. 198. l'on commencera par pofer le pied du graphométre à l'endroit du piquet A : l'on fera avec la bafe AB, & les pinulles immobiles, un angle EAB de 18 degrez 26 minutes ; & ayant fait porter un piquet fur l'alignement du rayon vifuel AE, on déterminera, en toifant fort jufte, une longueur comme AC de 50 toifes, qui donnera une des faces du premier Baftion. Après quoi l'on portera l'inftrument à l'extrêmité C, & l'on fera avec la ligne CA un angle ACD de 117 degrez 39 minutes, qui fera l'angle de l'épaule, & l'on prendra dans la longueur CD une quantité de 27 toifes 2 pieds, en commençant du point C pour avoir le flanc CD.

L'on fera la même opération au piquet B, comme on vient de faire à l'autre; & après avoir tracé, ou feulement planté des piquets aux points F & E, l'on fe portera au point E pour voir s'il fe trouve de même alignement que les deux C & A, afin de remarquer fi la face AC fe termine précifément dans l'angle flanquant; & l'on fera la même chofe pour être affuré de la juftefle de la face BF: enfuite l'on n'aura plus qu'à tracer avec un cordeau la Courtine DE, auffi bien que les faces & les flancs des Baftions; & pour voir fi on ne s'eft pas trompé en traçant les faces & les flancs, on mefurera la Courtine, afin de la vérifier avec le calcul.

AUTRE MANIERE DE TRACER
en fe fervant de la Planchette.

Fig. 198.
192.

530. Comme on n'eft pas toûjours à portée d'avoir des inftrumens pour tracer des Ouvrages, voici une maniere par laquelle on peut s'en paffer, n'étant point néceffaire de connoître la valeur des angles pour tracer une Fortification.

Il faut faire fur une feüille de papier avec une échelle la plus grande que l'on pourra, les Ouvrages du front que l'on veut tracer; enfuite l'appliquer fur la Planchette avec de la cire d'Efpagne, de façon que le papier ne faffe aucun pli; & fuppofant que le quarré ST repréfente la Planchette avec le plan. Voici comme on s'en fervira.

Ayant une régle avec deux pinulles, il faut porter la Planchette fur fon point à l'endroit du piquet A, & puis mettre le bord de la régle le long de la ligne LM, & difpofer la Planchette de maniere que la régle dans cette situation, se trouve d'alignement avec les deux piquets A & B, & prendre garde de ne point faire vaciller la Planchette: il faut ensuite mettre la régle le long de la face LN, & bornoyant le long de la régle, l'on mettra un piquet sur l'alignement: après quoi l'on n'aura qu'à marquer la longueur de la face, comme on a fait ci-devant, & mettre un piquet à l'extrêmité C.

Il faut après cela poser la Planchette au point C, & mettre avec la régle la ligne LN d'alignement avec la face CA, & puis l'on changera la régle pour la mettre le long de la ligne NO, pour déterminer l'ouverture de l'angle ACD, qui doit être la même que celle de l'angle LNO, afin de marquer la longueur du flanc CD; & si l'on vient à l'endroit B, pour y tracer, comme ci-devant, la face MP, & le flanc PQ; l'on plantera les piquets F & E, qui acheveront de donner les lignes & les angles de la Fortification.

APPLICATION DE LA TRIGONOMETRIE
à la conduite des Galeries de Mines.

531. Les Mines étant devenues d'un grand usage pour l'attaque & la défense des Places, il semble qu'il est à propos de faire voir ici de quelle façon la Trigonométrie peut y avoir part, soit pour l'utilité des Assiegeans ou des Assiegez.

Les Assiegeans se servent des Mines, comme nous l'avons déja dit, pour se faire un logement sur les Glacis des Chemins couverts, ou pour se loger dans quelque Ouvrage; & les Assiegez s'en servent pour renverser les Batteries ou les Logemens de l'Ennemi, qui sont le plus à portée de la contrescarpe. Mais comme l'Assiegeant, aussi-bien que l'Assiegé, pour s'enfoncer autant que la ligne de moindre résistance * le demande, font ordinai-

---

* Les Mineurs appellent, ligne de moindre résistance, la perpendiculaire qui est au dessus du Fourneau qui marque la hauteur des terres que la Mine doit enlever.

rement un puits ou des degrez pour percer la Galerie, il arrive quelquefois qu'ils n'ont point fait deux toises d'ouvrages, qu'ils rencontrent un obstacle, comme de la pierre fort dure, ou une source qui les empêche d'avancer en ligne droite. Dans ce cas, la pratique ordinaire du Mineur est de se détourner, en faisant un retour à angle droit sur la droite ou sur la gauche, pour se remettre ensuite dans son chemin. Par exemple, s'il part de l'endroit A pour aller vers B, & qu'étant arrivé à l'endroit D, il rencontre un obstacle C, il fait le retour DE de la longueur qu'il juge nécessaire, pour ne rien trouver qui l'embarrasse; ensuite il continue de cheminer en droiture par la Galerie EF, au bout de laquelle il fait encore un retour FG égal au précedent, pour faire le reste de la Galerie GB sur l'alignement A. Mais comme tous ces retours demandent beaucoup de tems & de travail, & que d'ailleurs ils empêchent que l'air ne circule comme il faut dans la Galerie, voici par la Trigonométrie comme on peut abreger le chemin.

Fig. 100.

Suppofant qu'étant parvenu de O en H, on ait rencontré un obstacle T, il faut se détourner à angle droit d'une longueur HI, la plus courte qu'il sera possible, & voir la difference du chemin que l'on a fait avec celui qu'on a à faire pour avoir la longueur de la ligne HK, qui va se terminer au point K, où l'on doit établir le Fourneau. Or comme l'on a le triangle rectangle HIK, dont l'hypotenuse IK est la longueur que doit avoir la Galerie qui reste à faire pour aller de I en K, on trouvera cette longueur, aussi-bien que l'angle HIK par la Trigonométrie, parce que l'on a dans le triangle rectangle les deux côtez HI & HK de connus. Présentement il ne s'agit plus que de tracer sur le terrein l'angle HIK d'autant de degrez qu'on en aura trouvé par le calcul; ce que l'on pourra faire aisément, en appliquant sur une grande équerre brisée le compas de proportion, pour que les deux bras de l'équerre fassent un angle d'autant de degrez qu'il sera nécessaire.

Fig. 101.

532. Les Fourneaux que l'on fait pour loger les Poudres deſtinées à faire jouer une Mine, ne ſe pratiquent pas toûjours à l'extrêmité de la Galerie, parce que la même Galerie aboutit preſque toûjours à pluſieurs Fourneaux que l'on ſépare par des autres petites Galeries que l'on appelle *Rameaux*; par exemple, ſi l'on a une Galerie HF, au bout de laquelle eſt un Rameau FA, qui aboutit à un Fourneau G. Les Mineurs après avoir chargé le Fourneau, le ferment par de gros madriers bien étançonnez, ils rempliſſent le Rameau AF, & une partie de la Galerie FH de terres, de pierres, &c. afin que la poudre ne trouve pas un foible du côté de la Galerie, par lequel elle feroit tout ſon effet. Or pour faire en ſorte que la poudre agiſſe en haut, il faut que la ligne de moindre réſiſtance BC ſoit plus petite que toute autre ligne, qui ſeroit tirée du point G à l'entour du Fourneau : ainſi ſi la Galerie n'étoit bourrée que juſqu'au point I, & que la ligne GI fût plus petite que CB, la Mine au lieu de faire un bon effet, ſoufferoit du côté de la Galerie, & n'agiroit que fort peu au dehors. Or pour trouver le point E en ſorte que GE ſoit égal à CB, conſiderez que l'on a le triangle rectangle GFE, dont le côté GF eſt connu, puiſque c'eſt la longueur du Rameau que nous ſuppoſerons de 8 pieds; le côté GE ſera auſſi connu, puiſqu'il eſt égal à la ligne de moindre réſiſtance CB, que nous ſuppoſerons de 24 pieds : c'eſt pourquoi l'on pourra connoître le côté FE que l'on demande.

Cependant comme on peut ſe paſſer de la Trigonométrie, j'aimerois mieux en pareil cas quarrer le côté GE pour en ſouſtraire le quarré du côté FG, & extraire la racine quarrée du reſte, que l'on trouvera de 22 pieds pour la longueur du côté FE; ainſi il faudra bourrer 22 pieds de la Galerie. Mais comme les terres rapportées dans la Galerie ne réſiſteront jamais autant que les terres vierges, l'on aura ſoin (pour que la poudre ne faſſe pas ſon effet du côté de la Galerie) d'en bourrer 4 ou 5 pieds plus qu'il ne faut.

AVERTISSEMENT.

J'aurois pû m'étendre davantage sur l'application de la Trigonométrie au Toisé des lignes d'une Fortification; mais la brieveté que je me suis proposée dans cet Ouvrage, & la réflexion que j'ai faite que cette application appartenoit plûtôt à un Traité complet de Fortifications qu'à mon sujet, ne m'ont pas permis d'en parler plus au long.

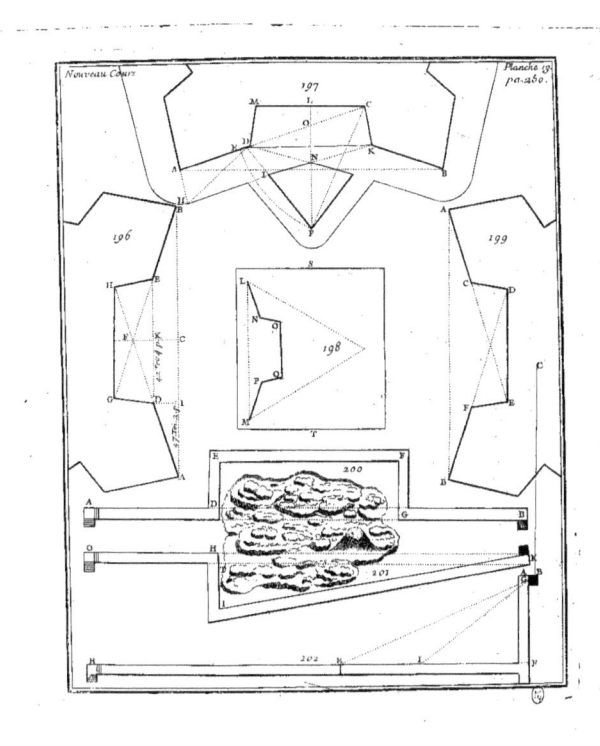

NOUVEAU COURS
DE MATHEMATIQUE.

TROISIEME PARTIE.

Où l'on donne la Theorie & la Pratique du Nivellement.

DEFINITIONS.

I.

533. L'On dit que deux points sont de *niveau*, lorsqu'ils sont également éloignez du centre de la Terre.

534. De sorte qu'une ligne qui a tous ses points également éloignez du centre de la Terre, est appellée *Ligne du vrai Niveau*, qui ne peut être qu'une ligne courbe.

535. L'on peut donc dire que la superficie des Lacs, des Etangs, & de toutes les Eaux qui ne sont guéres agitées, renferment une infinité de points de niveau, puisqu'ils sont tous également éloignez du centre de la Terre.

II.

536. *Ligne de niveau apparent*, est une ligne telle que BD, tangente au cercle de la Terre, & par conséquent perpendiculaire au demi-diamétre AB ; cette ligne est nommée, *Ligne de niveau apparent*, parce que ses extrêmitez B & D ne sont pas également éloignées du centre de la Terre ; ainsi toute ligne parallele à l'horison, & qui étant prolongée par une de ses extrêmitez, s'écarte de la superficie de la Terre, comme une tangente s'écarte de

la circonference d'un cercle est une ligne de niveau apparent.

Comme le point B est de niveau avec le point C, puisqu'ils sont également éloignez du centre A de la Terre, l'on voit qu'il s'en faut toute la ligne CD, que le point B ne soit de niveau avec le point D, l'on peut donc dire que la ligne CD est *la difference du niveau apparent au-dessus du vrai*.

537. Quand une ligne de niveau apparent n'a pas plus de 100 ou 150 toises, il s'en faut si peu que ses extrêmitez ne soient également éloignées du centre de la Terre qu'on peut la regarder comme étant parfaitement de niveau ; mais si elle surpasse cette longueur, il faut avoir égard à la difference du niveau apparent au-dessus du vrai, comme nous le ferons voir en son lieu.

III.

Quand on veut niveler deux endroits pour sçavoir de combien l'un est plus élevé que l'autre, ces deux endroits sont nommez *Termes*, & pour lors l'endroit par où l'on commence le Nivellement, est nommé *premier Terme*, & celui où se va terminer la ligne de niveau apparent, est nommé le *second Terme*.

CHAPITRE I.

Où l'on donne l'usage du Niveau d'eau.

Fig. 204.

538. LA principale piece du Niveau d'Eau est un tuyau AB de 5 ou 6 pieds de long, recourbé par ses extrêmitez C & D ; ce tuyau peut avoir un pouce de diamétre, aux extrêmitez sont deux bouteilles FC & GD, qui sont le principal du Niveau: ces bouteilles, pour être d'un bon usage, doivent être d'un verre fort blanc, bien clair & transparent, faites exprès pour être plus commodes; car les deux cercles F & G, qui ont environ trois

DE MATHEMATIQUE. 253

pouces de diamétre, font proprement les culs de ces bouteilles, dans le milieu defquels il y a un trou circulaire d'environ un pouce: ces bouteilles, qui ont 5 pouces de hauteur, ont un petit goulot, dont la groffeur eft plus petite que celle du tuyau, parce qu'elles doivent être maftiquées dedans aux extrêmitez C & D: dans le milieu du tuyau AB eft une virole avec un genou, qui répond à un bâton MN de 4 pieds, de forte que le Niveau étant pofé à un endroit, on le peut faire tourner en tous fens, comme fur un pivot fans bouger le pied.

Pour fe fervir de cet inftrument, l'on verfe de l'eau dans une des bouteilles, qui va auffi-tôt fe communiquer dans l'autre, à caufe du tuyau qui eft ouvert par les deux bouts; & quand les bouteilles ont de l'eau environ jufques aux deux tiers, l'eau donne deux furfaces H & I, qui font parfaitement de niveau. Cela pofé, fi l'on veut fçavoir de combien le terme Q eft plus élevé que le Terme P, celui qui fait l'operation envoye un aide au fecond Terme Q, où il pofe une toife, ou une double toife, le plus perpendiculairement qu'il eft poffible, qu'il doit tenir de la main gauche, parce que dans la droite il doit avoir un carton blanc de la grandeur d'un cul de chapeau, & dans le milieu duquel on fait un petit rond noir d'un pouce de diamétre; & fuppofant que cet aide foit bien inftruit des mouvemens qu'il doit faire, foit pour aller fur la droite ou fur la gauche, ou pour faire monter ou defcendre le carton le long de la toife, aux differens fignes qu'on lui fera: celui qui fait l'operation vife horifontalement aux furfaces de l'eau, l'endroit de la toife qui fe rencontre dans le rayon de mire KL; & ayant fait figne à l'aide de faire gliffer le carton le long de la toife, pour que le bord fuperieur du rond noir fe rencontre au point L; on lui fera enfuite un autre figne, pour lui faire entendre qu'il s'eft rencontré jufte, & pour lors un autre aide, qui eft avec celui-ci, mefure exactement la hauteur QL, que je fuppofe de 2 pieds 9 pouces, & pendant ce tems-là un autre aide, qui ne quitte point celui qui fait l'operation, mesure la hauteur KP, qui sera, par exemple, de 4 pieds 6 pouces, après avoir mis en écrit de part & d'autre les hauteurs que l'on aura trouvées, & les deux aides que l'on a détachez étant venus joindre celui qui fait l'operation, l'on cherche qu'elle est la difference de la ligne KP à la ligne LQ, en les souftrayant l'une de l'autre, & l'on trouve 1 pied 9 pouces, qui est la hauteur du second Terme au-dessus du premier: ainsi l'on voit que tout l'objet du Nivellement est de connoître de combien un lieu est plus élevé qu'un autre.

539. Comme les coups de Niveau, qui se donnent avec cet instrument, ne vont guéres au-delà de 100 à 120 toises, l'on n'a point égard au Niveau apparent dans les petites operations comme celle-ci, parce que le Niveau apparent peut être pris pour le vrai.

Fig. 205.

A cause de la petite portée des coups de Niveau, on est obligé d'en donner plusieurs de distance en distance, quand les objets que l'on veut niveler sont beaucoup plus éloignez l'un de l'autre que l'on ne l'a supposé ici; cependant quand cette distance est environ double de la portée du coup de Niveau, on peut par une seule station trouver la difference des hauteurs du Niveau de ces deux endroits, pourvû que l'on puisse les appercevoir tous les deux, quand on se sera placé à peu près dans le milieu de leur distance.

Par exemple, supposant que la distance de A en B soit de 220 toises, & qu'on veüille sçavoir de combien le Terme A est plus bas que le terme B, il faut poser le Niveau en C, qui sera à peu près le milieu de la distance AB; ensuite viser de D en E, le rond noir du carton que l'aide aura posé au point G, que je suppose élevé de 2 pieds 4 pouces. Cela posé, celui qui fait l'operation quitte la bouteille D, & vient à la bouteille E, pour viser de E en F, parce qu'il doit y avoir à l'endroit A un autre aide, pour tenir la toise & le carton: & comme il peut arriver que la ligne AF soit élevée au-dessus de l'endroit A de plus de 6 pieds, en ce cas on a une autre toise, au

DE MATHEMATIQUE. 255
bout de laquelle eſt un carton, comme celui dont nous avons déja parlé, & l'aide fait gliſſer cette toiſe le long de l'autre, la faiſant monter & deſcendre tant que le rond noir du carton ſe rencontre dans le rayon de mire EF; après quoi un autre aide meſure exactement la hauteur FA. Or ſuppoſant qu'ayant meſuré avec autant de préciſion qu'il eſt poſſible, l'on ait trouvé 9 pieds 6 pouces pour la hauteur AF, on ſouſtraira de cette quantité 2 pieds 4 pouces, qui eſt l'élevation dn point G, & la différence ſera 7 pieds 2 pouces, qui fait voir que l'endroit A eſt plus bas que B de 7 pieds 2 pouces.

Cette maniere de niveler eſt la meilleure de toutes, parce qu'elle eſt moins ſujette à erreur, ſoit de la part du Niveau apparent, ou des réfractions ; car tant que le point C ſera dans le milieu de deux Termes, les points F & G feront parfaitement de niveau, puiſqu'ils ſont également éloignez du centre de la Terre : d'ailleurs par cette pratique on fait beaucoup moins de ſtations que ſi l'on alloit par pluſieurs coups de Niveau d'un terme à l'autre.

CHAPITRE II.
Où l'on donne la maniere de faire le Nivellement compoſé.

540. Quand les deux Termes que l'on veut niveler Fig. 206. ſont beaucoup plus éloignez l'un de l'autre qu'on l'a ſuppoſé dans l'operation précedente, on eſt obligé de faire pluſieurs ſtations ; & en ce cas l'on dit que le Nivellement eſt compoſé ; car en effet il eſt compoſé de pluſieurs coups de Niveau, que l'on fait enſorte d'abreger, comme on le va voir dans l'operation ſuivante.

Pour niveler deux objets A & B, éloignez l'un de l'autre de 680 toiſes, il faut diviſer ce nombre par 200 ou 220 toiſes, pour voir combien l'on ſera obligé de faire de ſtations; car dans l'operation précedente on a nivelé par une ſeule ſtation une diſtance de 220 toiſes ; ainſi comme 680 divifé par 220, donne 3 au quotient, je vois qu'en trois ftations on peut niveler les deux Termes A & B. Pour cela je commence par chercher dans la diftance AB les trois endroits qui font les plus commodes pour faire les ftations: je choifis d'abord le point C à peu près dans le milieu de AB, où je fais planter un piquet, & à une diftance de 100 ou 110 toifes du point A j'en fais planter un autre en D, & à la même diftance du point B j'en fais placer un troifiéme E, & autant qu'il fe peut, il faut que ces trois piquets foient d'alignement avec les deux termes A & B. Ayant donc déterminé les trois ftations D, C, E, il faut envoyer deux aides au premier Terme A, dont le premier porte une ou deux toifes, & le fecond foit chargé d'écrire les hauteurs; on en envoye un troifiéme à peu près dans le milieu de la diftance DC, lequel ne doit point bouger de fa place, qu'on n'ait achevé les operations de la premiere & de la feconde ftation, parce que la toife qu'il tiendra en main doit fervir de Terme commun pour les deux premieres ftations.

Ayant donc fait porter le Niveau au point D, il faut vifer de T en S, pour que le rayon de mire TM aille rencontrer le bord fupérieur du rond noir, qui fera au point M, & le fecond aide mefure la hauteur MA, que je fuppofe de 8 pieds 2 pouces, qu'il a foin d'écrire fur des tablettes: enfuite on vife de S en T, pour découvrir le rond noir au point K; & comme il n'eft pas néceffaire de connoître la hauteur KF, qui feroit plus embarraffante qu'utile, l'aide qui tient la toife fe contente de marquer un trait de crayon à l'endroit de la toife où le rayon de mire SK s'eft terminé: de-là on vient à la feconde ftation C, & on envoye à peu près dans le milieu de la diftance CE un aide à l'endroit G, qui ne doit pas bouger de fa place, que les operations de la feconde & de la troifiéme ftation ne foient finies. Préfentement il faut donner un coup de Niveau de Q en R, pour découvrir le point L du rond noir; & quand on l'aura rencontré, on mefurera la hauteur KL, qui eft la diftance du trait de crayon que l'on a

marqué

marqué sur la toise au point L, & celui qui tenoit les tablettes à l'endroit A, a eu soin de se rendre à la seconde station, pour y écrire la hauteur KL, qui sera, par exemple, de 3 pieds 6 pouces : après cela il faut viser de R en Q, pour que celui qui est en G puisse marquer sur la toise le point H par un trait de crayon, sans s'embarrasser de son élévation, qu'il est inutile de connoître, comme nous l'avons déja dit. Enfin, l'on fait porter le Niveau à la troisiéme station E, pour donner un coup de Niveau de P en O, qui ayant déterminé le point I, on mesurera la ligne HI, que je suppose de 4 pieds 3 pouces, qu'on aura soin d'écrire sur les tablettes : après quoi on donnera le dernier coup de Niveau ON, & l'aide qui est en B, mesurera la hauteur BN, que je suppose d'un pied 6 pouces, qu'il faudra écrire à part, parce que cette hauteur n'a rien de commun avec ce que l'on a marqué sur les tablettes.

Le Nivellement étant achevé, l'on ajoûtera ensemble les hauteurs que l'on a écrites sur les tablettes, c'est-à-dire, 8 pieds 2 pouces, 3 pieds 6 pouces, & 4 pieds 3 pouces, qui font 15 pieds 11 pouces, d'où il faudra soustraire la hauteur BN d'un pied 6 pouces, & la différence sera 14 pieds 5 pouces, qui est l'élévation de l'endroit B au-dessus de l'endroit A.

CHAPITRE III.

Où l'on donne la maniere de niveler deux Termes, entre lesquels il se trouve des hauteurs & des fonds.

541. Quand on veut niveler deux objets fort éloignés l'un de l'autre, il est assez rare qu'on ne rencontre en chemin des hauteurs & des fonds, qui obligent de niveler tantôt en montant, tantôt en descendant. En ce cas, il faut observer certaines choses dont nous n'avons pas encore parlé, qui sont, d'écrire sur les

Fig. 207.

tablettes dans une colonne toutes les hauteurs que l'on trouvera en montant, & dans une autre colonne toutes celles que l'on trouvera en defcendant ; & pour les diftinguer à l'avenir, nous nommerons premiere colonne celle dans laquelle il faudra écrire les hauteurs que l'on trouvera en montant, & feconde colonne celle dans laquelle on écrira toutes les hauteurs que l'on trouvera en defcendant. L'on va voir ceci dans l'opération fuivante.

Pour niveler deux lieux A & B, il faut commencer par pofer le Niveau au point D, éloigné d'environ 100 toifes des endroits A & 3, où l'on aura envoyé des aides avec des toifes ; enfuite il faut donner les coups de Niveau DC & DE, & écrire la hauteur AC de 9 pieds 4 pouces dans la premiere colonne, & marquer un trait de crayon à l'endroit E : de-là il faut faire porter le Niveau au point 4, qui n'eft pas dans le milieu de la ligne FH, à caufe que la rampe de trois en 5 ne le permet point, mais cela n'empêche pas que les coups de Niveau GF & GH ne foient juftes, parce qu'ils ne font pas d'une grande portée. Ayant donc déterminé les points F & H, il faut mefurer la hauteur FE, qui fera, par exemple, de 9 pieds 6 pouces, qu'il faut écrire dans la premiere colonne, & ne pas oublier de marquer un trait de crayon au point H de la toife 5 : de-là il faut venir à la ftation 6, & donner les coups de Niveau KI & KL, l'on marquera, comme à l'ordinaire, un trait de crayon au point L, & l'on écrira dans la premiere colonne la hauteur IH, que je fuppofe de 7 pieds ; de-là on viendra à la ftation 8, de laquelle je fuppofe qu'on ne peut donner que le coup de Niveau NM, à caufe que la rampe eft trop grande pour pouvoir en donner un fecond de l'autre côté, l'on mefurera la hauteur LM depuis le point L, que l'on a marqué fur la toife jufqu'au point M du rayon de mire, qui fe trouve de 8 pieds 2 pouces ; l'on aura foin de l'écrire dans la feconde colonne, parce que c'eft une hauteur que l'on a trouvée en defcendant : mais comme la hauteur NO du Niveau fait voir de combien le point O eft plus bas que le point

DE MATHEMATIQUE.

M, il faudra mesurer cette hauteur, que je suppose de 4 pieds & demi, pour l'écrire aussi dans la seconde colonne; ensuite il faudra faire planter un piquet à l'endroit O, & descendre le Niveau au point 9, qu'il faudra trouver; de sorte que le rayon de mire PO aille rencontrer le pied du piquet: après quoi l'on donnera le coup de Niveau PQ, & l'aide qui tient la toise aura soin de marquer un trait de crayon au point Q. De-là on ira à la station 11, pour y donner les coups de Niveau SR & ST, afin d'avoir la hauteur RQ, qui sera, par exemple, de 3 pieds, qu'il faudra écrire dans la premiere colonne, parce que c'est une hauteur que l'on a trouvée en montant; il faut aller après cela au point 13, pour y donner les coups de Niveau XV, XY, & l'on écrira dans la premiere colonne la hauteur VT, qu'on suppose de 5 pieds 5 pouces : & comme il arrive que le rayon XY va se terminer à un point Y de la hauteur, il n'y aura pas de trait de crayon à marquer sur la toise à cet endroit-là; on y laissera seulement un aide, pour servir à l'opération 15, laquelle ayant déterminé les points Z & B, des coups de Niveau AZ & AB, l'on mesurera la hauteur ZY, que je suppose de 7 pieds 4 pouces, qu'il faudra encore écrire dans la premiere colonne : de-là il faut venir à la station 17, pour y donner les coups de Niveau DC & DE, marquer un trait de crayon au point E, & considérer que la hauteur BC, qu'on suppose de 6 pieds 6 pouces, a été trouvée en descendant, & que par conséquent il faut l'écrire dans la seconde colonne. Enfin, l'on portera le Niveau à la derniere station B, pour déterminer par le rayon GF la hauteur EF, qui sera, par exemple, de 8 pieds 5 pouces, qu'il faudra écrire dans la seconde colonne, aussi-bien que la hauteur GB du Niveau, qui est ordinairement de 4 pieds 6 pouces.

Présentement, si l'on additionne les nombres de la premiere colonne, l'on trouvera 38 pieds 7 pouces ; & faisant la même chose pour la seconde, l'on aura 32 pieds 1 pouce. Or, si l'on retranche la plus petite somme de la

K k ij

plus grande, c'est-à-dire, 32 pieds 1 pouce, de 38 pieds 7 pouces, la différence sera 6 pieds 6 pouces, qui fait voir que le terme A est plus bas que le terme B de 6 pieds 6 pouces.

Il est bon de remarquer que lorsque l'on a un Nivellement à faire en montant, & qu'on s'apperçoit que les coups de Niveau sont trop courts, de sorte qu'on est obligé d'en donner trop souvent, il vaut mieux monter au sommet de la hauteur, & faire le Nivellement en descendant, observant d'écrire dans la premiere colonne les hauteurs que l'on trouvera en allant vers un Terme, & dans la seconde colonne, celles que l'on trouvera en allant vers l'autre.

Par exemple, si l'on veut connoître la différence des hauteurs de deux Termes A & B, & qu'on s'apperçoive qu'il faudra trop de tems & trop d'opérations pour niveler de A en B par une suite de coups de Niveau, on fera porter le Niveau à l'endroit 6, que je suppose être le sommet de la hauteur, & l'on nivellera de 6 en A, en observant d'écrire dans la premiere colonne les hauteurs que l'on trouvera; après cela l'on viendra à l'endroit 6, pour niveler de 6 en 10, & les hauteurs que l'on trouvera, on les écrira dans la seconde colonne. Enfin, on viendra au sommet 15 de la seconde éminence, pour niveler de 15 en 10, mettant toutes les hauteurs que l'on trouvera dans la premiere colonne; après quoi l'on nivellera de 15 en B, & on écrira les hauteurs de cette derniere opération dans la seconde colonne, & le reste sera comme dans l'opération précédente.

L'on peut faire beaucoup d'ouvrage en peu de tems par cette maniere de niveler, parce que tandis qu'une personne entendue fait le nivellement de 6 en A, une autre peut faire celui de 6 en 10; & de la même façon celui de 15 en 10, & de 15 en B.

DE MATHEMATIQUE. 261

PREMIERE COLONNE.   SECONDE COLONNE.

pieds.	pouces.	lignes.	pieds.	pouces.	lignes.
9″—″	4″—″	0″	8″—″	2″—″	0″
9″—″	6″—″	0″	4″—″	6″—″	0″
7″—″	0″—″	0″	6″—″	6″—″	0″
3″—″	0″—″	0″	8″—″	5″—″	0″
5″—″	5″—″	0″	4″—″	6″—″	0″
7″—″	4″—″	0″			

————————————————— 32 pieds″ 1 pou.″ 0 li.″
38 pieds″ 7 pouces″ 0 li.″

pieds   pouces
38″—″   7″—0″
32″—″   1″—0″

————————————————————————————
Différence   6 pieds   6 pouces.
————————————————————————————

CHAPITRE IV.

Où l'on fait voir la maniere de connoître de combien le Niveau apparent est élevé audessus du vrai, pour une ligne de telle longueur que l'on voudra.

542. L'On n'a pas eu égard à la différence du Niveau apparent au-dessus du vrai dans les Nivellemens que nous venons d'enseigner, parce que les coups de Niveau étoient fort petits; d'ailleurs, les opérations ont été faites d'une maniere à ne pas donner lieu à cette différence : mais comme le Niveau d'eau ne peut servir que pour des petits Nivellemens, & qu'il demande une grande exactitude, pour ne point faire d'erreur, quand le Nivellement est fort composé, on a inventé une autre espece de Niveau, avec lequel, par le

Fig. 1035

K k iij

moyen d'une lunette, l'on peut donner des coups de Niveau extrêmement grands ; c'est l'usage de ce Niveau que nous allons enseigner, après avoir donné dans ce Chapitre la maniere de calculer la hauteur du Niveau apparent au-dessus du vrai, dont la connoissance est absolument nécessaire, quand on fait de grands Nivellemens.

543. Nous avons vû dans la Géométrie que le quarré de la tangente BD étoit égal au rectangle compris sous la sécante GD, & sous la partie CD : ainsi divisant le quarré de la ligne BD par la valeur de la ligne GD, on trouvera la ligne CD. Mais comme la ligne GC, qui est le diamétre de la Terre, qui a été trouvée de 6538594 toises, ne differe de la ligne GD que d'une quantité infiniment petite, il s'ensuit que l'on pourra prendre la ligne GC pour la ligne GD, & que divisant le quarré de la ligne BD par le diamétre GC de la Terre, c'est-à dire, par 6538594, l'on aura la valeur de la ligne CD, qui est la différence du Niveau apparent avec le vrai. Or, supposant que la ligne de Niveau apparent BD, soit de 800 toises, il faudra les réduire en lignes, & l'on aura 691200 lignes, qu'il faut ensuite quarrer pour avoir 477757440000, qui est le quarré de la ligne BD. Présentement, si l'on réduit le diamétre de la Terre, qui est de 6538594 toises en lignes, on aura 5649345216 lignes; & divisant le quarré de la ligne BD par le nombre précédent, l'on aura environ 85 lignes, qui sont 7 pouces une ligne, pour la difference CD du Niveau apparent au-dessus du vrai.

544. L'on peut encore d'une maniere plus géométrique que la précédente trouver la valeur CD du Niveau apparent au-dessus du vrai: car à cause du triangle rectangle ABD les quarrez AB & BD, pris ensemble, valent le quarré de l'hypothenuse AD. Ainsi, il n'y a qu'à quarrer la valeur du demi-diamétre de la Terre, & la valeur de BD de la ligne de Niveau apparent, & additionner ces deux quarrez, dont la racine sera la ligne AD,

DE MATHÉMATIQUE. 263

de laquelle il faudra retrancher la valeur du demi-diamétre AB ou AC de la Terre, & la difference fera la valeur de la ligne CD.

545. L'on peut remarquer que les hauteurs de deux points de Niveau apparent au-deffus du vrai, font dans la même raifon que les quarrez des lignes des Niveaux apparens ; car prenant le diamétre GC pour la ligne GD, & le diamétre HK pour la ligne HI, le quarré de la ligne BI étant auffi égal au rectangle compris fous HK & KI, les quarrez des lignes BD & BI feront dans la même raifon que les rectangles qui leur font égaux : mais ces rectangles ayant chacun pour bafe le diamétre GC ou HK de la Terre, feront comme leurs hauteurs CD & KI; ainfi les quarrez BD & BI feront donc dans la raifon des lignes CD & KI.

546. L'on peut tirer de cette conféquence une regle générale pour trouver la hauteur du Niveau apparent au-deffus du vrai, d'une façon bien plus courte, que par les deux méthodes précédentes : car fi on connoît une fois la hauteur du Niveau apparent au-deffus du vrai pour une ligne d'une certaine longueur, l'on pourra trouver la même chofe pour toutes les autres.

Par exemple, étant prévenu que pour une diftance de 600 toifes, le Niveau apparent eft élevé au-deffus du vrai de 4 pouces, pour fçavoir combien il eft élevé pour une diftance de 1000 toifes, je fais une Regle de trois, en difant : Si le quarré de 600, qui eft 360000, donne 4 pouces, combien donnera le quarré de 1000, qui eft 1000000. La Regle étant faite, on trouvera 11 pouces 1 ligne 4 points pour la hauteur du Niveau apparent au-deffus du vrai, d'un coup de Niveau de 1000 toifes.

CHAPITRE V.

Où l'on fait la description du Niveau de Monsieur Hugeins.

547. NOus n'avons parlé jusqu'à présent que du Niveau d'eau, parce que c'est celui qui est le plus en usage dans les Nivellemens qui ne sont pas d'une grande étendue. Cependant, comme les Niveaux qui ont des lunettes, sont bien plus commodes, parce que l'on peut en deux ou trois coups de Niveau, ou quelquefois même en un seul, niveler deux objets, dont on ne pourroit connoître la différence des hauteurs avec le Niveau d'eau, sans faire beaucoup plus d'opérations. Voici celui qui a été inventé par M. Hu eins, qui peut passer pour le plus commode & le plus juste de tous ceux qui ont été faits dans ce goût-là.

Fig. 108.   Une des principales parties de cet instrument est la virole D, qui a deux branches plates, C & E, qui sont semblables, chacune d'environ un demi-pied de long; de sorte que le tout fait une espece de croix. Cette virole D porte la lunette AB longue de deux pieds : si elle n'a que deux verres convexes, elle représentera les objets renversez, mais avec beaucoup plus de clarté, que si elle en a quatre, qui les remettroient dans leur situation naturelle. Le tuyau de cette lunette doit être de cuivre, ou de quelqu'autre matiere forte, & à l'épreuve des injures de l'air.

Au bout des branches de la virole D sont attachez deux filets doubles, passez dans des petits anneaux, & serrez entre des pinces à deux dents, dont l'une est fixée au bout de sa branche, & l'autre y est attachée de telle maniere qu'elle se puisse ouvrir.

Comme la lunette est suspendue par la virole D au crochet F, elle est tendue horisontalement par le pois qui est

enfermé

enfermé dans la boëte G, dont il ne fort que fon crochet. La pefanteur de ce poids ne doit être qu'environ la pefanteur de la croix, & le vuide qui refte dans cette boëte, eft rempli d'huile de noix ou de lin, ou de quelqu'autre liqueur qui ne fe glace ni ne fe fige point; & c'eft par cette liqueur que font arrêtez les balancemens du poids & de la lunette. Il doit y avoir au dedans de la lunette un fil de foie tendu horifontalement au foyer du verre objectif; & c'eft par une vis, que l'on tourne au travers du trou H, percé dans le tuyau de la lunette, que l'on abaiffe ou éleve ce fil felon le befoin. Il faut mettre au tuyau de la lunette une petite virole, qui doit être fort legere, & ne pas pefer plus d'une quatre-vingtiéme partie de la croix : elle n'eft point attachée au tuyau de la lunette, parce qu'il faut la pouffer vers le bout, ou l'en reculer autant qu'il eft néceffaire pour trouver l'équilibre de la lunette, & la mettre parallele à l'horifon.

Cette Machine eft fufpendue au haut d'une efpece de croix de bois plate, où il y a pour cela le crochet F, qui peut fe hauffer ou baiffer par le moyen de la vis qui tient à l'anneau qui fufpend la Machine : cette même croix tient la boëte, qui contient le plomb & l'huile; & cette boëte eft enfermée par les côtez & par le fonds.

On couvre le niveau par une autre efpece de croix, qui eft creufe, que l'on applique contre la croix de bois plate, avec plufieurs crochets, afin de couvrir le niveau contre les injures du tems; de forte que le tout fait une boëte.

Pour rectifier ce niveau, on le fufpendra par l'anneau d'une de fes branches, fans attacher de poids par en bas, & l'on vifera par la lunette à quelque objet éloigné, remarquant l'endroit où le point de l'objet eft coupé par le fil de la lunette, & enfuite on mettra le poids, en l'accrochant dans l'anneau d'en bas : & fi alors le fil de la lunette répond à la même marque de l'objet, c'eft une preuve certaine que le centre de gravité, ou les deux points de la fufpenfion de la croix répondent au centre du tuyau de la lunette, ou au centre de la Terre; mais si cela ne se trouve pas précisément au même point, on la verifiera par le moyen de la virole I, en la faisant couler de part ou d'autre, pour réparer le défaut, & mettre la lunette en équilibre; & la lunette étant mise horisontalement par la virole sans poids & avec poids, on la tournera sens dessus dessous, mettant en haut la branche d'en bas, & attachant le poids à la branche que l'on a abaissée.

Si après cette rectification, le fil qui est dans la lunette se trouve à la même hauteur de l'objet que devant; c'est une marque que le fil du foyer de la lunette est directement au milieu de ce foyer: mais si le fil ne vise pas au même point, & que le fil coupe l'objet au-dessus ou au-dessous, on haussera ou baissera par la vis qui est pour cela, jusqu'à ce que le fil coupe le point moyen, qui est entre les deux points remarquez, & après cela le niveau sera bien rectifié.

Le pied qui doit porter la Machine, est une espece de table de fer ou de cuivre, qui est ronde & un peu concave, afin que la Machine soit plus solidement établie dans la concavité: elle est élevée sur trois bâtons, qui y sont attachez en charniere, & dont la hauteur est de trois ou quatre pieds.

La Fig. N représente en grand le tuyau qui porte en dedans de la lunette le fil horisontal, qui est attaché à la fourchette K avec de la cire.

Il faut si peu de chose pour faire de grandes erreurs en nivellant, que l'on ne sçauroit prendre trop de précautions à se bien servir des instrumens: pour cela il faut les connoître parfaitement; quand je dis les connoître, j'entends que l'on doit si-bien les examiner, que l'on puisse en sçavoir jusqu'au moindre défaut, entre lesquels il n'y en a point de plus considérable, que de baisser ou hausser la mire. Il est vrai que pour le niveau de M. Hugeins, quand même il n'auroit pas été fait avec assez de précaution, pour avoir cet inconvénient, il ne faut pas beaucoup s'en embarrasser; car s'il baisse la

DE MATHEMATIQUE. 267

mire dans un fens, il la hauffera d'autant dans un autre; & prenant le point du milieu des deux objets, l'on aura toujours le vrai niveau apparent, qui eſt un avantage particulier de ce niveau, de pouvoir être renverſé de bas en haut, & de haut en bas; mais comme on peut ſe ſervir de tout autre inſtrument qui n'aura pas cet avantage, voici le moyen de corriger un rayon de mire faux.

Fig. 209.

Ayant poſé un inſtrument à l'endroit A, pour pointer vers DG, je ſuppoſe que l'on a reconnu que la lunette, au lieu de donner le point C du niveau apparent BC, donne le point D, qui eſt plus élevé que le point C, parce que l'inſtrument hauſſe la mire; & ayant remarqué que ſur une diſtance BC de 200 toiſes, le point D eſt élevé de deux pouces au-deſſus du point C. Après en être bien aſſuré, ſi je vois que cette faute ne ſe puiſſe pas réparer, parce que l'on ſuppoſe que l'inſtrument a été mal fait, j'ai égard, dans toutes les opérations que je fais, à la correction de l'inſtrument; de ſorte qu'ayant donné un autre coup de niveau BE de 600 toiſes, je cherche à quel point de la hauteur EH doit être le niveau apparent, parce que je ſuis prévenu que ce n'eſt pas le point E, mais que ce doit être un autre point au-deſſus de celui-ci. Pour le trouver, je dis: Si 20 toiſes donnent 2 pouces, pour le hauſſement du rayon de mire, combien donneront 600 toiſes: la Regle étant faite, je trouve 6 pouces; ainſi je prens le point F 6 pouces au-deſſous du point E, & pour lors la ligne BF eſt celle du niveau apparent: mais ſi l'inſtrument baiſſe la mire, au lieu de la hauſſer, on trouvera toûjours le point du vrai niveau apparent en ſuivant la même Regle, qui eſt fondée ſur ce que les triangles BCD & BFE ſont ſemblables.

L l ij

CHAPITRE VI.

Où l'on donne la maniere de se servir du Niveau de M. Hugeins.

548. LE Niveau ayant été posé au lieu destiné pour l'opération, on envoyera, comme à l'ordinaire, un aide à une distance convenable, & on regardera exactement par la lunette l'endroit de la perche où le fil répondra; & l'aide qui tient la carte, l'ayant haussée & baissée tant que le petit rond noir répond au rayon de mire, il a soin de marquer un trait de crayon sur la perche à l'endroit où le rayon de mire a répondu, & il ne bouge point de sa place jusqu'à ce qu'il soit averti; & alors celui qui est à l'instrument, le change de disposition; mettant le dessus au-dessous, c'est-à-dire, qu'il faut accrocher la croix par l'anneau d'en bas; après quoi on vise derechef avec la lunette, & celui qui est à la perche hausse & baisse encore le carton, pour marquer à quelle hauteur porte le rayon de mire, qui doit répondre au même endroit que l'on a marqué. Or, supposant qu'il donne au-dessous de la marque, il faut marquer exactement à quel endroit; ensuite diviser en deux également l'intervalle des deux coups de niveau différens, & l'on aura au juste la hauteur du Niveau apparent, de laquelle il faudra retrancher la hauteur du Niveau apparent au-dessus du vrai, que l'on trouvera, selon qu'il a été enseigné au quatriéme Chapitre, & la difference sera la hauteur du vrai Niveau, laquelle on pourroit encore trouver sans faire de calcul, commme on le va voir.

Fig. 210. Ayant deux perches CA & BE, éloignées l'une de l'autre, je suppose d'une distance de 600 toises, l'on demande quelle seroit la hauteur du Niveau apparent au-dessus du vrai.

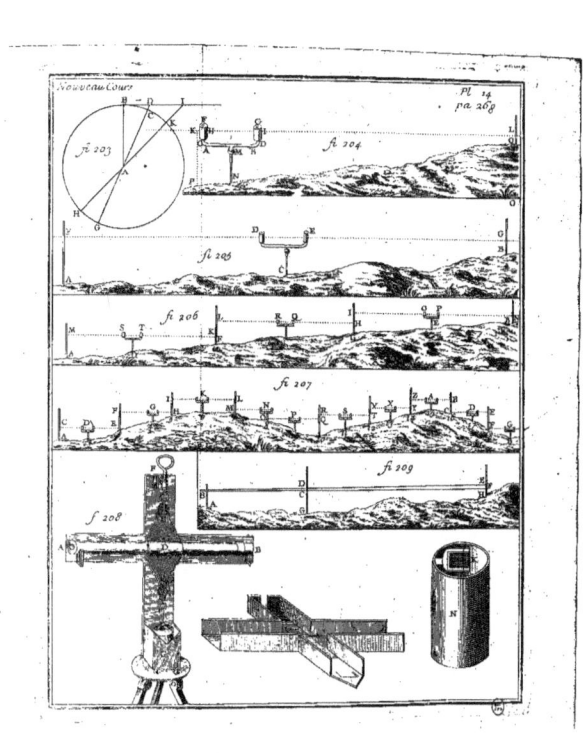

Pour la trouver, pofez le Niveau à l'endroit A, & pointez avec la lunette l'endroit de la perche BE, où le rayon de mire ira la rencontrer, fuppofant que ce foit au point B, il faut y faire une marque, & vérifier ce coup de Niveau, en renverfant l'inftrument, pour voir fi dans cette fituation le rayon de mire fe termine encore au point B. Cela pofé, faites porter l'inftrument à l'endroit E, & difpofez-le de maniere que le foyer du verre de la lunette foit précifément à la hauteur B. Après cela donnez un autre coup de Niveau BC, qui aille rencontrer la perche AC au point C, qu'il faudra marquer fur la perche, après l'avoir vérifié comme ci-devant; & fi l'on mefure exactement la diftance CA, je dis qu'elle fera double de la hauteur du Niveau apparent au-deffus du vrai; de forte que CA doit fe trouver ici de 8 pouces : car en divifant CA en deux également au point E, l'on aura la ligne CD de 4 pouces, qui fera la différence du Niveau apparent au-deffus du vrai, pour une diftance de 600 toifes, comme on le peut voir par le calcul; ainfi les points B & D font de niveau, étant également éloignez du centre de la Terre, comme vous l'allez voir.

Si l'on prend le point A pour l'extrêmité d'un des rayons de la Terre, le point B fera plus éloigné du centre de la Terre que le point A de 4 pouces: mais le point C étant plus éloigné du centre de la Terre que le point B auffi de 4 pouces, le point C fera donc plus éloigné que le point A du centre de la Terre de 8 pouces: donc les points D & B étant chacun plus éloignez du centre de la Terre que le point A de 4 pouces, il s'enfuit qu'ils feront de niveau, & que la moitié de la ligne CA fera la hauteur du Niveau apparent au-deffus du vrai.

L'on voit que par le Nivellement réciproque l'on peut d'une maniere fort fimple déterminer deux points parfaitement de niveau, fans s'embarraffer de leur diftance. Il eft vrai que l'on peut encore trouver deux points de niveau, fans même faire de Nivellement réciproque, en pofant l'inftrument dans le milieu de la diftance de deux objets que l'on a à niveler; ce qui se fait à peu près de la maniere qu'on a expliqué dans l'usage du Niveau d'eau.

CHAPITRE VII.

Où l'on donne la maniere de faire le Nivellement composé, avec le Niveau de M. Hugeins.

Fig. 212. 549. Nous avons dit que pour faire un Nivellement composé, il falloit ajoûter toutes les hauteurs que l'on trouveroit en montant, & que l'on auroit mises dans la premiere colonne, & ajoûter aussi ensemble toutes celles que l'on aura trouvées en descendant, qui sont dans la seconde colonne, afin de soustraire la somme des unes de la somme des autres, pour avoir la différence, qui fait voir de combien l'un des endroits est plus élevé que l'autre: mais comme dans cette pratique nous nous sommes servis du Niveau d'eau, dont les coups de Niveau ne sont pas considérables, & que d'ailleurs l'instrument pour chaque station a été placé dans le milieu des deux termes, on n'a pas eu égard à la différence du Niveau apparent au-dessus du vrai, ni en descendant, ni en montant, parce que, selon cette pratique, la différence du Niveau apparent n'a pas lieu : mais il n'en est pas de même, lorsqu'on se sert d'un instrument à pouvoir donner des grands coups de Niveau, ou il faut avoir égard à la différence du Niveau apparent au-dessus du vrai, en montant comme en descendant, surtout quand l'instrument est placé au premier Terme, pour niveler d'un terme à l'autre: car dans cette occasion il faut non-seulement mettre dans la premiere colonne les hauteurs que l'on a trouvées en montant, & dans la seconde celles que l'on a trouvées en descendant; mais encore écrire à côté de chaque colonne la différence du Niveau apparent au-dessus du vrai pour chaque distance qui sont dans les colonnes, tant en montant qu'en descendant: & ce qu'il y a de particulier en ceci, c'est qu'après avoir mis dans une somme les hauteurs du Niveau apparent au-dessus du vrai, que l'on aura trouvées en montant, il faut l'ajoûter à la somme des hauteurs de la premiere colonne, pour ne faire qu'un produit des hauteurs de la premiere colonne, & des differences de leur Niveau apparent au-dessus du vrai.

L'on écrira de même à côté de la seconde colonne, la difference du Niveau apparent au-dessus du vrai, pour chaque hauteur que l'on aura trouvée en descendant; & l'on fera une somme de toutes ces differences, qu'il faudra ensuite soustraire de celles des hauteurs, tellement qu'il faut regarder comme une regle generale, qu'en montant il faut ajoûter la difference du Niveau apparent au-dessus du vrai, aux hauteurs que l'on trouvera en descendant; & qu'en descendant, il les faut soustraire : & en voici la raison.

Suppofons qu'en montant l'on ait donné des coups de Niveau BC & FG, & en descendant les coups de Niveau KN & QR. Cela posé, considerez qu'ayant mené à la ligne BC la parallele AD, cette parallele fera une tangente à la Terre, & la ligne DE marquera la hauteur du Niveau apparent au-dessus du vrai. Or, comme les lignes BA & CD font égales, le point C fera plus éloigné du centre de la Terre que le point B, de toute la ligne DE : ainfi, pour que le point B foit de niveau avec le point C, il faudra ajoûter à la hauteur BA la ligne DE, c'est-à-dire, la ligne de la difference du Niveau apparent au-dessus du vrai. De même, si à la ligne de Niveau apparent FG l'on mene la paralle EH, la ligne HI fera encore la difference du Niveau apparent au-dessus du vrai. Or, les lignes FE & GH étant égales, le point G fera plus éloigné du centre de la Terre que le point F de toute la ligne HI : il faut donc, pour que le point F foit de niveau avec le point G, ajoûter à la hauteur FC la ligne HI.

Fig. 111.

A l'égard des coups de Niveau KN & QR, que l'on a donné en descendant, l'on voit que leur ayant mené les parallèles LO & PS, qui font des tangentes à la Terre, le point N est plus éloigné du centre de la Terre que le point K de toute la ligne OP; & que pour trouver un point de Niveau avec le point K, il faut ôter de la hauteur NQ la ligne OP, qui est la différence du Niveau apparent au-dessus du vrai pour la longueur KN. Enfin, comme le point R n'est pas de niveau avec le point Q, parce que le premier est plus éloigné du centre de la Terre que le second de toute la ligne ST : il faudra donc encore ôter la ligne ST de la hauteur RT, pour mettre le point R de niveau avec le point Q. Il en sera de même des autres.

L'on a supposé que les lignes BA & CD, FE & GH, &c. étoient parallèles, quoiqu'elles soient des demi-diamétres de la Terre prolongez; mais à cause de la grande distance au centre, on les peut regarder comme telles, sans que cela puisse faire une erreur sensible.

Pour appliquer à un exemple ce que nous venons d'enseigner, soient les lieux A & F, dont on veut connoître la différence de Niveau.

Fig. 112. Pour cela je me sers d'un Niveau à lunettes, que je pose au premier Terme A, pour donner le coup de Niveau GB, qui se termine à un point B de la hauteur, auquel j'envoye un aide pour y planter un piquet, & je considere que la différence du Niveau apparent est de 4 pieds & demi, qui est la hauteur GQ du Niveau, que j'écris dans la premiere colonne; ensuite je fais mesurer la longueur GB, que je suppose de 600 toises, & je cherche quelle est la hauteur du Niveau apparent au-dessus du vrai, que je trouve de 4 pouces : j'écris cette hauteur à côté de la premiere colonne, vis-à-vis de 4 pieds & demi. Après cela je fais porter le Niveau au point B, & j'envoye un aide à l'endroit C, qui est une distance que l'on aura jugé convenable; & après avoir donné le coup de Niveau HI, je suppose que l'on a trouvé IC de 2 pieds, que je soustrais de 4 pieds & demi, & il reste 2 pieds & demi pour la hauteur du point C au-dessus du
point

point B. Ayant donc écrit cette quantité dans la premiere colonne, je fais mesurer la longueur HI, que je trouve de 380 toises, qui donnent 1 pouce 7 lignes pour la difference du Niveau apparent au-dessus du vrai, que j'écris à côté de la premiere colonne vis-à-vis 2 pieds 6 pouces.

De-là je viens au point C & j'envoye un aide au point D avec une perche; ensuite je donne le coup de Niveau KL, & l'aide qui est en L, marque un trait de crayon à l'endroit de la perche où a répondu le rayon de mire, & on mesure la hauteur LD, qui sera, par exemple, de 9 pieds: d'où ayant souftrait la hauteur du Niveau, il vient 4 pieds & demi, qui fait voir la difference de niveau apparent des points C & D. Mais comme 4 pieds & demi est une hauteur que l'on a trouvée en descendant, je l'écris dedans la seconde colonne, à côté de laquelle j'écris aussi 2 pouces 4 lignes, qui est la difference du Niveau apparent au-dessus du vrai pour la longueur KL. Après cela je fais porter le Niveau au point D, & j'envoye un aide en E, pour marquer le point M sur la perche, après que j'aurai donné le coup de Niveau MN: ayant trouvé 10 pieds & demi pour la hauteur EN, j'en souftrais celle du Niveau, qui est de 4 pieds & demi, & la difference est 6 pieds, que j'écris dans la seconde colonne: & supposant que la distance MN soit de 650 toises, je cherche la hauteur du Niveau apparent au-dessus du vrai pour une pareille distance, & je trouve qu'elle est de 4 pouces 8 lignes, que j'écris à côté de la seconde colonne, vis-à-vis le dernier nombre que j'y ai marqué; c'est-à-dire, vis-à-vis 6 pieds. Enfin je fais porter le Niveau en E, pour faire la derniere operation OP, qui donne 8 pieds pour la hauteur PF; d'où ayant retranché celle du Niveau, la difference est 3 pieds & demi, que j'écris dans la seconde colonne, à côté de laquelle je mets 5 pouces 4 lignes, qui est la difference du Niveau apparent au-dessus du vrai pour la distance OP, que nous supposons de 700 toises.

Après que l'on a fait l'operation, il faut faire l'addition

des hauteurs de la premiere colonne, & l'on aura 6 pieds, & ajoûter aussi ensemble les hauteurs des Niveaux apparens au-dessus du vrai, pour avoir 5 pouces 7 lignes, qu'il faut ajoûter avec la premiere colonne, & le tout sera 6 pieds 5 pouces 7 lignes.

Ensuite il faut ajoûter les hauteurs de la seconde colonne, qui font 14 pieds; mettre aussi dans une somme les hauteurs du Niveau apparent au-dessus du vrai, qui sont à côté, pour avoir 1 pied 4 lignes, qu'il faut soustraire de la somme des hauteurs de la seconde colonne, c'est-à-dire, de 14 pieds, & la difference sera 12 pieds 11 pouces 8 lignes. Enfin il faut soustraire 6 pieds 5 pouces 7 lignes de cette quantité, & le reste sera 6 pieds 6 pouces 1 ligne, qui fait voir que le lieu A est plus élevé que le lieu F de 6 pieds 6 pouces 1 ligne.

550. Quand le terrein le permet, il vaut beaucoup mieux faire le Nivellement entre deux Termes, que de suivre ce qui vient d'être dit, parce que l'on n'a point d'égard à la difference du Niveau apparent au-dessus du vrai, non plus que dans les pratiques que nous avons données au sujet du Niveau d'eau: mais pour cela il seroit à propos que le Niveau eût deux lunettes, l'une pour pointer de la droite à la gauche, & l'autre pour pointer de la gauche à la droite. Les corrections des coups de Niveau se feront toujours de la même façon qu'il a été enseigné.

Fig. 213.

Par exemple, voulant connoître la difference des hauteurs de deux endroits I & E, je partage la distance de ces deux Termes, pour faire des stations aux endroits les plus convenables; & ayant fait planter des piquets aux endroits F, G, H, je fais ma premiere station au point A, à peu près dans le milieu de EF, la seconde au point B, aussi dans le milieu de FG, la troisiéme au point C, & la quatriéme au point D; observant toûjours d'écrire dans la premiere colonne les hauteurs que l'on trouvera en montant, & dans la seconde celles que l'on trouvera en descendant, sans se mettre en peine des hauteurs du

Niveau apparent au-dessus du vrai. Je crois avoir assez dit pour ne rien laisser à desirer sur tout ce qui regarde le Nivellement; & pour peu qu'on s'attache à le bien entendre, il ne faudra qu'un peu de pratique pour être en état de faire toutes les operations qui se pourront présenter.

AVERTISSEMENT.

M'étant apperçû qu'une grande partie de ceux qui se servent tous les jours du Toisé, n'en ont que la routine, & que les personnes qui en ont écrit ne se sont attachées qu'à donner la pratique de ce Calcul, sans rien dire des raisons sur lesquelles il est établi; j'ay crû devoir en donner un petit Traité avant de parler de la mesure des corps, afin que ceux qui commencent puissent les calculer, & trouvent dans cet Ouvrage tout ce qu'il faut qu'ils sçachent, pour être en état de se servir utilement de ce qui a été enseigné dans la premiere Partie.

NOUVEAU COURS
DE MATHEMATIQUE.

QUATRIE'ME PARTIE.

Du Toisé en général. Où l'on enseigne la maniere de faire le calcul du Toisé des Plans, des Solides, & de la Charpente.

551. L'on entend ordinairement par le *Toisé*, la maniere de calculer les dimensions de tous les ouvrages qui font partie de la Fortification d'une Place, & même de tous les autres Edifices civils. Quoique chaque Pays ait sa mesure particuliere, & que le pied ne soit pas le même par tout, cela n'empêche pas que pour les ouvrages du Roy, l'on ne se serve toûjours de la Toise, qui est (comme nous l'avons dit ailleurs) composée de six *pieds*. Mais comme le pied est dans un endroit de dix pouces, dans un autre de onze pouces; on a nommé celui dont on se sert en France pour les Fortifications, *Pied de Roy*, lequel est composé de 12 pouces; ainsi la Toise vaut 72 pouces. L'on a aussi divisé le pouce en 12 parties, que l'on nomme *lignes*, & la ligne en 12 autres parties, que l'on nomme *points*.

Cependant on distingue trois sortes de Toises; la Toise *courante*, la Toise *quarrée*, & la Toise *cube*. La Toise *courante* est celle qui a 6 pieds de longueur, sans largeur ni profondeur; la Toise *quarrée* est celle qui a 6 pieds de longueur sur 6 pieds de largeur, sans hauteur ou profondeur; & la Toife *cube* est celle qui a 6 pieds de longueur, 6 pieds de largeur, sur 6 pieds de hauteur, & qui a par conséquent les trois dimensions égales : aussi cette Toise sert-elle à mesurer les Solides, au lieu que la Toise quarrée ne sert qu'à mesurer les superficies, & la Toise courante les longueurs, & à déterminer les dimensions des Plans & des Solides.

Ainsi ce que nous venons d'expliquer à l'égard de la Toise, est la même chose que ce que l'on a dit à l'égard du pied, au commencement du premier Livre.

La Toise quarrée ayant 6 pieds de longueur sur 6 pieds de largeur, l'on peut dire que sa superficie est composée de 36 pieds quarrez, puisque multipliant les deux dimensions de cette Toise l'une par l'autre, c'est-à-dire, 6 pieds par 6 pieds, l'on aura 36 pieds quarrez : à l'égard de la Toise cube comme ses trois dimensions sont chacune composées de 6 pieds, on voit qu'elle doit être composée de 216 pieds cubes; car multipliant la Toise quarrée, qui vaut 36 pieds quarrez par 6 pieds, qui est la hauteur de la Toise cube, l'on aura 216 pieds cubes.

552. Il est bon de remarquer ici que dans le Toisé des Plans & des Solides, tel que nous l'allons expliquer, on ne considere point combien il faut de pieds quarrez pour composer une Toise quarrée, ni combien il faut de pieds cubes pour composer une Toise cube, parce que pour rendre le Calcul plus court, l'on a pris pour le pied de la Toise quarrée, la sixiéme partie de la même Toise, & pour le pied de la Toise cube, la sixiéme partie de cette Toise; tellement que si l'on considere le quarré AB comme une Toise quarrée, dont le côté AC est divisé en six parties égales, le rectangle DE étant la sixiéme partie du quarré AB, il sera par conséquent un pied de Toise quarrée, de même que le rectangle DF renferme 3 pieds de Toise quarrée, puisqu'il est la moitié du quarré AB. Mais comme la Toise quarrée vaut 36 pieds quarrez, & que le rectangle DE est la sixiéme partie de la Toise, il s'ensuit qu'un pied de Toise quarrée vaut 6 pieds quarrez,

Fig. 214.

& que le rectangle DF, qui est la moitié de la Toise, en vaut 18.

L'on pourroit dire la même chose des pouces, des lignes, des points de Toise quarrée; car un pouce tel que celui-ci est un rectangle, qui a un pouce de base sur une Toise de hauteur; de même une ligne est un rectangle, qui a une ligne de base sur une Toise de hauteur. Enfin un point est encore un rectangle, qui a pour base la douziéme partie d'une ligne, & pour hauteur une toise; ainsi l'on voit que 12 points de Toise quarrée font une ligne de la même Toise, que 12 lignes font un pouce, que 12 pouces font un pied, & que 6 pieds font une toise quarrée, puisque toutes ces quantitez ont la même hauteur. Nous ferons voir la même chose à l'égard des pieds, des pouces, des lignes & des points de la Toise cube, après que nous aurons suffisamment expliqué la maniere de multiplier deux dimensions exprimées par des Toises & des parties de toises courantes.

CHAPITRE I.

Où l'on fait voir comment on multiplie deux dimensions dont la premiere est composée de Toises & de parties de Toises, & la seconde de Toises seulement.

Fig. 114.

553. AYant une longueur AB de 6 toises, à laquelle on a ajoûté une petite longueur CB de 2 pieds, & une autre CD de 6 pouces, toute la ligne AD vaudra 6 toises 2 pieds 6 pouces; laquelle étant multipliée par la ligne AE d'une toise, le produit donnera le rectangle EADH, dont on aura la valeur, en multipliant 6 toises 2 pieds 6 pouces par une toise; pour en faire le calcul.

Je pose les deux dimensions comme on les voit ici; ensuite je multiplie les plus petites parties; en commençant

DE MATHEMATIQUE. 279

par la droite; & finiſſant par la gauche, en diſant, une fois 6 eſt 6, que je poſe à la colonne des pouces, parce que ce ſont 6 pouces de toiſe quarrée, & puis une fois 2 eſt 2, que je poſe au rang des pieds, parce que ce ſont des pieds de toiſe quarrée : enfin une fois 6 eſt 6, que je poſe au rang des toiſes, parce que ce ſont autant de toiſes quarrées ; ainſi le produit 6 toiſes 2 pieds 6 Pouces, eſt la valeur du rectangle AH, lequel eſt compoſé du rectangle AF, qui vaut 6 toiſes, du rectangle BG, qui vaut 2 pieds, & du rectangle CH, qui vaut 6 pouces.

toiſes.	pieds.	pou.
6.	2.	6.
1.	0.	0.
6.	2.	6.

Pour multiplier 10 toiſes 4 pieds 8 pouces par 5 toiſes, je diſpoſe ce nombre comme on le voit ici, & je dis 5 fois 8 font 40, faiſant attention que ce ſont 40 unitez, qui valent chacune un petit rectangle, qui a pour baſe un pouce ſur une toiſe, de hauteur ; & comme ce ſont autant de pouces de toiſe quarrée, je conſidere en 40 combien il y a de fois 12, parce que 12 pouces de toiſe quarrée

toiſes.	pieds.	pou.
10.	4.	8.
5.	0.	0.
53.	5.	4.

valent un pied de la même toiſe : & comme je trouve qu'en 40 il y a 3 fois 12, & 4 de reſte, je poſe 4 au rang des pouces, & je retiens 3 pieds : enſuite je dis, 5 fois 4 font 20, & 3 de retenu font 23, dont chaque unité vaut un pied de toiſe quarrée ; & comme il faut 6 de ces pieds pour faire une toiſe, je conſidere combien 6 ſe trouve de fois dans 23 ; & comme il y eſt 3, & qu'il reſte 5, je poſe 5 au rang des pieds, & je retiens 3, qui font autant de toiſes quarrées, que j'ajoûte avec le produit de 10 par 5, pour avoir 53 : ainſi l'operation étant faite, on trouvera 53 toiſes 5 pieds 4 pouces.

Pour multiplier 60 toiſes, 3 pieds 9 pouces, par 84 toiſes, je remarque que le nombre 84 étant conſiderable, la mémoire ſeroit fatiguée en multipliant les pieds & les pouces, comme dans l'operation précedente ; car d'aller dire 84 fois 9, on n'apperçoit pas d'abord combien ce produit doit donner de pouces; & fuppofé qu'on le fçache à l'inftant, l'on trouveroit encore un autre embarras, en cherchant combien ce produit contient de pieds, à moins qu'on ne faffe une divifion par 12; & ceci fe rencontrera non feulement à l'égard des pouces, mais encore pour les pieds, les lignes & les points. Or pour éviter les difficultez que pourroit donner un pareil calcul, on agit d'une façon fort fimple pour multiplier les pieds, les pouces, les lignes & les points de la premiere dimenfion, quand le nombre de toifes de la feconde eft compofé de plus d'une figure. Pour cela il faut commencer par multiplier les entiers par les entiers; ainfi je multiplie 60 par 84, & j'écris le produit comme à l'ordinaire : enfuite je remarque que fi au lieu de 3 pieds j'avois une toife à multiplier par 84, le produit feroit 84 toifes; mais comme 3 pieds ne valent que la moitié d'une toife, la moitié de 84 fera donc le produit de 3 pieds; ainfi je dis : La moitié de 8 eft 4, & la moitié de 4 eft 2, ce qui donne 42 pour le produit; mais il faut remarquer que dans le tems que je prends la moitié de 84 pour le produit de 3 pieds, j'agis comme fi 84 contenoit des toifes quarrées; car pour que 42 toifes foient le produit de deux dimenfions, ou autrement foient des toifes quarrées, il faut que 84 foient regardez comme des toifes quarrées.

toifes.	pieds.	pou.
60.	3.	9.
84.	0.	0.
240.		
480.		
42.	0.	0.
10.	3.	0.
5092.	3.	0.

Mais comme il y a encore 9 pouces qui n'ont pas été multipliez, je confidere quel eft le rapport de 9 pouces avec 3 pieds, de même que j'ai confideré celui de 3 pieds avec la toife. Or comme 3 pieds valent 36 pouces, je vois que le rapport de 9 à 36 eft un quart, & que fi le produit de 84 par 3 pieds a donné 42 toifes, le produit de 9 pouces par 84 ne doit donner que le quart de 42; je dis donc, le quart de 4 eft 1; que je pofe fous le

4,

DE MATHEMATIQUE. 281

4, & le quart de 2 est 0; mais comme 2 toises valent 12 pieds, n'ayant pû prendre le quart de 2 toises en nombres entiers, je les réduis en pieds pour en prendre le quart, qui est 3; après quoi je fais l'addition de tous ces produits, afin d'avoir le produit total, qui est 5092 toises & 3 pieds.

Pour rendre ce calcul plus familier aux Commençans, voici encore plusieurs exemples des mêmes Regles. Pour multiplier 18 toises 2 pieds 8 pouces par 24 toises, l'on commence par multiplier les toises par les toises, comme à l'ordinaire: après cela il faut considerer le rapport de 2 pieds avec la toise; & comme 2 pieds en est le tiers, je prends le tiers de 24, qui est 8; & comme ce sont autant de toises, je les place au rang des toises.

toises.	pieds.	pou.
18.	2.	8.
24.	0.	0.
72.		
36.		
8.	0.	0.
2.	4.	0.
442.	4.	0.

Pour être convaincu que 24 multipliés par 2 pieds, donne 8 toises, faisons-en la multiplication comme à l'ordinaire, l'on verra que le produit est 48 pieds, c'est-à-dire, 48 petits rectangles, dont chacun a un pied pour base, & une toise pour hauteur: & comme il en faut 6 pour faire une toise quarrée, l'on voit que divisant 48 par 6, le quotient sera 8, qui est, le même nombre que nous avons trouvé de l'autre façon.

Mais il nous reste encore à multiplier 24 toises par 8 pouces; & comme cela se peut faire par le moyen du produit de 2 pieds, je considere le rapport que 2 pieds ont avec 8 pouces, parce que le rapport du produit de 8 pouces avec celui de 2 pieds sera le même que 8 pouces avec 2 pieds. Or comme 2 pieds valent 24 pouces, & que 8 en est le tiers, je prends le tiers du produit de 2 pieds, c'est-à-dire, le tiers de 8 toises, en disant. Le tiers de 8 est 2, il reste 2 toises, qui valent 12 pieds, dont le tiers est 4 pieds, que je pose au rang des pieds; après quoi je fais l'addition de tous les produits pour avoir le total, qui est 442 toises 4 pieds.

Pour multiplier 36 toises 5 pieds 6 pouces 9 lignes par 28 toises, je commence, comme à l'ordinaire, à multiplier les toises par les toises; ensuite je compare le rapport de 5 pieds avec la toise, & je vois que c'est les ⅚, & par conſequent il faut pour multiplier 28 toises par 5 pieds, prendre les ⅚ de 28 toises; & comme il n'est pas aiſé de prendre cela tout d'un coup, je cherche des parties aliquotes pour rendre le calcul plus aiſé; & comme 5 est compoſé de 3 & de 2, dont 3 est la moitié de la toiſe, & 2 le tiers, je prends d'abord pour 3 la moitié de 28, qui est 14; ensuite pour 2 pieds le tiers, en diſant: Le tiers de 28 est 9; & comme il reste une toiſe, j'en prends encore le tiers, qui est 2 pieds.

Pour multiplier les 6 pouces, j'ai recours au produit de 2 pieds, qui paroît le plus commode, parce que 6 pouces est le quart de 2 pieds, puiſque 2 pieds valent 24 pouces; ainſi le produit de 6 pouces ſera le quart de celui de 2 pieds; & comme ce produit est 9 toiſes 2 pieds, je dis: Le quart de 9 est 2, il reste une toiſe, qui vaut 6 pieds, lesquels étant ajoûtez avec les 2 pieds qui restent, font 8 pieds, dont le quart est 2; ainſi le produit de 6 pouces est 2 toiſes 2 pieds.

toiſes.	pieds.	pouces.	lign.
36.	5.	6.	9.
28.	0.	0.	0.
288.			
72.			
14.	0.	0.	0.
9.	2.	0.	0.
2.	2.	0.	0.
0.	1.	9.	
1033.	5.	9.	0.

Comme il reste encore 9 lignes, qui n'ont pas été multipliées, je cherche le rapport de 9 lignes avec 6 pouces. Or comme 6 pouces valent 72 lignes, & que 9 lignes en font la huitiéme partie, le produit de 9 lignes ſera donc la huitiéme partie de celui de 6 pouces, je dis donc: La huitiéme partie de 2 est 0; mais ce ſont 2 toiſes qui valent 12 pieds, auſquels ajoûtant 2 pieds qui restent, on aura 14, dont la huitiéme partie est un pied, il reste 6 pieds, que je réduis en pouces pour avoir 72 pouces, dont la huitième partie est 9, que je pose au rang des pouces; après quoi je fais l'addition, qui donne 1033 toises 5 pieds 9 pouces pour produit total.

Pour multiplier 12 toises 9 pouces par 18 toises, je fais la multiplication des toises comme à l'ordinaire; ensuite pour multiplier 18 toises par 9 pouces, je cherche le rapport de 9 pouces avec la toise, & je trouve qu'ils en font la huitième partie, puisqu'une toise vaut 72 pouces; mais comme il se peut rencontrer une quantité de nombres, comme 7, 11, 10, où ce rapport ne se fera pas appercevoir aisément, il vaut mieux faire une fausse position, c'est-à-dire, supposer le produit d'un pied. Faisant donc comme s'il y avoit un pied à la place du zero, je multiplie ce pied supposé par 18 toises; & comme un pied est la sixième partie de la toise, je prends la sixième partie de 18, qui est

toises.	pieds.	pou.
12.	0.	9.
18.	0.	0.
96.		
12.		
3.	0.	0.
1.	3.	0.
0.	4.	6.
218:	1.	6.

3 toises, que je pose au rang des toises, ayant soin de couper le 3 par un trait de plume, pour faire voir qu'il ne doit point être compris dans l'addition. Cela posé, je cherche le rapport de 9 pouces avec un pied, qui est les $\frac{3}{4}$: je prends donc d'abord pour 6 pouces, qui est la moitié, ainsi je dis: La moitié de 3 est 1, il reste une toise, qui vaut 6 pieds, dont la moitié est 3: ensuite je prends la moitié de ce produit pour 3 pouces, en disant: La moitié d'un n'est rien, mais c'est une toise, qui vaut 6 pieds, lesquels étant joints avec les 3 pieds qui restent, font 9 pieds; dont la moitié est 4 pieds 6 pouces, que j'additionne avec les autres produits, & il vient 218 toises un pied 6 pouces pour le produit total.

Pour multiplier 24 toises 2 pieds 6 lignes par 52 toises, il faut, après avoir multiplié les toises par les toises, chercher le rapport de 2 pieds avec la toise; & comme c'est le tiers, on prendra donc le tiers de 52, qui est 17 toises 2 pieds. Comme il reste 6 lignes à multiplier par 52 toifes, il n'eft pas aifé de voir le rapport de 6 lignes avec 2 pieds ; l'on auroit bien plus de facilité, fi l'on avoit le produit de quelque pouce: cependant comme il n'y a pas de pouces dans la premiere dimenfion, il faut fe donner un produit fuppofé d'un pouce ; & comme un pouce eft la vingt-quatriéme partie de 2 pieds, je m'apperçois qu'il n'eft pas encore aifé de prendre la vingt-quatriéme partie de 17 toifes 2 pieds : c'eft pourquoi j'en prends la moitié pour avoir le produit d'un pied feulement, qui fera 8 toifes 4 pieds. Ayant pofé ces nombres à leurs places ordinaires, je les coupe par un trait de plume, pour qu'ils ne foient pas compris dans l'addition : après cela je confidere qu'un pouce étant la douziéme partie d'un pied, fi je prends la douziéme de 8 toifes 4 pieds, j'aurai 4 pieds 4 pouces pour le produit d'un pied : après quoi je barre ces deux nombres, parce qu'ils compofent un produit fuppofé. Or comme 6 lignes font la moitié d'un pied, il n'y a donc qu'à prendre la moitié de 4 pieds 4 pouces, qui eft 2 pieds 2 pouces, pour avoir le produit de 6 lignes : fi l'on fait l'addition de tous les produits, l'on aura 1265 toifes 4 pieds 2 pouces pour le produit total.

toifes.	pieds.	pouces.	lig.
24.	2.	0.	6.
52.	0.	0.	0.
48.			
120.			
17.	2.	0.	0.
8.	4.	0.	0.
0.	4.	4.	0.
0.	2.	2.	0.
1265.	4.	2.	0.

Si l'on avoit eu à multiplier 24 toifes 6 lignes par 52 toifes, & que dans la premiere dimenfion il n'y eût eu ni pieds ni pouces, comme on le fuppofe ici, il auroit fallu pour trouver le produit de 6 lignes, fuppofer celui d'un pied ; enfuite celui d'un pouce, pour avoir celui de 6 lignes, qui fera la moitié de celui d'un pouce.

CHAPITRE II.

Où l'on donne la maniere de multiplier deux dimen-
sions, dont chacune est composée de toises, pieds,
pouces, &c.

554. Nous avons affecté de ne pas mettre des pieds, pouces, & des lignes dans la seconde dimension des multiplications que l'on a faites dans le Chapitre précedent, afin de rendre les operations plus simples : mais comme il arrive presque toujours que s'il y a des pieds, des pouces dans la premiere dimension, il y en a aussi dans la seconde. Voici la maniere de multiplier les parties de toises, qui peuvent se rencontrer dans l'une & dans l'autre.

Pour multiplier 15 toises 4 pieds 8 pouces 7 lignes par 6 toises 3 pieds 6 pouces, je considere que le nombre des toises de la seconde dimension étant exprimé par un chiffre seulement, je puis faire la multiplication de toute la premiere dimension par 6 toises par un calcul de mémoire, comme on l'a fait au commencement du Chapitre précedent : ainsi faisant abstraction pour un moment des 3 pieds 6 pouces de la seconde dimension, je commence par multiplier les plus petites parties de la premiere dimension par 6 toises, en disant : 6 fois 7 font 42 lignes, qui valent 3 pouces 6 lignes. Ayant posé 6 lignes en leur place, je retiens 3 pouces ; je dis ensuite : 6 fois 8 font 48, & 3 de retenus font 51 pouces, qui valent 4 pieds 3 pouces : je pose 3 pouces, & retiens 4 pieds, & je viens

toises.	pieds.	pouces.	lignes.	poi.
15.	4.	8.	7.	0.
6.	3.	6.	0.	0.
94.	4.	3.	6.	0.
7.	5.	4.	3.	6.
1.	1.	10.	8.	7.
103.	5.	6.	6.	1.

à la multiplication des pieds, en difant : 6 fois 4 font 24 ; & 4 de retenus font 28 pieds, qui valent 4 toifes 4 pieds ; je pofe 4 pieds, & retiens 4 toifes, que j'ajoûte au produit de 15 toifes par 6 pour avoir 94 : ainfi le produit de 6 toifes par la premiere dimenfion eft 94 toifes 4 pieds 3 pouces 6 lignes, qui eft une quantité qui contient autant de fois la premiere dimenfion, qu'il y a d'unitez dans le nombre 6.

Préfentement je confidere que puifque chaque toife du nombre 6 a donné pour fon produit une quantité femblable à celle de la premiere dimenfion, fi j'ai à multiplier cette premiere dimenfion par des parties de la toife, il faut que le produit ait le même rapport avec celui de la toife par la premiere dimenfion, que fes parties avec la toife même. Cela pofé, comme la premiere dimenfion doit être multipliée encore par 3 pieds, je confidere que 3 pieds étant la moitié de la toife, que le produit de 3 pieds fera la moitié de la premiere dimenfion, qui eft fuppofée dans ce cas avoir été multipliée par la toife; ainfi je dis : la moitié de 15 eft 7, il refte une toife qui vaut 6 pieds, qui étant ajoûtez avec 4 pieds font 10 pieds, dont la moitié eft 5 ; je dis enfuite : La moitié de 8 eft 4, & la moitié de 7 lignes eft 3 lignes 6 points.

Comme il nous refte encore 6 pouces à multiplier, je confidere que 6 pouces étant la fixiéme partie de 3 pieds, le produit de 6 pouces fera la fixiéme partie de celui de 3 pieds; ainfi je prends la fixiéme partie de ce produit, qui donne une toife 1 pied 10 pouces 8 lignes 7 points, qui étant ajoûtez avec le refte, il vient 103 toifes 5 pieds 6 pouces 6 lignes 1 point pour le produit total.

Pour multiplier 68 toifes 3 pieds 4 pouces 9 lignes par 9 toifes 4 pieds 9 pouces, je commence par multiplier la premiere dimenfion par 9, & le produit donne 617 toifes 6 pouces 9 lignes; enfuite je confidere que 4 pieds font les deux tiers de la toife; ainfi je prends deux fois le tiers, pour avoir moins d'embarras, c'eft-à-dire, je prends chaque fois pour deux pieds, en difant : Le tiers de 6 eſt 2, le tiers de 8 eſt encore 2, & il reſte 2 toiſes, qui valent 12 pieds, qui étant ajoûtez avec les 3 pieds qui ſont ſur la droite, font 15, dont le tiers eſt 5. Après cela le tiers de 4 eſt 1, & il reſte un pouce, qui vaut 12 lignes, qui étant ajoûtées avec 9, font 21 lignes, dont le tiers eſt 7 ; ainſi le produit de 2 pieds étant

toiſes.	pieds.	pouces.	lignes.	points.
68.	3.	4.	9.	0.
9.	4.	9.	0.	0.
617.	0.	6.	9.	0.
22.	5.	1.	7.	0.
22.	5.	1.	7.	0.
5.	4.	3.	4.	9.
2.	5.	1.	8.	4.$\frac{1}{2}$
671.	2.	3.	0.	1.$\frac{1}{2}$

22 toiſes 5 pieds 1 pouce 7 lignes, j'écris encore une ſeconde fois ce produit, afin que les deux faſſent celui de 4 pieds ; & comme il y a encore 9 pouces à multiplier, je prends ſeulement pour 6 pouces le quart du produit de 2 pieds, en diſant : le quart de 22 eſt 5, il reſte 2, qui valent 12 pieds, & 5 font 17, dont le quart eſt 4, il reſte 1 pied, qui vaut 12 pouces, dont le quart eſt 3, il reſte encore 1 pouce, qui vaut 12 lignes, & 7 font 19, dont le quart eſt 4 : enfin il reſte 3 lignes, qui valent 36 points, dont le quart eſt 9 points ; de ſorte que le produit de 6 pouces eſt 5 toiſes 4 pieds 3 pouces 4 lignes 9 points. Mais comme je dois avoir le produit de 9 pouces, & que je n'ai encore que celui de 6, je prends pour le produit de 3 pouces la moitié de celui de 6 pouces, qui eſt 2 toiſes 5 pieds 1 pouce 8 lignes 4 points & demi : après quoi je fais l'addition de tous ces produits, qui font enſemble 671 toiſes 2 pieds 3 pouces 1 point & demi.

Pour multiplier 12 toiſes 5 pieds 6 pouces 4 lignes par 6 toiſes 4 pouces 8 lignes, je commence, comme à l'ordinaire, par multiplier la premiere dimenſion par 6 toiſes ; après quoi je remarque que comme il n'y a point de pieds dans la ſeconde dimenſion, il n'eſt pas aiſé de trouver le produit de 4 pouces, ſans faire une fauſſe poſition ; c'eſt pourquoi je ſuppoſe le produit d'un pied, en prenant la ſixiéme partie de la premiere dimenſion, qui est 2 toises 11 pouces 8 points, dont j'ai soin de barrer les chiffres; & comme 4 pouces est le tiers d'un pied, je prends le tiers du produit d'un pied, qui est 4 pieds 3 pouces 8 lignes 2 points & deux tiers ; & comme il y a encore 8 lignes à multiplier, je vois que 8 lignes étant la sixiéme partie de 4 pouces (puisque 4 pouces valent 48 lignes) le produit de 8 lignes sera la sixiéme partie de celui de 4 pouces : après avoir pris cette sixiéme partie, qui est 8 pouces 7 lignes 4 points & 4 neuviémes, j'additionne le tout pour avoir le produit total, qui est 78 toises 2 pieds 2 pouces 3 lignes 7 points $\frac{1}{9}$.

toises.	pieds.	pouces.	lignes.	points.
12.	5.	6.	4.	0.
6.	0.	4.	8.	0.
77.	3.	2.	0.	0.
2.	0.	11.	0.	8.
	4.	3.	8.	2. $\frac{2}{3}$
	0.	8.	7.	4. $\frac{4}{9}$
78	2.	2.	3.	7. $\frac{1}{9}$

Pour multiplier 40 toises 3 pieds 6 pouces 8 lignes par 24 toises 6 pieds 8 pouces, je commence par multiplier les toises par les toises, au lieu de multiplier d'abord les lignes, les pouces & les pieds de la premiere dimension, à cause qu'il y a plus d'une figure dans le nombre des toises de la seconde dimension ; ensuite j'agis comme j'ai fait dans le Chapitre précedent, en prenant pour 3 pieds la moitié de 24 qui est 12, n'ayant égard qu'aux nombres entiers de la seconde dimension ; ainsi je fais abstraction de 5 pieds & de 8 pouces, qui s'y trouvent, parce qu'il n'est pas encore tems de les multiplier. Ayant donc trouvé le produit de 3 pieds, qui est 12 toises, je considere que les 6 pouces qui sont dans la premiere dimension, étant la sixiéme partie de 3 pieds, c'est-à-dire, la sixiéme partie de 12, qui est 2 ; & ayant encore 8 lignes de la premiere dimension à multiplier, je vois que 6 pouces valant 72 lignes, les 8 lignes en font la neuviéme partie, & par conséquent le produit de ces 8 lignes sera la neuviéme partie du produit de 6 pouces. Or comme le produit de 6 pouces est 2 toises, je dis : La neuviéme

partie

partie de 2 n'eſt rien, mais ce ſont 2 toiſes, qui valent 12 pieds, dont la neuviéme partie eſt 1 pied, & il en reſte 3, qui valent 36 pouces, dont la neuviéme partie eſt 4, que je place au rang des pouces.

Juſqu'ici nous n'avons fait que multiplier la premiere dimenſion par les 24 toiſes qui ſont dans la ſeconde : mais comme ces 24 toiſes ſont accompagnées de 5 pieds 8 pouces, il faut, comme dans les opérations

toiſes.	pieds.	pouces.	lignes.	points.
40.	3.	6.	8.	0.
24.	5.	8.	0.	0.
160.				
80.				
12.	0.	0.	0.	0.
2.	0.	0.	0.	0.
0.	1.	4.	0.	0.
20.	1.	9.	4.	0.
13.	3.	2.	2.	8.
4.	3.	0.	8.	10.$\frac{2}{3}$
1012.	3.	4.	3.	6.$\frac{2}{3}$

précedentes, chercher le produit de ces deux quantitez; ainſi je conſidere que 5 pieds valent 3 & 2, c'eſt-à-dire, la moitié & le tiers de la toiſe : je prends donc pour 3 pieds la moitié de toutes les quantitez qui ſe trouvent dans la premiere dimenſion, & pour 2 pieds le tiers de ces mêmes quantitez. Or comme ce dernier produit eſt celui de 2 pieds, je remarque que 8 pouces étant le tiers de 2 pieds, le produit de 8 pouces ſera le tiers de celui de 2 pieds. Ayant donc pris le tiers de ce produit, je l'additionne avec les autres, pour avoir le produit total, qui eſt 1012 toiſes 3 pieds 4 pouces 3 lignes 6 points $\frac{2}{3}$.

Pour multiplier 36 toiſes 3 pouces 9 lignes par 50 toiſes 8 lignes, je multiplie les toiſes par les toiſes, comme à l'ordinaire; enſuite pour trouver le produit de 3 pouces, je vois que j'ai beſoin de ſuppoſer celui d'un pied : ainſi je prends la ſixiéme partie de 50 toiſes, qui eſt 8 toiſes 2 pieds; & comme 3 pouces font le quart d'un pied, je prends le quart de 8 toiſes 2 pieds, qui eſt 2 toiſes 6 pouces : après cela je cherche le produit de 9 lignes, en conſiderant que 9 lignes étant le quart de 3 pouces, qui valent 36 lignes, le quart du produit de 3 pouces fera par conséquent celui de 9 lignes, je prends donc le quart de 2 toises 6 pouces, qui est 3 pieds 1 pouce 6 lignes.

Après cela je vois que j'ai 8 lignes dans la seconde dimension, & que n'ayant ni pieds ni pouces dans cette dimension, il faut nécessairement supposer des faux produits pour trouver celui de 8 lignes. Je cherche donc d'abord celui d'un pied, en prenant la sixiéme partie des quantitez qui composent la premiere dimension, & je trouve 6 toises 7 lignes & 6 points : mais comme le rapport de 8 lignes à un pied est encore trop grand, pour ne point fatiguer la mémoire, je prends la douziéme partie de ce produit, qui est 3 pieds 7 points & demi pour le produit d'un pouce ; & comme 8 lignes font les deux tiers d'un pouce, je prends pour leur produit les deux tiers de celui d'un pouce ; lequel ayant été additionné, donne pour le produit total 1802 toises 5 pieds 7 pouces 6 lignes & 5 points.

toises.	pieds.	pouces.	lignes.	points.
36.	0.	3.	9.	0.
50.	0.	0.	8.	0.
1800.				
8.	2.	0.	0.	0.
2.	0.	6.	0.	0.
0.	3.	1.	6.	0.
0.	0.	0.	7.	6.
0.	3.	0.	0.	7.$\frac{1}{2}$
0.	1.	0.	0.	2.$\frac{1}{2}$
0.	1.	0.	0.	2.$\frac{1}{2}$
1802.	5.	7.	6.	5.

CHAPITRE III.

Où l'on donne la maniere de multiplier trois dimenſions exprimées en toiſes, pieds, pouces, &c.

555. LE calcul que l'on a enſeigné dans les deux Chapitres précedens, ne convient qu'aux ſuperficies, parce que nous n'y avons ſuppoſé que deux dimenſions; il eſt vrai que le calcul de trois dimenſions ne differe pas beaucoup de celui-ci, puiſque pour en avoir le produit, il ne faut que multiplier celui des deux premieres dimenſions par la troiſiéme : mais comme le produit de trois dimenſions donne non ſeulement des toiſes cubes, mais auſſi des pieds, des pouces, & des lignes de toiſe cube. Voici l'idée qu'il faut avoir de ces differentes parties.

Nous avons dit que la toiſe cube étoit compoſée de 216 pieds cubes; mais dans le calcul on ne s'embarraſſe point de ces ſortes de pieds ; car on entend par un pied de toiſe cube la ſixiéme partie de la même toiſe, qui eſt (ſi l'on veut) de 36 pieds cubes, qui font un parallelepipede EAFGHID, qui a pour baſe une toiſe quarrée EAHD, & pour hauteur la ligne HG d'un pied : de ſorte que ce ſolide eſt la ſixiéme partie du corps EABC, qui eſt une toiſe cube. On conſiderera de même que le pouce de toiſe cube eſt un parallelepipede, qui a une toiſe quarrée pour baſe ſur un pouce de hauteur, & qu'une ligne de toiſe cube eſt un parallelepipede, qui a pour baſe une toiſe quarrée, & une ligne pour hauteur : ainſi des autres parties.

Fig. 215.

556. Il ſuit de cette définition que 12 lignes de toiſe cube font un pouce de la même toiſe; que 12 pouces font un pied, & que 6 pieds font une toiſe cube; puiſque tous ces ſolides ont pour baſe une toiſe quarrée, & des hauteurs, qui étant jointes enſemble, peuvent donner

292   Nouveau Cours

des toises cubes, ou des parties de toises cubes, comme on le va voir dans les operations suivantes.

Pour multiplier trois dimensions, dont la premiere est de 8 toises 2 pieds 4 pouces; la seconde 6 toises 4 pieds 8 pouces; & la troisiéme 5 toises 3 pieds 6 pouces: il faut commencer par multiplier la seconde dimension par la premiere, & le produit sera 56 toises 5 pieds 1 pouce 9 lignes 4 points, qu'il faut ensuite multiplier par la troisiéme dimension, agissant comme dans les regles des Chapitres précedens, c'est-à-dire, qu'il faut faire comme si le produit des deux premieres dimensions ne faisoit qu'une dimension. Je dis donc: 5 fois 4 font 20, qui font autant de points de toise cube, c'est-à-dire, que ce font autant de petits parallelepipedes, qui ont pour base une toise quarrée, & pour hauteur un point. Car si l'on fait attention que chaque unité du nombre 4 est un petit parallelogramme, qui a pour base un point, & pour hauteur une toise; puisque ce sont des points de toise quarrée *, l'on verra que multipliant ce parallelogramme par une ou plusieurs toises, qu'ils seront changez en parallelepipedes, qui auront deux dimensions d'une toise, qui font ensemble une toise quarrée; ce qui répond à la définition. De même si l'on mltiplie 9 lignes de toise quarrée par des toises, l'on aura encore des petits parallelepipedes, qui auront pour base une toise quarrée, & pour hauteur une ligne; puisque l'on aura

toises.	pieds.	pouces.	lignes.	points.
8.	2.	4.	0.	0.
6.	4.	8.	0.	0.
5.	3.	6.	0.	0.
8.	2.	4.	0.	0.
6.	4.	8.	0.	0.
50.	2.	0.	0.	0.
2.	4.	9.	4.	0.
2.	4.	9.	4.	0.
	5.	7.	1.	4.
56.	5.	1.	9.	4.
5.	3.	6.	0.	0.
284.	1.	8.	10.	8.
28.	2.	6.	10.	8.
4.	4.	5.	1.	$9.\frac{1}{3}$
317.	2.	8.	11.	$1.\frac{1}{3}$

* Art. 552.

DE MATHEMATIQUE. 293

multiplié par des toises les rectangles, qui ont une de leurs dimensions, qui vaut une toise; il en fera ainsi des pouces & des pieds : à l'égard des toises, il n'y a point de doute que multipliant des toises quarrées par des toises courantes, le produit ne donne des toises cubes.

Ainsi multipliant 56 toises 5 pieds 1 pouce 9 lignes 4 points de toise quarrée par 5 toises courantes, le produit sera 284 toises 1 pied 8 pouces 10 lignes 8 points de toise cube.

Or comme 56 toises 5 pieds 1 pouce 9 lignes 4 points étant multipliez par une toise, donneront des toises & des parties de toise cube, qui seront toûjours exprimées par les mêmes nombres qui sont ici, c'est-à-dire, par 56 toises 5 pieds, &c. Si l'on suppose que cette multiplication a été faite, la moitié de cette quantité sera donc le produit de 3 pieds; ainsi comme il y a 3 pieds dans la seconde dimension, je prends la moitié de cette quantité, qui sera 28 toises 2 pieds 6 pouces 10 lignes 8 points, que je regarde comme des toises & des parties de toise cube, qui composent le produit de 3 pieds.

Enfin comme il y a encore 6 pouces dans la troisiéme dimension, je considere que 6 pouces étant la sixiéme partie de 3 pieds, le produit de 6 pouces sera la sixiéme partie de celui de 3 pieds : ainsi prenant la sixiéme partie de ce produit, l'on aura 4 toises 4 pieds 5 pouces une ligne 9 points & un tiers pour le produit de 6 pouces, qui étant ajoûtez avec les autres, donneront le produit total de 317 toises 2 pieds 8 pouces 11 lignes 1 point & un tiers.

Pour multiplier trois dimensions, dont la premiere est 15 toises 5 pieds 3 pouces; la seconde 8 toises 3 pieds 9 pouces, & la troisiéme 6 toises 2 pieds 6 pouces, je multiplie, comme ci-devant, les deux premieres dimensions l'une par l'autre pour avoir leur produit, qui est 136 toises 5 pieds 6 pouces 4 lignes 6 points; & comme ce produit donne des toises & des parties de toises quar-

O o iij

rées, je multiplie encore le tout par la troisiéme dimension, c'est-à-dire, par 6 toises 2 pieds 6 pouces, & le produit donne 878 toises 3 pieds 5 pouces 10 lignes 10 points & demi.

toises.	pieds.	pouces.	lignes.	points.
15.	5.	3.	0.	0.
8.	3.	9.	0.	0.
6.	2.	6.	0.	0.
15.	5.	3.	0.	0.
8.	3.	9.	0.	0.
127.	0.	0.	0.	0.
7.	5.	7.	6.	0.
1.	5.	10.	10.	6.
136.	5.	6.	4.	6.
6.	2.	6.	0.	0.
821.	3.	2.	3.	0.
45.	3.	10.	1.	6.
11.	2.	5.	6.	4.$\frac{1}{2}$
878.	3.	5.	10.	10.$\frac{1}{2}$

Pour multiplier trois dimensions, dont la premiere est 4 toises 2 pieds 5 pouces ; la seconde 3 toises 1 pied 6 pouces ; & la troisiéme 5 pieds 4 pouces, je commence par multiplier les deux premieres dimensions, dont le produit est 14 toises 1 pied 10 pouces 3 lignes : ensuite je multiplie ce produit par 5 pieds 4 pouces ; & comme il n'y a point de toises dans la troisiéme dimension, je pose un zero en leur place, & je multiplie par 5 pieds 4 pouces, commençant par prendre pour 5 pieds la moitié de 14 toises 1 pied, &c. ensuite je prends pour 2 pieds le tiers de la même quantité, & le produit donne 4 toises

DE MATHEMATIQUE. 295

4 pieds 7 pouces 5 lignes, dont je prends la fixiéme partie pour le produit de 4 pouces, parce que 4 pouces eft la fixiéme partie de 2 pieds : enfin j'additionne ce produit avec les autres pour avoir 12 toifes 4 pieds 3 pouces 9 lignes 4 points ; ce qui eft le produit total.

toifes.	pieds.	pouces.	lignes.	points.
4.	2.	5.	0.	0.
3.	1.	6.	0.	0.
0.	5.	4.	0.	0.
4.	2.	5.	0.	0.
3.	1.	6.	0.	0.
13.	1.	3.	0.	0.
	4.	4.	10.	0.
	2.	2.	5.	0.
14.	1.	10.	3.	0.
0.	5.	4.	0.	0.
7.	0.	11.	1.	6.
4.	4.	7.	5.	0.
0.	4.	9.	2.	10.
12.	4.	3.	9.	4.

Pour multiplier trois dimenfions, dont la premiere eft 5 pieds 9 pouces 6 lignes ; la feconde 3 pieds 6 pouces ; & la troifiéme 4 pieds 8 pouces 6 lignes, je range les deux premieres dimenfions l'une fur l'autre, en mettant des zeros à la place des toifes ; enfuite comme il fe trouve 3 pieds dans la feconde dimenfion, je prends la moitié des termes de la premiere dimenfion, pour avoir le produit de 3 pieds ; & comme il y a encore 6 pouces, qui valent la fixiéme partie de 3 pieds, je prends pour le produit de 6 pouces la fixiéme partie du produit de 3 pieds ; & l'addition étant faite, il vient 3 pieds 4 pouces, 6 lignes

6 points pour le produit des deux premieres dimensions, que je multiplie ensuite par la troisiéme, qui est, comme nous l'avons dit, composée de 4 pouces 8 lignes 6 points :

toises.	pieds.	pouces.	lignes.	points.
0.	5.	9.	6.	0.
0.	3.	6.	0.	0.
0.	4.	8.	6.	0.
0.	5.	9.	6.	0.
0.	3.	6.	0.	0.
0.	2.	10.	9.	0.
0.	0.	5.	9.	6.
0.	3.	4.	6.	6.
0.	4.	8.	6.	0.
0.	1.	1.	6.	2.
0.	1.	1.	6.	2.
0.	0.	4.	6.	$0.\frac{2}{3}$
0.	0.	1.	1.	$6.\frac{1}{6}$
0.	0.	0.	3.	$4.\frac{7}{12}$
0.	2.	7.	9.	$4.\frac{1}{3}$

ainsi je commence par prendre deux fois le tiers de ce produit, pour avoir celui de 4 pieds; & comme celui de 2 pieds est 1 pied 1 pouce 6 lignes 2 points, je considere que 8 pouces étant le tiers de 2 pieds, le produit de 8 pouces sera le tiers de celui de 2 pieds, qui donne 4 pouces 6 lignes & $\frac{2}{3}$ de points : mais nous avons encore 6 lignes dans la troisiéme dimension, dont le rapport étant un peu éloigné de 8 pouces, je trouve qu'il est moins embarrassant de faire un faux produit; & comme celui de 2 pouces conviendroit fort, parce qu'on n'auroit qu'à prendre le quart pour avoir celui de 6 lignes : je prends donc le quart du produit de 8 pouces, pour avoir celui

de

de 2 pouces, qui est 1 pouce une ligne 6 points & $\frac{1}{6}$, dont je coupe les figures; & prenant le quart de ce produit, il vient 3 lignes 4 points & $\frac{7}{12}$ pour le produit de 6 lignes: & comme il ne reste plus rien à multiplier, je fais l'addition de tous les produits pour avoir le total, qui est 2 pieds 7 pouces 9 lignes 9 points & $\frac{1}{4}$ de points cubes.

AVERTISSEMENT.

556. Comme les preuves de toutes les Regles d'Arithmétique se font par des Regles contraires, il semble que la meilleure preuve que l'on puisse donner du calcul du Toisé, seroit qu'après avoir multiplié deux dimensions, l'on divisât le produit par la premiere dimension pour avoir la seconde au quotient, ou bien diviser par la seconde pour avoir la premiere; il y en a qui pratiquent cette preuve; mais ils sont obligez de réduire tous les termes du produit en leur moindre espece, aussi-bien qu'une des dimensions, c'est-à-dire, que si l'on a réduit le produit en lignes, qu'il faut aussi réduire une des dimensions en lignes: après cela on fait une division, dont on réduit le quotient en toises, en pieds, &c. pour avoir l'autre dimension; mais comme cette preuve demande beaucoup d'operation, en voici une beaucoup plus simple.

Après que l'on a trouvé le produit des deux dimensions, pour voir si l'operation est juste, l'on prend la moitié de la premiere dimension, & l'on double la seconde; ensuite l'on multiplie les deux dimensions ainsi changées l'une par l'autre, & il vient un second produit, qui doit être égal au premier. Par exemple, pour sçavoir si le produit de 6 toises 5 pieds 4 pouces par 4 toises 2 pieds 6 pouces, qui est 30 toises 2 pieds 6 pouces 8 lignes, est bon; il faut prendre la moitié de la premiere dimension pour avoir 3 toises 2 pieds 8 pouces, & doubler la seconde qui vaudra 8 toises 5 pieds: après cela si l'on multiplie ces deux quantitez l'une par l'autre, l'on trouvera que le produit est encore 30 toises 2 pieds 6 pouces 8 lignes; ce qui ne peut arriver autrement, si l'opération est bien faite.

CHAPITRE IV.

Où l'on donne la maniere de calculer le Toisé de la Charpente.

557. LE Toisé de la Charpente est fort different de celui des autres ouvrages, parce que ce Toisé a une mesure particuliere, que l'on nomme *Solive*, qui est une quantité qui contient 3 pieds cubes de bois; de sorte que si l'on a une piece de bois DC, dont la longueur AD soit de 6 pieds, la largeur AB de 12 pouces, & l'épaisseur BC de 6 pouces, cette piece composera une Solive, puisqu'elle vaut 3 pieds cubes. Or comme la Toise cube vaut 216 pieds cubes, & que 216 divisé par 3 donne 72, il s'ensuit qu'une Solive est la septante-deuxiéme partie d'une toise cube.

Fig. 215.

La Solive, ainsi que la Toise, est divisée en 6 pieds, que l'on nomme *pieds de Solive*, qui est une quantité qui a une toise de longueur sur un pied de largeur, & un pouce d'épaisseur: de sorte que si la ligne BG est la sixiéme partie de la ligne BC, la Solive DAFGBEH sera un pied de Solive, puisqu'il est la sixiéme partie de DC.

Comme un pied de Toise cube vaut 36 pieds cubes, la Solive en sera donc la douziéme partie: & comme un pied de Solive est la sixiéme partie de la Solive, il s'ensuit qu'un pied de Solive est la septante-deuxiéme partie d'un pied de Toise cube, puisqu'il faut 6 pieds de Solive pour faire une Solive, & 12 Solives pour faire un pied de Toise cube. Comme le pouce de Solive est la douziéme partie du pied de Solive, l'on verra de même qu'il est la septante-deuxiéme partie d'un pouce de Toise cube: il en sera ainsi des lignes & des points.

Il suit de ce qu'on vient de dire, que si l'on a une piece de bois qui contienne un certain nombre de toises, de pieds & de pouces cubes, pour réduire cette piece en So-

DE MATHEMATIQUE. 299

lives, il faut multiplier sa valeur par 72, & le produit sera la quantité de Solives contenues dans la piece.

Par exemple, si l'on suppose que 2 toises 3 pieds 6 pouces cubes soient la valeur d'une piece de bois, je considere que chaque toise de cette quantité vaut 72 Solives, chaque pied 72 pieds de Solive, & chaque pouce 72 pouces de Solive; ainsi si l'on multiplie 2 toises 3 pieds 6 pouces cubes par 72, on aura 186 Solives.

toises.	pieds.	pouces.	cubes.
2.	3.	6.	
72.			
144.			
36.			
6.			
186. Solives.			

Pour mesurer une piece de bois, dont la premiere dimension a 4 toises 5 pieds 9 pouces; la seconde 1 pied 6 pouces; & la troisiéme 1 pied 3 pouces; je multiplie, comme à l'ordinaire, la premiere dimension par la seconde, & le produit donne une toise un pied cinq pouces trois lignes, que je multiplie par la troisiéme dimension pour avoir un pied six pouces sept lignes un point & demi. Présentement pour réduire cette quantité en Solives, je la multiplie par 72. Pour cela je prends pour 1 pied la sixiéme partie de 72, qui est 12, & pour 6 pouces la moitié du produit d'un pied, qui est 6 : & comme il y a 7 lignes, je prends d'abord pour 6 la douziéme partie du produit de 6 pouces, qui est 3 pieds : ensuite pour une ligne

toises.	pieds.	pouces.	lignes.	points.
4.	5.	9.	0.	0.
	1.	6.	0.	0.
0.	4.	11.	6.	0.
0.	2.	5.	9.	0.
1.	1.	5.	3.	0.
0.	1.	3.	0.	0.
0.	1.	2.	10.	6.
0.	0.	3.	8.	7.$\frac{1}{2}$
0.	1.	6.	7.	1.$\frac{1}{2}$
72.				
12.	0.	0.	0.	0.
6.	0.	0.	0.	0
0.	3.	0.	0.	0.
0.	0.	6.	0.	0.
0.	0.	0.	6.	0.
0.	0.	0.	3.	0.
18.	3.	6.	9.	0.

Pp ij

Nouveau Cours

la sixiéme partie du produit précedent, qui donne 6 pouces, il reste encore un point & demi; je prends premierement pour un point la douziéme partie de 6 pouces, qui est 6 lignes. Enfin pour la moitié d'un point la moitié du dernier produit pour avoir 3 lignes; après quoi j'additionne le tout, qui donne 18 Solives 3 pieds 6 pouces 9 lignes de Solive, pour la valeur de la piece de bois.

Il y a une maniere de calculer les bois, qui est bien plus courte que la précedente; c'est de réduire d'abord une des deux dimensions de l'équarissage en pouces : ensuite les mettre au rang des toises, & l'autre à la place qu'elle doit occuper naturellement. L'on multiplie ces deux dimensions l'une par l'autre, comme dans les regles précedentes, regardant celle qu'on a mise au rang des toises, comme des toises mêmes; après quoi on multiplie le produit qui en vient par la longueur de la piece, pour avoir un second produit, qui donne le nombre des Solives, des pieds & des pouces de Solive, qui sont contenues dans la piece.

Par exemple, pour calculer la même piece de bois que ci-devant, qui a 1 pied 6 pouces sur 1 pied 3 pouces d'équarrissage, & 4 toises 5 pieds 9 pouces de longueur, je réduis une des dimensions de l'équarrissage en pouces, qui sera, par exemple, un pied 6 pouces pour avoir 18 pouces, que je mets au rang des toises, & 1 pied 3 pouces de l'autre dimension à leur place ordinaire; ensuite je prends pour 1 pied la sixiéme partie de 18, qui est 3 : & comme il y a encore 3 pouces qui font le quart d'un pied, je prends le quart du produit d'un pied, pour avoir celui de 3 pouces, qui est 4 pieds 6 pouces, & j'additionne le tout pour avoir le produit de

toises.	pieds.	pouces.	lig.
18.	0.	0.	0.
0.	1.	3.	0.
3.	0.	0.	0.
	4.	6.	0.
3.	4.	6.	0.
4.	5.	9.	0.
15.	0.	0.	0.
1.	1.	6.	0.
1.	5.	3.	0.
	2.	9.	9.
18.	3.	6.	6.

3 toises 4 pieds 6 pouces, qu'il faut multiplier par la longueur de la piece, c'est-à-dire, par 4 toises 5 pieds 9 pouces, & l'on aura 18 Solives 3 pieds 6 pouces 9 lignes de Solive.

Pour entendre ceci, confiderez que si l'on a trois quantitez *a*, *b*, *c*, à multiplier l'une par l'autre, que le produit sera *abc*; & que si ce produit doit être multiplié par *d*, l'on aura *abcd*; mais si au lieu de multiplier le produit *abc* par *d*, l'on multiplioit seulement une des dimensions, comme *a* par *d*, l'on aura *ad*, *bc*, dont le produit donne encore *abcd*; ainsi c'est la même chose de multiplier le produit de trois dimensions par une quantité, ou de multiplier une des dimensions par la même quantité, & ensuite ce produit par les autres dimensions, puisqu'à la fin l'on trouvera toûjours la même chose pour le produit total.

558. Or si l'on fait attention qu'une toise vaut 72 pouces, l'on verra que mettant un pouce au rang des toises, c'est comme si on l'avoit multiplié par 72; ainsi quand nous avons mis 18 pouces au rang des toises, on les a donc multipliez par 72, & par consequent le produit de cette quantité par les deux autres dimensions, est devenu 72 fois plus grand qu'il n'eût été, si l'on avoit mis les 18 pouces à leur place ordinaire; ce qui fait voir que le produit doit donner des Solives; car le produit total devient 72 fois plus grand qu'il n'eût été, si l'on n'avoit pas mis les 18 pouces au rang des toises, & que l'on eût fait l'opération à l'ordinaire. Mais pour donner aux Commençans plus de facilité de se servir de cette méthode, voici encore quelque exemple sur le même sujet.

Pour sçavoir combien il y a de Solives dans une piece de bois, qui a 3 toises 4 pieds 8 pouces de longueur sur 8 à 14 pouces d'équarriffage, je pose 8 pouces au rang des toises, & l'autre dimension, qui vaut 1 pied 2 pouces, au rang qu'elle doit occuper; & je dis : La sixiéme partie de 8 est 1, il reste 2, qui valent 12, dont la sixiéme partie est 2; & comme il y a encore 2 pouces, qui font la sixiéme partie d'un pied, je prends pour 2 pouces la sixiéme partie du produit d'un pied pour avoir 1 pied 4 pouces, & le produit total est une toise 3 pieds 4 pouces, que je multiplie par la longueur, c'est-à-dire, par 3 toises 4 pieds 8 pouces, & le produit donne 5 Solives 5 pieds 3 pouces une ligne 4 points de Solive pour la valeur de la piece.

toises.	pieds.	pouces.	lignes.	points.
8.	0.	0.	0.	0.
0.	1.	2.	0.	0.
1.	2.	0.	0.	0.
0.	1.	4.	0.	0.
1.	3.	4.	0.	0.
3.	4.	8.	0.	0.
4.	4.	0.	0.	0.
0.	3.	1.	4.	0.
0.	3.	1.	4.	0.
0.	1.	0.	5.	4.
5.	5.	3.	1.	4.

L'on peut remarquer que ce n'est pas une nécessité absolue de commencer par multiplier les deux dimensions de l'équarrissage l'une par l'autre; car si l'on veut, il n'y a qu'à multiplier la longueur par la dimension de l'équarrissage, qui doit être mise au rang des toises; ainsi pour avoir la valeur de la piece de bois précedente, je prends pour premiere dimension la longueur, qui est 3 toises 4 pieds 8 pouces; & supposant que 8 pouces de l'équarrissage valent 8 toises, je les pose pour seconde dimension, & la multiplication étant faite, il vient 30 toises 1 pied 4 pouces, qui étant multipliez par 1 pied 2 pouces, donnent

toises.	pieds.	pouces.	lignes.	points.
3.	4.	8.	0.	0.
8.	0.	0.	0.	0.
30.	1.	4.	0.	0.
0.	1.	2.	0.	0.
5.	0.	2.	8.	0.
0.	5.	0.	5.	4.
5.	5.	3.	1.	4.

encore 5 Solives 5 pieds 3 pouces une ligne 4 points de Solive.

Pour calculer la valeur d'une piece de bois, qui a 3 toises 4 pieds de longueur sur 10 à 9 pouces 6 lignes d'équarrissage, je prends la plus simple de deux dimensions de l'équarriffage, c'eſt-à-dire, celle qui eſt compoſée des pouces ſeulement, pour la mettre au rang des toiſes : ainſi ayant pris 10 pour la première dimenſion, je la multiplie par la longueur de la pièce, ou par l'autre dimenſion de l'équarriffage ; car il eſt indifferent de multiplier d'abord par l'une ou l'autre de ces quantitez, comme on l'a déja dit : ainſi je multiplie 10 par 3 toiſes 4 pieds pour avoir le produit, qui eſt 36 toiſes 4 pieds, que je multiplie enſuite par 9 pouces 6 lignes, & il vient 4 Solives 5 pieds 4 lignes de Solives pour la valeur de la piece de bois.

toiſes.	pieds.	pouces.	lignes.	points.
10.	0.	0.	0.	0.
3.	4.	0.	0.	0.
30.				
5.	0.	0.	0.	0.
1.	4.	0.	0.	0.
36.	4.	0.	0.	0.
0.	0.	9.	6.	0.
4.	0.	8.	0.	
3.	0.	4.	0.	
1.	3.	2.	0.	
	1.	6.	4.	
4.	5.	0.	4.	

559. S'il arrive que dans les deux dimenſions de l'équarriffage il ſe trouve des pouces & des lignes, il faut pour la dimenſion, qu'on doit changer de valeur, mettre les pouces au rang des toiſes, comme à l'ordinaire, & regarder les lignes de cette dimenſion comme des pieds ; ainſi on les mettra au rang des pieds, avec cette attention, qu'au lieu de mettre autant de pieds qu'il y a de lignes, il n'en faut mettre que la moitié, c'eſt-à-dire, que ſi cette dimenſion eſt compoſée de 6 pouces 8

lignes, l'on mettra 6 pouces au rang des toises, & la moitié des lignes au rang des pieds, pour avoir 6 toises 4 pieds; & si au lieu de 8 on en avoit 7 ou 9, ou tout autre nombre impair, on en prendra toujours la moitié, & l'on marquera 3 pieds 6 pouces, ou bien 4 pieds 6 pouces. L'on va voir ceci dans les deux exemples suivans.

Pour toiser une piece de bois qui a 6 toises 3 pieds de longueur sur 9 pouces 6 lignes à 10 pouces 8 lignes d'équarrissage, il faut, pour changer une des deux dimensions de l'équarrissage, qui sera, par exemple, 9 pouces 6 lignes, mettre 9 pouces au rang des toises, & la moitié de 6 lignes au rang des pieds, pour avoir 9 toises trois pieds, qu'il faut multiplier par l'autre dimension, c'est-à-dire, par 10 pouces 8 lignes, pour avoir une toise 2 pieds 5 pouces 4 lignes au produit, qui étant multiplié par la longueur de la piece, l'on verra qu'elle contient 9 Solives 10 pouces 8 lignes.

toises.	pieds.	pouces.	lignes.	points.
9.	3.	0.	0.	0.
0.	0.	10.	8.	0.
1.	3.	6.	0.	0.
0.	4.	9.	0.	0.
0.	3.	2.	0.	0.
0.	0.	6.	4.	0.
1.	2.	5.	4.	0.
6.	3.	0.	0.	0.
8.	2.	8.	0.	0.
0.	4.	2.	8.	0.
9.	0.	10.	8.	0.

Pour trouver la valeur d'une piece de bois, qui a 5 pieds 8 pouces de longueur sur 8 pouces 7 lignes à 9 pouces 4 lignes

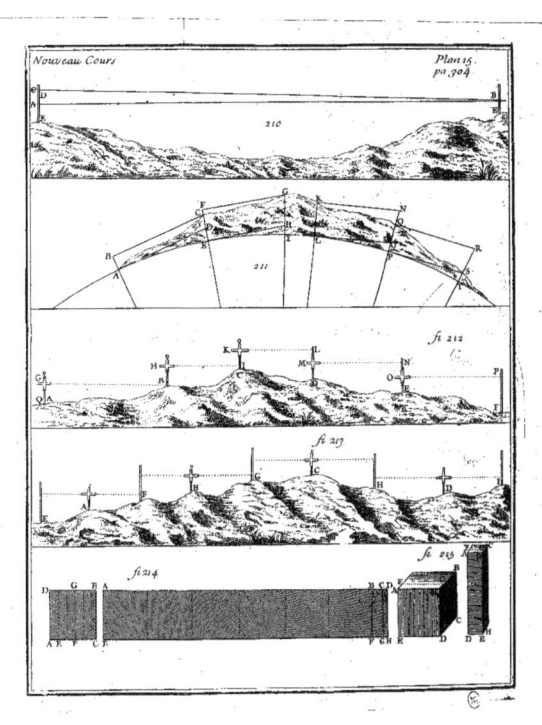

DE MATHEMATIQUE. 305

gnes d'équarriſſage, je porte 8 pouces à l'endroit des toiſes; & conſiderant les 7 lignes de cette dimenſion comme valant des pieds, je marque 3 pieds 6 pouces; enſuite je multiplie cette dimenſion ainſi changée par 9 pouces 6 lignes, & le produit donne une toiſe 9 pouces 6 lignes 6 points, qui étant multipliez par 5 pieds 8 pouces, il vient une Solive 5 pouces 1 point ⅔ pour la valeur de la piece.

toiſes.	pieds.	pouces.	lignes.	points.
8.	3.	6.	0.	0.
0.	0.	9.	6.	0.
1.	2.	7.	0.	0.
0.	4.	3.	6.	0.
0.	2.	1.	9.	0.
0.	0.	4.	3.	6.
1.	0.	9.	6.	6.
0.	5.	8.	0.	0.
0.	3.	4.	9.	3.
0.	2.	2.	2.	2.
0.	0.	9.	0.	8. ⅔
1.	0.	5.	0.	1. ⅔

560. Pour rendre raiſon de ce que nous avons dit qu'il falloit regarder les lignes comme des pieds, après en avoir pris la moitié, conſiderez que nous avons dit qu'il falloit multiplier une des dimenſions par 72, pour que la ſuite de la regle donnât des Solives: pour cela ſi la dimenſion eſt 8 pouces 7 lignes, nous ſçavons que mettant 8 pouces à l'endroit des toiſes, la multiplication par 72 ſe fait tout d'un coup; mais à l'égard de ces lignes qui reſtent, remarquez que ſi on les mettoit au rang des pouces, c'eſt comme ſi on les multiplioit par 12; & que ſi

Q q

du rang des pouces on les porte au rang des pieds, c'est comme si on les multiplioit encore par 12 : ainsi quand on pose des lignes au rang des pieds, c'est proprement les multiplier par 144 ; mais comme selon notre regle, elles ne doivent être multipliées que par 72, qui est la moitié de 144 : il faut donc, si l'on porte les lignes au rang des pieds, n'en prendre que la moitié, pour n'avoir que la moitié de 144.

NOUVEAU COURS
DE MATHEMATIQUE.

CINQUIE'ME PARTIE.

Où l'on applique la Géométrie à la mesure des Superficies & des Solides.

CHAPITRE PREMIER.

De la mesure des Superficies.

PROPOSITION PREMIERE.
Problême.

561. *Mesurer les Figures triangulaires.* PLAN-
Si l'on a un Triangle rectangle ABC, dont CHE 16.
la base BC soit de 8 pieds, & la hauteur AB de 5, il Fig. 216.
faut, pour en trouver la superficie, multiplier la moitié
de la base par toute la perpendiculaire, ou la moitié de
la perpendiculaire par toute la base, & l'on aura 20 pieds
quarrez pour la valeur du Triangle. * * Art. 239.

562. Si le Triangle n'étoit pas rectangle, comme
DEF, il faudroit, en connoissant les trois côtez, chercher
la valeur de la perpendiculaire EG; * & multiplier en- *Art. 484.
core la moitié de la base par toute la perpendiculaire,
ou toute la perpendiculaire par la moitié de la base.

563. Mais comme il peut arriver que la perpendicu- Fig. 217.
laire au lieu de tomber dans le Triangle, tombe en dehors, comme HL; en ce cas il en faut chercher la valeur *, * Art. 254.
& la multiplier par la moitié de la base IK.

PROPOSITION II.
Problême.

Fig. 218. 564. *Trouver la superficie des Figures quadrilateres.*
Pour trouver la superficie du Quarré AC, dont le côté seroit, par exemple, de 7 pieds, il faut multiplier 7 par lui-même, c'est-à-dire, AB par BC, & le produit sera 49 pieds, qui est la valeur du Quarré AC.

Fig. 219. 565. Si au lieu d'un Quarré l'on a un Rectangle DF, dont la base DE est supposée de 5 pieds, & la hauteur EF de 12, l'on multipliera 5 par 12, pour avoir au produit 60 pieds, qui seront la valeur du rectangle.

566. Mais si au lieu d'un Rectangle DF l'on avoit un Parallelogramme GK, dont on voulût avoir la superficie, il faudroit prolonger la base GL, & abaisser la perpendi-

Art. 234. laire KI, qui sera la hauteur du Parallelogramme *; & supposant que cette perpendiculaire soit de 10 pieds, & la base GL de 4, l'on multipliera 10 par 4, & le produit sera 40 pieds pour la valeur du Parallelogramme.

Fig. 221. 567. Si la figure est trapezoïde, comme ABCD, & que le côté BA soit perpendiculaire sur les deux côtez paralleles BC & AD, il faut joindre ces deux côtez ensemble pour avoir la base AE du Triangle ABE, qui sera égal au Trapezoïde. Ainsi supposant que le côté BC soit de 4 pieds, le côté AD de 10, la hauteur BA de 12, la base AE, ou autrement la somme des deux côtez sera de 14, qu'il faut multiplier par 6, moitié de la perpendiculaire, l'on aura 84 au produit pour la superficie du Triangle ABE, qui est la même que celle du Trapezoïde, parce que les Triangles BCF & FDE sont égaux.

568. Si l'on veut encore d'une autre façon trouver la superficie du Trapezoïde, il n'y a qu'à chercher une

Art. 166. moyenne arithmétique * GF entre BC & AD, c'est-à-dire, entre 4 & 10, l'on trouvera qu'elle est 7; & si l'on multiplie cette moyenne par toute la hauteur BA, qui est 12, l'on aura 84 pour la superficie; ce qui est évident, puisque le Rectangle ABHI est égal au Trapezoïde ABCD, à cause que le Triangle CHF est le même que FID.

PROPOSITION III.

Problême.

569. *Mesurer la superficie des Poligones réguliers & irréguliers.* Fig. 222.

Si l'on veut sçavoir la superficie d'un Poligone régulier, il faut du centre E abaisser une perpendiculaire EB sur un des côtez CD, & tirer les rayons EC & ED, qui donneront le triangle isoscele ECD. Or comme on connoîtra les angles de la base de ce Triangle*, puisque le Poligone est régulier, & que d'ailleurs on connoît le côté CD, on aura le triangle rectangle EBD, duquel il sera facile de connoître le côté EB* : & supposant qu'on l'a trouvé de 6 pieds, on ajoûtera ensemble tous les côtez du Poligone, dont la somme sera, par exemple, 48, qu'il faudra multiplier par 3, moitié de la perpendiculaire, pour avoir 144 pieds, qui sera la valeur du Poligone. * Art. 291.

* Art. 502.

570. Si le Poligone est irrégulier, comme ABCDEF, l'on tirera du point E les lignes EC, EB, EA, qui diviseront le Poligone en quatre triangles, dont le premier aura pour hauteur la perpendiculaire FG; le second, la perpendiculaire AH; le troisiéme, la perpendiculaire CI; & le quatriéme, la perpendiculaire DK. Cela posé, si l'on mesure sur le terrein avec la toise, ou sur le papier avec une échelle, la valeur des perpendiculaires, aussi-bien que celles des lignes sur lesquelles ces perpendiculaires tombent, l'on n'aura qu'à faire autant de multiplications qu'il y a de triangles ; & ajoûtant tous les produits ensemble, l'on aura la valeur du Poligone. Fig. 223.

PROPOSITION IV.

Problême.

Fig. 224.

571. *Mesurer la superficie des Cercles, & de leurs parties.*
Pour mesurer la superficie d'un Cercle AB, il faut connoître la valeur de son diamétre & de sa circonference, comme on l'a dit art. 320. & multiplier la moitié de la circonference par la moitié du diamétre, & le produit donnera la valeur du Cercle. Par exemple, pour trouver la superficie d'un Cercle, dont le diamétre est 14, je cherche sa circonference, qui sera 44; & prenant la moitié de 44, qui est 22, & la moitié de 14, qui est 7, je multiplie ces deux nombres l'un par l'autre pour avoir 154, qui sera la superficie du Cercle.

Fig. 225.

572. Si l'on veut sçavoir la superficie d'un Secteur de Cercle, il faut connoître l'angle formé par les deux rayons, & la valeur du rayon. Ainsi supposant que l'angle du Secteur ABC est de 60 degrez, & le rayon de 7 pieds, je commence par trouver la valeur du Cercle d'où est provenu le Secteur, laquelle se trouve de 154, & puis je fais une Regle de trois, en disant : Si 360, valeur de toute la circonference, m'a donné 154 pour la superficie qu'elle renferme, combien me donneront 60, valeur de la circonference du Secteur, pour la superficie qu'elle renferme, l'on trouvera 25 pieds 8 pouces.

Fig. 226.

573. Enfin pour trouver la valeur d'un Segment de Cercle, tel que DGF, il faudra commencer par en faire un Secteur, dont on cherchera la superficie, que je suppose encore être 25 pieds 8 pouces. Cela posé, on cherchera la superficie du Triangle DEF, que l'on trouvera à peu près de 21 pieds; & soustrayant cette quantité de 25 pieds 8 pouces, le reste sera la valeur du Segment qui sera environ de 4 pieds 8 pouces,

PROPOSITION V.

Problême.

574. *Mesurer la superficie d'une Ellipse.*

Nous avons vû *que les Elemens FH, & EI d'un quart de Cercle, étoient en même raison avec les Elemens FG & ED d'un quart d'Ellipse ; par consequent il y aura donc même raison de la somme de tous les antecedens à la somme de tous les consequens, que d'un antecedent à son consequent *, c'est-à-dire, que le quart de Cercle EAI est au quart d'Ellipse EAD, comme la ligne EI est à la ligne ED, ou bien comme la ligne AB est à la ligne CD : & si au lieu du quart de Cercle, & du quart d'Ellipse, l'on prend tout le Cercle & toute l'Ellipse, il y aura encore même raison du cercle à l'Ellipse, que de la ligne AB à la ligne CD ; ce qui fait voir que la superficie d'un Cercle qui auroit pour diamétre le grand axe d'une Ellipse est à la superficie de l'Ellipse, comme le grand axe est au petit. Or supposant que le grand axe AB soit de 14 pieds, & le petit CD de 8, il faut pour trouver la superficie de l'Ellipse, chercher d'abord celle du Cercle de son grand axe, que l'on trouvera de 154, & puis dire : si le grand axe de 14 m'a donné 8 pouces pour le petit, que me donneront 154, superficie du cercle pour celle de l'Ellipse, que l'on trouvera de 88 pieds.

Fig. 227.
* Art. 240.

* Art. 167.

PROPOSITION VI.

Problême.

575. *Mesurer l'espace renfermé par une Parabole.*

Si l'on a une Parabole ABC, dont l'axe BD soit de 9 pieds, & la plus grande ordonnée DA de 12, toute la ligne AC sera de 24. Cela étant, je dis que pour trouver l'espace renfermé par la Parabole ABC, il faut multiplier la ligne AC par les deux tiers de l'axe BD, c'est-à-dire,

Fig. 228.

24 par 6, pour avoit 144 au produit, qui fera l'espace que l'on demande.

La raison de cette opération est que l'espace ABC est les deux tiers du Rectangle AEFC ; pour le prouver nous ferons voir que l'espace AEBK est le tiers du Rectangle AEBD.

Ayant divisé la ligne EB en un nombre de parties égales, & tiré par tous les points de division des lignes telles que GH & IK, paralleles à AE, l'on verra * que par la proprieté de la Parabole le quarré BG est au quarré BI, comme GH est à IK; mais les parties de suite de la ligne EB étant en progression arithmétique, les quarrez des lignes BG & BI seront ceux des termes d'une progression arithmétique ; par consequent les Elemens GH & IK sont en même raison que les quarrez des termes d'une progression arithmetique, ainsi l'espace AEBK contient une quantité infinie d'Elemens, qui sont tous dans la même raison que les quarrez des termes infinis d'une progression arithmétique : mais comme pour trouver la valeur de tous ces quarrez, il faut * multiplier le plus grand quarré par le tiers de la grandeur qui exprime la quantité des termes, il faut donc pour trouver la valeur de tous les Elemens qui composent l'espace AEBK, multiplier le plus grand Element EA par le tiers de la ligne EB, qui en exprime la quantité : ce qui fait voir que cet espace est le tiers du Rectangle AEBD, & que par consequent l'espace AKBD de la Parabole en est les deux tiers.

*F Art. 412.

*F Art. 366.

REMARQUE.

Il est absolument nécessaire pour ceux qui veulent s'attacher au Génie, de sçavoir bien mesurer les Figures planes, parce qu'elles se rencontrent continuellement dans le Toisé des Fortifications & des Bâtimens civils; car les Couvertures de tuiles & d'ardoises, les Planchers, les Pavez, le blanchissage des Murs recrepis, les Vîtres, le Gazon avec lequel on revêtit les ouvrages de Terrasse, se mesurent à la toise quarrée, & toutes les figures que

toutes

DE MATHEMATIQUE. 313
toutes ces choses peuvent former, se réduisent toûjours à des Rectangles ou à des Triangles.

APPLICATION DE LA GEOMETRIE
à la mesure des surfaces des Corps.

PROPOSITION VII.
Problême.

576. *Mesurer les surfaces des Prismes & des Cylindres.* Fig. 229.
Pour mesurer la surface d'un Prisme AE, il faut multiplier la somme des côtez du Poligone, qui lui sert de base par la hauteur du Prisme : ainsi si le Prisme a pour base un Exagone, dont chaque côté BC soit de 4 pieds, & la hauteur BE de 6, la somme des côtez sera 24, qui étant multiplié par 6, le produit sera 144 pieds pour la valeur de la surface.

577. Pour mesurer la surface d'un Cylindre, tel que Fig. 230. BC, dont le diamétre AC est de 14 pieds, & la hauteur AB de 8, il faut commencer par chercher la circonference du Cercle qui lui sert de base, qu'on trouvera de 44 pieds. Après cela il faut multiplier cette circonference par 8, hauteur du Cylindre, & l'on trouvera 352 pieds pour la surface du Cylindre.

PROPOSITION VIII.
Problême.

578. *Mesurer les surfaces des Pyramides & des Cones.* Fig. 231.
Pour mesurer la surface d'une Pyramide droite, qui a pour base un Exagone, dont chaque côté, tel que AB, est supposé de 6 pieds, & la perpendiculaire tirée du sommet sur un de ses côtez de 10 pieds, il faut multiplier la somme de la moitié de tous ces côtez par toute la perpendiculaire *, c'est-à-dire, 18 par 10, l'on trouvera 180 * Art. 359. pour la surface de la Pyramide.

579. Pour trouver la surface d'un cone droit, dont le dia- Fig. 232.

R r

mètre AB du cercle de sa base est de 14 pieds, & le côté AD de 12, il faut multiplier la circonference du cercle, *Ar. 1360. que l'on trouvera de 44, par la moitié du côté AD*, c'est-à-dire, par 6, & l'on verra que la surface du Cone est de 264, ou bien multiplier la moitié de la circonference par tout le côté AD, & l'on aura encore la même chose.

PROPOSITION IX.
Problême.

580. *Mesurer les surfaces des Spheres, celles de leurs Seg-*
Fig. 233. *mens, & celles de leurs Zones.*

Pour mesurer la surface d'une Sphere, dont le diamétre HG est supposé de 14 pieds, il faut commencer par chercher la circonference de ce diamétre, que l'on trouvera de 44; & il faut la multiplier par le diamétre, c'est-à-dire, par 14, & le produit donnera la valeur de la sur-
Art. 384. face de la Sphere que l'on trouvera de 616.

581. Si au lieu de la surface de toute une Sphere, on vouloit mesurer seulement celle d'un Segment, tel que ABC, il faudroit chercher d'abord la circonference du grand Cercle de la Sphere d'où le Segment a été tiré; & de plus connoître exactement la perpendiculaire CD élevée sur le centre du Cercle AB, & puis multiplier la circonference du grand Cercle par la valeur de cette
Art. 391. perpendiculaire : ainsi supposant que la circonference du Cercle soit 44, & la perpendiculaire CD de 4, multipliant l'un par l'autre, on aura 176 pieds pour la valeur de la surface du Segment.

582. Enfin pour mesurer la surface d'une Zone, telle que EHFG, il faut connoître aussi la circonference du grand Cercle de la Sphere d'où elle a été tirée, & la valeur de la perpendiculaire IK, tirée d'un centre à l'autre des deux Cercles opposez, & multiplier cette perpendi-
Art. 390. culaire par la circonference du grand cercle, dont nous venons de parler. Ainsi supposant qu'elle soit encore de 44 pieds; & la perpendiculaire IK de 5, multi-

pliant l'un par l'autre, l'on trouvera 220 pieds pour la valeur de la furface de la Zone.

REMARQUE.

La plûpart de ceux qui étudient la Géométrie fçavent bien que cette Science eft fort utile, & qu'en general toutes les propofitions qu'elle renferme ont leur ufage; cependant comme ils n'en connoiffent point l'application, faute de s'être trouvez dans le cas de s'en fervir, ils en viennent toûjours à demander à quoi tels & tels Problêmes peuvent fervir; c'eft pourquoi ayant deffein de leur ôter cette inquiétude, je ne ferai pas pareffeux de leur faire voir l'application des moindres chofes : & pour dire un mot des propofitions précédentes, ils feront attention que les Cloches étant toujours des Pyramides ou des Cones, que les Dômes étant ordinairement des figures fpheriques, & les Tours des Châteaux étant couvertes par des Toîts faits en Cones ou en Pyramide, il faut pour en toifer la Couverture, fçavoir mefurer ces differentes furfaces.

CHAPITRE II.

Où l'on applique la Géométrie à la mefure des Corps folides.

PROPOSITION X.
Problême.

583. *Mefurer la folidité des Cubes, des Parallelepipedes,* Fig. 234. *des Prifmes & des Cylindres.*

Pour mefurer la folidité d'un Cube AD, dont le côté AB feroit, par exemple, de 6 pieds, il faut quarrer 6 pour avoir la fuperficie de la bafe, qui fera 36; & multipliant cette bafe par la hauteur du Cube, c'eft-à-dire, par 6 pieds, l'on aura 216 pieds, pour la valeur du Cube.

Fig. 235.   584. L'on trouvera de même la valeur d'un Parallelepipede, en multipliant la superficie de sa base par la hauteur. Ainsi voulant mesurer le Parallelepipede EH, supposant que sa base ait 10 pieds de long sur 4 pieds de large, & que sa hauteur HF soit de 5 pieds, il faut multiplier 4 par 10 pour avoir 40, qui sera la superficie de la base, qui étant multipliée par la hauteur 5, donnera 200 pieds cubes pour le Parallelepipede.

Fig. 229.   585. Pour mesurer la solidité d'un Prisme CE, dont la base est un Exagone, il faut d'abord connoître la superficie de l'Exagone, que l'on trouvera en multipliant la somme de ses côtez par la moitié de la perpendiculaire AD: ainsi ce côté BC étant de 4 pieds, la perpendiculaire de $3\frac{1}{2}$, la somme des côtez sera 24, qui étant multiplié par $1\frac{3}{4}$, on aura 42 pieds quarrez pour la valeur de la base, qu'il faut ensuite multiplier par la hauteur BE, que je suppose de 6 pieds: la multiplication étant faite, l'on trouvera 252 pieds cubes pour la valeur du Prisme.

Fig. 230.   586. Pour mesurer la solidité d'un Cylindre CB, dont le diamétre BD du cercle de la base est de 14 pieds, & la hauteur AB de 8 pieds, il faut commencer par avoir la valeur du Cercle qui sert de base au Cylindre: pour cela il faut chercher la circonference, que l'on trouvera de 44, dont la moitié étant multipliée par le rayon du même Cercle, l'on aura 154 pieds quarrez pour la valeur de la base du Cylindre: il faut ensuite la multiplier par 8 pour avoir 1232 pieds cubes pour la solidité du Cylindre.

Comme la solidité des cubes, des Parallelepipedes, des Prismes & des Cylindres, est composée d'une infinité de plans semblables à celui qui sert de base à chacun de ces Corps, & que leur hauteur exprime la quantité de plans dont ils sont composez; il s'ensuit que pour trouver la solidité d'un Corps tel que les précedens, il faut multiplier sa base par toute sa hauteur.

PROPOSITION XI.

Problême.

587. *Mesurer la solidité des Pyramides & des Cones.* Fig. 231.
Pour mesurer la solidité d'une Pyramide, qui a pour base un Exagone, il faut commencer par connoître la superficie de la base. Ainsi supposant que le côté AB soit de 6 pieds, & la perpendiculaire CE de $6\frac{3}{4}$, l'on trouvera 121 pieds $\frac{1}{2}$ quarrez pour la superficie de la base, qu'il faut multiplier par le tiers de l'axe DC de la Pyramide. Comme cet axe est supposé de 10 pieds, il faudra multiplier $121\frac{1}{2}$ par $3\frac{1}{3}$, & le produit sera 405 pieds cubes pour la solidité de la Pyramide.

588. Pour trouver la solidité d'un Cone, l'on agira Fig. 232. comme on vient de faire; pour trouver celle de la Pyramide, on commencera par connoître la superficie du Cercle, qui sert de base au Cone, il faudra la multiplier par le tiers de l'axe du Cone. Ainsi voulant mesurer la solidité d'un Cone ADB, dont le diamétre de son cercle est de 14 pieds, & la valeur de son axe de $9\frac{1}{2}$; l'on trouvera que la superficie de la base est de 154 pieds quarrez, qui étant multipliez par $3\frac{1}{6}$, qui est le tiers de l'axe, l'on trouvera 456 pieds cubes pour la solidité du Cone.

Si nous avons multiplié la base de la Pyramide, aussi-bien que celle du Cone, par le tiers de la hauteur de l'un & de l'autre, c'est que nous avons vû *que la Pyramide * Art. 364. étoit le tiers du Prisme de même base & de même hauteur, comme le Cone étoit aussi le tiers du Cylindre de même base & de même hauteur.

589. Si les Parallelepipedes, les Prismes, les Cylindres, les Pyramides, les Cones, que l'on veut mesurer, étoient inclinez, il faudroit tirer une perpendiculaire de leur sommet sur leurs bases prolongées; ensuite connoître la

valeur de cette perpendiculaire, & la regarder comme celle de la hauteur du solide, qui sera incliné; & si cela arrive à l'égard d'un Parallelepipede, d'un Prisme, ou d'un Cylindre, on multipliera toute la perpendiculaire par la base du solide auquel elle correspond : & si cela arrive à l'égard des Pyramides, des Cones, on multipliera la base de l'un ou l'autre de ces solides par le tiers de la perpendiculaire.

PROPOSITION XII.

Problême.

Fig. 236.   590. *Mesurer la solidité des Pyramides & des Cones tronquez.*

Si l'on a une Pyramide DB, dont les plans opposez DF & AB soient des quarrez, pour en sçavoir la solidité, nous supposerons que le côté DE est de 9 pieds, le côté AC de 4, & l'axe GH de 12. Cela posé, il faut chercher la valeur des plans AB & DF, qui seront de 16 & de 81 pieds, entre lesquelles il faut chercher une moyenne proportionnelle, qui sera 36 pour le plan moyen, qu'il faut ajoûter avec les deux autres, pour avoir 133, qui sera la somme des trois plans, qu'il faut multiplier par le tiers de l'axe, c'est-à-dire, par 4 pour avoir 532 pieds pour la solidité de la Pyramide tronquée.*

* Art. 373.

Si l'on avoit un Cone tronqué, l'on en trouveroit de même la valeur, en cherchant un Cercle moyen entre les deux opposez, & en multipliant la somme de la valeur des trois cercles par le tiers de l'axe, pour avoir un produit, qui sera ce que l'on demande.

Fig. 237.   591. Voici encore une autre maniere de trouver la valeur d'une Pyramide, ou d'un Cone tronqué, qui est plus d'usage que la précedente; par exemple, pour connoître la solidité du Cone tronqué ADEB, dont l'axe GC est de 15 pieds, le diamétre DE de 7, & le diamétre AB de 21 : j'abaisse la perpendiculaire DH, & j'acheve le

Cone, pour avoir l'axe entier CF, dont je cherche la valeur comme il fuit.

Le rayon DG étant de 3 pieds $\frac{1}{2}$, & le rayon AC de 10$\frac{1}{2}$, la ligne AH fera la différence de DG à AC : par conféquent de 7 pieds. Or ayant les deux triangles femblables AHD & ACF, je dis : Si le côté AH de 7 pieds donne 15 pieds pour le côté HD, que donnera le côté AC de 10$\frac{1}{2}$ pour le côté CF, que l'on trouvera de 22 pieds $\frac{1}{2}$.

Préfentement que l'on a trouvé le grand axe, il faut chercher la valeur du Cone ABF, & celle du petit Cone DFE, & retrancher celle-ci de l'autre pour avoir la différence, qui fera la valeur du Cone tronqué.

592. Ou bien à caufe que les Cones DFE & AFB font femblables, l'on pourra cuber les diamétres AB & DE, & dire. Comme le Cube du diamétre AB eft au cube du diamétre DE, ainfi la valeur du Cone AFB eft à celle du Cone DFE, qui étant trouvée, on la retranchera de celle du Cone AFB, pour avoir la différence, qui fera la partie tronquée.

REMARQUE.

L'on verra dans la fuite la néceffité de fçavoir mefurer les Prifmes, les Cylindres, les Pyramides, & les Cones, auffi-bien que leurs parties tronquées ; car on ne peut faire le Toifé de la Maçonnerie du revêtement d'une Fortification, fans qu'il ne fe rencontre des parties femblables à celles-ci ; ce qui arrive toujours aux angles rentrans & faillans ; il fe rencontre même bien des cas où la figure bizarre de ce que l'on veut mefurer, demande beaucoup d'ufage de la Géométrie, pour en venir à bout : & comme bien des Ingenieurs fe contentent de les toifer par approximation, voici quelques propofitions qui donneront beaucoup d'éclairciffemens pour réfoudre les difficultez que je ferai appercevoir à ce fujet.

PROPOSITION XIII.
Problême.

Fig. 238. 593. *Mesurer la solidité des Secteurs de Cylindre, & de Cones tronqués.*

Pour trouver la solidité d'un Secteur ABCDEF d'un Cylindre formé par deux plans CA & CE, il faut commencer par sçavoir la valeur du Cylindre entier, & connoître l'angle BCD du Secteur. Ainsi supposant que cet angle soit de 50 degrez, & que la solidité du Cylindre soit de 425 pieds, il faut dire : Si 360 degrez, valeur du cercle qui renferme le Cylindre, m'a donné 425 pieds pour la valeur du Cylindre, que me donneront 50 degrez pour la valeur du Secteur, l'on trouvera qu'il est de 59 pieds & quelque chose.

594. Pour mesurer un Secteur GHKLMN d'un co-
Fig. 239. ne tronqué, il faut, comme ci-devant, connoître l'angle HKL du Secteur, & la valeur du cone tronqué : ainsi supposant que l'angle est de 60 degrez, & que le cone tronqué est de 600 pieds, l'on dira encore : Si 360 m'ont donné 600 pour la valeur du cone tronqué, que me donneront 60 pour la valeur du Secteur, que l'on trouvera de 100 pieds.

Fig. 240. 595. Mais si l'on avoit un cone tronqué ABCD, dans le milieu duquel il y auroit un vuide cylindrique GEFH, & qu'on voulut sçavoir la valeur du fragment LNPQOMSR formé par des parties de couronnes, il faudroit commencer par trouver la solidité de tout le cone tronqué ABCD, comme s'il n'y avoit point de vuide, pour avoir la valeur du Secteur LNKOMI tant plein que vuide, de la façon qu'on vient de le pratiquer; ensuite en retrancher le Secteur du cylindre RPKQSI, & la difference sera la solidité du fragment LNPQOMSR que l'on demande.

Fig. 241. 596. Si au contraire on avoit un cylindre ABCD, dans le milieu duquel il y eut un vuide en forme de cone tronqué EFGH, & qu'on voulût sçavoir la valeur de la
solidité

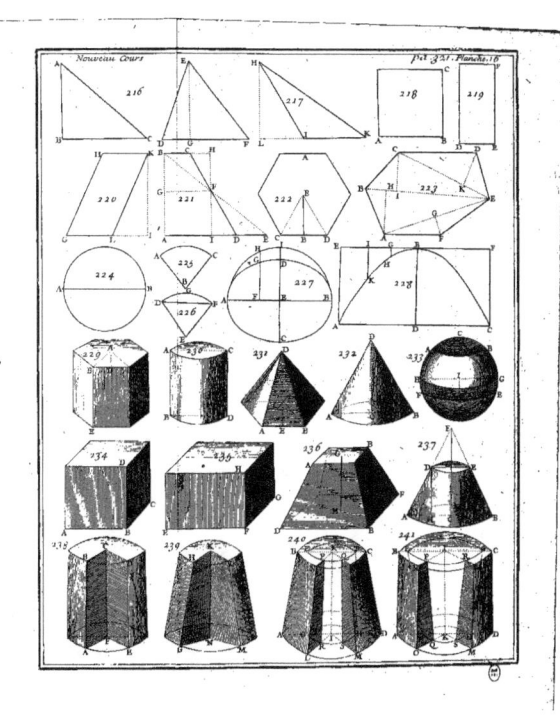

DE MATHEMATIQUE. 321

solidité du fragment QONPRLMS terminé par des plans qui soient dans les rayons IN & IL, il faudra chercher la valeur du Secteur cylindrique KONILM, & celle du Secteur KQPIRS du Cone tronqué pour le retrancher de celle du Secteur du Cylindre, & la difference sera la valeur du fragment QONPRLMS que l'on demande.

Il faut, pour se rendre familier ce que l'on vient de voir, donner des dimensions aux lignes qui composent ces figures, en faire le calcul, & bien entendre les raisons de chaque operation; car, comme je l'ai déja dit, nous serons obligez d'avoir recours à lui pour donner la solution de quelques-uns des Problêmes les plus difficiles du Toisé de Fortification.

PROPOSITION XIV.
Problême.

597. *Mesurer la solidité d'une Sphere.*

Pour sçavoir la solidité d'une Sphere, dont le diamétre AB est de 14 pieds, il faut chercher la circonference de ce diamétre, qui sera 44, & la multiplier par le diamétre même pour avoir la surface de la Sphere*, qui sera de 616 pieds, qu'il faut multiplier par le tiers du rayon*, c'est-à-dire, par le tiers de 7, pour avoir $1437\frac{1}{3}$ pieds cubes pour la solidité de la Sphere. PLAN-
CHE 17.
Fig. 242.
* Art. 384.
* Art. 383.

L'on trouvera encore la solidité de la Sphere d'une autre maniere, en multipliant la superficie de son grand cercle par les deux tiers du diamétre. *   * Art. 379.

598. Pour mesurer un Secteur de Sphere, tel que ABCD, il faut connoître le rayon & la perpendiculaire Fig. 243. DE, élevée sur le milieu de la corde AC. Or si nous supposons le rayon de 7 pieds, & la perpendiculaire de 3, il faut chercher, par le moyen du rayon, la circonference du grand cercle de la Sphere, d'où le secteur a été tiré, & on la trouvera de 44 pieds : il faut ensuite multiplier cette circonference par la perpendiculaire DE, c'est-à-dire, 44 par 3 ; & le produit 132 sera la surface

S s

322 NOUVEAU COURS

Art. 581. ADC du Secteur, qu'il faudra multiplier par le tiers du rayon BC, c'est-à-dire, par $2\frac{1}{3}$, pour avoir 308 pieds cubes, qui est la solidité du Secteur.

Fig. 244. 599. Si au lieu d'un Secteur l'on avoit un Segment de Sphere DGF, il faudroit, pour en trouver la solidité, le réduire en Secteur, & chercher la solidité de ce Secteur, de laquelle il faudroit retrancher le Cone DEF, & le restant seroit la valeur du Segment.

Fig. 245. 600. Mais si la partie de la Sphere que l'on veut mesurer, étoit une Zone comprise par le grand cercle de la Sphere, & par un autre quelconque, qui lui seroit parallelement opposé, comme est la Zone AFHE; on en trouveroit la solidité en prenant les deux tiers du Cylindre, qui auroit pour base le grand cercle AE, & pour hauteur la partie de l'axe GC; & de plus le tiers du Cylindre, qui auroit pour base le petit cercle FH, & pour hauteur
Art. 388. la même ligne GC. Or pour en faire l'operation, nous supposerons le rayon CE de 14 pieds, & la perpendiculaire CG de 8: & comme nous avons le triangle rectangle CHK, dont l'hypoténuse CH est de 14 pieds, & le côté HK de 8, l'on trouvera par la racine quarrée le côté CK de 11 pieds: ainsi l'on aura le rayon du cercle FH, & par consequent l'on trouvera la solidité du Cylindre IH, qui est de 3036 pieds cubes, & la solidité du grand Cylindre AD se trouvera de 4928 pieds cubes. Or si l'on prend les deux tiers du plus grand Cylindre, l'on aura $3285\frac{1}{3}$, qui étant ajoûtez avec 1012, qui est le tiers du petit Cylindre, l'on trouvera $4297\frac{1}{3}$ pieds cubes pour la solidité de la Zone.

REMARQUE.

Fig. 246. 601. La génération de la plûpart des solides ayant été
& 247. formée par la circonvolution d'un plan sur son axe, l'on peut avoir autant de solides differens, que l'on peut avoir de plans generateurs differens : mais pour ne parler que de ceux qui sont formez par le plan des courbes des

Sections Coniques, l'on sçaura que si une demie Parabole ACB fait une circonvolution autour de son axe AB, qu'elle décrira un corps HIK, que l'on nomme *parabolique*, qui est composé d'une infinité de cercles, qui auront tous pour rayons les ordonnées, telles que DE & FG, que l'on regarde ici comme les élemens du plan AEC de la Parabole.

602. Si l'on a une demie Ellipse HLI, qui fasse une circonvolution autour de son axe HI, toutes les ordonnées, comme OP & RS, que l'on peut regarder comme les élemens du plan de l'Ellipse, décriront une infinité de cercles, qui tous ensemble formeront le corps ABCD, que l'on nomme *spheroïque*, parce qu'ayant pour plan générateur une Ellipse, qui est proprement un cercle allongé, le spheroïde est regardé comme une Sphere allongée. Fig. 250. & 251.

603. Enfin si l'on fait faire à une demie Hyperbole ABC une circonvolution sur son axe BC, elle décrira un solide, que l'on nomme *hyperboloïde*; & si la demi-Hyperbole est accompagnée d'un Asymptote EF, & des lignes DB & DG, paralleles à AC & BC, le triangle EFC décrira un Cone, & le Rectangle GDBC un Cylindre. Fig. 252.

Comme la plûpart de ces solides ont lieu dans bien des occasions, nous en ferons voir l'application, après que nous aurons donné dans les propositions suivantes la maniere de les mesurer.

PROPOSITION XV.

Problême.

604. *Mesurer la solidité d'un Paraboloïde.*

Pour avoir la solidité d'un Paraboloïde, dont le rayon LK du cercle de la base seroit de 7 pieds, l'axe IL de 10, il faut chercher la valeur du cercle de la base, qui sera de 154 pieds, qu'il faut multiplier par la moitié de l'axe IL, c'est-à-dire, par 5 pour avoir 770 au produit, qui sera ce que l'on demande. Fig. 246. & 247.

Pour sçavoir la raison de cette operation, considerez

que l'axe AB de la Parabole est composé d'une infinité de parties comme AE & AG, qui sont en progression arithmétique, & que les quarrez des ordonnées ED & GF, *Art. 411. étant dans la même raison que les parties AE & EG*; ces quarrez seront aussi en progression arithmétique. Or comme les cercles sont dans la même raison que les Art. 322. quarrez de leurs rayons, * il s'ensuit que les cercles qui composent le Paraboloïde HIK, sont en progression arithmétique, puisqu'ils sont comme les quarrez des ordonnées de la Parabole : mais comme pour trouver la va- *Art. 240. leur des termes infinis d'une progression arithmétique*, il faut multiplier le plus grand terme de la progression par la moitié de la grandeur qui exprime la quantité de ces termes : il faut donc, pour trouver la valeur de tous les cercles qui composent le Paraboloïde, multiplier le plus grand cercle HK par la moitié de l'axe IL.

PROPOSITION XVI.

Problème.

Fig. 250 & 251.
605. *Mesurer la solidité d'un Spheroïde.*

Pour sçavoir la solidité d'un Spheroïde, dont le grand axe BD est de 18 pieds, & le petit axe AC de 14, il faut chercher la superficie du cercle du petit axe, qui sera de 616 pieds, qu'il faut multiplier par les deux tiers du grand axe BD, c'est-à-dire, par 12, pour avoir le produit 7392 ; qui sera la solidité que l'on demande.

L'on connoîtra la raison de cette operation, si l'on considere que les ordonnées OP & RS de l'Ellipse étant dans la même raison que ceux du cercle OQ & RT, les quarrez des ordonnées de l'Ellipse seront dans la même raison *Art. 331. que ceux des ordonnées du cercle* : & si à la place des quarrez des ordonnées du cercle, l'on prend les superficies des cercles, dont les lignes seroient les rayons, l'on verra que tous les cercles des ordonnées de l'Ellipse, qui composent ici un Spheroïde, sont dans la même raison que tous les cercles qui composent la Sphere. Mais comme l'on trouve la valeur de tous les cercles qui composent la Sphere, en multipliant le cercle qui auroit pour rayon la plus grande ordonnée MN par les deux tiers de l'axe HI * : on trouvera donc aussi la valeur de tous les cercles qui composent le Spheroïde, en multipliant le cercle qui auroit pour rayon la plus grande ordonnée NL de l'Ellipse par les deux tiers de l'axe HI.

*Art. 380.

606. Mais si le plan de l'Ellipse, au lieu de faire une circonvolution à l'entour de son grand axe AB, en faisoit une sur son petit axe CD, l'on auroit encore un Spheroïde ACBD, dont on trouvera la solidité, comme ci-devant, en multipliant la superficie du cercle du grand axe AB par les deux tiers du petit axe CD ; car si l'on a un cercle ECFD, qui ait pour diamétre le petit axe CD, & que l'on mene les ordonnées GH & KL, l'on aura par la proprieté de l'Ellipse * CG×GD. CK×KD :: $\overline{GH}^2$. $\overline{KL}^2$. & si à la place des rectangles CG×GD & CK×KD, l'on prend les quarrez GI & KM, qui leur sont égaux par la proprieté du cercle, l'on aura $\overline{GI}^2$. $\overline{KM}^2$ :: $\overline{GH}^2$. $\overline{KL}^2$. Or si à la place des quarrez de toutes les ordonnées du demi-cercle CFD, l'on prend les cercles dont ces ordonnées sont les rayons, & qu'on fasse la même chose pour la demie Ellipse CBD, l'on verra que tous les cercles de la Sphere sont dans la même raison que tous les cercles du Spheroïde, & que la quantité des uns & des autres étant exprimée par la ligne CD, si l'on multiplie le cercle EF par les deux tiers de la ligne CD, pour avoir la valeur de tous les cercles qui composent la Sphere, il faudra multiplier le cercle AB par les deux tiers de la ligne CD, pour avoir la valeur de tous les cercles qui composent le Spheroïde.

Fig. 248. & 249.

*Art. 438.

607. L'on peut dire aussi que si l'on n'avoit que la moitié d'un Spheroïde ACB, il faudroit de même, pour en trouver la solidité, multiplier le cercle AB par les deux tiers de la ligne CN.

Quoique l'Hyperboloïde n'ait guéres lieu dans la Géométrie pratique, cela n'empêche pas que je ne dife un mot fur la maniere de mefurer ce folide, pour fatisfaire la curiofité de ceux qui n'aiment pas qu'on leur fupprime rien.

PROPOSITION XVII.
Problême.

Fig. 253.   608. *Mefurer la folidité d'un Hyperboloïde.*

Pour avoir la folidité d'un Hyperboloïde DEF, il faut accompagner la courbe DEF de fes afymptotes BA & BC, & de la ligne GH, qui fera égale à un de fes axes. Cela pofé, il faut chercher la folidité du Cone tronqué
Art. 591.   AGHC *, & en retrancher le Cylindre IGHK, pour avoir la difference, qui fera la folidité de l'Hyperboloïde.

Pour entendre la raifon de l'operation que nous indiquons ici, il faut fe rappeller que nous avons fait voir
* Art. 468.   dans l'Hyperbole *, que fi l'on menoit une ligne telle que AC, parallele à GH, le rectangle compris fous les parties AD & DC, feroit égal au quarré de la ligne GE. Or comme le rectangle compris fous AD & DC, eft égal
* Art. 277.   au quarré de la perpendiculaire DM *, à caufe du demi-cercle ADC: il s'enfuit que la ligne DM eft égale à la ligne GE. Cela pofé, l'on fçait que le cercle, qui auroit pour rayon la ligne DM, eft égale à la couronne for-
* Art. 376.   mée par les deux circonferences * ANCO & DPFQ. Cela étant, cette couronne fera égale au cercle, qui aura pour rayon la ligne GE, & qui fera un des cercles du Cylindre GHIK; & comme il arrivera la même chofe pour toutes les lignes, telles que AC, qu'on tirera parallele à GH par tel point que l'on voudra de la ligne GA, il s'enfuit que toutes les couronnes feront égales entr'elles; puifque chacune fera égale à des cercles du Cylindre. Or comme il y a autant de couronnes que de cercles, les uns & les autres étant exprimez par la ligne EL, il s'enfuit que l'efpace qui eft renfermé entre l'Hyperboloïde DPFQE & le Cone tronqué ANCOGF (qui n'eft autre chofe que la fomme de toutes les couronnes) eft égal au

Cylindre IGHK, & par conséquent le cone est plus grand que l'Hyperboloïde de tout le Cylindre IGHK.

APPLICATION DE LA GEOMETRIE
aux Mines.

609. Il y a long-tems qu'on a observé que pour bien charger le Fourneau d'une Mine, il falloit une certaine quantité de poudre proportionnée à la pesanteur & à la tenacité du terrein à enlever. Et comme l'on s'est apperçû que l'excavation d'une Mine étoit presque toûjours de figure reguliere, l'on s'est attaché à découvrir si cette figure étoit un solide que la Géométrie pouvoit mesurer, afin qu'ayant une fois connu combien il falloit de poudre pour une quantité de toises cubes du terrein d'une certaine qualité, l'on sçache la charge d'un Fourneau qui auroit plus ou moins de terre à enlever dans un lieu dont le terrein seroit semblable à celui où l'on auroit fait des épreuves ; & que faisant de semblables épreuves dans une autre sorte de terrein, l'on fût en état de calculer des Tables, non seulement pour les Mines qu'on peut faire en pleine campagne, mais aussi pour celles que l'on pratique dans la maçonnerie du revêtement des ouvrages pour y faire bréche.

Ayant fait quelque experience, l'on s'est imaginé que Fig. 254. l'excavation d'une Mine étoit un cone renversé comme BFC, dont le rayon EC du cercle de la base étoit égal à l'axe EF, que l'on a nommé depuis *Ligne de moindre résistance*, parce qu'elle est la plus courte de toutes celles qu'on peut tirer du Fourneau F, à la surface du terrein que la Mine doit enlever : cependant ceux qui ont un peu raisonné, ont eu de la peine à concevoir que la poudre qui seroit dans le Fourneau F, fît son effet selon l'angle droit BFC, & que le fond de l'entonnoir se terminât en pointe, comme est celle d'un cone ; c'est pourquoi l'on a fait d'autres épreuves pour être plus certain de la figure du solide qu'une Mine enlevoit, & l'on a trouvé qu'au lieu d'un cone, c'étoit une espece de cone tronqué

ABCD, dont le petit cercle AD qui répond au Fourneau avoit pour diametre une ligne égale au rayon EC du grand cercle, qui eſt ici égal, comme dans la premiere opinion, à la ligne de moindre réſiſtance, ou autrement à l'axe EF du cone tronqué; j'ai reconnu à peu près les mêmes choſes à quantité de Mines que j'ai vû joüer, avec cette difference cependant, que l'entonnoir n'a pas au fond un plan circulaire AD, mais une eſpece de cul de chaudron AGD, qui ne provient pas à la vérité de l'enlevement des terres, mais de la preſſion que la poudre fait au deſſous & à côté du Fourneau, parce que ſon effort eſt d'abord balancé par la maſſe qu'elle doit enlever; & l'on remarque la même choſe, non ſeulement dans les Mines, mais encore à l'égard de la poudre qui vient à s'enflammer ſur la ſurface de la terre; car s'il y en a une quantité un peu conſiderable, à laquelle on met le feu, l'on voit qu'à la place où elle a brûlé, il ſe forme un enfoncement qui provient de la réſiſtance que la flamme de la poudre a trouvée de la part du poids de l'air, qui eſt plus que ſuffiſant pour partager ſon effort.

La peine que l'on a de ſe défaire des préjugez, eſt ſi grande, qu'elle va même juſqu'à ſuivre des opinions contraires à l'experience; l'on a tant fait joüer de Mines, où l'on a vû que l'entonnoir étoit bien plutôt un cone tronqué, qu'un cone, qu'il ſemble qu'on devroit s'en tenir aux apparences les plus vrayes: cependant comme beaucoup de Mineurs font encore l'eſtimation de la charge des Fourneaux ſur celle du cone, il convient de leur faire ſentir la grande difference qui ſe trouve entre le cone & le cone tronqué, dont nous venons de parler, afin de les rendre plus circonſpects dans l'uſage des Tables dont ils ſe ſervent pour la charge des Fourneaux.

Ne conſiderant que le cone tronqué ABCD, ſans nous embarraſſer de la partie AGD, puiſqu'elle n'eſt pas compriſe dans l'enlevement des terres, remarquez qu'il manque au cone tronqué ABCD un petit cone dont la baſe eſt le cercle AD, pour former un cone entier; & que le cone entier ſera ſemblable au petit. Or le rapport du grand cone au petit étant dans la raison des cubes des diametres des cercles qui leur servent de base, c'est-à-dire, comme le cube de la ligne BC est au cube de la ligne AD; la ligne BC étant double de AD (puisque cette derniere est égale au rayon EC) le cube de BC sera octuple de celui de AD : ce qui fait voir que le cone entier est octuple du petit, & que la différence du grand cone au petit (qui est le cone tronqué) est le $\frac{7}{8}$ du cone entier ; mais le grand cone étant semblable au petit, si le cercle de l'un a un diametre double de celui de l'autre, l'axe de l'un sera aussi double de celui de l'autre; ce qui fait voir que l'axe du grand cone est double de celui du cone tronqué, c'est-à-dire, de la ligne EF, qui sert aussi d'axe au cone BFC ; mais ce dernier cone a pour base le cercle BC, de même que le grand cone : ils ne different donc entr'eux que par leurs hauteurs : & comme l'axe du grand cone est double de la ligne EF, ce cone sera donc double du cone BFC; ainsi il en vaudra les $\frac{4}{8}$: & comme nous avons fait voir que le cone tronqué ABCD en étoit les $\frac{7}{8}$, il s'ensuit que le cone tronqué est au cone BFC, comme 7 est à 4 ; de sorte que si l'on veut charger une Mine, & que l'on soit dans l'opinion que l'excavation est un cone, l'on va faire une erreur considerable dans l'estimation de la charge : puisque tandis qu'il faudra, par exemple, 400 livres de poudre pour le cone, il en faudra 700 pour le cone tronqué.

 La figure curviligne causée par la pression de la poudre au fond de l'entonnoir, joint à ce qu'il paroît que les côtez BA & DC ne sont pas parfaitement en ligne droite, a fait penser que le solide enlevé par l'effet d'un Fourneau, pourroit bien être un paraboloïde. L'on a même fait quelques remarques qui ont paru assez conformes à ce sentiment : & ceux qui ont quelque raison de croire que l'excavation d'une Mine est un paraboloïde BGC, disent qu'ayant un Fourneau à l'endroit F, la ligne de moindre résistance EF est égale au rayon EC du cercle de l'entonnoir, comme dans le cone tronqué, & que la ligne FG qui exprime la

Fig. 255.

pression des terres au dessous du Fourneau, est égale au quart du parametre de la parabole, dont le foyer est au centre du Fourneau. Or comme l'on ne peut connoître la valeur du paraboloïde tronqué ABCD, sans avoir celle de la ligne FG. Voici comme on pourra la trouver, & par conséquent s'appercevoir si la pression des terres dans l'effet d'une Mine qui viendroit à joüer dans un terrein d'une consistance ordinaire, se rapporte à ce qui est déterminé par le foyer de la parabole.

Si l'on prolonge l'axe EG de la longueur GH égale à FG, c'est-à-dire, au quart du parametre, la ligne IK perpendiculaire à l'axe prolongé, sera la directrice de la parabole; & par la proprieté de cette courbe l'on aura HE=FC, qui est l'hypotenuse d'un triangle rectangle & isoscele EFC. Or supposant que la ligne de moindre résistance EF soit de 40 pieds, l'on trouvera par la proprieté du triangle rectangle, que la ligne FC est de 56 pieds, 6 pouces, 8 lignes, qui est aussi la valeur de la ligne EH; d'où retranchant la ligne EF de 40 pieds, la différence sera 16 pieds, 6 pouces, 8 lignes pour la ligne FH, dont la moitié est 8 pieds, 3 pouces 4 lignes, pour la ligne FG, de sorte qu'il faudroit pour que l'excavation d'une Mine dans les terres ordinaires, fût un paraboloïde, que lorsque la ligne de moindre résistance EF aura 40 pieds, que le cul de chaudron AGD fût de 8 pieds 3 pouces, 4 lignes de profondeur, qui est une pression bien considerable, qui ne pourroit arriver, selon toute apparence, que dans un terrein d'une foible consistance : & après tout, que l'excavation d'une Mine soit un cone tronqué ou un paraboloïde, l'on peut dans la pratique se servir indifferemment de l'un ou de l'autre, puisque selon le calcul que j'en ai fait, j'ai trouvé qu'une Mine qui auroit 40 pieds de ligne de moindre résistance, enlevera 119821 pieds cubes selon le paraboloïde, & 118115 selon le cone tronqué; & comme la premiere quantité ne differe de la seconde que d'un 72me, j'aimerois mieux m'en tenir au cone tronqué qu'au paraboloïde, parce que le premier est moins composé que le second.

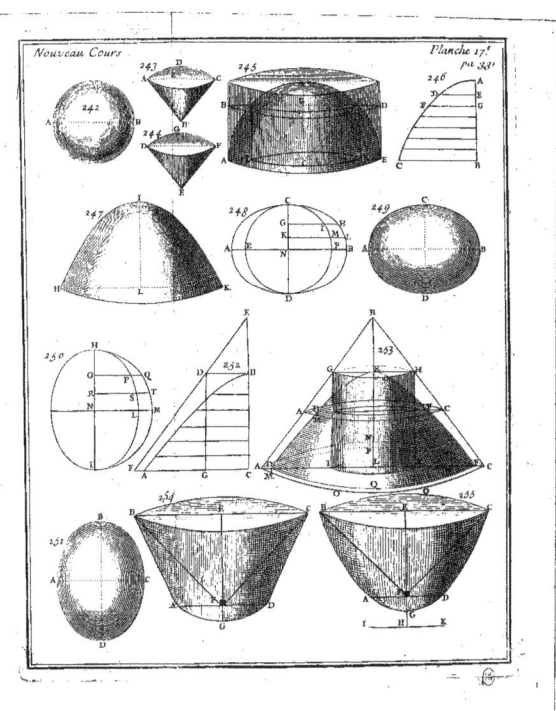

APPLICATION DE LA GEOMETRIE
au Toisé des Voûtes.

PROPOSITION XVIII.
Problême.

610. *Mesurer la solidité de la Maçonnerie de toutes sortes de Voûtes.*

Il n'y a guéres que trois sortes de Voûtes parmi les ouvrages de Fortification. Les premieres sont celles des Soûterreins; les secondes, celles des Magasins à poudre; & les troisiémes, celles des Tours ausquelles il y a des plattes-formes; les unes & les autres sont ou à plein ceintre, comme dans la Figure 256. ou surbaissées, comme dans la Figure 257. ou gotique, que l'on nomme aussi *Voûte en tiers point*, ou *Voûte en arc de Cloître*, comme dans la Figure 258. & soit qu'elles servent aux Magasins ou aux Soûterreins, elles sont toûjours disposées en dehors en dos d'âne comme un toît, parce qu'on y applique dessus une chape de ciment pour les garantir des eaux de pluyes.

PLANCHE 18.
Fig. 256. 257. & 258.

611. Si l'on a donc à toiser la Maçonnerie d'un Soûterrein ou d'un Magasin, dont la Figure 250. soit le plan, l'on commence par toiser les pignons PRST & MKOL, sans aucune difficulté, parce que ce sont des parallelepipedes; ensuite on toise aussi les pieds droits ADFG depuis la retraite des fondemens jusqu'à la naissance AC de la Voûte; & pour la Voûte l'on toise la superficie du triangle ABC, que l'on multiplie par la longueur dans œuvre de la Voûte; ce qui s'appelle *toiser tant plein que vuide*: & comme il faut du produit en déduire le vuide DKE, si la Voûte est en plein ceintre, l'on mesure la superficie du demi-cercle * DKE, que l'on multiplie par la même longueur qui a servi à mesurer le triangle ABC; & soustrayant ce produit-ci du précédent, la différence est la valeur de la Voûte.

Fig. 256. & 259.

* Art. 571.

Tt ij

Fig. 257. 612. Si la Voûte est surbaissée, comme FEG, dont la figure est une demi-Ellipse, il faut mesurer le triangle ABC comme ci-devant, & le multiplier par la longueur dans œuvre de la Voûte : après quoi l'on cherchera la superficie de la demi-Ellipse FEG*, pour la multiplier aussi par la même longueur ; & soustrayant ce produit-ci du précedent, on aura la valeur de la Voûte.

*Art. 574.

Fig. 258. 613. Enfin si la Voûte que l'on veut mesurer est en tiers point, comme ILM, on cherchera la superficie du triangle ILM, à laquelle on joindra celle des segmens* des cercles, dont les lignes LI & LM sont les cordes ; & ayant multiplié cette quantité par la longueur de la Voûte dans œuvre, on soustraira le produit de celui du triangle HKN, multiplié par la même longueur, & l'on aura la solidité que l'on demande.

*Art. 573.

614. Pour les Voûtes au-dessus desquelles il y a des plattes-formes, comme, par exemple, celles qui couvrent les Salles de l'Observatoire Royal de Paris, le Toisé en est un peu plus difficile ; & je ne sçache pas même que personne ait recherché la maniere de le faire géométriquement : comme ces sortes d'endroits ont pour base un quarré ou un poligone regulier, le vuide & le plein de la Voûte font ordinairement un prisme, qui est facile à mesurer : & comme il n'y a que le vuide qu'il faut déduire, qui peut faire quelque difficulté, nous considererons ici les differentes figures qu'il peut avoir, afin de les réduire à des corps reguliers.

Supposant donc que les lieux dont il s'agit, ayent pour base un quarré AB ou un poligone regulier GH, voici comment on peut considerer la nature de leurs Voûtes.

Fig. 260. & 261. Si la base est un quarré, les diagonales AB & CD serviront de diametre à des demi-cercles AFB & CFD, qui partagent la Voûte en quatre, & qui forment des arrêtes dans les angles. Or si l'on considere une infinité de quarrez qui remplissent le vuide de la Voûte, tous ces quarrez auront leurs angles dans les quarts de cercles FC, FA, FB, FD, & leurs côtez seront des lignes comme GH & IK, tirées d'un quart de cercle à l'autre parallellement aux côtez AD ou DB, & la moitié de toutes les diagonales, comme EA & LM feront les ordonnées d'un quart de cercle AFE. Or comme la ligne EF ou EA qui marque la hauteur de la Voûte, exprime la somme de tous ces quarrez ; il s'enfuit que les ordonnées EA & LM fervant de demi-diagonales à ces quarrez, l'on trouvera la valeur de tous ces quarrez, comme on trouve celles des ordonnées d'un quart de cercle ; mais nous avons vû * que la valeur des quarrez des ordonnées d'un quart de cercle fe connoiffoit en multipliant la plus grande ordonnée EA par les deux tiers de la ligne EF : il faudra donc pour trouver la folidité du corps AFB, multiplier le quarré AB, qui lui fert de bafe, par les deux tiers de la ligne EF, qui en exprime la hauteur.

* Art. 380.

615. Si la Voûte étoit fur des pieds droits, qui compofaffent enfemble un prifme, & que ce prifme fût de 6 côtez, le corps qui formeroit le vuide de la Voûte, auroit une figure comme GHIK, formée auffi par demi-cercles : & comme ce corps feroit compofé d'une quantité infinie de poligones femblables, de même que celui que nous venons de voir, eft compofé de quarrez; fi l'on confidere le quart de cercle IKG, l'on verra que toutes les ordonnées, comme OP & QR de ce quart de cercle fervent de rayons aux poligones dont le folide eft compofé; mais ces poligones étant tous femblables, & dans la raifon des quarrez de leurs rayons*, l'on en trouvera la valeur, comme on trouve celle des quarrez de leurs rayons, c'eft-à-dire, en multipliant la fuperficie du plus grand poligone par les deux tiers de la ligne qui en exprime la quantité. Ainfi pour trouver la valeur du folide GIH, il faut multiplier la bafe GH par les deux tiers de la perpendiculaire IK.

Fig. 261.

* Art. 311.

616. Mais fi au lieu de demi-cercles, c'étoit des demi-Ellipfes ABC & DBE, qui partageaffent la Voûte, on trouveroit de même la valeur du vuide, en multipliant la bafe AC par les deux tiers de l'axe BF ; car fi le plan AC

est un quarré, tous ceux qui composeront le solide seront aussi des quarrez; donc les demi-diagonales seront les ordonnées KL & MN du quart d'Ellipse HGI ou FBC: & comme l'on trouve la valeur de tous les quarrez des ordonnées d'un quart d'Ellipse, comme on trouve celles des ordonnées d'un quart de cercle *, c'est-à-dire, en multipliant le quarré de la plus grande ordonnée HI par les deux tiers de la ligne GH : il s'ensuit que la Voûte a ses arrêtes en demi-cercle ou en Ellipse, dont on trouvera toujours la valeur du vuide, en multipliant la base par les deux tiers de la hauteur; & il n'importe pour cela que la base soit un quarré ou un poligone.

*Art. 441.

Fig. 264. & 265.

617. Il est encore une autre espece de Voûte, que l'on nomme *Voûte en bourlet*, parce qu'en effet le vuide de cette Voûte ressemble assez à un bourlet; & pour en donner une idée, considerez les Figures 264. & 265. dont la premiere est le plan d'une Tour, où l'on voit dans le milieu un pilier AB, sur lequel repose une Voûte, qui répond aussi aux murs de la Tour; de sorte que de quelque sens qu'on puisse prendre le profil de cette Tour, il sera toujours semblable à la Figure 265. Or comme la Voûte regne autour du pilier ABE, il faut pour la toiser, commencer par mesurer la masse HICD, tant pleine que vuide, qui est un Cylindre, qui a pour base un Cercle dont CD est le diamétre, & HC la hauteur.

Présentement pour trouver le vuide qu'il faut déduire de ce Cylindre, il faut chercher la superficie du demi-Cercle CMA, & la multiplier par la circonference du Cercle, qui sera moyenne arithmétique entre les circonferences de la Tour & du pilier, c'est-à-dire, entre les circonferences qui auront pour rayons AF & FC; & retranchant ce produit-ci du précedent, on aura la valeur de la Voûte.

Comme le bourlet est composé d'autant de demi-cercles que l'espace qui est entre les deux circonferences CODQ & ANBP contient de lignes, comme AC & NO, qui servent de diamétre aux demi-cercles ; il s'ensuit que la

DE MATHEMATIQUE. 335

ligne qui exprimera la somme de tous les élemens qui composent la couronne, c'est-à-dire, la somme de toutes les lignes AC & NO, marquera aussi la somme de tous les demi-cercles qui composent le bourlet. Or comme cette ligne n'est autre chose qu'une circonference GH moyenne arithmétique entre les deux CODQ & ANBP, qui renferment la couronne, il s'ensuit qu'il faut multiplier le demi-cercle, qui auroit pour diamétre CA par la circonference GH, pour avoir la valeur du bourlet.

A l'égard du revêtement de la Tour, l'on voit que pour en trouver la solidité, il faut ôter de la valeur du Cone tronqué, dont RSTX seroit la coupe, le Cylindre qui auroit pour diamétre du cercle de sa base la ligne HI, & pour hauteur la ligne HZ, afin d'avoir la différence, qui sera ce qu'on demande.

APPLICATION DE LA GEOMETRIE
à la maniere de toiser le Revêtement d'une Fortification.

618. Quand on trace une Fortification, il y a une ligne qui regne tout autour des Ouvrages, que l'on nomme *Magistrale*, qui sert à donner les longueurs que doivent avoir les parties de la Fortification; & cette ligne est celle qui est représentée par le cordon du revêtement d'un Ouvrage; par exemple, si l'on dit qu'une face de Bastion a 50 toises, cela doit s'entendre depuis une extrêmité du cordon de cette face jusqu'à l'autre; ou, ce qui est la même chose, depuis l'extrêmité jusqu'à l'autre de l'entablement de la muraille de la face.

Présentement pour mesurer le revêtement du Bastion représenté dans la Figure 266. considerez-en le profil, dont les dimensions ont été prises selon le profil général de M. de Vauban, pour le revêtement ordinaire d'un Rempart, qui auroit 30 pieds depuis la retraite AG des fondemens jusqu'à la hauteur CH du cordon: & comme la partie DEFG n'a point de talut, nous n'en parlerons point ici, parce qu'elle est facile à mesurer; nous consi-

PLAN-
CHE 19.

dererons feulement la muraille depuis la retraite jufqu'au cordon ; & faifant auffi abftraction des contreforts, il faut à caufe des pyramides tronquées qui fe rencontrent aux angles des points A & D, abaiffer les perpendiculaires AB & DE, & mefurer la fuperficie du trapeze ABCG du profil par la longueur AD de la face prife le long des contreforts, & le produit fera regardé comme le revêtement de la face: venant enfuite dans l'angle flanquant I, l'on tirera une perpendiculaire GH, de forte qu'elle correfponde dans l'angle K du pied de la muraille; & ayant auffi abaiffé la perpendiculaire CA, l'on multipliera le profil précedent par la longueur HA ou GC du flanc, & l'on fera de même pour toifer la courtine & les autres parties où l'on aura retranché les pyramides des angles.

Fig. 270.   Pour connoître la valeur de ces pyramides tronquées, je confidere que celle qui eft à l'angle de l'épaule & à l'angle faillant, reffemblent affez à la Figure 270. Ainfi connoiffant les deux plans VT & QR, je mefure cette pyramide tronquée comme à l'ordinaire, & fuppofant qu'elle foit celle de l'angle flanqué, je me garde bien de la prendre auffi pour celle de l'angle de l'épaule, parce qu'elles font differentes en folidité : c'eft pourquoi je mefure cette derniere, comme je viens de faire la précedente.

Fig. 268. & 269.   Quant à ce qui nous refte à mefurer dans l'angle flanquant I, je confidere la Figure 269. comme étant cette partie-là détachée, qui reffembleroit à un prifme, fi le vuide BCEHG étoit rempli: fuppofant donc qu'il le foit, je cherche la valeur du prifme AFG, de laquelle je fouftrais celle de la pyramide KMI, que je fuppofe être égale au vuide BEG, & la difference donne la partie que je cherche.

Fig. 271.   619. Ce feroit peu de chofe que de toifer le revêtement d'une Fortification, s'il étoit toujours compofé de lignes droites, comme dans cette Figure ; mais il y a bien d'autres difficultez, quand il faut toifer le revêtement des parties des Baftions à orillons, comme celle du Baftion

repre-

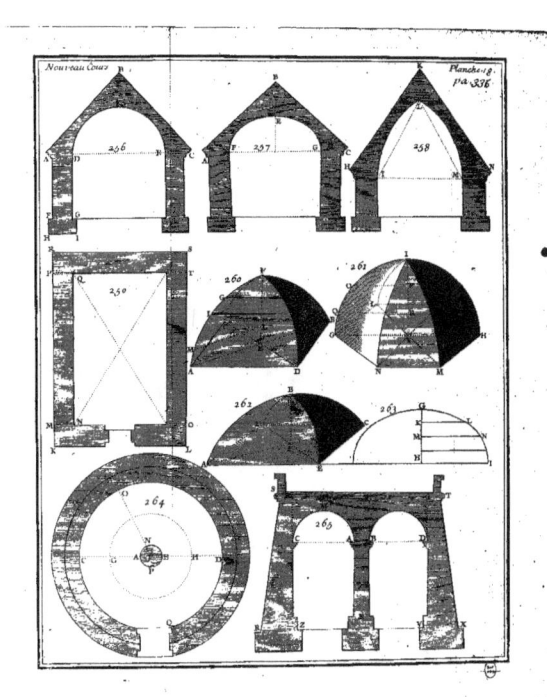

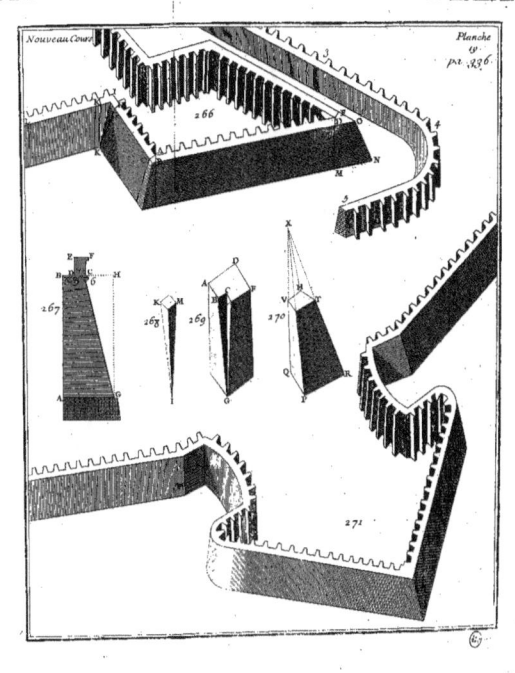

DE MATHEMATIQUE. 337
représenté dans la Fig. 271. Cependant comme les art. 594. 595. ont été rapportez exprès pour en faciliter l'intelligence, nous allons faire en sorte d'en rendre les operations aisées.

PLAN-
CHE 20.
Fig. 275.

La Figure 275. représente le flanc d'un Bastion à orillon, dont la largeur AB marque l'épaisseur du revêtement au cordon, qui est toujours de 5 pieds, & la largeur BC marque le talut du revêtement, qui est ici de 6 pieds; de sorte que toute la largeur AC marque l'épaisseur du revêtement sur la retraite, qui sera de 11 pieds, & la ligne FKIGDE la magistrale. Or pour toiser l'orillon GSD, nous allons voir premierement de quelle façon il a été tracé, afin de connoître l'angle GHD, & le rayon HD, dont nous aurons besoin.

L'on sçait que pour tracer l'orillon selon la méthode de M. de Vauban, que l'on divise le flanc FD en trois parties égales, & que la troisiéme partie GD devient la corde d'une portion de cercle qui forme l'orillon, & que pour décrire cette portion de cercle, l'on éleve sur le milieu de la partie GD une perpendiculaire IH, & une autre DH sur l'extrêmité DE de la face du bastion, & que ces deux perpendiculaires venant se rencontrer au point H, donnent le centre de l'orillon, ou autrement de l'arc GVD, dont le rayon est la perpendiculaire DH.

Cela posé, si avec les rayons HB, HG, HQ, l'on décrit trois cercles, & que l'on considere la Figure 273. l'on verra que ces trois cercles composent un Cone tronqué, dans le milieu duquel est un Cylindre, & le plan BY étant le profil de l'orillon, la ligne GQ dans l'une & l'autre Figure marquera le talut du revêtement; la ligne GB son épaisseur à l'endroit du cordon, & la ligne HG le demi-diametre de l'orillon, qui est la même chose que HD. Or comme le revêtement de l'orillon est un secteur de Cone tronqué, après en avoir ôté le Cylindre, qui est dans le milieu, & que la grandeur de ce secteur est déterminée par l'angle GHD, voici comment on pourra connoître la valeur des lignes dont nous avons besoin pour mesurer ce secteur.

Fig. 273.
& 274.

On n'a représenté que la moitié du Cone tronqué afin de ménager l'espace de la Planche.

V u

On a vû art. 526. que l'angle de l'épaule FDE étoit de 117 degrez 39 minutes; par conséquent si l'on en soustrait l'angle droit HDB, il restera 27 degrez 39 minutes pour l'angle IHD du triangle rectangle HLD. Ainsi l'angle LDH sera de 62 degrez 21 minutes : & comme on a trouvé aussi art. 526. que le flanc FD étoit de 27 toises 2 pieds, la ligne LD en étant la sixiéme partie, sera de 4 toises 3 pieds 4 pouces. Or comme du triangle LHD l'on connoît les trois angles & le côté LD, il sera facile de connoître le côté DH, que l'on trouvera de 5 toises 9 pouces. Cela étant, on connoîtra toutes les lignes de la Figure; car le demi-diamétre HG étant de 5 toises 9 pouces, & la ligne GB de 5 pieds, le rayon HB du Cylindre sera de 5 toises 1 pied 9 pouces, & le talut GQ étant de 6 pieds, le demi-diamétre HQ de la base du Cone tronqué sera de 6 toises 9 pouces, & l'axe HZ exprimant la hauteur du revêtement, sera de 5 toises : ainsi l'on connoît tout ce qu'il faut pour mesurer le Cone tronqué & le Cylindre, qui est dans le milieu.

Ayant donc mesuré le Cone tronqué & le Cylindre, on retranchera la valeur du Cylindre de celle du Cone tronqué, pour avoir le fragment qui en fait la différence : & comme le revêtement de l'orillon est un secteur de ce fragment, l'on en cherchera la valeur, en suivant ce qu'on a vû dans l'art. 595. c'est-à-dire, que connoissant l'angle GHD, qui est de 124 degrez 42 minutes, l'on dira : si 360 degrez m'ont donné tant pour la valeur du Cone tronqué, après en avoir ôté le Cylindre, que me donneront 124 degrez 42 minutes pour le secteur, ou autrement pour la valeur du revêtement de l'orillon, qui se trouvera, en faisant le calcul des parties que l'on vient d'indiquer.

Fig. 272. & 275. 620. Avant de chercher à toiser le flanc concave KI, il faut être prévenu que pour le tracer on a prolongé la ligne de défense SF de la longueur FK de 5 toises pour faire la brisure, & que par l'angle flanqué S, & le point G l'on a tiré la ligne SI, pour avoir la partie GI aussi de

5 toises; & ensuite on a tiré la ligne KI, sur laquelle on fait un triangle équilateral KPI, pour avoir le point P, qui a servi de centre pour décrire avec le rayon PK l'arc KI, avec la rayon PN l'arc NO, & avec le rayon PL l'arc RM.

Présentement la premiere difficulté est d'avoir la valeur du rayon PK, que l'on trouvera pourtant en considerant qu'on connoît l'angle SFG de 80 degrez 47 minutes par l'art. 526. qui nous a donné aussi la ligne EF de 82 toises, à laquelle ajoûtant la ligne SE, c'est-à-dire, la face du Bastion, qui est de 50 toises, on aura toute la ligne SEF de 132 toises : & comme la ligne FG est les deux tiers du flanc ED, que nous avons trouvé de 27 toises 2 pieds; elle sera donc de 18 toises 1 pied 4 pouces. Or comme du triangle SFG on connoît les côtez FS & FG avec l'angle compris, on trouvera par leur moyen que l'angle FSG est de 8 degrez, & que le côté est de 126 toises 5 pieds; & si au côté SF on ajoûte la ligne FK de 5 toises, & au côté SG la ligne GI aussi de 5 toises, l'on aura un autre triangle KSI, dont on connoîtra le côté SK de 137 toises, le côté SI de 131 toises 5 pieds, & l'angle KSI de 8 degrez, avec lesquels on trouvera la ligne KI de 18 toises 4 pieds quelque chose : & comme cette ligne est égale au rayon PK, il sera donc aussi de 18 toises 4 pieds.

Si l'on considere bien le revêtement du flanc concave KI, on verra qu'il n'est autre chose qu'un secteur du Cylindre, dans le milieu duquel il y auroit un vuide en forme de Cone tronqué, comme dans l'art. 596. & pour le mieux comprendre, imaginons que XV est la moitié d'un Cylindre, dont le rayon PN du cercle est le même que celui de l'arc NO du flanc, & que le rayon PK étant de 18 toises 4 pieds, si on y ajoûte la ligne KN, qui marque l'épaisseur de la muraille au cordon, & qui est par consequent de 5 pieds, on aura la ligne PN de 17 toises 3 pieds. Or si de la ligne PK on retranche la ligne KL, qui marque le talut de la muraille, qui est de 6 pieds, l'on aura

Fig. 272.
273. &
274.

V u ij

la ligne PL de 17 toises 4 pieds; & si la ligne NV est égale à la hauteur du revêtement, c'est-à-dire, de 5 toises, le trapeze KLVN sera le profil du revêtement: ainsi comme l'on connoît le rayon PN du cylindre, le demi-diamétre PK du plus grand cercle du Cone tronqué, & le demi-diamétre PL du plus petit cercle du même Cone, & de plus l'axe Pp de 5 toises; on a tout ce qu'il faut pour mesurer la solidité du cylindre XV, & celle du Cone tronqué. Ayant donc trouvé ces solidités, on soustraira celle du Cone tronqué de celle du cylindre, pour avoir la différence, qui étant une fois trouvée, l'on dira: Si 360 m'ont donné tant pour la différence du cylindre au Cone tronqué, que me donneront 60 degrez, valeur de l'angle NPO pour la solidité du secteur de la partie du Cylindre, après en avoir ôté le Cone tronqué, & ce qu'on trouvera sera au juste la valeur du revêtement du flanc concave. Quant à la brisure FK, & au revers GI de l'orillon, ce sont des parties trop aisées à toiser, pour avoir besoin d'explication.

Fig. 278. 621. La maniere de toiser l'arondissement d'une Contrescarpe, est encore une operation qui a aussi ses difficultez: mais comme cette partie est la même que celle du flanc concave, si on a bien entendu ce que j'ai dit ci-devant, je ne crois pas qu'on se trouve embarrassé. Cependant comme je ne veux rien laisser à deviner, considerez que pour toiser la maçonnerie de la Contrescarpe de la Fig. 278. on s'y prendra comme on a fait pour le Bastion de la Fig. 266. c'est-à-dire, que faisant abstraction des contreforts, on multipliera la superficie de la maçonnerie par la longueur de la Contrescarpe rectiligne, & qu'on mesurera aussi les pyramides tronquées, qui se trouveront dans les angles rentrans; & pour l'arondissement, on s'y prendra comme il suit.

Fig. 278. 622. Supposant que l'arc ACB marque le pied de la muraille dans le fossé, l'arc DFG le sommet, & l'arc HIK avec le précedent l'épaisseur au sommet, & l'intervalle CF le talut, on commencera par chercher la valeur de la

DE MATHEMATIQUE. 341

corde AB, que nous fupposerons de 20 toifes, & celle de la fleche LC, qui fera, par exemple, de 4, afin de connoître le diamétre de l'arc ACB, qu'on trouvera, auffi-bien que celui de tout autre arc, en cherchant une troifiéme proportionnelle à la fleche LC, & à la moitié de la corde LA, c'eft-à-dire, à 4 & à 10 : cette troifiéme proportionnelle, qui eft ici de 25 toifes, fera la valeur du diamétre qu'on demande.

623. La raifon de ceci s'entendra aifément, en confi- Fig. 276. derant que l'arc ACB de la Figure 276. eft le même que le précedent; & on remarquera qu'ayant achevé le cercle, la demi-corde LB eft moyenne proportionnelle entre la fleche CL & la partie LM du diamétre; & qu'ayant trouvé la ligne LM troifiéme proportionnelle à CL & LB, on n'a qu'à l'ajoûter à la fleche CL, pour avoir le diamétre CM.

Comme nous avons befoin de connoître auffi la quantité de degrez que contient l'arc ACB, fi on tire les rayons NB & NA du centre, l'on aura le triangle ABN, dont on connoît le côté AB de 20 toifes, & les côtez NB & NA chacun de 14 toifes 3 pieds : il fera donc facile de connoître l'angle ANB, que l'on trouvera de 90 degrez 44 minutes.

Préfentement fi l'on confidere le profil de la Contrefcarpe dans la Figure 281. on verra que reffemblant à celui du flanc concave, l'arondiffement du foffé eft un fecteur de Cylindre, duquel on a ôté un Cone tronqué, dont l'axe commun feroit la ligne OP. Or fi la hauteur FR ou OP eft de 18 pieds, & l'épaiffeur FI de 3, le talut CR de 4, le rayon PC étant de 14 toifes 3 pieds, le rayon OF fera de 15 toifes 1 pied, & le rayon OI fera de 15 toifes 4 pieds : & comme on connoît toutes les lignes du cylindre, qui auroient pour plan generateur le rectangle PI, & celles du Cone tronqué, qui auroient pour plan generateur le trapezoïde POFC, fi on cherche la folidité de l'un & de l'autre, & qu'on ôte celle du Cone tronqué de celle du cylindre, on aura la différence qui nous don-

V u iij

nera la solidité que nous cherchons, en disant : Si 260 degrez m'ont donné cette différence, que me donneront 90 degrez 44 minutes pour la valeur de l'arondissement.

Je n'ai rien dit jusqu'ici sur la maniere de toiser les contreforts, parce qu'ils ne sont autre chose que des parallelepipedes, dont la solidité se trouve en multipliant la base par la hauteur.

MANIERE DE MESURER LA SOLIDITE' de l'onglet d'un Bâtardeau.

Fig. 277. 624. Quand les fossez d'une Fortification sont inondez, on y fait ordinairement aux endroits les plus convenables des Bâtardeaux de maçonnerie, pour retenir les eaux ou pour les lâcher, selon le besoin qu'on en a. Pour connoître ce Bâtardeau, considerez la Figure 277. qui fait voir que cet ouvrage n'est autre chose qu'un corps de maçonnerie, dont le profil ABCDE marque que le dessus BCD est en dos d'âne pour l'écoulement des eaux de pluye, & pour empêcher qu'un homme ne puisse passer dessus : cependant comme les Soldats pourroient, en descendant du rempart avec une corde, passer le fossé en s'achevalant sur cette chappe, on fait, pour y mettre empêchement, une tourelle dans le milieu, qui s'oppose absolument au passage. Or pour toiser ce Bâtardeau, on commence par mesurer la superficie du profil ABCDE, qu'on multiplie par toute la largeur du fossé en cet endroit ; ensuite on cherche la solidité du Cylindre FIKG, aussi bien que celle de sa couverture, qui est quelquefois un Cone ILK, ou une demi-sphere. Jusques-là tout est facile ; mais ce qui embarasse presque tous les Ingenieurs, c'est de toiser les deux fragmens, comme FHG, de la tourelle, qui sont à droite & à gauche, comme on peut les voir encore mieux en X & Z de la Figure 282. qui est un profil de la tourelle & du Bâtardeau.

Fig. 282. Ce Problême me fut proposé il y a sept ou huit ans par

DE MATHEMATIQUE. 343
plusieurs Ingenieurs, qui desiroient d'en avoir la solution. Je la cherchai, & la trouvai de plusieurs manieres; je pris tant de plaisir à y travailler, que je cherchai même plusieurs choses fort curieuses à son occasion; entr'autres de sçavoir quelle est la quadrature de la surface de l'onglet, c'est-à-dire, trouver un rectangle égal à sa surface: & comme je crois qu'on fera bien aise de sçavoir ce qu'on peut dire de plus interessant là-dessus, on n'a qu'à examiner ce qui suit.

Comme l'axe du cylindre qui compose la tourelle, répond sur l'arrête de la cape du Bâtardeau; cette arrête partage la cape du Cylindre en deux également; de sorte que chaque demi-cercle devient une des faces NQM de l'onglet. Or si l'on considere ce solide comme composé d'une quantité infinie de triangles rectangles, tels que POQ, qui ont tous pour base les ordonnées QO, RS, TV, des quarts de cercles OQN & OPM, on verra que tous ces triangles étant semblables, ils sont dans la même raison que les quarrez de leurs bases; & ne prenant que les triangles qui composent la moitié QNOP de l'onglet, il s'ensuit qu'on en trouvera la valeur comme on trouve celle des quarrez de leurs bases, ou autrement comme on trouve celle des quarrez des ordonnées d'un quart de cercle*; mais nous sçavons que pour trouver la valeur de tous ces quarrez, il faut multiplier celui de la plus grande ordonnée OQ par les deux tiers de la ligne ON, qui en exprime la quantité: il faudra donc pour trouver la valeur de tous les triangles, multiplier le plus grand triangle POQ par les deux tiers de la ligne ON: mais comme ceci ne donne que la moitié de la solidité de l'onglet, il faudra donc, pour l'avoir toute entiere, multiplier le triangle POQ par les deux tiers du diamétre MN.

Fig. 279.

* Art. 368.

Supposant que cet onglet-ci soit le même que celui qui est en X, le triangle OPQ sera le même que ABC; par consequent si la ligne CA est de 5 pieds, & le diamétre AD de 9, la ligne BC sera de 4 & demi, & la superficie

Fig. 279. & 282.

du triangle ABC sera de 11 pieds 3 pouces, qui étant multipliez par les deux tiers du diamétre AD, c'est-à-dire, par 6, donnera 67 pieds & demi cubes pour la solidité de l'onglet X.

Fig. 180.   Si on imagine l'onglet coupé par une quantité de plans, qui passant par le centre B du demi-cercle, aillent tomber sur la circonference AFD, c'est-à-dire, perpendiculairement sur la surface de l'onglet, ces plans partageront l'onglet en une infinité de petites pyramides, qui auront toutes pour hauteur commune le rayon du demi-cercle, & leurs bases dans la surface de l'onglet. Mais comme toutes ces pyramides prises ensemble sont égales à une seule, qui auroit pour base la somme de toutes les bases, c'est-à-dire, la surface de l'onglet, & pour hauteur son rayon; il s'ensuit qu'on trouvera encore la solidité de l'onglet, en multipliant sa surface par le tiers du rayon.

625. Présentement je dis que la surface de l'onglet X est égale à un rectangle, qui auroit pour base le diamétre BD ou MN de l'onglet, & pour hauteur la hauteur même de l'onglet, c'est-à-dire, la ligne BA.

Si l'on nomme la ligne BA, a; le rayon CB ou CD, b; le diamétre BD sera $2b$. Cela posé, il faut faire voir que BD×BA ($2ba$) est égal à la surface de l'onglet.

Considerez que la superficie du triangle ABC est $\frac{ab}{2}$, & que si on multiplie cette quantité par les deux tiers du diamétre BD, c'est-à-dire, par $\frac{4b}{3}$, l'on aura $\frac{4abb}{6}$ pour la solidité de l'onglet: mais comme ce produit peut être regardé comme le produit de la surface de l'onglet par le tiers du rayon, il s'ensuit que divisant $\frac{4abb}{6}$ par $\frac{b}{3}$, le quotient sera nécessairement la surface de l'onglet. Or faisant donc la division *, on trouvera que ce quotient est $2ab$=BD×BA, ce qui fait voir que la surface de l'onglet est égale au rectangle que nous avons dit.

* Art. 185.

PRINCIPE

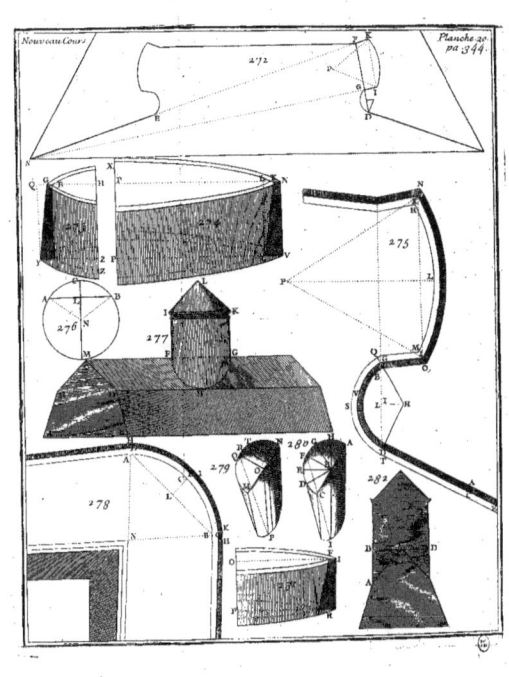

PRINCIPE GENERAL POUR MESURER
les Surfaces & les Solides.

626 Rien ne fait mieux connoître la beauté de la Géométrie, que la fécondité de ses principes, qui semblent à l'envie ouvrir de nouveaux chemins pour parvenir à la même chose ; témoin les belles découvertes qu'on a faites de notre tems, parmi lesquelles en voici une qui est trop intéressante pour la refuser à ceux dont le principal objet, en étudiant la Géométrie, est de sçavoir mesurer les corps; mais comme sa connoissance dépend de certaines choses dont nous n'avons point parlé jusqu'ici, nous allons faire en sorte de ne rien laisser à deviner.

DÉFINITION.

627. L'on nomme *centre de gravité d'une ligne droite*, un point par lequel cette ligne étant suspendue, toutes ses parties sont en équilibre ; car quoiqu'une ligne soit regardée comme n'ayant aucune pesanteur, cela n'empêche pas que la différence de ses parties ne soit considerée comme un obstacle à l'équilibre ; ainsi la ligne AD étant divisée en deux également au point C, ce point est pris pour celui d'équilibre, c'est-à-dire, pour l'endroit par lequel cette ligne étant suspendue, les parties égales CA & CD seront en équilibre, parce que n'étant pas plus longues l'une que l'autre, il n'y a point de raison pour que l'extrémité A ait plus d'inclination pour se mouvoir, que l'extrémité D : & quand cela est ainsi à l'égard d'un plan, ce point est appellé le *centre de gravité du plan* : car quoique le plan, aussi-bien que la ligne, soit consideré sans pesanteur, cela n'empêche pas qu'on ne regarde encore ses parties comme pouvant être un obstacle à leur équilibre.

628. Par exemple, si l'on a un rectangle AB, & qu'on tire les diagonales AB & CD, le point E, où elles se cou-

PLANCHE 21.
Fig. 283.

pent, en fera le centre de gravité, parce que si ce plan étoit posé sur un pivot fort aigu qui répondît à l'endroit E, il n'y auroit point de raison pour que le plan inclinât plus du côté DB que du côté AC, ni du côté AD, plûtôt que du côté CB.

Fig. 285. & 283. Comme les surfaces circulaires sont formées par la circonvolution uniforme d'une ligne droite, & que les solides circulaires sont formez par la circonvolution d'un plan, c'est la valeur de ces surfaces & de ces solides qu'on se propose de trouver ici, moyennant la connoissance du centre de gravité de la ligne géneratrice, & celui du plan génerateur; car si le point C est le centre de gravité de la ligne AB, & qu'on éleve à cet endroit la perpendiculaire CD, nous ferons voir que (la ligne AB ayant fait une circonvolution autour de la ligne EF, qui sera appellée *axe*, & qui est aussi perpendiculaire sur DC) la surface que décrira la ligne AB, sera égale à un rectangle, qui auroit pour base la ligne AB, & pour hauteur une ligne égale à la circonference, qui auroit pour rayon la ligne DC, qui exprime la distance du centre de gravité C à l'axe; & que si du centre de gravité E l'on abaisse une perpendiculaire EF sur le côté CB, & qu'on fasse faire une circonvolution au rectangle AB sur le côté CB (que nous nommerons aussi *axe*) le corps que décrira le plan, sera égal à un parallelepipede, qui auroit pour base ce plan même, & pour hauteur une ligne égale à la circonference du cercle, qui auroit pour rayon la ligne EF ; ce que nous rendrons général pour mesurer toutes les surfaces dont on pourra connoître les centres de gravité de leurs lignes géneratrices, & pour mesurer tous les solides dont on pourra connoître le centre de gravité de leur plan génerateur.

PROPOSITION PREMIERE.
Problême.

629. *Connoissant le centre de gravité d'une ligne droite* Fig. 285.
AB, trouver la valeur de la surface qu'elle décrira, après avoir & 286.
fait une circonvolution autour de l'axe EF.

Je dis qu'il faut multiplier la ligne AB par la circonference du cercle, qui auroit pour rayon DC, & qu'on aura la surface que l'on demande ; car comme cette ligne décrira un cylindre GB, & que pour trouver la surface de ce cylindre, il faut multiplier le cercle du rayon FB de la base par la hauteur AB du cylindre*; il s'en- * Art. 577.
suit que la ligne DC étant égale à FB, que les circonferences de ces lignes seront aussi égales ; & que par consequent le produit de la ligne AB par la circonference du rayon DC, sera égal à la surface qu'on demande.

630. Mais si la ligne AB, au lieu d'être parallele à l'axe Fig. 287.
EF, étoit oblique, comme est, par exemple, la ligne GH: & 288.
je dis qu'ayant fait une circonvolution à l'entour de l'axe EF, la surface qu'elle décrira sera encore égale au rectangle compris sous la même ligne GH, & sous la circonference du cercle qui auroit pour rayon la ligne DC, tirée du centre de gravité C perpendiculaire sur l'axe EF.

Comme cette ligne aura décrit la surface IH d'un Cone tronqué, & que la ligne DC est moyenne arithmétique entre EG & FH*, la circonference, qui auroit pour * Art. 568.
rayon DC, sera moyenne arithmétique entre les circonferences des rayons EG & FH : mais comme ces circonferences servent de côtez paralleles au trapezoïde, qui auroit pour hauteur la ligne GH, & que ce trapeze est égal à la surface du Cone tronqué ; il s'ensuit que le rectangle compris sous GH, & la circonference du cercle, qui auroit pour rayon DC, est égal à la surface décrite par la ligne GH.

631. Enfin si la ligne géneratrice venoit rencontrer, Fig. 289.
comme EK, l'axe EF, je dis encore que si elle fait une & 290.

circonvolution à l'entour de l'axe EF, la surface qu'elle décrira, sera égale au rectangle compris sous la même ligne EK, & sous la circonference du cercle qui auroit pour rayon DC.

Si l'on fait attention que la ligne génératrice aura décrit la surface du Cone LEK, on verra que cette surface étant égale au rectangle compris sous le côté EK, & sous la moitié de la circonference du cercle LK*, la ligne DC étant moitié du rayon FK, la circonference dont elle fera le rayon, sera aussi moitié de LK; & que par consequent le rectangle compris sous la ligne génératrice EK, & sous la circonference du cercle, qui auroit pour rayon DC, sera égale à la surface qu'elle aura décrite.

*Art. 579.

PROPOSITION II.

Problême.

Fig. 294.   632. *Si l'on a une demi-circonference EBF, & que le point C soit le centre de gravité, je dis que cette demi-circonference ayant fait une circonvolution sur l'axe EF, que la surface qu'elle décrira, qui sera celle d'une Sphere, sera égale au Rectangle compris sous une ligne égale à la demi-circonference EBF, & sous celle qui seroit égale à la circonference dont la ligne CD seroit le rayon.*

Comme il faut connoître le centre de gravité C par rapport aux autres parties de la figure, on sçaura que la ligne CD, qui en détermine la position par rapport au centre du demi-cercle, doit être quatriéme proportionnelle à la demi-circonference EBF, au diamétre EF, & au demi-diamétre DF. Ainsi ayant nommé la demi-circonference a; le diamétre EF, b; le demi-diamétre DF sera $\frac{b}{2}$, & par consequent on aura $a.b :: \frac{b}{2}.\frac{bb}{2a}$ * qui fait voir que $\frac{bb}{2a}$ est égal à la ligne DC: mais comme nous avons besoin de la circonference de la ligne DC, on la

*Art. 153.

trouvera, en difant: Comme le rayon DF $\left(\frac{b}{2}\right)$ eft à fa circonference ($2a$); ainfi le rayon DC $\left(\frac{bb}{2a}\right)$ eft à fa circonference: c'eft pourquoi multipliant le fecond terme par le troifiéme, & divifant le produit par le premier *, on trouvera le quatriéme, qui fera $2b$.

*Art. 189.

Comme $2b$ eft la circonference du rayon DC, fi on la multiplie par la demi-circonference EBF (a), l'on aura $2ab$ pour la furface que la demi-circonference aura décrite; ce qui eft évident; car comme cette furface eft ici celle d'une Sphere, & que la furface d'une Sphere eft égale au produit du diamétre du grand cercle par la circonference du même cercle *, toute la circonference étant ici $2a$, & le diamétre b, la furface fera toujours $2ab$.

*Art. 343.

REMARQUE.

Je viens d'en dire affez pour faire voir que dès qu'on aura le centre de gravité d'une ligne droite ou courbe, on trouvera toujours la furface dont elle aura été la génératrice, & que rien au monde ne feroit plus beau que ce principe, fi on avoit autant de facilité à trouver le centre de gravité de ces lignes, qu'on en a à trouver la valeur des furfaces qu'elles décrivent. Ainfi ayant fatisfait à mon premier deffein, je vais remplir le fecond, en montrant comment on peut auffi, par les centres de gravité des plans génerateurs, trouver la folidité des corps qu'ils auront décrits.

PROPOSITION III.

Problême.

633. *Si l'on a un Rectangle AF, qui faffe une circonvolution autour de l'axe EF, je dis que la folidité du corps qu'il décrira, fera égal au produit du plan AF par la circonference, qui auroit pour rayon la ligne CD, tirée du centre de gravité C, perpendiculaire fur l'axe EF.*

Fig. 289.

Comme ce solide sera un Cylindre, nous supposerons que c'est le Cylindre AG: ainsi nommant l'axe EF, a, la ligne AE, b; la ligne CD sera $\frac{b}{2}$, puisqu'elle est la moitié de AE; & si l'on nomme la circonference du rayon EA, c; celle du rayon CD sera $\frac{c}{2}$.

Cela posé, AE×EF (ab) sera la valeur du plan generateur, qui étant multiplié par la circonference du rayon CD ($\frac{c}{2}$), l'on aura $\frac{abc}{2}$ pour la valeur du solide formé par la circonvolution du plan AF; ce qui est évident; car comme ce solide, ou autrement le Cylindre AG, est égal au produit du cercle de sa base par l'axe EF*, on voit que la superficie de ce cercle étant $\frac{bc}{2}$, si on la multiplie par l'axe EF, on aura encore $\frac{abc}{2}$.

* Art. 588.

PROPOSITION IV.

Problême.

Fig. 291. & 292.

634. *Si l'on a un Triangle isoscelle EBF, dont le centre de gravité soit le point C, je dis que si ce Triangle fait une circonvolution autour de l'axe EF, que le solide qu'il décrira, sera égal au produit du plan génerateur par la circonference du cercle, qui auroit pour rayon la ligne CD, tirée du centre de gravité perpendiculaire sur l'axe.*

Remarquez que le solide IKGH qu'aura décrit le triangle EBF, est composé de deux Cones KGH & KIH, & qu'il s'agit de faire voir que le produit du plan EBF par la circonference du rayon CD, est égal à ces deux Cones: mais pour cela il faut être prévenu que le centre de gravité du triangle isoscelle, est un point tel que C, pris dans la perpendiculaire BD à une distance CD de la base, du tiers de la perpendiculaire. Ainsi nommant la ligne EF, a; la ligne BD, b; & c la circonference dont elle feroit le rayon; CD étant le tiers de BD, la circonference dont elle feroit le rayon, fera $\frac{c}{3}$.

Cela pofé le triangle EBF fera $\frac{ab}{2}$, qui étant multiplié par $\frac{c}{3}$, l'on aura $\frac{abc}{6}$ pour la valeur du folide KGHI; ce qui eft évident: car fi l'on cherche par la voye ordinaire la folidité du Cone KGH, dont le plan génerateur eft le triangle EBD, la ligne BD étant le rayon du cercle de la bafe, fa valeur fera $\frac{bc}{2}$, qui étant multipliée par le tiers de la ligne ED*, ou par la fixiéme partie de EF $\left(\frac{a}{b}\right)$, l'on aura $\frac{abc}{12}$ pour la valeur du Cone, & par confequent $\frac{2abc}{12}$, ou bien $\frac{abc}{6}$ pour la valeur des deux Cones, c'eft-à-dire, du folide KGHI, qui fe trouve la même que la précedente.

*Art. 368.

635. Mais fi le triangle EBF faifoit une circonvolution autour de l'axe FM, il décrira un folide d'une autre figure, dont le rapport avec le précedent fera comme la ligne BC eft à la ligne CD; car pour trouver la valeur de ce folide, il faudra multiplier le plan EBF par la circonference du cercle, qui auroit pour rayon BC: & comme l'un & l'autre folide aura pour bafe le même plan EBF, ils feront dans la même raifon que leurs hauteurs, c'eft-à-dire, dans la raifon des circonferences des rayons BC & CD, qui font dans la même raifon que ces rayons.

L'on peut remarquer encore qu'ayant un triangle rectangle EBD, qui faffe une circonvolution autour du côté ED, qu'il décrira un Cone dont on trouvera la valeur, en multipliant le triangle BED par la circonference du cercle, qui auroit pour rayon la ligne CD égale au tiers de la bafe BD; car multipliant BD (b) par la moitié de ED $\left(\frac{a}{4}\right)$, l'on aura $\frac{ab}{4}$, pour la superficie du triangle, qui étant multiplié par $\frac{c}{3}$, donnera $\frac{abc}{12}$.

Fig. 295. Et si le triangle EBD faisoit une circonvolution autour de l'axe HB, il décriroit l'entonnoir FGBDE, qui seroit double du Cone ; car comme le Cone & l'Entonnoir ont le même plan générateur, ils seront dans la raison des circonferences décrites par le centre de gravité C : & comme le rayon BC est double de CD, l'Entonnoir sera double du Cone ; ce qui fait voir qu'un Cone est le tiers d'un Cylindre de même base & de même hauteur.

Fig. 293. 636. Enfin si l'on avoit un triangle BAD, dont le point C fut le centre de gravité du triangle double de celui-ci, que l'on prolongeât la ligne AD indéfiniment jusqu'aux points E & F, & que l'on fît faire une circonvolution au triangle BAD autour de l'axe GF, le solide qu'il décriroit seroit égal au produit du plan BAD par la circonference du cercle, qui auroit pour rayon la ligne CF, qui est la distance du centre de gravité C à l'axe FG ; & si le triangle, au lieu de faire une circonvolution autour de l'axe GF, en faisoit une autre autour de l'axe HE, le solide qu'il décriroit seroit égal au produit du plan ABD par la circonference du cercle, qui auroit pour rayon la ligne CE, tirée du centre de gravité à l'axe, & ces deux solides seroient dans la raison des rayons CF & CE.

Je laisse au lecteur le plaisir d'en chercher la démonstration ; & je me contenterai de dire seulement que le solide formé par la circonvolution du triangle ABD autour de l'axe GF, est semblable à celui dont nous avons parlé dans l'art. 596. c'est-à-dire, qu'il fait la différence d'un Cylindre, duquel on auroit ôté un Cone tronqué ; & que le solide formé par la circonvolution du triangle ABD autour de l'axe HE, est aussi semblable à celui de l'art. 595. c'est-à-dire, qu'il fait la différence d'un Cone tronqué, duquel on auroit ôté un Cylindre : & comme la maniere de trouver la valeur de ces solides de la façon que

DE MATHEMATIQUE. 353
je viens de dire, est plus aisée que celle des art. 595. 596. l'on pourra s'en servir pour toiser la Maçonnerie comprise par le talut de l'orillon, du flanc concave, & de l'arrondissement de la contrescarpe.

PROPOSITION V.

Problême.

637. *Si l'on a un demi-cercle EBF, dont le centre de gravité soit le point I, & que de ce point l'on abaisse la perpendiculaire ID, je dis que le solide formé par la circonvolution du demi-cercle EBF autour de l'axe EF, qui sera une Sphere ; sera égal au produit du plan EBF par la circonference du cercle, qui auroit pour rayon la ligne ID.* Fig. 294.

Il faut être prévenu que la ligne ID, qui marque la distance du centre de gravité I au centre D du demi-cercle, est une quatriéme proportionnelle à la moitié de la circonference EBF au rayon DE, & aux deux tiers du même rayon. Ainsi nommant la demi-circonference EBF, a ; le rayon DE, b ; la moitié de la circonference EBF sera $\frac{a}{2}$; & les deux tiers du rayon DE seront $\frac{2b}{3}$, on trouvera la ligne DI, en disant : Comme $\frac{a}{2}$, est à b, ainsi $\frac{2b}{3}$ est à DI, qui sera $\frac{4bb}{2a}$: & comme nous avons besoin de la circonference du rayon DI, on dira : Si le rayon DE (b) donne $2a$ pour sa circonference, que donnera le rayon DI, $\left(\frac{4bb}{3a}\right)$ pour sa circonference, qui sera $\frac{8abb}{3a}$, ou bien $\frac{8bb}{3}$. Or si l'on multiplie cette circonference par la valeur du demi-cercle EBF $\left(\frac{ab}{2}\right)$, l'on aura $\frac{8abb}{6}$, ou bien $\frac{4abb}{3}$ pour la valeur du solide ; ce qui est aisé à prouver : car comme une Sphere est égale au produit de quatre fois son grand cercle par le tiers du rayon *, la superficie du demi-cercle étant $\frac{ab}{2}$, celle de tout le cercle sera ab, qui * Art. 383. & 385.

étant multipliée par 4, donnera $4ab$ pour la valeur des quatre cercles; & si l'on multiplie cette quantité par le tiers du rayon, c'est-à-dire, par $\frac{b}{3}$, l'on aura $\frac{4abb}{3}$ pour la valeur de la Sphere, qui est la même que celle que nous venons de trouver.

Mais si le demi-cercle EBF faisoit une circonvolution autour de la tangente GA, parallele au diamétre EF, il décriroit un solide, dont on trouvera la valeur, en multipliant le demi-cercle par la circonference qui auroit pour rayon la ligne IB, qui est la distance du centre de gravité I à l'axe GA, & si le demi-cercle fait encore une circonvolution autour de l'axe AH perpendiculaire à EF, il décrira une espece de bourlet, dont on trouvera la valeur, en multipliant le demi-cercle par la circonference du rayon IK, ou du Rayon DF, qui est la même chose; & pour lors le solide décrit par le demi-cercle autour de l'axe EF, sera au solide décrit autour de l'axe GA comme le rayon ID est au rayon IB, & le solide formé par la circonvolution du demi-cercle autour de l'axe EF, sera à celui qui aura été formé par une circonvolution du même demi-cercle autour de l'axe AH, comme le rayon ID est au rayon IK ou DF.

REMARQUE.

Je n'ai point donné la maniere de trouver les centres de gravité, parce que c'eût été m'écarter de mon sujet, n'ayant eu en vûe que d'exercer l'esprit des Commençans, & leur faire sentir le prix de ce principe général, par le moyen duquel on peut, indépendamment de ce que nous avons enseigné dans le huitiéme Livre de la premiere Partie, résoudre une quantité de Problêmes, dès qu'on a les centres de gravité des figures generatrices, que l'on ne peut trouver d'une façon générale, qu'avec le secours du calcul integral: Cependant on peut voir ce qu'en a dit M. Ozanam dans son Traité de Mécanique, où il trouve les centres de gravité de plusieurs figures par la Géométrie ordinaire.

NOUVEAU COURS
DE MATHEMATIQUE.

SIXIE'ME PARTIE.

Où l'on applique la Géométrie à la division des Champs.

PROPOSITION PREMIERE.

Problème.

638. **D**Iviser un Triangle en autant de parties égales qu'on voudra, par des lignes tirées de l'angle opposé à la base. *Fig. 296.*

Pour diviser un triangle ABC en trois parties égales par des lignes tirées de l'angle opposé à la base, il faut diviser la base AC en trois parties égales aux points D & E, tirer les lignes BD & BE, & le triangle sera divisé en trois triangles égaux, puisque ces triangles ont des bases égales, & qu'ils ont la même hauteur.

PROPOSITION II.

Problème.

639. *Diviser un Triangle en deux parties égales par une ligne tirée d'un point donné sur un des côtez du Triangle.* *Fig. 297.*

L'on demande qu'on divise le triangle ABC en deux parties égales par une ligne tirée du point D, parce que l'on suppose que ce triangle est un champ, sur le bord duquel est un lieu avantageux au point D, qui doit être commun à chacun de ceux qui auront part au Champ.

Pour résoudre ce Problême, il faut diviser la base AC en deux parties égales au point E, & tirer de ce point les lignes EB & ED; puis du point B tirer la ligne BF parallele à DE: enfin tirer la ligne ED, qui divisera le triangle en deux parties égales BDFA & DFC.

Pour prouver cette operation, considerez que le triangle ABE est la moitié de tout le triangle ABC; & qu'à cause des paralleles BF & DE, le triangle BFD est égal au triangle BEF; d'où il s'enfuit que le triangle OFE, que l'on a retranché au triangle BEA, est égal au triangle ODB, que l'on a retranché au triangle EBC: ce qui fait voir que le trapeze BDFA est égal au triangle FDC.

PROPOSITION III.

Problême.

Fig. 298. 640. *Diviser un Triangle en trois parties égales par des lignes tirées du point pris sur un de ses côtez.*

Pour diviser le triangle ABC en trois parties égales par des lignes tirées du point D, il faut partager le côté AC en trois parties égales aux points E & F; ensuite tirer la ligne DB, à laquelle il faut mener des points E & F les paralleles EH & FG: & si l'on tire du point D les lignes DG & DH, on aura le triangle divisé en trois parties égales AHD, DHBG, & DGC.

Pour le prouver, il ne faut que tirer les lignes BE & BF qui diviseront le triangle en trois autres triangles égaux. Or comme le triangle ABE est égal au triangle AHD, à cause des paralleles HE & BD: on verra par la même raison que le triangle DGC est égal au triangle BFC, & que par conséquent ils sont chacun le tiers de toute la figure,

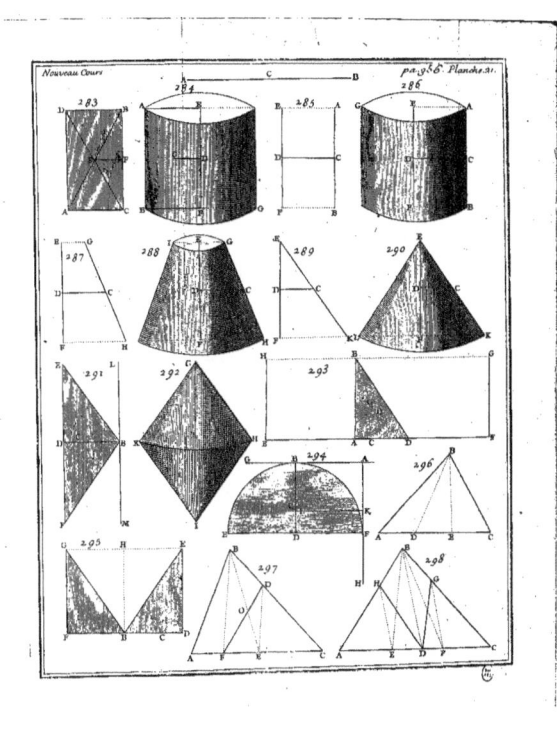

DE MATHEMATIQUE. 357

PROPOSITION IV.
Problême.

641. *Diviser un Triangle en trois parties égales par des* PLAN-
lignes tirées dans les trois angles. CHE 22.
Fig. 299.

On demande un point dans le triangle ABC, duquel ayant tiré des lignes dans les angles, elles divisent le triangle en trois parties égales.

Pour résoudre le Problême, il faut faire la ligne AF égale au tiers de la base AC ; du point F tirer la ligne FE parallele au côté AB : & diviser la parallele FE en deux également au point D, ce point sera celui qu'on cherche. Car ayant tiré dans les angles du triangle les lignes DB, DA, & DC, elles diviseront le triangle en trois parties égales.

Pour le prouver, je tire la ligne BF, qui me donne le triangle BAF, qui est le tiers de toute la figure : & comme ce triangle est égal au triangle ADB, à cause des paralleles ; il s'ensuit que ce dernier triangle est aussi le tiers de la figure. Et comme les triangles ADC & BDC sont égaux entr'eux, comme il est facile de le voir, il s'ensuit que le Problême est résolu.

PROPOSITION V.
Problême.

642. *Diviser un Triangle en deux parties égales par des*
lignes tirées d'un point donné à volonté dans la superficie du Fig. 300.
Triangle.

Pour diviser en deux également le triangle ABC par des lignes tirées du point donné F, il faut diviser la base AC en deux également au point D, & tirer la ligne DF, à laquelle il faut mener une parallele BE ; après quoi l'on n'aura qu'à tirer les lignes EF & FB pour avoir la figure ABFE égale à la figure BFEC.

Pour le prouver, tirez la ligne BD, & considerez qu'à

Y y iij

cause des paralleles le triangle BFE est égal au triangle BDE, & que par conséquent ce qu'on a retranché d'une part, est égal à ce que l'on a ajouté de l'autre dans les deux triangles ABD & DBC.

PROPOSITION VI.
Problême.

Fig. 301.   643. *Diviser un Triangle en deux parties égales par une ligne parallele à la base.*

Pour diviser le triangle ABC par une ligne DE parallele à la base, il faut partager en deux également l'un des autres côtez, par exemple, le côté BC; puis chercher une moyenne proportionnelle entre tout le côté BC, & sa moitié BF; & supposant que la ligne BE soit égale à la moyenne, que l'on aura trouvée, on n'aura qu'à mener du point E la parallele ED à la base AC, pour avoir résolu le Problême.

Pour le prouver, faites attention que les lignes BC, BE, BF, étant proportionnelles, il y aura même raison du quarré fait sur la ligne BC au quarré fait sur la ligne
? Art. 328. BE, que de la premiere ligne BC à la derniere BF.* Or comme les triangles sont dans la même raison que les quarrez de leurs côtez homologues, le triangle BAC sera double du triangle BDE, puisque le quarré du côté BC est double du quarré du côté BE, à cause que la ligne BC est double de la ligne BF.

Si l'on vouloit diviser un triangle en trois parties égales par des lignes tirées paralleles à la base, il faudroit chercher d'abord une moyenne proportionnelle entre l'un des côtez du triangle, & les deux tiers du même côté: & ayant déterminé la longueur de cette moyenne sur le côté qu'on aura divisé, l'on tirera une parallele de l'extrémité de cette ligne à la base, on aura un triangle intérieur, qui sera les deux tiers de celui qu'on veut partager en trois: & si l'on divise le rectangle qui contient les deux tiers du grand, en deux également, comme on vient de le faire dans la propofition précedente ; tout le triangle fe trouvera divifé en trois parties égales.

PROPOSITION VII.

Problême.

644. *Divifer un Trapezoïde en deux parties égales par une ligne parallele à la bafe.*

Pour divifer le Trapezoïde ABCD par une ligne pa- Fig. 302. rallele à la bafe, il faut prolonger les deux côtez AB & DC pour qu'ils fe rencontrent au point G, puis élever fur l'extrémité G la perpendiculaire GH égale à la ligne GB ; tirer la ligne HA, & décrire fur cette ligne un demi-cercle, dont il faudra divifer la circonference en deux également au point I ; & ayant tiré la ligne IH, on fera GE égal à IH : & fi par le point E l'on mene la parallele EF à la bafe AD, je dis qu'elle divifera le Trapezoïde en deux parties égales.

Pour le prouver, je confidere que la ligne HA eft le côté du quarré, qui vaut la fomme des quarrez BG & GA ; & que la ligne IH eft le côté d'un quarré qui vaut la moitié du quarré HA : par confequent le quarré IH ou GE eft moyenne arithmétique entre les quarrez GA & GB. Et comme les triangles femblables font dans la même raifon que les quarrez de leurs côtez homologues, il s'enfuit que les quarrez des côtez GB, GE, GA, étant en progreffion arithmétique, les triangles GBC, GEF, GAD, font en proportion arithmétique ; par confequent fe furpaffent également : & comme les grandeurs dont ils font furpaffez, ne font autre chofe que le Trapezoïde EC, & AF : je conclus que ces Trapezoïdes font égaux, & que par confequent le Problême eft réfolu.

PROPOSITION VIII.
Problême.

Fig. 303.   645. *Diviser un Trapeze en deux également par une ligne parallele à l'un de ses côtez.*

Pour diviser le Trapeze ABCD par une ligne parallele au côté AB, il faut prolonger les côtez BC & AD, tant qu'ils se rencontrent au point G; puis réduire le Trapeze en triangle pour avoir le point F : après quoi on divisera la base AF du triangle ABF en deux également au point H ; on cherchera une moyenne proportionnelle entre AG & HG, qui sera, par exemple, IG ; & si du point I l'on mene la ligne IK parallele à AB, elle divisera le Trapeze en deux parties égales ABKI & IKCD.

Pour le prouver, remarquez que les triangles ABG & IKG sont semblables, & qu'étant dans la même raison que les quarrez de leurs côtez homologues, ils seront
* Art. 328.   comme les lignes AG & HG. * Or comme les triangles ABG & HBG ont la même hauteur, ils seront dans la même raison que leurs bases, & auront par consequent même raison que les lignes AG & HG : d'où il s'ensuit que le triangle IKG est égal au triangle HBG. Cela posé, si l'on retranche de part & d'autre la figure HQKG qui est commune à ces deux triangles, il restera le triangle OIH égal au triangle OBK : mais comme le triangle BAH est égal à la moitié du Trapeze, il s'ensuit que la figure AIKB est aussi égale à la moitié du Trapeze, & que par consequent la ligne IK le partage en deux également.

PROPOSITION IX.
Problême.

Fig. 304.   646. *Diviser un Trapezoïde en trois parties égales.*

Cette proposition est peu considerable ; mais elle est mise ici pour servir d'introduction aux suivantes. Ainsi considerant le Trapezoïde AC, qu'on propose à diviser en trois

DE MATHEMATIQUE. 361

trois parties égales, on verra qu'il ne faut que diviser les côtez BC & AD en trois parties égales, & tirer les lignes GE & HF, qui donneront les figures égales AG, EH, FC, puisqu'elles sont composées chacunes de deux triangles égaux.

PROPOSITION X.
Problême.

647. *Diviser un Trapeze en deux parties égales.*

Fig. 305.

Pour diviser le Trapeze ABCD en deux parties égales, il faut du point B tirer la ligne BH parallele à AD, & diviser les lignes BH & AD en deux parties égales aux points G & F; ensuite tirer les lignes GC & GF, qui donneront la figure CBAFG égale à la figure CGFD, qui sont chacune moitié du Trapeze; car par l'operation le Trapezoïde AG est égal au Trapezoïde GD, & le triangle BCG est égal au triangle GCH.

Mais pour que les deux parties du Trapeze fussent plus regulieres, il seroit à propos que les lignes de division CG & GF ne fissent qu'une ligne droite. Or si l'on tire à la ligne FC la parallele GE, on n'aura qu'à tirer de E en F pour avoir le Trapeze divisé en deux parties égales par la seule ligne EF, comme on le peut voir par le triangle FGC & FEC, qui sont renfermées entre les mêmes paralleles.

PROPOSITION XI.
Problême.

648. *Diviser un Trapeze en deux parties égales par une ligne tirée d'un de ses angles.*

Fig. 306.

L'on demande qu'on divise le Trapeze ABCD en deux parties égales par une ligne tirée de l'angle B.

Pour résoudre ce Problême, tirez les diagonales AC & BD, divisez la premiere AC en deux parties égales au point E, & de ce point menez la ligne EF parallele à BD; & si vous tirez une ligne de l'angle au point F, elle divisera le Trapeze en deux parties égales.

Z z

Pous le démontrer, considerez qu'ayant tiré les lignes EB & ED, elles donnent les triangles AED & ECD égaux entr'eux, aussi-bien que les triangles ABE & EBC. Cela étant, le Trapeze se trouve divisé en deux parties égales par les lignes EB & ED : & comme les triangles qui sont renfermez entre les mêmes paralleles nous donnent EBO égal à OFD, il s'ensuit que la seule ligne BF divise le Trapeze en deux également.

PROPOSITION XII.
Problême.

Fig. 307.   649. *Diviser un Trapezoïde en deux parties égales par une ligne tirée d'un point pris sur l'un de ses côtez.*

Pour diviser en deux également le Trapezoïde ABCD par une ligne tirée du point H, il faut commencer par reduire le Trapezoïde en triangle, en tirant à la diagonale BD la parallele CF, afin d'avoir le point F, pour tirer la ligne FB, qui donnera le triangle ABF égal au Trapezoïde. Cela posé, il faut diviser la base AF du triangle en deux également au point E, & tirer la ligne BE, pour avoir le triangle ABE, qui sera la moitié du Trapezoïde. Présentement il faut tirer la ligne BH, & lui mener du point E la parallele EG; & si on tire la ligne HG, elle divisera le Trapezoïde en deux également.

Pour le démontrer, faites attention qu'à cause des paralleles, les triangles OHE & OBG sont égaux, & que par consequent la figure ABGH est égale à la moitié du Trapezoïde, puisqu'elle est égale au triangle ABE.

PROPOSITION XIII.
Problême.

Fig. 308.   650. *Diviser un Pentagone en trois parties égales par des lignes tirées d'un de ses angles.*

Pour diviser en trois parties égales le Pentagone ABCDE par les lignes tirées de l'angle C, il faut commencer par réduire le Pentagone en triangle; & cela en tirant aux lignes CA & CE les paralleles BF & DG, & en menant des lignes du point C au point F, & du même point C au point G, qui donneront le triangle FCG égal au Pentagone, comme on le peut connoître facilement. Après cela, si l'on divise la base FG en trois parties égales aux points H & I, on n'aura plus qu'à tirer les lignes CH & CI pour avoir le triangle HCI, qui sera le tiers du triangle FCG, par consequent du Pentagone, & il se trouvera que les parties HABC & ICDE seront égales entr'elles: & seront par conséquent chacun le tiers du Pentagone.

NOUVEAU COURS
DE MATHEMATIQUE.

SEPTIE'ME PARTIE.

Où l'on applique la Géométrie à l'usage du Compas de proportion.

DE tous les Instrumens de Mathematique, il n'y en a point dont l'usage soit si universel que celui qu'on nomme *Compas de proportion*: car il facilite la pratique de toute la Theorie de la Géométrie : par exemple, la ligne des parties égales sert à diviser une ligne selon une raison donnée, & à trouver des troisiémes & quatriémes proportonnelles : la ligne des cordes tient lieu de rapporteur, puisque par son moyen l'on peut connoître la valeur des angles, & en déterminer de quelque quantité de degrez qu'on voudra : la ligne des Poligones sert à diviser un cercle en une quantité de parties égales, pour y inscrire des Poligones : par le moyen de la ligne des Plans l'on trouve les côtez des figures semblables qu'on veut augmenter ou diminuer selon les raisons données : enfin la ligne des Solides, qui peut passer pour la plus considerable du Compas de proportion, sert à trouver deux moyennes proportionnelles entre deux lignes données, à diminuer & augmenter les Solides semblables selon les raisons que l'on voudra. Ce sont toutes ces proprietez que nous allons enseigner ici, en commençant par les lignes des parties égales.

PROPOSITION PREMIERE.
Problême.

651. *Diviser une Ligne droite en tant de parties égales qu'on voudra.* Fig. 309.

L'on trouvera marqué d'un côté sur chaque jambe du Compas de proportion une ligne que l'on verra nommée *parties égales*, parce qu'elles servent effectivement à diviser les lignes droites en parties égales : & pour faire voir comment on s'en sert, nous supposerons qu'on veut diviser la ligne HI en neuf parties égales, pour faire, par exemple, l'échelle d'un plan ; pour cela il faut avec le Compas ordinaire prendre la longueur de la ligne HI, & ouvrir le Compas de proportion, de maniere que les pointes du Compas ordinaire puissent être posées dans les points de la ligne des parties égales, où l'on verra marqué 90, qui sera, par exemple, les points D & E. Présentement laissant le Compas de proportion ouvert, il faut avec le Compas ordinaire prendre l'intervalle des points où l'on verra le nombre 10, qui sera, par exemple, l'intervalle FG. Or si vous portez présentement le Compas ainsi ouvert sur la ligne HI, vous trouverez que son ouverture sera la neuviéme partie de cette même ligne.

Pour le démontrer, considerez que les triangles AFG & ADE sont semblables, & que par conséquent il y aura même raison de AF à AD, que de FG à DE. Or comme AF est la neuviéme partie de AD, FG sera la neuviéme partie de DE.

PROPOSITION II.
Problême.

652. *Trouver une troisiéme proportionnelle à deux lignes données.* Fig. 310.

Pour trouver une troisiéme proportionelle à deux lignes données F & G, il faut prendre la premiere F avec le Compas ordinaire, & la porter fur la ligne des parties égales; comme fi elle occupoit, par exemple, la diftance depuis A jufqu'en D; enfuite prendre la feconde G, & la porter depuis A jufqu'en B. Il faut après cela ouvrir le Compas de proportion d'une grandeur telle que la diftance DE (des deux nombres égaux qui correfpondent aux points D & E) foit égale à la ligne G. Préfentement fi l'on prend la diftance BC, c'eft-à-dire, l'intervalle du chiffre, qui eft au point B à celui qui lui correfpond au point C, l'on aura la troifiéme proportionnelle que l'on cherche, qui fera, par exemple, H.

Pour le prouver, confiderez que les triangles ABC & EAD font femblables, & que la ligne AB étant égale à la ligne DE, l'on aura AD. DE :: AB. BC. par confequent ÷ F. G. H.

PROPOSITION III.

Problême.

Fig.ᵉ 311.   653. *Trouver une quatriéme proportionnelle à trois lignes données.*

Pour trouver une quatriéme proportionnelles aux trois lignes données A, B, C, il faut prendre la ligne A, & la porter avec le Compas ordinaire fur la ligne des parties égales, en forte qu'elle occupe l'intervalle EF; puis porter la feconde B depuis le point F jufqu'au point correfpondant G : enfin il faut prendre la troifiéme C, en forte qu'elle occupe l'efpace EH, & l'intervalle du point H à celui qui lui correfpond en I, fera la quatriéme proportionnelle, comme eft, par exemple, la ligne D.

Pour le prouver, remarquez que les triangles EFG & EHI font femblables, & par confequent l'on aura EF. FG. :: EH. HI. ou bien A. B :: C. D.

USAGE DE LA LIGNE DES POLIGONES.
PROPOSITION IV.
Problême.

654. *Inscrire un Poligone dans un cercle.*

Fig. 312. & 313.

Par le moyen de la ligne des Poligones, qui est tracée sur le compas de proportion, on peut inscrire des Poligones dans un cercle depuis celui de trois côtez jusqu'à celui de douze, qui sont ceux qu'on met le plus en usage. Pour faire voir comment on s'en sert, nous supposerons qu'on veüille inscrire un Octogone dans le cercle H, pour cela il faut prendre avec le Compas ordinaire la grandeur du rayon HI de ce cercle, & ouvrir le Compas de proportion de maniere que les points du Compas ordinaire, ouvert, comme nous venons de dire, puissent être posez dans les points B & C de 6 en 6, marquez sur la ligne des Poligones. Après cela l'on prendra du point F au point G, où correspondent les nombres 8, & cet intervalle sera le côté de l'Octogone, qu'on portera 8 fois sur la circonference du cercle H, pour avoir les points qui serviront à décrire l'Octogone.

Si au lieu de l'Octogone l'on vouloit prendre dans le même cercle un Décagone, il ne faudra que prendre l'intervalle de 10 en 10, ainsi des autres Poligones: après avoir pris avant la distance de B en C, en posant sur ces distances le rayon du cercle, que vous voulez réduire en Poligone.

PROPOSITION V.
Problême.

655. *Décrire un Poligone régulier sur une ligne donnée.*

Nous servant de la même figure, l'on pourra, à l'aide du Compas de proportion, décrire tel Poligone qu'on voudra. Or si l'on veut faire sur la ligne KL un Octogone, il faudra prendre cette ligne avec le Compas ordinaire,

& la porter fur le Compas de proportion; de façon que les points du Compas ordinaire tombent dans les points 8 & 8. Après cela si l'on prend l'intervalle de B en C, c'est-à-dire, de 6 en 6; & que des extrémitez K & L l'on fasse une section H avec le Compas ainsi ouvert, on n'aura qu'à décrire du point H un cercle, dont le rayon soit HK ou HL, & l'on pourra trouver tous les points qui serviront à décrire l'Octogone, en portant 8 fois la ligne KL sur la circonference du cercle.

USAGE DE LA LIGNE DES CORDES.

PROPOSITION VI.
Problême.

Fig. 312.
& 314.

656. *Prendre sur la circonference d'un cercle un angle d'autant de degrez qu'on voudra.*

Si l'on vouloit prendre sur la circonference du cercle H un arc de 70 dégrez, il faudra avec le Compas ordinaire, porter sur la ligne des cordes aux endroits marquez 60 la grandeur ou rayon HI: ainsi supposant que l'angle ABC est formé par les lignes des cordes du Compas de proportion, de maniere que l'on ait ouvert la grandeur DE égale au rayon HI, l'on prendra l'intervalle de F en G, que je suppose être de 70 en 70, & la ligne FG sera la corde de 70 degrez, qu'on n'aura qu'à porter sur la circonference du cercle, pour avoir l'arc MI qu'on demande.

PROPOSITION VII.
Problême.

657. *Un angle étant donné sur le papier, en trouver la valeur par le moyen de la ligne des cordes.*

Pour connoître la valeur d'un angle ABC, il faut du point B, comme centre, décrire l'arc AC d'une ouverture de Compas indéterminée; ensuite prendre le rayon BC, & ouvrir le Compas de proportion, de maniere que l'intervalle

valle de 60 en 60 marqué fur la ligne des cordes, foit égal au rayon. Préfentement fi on prend avec le Compas la corde AC, & qu'on la porte fur la ligne des cordes, de façon qu'il convienne dans deux points également éloignés du centre, les nombres qui correfpondront à ces points, donneront la valeur de l'angle : ainfi fuppofant que ce foit de 50 en 50, l'on connoîtra que l'angle ABC eft de 50 degrez.

PROPOSITION VIII.
Problême.

658. *Connoiffant la quantité de degrez d'un arc de cercle, trouver fon rayon.* Fig. 314. & 315.

Si l'on a un arc de cercle BA de 50 degrez, & qu'on veüille connoître le rayon du cercle de cet arc, il faudra prendre avec le Compas la corde BA, & la porter fur la ligne des cordes, pour ouvrir le Compas de proportion de 50 en 50 : par exemple, fi les points F & G correfpondent au nombre 50, il faut faire l'intervalle FG égal à la corde BA; & fi après cela l'on prend l'intervalle DE de 60 en 60, elle fera le rayon que l'on demande, c'eſt-à-dire, que la ligne DE fera égale au demi-diamétre CB.

PROPOSITION IX.
Problême.

659. *Ouvrir le Compas de proportion de maniere que les lignes des cordes faffent tel angle que l'on voudra, fuppofant que les lignes AB & CB foient celles des cordes; on demande de faire avec elle un angle de 70 degrez.* Fig. 314.

Il faut prendre avec le Compas ordinaire l'intervalle qu'il y a du centre B au point F ou G, que je fuppofe être de 70 degrez; puis porter les pointes du Compas ainfi ouvert dans les points de 60 en 60 : par exemple, fi les points D & E font ceux de 60 en 60, il faut faire la diſtance DE égale à l'intervalle BF, & les lignes des cordes formeront l'angle ABC de 70 degrez.

A a a

PROPOSITION X.

Problême.

Fig. 314.   660. *Le Compas de proportion étant ouvert d'une grandeur quelconque, connoître la valeur de l'angle formé par les lignes des cordes.*

Si l'on veut sçavoir la valeur de l'angle ABC formé par les lignes des cordes, l'on n'aura qu'à prendre avec le Compas ordinaire l'intervalle de 60 en 60; puis la porter sur l'une des cordes, en commençant du centre, l'on trouvera la quantité de degrez que contient l'angle : ainsi les points D & E étant supposez ceux de 60, l'on prendra la ligne DE, pour la porter sur BF; & si l'on voit que le point F correspond à un nombre, par exemple, de 70, l'on verra par-là que l'angle ABC est de 70 degrez.

REMARQUE.

Comme l'on applique quelquefois des pinulles aux extrémitez des cordes du Compas de proportion, pour prendre des angles sur le terrein; on peut en former de telle ouverture que l'on voudra, puisque par ces deux proposition l'on peut faire un angle quelconque avec les lignes des cordes, & qu'on peut d'ailleurs connoître la valeur des angles qu'elles peuvent former.

USAGE DE LA LIGNE DES PLANS.

PROPOSITION XI.

Problême.

Fig. 316. & 321.   661. *Faire un Quarré qui soit à un autre selon une raison donnée.*

Si l'on veut faire un quarré qui ait même raison à un autre que 5 à 2, il faut prendre le côté AB du quarré donné, & ouvrir le Compas de proportion de maniere que l'intervalle HI des points 2 & 2 de la ligne des plans soit égale au côté AB, c'est-à-dire, que cette ligne soit égale à HI; & si l'on prend l'intervalle KL, que je suppose de 5 en 5, elle sera le côté du quarré que l'on demande : ainsi faisant CD égal à KL, il y aura même raison du quarré CD au quarré AB, que de 5 à 2.

PROPOSITION XII.
Problême.

662. *Connoître le rapport d'un Quarré à un autre.* Fig. 316 & 321.

Se servant de la même figure, si l'on veut sçavoir le rapport du quarré AB au quarré CD, l'on n'aura qu'à prendre le côté AB du plus petit quarré, & ouvrir le Compas de proportion, de maniere que le Compas ordinaire se trouve dans deux points également éloignez du centre sur les lignes des plans, comme est, par exemple, HI : ensuite il faut prendre le côté CD de l'autre quarré, & chercher avec le Compas un intervalle tel que KL, qui lui convienne sur la ligne des plans; & le rapport qu'il y aura entre les deux nombres, qui se trouveront aux points H & K, sera le même que celui du quarré AB au quarré CD.

PROPOSITION XIII.
Problême.

663. *Ouvrir le Compas de proportion de maniere que les li-* Fig. 317. *gnes des plans forment un angle droit.*

Pour faire un angle droit tel que BAC avec les deux lignes des plans, il faut avec le Compas ordinaire prendre l'intervalle du centre à un nombre quelconque D, qui sera, par exemple, 20, puis ouvrir le Compas de proportion, de maniere que l'intervalle des points (qui correspondront à la moitié de ce nombre) soit égal à la longueur AD : ainsi prenant les nombres 10 & 10, qui feront moitié de 20, l'on n'aura qu'à faire l'intervalle FG égal à la distance AD, & les lignes des cordes AB & AC formeront un angle droit.

PROPOSITION XIV.
Problême.

Fig. 318. & 321.

664. *Faire un quarré égal à deux autres donnez.*

Pour faire un quarré qui soit égal aux deux autres AB & CD, il faut ouvrir le Compas de proportion, de maniere que les lignes des plans forment un angle droit, comme est l'angle EFG; puis prendre sur la ligne FE la longueur FI égale au côté AB, & bien retenir le nombre où l'extrémité I viendra aboutir : ensuite il faut prendre de même la longueur FH égale au côté CD de l'autre quarré, & la distance de H en I, qui sera, par exemple, celle de 18 en 5, sera le côté du quarré égal aux deux quarrez proposez.

REMARQUE.

Comme toutes les figures semblables sont dans la même raison que les quarrez de leurs côtez homologues, l'on pourra faire les mêmes opérations pour les triangles, les poligones & les cercles que l'on a fait dans les propositions précedentes pour les quarrez.

USAGE DE LA LIGNE DES SOLIDES.

PROPOSITION XV.
Problême.

Fig. 319. & 322.

665. *Faire un Cube qui soit à un autre selon une raison donnée.*

Si l'on veut avoir un Cube qui soit au Cube AB comme 3 est à 7, il faut commencer par prendre avec le compas ordinaire le côté AB, & le porter sur la ligne des Solides, de maniere qu'il corresponde aux points 7 & 7 : ainsi supposant que l'intervalle des points K & L soit ceux du nombre 7, l'on n'aura plus qu'à prendre l'intervale IH de 3 en 3 pour avoir le côté du Cube que l'on

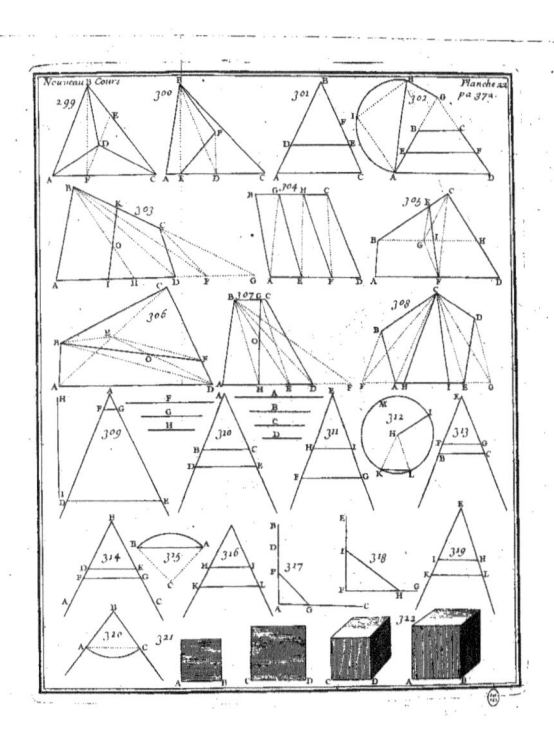

DE MATHEMATIQUE. 373
demande. Ainsi faisant CD égal à HI, il y aura même raison du Cube AB au Cube CD, que de 7 à 3.

PROPOSITION XVI.
Problême.

666. *Trouver le rapport qui est entre deux Cubes.*   Fig. 319
 & 322.
Pour trouver le rapport qui est entre deux Cubes quelconques CD & AB, il faut prendre le côté CD du plus petit Cube, & ouvrir le Compas de proportion, en sorte que l'intervalle HI pris vers le centre, soit égal à ce côté. Après cela l'on prendra le côté AB pour le porter en un endroit comme KL, dont l'intervalle lui soit égal, & le rapport que l'on trouvera entre les nombres qui seront marquez aux points I & K, sera le même que celui du Cube CD au Cube AB.

REMARQUE.

Comme tous les Solides semblables sont dans la même raison que les Cubes de leurs côtez homologues, il s'ensuit que l'on pourra faire à l'égard des Cylindres des Cones, des Pyramides, & des Spheres, les mêmes operations que l'on vient de faire pour les Cubes, comme dans les propositions précedentes.

APPLICATION DE LA GEOMETRIE
à l'Artillerie.

PROPOSITION PREMIERE.
Problême.

667. *Faire l'analyse de l'alliage du Métal dont on fait les Pieces de Canon.*

Pour connoître l'utilité de ce Problême, il faut être prévenu que le métail dont on fait les piéces d'Artillerie de fonte, est composé de *Rosette*, que l'on appelle communément *Cuivre rouge*, & d'*Etain* fin d'Angleterre; & comme il doit y avoir une proportion entre la Rofette & l'Etain qui compofent le Métail, les Fondeurs les plus experimentez fuivent celle de 100 à 12, c'eſt-à-dire, que fur 100 livres de *Rofette* ils mettent 12 livres d'*Etain*.

Or comme il arrive tous les jours que dans les Fonderies on fond des Piéces qui font hors d'état de fervir, pour en faire de nouvelles, & que les Fondeurs font embarraffez pour fçavoir fi le Métail eſt conforme à l'alliage qu'ils fuivent, pour qu'il ne foit ni trop aigre ni trop doux; voici comment on pourra connoître au juſte la quantité de Rofette & d'Etain qui compofe le Métail des Piéces.

C'eſt une chofe démontrée par l'experience, & dont la raifon phyfique eſt facile à appercevoir, que les Métaux perdent de leur pefanteur lorfqu'ils font dans l'eau; par exemple, fi l'on attache à une balance romaine un morceau de plomb pefant 48 livres, l'on verra que le corps étant mis dans l'eau, de forte qu'il en foit environné de toutes parts, au lieu de pefer 48 livres, n'en pefera que 44, parce que le plomb perd dans l'eau la douziéme partie de fon poids: ainfi des autres Métaux, qui perdent plus ou moins, felon qu'ils font plus ou moins pefans: mais comme nous avons befoin de connoître ici ce que perdent l'Etain & la Rofette, l'on fçaura que l'Etain perd la feptiéme partie de fon poids, & que la Rofette n'en perd que la neuviéme partie.

Cela pofé, pour connoître la quantité de Rofette & d'Etain qui fe trouve dans une Piéce de 24 livres de balle, qui pefe environ 5200 livres, il faut avoir un morceau de la Piéce, qui fera, par exemple, un de fes tronçons, & le pefer bien exactement; & fuppofant qu'il pefe 163 livres, on le pefera enfuite dans l'eau, pour voir combien il perd de fa pefanteur, & nous fuppoferons qu'il en perd 19 livres.

Préfentement il faut confiderer le Métail comme étant tout de Rofette, afin de voir, felon cette fuppofition, combien il perd de fa pefanteur, & l'on trouvera qu'il perd $\frac{163}{9}$; & confiderant auffi le Métail comme étant tout Etain, l'on cherchera combien il perd de sa pesanteur, & l'on trouvera qu'il perd $\frac{163}{7}$; ainsi si l'on nomme a, la pesanteur du Métail; b, sa perte; c, la perte du poids du Métail, s'il étoit tout de Rosette; d, la perte du même poids, s'il étoit tout Etain, l'on aura $a=163$, $b=19$, $c=\frac{163}{9}$, $d=\frac{163}{7}$; & nommant x la quantité de Rosette qui est dans le Métail, & y la quantité d'Etain, voici comment on trouvera la valeur de ces deux inconnues.

Il faut commencer par faire deux propositions, en disant: Comme a, poids du Métail consideré comme Rosette, est à c, perte de ce poids de Rosette, ainsi x, qui est la quantité de Rosette inconnue, est à la perte du poids de la même Rosette inconnue; ce qui donne $a.c::x.\frac{cx}{a}$:

& faisant la même chose pour l'Etain, l'on dira: Comme a, poids du Métail consideré comme Etain est à d, perte de ce poids d'Etain; ainsi y, valeur de la quantité d'Etain inconnue est à la perte de cette quantité d'Etain, qui donnera encore cette proposition $a.d::y.\frac{dy}{a}$.

Mais comme l'on a trouvé $\frac{cx}{a}$ pour la perte du poids de la Rosette qui est dans le Métail, & $\frac{dy}{a}$ pour la perte du poids d'Etain qui est aussi dans le Métail, & que ces deux quantitez font ensemble la perte du poids du Métail: l'on aura donc cette équation $\frac{cx}{a}+\frac{dy}{a}=b$; & comme x & y representent la Rosette & l'Etain qui composent le Métail, l'on pourra encore former cette équation $x+y=a$; & dégageant une de ces deux inconnues, qui sera, par exemple, x, l'on aura $x=a-y$; & substituant la valeur de x dans l'équation $\frac{cx}{a}+\frac{dy}{a}=b$, il viendra $\frac{ac-yc+dy}{a}=b$, ou bien $c+\frac{dy-yc}{a}=b$. Or si l'on fait passer c du premier membre dans le second, & que l'on multiplie les deux membres par a, il viendra $dy-yc=ab-ac$, qui étant divisé par $d-c$, donne $y=\frac{ab-ac}{d-c}$, où y est égal à des quantitez connues ; par conſequent ſi l'on met dans l'équation $x=a-y$ la valeur de y, l'on aura $x=a-\frac{ab+ac}{d-c}$, qui donne auſſi la valeur de x.

Or pour connoître y en nombre, je conſidere qu'il eſt égal à $ab-ac$ diviſé par $d-c$: & comme $b-c$ eſt multiplié par a, je ſouſtrais de 19 de b $\frac{163}{9}$ valeur de c, & le reſte eſt $\frac{8}{9}$, que je multiplie par 163, qui eſt la valeur de a pour avoir $\frac{1304}{9}$, que je diviſe par $\frac{163}{7}-\frac{163}{9}$ valeur de $d-c$, qui eſt $\frac{326}{63}$; & la diviſion étant faite, l'on trouvera 28 pour la valeur de y : & cherchant de même la valeur de x, l'on trouvera qu'elle eſt de 135 ; ce qui fait voir qu'il y a 135 livres de Roſette, & 28 livres d'Etain dans le morceau de Métail.

Pour ſçavoir préſentement la quantité d'Etain qu'il y a dans la Piéce de Canon, il faut dire : Si dans 163 livres de Métail il y a 28 livres d'Etain, combien y en aura-t-il dans 5200 livres, poids de la Piéce, l'on trouvera qu'il y en a environ 894 livres, & par conſequent il y a 4306 livres de Roſette.

Mais comme la raiſon de 4306 livres à 894 n'eſt pas égale à celle de 100 à 12, parce que nous avons ſuppoſé qu'il y avoit dans le Métail beaucoup plus d'Etain qu'il n'en falloit, il ſera facile de ſçavoir combien il faut ajoûter de Roſette pour que l'alliage ſoit bien fait, en diſant : Si pour 12 livres d'Etain il faut 100 livres de Roſette, combien en faudra-t-il pour 894 livres. On trouvera qu'il en faut 7450 livres ; & comme il y en a déja 4306 livres, il faudra en ajoûter 3144 livres.

Si l'on a pluſieurs Piéces à refondre en même tems, l'on cherchera par la régle précedente ce qui manque à chacune de Roſette ou d'Etain, afin que l'alliage ſoit dans la raiſon de 100 à 12.

PROP.

PROPOSITION II.
Problême.

668. *Trouver le calibre des Boulets & des Piéces de Canon.*
Pour trouver le calibre des Boulets de telle pefanteur que l'on voudra, il faut fçavoir d'abord le diamétre d'un Boulet de même métal, comme, par exemple, celui d'une livre de fer coulé, qui eft d'un pouce 10 lignes 8 points, & confiderer le diamétre comme étant divifé en un grand nombre de petites parties égales, comme en 500 (pour que dans le calcul on puiffe négliger les reftes) enfuite cuber la valeur du diamétre en petites parties, pour avoir 125000000 pour fon cube, que nous regarderons ici comme le Boulet même, parce que les Boulets étant des fpheres, ils font dans la même raifon que les cubes de leurs diamétres : c'eft pourquoi fi l'on veut avoir le diamétre d'un Boulet de 24, l'on n'aura qu'à multiplier le cube d'un Boulet d'une livre, c'eft-à-dire, 125000000 par 24 pour avoir 3000000000, qui fera le cube du diamétre du Boulet de 24, puifqu'il eft 24 fois plus grand que l'autre. Ainfi en extrayant la racine cube de 3000000000, l'on aura 1442 petites parties, que l'on pourra changer en pouces, lignes & points, en difant : Si 500 petites parties donnent un pouce 10 lignes 8 points pour le diamétre du Boulet d'une livre, combien donneront 1442 petites parties pour le diamétre du Boulet de 24. On trouvera après la régle faite, que le diamétre eft de 5 pouces 5 lignes, & un peu plus de 4 points.

Si l'on veut avoir le diamétre de tout autre Boulet, par exemple, celui de 16, l'on fera comme on a fait pour celui de 24; avec cette différence, qu'au lieu de multiplier 125000000 par 24, il faudra le multiplier par 16, afin d'avoir le cube du diamétre du Boulet qu'on cherche : & l'on pourra fur ce principe calculer une Table pour tous les autres Boulets.

Mais comme l'on a befoin de connoître particulierement les diamétres des Boulets pour faire les coquilles dans lesquelles on coule le fer, qui doit les former, & que la plûpart pourroient se trouver embarrassez, s'ils ne connoissoient pas le diamétre du Boulet d'une livre, ou s'ils soupçonnoient qu'il ne fût pas assez juste pour servir de base à une régle générale : en ce cas l'on pourra faire couler un Boulet de tel diamétre que l'on voudra, comme de 3 pouces, sans s'embarrasser de sa pesanteur qu'après qu'il sera fondu, parce que pour lors on le pesera bien exactement ; & supposant qu'on a trouvé qu'il pese 5 livres & demie, l'on réduira son diamétre en petites parties pour le cuber ; & ensuite l'on dira : Si 5 livres & demie donnent tant de petites parties pour le cube du diamétre de son Boulet, combien une livre donnera-t'elle de petites parties pour le cube de son diamétre : & lorsqu'on aura trouvé ce que l'on cherche, on en extraira la racine cube, qui donnera en petites parties la valeur du diamétre du Boulet d'une livre, qu'il sera facile de réduire en pouces, lignes, &c. sçachant que le diamétre du premier Boulet est de 3 pouces.

Pour trouver le diamétre des Piéces, l'on sçaura qu'il ne differe que de peu de chose de celui de leurs Boulets ; & comme cette difference, qui est ce qu'on appelle *vent* du Boulet, n'est pas la même pour toutes les Piéces, il suffira de sçavoir le diamétre de la Piéce d'une livre, pour trouver celui de tous les autres : & comme le diamétre est d'un pouce 11 lignes 6 points, parce que le Boulet de cette Piéce a environ une ligne de vent, on supposera, comme on a fait pour son Boulet, que le diamétre de la Piéce est divisé en 500 parties ; & voulant trouver celui de la Piéce de 24, l'on cubera 500 pour multiplier le produit par 24, dont on extraira la racine cube, qui est encore 1442, dont on pourra connoître la valeur en pouces, lignes, &c. en disant : Si 500 donnent un pouce 11 lignes 6 points pour le diamétre de la Piéce d'une livre, combien donneront 1442 pour le diamétre de la Piéce de 24 : on trouvera que ce diamétre est de 5 pouces 7 lignes 9 points.

PROPOSITION III.
Problême.

669. *Trouver le diamétre des Cylindres servant à mesurer la Poudre.*

L'on ne se sert presque jamais de balances dans les Magasins & dans les Arcenaux pour mesurer la Poudre que l'on distribue aux Troupes, soit pour des détachemens ou pour tout autre sujet, parce qu'il faudroit trop de tems pour en faire la distribution : on se sert au lieu de balances de certaines mesures de fer blanc ou de cuivre de figure cylindrique, qui contiennent plus ou moins de livres de Poudre, ou de parties de livres. Or comme souvent l'on est obligé de faire faire de ces mesures, & qu'on ne peut sans le secours de la Géométrie sçavoir les dimensions qu'il faut leur donner pour contenir une quantité de Poudre quelconque, voici une régle générale qui pourra servir pour trouver le diamétre de toutes les mesures que l'on voudra : mais comme il faut que ces mesures soient semblables pour que la regle puisse convenir à toutes également, nous supposerons que ces mesures étant cylindriques, la hauteur du cylindre est égale au diamétre du cercle qui lui sert de base.

Cela posé, étant prévenu qu'une mesure cylindrique, dont le diamétre est de 3 pouces, contient 4 livres de poudre, l'on trouvera le diamétre d'une mesure pour autant de livres que l'on voudra ; par exemple, pour 10 livres, en disant : Si 4 livres de poudre donne 125 pouces pour le cube du diamétre de sa mesure, combien donneront 10 livres de poudre ; l'on trouvera 312 pouces & demi cubes, dont il faudra extraire la racine qui sera de 6 pouces 8 lignes 9 points, qui est la grandeur qu'il faut donner au diamétre de la mesure de 10 livres, qui doit avoir aussi la même hauteur : il en sera de même pour telle autre mesure que l'on voudra.

Mais si l'on ignore le diamétre d'une mesure pour une

certaine quantité de poudre, & qu'on n'eût aucun terme de la proportion de connue, dans ce cas il faut faire faire une mesure à laquelle on donnera le diamétre que l'on voudra, & on la remplira de poudre, afin de sçavoir ce qu'elle contient ; & sçachant ce qu'elle contient, & la valeur du diamétre, l'on se servira de la régle précedente pour trouver le diamétre de toutes les autres mesures, faisant attention que ces mesures ne peuvent avoir lieu que pour la poudre dont les grains sont approchans de même grosseur que sont ceux de la poudre à Canon; car si les grains étoient plus fins, les mesures contiendroient moins de poudre en pesanteur.

L'on voit que cette régle est établie sur ce que les cylindres semblables sont dans la même raison que les cubes de leurs diamétres. Or comme les mesures dont il s'agit ici sont supposées avoir une hauteur égale à leur diamétre, elles seront donc semblables, & par consequent leurs soliditez qui ne sont autre chose que la quantité de poudre qu'elles contiennent, seront donc dans la raison des cubes des diamétres.

Mais si l'on vouloit avoir des mesures, dont la hauteur fût plus grande ou plus petite que le diamétre de la base (que nous nommerons *mesure irréguliere*) il faudroit chercher le diamétre de la mesure pour la quantité de poudre que l'on veut que cette mesure contienne, comme si cette mesure devoit être reguliere, c'est-à-dire, que le diamétre fût égal à la hauteur : ensuite cuber le diamétre, & diviser le produit par la hauteur de la mesure irréguliere, & le quotient sera la valeur du quarré du diamétre de cette mesure. Après cela si l'on extrait la racine quarrée de cette quantité, l'on aura le diamétre du cercle qui doit servir de base à la mesure que l'on cherche.

Comme les cercles sont dans la raison des quarrez de leurs diamétres, l'on pourra prendre à la place des cercles les quarrez de leurs diamétres. Or comme les Cylindres sont égaux, lorsque leurs hauteurs & leurs bases, ou les quarrez des diamétres de leurs bases sont réciproques, nommant a le diamétre de la base du Cylindre régulier a sera aussi sa hauteur ; & nommant b la hauteur du Cylindre irrégulier, & x le diamétre de sa base, il faut, pour que le Cylindre régulier soit égal à l'irrégulier, que b. a :: aa. xx. d'où l'on tire $bxx = aaa$, ou bien $xx = \frac{aaa}{b}$, ou encore $x = \sqrt[2]{\frac{aaa}{b}}$, qui fait voir la raison de la régle précedente.

Ce que nous venons de dire à l'égard des mesures pour la poudre, se peut appliquer à toutes autres mesures cylindriques pour telles choses que ce soit.

PROPOSITION IV.

Problême.

670. *Trouver quelle longueur doivent avoir les piéces de Canon par rapport à leurs calibres.*

Les extrémités dans lesquelles on est tombé pour régler la longueur des piéces de Canon, en faisant celles de même calibre, tantôt fort longues, tantôt fort courtes, m'ont fait penser qu'il devoit y avoir une longueur pour les piéces cylindriques de chaque calibre, qui étoit telle qu'avec la charge ordinaire le Boulet reçût la plus grande vîtesse que l'impulsion de la poudre est capable de lui donner; & si pour la connoître l'on est obligé de considerer les effets de la poudre dans le Canon, voici, à mon avis, ce que l'on peut dire de plus plausible sur ce sujet.

Comme l'on ne peut douter que plus il y a de poudre enflâmée dans un Canon, & plus le Boulet reçoit de mouvement, nous supposerons que l'on a mis pour la charge de la piece DG la quantité de poudre DE. Cela posé, aussitôt que le feu de l'amorce se sera introduit au point A de la lumiere, les premiers grains de poudre enflâmez raréfieront l'air qu'ils contiennent & celui dont ils sont environnez, & écarteront à la ronde tout ce qui leur sera ob-

PLANCHE 23.
Fig. 323.

ftacle, & fucceffivement la poudre continuant à s'enflâmer, elle occupera un bien plus grand volume qu'auparavant ; & agiffant avec beaucoup de violence à droite & à gauche du point A, & particulierement du côté où elle trouvera moins de réfiftance, qui eft celui du Boulet qu'elle chaffera du côté de la bouche, avec une grande quantité de poudre, qui n'aura pas encore eu le tems de s'enflâmer, & la vîteffe du Boulet augmentant dans la même raifon du volume de la poudre enflâmée, il fe trouvera dans un inftant chaffé en G pour fortir de la piéce. Or fi dans le tems que le Boulet a parcouru l'efpace EG, la poudre qui l'accompagnoit n'a pû être enflâmée entierement, il en fortira une quantité F avec le Boulet, qui s'écartera comme du petit plomb, au lieu que fi la piéce avoit été plus longue que je ne la fuppofe ici, le Boulet ayant à parcourir un plus grand efpace, la poudre qui a été chaffée avec lui auroit eu le tems de s'enflâmer, & par confequent auroit été capable d'un plus grand effort : ainfi l'on peut conclure que la proportion qu'il doit y avoir entre DE & DG, c'eft-à-dire, entre la charge & la longueur de la piéce, doit être telle que la poudre acheve de s'enflâmer entierement à l'inftant que le Boulet fort de la piéce ; d'où il fuit qu'un Canon qui eft chargé plus qu'il ne faut, ne chaffe pas pour cela fon Boulet plus loin, & même au contraire, puifque plus il y aura de parties entre la poudre agiffante & le Boulet, moins il recevra de mouvement : & cela eft fi vrai que fi au lieu d'un bouchon de fourage ordinaire entre la poudre & le Boulet, l'on en mettoit cinq ou fix, l'on s'appercevroit vifiblement que la portée ne feroit pas fi longue que s'il n'y en avoit qu'un, comme j'en ai fait l'experience ; car le Boulet ne recevant de mouvement que par l'impulfion que la poudre a imprimée au premier bouchon, celui-ci ne peut le communiquer aux autres, pour aller jufqu'au Boulet, fans l'alterer ; ce qui fait qu'il s'en faut de beaucoup que le Boulet n'ait autant de vîteffe que s'il avoit reçu fon impulfion immediatement de la poudre même. Ainfi le trop de poudre fera le même effet que s'il y avoit trop de bourre.

Mais fi au lieu d'une piéce trop courte nous en fuppofons une trop longue, comme LO, il n'y a point de doute, quoiqu'elle foit de même calibre que la précédente, & chargée avec la même quantité de poudre, qu'elle ne porte pas fi loin que fi elle étoit d'une jufte longueur : car fuppofant que la poudre LM faifant fon effet, ait pouffé le Boulet jufqu'au point N, qui eft l'endroit où elle auroit achevé de s'enflâmer entierement, il eft certain que fi le Boulet a encore à parcourir l'efpace NO, il fortira avec moins de violence de l'endroit O, que fi il étoit parti d'abord de l'endroit N; car dans le tems que le refte de la poudre acheve de s'enflâmer vers N, la flâme de celle qui a commencé vers la culaffe fe dilate, & l'air rarefié s'amortiffant de ce côté-là, il n'y a plus que celui qui eft vers N qui fait impreffion fur le Boulet : de forte que fi la piéce étoit affez longue pour que l'impulfion de la poudre fût entierement amortie à l'inftant que le Boulet eft prêt à fortir de la piece, il pourroit arriver que l'air que le Boulet auroit chaffé avec beaucoup de violence, cherchant à rentrer dans la piéce, le repousseroit vers la culaffe ; ce qui arriveroit fans doute, fi à l'inftant que le feu a pris à la poudre, l'on pouvoit boucher la lumiere avec affez de promptitude, pour empêcher que l'air que le Boulet chaffe ne foit remplacé par celui qui s'introduiroit par là.

Puifque les piéces d'une trop grande longueur font moins d'effet que les autres, il ne faut donc plus s'étonner fi la Coulevrine de Nancy (contre l'opinion commune) a moins de portée que les pieces de même calibre, comme M. Dumez l'a obfervé dans les épreuves qu'il a faites à Dunkerque.

Ce raifonnement fait voir que la charge doit dépendre de la longueur de la piéce, & la longueur de la piéce de la force de la charge ; mais comme pour de groffes charges il faudroit de longues pieces, dont le service & le transport souffriroient bien des difficultez, joint à la grande consommation de poudre que l'on seroit obligé de faire. Comme il semble que la méthode de charger (comme on le pratique ordinairement) les pieces à la moitié du poids du Boulet, est la meilleure, il faut en comptant là-dessus chercher quelle doit être la longueur d'une piéce par rapport à un calibre quelconque; parce qu'après cela l'on peut établir des régles pour connoître la longueur de tous les calibres imaginables. Je crois que le plus sûr moyen pour parvenir à cette connoissance, est de faire un Canon fort long, dont le calibre seroit, par exemple, de 8 livres, & le charger à la moitié du poids de son Boulet, puis le tirer de but en blanc, pour voir sa portée : & comme l'on suppose que la piéce est plus longue qu'elle ne doit être, on la sciera pour la diminuer d'un calibre, & on tirera un autre coup pour voir de combien elle aura porté plus loin que le premier; & continuant toûjours à racourcir la piéce, en la diminuant de quelques pouces, sur la fin l'on arrivera à un point où la piéce, pour être un peu trop courte, portera moins loin qu'auparavant; & considerant la longueur moyenne entre celle du dernier coup & le pénultiéme, l'on aura au juste la longueur de la piéce par rapport à sa charge, pour que la poudre soit capable du plus grand effet qu'il est possible avec la même quantité de poudre.

Cependant comme ce que je propose ici pourroit peut-être n'avoir pas ses partisans, quoique le sujet soit assez de consequence pour prendre toutes ces mesures, voici encore ce que l'on pourroit faire.

Comme l'experience fait voir tous les jours que les petites piéces portent plus loin à proportion que les grosses, puisque, selon les épreuves qu'en a faites M. Dumez, il a trouvé que nos piéces de France chargées aux deux tiers de la pesanteur du Boulet, & pointées à 45 degrez, portoient,

Premierement,

Premierement,

La piéce de 24 à 2250 toises.
     de 16 à 2020.
     de 12 à 1870.
     de 8 à 1660.
& la piéce de 4 à 1520.

Ce qui me fait croire que la longueur des petites piéces est mieux proportionnée par rapport à leurs calibres, que celle des grosses : ainsi supposant qu'une piéce de Canon de 4, qui a ordinairement 6 pieds de longueur dans l'ame, soit bien proportionnée, voici comment on pourra trouver la longueur des piéces de tel calibre que l'on voudra.

Considerant AC comme étant la longueur de l'ame d'une piéce de 4; AB l'espace qu'occupe la poudre dans le Canon; & HK la longueur de la piéce de 24, que je cherche, & HI l'espace qu'occupe sa charge, je fais attention que la poudre agissant dans la piéce de 4 & dans la piéce de 24, dans la raison de la quantité qu'il s'en trouve dans l'une & dans l'autre (en faisant abstraction des forces unies) il faut afin que le Boulet de l'une & de l'autre piéce parte dans le moment que la poudre est entierement allumée, qu'il y ait même raison du Cylindre AB au Cylindre AC, que du Cylindre HI au Cylindre HK : & comme je puis prendre à la place des Cylindres AB & HI la quantité de poudre qu'ils contiennent, & à la place des Cylindres AC & HK le cube de leurs axes, puisqu'ils doivent être semblables, l'on pourra (pour trouver la longueur HK) dire : Si deux livres de poudre, qui est la charge de la piéce de 4, donne 216 pour le cube de son axe, combien donneront 12 livres de poudre, qui est la charge de la piéce de 24, pour le cube de l'axe de la même piéce ; l'on trouvera 1296 pieds cubes, dont la racine cube est 11 pieds moins très-peu de chose : ainsi l'on voit que l'ame de la piéce de 24, pour être proportionnée à sa charge par rapport à celle de 4, doit avoir 11 pieds

PLANCHE 23.
Fig. 323.

de longueur : & comme l'ame de ces mêmes piéces n'a ordinairement qu'environ 9 pieds selon ce principe, elles sont trop courtes de 2 pieds.

L'on pourra trouver de même la longueur de toutes les autres piéces, lorsqu'elles auront leurs chambres cylindriques; car si elles étoient autrement, il faudroit prendre d'autres mesures.

Les piéces dont on se sert ordinairement n'étant point d'une longueur proportionnée à celle de la piéce de 4; & comme il n'y a point d'apparence qu'on les fonde toutes exprès pour les y faire convenir, il faut, puisque la charge d'une piéce dépend de sa longueur, comme la longueur dépend de la charge, faire voir comment on peut trouver la charge de toutes les piéces en connoissant le calibre & la longueur. Comme les ames des piéces qui ne sont point semblables, sont dans la raison composée des quarrez des diamétres des piéces & des axes des mêmes piéces, si l'on multiplie le quarré du diamétre de chaque piéce par l'axe, l'on pourra trouver la charge qui convient aux piéces, puisque ces charges doivent être dans la raison des produits des quarrez des diamétres des piéces, par les axes des mêmes piéces. Ainsi voulant sçavoir la charge d'une piéce de 24 ordinaire, dont l'ame a 9 pieds de longueur; j'ai recours à la piéce de 4, pour en prendre le diamétre, qui est 3 pouces, que je quarre pour en multiplier le quarré par la longueur de l'axe, qui est 6 pieds, dont le produit est 54; ensuite je quarre le diamétre de la piéce de 24, qui donne 29 pouces 9 lignes 6 points, que je multiplie par l'axe, qui est 9, & le produit est 268. Après cela je fais une Régle de trois, en disant: Si 54, produit du quarré du diamétre de la piéce de 4 par son axe, donne deux livres pour sa charge, combien donneront 268, produit du quarré du diamétre de la piéce de 24 par son axe, pour la charge de la même piéce, l'on trouvera 10 livres moins quelque petite chose, qui fait voir que les piéces de 24, dont l'ame à 9 pieds de longueur, doivent être chargées à 10 livres de poudre, quand la piéce de 4 fera chargée à la moitié de fon Boulet.

De la même façon, fi l'on veut fçavoir quelle doit être la charge de la Coulevrine de Nancy par rapport à la piéce de 4 chargée à la moitié de fon Boulet, il faut être prévenu que cette piéce eft de 18 livres de balle, que fon diamétre eft de 5 pouces 1 ligne 6 points, & que la longueur de fon axe eft de 20 pieds : ainfi faifant la régle, on trouvera qu'elle doit être chargée à 20 livres de poudre.

Mais comme fon métail ne réfifteroit peut-être pas à une charge auffi forte que celle-ci, il n'y a qu'à voir la longueur qui lui convient pour la charge de la moitié de fon Boulet, c'eft-à-dire, pour 9 livres de poudre, en difant : Si 2 livres de poudre, qui eft la charge de la piéce de 4, donnent 216 pour le cube de fon axe, que donneront 9 livres de poudre, qui eft la charge d'une piéce de 18, pour le cube de fon axe, que l'on trouvera de 972, dont la racine cube eft environ 9 pieds 11 pouces, qui eft la longueur que devroit avoir l'ame de la Coulevrine, pour être bien proportionnée. Ainfi l'on connoîtra que cette piéce eft environ de 10 pieds plus longue qu'elle ne devroit être.

Quand j'ai fuppofé que la charge de la piéce de 4 étoit de la moitié de la pefanteur de fon Boulet, je n'ai pas prétendu que c'étoit la plus forte charge qu'on pouvoit lui donner : c'eft pourquoi fi la charge aux deux tiers du Boulet eft capable d'un plus grand effet, l'on pourra trouver la charge de toutes les autres fur ce pied-là, fans qu'il foit befoin d'augmenter la longueur qu'on a trouvée par les Régles, parce que l'effet d'une plus grande charge dans la piéce de 4 fera toujours la même à proportion dans toutes les autres piéces, lorfqu'on en aura déterminé la longueur ou la charge fur la piéce de 4.

Il y a encore une difficulté touchant les armes à feu, qui eft de fçavoir à quel endroit doit être pofée la lumiere, pour que la poudre faffe un plus grand effet, & je ne crois pas que l'on fe foit déterminé là-deffus : les uns difent qu'il faut la placer dans le milieu de la longueur de la chambre, parce que la poudre s'enflâme à la ronde, & en bien plus grande quantité : les autres font d'une opinion contraire, & veulent qu'elle foit placée à l'extrémité de la chambre contre la culaffe, difant pour leur raifon que la piéce n'a pas tant de recul. Ces deux raifonnemens font également vrais ; cependant comme les refforts de la poudre, auffi-bien que tous les autres refforts, n'agiffent avec plus ou moins de violence, qu'autant que les corps qui leur réfiftent cédent plus ou moins, il s'enfuit quand une arme à feu n'a prefque point de recul, que c'eft une marque que la poudre a trouvé fi peu de réfiftance pour chaffer la balle, qu'elle n'a eu befoin que de fon premier effort, au lieu que fi elle trouve beaucoup de réfiftance vers la culaffe & du côté de la balle, tous fes efforts fe débanderont en même tems, quoique le recul foit plus grand, la balle ira bien plus loin, que fi le Canon n'avoit point eu de recul : ainfi la lumiere étant placée dans le milieu de la chambre, les refforts agiront en bien plus grande quantité dans le même tems, que fi elle étoit contre la culaffe, où ces mêmes refforts ne peuvent agir que fucceffivement, puifque la poudre s'enflâme ainfi ; & fi le Boulet vient à partir dès que la poudre commence à s'enflâmer, il arrivera encore qu'une grande partie fera chaffée hors de la piéce fans faire aucun effet : ainfi il me femble que la lumiere placée dans le milieu de la chambre convient beaucoup mieux que par tout ailleurs ; car comme le Canon ne recule qu'avec peine, à caufe de la pefanteur de la machine, & du frottement de l'affut contre la platte-forme, il fe fait une réaction d'une grande partie de poudre qui agit contre la culaffe, qui vient augmenter l'impulfion de celle qui pouffe le Boulet.

Mais en parlant du Canon je voudrois défabufer ceux qui croyent que le Boulet en fortant de la piéce, s'éleve au-deffus de la même piéce; & qui penfent qu'après avoir décrit une courbe, il reprend une direction horifontale, pour en décrire après cela une autre ; & la plûpart font fi opiniâtres à soûtenir cette erreur, qu'on a beau leur dire que la pesanteur du Boulet, bien loin de permettre qu'il puisse s'élever au-dessus de l'axe de la piéce, l'emporte au-dessous, dès l'instant même qu'il sort, & lui fait décrire une courbe, qui à la vérité est d'abord fort approchante de la ligne droite, mais qui devient sensible à mesure qu'il s'éloigne de la piéce ; & une preuve à laquelle ils ont tous recours pour soûtenir leur opinion, c'est, disent-ils, quand on tire après une piéce de gibier à la chasse, il faut tirer un peu au-dessous de l'animal, pour gagner la distance dont la balle s'est élevée au-dessus du Canon : mais comme cette raison ne vaut absolument rien, en voici l'unique cause.

Si l'on attache un canon de Fusil sur une petite planche, & qu'aux deux côtez de cette planche on y mette deux tourillons, en sorte que le canon soit en équilibre sur ces tourillons, comme le bras d'une balance, on verra que l'ayant chargé à balle, si l'on tire au-dessus de l'horison, la partie de la poudre qui agira contre la culasse, & qui cause ordinairement le recul, fera baisser la culasse, & par consequent lever le bout du canon : & comme cela se fera avant même que la balle soit sortie du Canon, il arrivera qu'elle ira au-déssus de l'objet vers lequel on avoit pointé, parce qu'en sortant elle ira selon la direction de l'ame, & non pas selon celle du rayon visuel, qui ne sera plus la même à cause du dérangement de la culasse. Or si l'on fait attention que le Fusil entre les mains du Chasseur fait le même effet que je viens de dire, l'on verra que quand on veut pointer juste, il faut pointer au-dessous de l'objet.

Cependant ce qui fait qu'il semble que le Boulet à une certaine distance s'éleve au-dessus de la piéce, c'est que la surface extérieure de la piéce n'étant point parallele avec l'ame, le Boulet emporté avec beaucoup de violence, approche fort pendant un tems de la direction de l'ame : & comme cette direction se coupe avec celle de la surface de la piéce de ces deux lignes prolongées, celle de l'ame passe au-dessus de la surface : & si le Boulet suit encore à peu près la direction de l'ame au-delà de la section des deux lignes, il arrive en effet que le Boulet est au-dessus de la surface de la piéce, mais non pas au-dessus de la direction de l'ame prolongée ; & il y a même apparence que des Fondeurs ont eu égard à l'obliquité de la surface de la piéce par rapport à l'ame, afin de rectifier la ligne courbe pour tirer de but en blanc ; mais on a pensé bien differemment pour la fabrique des piéces qui ont été fondues en dernier lieu à Doüay : car comme ceux qui les ont fait fondre ont crû que pour tirer juste il falloit viser parallelement à l'ame, ils ont élevé sur le bourlet un bouton de mire d'une grosseur extraordinaire ; de sorte que le rayon visuel de la culasse au sommet de ce bouton se trouve parallele à l'ame. Ainsi l'on vise selon une direction, tandis que le Boulet en prend une autre ; & ce seroit la plus mauvaise chose du monde que ces boutons, si le Canonier n'avoit soin de pointer au-dessus de l'objet qu'il veut atteindre.

PROPOSITION V.

Problême.

671. *Où l'on donne la maniere de connoître le nombre de Boulets qui sont en pile.*

Les Boulets de Canon & les Bombes qui sont dans les Arcenaux, sont ordinairement rangez en pile ; ces piles sont de trois sortes : il y en a qui ont pour base un quarré que l'on nomme *piles quarrées*, comme dans la Fig. 324. d'autres un triangle, que l'on nomme *piles triangulaires*, comme dans la Fig. 325. & d'autres un parallelogramme, comme dans la Fig. 326. que l'on nomme *piles oblongues*. Or comme la maniere de compter ces Boulets dépend d'un calcul qui est different, selon la figure de la pile. M. Goëzaud, Garde d'Artillerie à la Fere, a donné il y a long-tems des Tables pour construire ces piles, & pour

DE MATHEMATIQUE. 391
compter les Boulets qui les composent, on les trouve dans les Mémoires de S. Remy, & il y a peu d'Officiers d'Artillerie qui n'en ayent la pratique : mais comme beaucoup ne sçavent peut-être pas les raisons des operations qu'il faut faire, en voici l'explication.

Avant toutes choses, il faut considerer que les faces de la pile quarrée & de la pile triangulaire sont toujours des triangles, dont les trois côtez sont égaux, & que ces triangles étant formez par des Boulets, ils composent une progression arithmétique, qui commence par l'unité, c'est-à-dire, par le Boulet qui est au sommet de la pile, & que le plus grand terme de la progression est la base du triangle. Et comme nous serons obligez de connoître la quantité de Boulets contenue dans une face, que nous nommerons dans la suite *triangle arithmétique*, voici comment on les pourra compter d'une maniere fort aisée.

Pour sçavoir combien il y a de Boulets dans le triangle ABC, il faut compter combien il s'en trouve dans le côté AC, ajoûter à ce nombre l'unité ; ensuite multiplier cette quantité par la moitié du côté AB ou AC, qui est la même chose, & le produit donnera le nombre des Boulets contenus dans le triangle : ainsi le côté AC étant de 6 Boulets, si j'ajoûte à ce nombre l'unité pour avoir 7, qui étant multipliez par la moitié de AB ou de AC, qui est 3, le produit sera 21, qui est le nombre des Boulets que l'on cherche. Il en sera de même pour tous les autres triangles arithmétiques.

La raison de ceci est que dans une progression arithmétique, $a, a+e, a+2e, a+3e, a+4e, a+5e$, dont les termes se surpassent d'une quantité e, la somme des deux termes $a+e$ & $a+4e$ également éloignez des extrêmes, est égale à la somme des extrêmes a & $a+5e$, ou à celle des deux autres termes quelconques aussi également éloignez des extrêmes ; puisque la somme des uns & des autres donne $2a+5e$; mais il y a la moitié autant de fois $2a+5e$ (qui est la somme des extrêmes) qu'il y a de termes dans la progression. Donc pour avoir la valeur de

* Art. 243.

tous les termes d'une progreffion arithmétique, qui commence par l'unité, ou par tout autre nombre, il faut multiplier le premier & le dernier terme, par la moitié du nombre qui exprime la quantité des termes: c'eft pourquoi nous avons ajoûté le premier terme AC avec le dernier B, & nous avons multiplié la fomme par la moitié du côté AB, c'eft-à-dire, par la moitié du nombre des termes de la progreffion pour avoir les Boulets du triangle.

Fig. 317.   Prévenu de ceci, il faut encore confiderer que fi l'on a une quantité de Boulets qui forment par leurs arrangemens un prifme triangulaire DEHGF (foutenu par un plan incliné IK) dont la bafe foit le triangle EGH, que ce prifme étant coupé par un plan EF, parallele à la bafe, il divifera ce prifme en deux parties, dont l'une, comme DEF, fera le tiers de tout le prifme; & l'autre, comme EFGH, en fera les deux tiers; car la partie EDF eft une pyramide triangulaire, qui a pour bafe le triangle oppofé à EGH, & pour hauteur la hauteur DE du prifme; par confequent la partie EFGH, qui eft auffi une pyramide, qui a pour bafe un quarré, en fera les deux tiers. Mais il faut remarquer que le plan EF partage un triangle de Boulet tel que EFG, qui fe rencontre dans la coupe; ce qui rendra les deux pyramides imparfaites, quand on les confiderera compofées de Boulets: car comme le plan EF paffe par le tiers de chaque Boulet L, il faudra donner à la pyramide triangulaire DEF les deux tiers de la quantité des Boulets du triangle arithmétique, qui fe rencontre dans la coupe EF. De même pour rendre réguliere la pyramide quarrée EFGH, il faudra lui donner le tiers du même triangle arithmétique. Or fi l'on fuppofe que l'on a détaché du prifme la pyramide quarrée EFGH pour tenir lieu de la pyramide ABCQ, &

Fig. 324. & 325.   que la pyramide triangulaire DEF qui refte foit regardée comme la pyramide MNOP, on pourra donc dire que la pyramide ABCQ eft plus grande que les deux tiers du prifme qui auroit pour bafe le triangle ABC,

qui

qui eſt la même choſe que EGH, & pour hauteur le côté AB, qui eſt la même choſe que DE, du tiers du triangle ABC, qui eſt la même que celui qui ſe trouve dans la coupe EF.

Enfin l'on pourroit dire auſſi que la pyramide MNOP ſera plus grande, que le tiers du priſme, qui auroit pour baſe le triangle MNO, qui eſt le même que EGH, & pour hauteur le côté MN, qui eſt le même que ED, des deux tiers du triangle MNO, qui eſt le même que le triangle arithmétique qui ſe rencontre dans la coupe EF.

D'où il s'enſuit, 1°. que pour trouver la quantité de Boulets contenue dans une pile quarrée ABCQ, il faut d'abord chercher le nombre de ceux qui ſont contenus dans le triangle arithmétique ABC, & le multiplier par les deux tiers du côté AB ou AC, & ajoûter au produit le tiers du triangle ABC.

Ainſi le côté AC étant de 6, je commence par trouver le Triangle ABC, en ajoûtant l'unité au nombre 6 pour avoir 7, que je multiplie par la moitié du côté AB qui eſt 3, & le produit donne 21, que je multiplie par les deux tiers du côté AB, qui eſt 4, pour avoir 84 au produit, auquel ajoûtant le tiers du triangle arithmétique ABC, qui eſt 7, il vient 91 pour le nombre des Boulets de la pile.

2°. L'on pourra donc dire auſſi que pour trouver le nombre de Boulets contenus dans la pile triangulaire MNOP; il faut multiplier le triangle MNO par le tiers du côté MN, & ajoûter au produit les deux tiers du nombre de Boulets contenus dans le triangle MNO; ainſi le côté NO étant encore de 6, le triangle arithmétique ſera de 21, qui étant multiplié par le tiers du côté MN, qui eſt 2, l'on aura 42, auſquels ajoûtant les deux tiers du triangle, qui eſt 14, l'on aura 56 pour le nombre de Boulets contenus dans cette pile.

A l'égard de la pile oblongue, il eſt fort facile d'en connoître la quantité de Boulets; car comme elle eſt com- Fig. 326.

posée d'un prisme triangulaire RSTV, & d'une pyramide quarrée VTXY, l'on voit qu'il n'y a d'abord qu'à chercher la quantité de Boulets contenue dans une pyramide quarrée, qui auroit pour côté XY, ou VX ; ensuite ajoûter à la valeur de cette pyramide celle du prisme RSTV, que l'on trouvera en multipliant le triangle XTV ou celui de la coupe TV, qui est la même chose, par la quantité de Boulets RT qui se trouve au sommet de la pile moins une unité; quand je dis moins une unité, c'est qu'on doit faire attention que le premier boulet T, avec le triangle arithmétique TV, qui lui correspond, appartient entierement à la pyramide TVXY, & par consequent il doit être supprimé de la quantité RT.

Ainsi supposant que le côté XY ou TX soit de 9, j'ajoûte 1 à 9 pour avoir 10, que je multiplie par la moitié de 9 ; ou, ce qui est la même chose, 9 par la moitié de 10, qui est 5, le produit sera 45 pour la quantité de Boulets du triangle XTY, que je multiplie par les deux tiers de 9, c'est-à-dire, par 6, & il vient 270 pour le produit, auquel j'ajoûte le tiers du triangle, qui est 15, & le tout fait 285 pour la pyramide. Or supposant aussi que RT soit de 15 Boulets, je multiplie 15 moins 1, qui est 14, par le triangle arithmétique, qui est 45, & il vient 630 pour le nombre de Boulets du prisme RSTV, qui étant ajoûté avec ceux de la Pyramide, l'on trouvera 715 Boulets dans la pyramide oblongue.

PROPOSITION VI.

Problême.

Fig. 328. 672. *Où l'on donne la maniere de dégorger les embrasures des Batteries de Canon dans les Siéges.*

Après que l'on a fait le coffre d'une Batterie, & qu'on l'a rempli de terre jusqu'à une certaine hauteur, qui est à peu près celle de l'épaulement, on dégorge les Embra-

DE MATHEMATIQUE. 395

fures, aufquelles on donne 2 pieds à l'ouverture AB, pour recevoir la volée de la piéce, & 9 pieds à l'ouverture CD ; & pour tracer l'Embrafure, on éleve une perpendiculaire EL fur le milieu de la ligne AB : enfuite un Canonier va planter un piquet en C & en D, chacun éloigné du point L de 4 pieds & demi ; & ayant les alignemens AC & BD, l'on pofe les fauciffons qui doivent former les joues de l'Embrafure. Or comme on ne peut faire cette manœuvre fans que l'Ennemi s'en apperçoive, il dirige fon feu de ce côté-là, & quoiqu'on faffe un mafque pour s'en garantir, cela n'empêche pas que l'on ne foit fort inquiété. Or pour agir avec plus de précaution, voici comment on pourra dégorger & fafciner les joues fans être obligé de monter fur l'épaulement pour planter les piquets I, L, K.

Il faut déblayer devant foi au-deffus de la genouilliere une quantité de terre autour du point E ; enfuite marquer les deux piquets C & D éloignez chacun d'un pied du point E, mettre une toife EF perpendiculaire fur la ligne CD ; puis à l'extrémité F de la toife marquer de part & d'autre deux piquets G & H, éloignez du point F chacun de 2 pieds 2 pouces, l'on aura les alignemens des joues de l'Embrafure CG & DH, qui étant prolongez à mefure que l'on déblayera les terres devant foi, iront fe terminer en I & en K à une diftance de 4 pieds & demi du point L, qui eft ici dans le milieu de l'Embrafure.

Pour faire voir la raifon de cette pratique, confiderez qu'ayant mené MS parallele à NT, l'on aura retranché de la largeur RT la partie ST d'un pied, & que par confequent RS fera de 3 pieds & demi. Or fi l'on fuppofé que MP foit de 6 pieds, & que PO foit parallele à RT, l'on aura les triangles femblables MPO & MSR ; par confequent PS, qui eft ordinairement de 18 pieds, fera à SR de 3 pieds & demi, comme MP de 6 pieds, fera à PO, qui fe trouvera d'un pied 2 pouces ; & fi l'on ajoûte à cette ligne la partie PQ, qui eft d'un pied, la

D dd ij

perpendiculaire OQ sera de 2 pieds 2 pouces, & la ligne RT de quatre pieds & demi. Ainsi donnant 6 pieds à NQ, il faudra donner 2 pieds 2 pouces à la distance QO, pour que la moitié de l'ouverture RT de l'Embrasure soit de 4 pieds & demi.

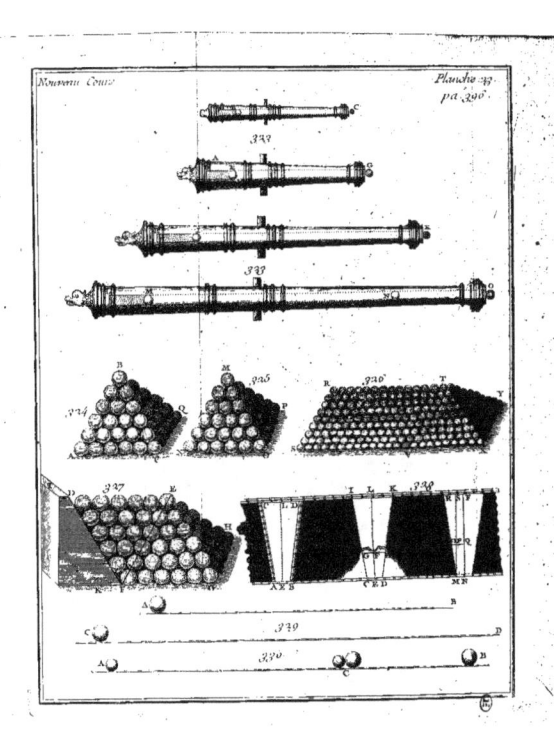

DISCOURS
SUR LE MOUVEMENT DES CORPS, & sur le Jet des Bombes.

LE principal objet que je me suis proposé dans le Traité du Mouvement que je donne ici, a été d'enseigner l'art de jetter les Bombes. Il est vrai que je ne commence pas d'abord par-là, parce qu'il m'a paru qu'il étoit bon de donner une connoissance du choc des Corps, afin d'en tirer quelques principes, qui nous serviront beaucoup dans la Mécanique. Je pourrois dire la même chose du Chapitre du Mouvement, parce qu'il me donnera aussi lieu dans la Mécanique d'expliquer plusieurs choses qui n'auroient pû être entendues sans une connoissance de la chûte des Corps: d'ailleurs il est absolument nécessaire à ceux qui veulent s'attacher aux Mathématiques & à la Physique, pour expliquer quantité de choses curieuses dans l'Artillerie, de sçavoir les principales Regles du choc & du mouvement des Corps; ainsi ce Traité contient trois Chapitres: le premier traite du Choc des Corps; le second, des Regles du Mouvement; & le troisiéme, de la Théorie & de la Pratique du Jet des Bombes.

A l'égard du Jet des Bombes, je ne vois pas que les Bombardiers se soient mis beaucoup en peine de sçavoir s'il y avoit des regles certaines sur ce sujet; dans la pensée où ils ont toûjours été qu'il n'y avoit que la seule pratique qui puisse servir au Bombardier, pour lui faire jetter des Bombes avec succès; & cela vient sans doute de ce que la plûpart n'ayant aucune connoissance des Mathématiques ni de la Physique, ne peuvent point s'imaginer qu'il est possible de donner des loix des effets de la poudre, au caprice de laquelle ils attribuent les fautes qu'ils font. J'avoue qu'il y a tant de choses qui concourent dans la charge d'un Mortier à déranger tout ce que les regles & l'attention du Bombardier le plus adroit sont en état de faire, qu'il y auroit de la témerité à croire qu'on peut jetter des Bombes dans un endroit comme si on les y portoit avec la main. Mais ce qu'il y a de sûr, c'est que si un Bombardier avoit assez d'attention en chargeant son Mortier pour en examiner le défaut, & pour faire en sorte de charger toûjours également, que les regles seroient d'un usage excellent, puisque l'on n'auroit pour chasser des Bombes à une distance quelconque, qu'à en tirer une avec la charge que l'on aura jugé à propos, & à un dégré d'élévation à volonté, pour connoître l'élévation qu'il convient de donner au Mortier, pour jetter les autres Bombes à la distance qu'on demande. Mais ceux qui n'ont que la pratique, soûtiennent qu'il est impossible de pouvoir observer cette précision dans la maniere de charger également. Car, disent-ils, l'inégalité des grains de poudre, soit dans leur grosseur, ou dans les matieres qui la composent, fait que la même quantité pour chaque charge produit des effets differens ; ce qui peut venir aussi de la part de la terre avec laquelle on remplit la chambre, qui peut être plus ou moins refoulée une fois que l'autre. D'ailleurs les Bombes qui ne sont point toutes bien de calibre & d'égale pesanteur, & souvent mal coulées, la platte-forme qui se dérange presque à chaque coup que l'on tire, sont autant de sujets qui prouvent que moralement il n'est pas possible de jamais tirer des Bombes comme il faut : mais quoiqu'on puisse rémedier à tout ceci quand on voudra y bien prendre garde, il n'y a point de doute qu'un Bombardier expérimenté d'ailleurs dans son métier, & qui sçaura l'art de jetter les Bombes, ne soit plus sûr de son fait que celui qui n'a que la simple pratique ; car s'il s'apperçoit que son premier & son second coup ne jettent point la Bombe où il veut qu'elle tombe, il pourra se corriger, au lieu que ce dernier tâtonnera en augmentant ou diminuant la poudre ou les dégrez pendant un tems considerable : & quoiqu'on dise que c'est le pur hazard qui gouverne l'action du Mortier, l'expérience m'a fait voir que quand on vouloit apporter tous ses soins à charger également, & à poser l'affut toujours dans le même endroit de la platte-forme, & les tourrillons dans la même situation sur l'affut, il étoit très-possible de tirer quantité de Bombes toujours à peu près dans le même endroit. Qu'on revienne donc de l'opinion où l'on est que les regles pour jetter les Bombes ne peuvent être d'aucun secours, puisque si l'on a soin de charger bien également, & que l'on se serve des Bombes à peu près de même poids, l'on n'aura plus lieu de douter de la certitude de ces regles.

Après cela on peut dire qu'il y a si peu de Bombardiers qui se soient attachez à sçavoir ces regles, & encore moins à les pratiquer, que certainement il y a plus de préjugé que de connoissance dans leur fait : & quand ils pourroient s'en passer pour jetter des Bombes dans un endroit de niveau avec la batterie, après en avoir tiré un grand nombre d'inutiles, comme cela arrive toujours, comment s'y prendroient-ils pour en jetter dans quelque Forteresse fort élevée, comme sur un rocher escarpé, au pied duquel seroit la Batterie, ou bien si la Batterie étoit un lieu fort élevé pour en jetter dans un fond, il n'y a point de Bombardier, que je sçache, à qui l'expérience ait donné quelque pratique pour cela, d'autant plus qu'ils ne regardent point ces deux cas comme problêmatiques. Enfin il résulte de tout ce qui vient d'être dit, que jamais on ne parviendra à jetter des Bombes à une distance donnée, que l'on ne sçache les regles qui sont établies pour cela, & qu'on ait assez d'expérience pour prévoir tous les accidens ausquels le Mortier & la Bombe sont sujets.

NOUVEAU

NOUVEAU COURS DE MATHEMATIQUE.

HUITIE'ME PARTIE.

Qui traite du Mouvement & du Choc des Corps.

Pour servir d'introduction à la Mécanique & à l'art de jetter les Bombes.

CHAPITRE PREMIER.

Du Choc des Corps.

DEFINITIONS.

I.

673. La *vitesse* d'un Corps est le plus ou le moins de chemin qu'il fait pendant un certain tems, lorsque quelque cause l'a mis en mouvement.

II.

674. La vitesse d'un Corps est dite *uniforme* ou *variable* ; elle se nomme *uniforme*, lorsque dans des tems égaux elle parcourt des espaces égaux ; & elle se nomme *variable*, lorsque dans des tems égaux elle parcourt des espaces inégaux.

III.

675. La *direction* d'un Corps est la ligne qu'un Corps parcourt, lorsqu'étant mis en mouvement, il va d'un lieu à un autre.

IV.

676. La direction est *simple* ou *composée* : l'on dit qu'elle est *simple*, lorsqu'il n'y a qu'une cause qui tend à mouvoir le Corps ; & on la nomme *composée*, lorsqu'il y en a deux ou plusieurs.

V.

677. Les Corps dont on considere le mouvement, sont *durs* ou *fluides* : il y en a aussi qui ont du ressort, & d'autres qui n'en ont pas.

VI.

678. On appelle Corps *dur* celui dont les parties ne se divisent pas aisément, & qui étant divisées ne se réunissent point facilement, comme une pierre.

VII.

679. On appelle Corps *fluide* celui dont les parties se divisent aisément, & lesquelles étant divisées se réunissent facilement comme l'eau.

VIII.

680. On appelle Corps sans *ressort* celui qui à la rencontre d'un autre, ne change point de figure, ou s'il en change, ne se rétablit point dans sa premiere figure.

IX.

681. On appelle Corps à *ressort* celui qui à la rencontre d'un autre, change de figure dans le choc, & ensuite se rétablit comme auparavant.

682. *Nous n'examinerons dans ce Traité que les Corps durs sans ressort ; à l'égard des autres nous en parlerons aux endroits qu'il conviendra.*

DEMANDES.

I.

683. L'on demande qu'il soit regardé comme incontestable que lorsque deux corps se rencontrent dans des directions diamétralement opposées, ils se communiquent mutuellement leur mouvement, & qu'un Corps perd autant de son mouvement qu'il en communique à un autre.

II.

684. Que lorsque deux Corps sans ressort se rencontrent, ils ne se repoussent point l'un l'autre, & que le plus fort emporte le plus foible dans sa même détermination.

COROLLAIRE.

685. Il suit que lorsqu'un Corps a plus de force qu'un autre, il pousse devant lui celui qui est le plus foible, & que ces deux Corps peuvent être regardez comme s'ils n'en faisoient plus qu'un, qui les vaut tous deux.

III.

686. On suppose encore que les Corps se meuvent dans un milieu, qui ne résiste point à leurs mouvemens; de sorte que si un Corps parcourt 4 toises dans la premiere minute de son mouvement, il continuera de parcourir 4 toises dans chaque minute.

AXIOME.

687. Les effets sont proportionnels à leurs causes.

COROLLAIRE.

688. Il suit que si l'on a deux Corps égaux A & C, qui étant mis en mouvement, parcourent en même tems les espaces AB & CD, ces deux Corps ont reçû des degrez de vitesses, qui sont dans la raison des mêmes espaces AB & CD; puisque les dégrez de vitesses de ces

PLANCHE 23.
Fig. 329.

Corps peuvent être pris pour les causes, & les espaces parcourus pour les effets.

AVERTISSEMENT.

Comme les Corps que l'on fait rouler sur un plan parcourent des lignes droites, nous prendrons dans la suite des lignes droites pour exprimer non-seulement le chemin que ces Corps parcourent, ou auront à parcourir, mais encore pour exprimer les degrez de force qu'on leur aura attribué : nous supposerons aussi que les Corps dont nous parlerons seront de figure sphérique.

PROPOSITION PREMIERE.

Théoreme.

689. *Si deux Corps semblables de même matiere & égaux, sont mûs avec des vitesses inégales, l'effort du Corps qui aura le plus de vitesse sera plus grand sur le Corps qu'il rencontrera, que celui dont la vitesse sera plus petite.*

DÉMONSTRATION.

Si l'on suppose que de deux Corps égaux l'un ait une vitesse double de l'autre, je dis que ces deux Corps venant à frapper un autre corps, celui qui aura la vitesse double, le frappera avec deux fois plus de force que l'autre ; car les effets étant proportionnez à leurs causes * si l'on prend les vitesses pour les causes, & les chocs pour les effets, le Corps qui aura deux fois plus de vitesse que l'autre, agira avec deux fois plus de force contre celui qu'il rencontrera.

* Art. 687. & 688.

PROPOSITION II.

Théoreme.

690. *Si deux Corps inégaux & de même matiere, sont poussez avec des vitesses égales, le plus grand Corps fera plus d'impression sur le corps qu'il rencontrera, que le plus petit.*

DÉMONSTRATION.

Si l'on suppose deux corps l'un de quatre livres, & l'autre de deux livres, il est constant que si ces deux Corps ont des degrez de vitesses égaux, le plus grand aura deux fois plus de force que le plus petit; car si l'on suppose le Corps de quatre livres divisé en deux également, l'on aura deux autres Corps, dont chacun sera égal à celui de deux livres; & comme ils auront la même vitesse que celui de deux livres, la force de chacun en particulier sera égale à celle du plus petit: ainsi ces deux Corps n'en faisant qu'un, la force du plus grand Corps sera par conséquent double de celle du plus petit.

COROLLAIRE I.

691. Il suit des deux Théoremes précedens que la force d'un corps, qu'on peut appeler aussi *quantité de mouvement* de ce Corps, ne dépend pas seulement de sa vitesse, mais encore de sa masse; c'est pourquoi l'on connoîtra toujours la quantité de mouvement de deux ou de plusieurs Corps *en multipliant la masse de chacun par sa vitesse*, puisque les Corps inégaux, & qui ont des vitesses inégales, ont une quantité de mouvement, qui est dans la raison composée de leurs masses & de leurs vitesses: ainsi ayant deux Corps que nous nommerons a & b, nommant c la vitesse du premier, & d la vitesse du second, ac sera la quantité de l'un, & bd la quantité de mouvement de l'autre.

COROLLAIRE II.

692. Il suit encore que connoissant la quantité de mouvement d'un Corps & sa masse, en divisant la quantité de mouvement par la masse, l'on aura au quotient la vitesse; & que divisant de même la quantité de mouvement par la vitesse, le quotient donnera la masse.

PROPOSITION III.
Théoreme.

693. *Si deux Corps ont des Masses & des vitesses qui soient en raison réciproque, ces deux Corps auront une même quantité de mouvement.*

DEMONSTRATION.

Si l'on nomme *a* la masse du premier corps; *b*, celle du second; *c*, la vitesse du premier; & *d*, la vitesse du second, selon la supposition l'on aura $a. b :: d. c.$ par conséquent $ac = bd$; mais *ac* est le produit du premier corps par sa vitesse, & *bd* est le produit du second Corps par sa vitesse. Donc la quantité de mouvement de l'un est égale à la quantité de mouvement de l'autre. *Ce qu'il falloit démontrer.*

COROLLAIRE I.

Fig. 330. 694. Il suit que si l'on a deux Corps A & B, dont les masses soient réciproques aux vitesses; que ces deux Corps venant à se rencontrer par des directions diamétralement opposées, se choqueront également, & qu'ils demeureront tous les deux en repos au moment qu'ils se feront choquez: car supposant que le Corps A soit de 4 livres, & sa vitesse soit de 12 degrez, que le corps B soit de 6 livres, & sa vitesse de 8 degrez, la masse du corps A qui est 4, étant multipliée par sa vitesse, qui est 12, l'on aura 48 pour la quantité de mouvement du corps A. De même, si l'on multiplie la masse du Corps B, qui est 6, par sa vitesse, qui est 8, sa quantité de mouvement sera encore 48. Or s'ils se rencontrent au point C avec une égale quantité de mouvement, le corps A choquera autant le corps B, que le corps B choquera le corps A : ainsi ils demeureront en repos, puisque l'un ne fera pas plus d'effort que l'autre.

DE MATHEMATIQUE. 407

Cette égalité de forces ou quantité de mouvemens qui agiſſent l'un contre l'autre, ſe nomme *équilibre*.

COROLLAIRE II.

695. Il ſuit encore que ſi deux corps égaux avec des viteſſes égales, viennent à ſe rencontrer dans des lignes de directions diamétralement oppoſées, ils ſeront en équilibre à l'inſtant du choc, puiſqu'ils auront chacun une même quantité de mouvement.

PROPOSITION IV.

Théoreme.

696. *Lorſque deux Corps ſans reſſort ſe meuvent dans la même détermination, & vers un même côté, le Corps qui a le plus de viteſſe ayant rencontré celui qui en a moins, & ces deux Corps allant enſemble, ils auront une quantité de mouvement égale à la ſomme de celles qu'ils avoient avant le choc.*

DEMONSTRATION.

Si ces deux Corps ſe meuvent d'un même côté, il n'y aura rien d'oppoſé, qui détruira leur mouvement. C'eſt pourquoi ils conſerveront après le choc la même quantité de mouvement qu'ils avoient avant le choc; car ſi celui qui a le plus de mouvement en communique à celui qui en a moins, cette quantité de mouvement reſte dans ce dernier. Or ces deux Corps étant conſiderez comme n'en faiſant qu'un ſeul * après le choc : il s'enſuit que leur quantité de mouvement eſt la ſomme de celles qu'ils avoient avant le choc. * Art. 685.

COROLLAIRE I.

697. Il ſuit que connoiſſant la quantité de mouvement de deux Corps, qui n'en font plus qu'un, après s'être rencontrez, l'on trouvera la viteſſe en diviſant la quantité de mouvement par la ſomme des maſſes; & que con-

noiſſant la viteſſe, l'on trouvera la ſomme des maſſes, en diviſant la qantité de mouvement par la viteſſe.

Corollaire II.

698. Par conſequent ſi l'on a deux Corps égaux ſur une même ligne de direction, & que l'un ſoit en repos, & l'autre en mouvement; celui qui eſt en mouvement venant à rencontrer celui qui eſt en repos (ces deux Corps n'en faiſant plus qu'un) il lui communiquera la moitié de la viteſſe qu'il avoit avant le choc; puiſque pour avoir cette viteſſe, il faut diviſer la quantité de mouvement par une maſſe double; enfin ſi le Corps mobile en rencontre un autre en repos, dont la maſſe ſoit triple de la ſienne, ſa viteſſe ne ſera plus que d'un quart. Ainſi des autres.

PROPOSITION V.

Théoreme.

699. *Si deux Corps ſe meuvent dans un ſens oppoſé ſur une même direction, ces deux Corps venant à ſe rencontrer, & n'en faiſant plus qu'un, la quantité de mouvement de ces Corps ſera la différence des quantitez de mouvement que les deux Corps avoient avant le choc.*

Démonstration.

Si ces deux Corps ſe meuvent dans des déterminations oppoſées, ils tendront mutuellement à s'arrêter; de ſorte que s'ils avoient des forces égales, ils demeureroient en repos après le choc: ainſi le plus fort perd autant de ſa force que le plus foible en a. Il ne reſte donc pour mouvoir ces deux Corps après leur choc, que la différence de leurs forces, ou de leur quantité de mouvement; mais ces deux Corps étant conſiderez comme n'en faiſant plus qu'un, ſa quantité de mouvement ſera la différence de celles des deux Corps avant le choc.

Corol.

Corollaire.

700. Il suit que pour trouver la vitesse de ces corps après leur choc, qu'il faut diviser la différence de leur quantité de mouvement qu'ils avoient avant le choc, par la somme de leurs masses, & le quotient donera cette vitesse, laquelle sera dans la détermination du Corps qui avoit la plus grande quantité de mouvement avant le choc.

CHAPITRE II.

Du Mouvement des Corps jettez.

DÉFINITIONS.

I.

701. SI un Corps se meut pendant un certain tems, lequel tems soit divisé en plusieurs parties égales, nous appellerons chacune de ces petites parties *moment* ou *instant*.

II.

702. Si un Corps tombant de haut en bas, reçoit dans chaque instant une augmentation de vitesse, cette vitesse sera nommée *accelerée*; & si au contraire l'on jette un corps de bas en haut, & qu'à chaque instant de la montée il perde dans des instans égaux des parties égales de vitesse, cette vitesse sera nommée *retardée*.

Axiome I.

703. Un Corps, soit qu'il soit en mouvement ou en repos, est toujours le même Corps.

Corollaire.

704. Donc le Corps de lui-même ou de sa nature est tout-à-fait indifferent au mouvement ou au repos, &

par conséquent ce Corps étant une fois mis en mouvement, il ne se mettra jamais en repos ; de même qu'étant une fois en repos, il ne se mettra jamais de lui-même en mouvement.

AXIOME II.

705. Un Corps de quelque côté qu'on le mette en mouvement, & avec une vitesse quelconque, est toujours le même Corps.

COROLLAIRE.

706. Donc le Corps de soi ou de sa nature est tout-à-fait indifférent à quelque détermination, ou à quelque vitesse que ce puisse être ; & par conséquent ce corps ne changera jamais de lui-même, ni la vitesse ni la détermination qu'il a eue en dernier lieu.

DEMANDE.

707. L'on demande qu'il soit accordé que la pesanteur de quelque côté qu'elle puisse provenir, presse toujours le Corps avec une même force pour le faire descendre.

PROPOSITION PREMIERE.

Théoreme.

708. *Si rien ne s'opposoit au mouvement des Corps jettez, chacun de ces Corps conserveroit toujours avec une vitesse égale le mouvement qu'il auroit reçû, & suivroit toujours une même ligne droite.*

DÉMONSTRATION.

Comme un Corps ne peut jamais de lui-même se mettre en repos, ni changer sa détermination ou la vitesse qu'il a reçue, * il s'ensuit que si rien ne s'opposoit à cette vitesse, le Corps conserveroit perpétuellement son mouvement, & avec une vitesse toujours égale, & suivroit toujours une même ligne droite, C. Q. F. D.

* Art. 704. & 706.

COROLLAIRE I.

709. Donc le mouvement tel qu'il est de la part de la puissance qui meut, soit horisontalement, soit obliquement, soit verticalement, seroit perpetuel & égal, en allant toujours de même côté, si l'air ne résistoit pas au Corps, & si sa pesanteur ne le faisoit pas toujours descendre en bas; de sorte que le mouvement précisément comme il est de la part du mobile, doit être consideré comme égal, perpetuel, & droit toujours vers le même côté où le Corps est poussé.

COROLLAIRE II.

710. De même, si immédiatement après qu'une puissance a donné une certaine quantité de vitesse à un Corps qui tombe, l'action de la pesanteur venoit à cesser tout-à-fait, & que l'air ne résistât point, ce Corps néanmoins s'approcheroit toujours de la terre avec la même vitesse qu'il auroit reçûe en dernier lieu, conservant toujours également cette même vitesse, & s'approchant toujours par une ligne droite.

COROLLAIRE III.

711. Donc puisque l'action de la pesanteur ne nuit point à la vitesse d'un Corps qui tombe, si l'air, ni autre chose ne s'y opposoit, la vitesse que la pesanteur causeroit au Corps dans le premier instant, continueroit dans le second instant avec une pareille vitesse causée par la même pesanteur, par la même raison les vitesses des deux premiers instans, continueroient avec celles du troisiéme instant ; & ainsi les vitesses de tous ces premiers instans continueroient avec les vitesses que ce même Corps recevroit dans chacun des instans suivans, ou bien (ce qui est la même chose) lorsqu'un Corps tombe, ce Corps reçoit des parties égales de vitesse dans des tems égaux, en supposant que l'action de la pesanteur est uniforme, & négligeant la résistance de l'air.

PROPOSITION II.

Théoreme.

712. *Un Corps qui tombe reçoit des parties égales de vitesse dans des tems égaux ; de sorte que dans le second instant il y a une vitesse double de celle qu'il avoit dans le premier instant de sa chûte, & dans le troisiéme il en a un triple ; & ainsi des autres.*

DÉMONSTRATION.

Puisqu'un Corps qui tombe est continuellement poussé en bas par l'action de sa pesanteur, qui est toujours la même *, il s'ensuit que la pesanteur doit donner à ce Corps, à chaque instant de sa chûte, d'égales parties de vitesse. Donc puisque les parties de vitesse que le Corps auroit reçûes en premier lieu subsistent entierement avec celles qu'il auroit reçûes en dernier lieu *, le Corps en tombant se trouve avoir autant de degrez de vitesse causez par sa pesanteur, qu'il se sera écoulé de momens depuis le commencement de sa chûte jusqu'au moment que l'on compte. Donc ce Corps aura à la fin du second instant une vitesse double de celle du premier, au troisiéme instant une vitesse triple, &c. C. Q. F. D.

* Art. 711.

* Art. 711.

COROLLAIRE.

Il suit que les vitesses qu'un Corps reçoit dans chaque instant de sa chûte, sont comme les tems qui se sont écoulez depuis le commencement de sa chûte.

PROPOSITION III.

Théoreme.

713. *Les espaces que parcourt un Corps en tombant dans quelque tems que ce soit, sont entr'eux comme les quarrez des mêmes tems.*

DE MATHEMATIQUE.

DÉMONSTRATION.

Si un Corps A a parcouru deux espaces, l'un pendant Fig. 331. le tems exprimé par la ligne AB, & l'autre pendant le tems exprimé par la ligne AC, il faut démontrer que les espaces parcourus pendant chacun de ces tems sont comme les quarrez des mêmes tems AB & AC. pour cela tirez la ligne AD, qui fasse avec AB tel angle que l'on voudra, & menez CD & BE perpendiculaires à AC; ensuite divisez la ligne AB en un nombre de parties égales; & par chaque point de division F, H, L, &c. menez les paralleles FG, HK, LM, &c. Cela posé, si l'on suppose que le Corps tombe du point A pour venir vers B, & que l'on prenne la partie AF pour un tems, & la parallele FG pour exprimer l'espace parcouru pendant ce tems, & qu'on suppose aussi que pendant le tems AH le Corps ait parcouru un espace exprimé par HK, l'on verra qu'à cause des triangles semblables AFG & AHK, que le tems AF sera à l'espace parcouru FG comme le tems AH sera à l'espace parcouru HK. Or comme toutes les paralleles qui sont dans le triangle ABE, expriment tous les espaces parcourus dans le tems de la ligne AB; il s'ensuit que si l'on suppose le tems de la ligne AB, divisé en des instans infiniment petits, les paralleles qui exprimeront les vitesses de ces tems seront infiniment proches les unes des autres; & qu'ainsi la ligne AB étant prise pour la somme de tous les instans du tems que le Corps aura mis à descendre, le triangle ABE pourra être pris pour la somme de tous les espaces parcourus pendant le tems AB : par la même raison si l'on prend la ligne AC pour un tems, le triangle ACD pourra être pris pour la vitesse du Corps pendant le tems AC; ainsi le tems AB sera au tems AC, comme la vitesse exprimée par le triangle ABE sera à la vitesse exprimée par le triangle ACD. Or ces triangles étant semblables, seront dans la raison des quarrez de leurs côtez homologues, c'est-à-dire, comme les quarrez des tems AB & AC : d'où il s'ensuit qu'en prenant ces

Fff iij

quarrez pour les viteſſes, l'on pourra dire que la ſomme des viteſſes ou les eſpaces que parcourt un Corps pendant les tems AB & AD feront comme les quarrez de ces mêmes tems.

COROLLAIRE I.

714. Puiſque les tems AB, AC, ſont entr'eux comme les viteſſes BE, CD, que le Corps a acquiſes à la fin de ces tems, il eſt évident que les eſpaces que ce Corps parcourera pendant ces mêmes tems, ſeront auſſi entr'eux, comme les quarrez des viteſſes que ce Corps aura à la fin de chacun de ces tems. Ainſi nommant L une longueur parcourue depuis le point du repos; T, le tems employé à la parcourir; V, la viteſſe acquiſe à la fin de ces tems: & l, une autre longueur parcourue depuis le point de repos; t, le tems employé à la parcourir; u, la viteſſe acquiſe à la fin de ce tems, l'on aura L. l :: TT. tt. ou bien L. l :: VV. uu.

COROLLAIRE II.

715. Puiſque l'on a L. l :: VV. uu. ſi on extrait la racine quarrée de chaque terme, on aura $\sqrt{L}$. $\sqrt{l}$ :: V. u. ce qui fait voir que dans le mouvement acceleré on peut exprimer les viteſſes par les racines des longueurs parcourues depuis le point de repos. Il faut s'appliquer à comprendre ceci pour n'être point arrêté dans la ſuite.

COROLLAIRE III.

716. Il eſt auſſi évident que ſi l'on prend pluſieurs tems égaux de ſuite, à commencer au premier inſtant de la chûte, par exemple, AF, FH, HL, NL, &c. pendant leſquels tems ſoient parcourus les eſpaces RS, ST, TX, XZ, en ſorte que pendant le tems AF le Corps parcoure l'eſpace RS, pendant le tems FH l'eſpace ST, &c. ces mêmes eſpaces ſeront entr'eux comme les nombres impairs depuis l'unité : ſçavoir, 1, 3, 5, 7, 9, &c. de ſorte que ſi RS vaut 1 pied, ST en vaut 3 ; TX, 5 ; XZ, 7 ; &c. car c'eſt la différence des quarrez des grandeurs ou

Fig. 331. & 332.

nombres 1, 2, 3, 4, &c. qui suivent naturellement après l'unité. Lors donc qu'on augmente ces degrez de vitesse selon la suite naturelle des nombres dans des tems égaux, les espaces parcourus pendant ces mêmes tems, augmentent suivant la suite des nombres impairs depuis l'unité.

PROPOSITION IV.

Théoreme.

717. *L'espace qu'un Corps parcourt dans un tems donné, lorsqu'étant en repos il commence à tomber, est la moitié de l'espace que ce Corps parcoureroit d'un mouvement égal dans un pareil tems avec la vitesse qu'il a acquise dans le dernier moment de sa chûte.*

DÉMONSTRATION.

Qu'un corps tombe avec le tems AB, en sorte que sa vitesse au dernier moment de sa chûte soit BC, je dis que l'espace que ce corps parcoureroit avec cette même derniere vitesse continuée également pendant le tems AB, est double de celui que ce même corps a parcouru pendant ce même tems AB; car il est évident que la somme des vitesses, ou la vitesse totale de ce corps qui tombe avec le tems AB, est exprimée par la superficie du triangle ABC. Mais si ce même corps se mouvoit encore avec une vitesse égale BC, pendant le même tems AB, il est évident, par la même raison, que la vitesse totale seroit pour lors exprimée par le parallelogramme BD. Donc puisque les espaces sont comme les vitesses totales, il s'ensuivra que l'espace que ce corps parcoureroit pendant le tems AB avec une vitesse égale & uniforme BC, sera à l'espace que ce corps parcoureroit pendant le même tems avec une vitesse accelerée jusqu'à BC, comme le parallelogramme BD au triangle ABC: mais le parallelogramme BD est double du triangle ABC; donc l'espace qu'un corps parcoureroit dans un tems donné, &c. C. Q. F. D.

Fig. 333.

COROLLAIRE.

718. Il suit que si un corps en tombant a parcouru depuis le point de repos un espace que nous nommerons a, dans un tems que nous nommerons T, que ce corps parcourera d'un mouvement uniforme le même espace a dans la moitié du tems T, c'est-à-dire, en $\frac{1}{2}T$.

REMARQUE.

Quand on dit qu'un corps parcourt d'un mouvement uniforme avec une vitesse acquise un certain espace qu'on exprime ordinairement par une ligne. Il est bon de remarquer que cette ligne peut être perpendiculaire, horisontale, ou oblique à l'horison.

PROPOSITION V.
Théoreme.

719. *La force qui porte un Corps perpendiculairement en haut, se diminue également.*

DÉMONSTRATION.

Si l'on considere qu'un corps poussé de bas en haut est toujours tiré en bas par sa pesanteur, l'on verra que lorsque la force de l'impulsion qui le pousse en haut est diminué jusqu'au point de devenir égale à celle de sa gravité, en ce moment le corps jetté doit cesser de monter; après quoi il doit immédiatement descendre, parce qu'alors la force de la pesanteur commence à prévaloir à celle que la puissance lui a imprimée. Or puisque la pesanteur empêche que le mobile n'aille toujours également, il reçoit donc à chaque instant de la montée des diminutions égales de vitesse dans la même raison que cette vitesse augmente quand il descend, puisque la pesanteur qui est cause qu'en descendant il reçoit des augmentations des vitesses égales dans des tems égaux, fait qu'agissant d'un sens contraire, il perd en montant des parties de vitesses égales dans des tems égaux. *C. Q. F. D.*

COROL.

COROLLAIRE.

Il suit que si un corps est poussé en haut avec la force ou la vitesse qu'il a acquise en tombant d'une certaine hauteur dans un certain tems, qu'il doit remonter à la même hauteur dans le même tems, & passer par les mêmes espaces dans des tems égaux en descendant & en montant; ainsi les espaces parcourus par le mobile jetté en haut, seront les mêmes dans un ordre renversé que ceux qu'il parcourera quand sa gravité le fera retomber.

PROPOSITION VI.
Problême.

720. *Connoissant l'espace qu'un Corps pesant parcourt en un tems déterminé, trouver l'espace qu'il parcourera dans un tems donné.*

Supposant qu'un corps ait parcouru en tombant 180 toises en 6 minutes, on demande combien le même corps parcourera de toises en 4 minutes. Pour le sçavoir, faites attention que la somme des vitesses des corps qui tombent étant dans la raison des quarrez des tems; & si au lieu des vitesses on prend les espaces parcourus, l'on n'aura qu'à dire: Si le quarré de 6 minutes, qui est 36, donne 180 toises pour l'espace parcouru, combien donnera le quarré de 4 minutes, qui est 16, pour l'espace parcouru, l'on trouvera que le corps aura parcouru 80 toises en 4 minutes.

PROPOSITION VII.
Problême.

721. *Connoissant le tems qu'un Corps a mis à parcourir un espace déterminé, connoître le tems qu'il mettra à parcourir un espace donné.*

Sçachant qu'un corps a parcouru 200 toises en 5 minutes, l'on demande en combien de tems il parcourera 150 toises.

Ggg

Pour le sçavoir, il faut, à cause que les espaces parcourus sont comme les quarrez des tems, dire : Comme 200 toises sont au quarré de 5 minutes, qui est 25, ainsi 150 toises sont au quarré du tems que le corps aura mis à parcourir cet espace. La régle étant faite, on trouvera pour le quarré du tems $18\frac{3}{4}$, dont la racine quarrée est $4\frac{1}{2}$; c'est-à-dire, 4 minutes & 30 secondes, qui est le tems que le corps mettra à parcourir 150 toises.

CHAPITRE III.

De la Théorie & de la Pratique du Jet des Bombes, pour servir à la construction & à l'usage d'un Instrument universel pour le Jet des Bombes.

722. Tous ceux qui tirent des Bombes sçavent que la Bombe décrit une courbe en allant du Mortier au lieu où elle tombe; & l'on a nommé cette courbe *Parabole*, parce qu'en effet elle en a les proprietez. Or comme c'est sur la nature de la Parabole qu'est fondée la Théorie du Jet des Bombes, il faut faire voir avant toutes choses, que non-seulement la Bombe, mais tout autre corps poussé selon une direction parallele ou oblique à l'horison, décrit une Parabole; & c'est ce qui va être démontré dans la proposition suivante.

PROPOSITION VIII.

Théoreme.

723. *Si un Corps est jetté selon une direction quelconque, pourvû qu'elle ne soit point perpendiculaire à l'horison, je dis qu'il décrira par son mouvement composé du mouvement d'impulsion, & celui de sa pesanteur, une Parabole.*

DE MATHEMATIQUE. 419
DÉMONSTRATION.

Confiderez que la force imprimée au mobile pour le pouffer de A en B, lui fera parcourir des efpaces égaux AE, EG, GI, IB, dans des tems égaux, que dans le premier tems il aura parcouru l'efpace AE par fon mouvement d'impulfion, & l'efpace AL, ou EF par fa pefanteur, dans le fecond tems il aura parcouru l'efpace AG par fon impulfion, & l'efpace AM ou GH par fa pefanteur; dans le troifiéme tems l'efpace AI par fon impulfion, & l'efpace AN ou IK par fa pefanteur; enfin qu'au quatriéme tems il aura parcouru l'efpace AB par fon mouvement d'impulfion, & l'efpace AO ou BD par celui de fa pefanteur : mais felon la loi du mouvement uniforme, les efpaces parcourus AE, AG, AI, AB font entr'eux comme les tems employez à les parcourir *; & par la loy des corps qui tombent, les efpaces AL, AM, AN, AO, ou leurs égales EF, GH, IK, BD, parcourus en tombant, font entr'eux comme les quarrez des efpaces AE, AG, AI, AB, ou de leurs égales LF, MH, NK, OD * parcourus d'un mouvement uniforme, imprimé au mobile fuivant la direction AB. Or la ligne courbe dans laquelle fe trouvent les points F, H, K, D, a donc cette proprieté, que les quarrez des paralleles LF, MH, NK, OD, font entr'eux comme les lignes AL, AM, AN, AO; mais il eft démontré dans les Sections Coniques *, qu'une courbe qui a cette proprieté, eft une parabole : ainfi un corps jetté felon une Direction quelconque, décrit une parabole. *Ce qu'il falloit démontrer.*

Fig. 334.
& 335.

* Art. 711.

* Art. 713.

* Art. 4112
& 124

COROLLAIRE I.

724. Si la direction AB du mobile pouffé par le mouvement d'impulfion, eft parallele à l'horifon, comme eft la ligne AB dans la Fig. 334. la courbe AHD fera une demi-parabole, dont la ligne AO fera l'axe : & comme le mobile par fa gravité s'éloigne perpetuellement de la ligne AB, il commencera à décrire la parabole au point A;

Fig. 334.
& 335.

Ggg ij

ainsi la ligne AB ne touchant la parabole qu'au seul point A, elle en sera la *tangente*.

COROLLAIRE II.

725. Mais si le mobile a été poussé selon une direction AB oblique à l'horison, comme dans la Figure 335. dès qu'il partira du point A, il commencera à décrire la parabole AHD; & s'il est poussé selon la direction AQ, dès qu'il partira du point A, il commencera à décrire la parabole ARS; ce qui fait voir que la ligne BQ est tangente à la parabole au point A, & que la ligne AP est un diamétre à la parabole; puisque * $\overline{AL}.\overline{AM}::\overline{LF}^2.\overline{MH}^2$. Ainsi la démonstration précedente prouve toujours que le mobile décrit une parabole, soit qu'on le pousse selon une direction parallèle ou oblique à l'horison.

* Art. 423. & 424.

COROLLAIRE III.

726. Il suit encore que les paraboles décrites par un mobile ont d'autant plus d'étendue, que la vitesse imprimée au mobile suivant la même direction, est plus grande.

DEFINITION.

Fig. 335.

La ligne AB est nommée la ligne de *projection*; la ligne BD, la ligne *de la chûte*; & la ligne AD, la ligne *de but*, que l'on nomme aussi *amplitude* de la parabole, lorsqu'elle en détermine l'étendue; & dans ce cas l'amplitude est toujours une ligne horisontale.

REMARQUE.

Comme les étendues des paraboles décrites par un mobile, dépendent de la force qui a mis le mobile en mouvement; Galilée n'a point trouvé de moyens plus assurez pour réduire ces forces à de certaines mesures, qu'en supposant que le mobile a acquis cette force ou cette vitesse en tombant d'une certaine hauteur; car comme le

DE MATHEMATIQUE. 421

mobile en tombant acquiert à chaque inftant de fa chûte un nouveau dégré de viteffe, il n'y a point de viteffe fi grande qu'on puiffe s'imaginer, à laquelle le mobile ne puiffe arriver ; puifque l'on peut fuppofer les hauteurs d'où il fera tombé, auffi grandes que l'on voudra ; ainfi la difference des dégrez de viteffe pourra s'exprimer par la difference des hauteurs, d'où l'on peut fuppofer que le mobile eft tombé.

PROPOSITION IX.
Problême.

727. *Connoiffant la ligne de projection AB (qu'on fuppofe parallele à l'horifon) & la ligne de chûte BF de la parabole AEF décrite par un mobile, on demande de quelle hauteur ce mobile doit tomber pour avoir à la fin de fa chûte une viteffe avec laquelle il puiffe d'un mouvement uniforme parcourir la ligne AB, dans le même tems qu'il parcourera par fa pefanteur, la hauteur BF.* Fig. 336.

Ayant achevé le rectangle GB, il faut divifer la ligne AB en deux également au point D, & tirer la ligne GD, & fur cette ligne élever la perpendiculaire DC, qui aille rencontrer la ligne GA prolongée jufqu'en C ; & je dis que la ligne CA fera la hauteur que le mobile doit parcourir de C en A pour avoir une viteffe capable de parcourir la ligne AB d'un mouvement uniforme dans le même tems qu'il parcourera la hauteur BF par fa pefanteur.

Nous nommerons AG, a ; AD, b ; la ligne CA, x ; & T, le tems que le mobile aura mis à parcourir la verticale AG, en tombant de A en G.

DÉMONSTRATION.

Suppofant que le mobile foit tombé de A en G dans le tems T, fa viteffe fera $\sqrt{AG}$ ($\sqrt{a}$) * avec laquelle il parcourera d'un mouvement uniforme la ligne AG (a) dans *Art. 715.

le tems $\frac{1}{2}$T* : & comme l'on a nommé x la hauteur de laquelle il doit tomber pour avoir une vitesse uniforme capable de parcourir le côté AD (b) dans le même tems $\frac{1}{2}$T ; la vitesse acquise par la hauteur que l'on cherche, sera $\sqrt{x}$* : & par conséquent l'on aura AG (a). AD (b) :: $\sqrt{GA}$ ($\sqrt{a}$). $\sqrt{x}$. d'où l'on tire $a\sqrt{x} = b\sqrt{a}$. Or si l'on multiplie chaque membre de cette équation par soi-même, on aura $aax = bba$; car il faut remarquer que $\sqrt{x}$ multiplié par soi-même, & $\sqrt{a}$ multiplié aussi par soi-même, donne x & a ; & que par conséquent en quarrant $a\sqrt{x} = b\sqrt{a}$, l'on aura $aax = bba$, où il n'y a plus de signes radicaux : ainsi dégageant l'inconnue x, l'on aura $x = \frac{bba}{aa}$, ou bien $x = \frac{bb}{a}$ $= \frac{AD \times AD}{AG}$: mais à cause des triangles semblables GAD, & ADC, l'on aura GA (a). AD (b) :: AD (b). AC (x). qui fait voir que CA est la hauteur d'où le mobile doit tomber pour une vitesse capable de parcourir AD d'un mouvement uniforme dans un tems $\frac{1}{2}$T ; mais le mobile étant tombé de A en G doit parcourir avec la vitesse acquise dans un tems T, un espace double de AG d'un mouvement uniforme. Donc le mobile parcourera avec la vitesse acquise de C en A, un espace double de AD, qui est AB, dans un tems double de $\frac{1}{2}$T, c'est-à-dire, dans un tems T, qui est le même que le mobile a mis à parcourir l'espace AG ou BF d'un mouvement acceleré.

*Art. 719.

*Art. 715.

Suite du Problême précedent.

Mais si l'on veut sçavoir de quelle hauteur doit tomber le mobile pour acquerir un degré de vitesse capable de lui faire parcourir d'un mouvement uniforme la ligne inclinée GD dans un tems $\frac{1}{2}$T, qui est celui que le mobile mettra à parcourir d'un mouvement uniforme la ligne AG avec la vitesse acquise en tombant de A en G, il faut nommer

DE MATHEMATIQUE. 423

la hauteur que l'on cherche y, & confiderer que la viteſſe du mobile qui parcourera cette ligne, ſera $\sqrt{y}$: & comme la viteſſe de la ligne AG (a) eſt $\sqrt{a}$, nommant la ligne GD, d, l'on aura AG (a). GD (d) :: $\sqrt{AG}$ ($\sqrt{a}$). $\sqrt{y}$. qui donne $a\sqrt{y} = d\sqrt{a}$; d'où faiſant évanoüir les ſignes radicaux (en quarrant chaque membre) il vient $aay = dda$, ou bien $y = \frac{dd}{a} = \frac{GD \times GD}{AG}$. Mais comme les triangles ſemblables CGD & DAG donnent AG. GD :: GD. GC. on voit que GC eſt égal à y ; & que par conſequent le mobile doit tomber de C en G pour en acquerir un dégré de viteſſe capable de parcourir la ligne GD d'un mouvement uniforme dans le tems $\frac{1}{2}$ T.

* Art. 715.

COROLLAIRE.

728. Puiſque le mobile avec la viteſſe acquiſe de C en G parcourt d'un mouvement uniforme la ligne GD dans un tems $\frac{1}{2}$ T, * il parcourera donc la ligne GB double de GD dans un tems double de $\frac{1}{2}$ T, c'eſt-à-dire, en T, qui eſt le tems que le mobile a mis à parcourir la verticale AG d'un mouvement acceleré ; & par conſequent dans un tems double de T, c'eſt-à-dire, en 2 T, le mobile parcourera la ligne GE quadruple de GD d'un mouvement uniforme, tandis que le mobile parcourera d'un mouvement acceleré un eſpace quadruple de AG, c'eſt-à-dire, EF, puiſque les eſpaces parcourus ſont dans la même raiſon que les quarrez des tems * ; ce qui fait voir que ſi un mobile eſt pouſſé ſelon une direction oblique GE avec la viteſſe acquiſe en tombant de C en G, qu'il parcourera d'un mouvement uniforme la ligne de projection GE dans le même tems que ſa peſanteur lui fera parcourir en tombant la ligne EF, & qu'il décrira pendant le même tems avec un mouvement compoſé de celui d'impulſion, & de ſa peſanteur la parabole GHF, avec la force acquiſe de C en G.

* Art. 719.
Fig. 337.

* Art. 722.

DEFINITION.

Toute la ligne comme CA ou CG parcourue par un mobile pour acquerir un dégré de force capable de décrire une parabole, est nommée ligne *de hauteur*.

PROPOSITION X.

Théoreme.

729. *Le parametre de toute Parabole décrite par un mobile est quadruple de la ligne de hauteur de cette parabole.*

DÉMONSTRATION.

Fig. 336. Pour démontrer premierement que le paramétre de la Parabole AEF décrit selon une projection horisontale AB, est quadruple de CA, nous ferons voir que le quarré de l'ordonnée GF est égal au rectangle compris sous l'abcisse AG, & sous 4CA. Pour cela consíderez que $\overline{AD}^2 = AC \times AG$; & que si l'on multiplie chaque membre par 4, l'on aura $4\overline{AD}^2 = 4AC \times AG$; mais comme l'on a aussi $\overline{GF}^2 = 4\overline{AD}^2$, à cause que GF est double de AD, l'on aura $\overline{GF}^2 = 4AC \times AG$. *Ce qu'il falloit 1°. démontrer.*

Fig. 337. Pour prouver aussi que le quarré de l'ordonnée IH est égal au rectangle compris sous l'abcisse GI du diamétre GK, & sous une ligne quadruple de GC, remarquez que les triangles CGD & DBH sont semblables, & que par conséquent CG.GD :: DB.BH. & que si à la place de BH l'on met GI, qui lui est égal, on aura CG×GI = GD×DB: & comme GD est égal à DB, l'on aura $CG \times GI = \overline{GD}^2$. Or multipliant cette équation par 4, il viendra $4CG \times GI = 4\overline{GD}^2$: mais comme IH est double de GD, l'on pourra, au lieu de $4\overline{GD}^2$, prendre $\overline{IH}^2$ pour avoir $4CG \times GI = \overline{IH}^2$. *Ce qu'il falloit 2°. démontrer.*

COROL.

Corollaire I.

730. Il suit que si l'on éleve sur la ligne de projection GE une perpendiculaire EM, qui aille rencontrer la ligne GC prolongée, MG sera le paramétre du diamétre GK; car les triangles GCD & GME étant semblables, l'on aura GD. GE :: GC. GM. Or comme GE est quadruple de GD, GM sera quadruple de GC; par consequent GM est le paramétre.

Corollaire II.

731. Il suit que connoissant le paramétre de toute parabole décrite par un mobile, l'on sçaura de quelle hauteur ce mobile doit tomber pour avoir un dégré de force capable de décrire la parabole de ce paramétre, puisque cette hauteur sera toujours la quatriéme partie du paramétre même.

Corollaire III.

732. Il suit encore que le paramétre MG, la ligne de projection GE, & la ligne de chûte EF, sont trois proportionnelles; car à cause des triangles semblables MGE & GEF, l'on aura MG. GE :: GE. EF. Fig. 337.

Corollaire IV.

733. Comme le paramétre MG peut être troisiéme proportionnelle à une quantité de lignes de projections & de lignes de chûte differentes, l'on voit que si le paramétre demeure le même pour ces differentes lignes, la force que le mobile doit avoir pour décrire toutes les paraboles de ces differentes projections, sera aussi la même, puisqu'elle sera acquise en tombant toujours de la même hauteur, c'est-à-dire, de la quatriéme partie du paramétre.

Corollaire V.

734. Si les lignes de chûte EF sont perpendiculaires à Fig. 338.

Hhh

l'horifon GF, elles formeront avec les lignes de projections GE des triangles rectangles GEF, qui doivent être semblables aux triangles GME, qui seront par conséquent rectangles, & qui auront tous pour hypothénufe commune le paramétre MG, ce qui fait voir que les triangles MEG font renfermez dans un demi-cercle ; & que par conféquent toutes les lignes de projection comme GE des paraboles décrites avec une même force, font renfermés dans un demi-cercle ; ce qui n'arrive néanmoins que lorfque le paramétre & les lignes de chûte font perpendiculaires à l'horifon.

APPLICATION DES PRINCIPES
précedens à l'art de jetter les Bombes.

PROPOSITION XI.

Problême.

Fig. 339. 340. & 341. 735. *Etant donnée la ligne de but GF, l'angle MGE formé par le paramétre MG, & la direction GE du Mortier, & l'angle EGF formé par la direction du Mortier & la ligne de but GF, trouver le paramétre MG, la ligne de projection GE, & la ligne de chûte EF.*

Confiderez que les lignes MG & EF étant paralleles, les angles alternes MGE & GEF font égaux ; & que connoiffant l'un, on connoîtra l'autre : & qu'ainfi l'on connoît dans le triangle GEF le côté GF avec les angles EGF & GEF ; & que par conféquent on trouvera par la Trigonométrie la ligne de projection GE, & la ligne de chûte EF :
* Art. 732. mais EF. EG:: EG. GM.* Ainfi l'on voit que cherchant une troifiéme proportionnelle à la ligne de chûte & à la ligne de projection, l'on aura auffi le paramétre.

COROLLAIRE.

736. Il fuit que fi l'on jette une Bombe avec un Mortier, felon telle inclinaifon que l'on voudra, pour trou-

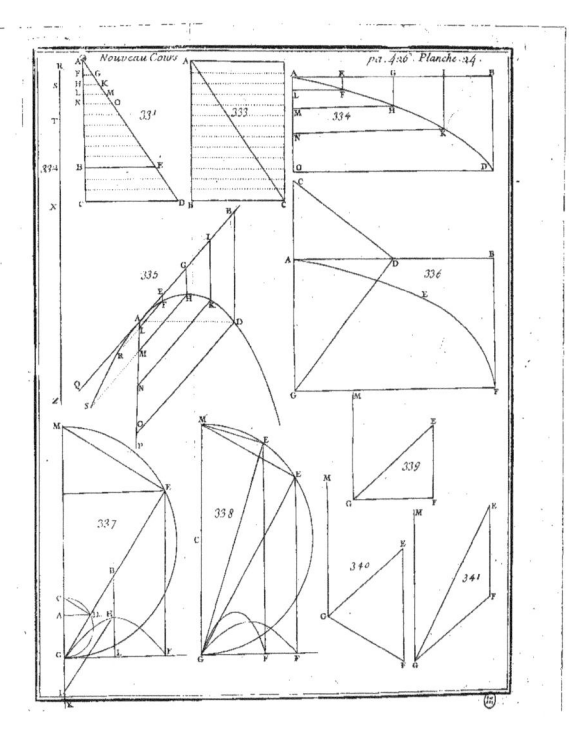

ver le paramétre de toutes les paraboles décrites avec le même mobile toujours poussé avec la même force, qu'il n'y a qu'à observer l'angle d'inclinaison du Mortier, & mesurer la distance où la Bombe sera tombée, puisque le reste se trouve après aisément.

AVERTISSEMENT.

Nous allons résoudre plusieurs Problêmes sur le Jet des Bombes avec la Régle & le Compas seulement, pour nous préparer à faire les mêmes choses dans la pratique avec un instrument universel, dont la construction & l'usage dépendent de ce que l'on va voir : ainsi il ne faut pas que ceux qui étudieront ce Traité, s'inquietent si on ne les conduit pas d'abord à la pratique, puisqu'ils trouveront dans la suite de quoi se contenter.

PROPOSITION XII.
Problême.

737. *Trouver quelle élévation il faut donner à un Mortier pour jetter une Bombe à tel endroit que l'on voudra, pourvû que cet endroit soit de niveau avec la Batterie.*

Le Mortier étant supposé au point G, & le point F étant celui où l'on veut jetter la Bombe, nous supposerons que la ligne GM, élevée perpendiculaire sur GF, est le paramétre de projection. Cela posé, on le divisera en deux également au point A ; & de ce point comme centre, on décrira un demi-cercle, & sur le point F de la ligne horisontale GH on élevera la perpendiculaire FE, qui coupera le demi-cercle au point E. Or si l'on tire du point G aux points E les lignes GE, je dis que le Mortier pointé selon l'une ou l'autre de ces directions, jettera la Bombe au point F.

Fig. 342.

Démonstration.

Nous avons fait voir * que le paramétre, la ligne de projection, & la ligne de chûte étoient trois proportion- *Art. 732.

nelles : ainsi pour prouver que la ligne GE est la ligne de projection, il n'y a qu'à prouver qu'elle est moyenne proportionnelle entre le paramétre MG & la ligne de chûte correspondante EF. Or si l'on tire les lignes ME, l'on aura les triangles semblables MGE & GEF ; car ils ont chacun un angle droit, & les angles GME & EGF ont chacun pour mesure la moitié de l'arc GIE ; par consequent l'on a MG. GE :: GE. EF.

Fig. 343.   Mais si la perpendiculaire élevée sur le point F, au lieu de couper le cercle, ne faisoit que le toucher en un seul point E, je dis que la ligne GE sera encore l'inclinaison du Mortier ; puisqu'à cause des triangles semblables MGE & GEF, l'on aura MG. GE :: GE. EF.

Enfin si l'on suppose que le point donné soit l'endroit C, & que la perpendiculaire CD ne rencontre pas le cercle, je dis que le Problême est impossible ; puisque GD qui est supposé la ligne de projection, ne peut pas être moyenne proportionnelle entre le paramétre MG & la ligne de chûte DC ; car pour cela il faudroit qu'elle fût un côté commun aux deux triangles semblables MGE & GDC ; ce qui ne peut arriver, tant que la pointe D sera hors du cercle.

COROLLAIRE I.

738. Il suit que lorsque la perpendiculaire EF coupe le cercle, le Problême a deux solutions, & que par consequent on peut jetter une Bombe en un même endroit par deux chemins differens ; car les arcs ME & GE étant égaux, lorsque le Mortier sera pointé à un dégré d'élevation par un angle autant au-dessus qu'au-dessous du quart de cercle, la Bombe ira également loin : mais comme les angles MGE n'ont pour mesure que les moitiez des arcs ME, & que c'est toujours avec la verticale MG & les lignes de projections GE, que l'on considere l'élevation du Mortier ; l'on voit que cet angle sera toujours plus petit qu'un droit, & qu'on pourra pointer le Mortier égale-

ment au-deſſus ou au-deſſous de 45 d. pour chaſſer la Bombe en un même endroit.

COROLLAIRE II.

739. Comme le Problême eſt toujours poſſible, ſoit que la ligne EF coupe ou touche le cercle, l'on voit que lorſqu'elle touchera le cercle, la Bombe ſera chaſſée le plus loin qu'il eſt poſſible avec la même charge, puiſque la ligne de but GF eſt la plus grande de toutes celles qui peuvent être renfermées entre le paramétre & la ligne de chûte. Or comme l'angle MGE a pour meſure la moitié du demi-cercle ME, l'on peut dire que de toutes les Bombes qui ſeront tirées avec une même charge, celle qui ira le plus loin, ſera celle qui aura été tirée ſous un angle de 45 degrez.

PROPOSITION XIII.
Problême.

740. *Trouver quelle élévation il faut donner à un Mortier pour chaſſer une Bombe à une diſtance donnée, en ſuppoſant que la Batterie n'eſt pas de niveau avec l'endroit où l'on veut jetter la Bombe, c'eſt-à-dire, en ſuppoſant que cet endroit eſt beaucoup plus élevé ou plus bas que la Batterie.*

Le point G étant ſuppoſé l'endroit du Mortier, & le point F celui où l'on veut jetter la Bombe, lequel ſera plus élevé que la Batterie, comme dans la Fig. 344. ou plus bas que la Batterie, comme dans la Fig. 345. il faut ſur la ligne horiſontale GH élever la perpendiculaire GM égale au paramétre de la charge du Mortier, parce que je ſuppoſe que l'on a fait une épreuve pour trouver ce paramétre, comme il a été dit art. 736. enſuite l'on élevera la perpendiculaire GA ſur la ligne du plan GL, & l'on fera l'angle AMG égal à l'angle AGM ; & du point A, comme centre, l'on décrira la portion de cercle MEG, & du point donné F l'on menera la ligne FE parallele au paramétre MG ; & cette ligne venant couper le cercle

Fig. 344 & 345.

aux points E, je dis que si l'on tire les lignes GE, qu'elles détermineront l'élévation qu'il faut donner au Mortier pour jetter la Bombe au point F dans l'un & l'autre cas.

DEMONSTRATION.

MG étant le paramétre, GE la ligne de projection, & EF la ligne de chûte, il faut prouver, comme on l'a fait ci-devant, que MG.GE::GE.EF. Pour cela considerez que les triangles MGE & GEF sont semblables; car comme la ligne GF est perpendiculaire au rayon AG, l'angle EGF sera égal à l'angle GME, puisqu'ils ont chacun pour mesure la moitié de l'arc GIE: d'ailleurs à cause des paralleles MG & EF les angles MGE & GEF sont égaux, étant alternes: ainsi l'on aura MG.GE::GE.EF. ce qui fait voir que l'angle MGE est celui qu'il faut que le Mortier fasse avec la verticale pour chasser la Bombe au point F. C. Q. F. D.

Pour ne pas repeter les mêmes choses, nous avons compris les daux cas précedens dans une même démonstration: mais il seroit bon que les Commençans repetassent deux fois la démonstration précedente, pour ne considerer qu'une des deux Fig. 344. & 345. à la fois.

COROLLAIRE.

741. Il arrivera dans les deux cas du Problême précedent ce que nous avons dit * à l'occasion des Bombes jettées à un endroit de niveau avec la Batterie, qui est que si la parallele EF touche le cercle, au lieu de le couper, la portée de la Bombe sera la plus grande de toutes celles qu'on peut jetter avec la même charge; & que si la parallele EF ne touchoit ni ne coupoit le cercle, que le Problême feroit impossible; ce qui a été suffisamment expliqué ailleurs *, pour n'avoir besoin d'en faire voir encore la raison.

*Art. 739.

*Art. 737.

REMARQUE.

Il est bon que l'on sçache que dans la pratique ordinaire du Jet des Bombes, l'on pointe toujours le Mortier fous l'angle qui donne la plus grande ligne de chûte EF, afin que la Bombe tombant de plus haut, acquiere par fa pefanteur un degré de force capable de produire plus de dommage fur les édifices où elle tombe; mais quand on eft près d'un ouvrage de fortification que l'on veut labourer par les Bombes, pour le mettre plûtôt en état de l'attaquer, l'on pointe le Mortier fous l'angle de la petite ligne de chûte EF, afin que la Bombe paffant par le chemin le plus court, ne donne pas le tems à ceux qui font dans l'Ouvrage, de fe garantir des éclats.

PROPOSITION XIV.

Problême.

742. *Conftruction d'un Inftrument univerfel pour jetter les Bombes fur toutes fortes de plans.* Fig. 346.

On fera un cercle de cuivre ou de quelqu'autre matiere folide & polie, & on divifera fa circonférence en 360. parties égales ou degrez: on appliquera à un de fes points G une regle fixe GN, qui le touche au point G, & qui foit égale à fon diamétre GB. On divifera cette regle en un grand nombre de parties égales, comme en 200 parties; & on y attachera un filet avec un plomb D, enforte néanmoins que le filet puiffe couler le long de la regle, en s'approchant ou s'éloignant du point G. On expliquera l'ufage de cet Inftrument dans les Problêmes fuivans.

USAGE DE L'INSTRUMENT
univerſel pour le Jet des Bombes.

PROPOSITION XV.

Problême.

Fig. 339.   743. *Trouver par le moyen de l'Inſtrument univerſel, quelle hauteur il faut donner à un Mortier pour jetter une Bombe à une diſtance donnée, ſuppoſant que le lieu où l'on veut la jetter, ſoit de niveau avec la Batterie.*

Pour réſoudre ce Problême, il faut commencer par faire une épreuve, en jettant une Bombe avec la charge qu'on ſe propoſe de tirer, qui ſera, par exemple, de deux livres de poudre; & ſuppoſant que la Bombe a été jettée à 400 toiſes ſous un angle que l'on aura pris à volonté, qui ſera, ſi l'on veut de 30 degrez, il faut chercher le paramétre : ainſi l'angle MGE étant de 30 degrez, l'angle GEF ſera auſſi de 30 degrez, parce que la ligne de chûte EF eſt parallele au paramétre MG : & comme l'angle EGF eſt de 60 degrez, & qu'on connoît la ligne FG de 400 toiſes, l'on trouvera par la Trigonométrie que la ligne de chûte EF eſt de 693 toiſes, & que la ligne de projection GE eſt de 800 toiſes. Or cherchant une troiſiéme proportionnelle à 693 & à 800 toiſes, l'on trouvera qu'elle eſt de 923 toiſes, qui eſt la valeur du paramétre GM.

Fig. 346.   Cela poſé, ſi l'on veut ſçavoir à quels degrez d'élevation il faut pointer le Mortier pour chaſſer une Bombe à 250 toiſes avec une charge de 2 livres de poudre, il faut faire une regle de trois, en diſant : Si 923 toiſes, valeur du paramétre, donnent 250 toiſes pour la diſtance donnée, combien donneront 200, valeur du diamétre de l'inſtrument, c'eſt-à-dire, valeur de la ligne NG pour le nombre de ſes parties que je cherche, qu'on trouvera de 54.

Preſentement

DE MATHEMATIQUE. 433

Presentement il faut mettre la regle NG parfaitement de niveau, & faire glisser le filet KD jusqu'au nombre 54, & le filet venant à couper la circonference du cercle de l'instrument aux deux endroits C, marquera que le Problême a deux solutions, & qu'il doit être pointé sous un angle moitié du nombre des degrez compris dans les arcs GC. Or comme le plus grand est de 148 degrez, & que le plus petit est de 32 degrez, prenant leurs moitiez, qui font 74 & 16, le Mortier pointé à l'une ou l'autre de ces élevations, chassera la Bombe à la distance proposée.

DEMONSTRATION.

Pour faciliter la démonstration de la pratique précedente, nous supposerons que la ligne GF est la distance donnée, c'est-à-dire, qu'elle vaut 250 toises, & que la perpendiculaire GM est le paramétre que l'on a trouvé. Or si l'on décrit un demi-cercle MEG, & que l'on mene Fig. 343. la ligne FE parallele à GM, & que l'on tire les lignes GE aux points où cette parallele coupe le cercle, l'on aura les angles MGE de l'élevation du mortier pour jetter la Bombe au point F, comme on l'a démontré ci-devant. * *Art. 737. Presentement si l'on imagine que la regle NG de l'instrument soit mise d'allignement avec la ligne de but GF, & que les diamétres MG & GB soient aussi d'allignement, & que le filet KD soit encore à l'endroit où on l'a posé, c'est-à-dire, au point 54, l'on aura, selon la pratique du Problême GM. GF :: GB. GK. parce qu'on peu prendre ici le diamétre GB pour la longueur de la regle GN, ces deux lignes étant égales. Cela étant, à cause de la proportion, la perpendiculaire KD coupera le demi-cercle GCB, de la même façon que la perpendiculaire FE coupe le demi-cercle MEG : ainsi les lignes EG & GC n'en faisant qu'une seule EC, comme les lignes MG & GB, l'arc ME sera égal à l'arc CB ou GC, qui est la même chose : ainsi ces arcs seront de 32 degrez : & comme l'angle MGE n'a pour mesure que la moitié de l'arc

I ii

ME, il ne vaudra que 16 degrez, qui est l'élevation qu'il faudra donner au Mortier, si l'on veut pointer au-dessous de 45 degrez; ainsi l'on voit que l'on trouve par le moyen de l'Instrument les mêmes choses que l'on a *Art. 737. trouvées ci-devant* avec le demi-cercle MEG. *Ce qu'il falloit démontrer.*

COROLLAIRE.

Fig. 348. 744. Il suit que lorsque le filet KD au lieu de couper le demi-cercle GCB, ne fait que le toucher en C, que le Mortier pointé sous la moitié de l'arc GC, qui est 45 degrez, chassera la Bombe le plus loin qu'il est possible avec la même charge; puisque pour lors la ligne EF touchera aussi le demi-cercle MEG: enfin que si le filet KD ne touchoit ni ne coupoit le cercle, que le Probleme sera impossible; puisque dans ce cas la ligne EF ne peut pas toucher non plus ni couper le demi-cercle MEG.

PROPOSITION XVI.
Problême.

Fig. 349. 745. *Trouver quelle élevation il faut donner au Mortier*
& 350. *pour chasser une Bombe à une distance donnée, supposant que l'endroit où l'on veut jetter la Bombe soit beaucoup plus élevé ou plus bas que la Batterie, & cela en se servant de l'Instrument universel.*

Supposant que de l'endroit G, où seroit une Batterie de Mortiers, on veüille jetter des Bombes à l'endroit F beaucoup plus élevé ou plus bas que le plan de la Batterie, il faut commencer par chercher, en se servant de la Trigonométrie, la distance horisontale GH, qui est l'amplitude de la parabole; & connoissant le paramétre de la charge dont on voudra se servir, que je suppose être le même que celui du Probleme précédent, c'est-à-dire, de 923 toises, la charge étant encore de 2 livres de poudre, l'on dira: comme le paramétre est à la distance GH, ainsi la longueur GN de la regle divisée en 200

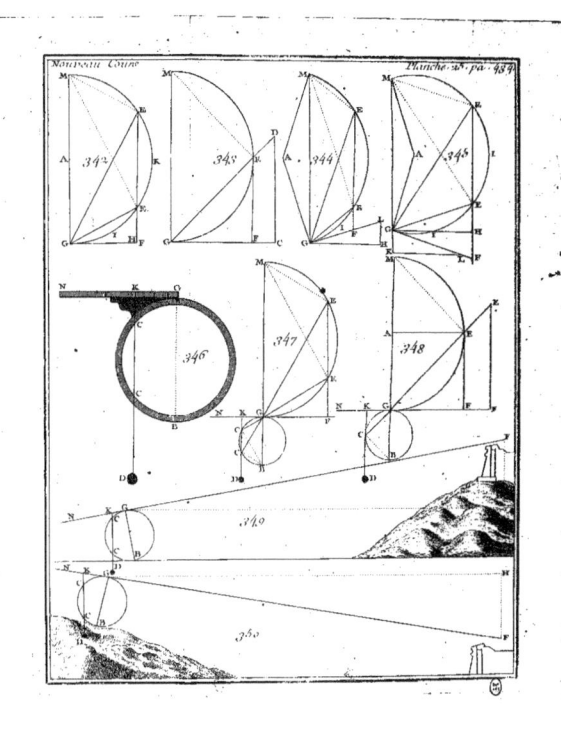

parties est à la longueur GK, qui donnera un nombre de ces parties. Or supposant qu'on a trouvé 60 parties, l'on fera glisser le filet KD sur le nombre 60, où il faudra le tenir fixe ; ensuite on appuyera le cercle de l'Instrument sur un endroit où il puisse être stable ; & l'ayant mis bien verticalement, on visera le long de la regle NG le lieu donné F, & le filet KD coupera le cercle aux points C, où il déterminera les arcs CG : & si l'on prend la moitié du nombre des degrez contenus dans l'un ou l'autre de ces arcs, l'on aura la valeur de l'angle que doit faire le Mortier avec la verticale pour jetter la Bombe au point F.

DEMONSTRATION.

Ayant élevé sur la ligne horisontale GH la perpendiculaire GM égale au paramétre, & sur le plan GF la perpendiculaire GA, on fera l'angle AMG égal à l'angle AGM, & du point A on décrira une portion de cercle MEG, & du point F on menera la ligne FE parallele à GM, qui coupera le cercle aux points E, auſquels menant les lignes GE, l'on aura les directions GE qu'il faut donner au Mortier pour jetter une Bombe à l'endroit F. * Or si on place l'Instrument de maniere que la regle NG soit d'allignement avec le plan GF, & que le diamétre GB soit d'allignement avec le diamétre GO, & que le filet KD soit toujours à l'endroit où on l'a posé dans l'operation, l'on verra que le demi-cercle GCB est coupé par la perpendiculaire KD de la même façon que le demi-cercle OEG est coupé par la perpendiculaire EF ; ce qui se prouve assez de soi-même, sans qu'il soit besoin de repeter ce qui a déja été dit ailleurs à ce sujet.

Fig. 351. & 352.

* Art. 740.

AVERTISSEMENT.

Comme l'on peut se servir de la Trigonométrie pour jetter des Bombes par une méthode toute differente de celle que nous venons d'enseigner, voici deux propositions dont on pourra faire usage dans les occasions où

436

l'on n'auroit pas d'Instrumens tel que celui dont nous venons de parler; il est vrai que tout ce que nous allons enseigner ne peut avoir lieu que lorsque l'objet où l'on veut jetter les Bombes est de niveau avec la Batterie; mais comme cela se rencontre presque toujours, je ne me suis pas soucié de donner une méthode pour en jetter dans un lieu qui seroit plus bas ou plus haut que la batterie, parce que les operations m'ont paru trop longues par la Trigonométrie. Il faut remarquer que nous allons supposer dans les propositions suivantes, que le Mortier fait son angle d'élevation avec la ligne horisontale, quoique dans la pratique l'on pourra, si l'on veut, le former avec la verticale.

PROPOSITION XVII.
Théoreme.

746. *Si l'on tire deux Bombes avec la même charge à differentes élevations de mortier, je dis que la portée de la premiere Bombe sera à celle de la seconde comme le sinus d'un angle double de l'élevation du mortier pour la premiere Bombe, est au sinus de l'angle double de l'élevation pour la seconde.*

Fig. 353.   Ayant élevé sur l'extrémité B de la ligne horisontale BP, une perpendiculaire BN à volonté, on la divisera en deux également au point M, pour décrire le demi-cercle NGB; ensuite ayant tiré les lignes BG & BK, pour marquer les deux inclinaisons differentes du mortier, on les prolongera de maniere que KA soit égal à KB, & que GD soit égal à BG, & des extrémitez A & D, l'on abaissera les perpendiculaires AC & DE sur la ligne horisontale BP; ensuite si par le point K l'on mene la ligne IL parallele à BC, l'on aura IK égal à KL, & AL égal à LC, à cause des paralleles IB & AC; ainsi IK sera moitié de BC: & menant aussi par le point G la ligne FH parallele à BE, l'on aura encore FG égal à GH, & par consequent FG sera la moitié de BE.

DEMONSTRATION.

Confiderez que l'angle DBE ayant pour mefure la moitié de l'arc GOB, la ligne GF étant le finus de l'angle GMB, elle fera le finus d'un angle double de l'angle DBE, & que de même l'angle ABC ayant pour mefure la moitié de l'arc KGB, la ligne KI étant le finus de cet arc, ou bien de fon complement, qui eft la même chofe, elle fera le finus d'un angle double de l'angle ABC. Or la ligne BC étant double de IK, & la ligne BE double de FG, l'on aura donc BC. BE :: IK. FG. Mais fi à la place des demi-amplitudes BC & BE, l'on prend les amplitudes entieres BQ & BP, c'eft-à-dire, la portée entiere de chaque Bombe, l'on aura comme BQ portée de la premiere Bombe, eft à BP portée de la feconde : ainfi IK finus de l'angle double de l'élevation de la premiere, eft à FG, finus de l'angle double de l'élevation de la feconde. *C. Q. F. D.*

APPLICATION.

Pour tirer des Bombes avec une même charge à quelle diftance l'on voudra, il faut commencer par faire une épreuve : cette épreuve fe fera, par exemple, en chargeant le mortier à deux livres de poudre ; & en le pointant à 45 degrez, qui eft l'élevation où le mortier chaffera le plus loin avec cette charge, comme nous l'avons déja dit ; après avoir tiré la Bombe, on mefurera exactement la diftance du mortier à l'endroit où elle fera tombée, que je fuppofe qu'on aura trouvée de 800 toifes. Cela étant fait, fi l'on veut fçavoir quelle élevation il faut donner à un mortier pour envoyer une Bombe à 500 toifes, pour la trouver il faut faire une regle de trois, dont le premier terme foit 800 toifes, qui eft la diftance connuë, le fecond 500 toifes, qui eft la diftance où l'on veut envoyer la Bombe, le troifiéme le finus d'un angle double de 45 degrez, qui eft 100000. La regle étant faite, l'on trouvera 62500, qui eft le finus d'un angle double de celui que l'on cherche : après l'avoir trouvé dans la Table, l'on verra qu'il correspond à 38 degrez 40 minutes, dont la moitié est 19 degrez 20 minutes, qui est la valeur de l'angle que doit avoir le mortier avec l'horison pour jetter une Bombe à 500 toises.

PROPOSITION XVIII.
Théoreme.

747. *Si l'on tire deux Bombes à differens degrez d'élevations avec la même charge, il y aura même raison du sinus de l'angle double de la premiere élevation au sinus du double de la seconde, que de la portée de la premiere élevation à la portée de la seconde.*

DEMONSTRATION.

Fig. 353.

L'angle ABC étant celui de la premiere élevation du mortier, & l'angle DBE celui de la seconde, l'on aura encore IK. F:G::BC. BE ou bien IK FG::BQ. BP. qui fait voir que IK sinus d'un angle double de l'angle ABC est à la ligne FG sinus d'un angle double de l'angle DBE, comme la premiere portée BQ est à la seconde BP.

APPLICATION.

On peut par le moyen de cette proposition sçavoir à quelle distance du mortier une Bombe ira tomber, ayant fait une épreuve comme nous l'avons dit ci-devant.

Supposons donc qu'une Bombe a été tirée par un angle de 40 degrez, & qu'elle ait été chassée à 1000 toises avec une certaine charge, on demande à quelle distance ira la Bombe avec la même charge, le mortier étant pointé à 25 degrez, il faut faire une regle de trois, dont le premier terme soit le sinus d'un angle double de 40 degrez, c'est-à-dire, le sinus de 80 degrez, qui est 98480, & le second le sinus d'un angle double qu'on veut donner au mortier ; comme cet angle a été proposé de 25 degrez, on prendra donc le sinus de 50 degrez, qui eſt 76604, & le troiſiéme terme la diſtance où la Bombe a été chaſſée à 40 degrez, que nous avons ſuppoſé de 1000 toiſes, la regle étant faite, l'on trouvera pour quatriéme terme 777 toiſes, qui eſt la diſtance du mortier à l'endroit où tombera la Bombe, ayant été tirée ſous un angle de 25 degrez.

PROPOSITION XIX.
Problême.

Connoiſſant l'amplitude d'une Parabole décrite par une Bombe, ſçavoir quelle eſt la hauteur où la Bombe s'eſt élevée au deſſus de l'horiſon. Fig. 353;

Nous ſervant de la Figure précedente, où l'on a ſuppoſé que la ligne BA marquoit l'élevation du mortier, l'on peut dire que cette ligne eſt la tangente de la Parabole BLQ ; & qu'ainſi la ſoutagente AC ſera double de l'abciſſe LC*, qui eſt ici la hauteur où la Bombe aura été élevée ſous l'angle ABC. Suppoſant cet angle de 70 degrez, l'amplitude BQ de 300 toiſes, la demi-amplitude BC ſera de 150 toiſes : ainſi dans le triangle ABC l'on connoît l'angle ABC de 70 degrez, le côté BC de 150 toiſes, & l'angle droit BCA : ainſi par le calcul ordinaire de la Trigonométrie l'on trouvera le côté AC de 412 toiſes, dont la moitié, qui eſt 206 toiſes, ſera la valeur de la ligne LC, c'eſt-à-dire, la hauteur où la bombe ſe ſera élevée. * Art. 416.

PROPOSITION XX.
Problême.

Connoiſſant la hauteur où une Bombe s'eſt élevée, ſçavoir la peſanteur ou le degré de mouvement quelle a acquis en tombant par ſon mouvemement acceleré.

Suppoſant qu'une Bombe de 12 pouces ſoit tombée de 206 toiſes de hauteur, ſa viteſſe ſera exprimée par la acine quarrée de ſa chûte *, c'eſt-à-dire, par la racine * Art. 715.

quarrée de 206, qui eſt $14\frac{1}{3}$. Cela poſé, l'on ſçait que la force ou la quantité du mouvement d'un corps, eſt le produit de ſa maſſe par ſa viteſſe. * Or comme les bombes de 12 pouces peſent environ 140 livres, l'on peut regarder cette quantité comme la valeur de la maſſe, qui étant multipliée par la viteſſe, qui eſt $14\frac{1}{3}$, l'on aura 2006 pour la quantité de mouvemens, ou la force de la Bombe.

* Art. 691.

REMARQUE.

Par les deux Problêmes précedens, l'on voit qu'il eſt facile de ſçavoir la force des bombes qui ſont chaſſées ſous differens degrez d'élevations, puiſque connoiſſant leurs amplitudes, on connoîtra les hauteurs où elles ſe ſont élevées, & par conſequent leur viteſſe, qu'il ne faudra que multiplier par la peſanteur des bombes, de mêmes ou de differens calibres, pour avoir des produits, dont les rapports ſeront les mêmes que ceux des forces que les bombes auront acquiſes en tombant. Ainſi l'on peut ſçavoir quel degré d'élevation il faudroit donner à un mortier de 8 pouces, pour que la bombe de ſon calibre tombant ſur un édifice, comme, par exemple, ſur un magaſin à poudre, fît autant de dommage qu'une bombe de 12 pouces, qui auroit été jettée ſous un angle de direction moindre que celui de la Bombe de 8 pouces, cette derniere devant acquerir par la hauteur de ſa chûte, ce qu'elle a de moins en peſanteur que celle de 12 pouces. Ceci eſt non-ſeulement curieux, mais peut encore avoir ſon utilité dans l'attaque des Places.

DISCOURS

DISCOURS
SUR LA MECANIQUE.

COmme la Mécanique eſt une partie des Mathematiques, dont on fait le plus d'uſage dans les Arts, puiſque l'on n'y employe aucune Machine, dont les proprietez ne dépendent de ſes principes, il n'y a point de Livre qui ſoit plus en droit d'en traiter que celui-ci, ſon principal objet étant d'inſtruire ceux qui ſe deſtinent à ſervir dans l'Artillerie ou dans le Genie; car la Mécanique nous apprenant la Science de conſtruire des Machines, & de s'en ſervir utilement pour enlever de gros fardeaux aiſément, & avec le ſecours d'une puiſſance, qui deviendroit incomparablement trop foible, ſi elle n'étoit ſoulagée par une Machine; c'eſt particulierement dans la conſtruction des Fortifications, & dans les manœuvres de l'Artillerie, qu'on fait le plus d'uſage de mille moyens ingenieux que la Mécanique inſpire, pour venir à bout d'une infinité de choſes, qui quoique faciles à executer, n'oſeroient être entrepriſes par ceux qui ignorent à quel point on peut multiplier la force d'un homme. Mais comme les principes de cette Science peuvent ſe démontrer de pluſieurs façons, j'ai été quelque tems embarraſſé de ſçavoir celle que je choiſirois pour me faire entendre avec le plus de ſuccès, non pas cependant que je ne fuſſe bien perſuadé qu'il y en avoit une plus naturelle & plus ſimple que toutes les autres, qui eſt celle de M. Varignon: auſſi m'en ſuis-je ſervi préferablement à tout autre, tant parce qu'elle eſt la véritable, que parce que ſon illuſtre Auteur avoit achevé quelque tems avant ſa mort, ſon Traité de Mécanique; & qu'ainſi ce que je me propoſois d'en donner, pouvoit en quelque ſorte ſervir d'introduction à cet Ouvrage.

Comme dans le tems que je travaillois à ce petit Traité de Mécanique, le Bataillon de M. Pijart eſt venu de l'E-

Kkk

cole de Metz à celle de la Fere, & que dans l'Ecole que les Officiers venoient de quitter, on leur avoit démontré la Mécanique par le principe du mouvement, M. de Bellecour Officier de ce Bataillon, me fit entendre que je ne ferois pas mal d'employer ce principe dans ma Mécanique, afin de le faire connoître à ceux qui l'ignoroient, & de faire voir à ceux qui avoient appris la Mécanique par là, que quoique je l'enseignasse d'une autre façon, ce qu'ils avoient appris ne feroit que leur donner beaucoup de facilité pour entendre ce petit Traité, où ils trouveroient en beaucoup d'endroits un langage qui ne leur étoit pas inconnu. Ainsi j'ai suivi le conseil d'une personne, qui joint à beaucoup de bonnes qualitez, celle d'être fort entendu dans les Mathématiques : & après avoir démontré les proprietez des Machines simples, & les principales Machines composées, avec l'un & l'autre des principes dont je viens de parler, j'en ai fait quelque application aux manœuvres de l'Artillerie, à la construction des Voûtes pour les Magasins à poudre, & à la théorie des Mines, afin de suivre toujours mon dessein, qui est de faire voir l'utilité des choses que je traite.

NOUVEAU COURS
DE MATHEMATIQUE.

NEUVIE'ME PARTIE.
Qui traite des Mécaniques.

CHAPITRE PREMIER.
Où l'on donne l'Introduction à la Mécanique.

DEFINITION I.

748. LA *Mécanique* est une Science qui considere les rapports qui se rencontrent entre les *forces* ou *puissances* qui agissent pour mouvoir les corps, les masses ou les pesanteurs de ces mêmes corps, & les vitesses avec lesquelles ils seroient mûs, s'ils ne trouvoient point d'obstacles qui les empêchassent d'être mûs, le tout consideré dans l'état de l'*équilibre*, & par le moyen des machines.

II.

749. L'*Equilibre* en general est l'action de deux ou plusieurs forces qui agissent les unes contre les autres en sens contraires, de maniere que le tout demeure en repos.

III.

750. *Force mouvante* ou *puissance*, est l'action d'une cause qui meut ou qui tend à mouvoir un corps.

IV.

751. *Poids* est l'effort que la pesanteur fait contre un corps pour l'approcher du centre de la terre, que l'on appelle aussi *centre des graves*.

V.

752. La *ligne de direction* d'une puissance, est celle que cette puissance fait parcourir à un corps, ou tend à lui faire parcourir vers quelque partie du monde qu'elle le pousse.

VI.

753. La *direction des poids* est la ligne que la pesanteur leur fait parcourir en tombant vers le centre de la terre.

VII.

754. On appelle *Machines* tous les Instrumens propres à faire mouvoir ou à arrêter le mouvement des corps. Il y en a des *simples* & des *composées*.

755. Les Machines *simples* sont au nombre de six; sçavoir, le *Levier*, la *Roue dans son essieu*, la *Poulie*, le *Plan incliné*, le *Coin* & la *Vis*.

756. A l'égard des Machines *composées*, elles sont sans nombre, & on les nomme composées, parce qu'elles sont toujours composées de quelques Machines simples.

VIII.

757. Le *Centre de gravité* ou *de pesanteur* d'un corps est un point par où ce corps étant suspendu, demeure en repos dans toutes les situations où on le peut mettre, on supposera dans la suite que toute la pesanteur d'un corps est réunie dans son centre de gravité.

Axiome.

758. Les poids & les pesanteurs agissent également dans tous les points de leurs directions ; car il faut autant

de force pour soutenir un poids attaché à une corde fort près du poids, ou beaucoup plus éloigné, pourvû que la corde soit supposée sans pesanteur, & que le poids soit toujours également éloigné du centre de la terre, en quelque endroit de la corde que la puissance soit appliquée.

LEMME.

759. *Si l'on a deux puissances exprimées par les deux lignes AB & DB, & que la force AB fasse parcourir au corps B le côté BC d'un parallelogramme dans le même tems que la force DB fera parcourir au même corps l'autre côté BE ; je dis que ces deux forces agissant ensemble sur le corps B, lui feront parcourir la diagonale BF du même parallelogramme, dans un tems égal à celui que chaque puissance AB ou DB en particulier aura employé à faire parcourir au corps B chaque côté BC ou BE.*

PLANCHE 26.
Fig. 354.

DÉMONSTRATION.

Les deux forces AB & DB, agissant ensemble sur le corps B, selon les directions BC & BE, la direction du corps B sera composée de ces deux directions. Or si l'on divise en un nombre d'instans égaux le tems que chaque force mettra à faire parcourir au corps B le côté BC ou BE, il est clair que les deux forces agissant ensemble sur le corps B, la force AB tendra à faire parcourir au corps B le côté BC dans le même tems que la force DB tendra à lui faire parcourir le côté BE. Si l'on suppose que dans le premier instant la force AB ait fait parcourir au corps B l'espace BH, tandis que la force DB lui aura fait parcourir l'espace HI, le corps se trouvera au point I, & les espaces BH & HI si petits qu'on puisse les imaginer, seront toujours comme les forces AB & DB, ou comme BC & BE : ainsi à cause des triangles semblables BHI & BCF, le corps étant en I, sera dans un point de la diagonale BF, & l'aura même toujours suivie depuis B jusqu'en I, parce que l'on peut supposer les lignes

K k k ij

BH & HI infiniment petites: & si au second instant la force AB fait parcourir au corps B l'espace IK dans le même tems que la force DB lui fera parcourir l'espace KL, le corps se trouvera encore au point L de la diagonale; & il en sera toujours de même tant que le corps sera parvenu au point F. Mais toutes les lignes comme BH, IK, depuis B jusqu'en F, sont égales prises ensemble à la ligne BC, & toutes les lignes comme HI & KL, &c. depuis B jusqu'en F, son encore prises ensemble égales à la ligne BE. Ainsi le tems que le corps a mis à parcourir la diagonale BF, par les deux forces agissantes ensemble, sera égal au tems que chaque force en particulier aura mis à faire parcourir au corps B le côté BC ou BE. *C. Q. F. D.*

COROLLAIRE I.

760. Puisque les forces AB & DB sont capables de faire parcourir au corps B les espaces BC & BE en tems égaux, il s'ensuit que les effets étant proportionnels à leurs causes *, l'on aura AB. DB :: BC. BE.

*Art. 687.

COROLLAIRE II.

Fig. 355.

761. Si l'on acheve le parallelogramme AD, & que l'on prolonge la diagonale FB jusqu'en G, la ligne BG sera la diagonale du parallelogramme AD, & les triangles BCF & GDB étant semblables, l'on aura BC. GD :: BF. GB. & comme AB est égal à GD, il s'ensuit que l'espace BC est à la force GD, comme l'espace BF est à la force GB : ce qui fait voir que la force exprimée par la diagonale GB, fera parcourir au corps B l'espace BF dans le même tems que la force AB ou GD fera parcourir au même corps l'espace BC ; & comme l'on a encore BE. BD :: BF. GB. il s'ensuit que la diagonale GB a autant de force elle seule pour faire parcourir au corps B l'espace AF, que les deux forces AB & DB agissant ensemble, selon les directions BC & BE, pour faire parcourir au corps B le même espace BF.

Corollaire III.

762. Il fuit encore qu'ayant pris fur la diagonale BF Fig. 355. la partie BH égale à la diagonale BG, que la force exprimée par BH, agiffant de H en B, felon la direction BG, eft capable d'empêcher l'effet de la force GB, agiffant de G en B; & par confequent la force HB pourra elle feule réfifter aux deux forces AB & DB agiffantes enfemble felon les directions BC & BE; d'où il s'enfuit que le corps B demeurera dans un parfait repos, lorfque les trois forces AB, DB & HB, agiront en même tems, & pour lors cette égalité des forces, qui agiffent en fens contraire, fe nomme *équilibre*.

On démontrera dans la fuite que l'état de l'équilibre dans les Machines, confifte à avoir toujours deux forces comme AB & DB, agiffant enfemble contre un corps ou un point B, pour le mouvoir felon une direction BF, pendant qu'une troifième force comme HB, diamétralement oppofée, s'oppofe à l'effort de deux autres, de maniere que le corps ou le point B demeure en repos.

Corollaire IV.

763. Il eft encore manifefte que les trois puiffances Fig. 355. qui font équilibre, font proportionnelles aux trois côtez d'un parallelogramme fait fur leurs directions (en prenant ici la diagonale pour un des côtez:) car dans l'équilibre la puiffance réfiftante eft capable de produire le même effet que les deux agiffantes, c'eft-à-dire, de faire parcourir la diagonale d'un parallelogramme dans le même tems que les deux agiffantes les feroient parcourir enfemble, & que chacune d'elles feroit parcourir le côté qui lui répond.

Corollaire V.

764. L'on voit encore que l'on peut toujours fubfti- Fig. 355. tuer deux forces à la place d'une feule; car pour fubftituer deux forces à la place de celle qui feroit expri-

mée par GB, capable de faire parcourir au corps B l'espace BF; il faut, si les directions BE & BC sont données, prolonger les mêmes directions vers A & D, & du point G tirer les paralleles GD & GA aux directions BC & BE, & l'on aura les deux forces BA & BD, qui agissant ensemble, feront le même effet que la force GB.

Mais si l'on vouloit substituer deux forces à la place d'une autre, & que ces deux forces fussent données, de maniere cependant qu'elles soient prises ensemble plus grandes que la seule GB, il faudra faire un triangle GBD avec ces deux forces, qui seront, par exemple, GD & BD; & si l'on acheve le parallelogramme AD, & qu'on prolonge les forces AB & DB pour faire le parallelogramme EC, l'on aura les deux directions que ces deux forces doivent avoir pour faire ensemble le même effet que la force GB.

COROLLAIRE VI.

Fig. 356.

765. Il suit encore que quoique la somme des deux puissances agissantes AB & DB, soit plus grande que la résistante BH, ou son égale BG, que lorsque leurs directions BC & BE font un angle CBE d'une grandeur finie, qu'il y a encore une égalité de force qui agit selon des directions diamétralement opposées; car si des points A & D l'on abaisse sur GB les perpendiculaires AL & DI, & qu'on acheve les parallelogrammes LM & IK, les forces exprimées par DK & KB, feront le même effet que la force DB * & les forces AM & MB, le même effet que la force AB; mais les forces BK & BM étant égales & paralleles aux perpendiculaires AL & ID, seront égales entr'elles, & perpendiculaires à la ligne GF: ainsi ces deux forces n'approcheront ni n'éloigneront le corps B des points G & F. Ainsi elles peuvent être regardées comme nulles par rapport au point F; mais IB ou DK est égal à GL, de même que AM est égal à LB: ainsi la force GB étant égale aux forces DK & AM prises ensemble, l'on voit que ce sont les seules parties des forces

*Art. 764. & 765.

forces AB & DB, qui font équilibre avec la puiſſance réſiſtante BH, puiſque les autres parties de force KB & BM, ne font nul effet ſur le corps B par rapport au point F.

REMARQUE.

766. Nous avons conſideré juſqu'à preſent le parallelogramme AD, que l'on peut appeller le parallelogramme des *forces*, & le parallelogramme EC, que l'on peut appeller le parallelogramme des *eſpaces*; mais dans la ſuite il ne ſera fait mention que du ſeul parallelogramme des eſpaces; car comme ces deux parallelogrammes ſont ſemblables, ils ont leurs côtez proportionnels: ainſi l'on pourra nommer par des lettres de l'alphabet les forces exprimées par les lignes AB, GB, DB, ou bien l'on pourra prendre les côtez BE & BC pour exprimer la force des puiſſances agiſſantes, & la diagonale BF pour exprimer la force de la puiſſance réſiſtante.

THEOREME I.

Servant de principe general pour la Mécanique.

767. *Si l'on a trois puiſſances que nous nommerons* P, Q, R, *appliquées à des cordes qui ſoient attachées au corps* F, *l'on ſçait que ces trois puiſſances ſeront en équilibre, & que le corps demeurera en repos, ſi la puiſſance réſiſtante* R *eſt exprimée par la diagonale* BF *d'un parallelogramme, & ſi les deux puiſſances agiſſantes* P *&* Q *ſont exprimées par les côtez* EF *&* DF *du même parallelogramme. Or cela poſé, je dis*, 1°. *que ſi l'on compare la puiſſance* P *à la puiſſance* Q *de la fig.* 357. *elles ſeront dans la raiſon réciproque des perpendiculaires* BC *&* BG, *tirées d'un des points de la direction de la puiſſance* R *ſur celles des puiſſances* P *&* Q, *c'eſt-à-dire, que* P. Q :: BG. BC. 2°. *Que ſi l'on compare la puiſſance* R *avec la puiſſance* Q *de la fig.* 358. *elles ſeront dans la raiſon réciproque des perpendiculaires* EC *&* EG, *tirées d'un des points de la direction de la puiſſance* P *ſur celles des puiſſances* R *&* Q, *c'eſt-à-dire, que* R. Q :: EC. EG.

Fig. 357.

3°. Que si l'on compare les deux puissances R & P de la fig. 359. elles seront dans la raison réciproque des perpendiculaires DC & DG, tirées d'un des points de la ligne de direction de la puissance Q, sur celles des puissances P & R, c'est-à-dire, que R.P :: DC. DG.

DÉMONSTRATION DU PREMIER CAS.

Fig. 357.   768. Si à la place de FD l'on prend EB, l'on aura les côtez FE & EB du triangle EBF, qui seront dans la raison des puissances P & Q. Or comme les sinus des angles sont dans la même raison que leurs côtez opposez, remarquez que BC est le sinus de l'angle EFB, & BG le sinus de l'angle BFD ; mais à cause que l'angle BFD est égal à l'angle EBF, puisqu'ils sont alternes, la perpendiculaire BG sera aussi le sinus de l'angle EBF : par conséquent EF. EB :: BG. BC. & si l'on prend P à la place de EF, & Q à la place de EB, l'on aura P. Q :: BG. BC. C. Q. F. D.

DÉMONSTRATION DU SECOND CAS.

Fig. 358.   769. Si l'on prend EB à la place de FD, l'on aura le triangle EBF, dont les côtez BF & BE seront dans la même raison que les puissances R & Q. Or comme la perpendiculaire EG est le sinus de l'angle EFB, & la perpendiculaire EC le sinus de l'angle BEF, ou de son supplément HEF, à cause que c'est un angle obtus ; car EC étant le sinus de l'angle EFD, il sera aussi celui de l'angle HEF, puisque ces deux angles sont alternes. Or les sinus des angles étant dans la même raison que leurs côtez opposez, l'on aura BF. BE :: EC. EG. ou bien R. Q. :: EC. EG. C. Q. F. D.

DÉMONSTRATION DU TROISIÈME CAS.

Fig. 359.   770. Si l'on prend BD à la place de EF, l'on aura le triangle BDF, dont les côtez BF & BD seront dans la raison des puissances R & P : ainsi la perpendiculaire DG étant le sinus de l'angle BFD, & la perpendiculaire DC

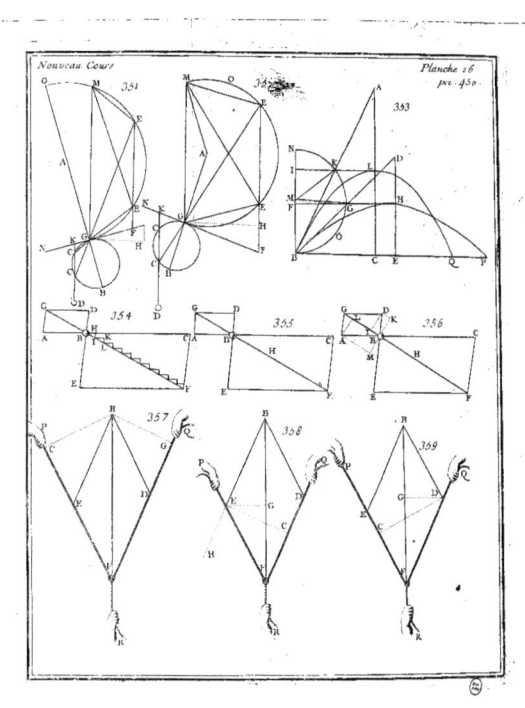

DE MATHEMATIQUE. 451
celui de l'angle BDF, l'on aura encore BF. BD :: DC.
DG. ou bien R. P :: DC. DG. C. Q. F. D.

DÉFINITION.

771. Nous nommerons dans la suite *point d'appui* un Fig. 357
point tel que B, ou E, ou D, pris dans la direction d'une 358. &
des trois puissances qui n'entrera pas dans la proportion, 359.
& duquel on tirera des perpendiculaires sur les directions
de celles qui entreront dans la proportion.

CHAPITRE II.

Où l'on fait voir le rapport des puissances qui soûtiennent des poids avec des cordes.

COmme nous avons consideré dans le Traité du Mouvement la Théorie des Corps qui se choquent ou qui se rencontrent, celle des corps jettez selon des directions perpendiculaires, obliques ou parallèles à l'horison ; il semble que pour suivre un ordre dans la Mécanique, dont l'objet est de considerer en équilibre les corps qui tendent naturellement à se mouvoir, il est nécessaire d'expliquer avant toutes choses ce qui a le plus de raport avec ce qui précede immédiatement. Or ce sera sans doute la Théorie des corps soutenus par des puissances qui sont en équilibre avec ces corps dans toutes les situations qu'on peut leur donner : & c'est ce qu'on se propose d'enseigner dans ce second Chapitre, parce qu'après cela nous ferons voir dans le troisième les poids qui tendent à rouler sur des plans inclinez, & le rapport de leur pesanteur avec les puissances qui les soutiennent en repos.

PROPOSITION

Théoreme.

PLANCHE 27.
Fig. 360.

772. *Si les deux puissances P & Q soutiennent un poids R tendant à suivre la direction BR, je dis que ces deux puissances seront en équilibre entr'elles, si elles sont en raison réciproque des perpendiculaires BC & BG, tirées d'un des points B de la direction BR sur les directions FP & FQ, c'est-à-dire, que P. Q :: BG. BC.*

DÉMONSTRATION.

Pour que ces deux puissances fassent équilibre entre-elles, il faut qu'elles soient comme les côtez FE & FD d'un parallelogramme, dont la diagonale BF exprimeroit la force ou la pesanteur du poids R, parce que pour lors le poids R étant pris pour la puissance résistante, il sera en équilibre avec les deux puissances agissantes, parce qu'il se trouvera de part & d'autre une égalité de force; mais prenant BD à la place de EF, nous aurons les côtez BD & DF du triangle BDF, qui seront dans la raison des puissances P & Q; & comme les côtez BD & DF sont aussi dans la raison des sinus de leurs angles opposez, qui ne sont autre chose que les perpendiculaires BC & BG, l'on aura donc P. Q :: BC. BG. *C. Q. F. D.*

Fig. 361.

De même si d'un point D de la direction FQ l'on tire les perpendiculaires DG & DC sur les directions BR & FP, l'on aura le rapport de la puissance P au poids R, étant en raison réciproque des perpendiculaires DC & DG; car à cause que ces perpendiculaires sont les sinus des angles opposez aux côtez BF & BD du triangle BDF, l'on aura BD. BF :: DG. DC. ou bien P. R :: DG. DC.

Fig. 362.

Enfin si du point E pris dans la direction de la puissance P, l'on abaisse les perpendiculaires EG & EC sur les directions des puissances R & Q, l'on aura encore Q. R :: EG. EC.

Corollaire I.

773. Il suit que si l'on suppose que le poids R diminue Fig. 363. continuellement, les deux puissances P & Q demeurant les mêmes, la diagonale BF du parallelogramme ED, diminuera à proportion du corps R. Or comme les côtez FD & FE demeureront les mêmes, l'angle EFD augmentera, parce que les puissances P & Q descendront, & le poids R remontera ; mais tant que le poids R sera d'une grandeur finie, la diagonale BF sera toujours une ligne finie, & pourra toujours former le parallelogramme ED, & par conséquent les directions FP & FQ formeront toujours un angle en F.

Corollaire II.

774. De-là il suit qu'une corde ne peut jamais être tendue en ligne droite que par une puissance infinie; car son poids, quelque petit qu'on le suppose, sera toujours d'une grandeur finie, & peut être regardé, étant réüni en un seul point, comme le poids R attaché à quelqu'un des points F de la même corde.

Corollaire III.

775. Si des points E & D l'on abaisse les perpendiculaires EG & DH sur la direction BR, & qu'on acheve Fig. 364. les parallelogrammes rectangles GI & HK, l'on aura les côtez EI & IF, qui représenteront deux forces égales à la force EF, & les deux côtez FK & KD, qui exprimeront aussi deux forces égales à DF * ; mais IF & FK sont * Art. 764. deux forces égales qui ne soutiennent aucune partie du poids R : ainsi la partie du poids que soutient la puissance Q, sera exprimée par DK, & la partie du poids que soûtient la puissance P, sera exprimée par EI. Il s'enfuit donc que les parties du poids R que soûtiennent les puissances P & Q, sont l'une à l'autre, comme EI est à DK, ou comme GF est à HF; mais comme BH est égal à GF, BF exprimera toute la pesanteur du poids : ainsi l'on

Lll iij

aura donc P. R :: EI. ou GF. BF. & de l'autre part Q.
R :: DK. ou HF. BF.

COROLLAIRE IV.

Fig. 365. 776. Mais si la puissance Q étoit dans la ligne horisontale ED, & que la puissance P fût au-dessus de l'horisontale, cette puissance soutiendra elle seule tout le poids R; car ayant achevé le parallelogramme rectangle BE, la perpendiculaire HE exprimera la partie du poids R, que porte la puissance P; mais HE est égal à la diagonale BF, qui exprime toute la pesanteur du poids : ainsi la puissance P soûtiendra donc tout le poids.

COROLLAIRE V.

Fig. 366. 777. Mais si la puissance Q étoit au-dessous de l'horisontale HL, & la puissance P au-dessus, il arrivera que la puissance P soûtiendra non-seulement tout le poids R, mais encore la partie du poids que soûtiendroit la puissance Q, si elle étoit autant au-dessus de l'horisontale HL, comme elle se trouve ici au-dessous ; car ayant formé les parallelogrammes rectangles IH & GK, la ligne EH exprimera ce que porte la puissance P, & la ligne FK exprimera l'effort que fait la puissance Q. Or comme FK est égal à IB, il s'ensuit que EH ou IF est composé de BF & de BI, c'est-à-dire, de BF, qui exprime la pesanteur du poids, & de BI qui est la partie du poids R que soutiendra la puissance Q, si elle étoit autant au-dessus de l'horisontale HL qu'elle est au-dessous : ce qui fait voir que la puissance P soutient plus que la pesanteur du poids R.

COROLLAIRE VI.

Fig. 367. 778. Enfin il suit que si l'on a un corps pesant HI, soutenu par deux puissances P & Q, ces deux puissances seront en équilibre, si elles sont en raison réciproques des perpendiculaires FG & FC, tirées d'un des points de la direction BF sur celles des puissances P & Q ; car si l'on sup-

DE MATHEMATIQUE. 455
pofe que toute la pefanteur du corps HI foit ramaffée autour de fon centre de gravité F pour former le poids R, il faudra pour foutenir ce poids, que P foit à Q comme BE eſt à BD, ou comme FD eſt à BD. Or comme les finus des angles dans le triangle FBD font dans la même raifon que leurs côtez oppofez, FG étant le finus de l'angle FBG, & FC le finus de l'angle BFD, puifqu'il eſt celui de fon alterne CBF, l'on aura FD. BD. :: FG. FC. ou bien BE. BD :: FG. FC. par confequent P. Q :: FG. FC.

Mais fi le corps pefant HI étoit appuyé par une de fes Fig. 368. extrêmitez H, & foutenu feulement à l'extrêmité I par la puiffance Q, cette puiffance Q fera au poids R comme BD eſt à BF ; & comme ces lignes font les côtez du triangle BFD, elles feront dans la raifon des finus des angles BFD & BDF, qui font les perpendiculaires EG & EC; ce qui fait voir que la puiffance Q eſt au poids R dans la raifon réciproque des perpendiculaires EC & EG, tirées d'un des points E de la direction de la puiffance P fur celles des puiffances Q & R.

CHAPITRE III.

Du Plan incliné.

DEFITIONS.

779. ON appelle *plan incliné* toute fuperficie inclinée à l'horifon, le long de laquelle on fait mouvoir un poids. Ce plan peut toujours être exprimé par l'hypotenufe d'un triangle rectangle.

PROPOSITION.

Théoreme.

780. *Si une puiffance Q foutient un poids fphérique P, par une ligne de Direction DE, parallele au plan incliné AB,* PLANCHE 28.

Fig. 369. je dis, 1°. *que la puissance sera au poids comme la hauteur du plan incliné est à sa longueur*, c'est-à-dire, que que Q. P :: BC. BA.

Fig. 370. 2°. *Que si le poids est soutenu par une puissance Q, qui tire selon une direction DE, parallele à la base AC du plan, la puissance sera au poids comme la hauteur du plan est à la longueur de sa base*, c'est-à-dire, que Q. P :: BC. AC.

DÉMONSTRATION DU PREMIER CAS.

Fig. 369. Si l'on tire la ligne DF perpendiculaire sur le plan incliné AB, cette ligne sera la direction de la puissance résistante: & faisant le parallelogramme IG, le côté DG exprimera une des puissances agissantes, & le côté DI l'autre puissance agissante, & ces deux puissances agissantes ensemble seront en équilibre avec la puissance résistante DF; mais ces deux puissances étant l'une à l'autre comme DG est à DI, seront comme les côtez IF & ID du triangle rectangle DIF; & comme ce triangle est semblable au triangle ABC, l'on aura IF. ou DG. ID :: BC. BA. ou bien Q. P :: BC. BA.

DÉMONSTRATION DU SECOND CAS.

Fig. 370. 781. Si la direction DE de la puissance Q est parallele à la base AC du plan incliné, il sera facile de prouver que Q. P :: BC. CA. car si la ligne DF est perpendiculaire sur AB, elle exprimera encore la puissance résistante; & si l'on fait le parallelogramme rectangle IG, l'on aura Q. P :: DG. DI. Or si à la place de DG on prend IF, l'on aura les côtez IF & ID du triangle rectangle DIF, qui seront comme Q est à P : & comme ce triangle est semblable au triangle ACB, l'on aura FI. ID :: BC. CA. ou bien Q. P :: BC. CA.

Fig. 371. 782. Mais si la ligne de direction DE de la puissance Q n'étoit point parallele au plan incliné AB, ni à sa base AC, & que cependant la puissance & le poids fussent en équilibre, en ce cas la puissance sera au poids dans la raison réciproque des perpendiculaires FI & FL; car ayant

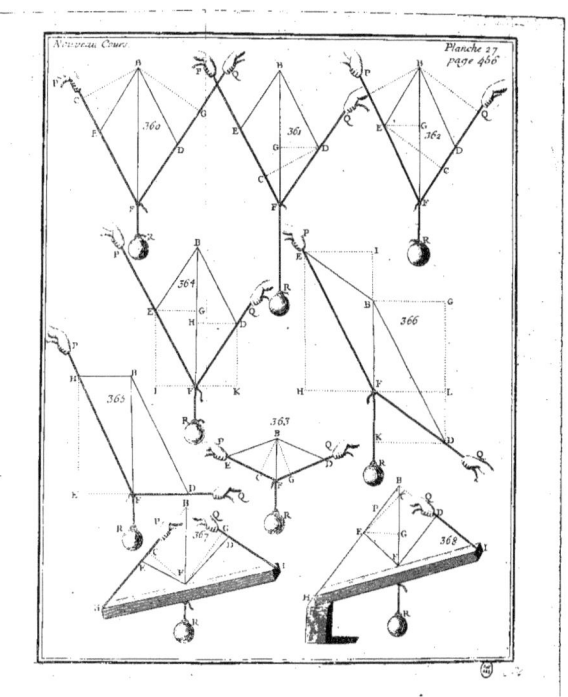

ayant fait le parallelogramme KG, l'on aura toujours Q.P :: DG. DK. ou GF. mais les côtez DG & GF du triangle GDF, font comme les finus de leurs angles oppofez, qui font les perpendiculaires FI & FL : ainfi l'on aura DG. GF ou DK :: FI. FL. ou bien Q.P :: FI. FL. L'on trouvera comme dans les propofitions precedentes le rapport de chacune des puiffances agiffantes P & Q à la refiftance R, qui eft l'effort que le poids P fait contre le plan AB.

COROLLAIRE I.

783. Il fuit que fi deux corps P & Q fe foutiennent mutuellement fur des plans diverfement inclinez par des lignes RP & RQ, paralleles à ces plans, ils feront entr'eux comme les longueurs des plans, c'eft-à-dire, que P. Q :: BA. BC. car comme BD eft la hauteur commune des deux plans, la puiffance qui feroit en R ne fera pas plus d'effort pour foûtenir le poids P, que pour foûtenir le poids Q, c'eft-à-dire, qu'elle pourroit être la puiffance commune : ainfi comme le rapport de la puiffance R à la hauteur DB, eft le même pour chaque plan incliné, le rapport des plans & des poids fera auffi le même.

Fig. 371.

COROLLAIRE II.

784. De même fi deux poids P & Q fe foutiennent mutuellement fur des plans diverfement inclinez par des lignes de directions paralleles aux bafes, ces deux poids feront entr'eux comme les longueurs des bafes, c'eft-à-dire, que P. Q :: DA. DC. car comme BD eft la hauteur commune des deux plans, la puiffance R pourra devenir commune pour les deux poids : ainfi comme le rapport de la hauteur BD à la puiffance de part & d'autre fera le même, le rapport des poids & des bafes fera auffi le même.

Fig. 373.

COROLLAIRE III.

785. Il fuit encore que lorfqu'une puiffance Q tire

Fig. 369.

ou pousse un poids P par une ligne de direction parallele au plan, la puissance est au poids comme le sinus BC de l'angle d'inclinaison BAC du plan est au sinus total AB, & que par consequent la puissance est toujours moindre que le poids.

COROLLAIRE IV.

Fig. 370.

786. Enfin l'on peut dire encore que lorsqu'une puissance Q tire ou pousse un poids P par une ligne de direction parallele à la base AC du plan incliné, la puissance est au poids comme le sinus BC de l'angle d'inclinaison BAC est au sinus AC de son complement ABC; ce qui fait voir que la puissance est égale au poids, lorsque l'angle d'inclinaison est de 45 degrez, & qu'elle est plus grande que le poids, lorsque l'angle d'inclinaison est au-dessus de 45 degrez.

CHAPITRE IV.

Du Levier.

DÉFINITIONS.

787. Levier est une verge inflexible considerée sans pesanteur, à trois points de laquelle il y a trois puissances appliquées, deux desquelles, qui sont les *agissantes*, agissent d'un certain sens, & ont leurs directions dans un même plan; & la troisième, qui est la *résistante*, agit d'un sens directement opposé aux deux autres, entre lesquelles elle est toujours.

PROPOSITION.

Théoreme.

Fig. 474.

788. *Deux puissances P & Q que l'on compare, seront en équilibre, si elles sont en raison reciproque des perpendicu-*

laires DG & DH, *tirées du point d'appui D sur les lignes de directions CA & CB des puissances P & Q* : ainsi il faut prouver que P. Q : : DH. DG.

DEMONSTRATION.

Si du point D l'on tire les lignes DE, DF, parallèles aux lignes de directions CA, CB, l'on aura un parallelogramme EF, dont la diagonale CD exprimera la force de la puissance qui resiste aux deux puissances P & Q; le côté CE exprimera la force de la puissance P, & le côté CF celle de la puissance Q : ainsi l'on aura P. Q :: EC. ou DF. FC. mais dans le triangle DCF, l'on sçait que les sinus des angles sont dans la même raison que leurs côtez opposez. L'un aura donc le côté DF est au côté CF, comme le sinus de l'angle DCF est au sinus de l'angle CDF. Or comme DH est le sinus de l'angle DCF, & que DG est le sinus de l'angle CDF, puisqu'il est celui de l'angle alterne ECD, si à la place de DF on prend EC, l'on aura EC. FC : : HD. DG. & si au lieu de EC & FC l'on prend les puissances P & Q, l'on aura encore P. Q :: DH. DG. *C. Q. F. D.*

COROLLAIRE I.

789. Il est clair que si le point C s'éloignoit de plus en plus des trois points A, D, B, de sorte que les directions AC, DC, BC, des trois puissances P, R, Q, devinssent enfin parallèles, elles seront perpendiculaires ou obliques; si elles sont obliques, l'on aura encore P. Q: : DH. DG. car les lignes DH & DG sont des perpendiculaires tirées sur les lignes de directions des puissances P & Q; de plus à cause des triangles semblables DAG & DBH, l'on pourra à la place des lignes DH, DG, prendre les lignes DB & DA, d'où l'on tire P. Q :: DB. DA. *c'est-à-dire, que deux puissances appliquées aux extremitez des bras d'un Levier, sont en équilibre, lorsqu'ayant leurs directions parallèles, elles sont en raison reciproque des bras du Levier, c'est-à-dire, si P. Q :: DB. DA.*

Fig. 374. & 375.

REMARQUE.

Fig. 376.

790. L'on peut remarquer ici en passant, que si deux puissances portent un poids E appliqué dans le milieu d'un Levier, elles seront également chargées; car il y aura même raison de P à Q que de CB à CA : mais comme CB est égal à CA, la puissance P sera égale à la puissance Q. Et si au contraire le poids F, est plus près de A que de B, comme le poids F, la puissance P sera plus chargée que la puissance Q, puisque l'on aura P. Q :: DB. DA. Ainsi d'autant le bras DB sera plus grand que le bras DA, d'autant la puissance P sera plus chargée que la puissance Q.

COROLLAIRE II.

Fig. 377.

791. Mais si l'on a un Levier AB, dont le point d'appui soit à une des extrêmitez A, & que de deux puissances appliquées aux points D & B, l'une tire selon la direction DQ, & l'autre selon la direction BP en sens contraires, ces deux puissances seront encore en équilibre, si elles sont en raison reciproque des perpendiculaires AG & AH, tirées du point d'appui A sur leurs lignes de directions ; car faisant le parallelogramme EF, le côté CF exprimera la force de la puissance P, & la diagonale CD celle de la puissance Q, pour que ces deux puissances soient en équilibre. Et comme dans le triangle CFD les côtez CF & CD sont dans la raison des sinus de leurs angles opposez, l'on aura CF. CD :: AH. AG, ou bien P. Q :: AH. AG.

COROLLAIRE III.

Fig. 377. & 378.

792. L'on peut dire encore comme dans le Corol. 1er. que si le point C s'éloignoit de plus en plus à l'infini des points D & B, en sorte que les lignes de directions BP & DQ devinssent paralleles & perpendiculaires au Levier AB, les puissances P & Q demeureront toûjours en équilibre ; car dans ce cas la perpendiculaire AG deviendra

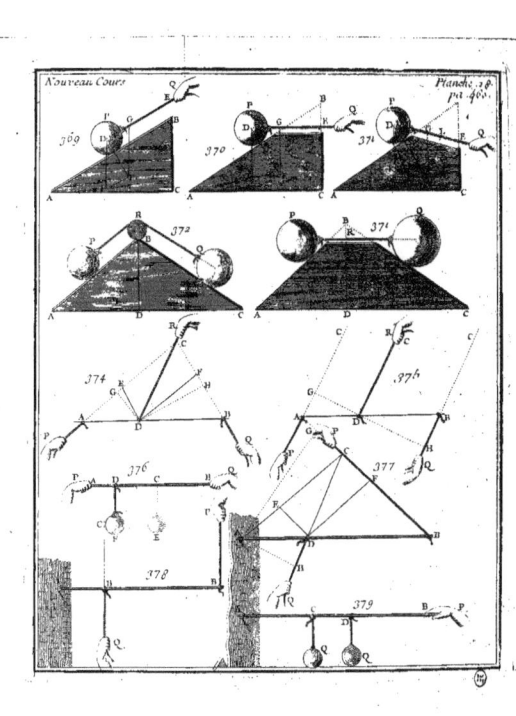

égale à la longueur du Levier AB, & la perpendiculaire
AH égale au bras AD, & l'on aura encore P. Q :: AD. AB.

COROLLAIRE IV.

793. Par conſequent ſi une puiſſance P ſoûtient un poids Q à l'aide d'un Levier AB, en ſorte que le poids ſoit dans le milieu D, le point d'appui à l'extrêmité A, & la puiſſance à l'extrêmité B, cette puiſſance ne ſoûtiendra que la moitié du poids Q; car l'on aura P. Q :: AD. AB. ainſi AD étant la moitié de AB, P ſera la moitié de Q. *Fig. 379.*

COROLLAIRE V.

794. Donc ſi le poids au lieu d'être dans le milieu du Levier, étoit au point C plus près de A que de B, la puiſſance ſera moins chargée qu'elle n'étoit auparavant; car l'on aura toûjours P. Q :: AC. AB. Et comme AC eſt moindre que CB, P ſera moindre que la moitié de Q.

COROLLAIRE VI.

Il ſuit que ſi la puiſſance étoit appliquée à un point quelconque D du Levier AB, & que le poids fût à l'extrêmité B, la puiſſance & le poids ſeront encore en équilibre, s'il y a même raiſon de la puiſſance au poids, que du Levier AB au bras AD. PLANCHE 29. *Fig. 380.*

COROLLAIRE VII.

795. Si l'on a un Levier AB, dont le point d'appui ſoit en E, deux poids P & Q attachez aux extrêmitez A & B, feront en équilibre, s'ils ſont en raiſon reciproque des bras du Levier, c'eſt-à-dire, ſi P. Q :: EB EA; car nous avons démontré que deux puiſſances dans cet état étoient en équilibre; ſi au lieu des puiſſances l'on met des poids qui leur ſoient équivalens, ils feront le même effet, & ſeront par conſequent en équilibre. *Fig. 381.*

Corollaire VIII.

Fig. 381.   796. Il fuit encore que fi l'on a deux poids appliquez aux extrêmitez d'un Levier ou d'une balance, on pourra toûjours trouver le point d'appui, autour duquel les deux poids feront en équilibre, en difant : comme la fomme de deux poids P & Q eft à toute la longueur de la balance AB; ainfi le poids P eft à la longueur du bras BE, qui donnera le point E pour le point d'appui.

Par la même raifon connoiffant les bras AE & EB avec un poids P, l'on trouvera toûjours l'autre poids Q, en difant, comme le poids P eft au bras EB, ainfi le bras AE eft au poids Q.

Corollaire IX.

Fig. 382.   797. Il fuit encore qu'ayant une verge AB d'une pefanteur quelconque, on pourra trouver un point tel que F, par lequel la verge étant fufpenduë, elle foit en équilibre avec le poids C ; car il n'y a qu'à divifer la verge AB en deux également au point D, & fuppofer que fa pefanteur eft raffemblée autour de fon centre de gravité pour avoir le poids E, enfuite chercher dans la verge AD, qui n'a plus de pefanteur, un point d'appui F, en difant : comme la fomme des deux poids C & E eft à la longueur AD, ainfi le poids E eft au bras AF.

Corollaire X.

Fig. 383.   Enfin l'on peut dire qu'ayant deux poids C & D appliquez aux deux extrêmitez d'une balance AB, à laquelle on fuppofe une pefanteur, que pour trouver un point d'appui, autour duquel la pefanteur de la balance & celle des poids foient en équilibre, il faut d'abord chercher un point d'appui tel que E, autour duquel les deux poids C & D foient en équilibre, en faifant abftraction de la pefanteur de la balance ; enfuite fuppofer que les poids C & D font réünis dans le feul poids G au centre de gravité E, & que la pefanteur de la balance eft

DE MATHEMATIQUE. 463

auſſi réünie dans le poids F autour de ſon centre de gravité H, & regardant la longueur EH comme une balance aux extrêmitez de laquelle ſont les poids G & F, on en cherchera le point d'appui, en diſant : comme la ſomme des deux poids G & F eſt à la longueur EH, ainſi le poids F eſt au bras EI, qui donnera le point I, qui ſera celui autour duquel la peſanteur de la balance & celle des poids C & D ſeront en équilibre.

COROLLAIRE XI.

798. Enfin ſi l'on a une verge ou balance AB d'une Fig. 384. certaine peſanteur avec un poids I ſuſpendu à l'extrêmité A, & qu'on prenne le point C pour le point d'appui, & que l'on veüille trouver dans le bras CB un endroit où un poids tel que H aidé de la peſanteur de la balance, ſoit en équilibre avec le poids I, il faut diviſer la balance AB en deux également au point E, & ſuppoſer que ſa peſanteur ſoit réünie dans le point F ; enſuite chercher la partie du poids I, qui fera équilibre avec le poids F, ou autrement avec la balance, en diſant : comme le bras AC eſt au poids F, ainſi le bras CE eſt à la partie du poids I qui doit faire l'équilibre, qui ſera, par exemple, la partie K. Preſentement pour trouver le point G, où le poids H doit être ſuſpendu pour être en équilibre avec ce qui reſte du poids I, qui eſt la partie L, il faut dire, comme le poids H eſt au bras AC, ainſi le poids L eſt au bras CG, que l'on trouvera après avoir déterminé la peſanteur de la balance AB, & celles des poids I & H.

L'on tire de ce Corollaire le moyen de faire la Balance Romaine, que l'on nomme auſſi *Peſon*.

REMARQUE.

799. Il y a encore une autre maniere de démontrer Fig. 385. l'équilibre dans les Machines dont nous n'avons pas encore parlé, mais qui s'entendra aiſément, ſi l'on ſe rappelle ce qui a été enſeigné dans le Traité du Mouvement.

Par exemple, pour prouver que deux poids P & Q

attachez aux extrêmitez d'un Levier AB, font en équilibre, s'ils font en raifon reciproque des bras EB & EA, c'eſt-à-dire, ſi P. Q :: EB. EA.

Confiderez que le poids P ne peut ſe mouvoir qu'il ne faſſe auſſi mouvoir le poids Q. Or fuppofant que le poids P puiſſe emporter le poids Q, dans le tems que le poids P décrira l'arc AF, le poids Q décrira l'arc GB : ainſi l'arc AF marquera la vîteſſe du Poids P, & l'arc GB la vîteſſe du poids Q en tems égaux. Mais nous avons fait voir * que deux corps avoient une même quantité de force, lorfqu'ils avoient des maſſes & des vîteſſes reciproques Ainſi ces deux poids auront des forces égales, ſi P. Q :: GB. AF. Or ſelon la fuppofition P. Q :: EB. EA. ainſi prenant donc EB & EA à la place de GB & AF, qui font dans la même raifon, l'on aura P. Q :: EB. EA. Par confequent ces deux poids ayant une même force, lorſqu'ils font dans la raifon reciproque des bras du Levier, demeureront donc en équilibre, puiſque l'un ne fera pas plus d'effort pour ſe mouvoir que l'autre.

* Art. 694.

COROLLAIRE.

Fig. 385.

800. Il ſuit que à ſi la place du poids Q on ſuppoſe une puiſſance, cette puiſſance ſera encore en équilibre avec le poids P, s'ils font en raifon reciproque de leurs chemins ou de leurs vîteſſes, qu'ils font en tems égaux, c'eſt-à-dire, ſi la puiſſance Q eſt au poids, comme le chemin ou la vîteſſe AF du poids; eſt au chemin ou à la vîteſſe GB de la puiſſance. *C'eſt pourquoi lorſque l'on fera voir dans les Machines que le chemin de la puiſſance & celui du poids font en raifon reciproque de la puiſſance & du poids, on prouvera toûjours que la puiſſance & le poids font en équilibre.*

Fig. 386.

Par exemple, pour prouver que ſi une puiſſance Q appliquée à l'extrêmité d'un Levier, foûtient un poids P, que la puiſſance & le poids feront en équilibre, ſi Q. P :: AF. AB. Imaginons que la puiſſance & le poids ſe foient mûs, en forte que le Levier AB ait pris la ſituation AD, la vîteſſe de la puiſſance fera l'arc DB, & la

vîteſſe

vîteſſe du poids l'arc EF ; & dans l'état de l'équilibre l'on aura Q. P :: EF. DB. & ſi à la place des arcs l'on prend les rayons, l'on aura Q. P :: AF. AB.

DÉFINITION.

801. Comme nous n'avons point mis de difference entre les Leviers dont nous venons de faire mention, & que cependant le point d'appui, ou la puiſſance réſiſtante change le Levier de nature, ſelon qu'il eſt placé diffe-remment, nous nommerons *Levier du premier genre* celui qui a une puiſſance à une extrêmité, un poids à l'autre, & le point d'appui entre les deux. Nous nommerons *Levier du ſecond genre* celui dont le point d'appui eſt à une des extrêmitez, une puiſſance à l'autre, & le poids entre les deux. Enfin nous nommerons *Levier du troiſiéme genre* celui dont le point d'appui eſt à une des extrêmitez, le poids à l'autre, & la puiſſance entre les deux.

Il y a encore une quatriéme ſorte de Levier, qu'on appelle *Levier recourbé*. Ce Levier eſt nommé ainſi, par-ce qu'il fait un angle au point d'appui ; ce qui lui a fait auſſi donner le nom d'*angulaire*. Ce Levier ſe rapporte toujours au Levier du premier genre, parce que la puiſ-ſance eſt à une des extrêmitez, le poids à l'autre, & le point d'appui entre deux.

CHAPITRE V.

De la Rouë dans ſon Eſſieu.

DÉFINITION.

802. LA *Rouë dans ſon Eſſieu* eſt une Machine com-poſée d'une Rouë attachée par ſes rayons fi-xement à un cylindre, que l'on nomme *Treüil*, aux ex-trêmitez duquel ſont des pivots de fer poſez ſur un affut qui n'eſt autre choſe qu'un aſſemblage de piéces de bois, qui ſert à porter la Rouë & ſon Eſſieu.

La puissance s'applique ordinairement à la circonférence de la Rouë, qu'elle fait tourner par le moyen des chevilles qui sont perpendiculaires à son plan, comme aux Rouës qui servent à tirer les pierres des Carrieres : pour le poids, il est toujours attaché à une corde qui tourne autour du Treüil.

PROPOSITION.
Théoreme.

803. *Si une puissance soûtient un poids à l'aide d'une Rouë, & que cette puissance agisse par une ligne de direction tangente à la Rouë, je dis que la puissance sera au poids comme le rayon du Treüil est au rayon de la Rouë.*

DÉMONSTRATION.

Fig. 387. Pour prouver que si la puissance Q soûtient le poids P en équilibre, il y aura même raison de Q à P que du rayon CB du Treüil au rayon CA de la Rouë. Remarquez que la ligne droite AB peut être regardée comme un Levier dont le point d'appui est au centre C du Treüil, & que la puissance Q étant à une des extrêmitez du Levier, & le poids à l'autre, l'on aura dans l'état de l'équilibre Q. P :: CB. CA.

Mais si la puissance au lieu d'agir selon la direction AQ, agissoit selon la direction DF toujours tangente à la Rouë, la puissance sera encore au poids comme le rayon du Treüil est au rayon de la Rouë ; car l'angle DCB fait un Levier recourbé, dont les bras sont les rayons CB & CD. Or si la puissance agit par une ligne de direction DF perpendiculaire au bras CD, elle fera le même effet à l'endroit D, qu'à l'endroit A : ainsi le Levier recourbé tenant lieu du Levier du premier genre*, l'on aura toujours Q. P :: CB. CA. ou bien Q. P :: CB. CD. *C. Q. F. D.*

* Art 801.

L'on peut encore démontrer ceci par le mouvement, en considérant que lorsque la puissance a fait un tour de la Rouë, le poids a fait un tour du Treüil ; mais nous sçavons que la puissance & le poids sont en équilibre, lorsqu'ils sont en raison réciproque de leurs vitesses : ainsi la circonference de la Rouë exprimant la vîtesse de la puissance, & la circonference du Treüil celle du poids, la puissance sera au poids comme la circonference du Treüil est à la circonference de la Rouë; mais prenant les rayons à la place des circonferences, puisqu'ils sont en même raison, l'on aura que la puissance est au poids comme le rayon du Treüil est au rayon de la Rouë.

CHAPITRE VI.

De la Poulie.

DÉFINITION.

804. LA *Poulie* est une rouë de bois ou de métal, qui est attachée à une *écharpe* ou *chape* de fer, qui embrasse la Poulie.

Lorsque la Poulie est attachée à l'endroit d'une Machine d'où elle ne bouge point, on la nomme *Poulie fixe*; & lorsqu'elle est attachée à un poids que l'on veut enlever, on la nomme *Poulie mobile*.

Lorsque plusieurs Poulies sont enfermées dans la même chape, soit qu'elles soient posées les unes au-dessus des autres, ou les unes à côté des autres, on les nomme *Poulies mouflées*, lesquelles peuvent être toutes ensemble fixes ou mobiles.

REMARQUE.

805. Dans la Théorie de la Poulie, non plus que dans celle de toutes les autres Machines, l'on n'a point d'égard aux frottemens des cordages, ni à celui de la Poulie sur son essieu ; cependant l'on peut dire que plus la Poulie sera grande & l'axe petit, & moins il y aura de frottement.

PROPOSITION.

Théoreme.

806. *Si une puiſſance ſoûtient un poids à l'aide d'une Poulie, dont la chape ſoit immobile, je dis*, 1°. *que la puiſſance ſera égale au poids.* 2°. *Que ſi la chape eſt mobile, de ſorte que le poids qui y ſeroit attaché, ſoit enlevé par la puiſſance, cette puiſſance ſera la moitié du poids, lorſque la direction de la puiſſance, & celle du poids ſeront paralleles.*

DÉMONSTRATION DU PREMIER CAS.

Fig. 388. Si l'on conſidere le diamétre AB de la Poulie, comme un Levier du premier genre, puiſque le poids eſt à une extrêmité, la puiſſance à l'autre, & le point d'appui entre les deux, qui eſt ici le point C. Il faudra pour que la puiſſance ſoit en équilibre avec le poids, avoir cette proportion Q. P :: CA. CB. Mais comme l'on a CA égal à CB, puiſque ce ſont les rayons d'un même cercle, l'on aura Q = P. *C. Q. F. D.*

Pour démontrer ceci par le mouvement, faites attention que ſi la puiſſance Q tire de haut en bas, la corde BQ de la longueur de deux pieds, cela ne ſe pourra faire ſans que le poids P ne ſoit monté, d'autant que la puiſſance eſt deſcendue, c'eſt-à-dire, de deux pieds; mais dans l'état de l'équilibre, la puiſſance doit être au poids dans la raiſon reciproque de la vîteſſe ou du chemin de la puiſſance & du poids. Et comme la vîteſſe de l'une eſt égale à la vîteſſe de l'autre, la force de l'une ſera égale à la force de l'autre.

COROLLAIRE.

807. Il ſuit que les Poulies fixes n'augmentent point la force de la puiſſance, & qu'elles ne ſervent qu'à changer les directions, & à diminuer le frottement qui ſeroit très-conſidérable ſi la corde ne tournoit pas avec la Poulie

DE MATHEMATIQUE. 469
& étoit obligé de glisser ou de passer par-dessus un cylindre immobile, au lieu qu'il n'est presque question ici que du frottement qui se fait de la Poulie contre son essieu, qui est bien plus petit que celui que feroit la corde sur le cylindre immobile, *le frottement de l'essieu étant à celui du cylindre immobile, comme le rayon de l'essieu est à celui de la Poulie.* Ce qui fait voir, comme nous l'avons déja dit, que plus la Poulie est grande, & l'essieu petit, moins il y aura de frottement.

DEMONSTRATION DU SECOND CAS.

Si l'on suppose une Poulie AB, au-dessous de laquelle passe une corde, dont l'un des bouts soit attaché à un endroit fixe G, & qu'à l'autre bout AE soit appliqué une puissance Q, ou bien que l'autre bout de la corde passe au-dessus d'une Poulie DE, afin que la puissance étant en Q, & tirant de haut en bas, agisse plus commodément; enfin que le poids P soit attaché à l'écharpe CI, il faut prouver que la puissance ne soûtient que la moitié du poids. Fig. 382.

Pour cela faites attention que le diamétre AB de la Poulie peut être regardé comme un Levier du second genre, dont le point d'appui est à l'extrêmité B, la puissance à l'extrêmité A, & le poids dans le milieu. Or si la puissance est en équilibre avec le poids, l'on aura Q. P :: CB. AB. mais le rayon CB, est la moitié du diamétre AB; donc la puissance Q sera la moitié du poids P.

Il faut remarquer que par ce qui a été démontré dans le premier cas, la Poulie DE ne fait autre chose ici que faciliter l'action de la puissance, puisqu'elle n'aura pas plus de force appliquée dans la partie EA de la corde, que dans la partie DQ, comptant toujours pour rien le frottement dans la Poulie DE, comme dans la Poulie AB.

On démontrera encore ceci par le mouvement, en considerant que si la puissance a élevé le poids P de deux pieds, chaque brin de corde GB & EA sera diminué de deux pieds; ainsi la puissance Q sera descenduë de qua-

Nnn iij

tre pieds, ou pour mieux dire, le brin DQ fera augmenté de quatre pieds; ainſi le mouvement de la puiſſance ſera double de celui du poids: par conſequent le poids ſera double de la puiſſance, puiſque dans l'état de l'équilibre, la puiſſance & le poids, ſont dans la raiſon réciproque de leurs viteſſes.

REMARQUE.

808. Il eſt à remarquer que ſi les brins AQ & BG ne ſont point paralleles, l'analogie précedente ne ſera plus la même, c'eſt-à-dire, que l'on n'aura pas Q. P :: BC. AB. mais que le rapport de la puiſſance au poids ſera dans la raiſon réciproque des perpendiculaires tirées du point d'appui B ſur les lignes de directions du poids & de la puiſſance. Or prenant la ligne AH pour la direction de la puiſſance, & la ligne CI pour celle du poids, BC ſera une perpendiculaire tirée ſur la direction CI du poids, & BF ſera une perpendiculaire ſur la direction AH de la puiſſance; ainſi l'on aura Q. P :: BC. BF. Ce qui eſt facile à entendre, ſi l'on a bien compris ce qui a été enſeigné au ſujet du Levier.

Mais comme plus la ligne BA eſt grande par rapport à la ligne BC, plus la puiſſance eſt grande par rapport au poids dans le Levier du ſecond genre; il s'enſuit que la ligne BF devenant plus petite que BA, lorſque les brins ne ſont pas paralleles, la puiſſance n'a pas tant de force dans ce cas-ci que dans l'autre, & par conſéquent il faut que les brins ſoient paralleles, pour que la puiſſance agiſſe avec toute ſa force.

CHAPITRE VII.

Du Coin.

DÉFINITION.

809. LE *Coin* est une Machine de fer ou de bois servant à élever des corps à une petite hauteur, ou à fendre du bois, qui est son principal usage. Sa figure est ordinairement isoscele, quand il sert à fendre du bois ; mais on suppose qu'elle est rectangle, quand on s'en sert pour élever un corps pesant. Fig. 390.

On suppose en premier lieu que les faces AO & BO du Coin, sont égales, & que le bois est fléxible ; de maniere qu'étant commencé à fendre, & le coin introduit par la force qui le pousse dans la fente, les faces de la fente sont pliées en ligne courbe, & que les faces du Coin les poussent en deux points I & K, où il y a deux puissances égales, qui résistent selon des directions EC & FC perpendiculaires aux faces du Coin, & à celle des fentes qui repoussent celles du Coin, autant qu'elles sont poussées par le Coin, parce que l'action est égale à la réaction, en supposant que la tête du Coin est frappée en G par un maillet ou une force, dont la direction est perpendiculaire à AB, & passe par l'angle AOB du Coin qu'elle divise en deux également, puisque le Coin est isoscele. Or l'objet de ceci est de prouver premierement que dans l'instant de l'équilibre que le Coin est enchassé, comme on vient de le dire, le bois ne se fend point, mais il se seroit fendu, pour peu que la force du Coin eût été plus grande ; il faut prouver, dis je, que dans l'instant de l'équilibre les faces du Coin poussant celles des fentes en sont également repoussées, ou, ce qui est la même chose, que les deux efforts qui se font en I & en K sont égaux.

Pour cela ayant pris fur GO, direction de la puissance R, un point quelconque D, & achevé le parallelogramme CEDF, je dis qu'il a tous ses côtez égaux ; car les triangles CIO, CKO, rectangles en I & en K, font égaux & semblables, puisque les angles COI, COK font égaux, & par conséquent aussi les angles OCI, OCK ; mais l'angle OCF est égal à l'angle CDE, étant alternes : donc l'angle OCI égal à OCK est égal à l'angle CDE, & par conséquent CE & DE font égales entr'elles, & partant le parallelogramme EF a les quatre côtez égaux ; mais dans l'état de l'équilibre l'action du Coin ou la résistance du bois en I, est à l'action du Coin ou à la résistance du bois en K, comme CE, CF ; donc puisque CE & CF font égaux, l'effort du Coin en I est égal à l'effort du Coin en K : nommant donc la force qui pousse le Coin R, & l'effort du Coin en I, P, l'effort en K fera aussi P.

PROPOSITION.

Theorême.

Fig. 390.   810. *La force qui chasse le Coin est à la résistance du bois, comme la moitié de la tête du Coin est à la longueur d'un de ses côtez : ainsi il faut prouver,* 1°. *que* R. 2P :: AG. AO. 2°. *Que si une puissance soûtient un poids à l'aide d'un Coin, la puissance sera au poids comme la hauteur du Coin est à sa longueur.*

DEMONSTRATION DU PREMIER CAS.

Il est clair que les trois puissances R, P, P, peuvent être regardées comme agissantes contre le point C, où leurs directions concourent ; c'est pourquoi l'on a R. 2P :: CD. CE+CF. ou CE+ED. mais les triangles ABO, CDE, font semblables ; car les triangles AGO, CIO, le font, ayant chacun un angle droit aux points G & I, & l'angle au point O commun ; c'est pourquoi CD. CE+DE. ou 2CE :: AB. AO+BO. ou 2AO. Donc R. 2P :: AB. 2AO. ou R. 2P :: AG. AO. en divisant par 2 les deux termes du deuxiéme rapport. *C. Q. F. D.*

DEMONST

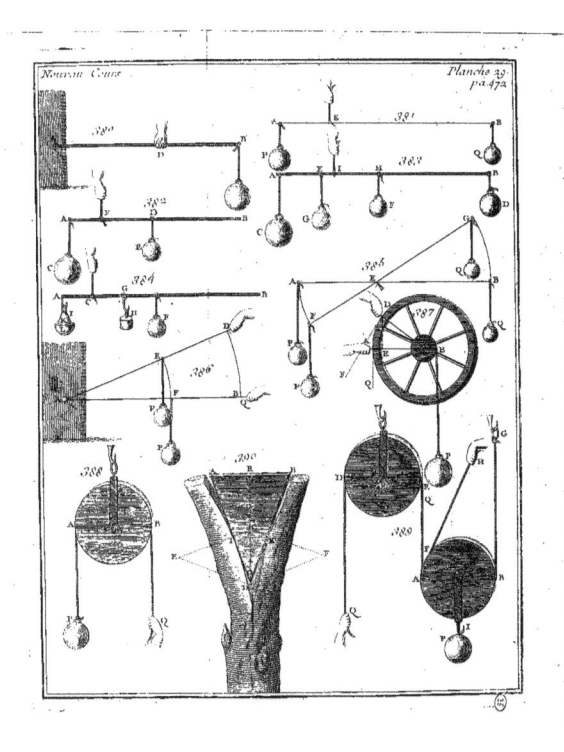

DE MATHEMATIQUE. 473

DÉMONSTRATION DU SECOND CAS.

Pour démontrer présentement que si une puissance Q soutient un poids à l'aide d'un Coin ABC, la puissance est au poids comme sa hauteur BC est à sa longueur CA, supposons que le poids P soit retenu par une corde GD, attachée à un point fixe D, & qu'une puissance Q pousse le Coin, en sorte que de l'endroit où il étoit, il soit parvenu en FA, pour lors le poids P sera monté au sommet B du Coin, ou au sommet E, qui est la même chose; alors le chemin de la puissance sera exprimé par la ligne AC, & le chemin du poids par la ligne CB; car la puissance a été de A en F, ou ce qui est la même chose, de C en A dans le même tems que le poids est monté de la hauteur BC ou EA; mais dans l'état de l'équilibre, la puissance & le poids sont dans la raison réciproque de leurs vîtesses; donc l'on aura Q. P :: BC. CA. *C. Q. F. D.*

PLANCHE 30.
Fig. 391.

COROLLAIRE.

811. Il suit que plus la hauteur ou la tête du Coin est petite, plus la puissance a de force.

CHAPITRE VIII.

De la Vis.

812. LA *Vis* est de toutes les Machines celle qui donne le plus de force à la puissance pour élever ou pour presser un corps, lorsque la puissance se sert d'un Levier pour la mettre en mouvement; & quoique cette Machine soit connue de tout le monde, voici cependant de la façon qu'il faut la concevoir, afin de mieux entendre l'analogie que nous en ferons.

Ayant un cylindre ABCD, imaginons que sa hauteur BD est divisée en un nombre de parties égales, & que par chaque point de division comme F & H, l'on a tiré des perpendiculaires FE & HG à la ligne BD, & que cha-

Fig. 392.

Ooo

que perpendiculaire soit égale à la circonference du cercle du cylindre, c'est-à-dire, qui auroit AB pour diamétre. Or si l'on tire des lignes EB & GF, l'on aura autant de triangles rectangles EBF & GFH, qu'il y a de parties égales dans la hauteur BD ; & si l'on roule tous ces triangles sur le cylindre, le point E viendra aboutir en F, & le point G en H, & toutes les hypotenuses EB & GF ainsi roulez, formeront ensemble une spirale sur le cylindre, qui commencera en B, & finira en D; ou autrement toutes ces hypotenuses formeront les filets de la Vis, & les hauteurs BF & FH seront les intervalles de ces filets, que l'on nomme *Pas de la Vis :* ainsi l'on peut donc dire que la Vis est un cylindre enveloppé de triangles rectangles, dont les hypotenuses EB & GF formeront les filets, les hauteurs BF & FH les pas de la Vis, & les bases EF & GH le contour du cylindre.

L'Ecrouë dans lequel entre la Vis, est un autre cylindre creux, dont le diamétre est égal à celui de la Vis, & dont la surface intérieure est composée de triangles rectangles égaux, & semblables à ceux qui sont roulez sur le cylindre pour former la Vis. C'est ainsi que les Géométres regardent la Vis & son Ecrouë.

Mais afin de tirer de la Vis toute l'utilité qu'on en attend, il faut entailler le cylindre entre les filets formez par les hypotenuses des triangles rectangles d'une certaine profondeur, & diminuer le diamétre de l'Ecrouë d'une grandeur égale à la profondeur des entrailles de la Vis, & faire les mêmes entailles dans les creux de l'Ecrouë ; afin que la Vis puisse entrer dedans, & y tourner librement : si l'Ecrouë est fixe en tournant la Vis, on la fait avancer, & si c'est la Vis qui est mobile, on fait avancer l'Ecrouë.

Il y a encore une autre sorte de Vis, que l'on nomme *Vis sans fin,* qui n'entre point dans un Ecrouë. Elle est mise en mouvement par une Manivelle, ou par une Rouë dentée, dont les dents glissent le long des pas de la Vis, comme on le verra dans les Machines composées.

PROPOSITION.

Théoreme.

813. *Si une puissance presse ou enleve un poids à l'aide d'une Vis, la puissance sera au poids, comme la hauteur d'un des pas de la Vis, est à la circonference du cercle que décrira la puissance appliquée au Levier, par le moyen duquel on meut la Vis.*

DÉMONSTRATION.

Si l'on suppose que l'Ecroüe CD de la Vis soit immobile sur le plan GH, la Vis EF étant mise en mouvement, fera monter le poids P qui est attaché à son extrêmité F, & si la puissance Q est appliquée à l'extrêmité B d'un Levier AB, il faudra pour faire tourner la Vis, qu'elle tourne elle-même. Or dans le tems qu'elle aura décrit une circonference de cercle, dont le rayon sera AB, la Vis aura aussi fait un tour, & sera montée de la hauteur d'un pas : ainsi le chemin ou la vitesse de la puissance sera exprimé par la circonference IB, & le chemin ou la vitesse du poids par la hauteur d'un pas de la Vis ; mais dans l'état de l'équilibre la puissance est au poids dans la raison réciproque de la vitesse de l'une à celle de l'autre. Donc la puissance Q, est au poids P, comme la hauteur d'un pas de la Vis, est à la circonference décrite par la puissance Q. *C. Q. F. D.*

Fig. 392.
& 393.

COROLLAIRE.

814. Il suit que plus les pas de la Vis seront serrez, & le Levier long, plus la puissance aura de force. Ainsi supposant que les pas de la Vis ne soient éloignez que de deux pouces, & que le Levier soit de 6 pieds, ou autrement de 72 pouces, la circonference du cercle dont il sera le rayon, sera de 452 pouces : ainsi la puissance sera au poids comme 2 est à 452, ou bien comme 1 est

à 226; par conséquent une puissance d'une livre sera en équilibre avec un poids de 226 livres.

Nous n'avons point eu d'égard ici au frottement, non plus que dans les autres Machines, quoiqu'il soit considerable.

CHAPITRE IX.

Des Machines composées.

815. NOus avons déja dit que lorsque plusieurs Machines simples de mêmes ou de differentes especes, servent à faire mouvoir un corps, la Machine qui étoit composée de toutes celles-là, se nommoit *Machine composée*. Or comme ces sortes de Machines montrent parfaitement l'utilité que l'on tire des Mécaniques dans la pratique des Arts, nous allons faire voir les proprietez de celles qui sont le plus d'usage.

816. Mais avant cela il faut sçavoir que l'effort d'un homme qui agit en poussant ou tirant (comme font ceux qui tournent au cabestan, & qui tirent les charettes) n'est que d'environ 25 livres, & que celle des chevaux qui agissent de la même maniere, n'est que de 175. livres, ou égale à celle de sept hommes, ce qu'on a connu par expérience.

817. Que l'effort d'un homme qui tire du haut en bas, peut être d'environ 50 ou 60 livres, & même davantage; mais il ne peut agir si long-tems : il peut même être égal à son poids ; mais alors il ne pourroit agir.

818. Que l'effort d'un homme qui marche dans une Rouë, est égal à son poids.

819. Que dans la pratique il faut avoir égard aux frottemens, qui sont d'autant plus grands, que la Machine est plus composée ; aux grosseurs des cordes qui allongent les rayons des cylindres de leur demi-diamétre ; à la grosseur des cordes qui augmentent aussi le

rayon du cylindre; à la roideur des mêmes cordes; que si l'on fait faire plusieurs tours à la corde, le rayon du cylindre augmente à chaque tour du diamétre de la corde.

ANALOGIE DES POULIES MOUFLÉES.

Si une puissance soutient un poids à l'aide de plusieurs Poulies, je dis que la puissance est au poids comme l'unité est au double du nombre des Poulies d'en bas, qui sont toujours les Poulies mobiles.

DÉMONSTRATION.

Fig. 394.

Soit HG la Moufle d'en haut, qui est celle qui doit être fixe, & DK la Moufle d'en bas, qui est celle qui doit hausser, & enlever le poids, soit aussi un des bouts de la corde attaché à l'extrêmité G de la Moufle d'en haut; après avoir passé au-dessus des Poulies A, B, C, & au-dessous des Poulies D, E, F, en sorte que son autre extrêmité soit le bout où est appliquée la puissance. Cela posé, lorsque la puissance tire le bout de la corde pour faire monter le poids, toutes les parties de la corde tirent d'une égale force à la puissance Q; c'est pourquoi chacune des Poulies d'en bas D, E, F, porte une égale partie du poids P, c'est-à-dire, que chacune porte un tiers, parce qu'il y a trois Poulies. Or si l'on considere que la Poulie F est un Levier du second genre, dont le point d'appui est en M, la puissance en N, ou dans la direction NO ou RQ, qui est la même chose, & le poids dans le milieu F, l'on aura que la puissance est au poids comme MN est à MF, c'est-à-dire, que la puissance sera la moitié du poids; mais comme la Poulie ne soûtient ici que le tiers du poids, la puissance n'en soutiendra que la sixiéme partie, puisque Q. P :: 1. 6. qui fait voir que la raison de la puissance au poids, est comme l'unité au double du nombre des Poulies D, E, F.

820. Mais si l'on avoit une Moufle EF immobile, dont Fig. 395. les Poulies A, B, C, D, fussent mises les unes à côté des

478   Nouveau Cours

autres, & une Moufle mobile LM, dont les Poulies G, H, I, K, fuſſent dans la même diſpoſition que celles d'en haut, & qu'une corde dont une des extrêmitez feroit attachée en I, paſſât au-deſſous des Poulies d'en bas, & au-deſſus des Poulies d'en haut, tant que l'autre bout étant parvenu à la derniere Poulie A, fût retenu par une puiſſance Q, l'on verroit encore que cette puiſſance eſt au poids, comme l'unité eſt au double du nombre des Poulies d'en bas ; ainſi comme il y a quatre Poulies G, H, I, K, l'on aura Q. P :: 1. 8.

Autre Demonstration
par le mouvement.

Fig. 394.   821. Pour prouver que Q. P :: 1. 6. dans la Figure 394. ou que Q. P :: 1. 8. dans la Figure 395. remarquez que pour que le poids P ſoit élevé par la puiſſance Q d'un pied, il faut que chacune des cordes qui ſoutient le poids ſe racourciſſe auſſi d'un pied, & qu'ainſi la puiſſance doit deſcendre d'autant de pieds qu'il y a de brins de cordes qui ſe racourciſſent : mais il y a deux fois autant de brins de corde qu'il y a de Poulies mobiles ; ce qui fait voir que la viteſſe du poids eſt à celle de la puiſſance comme l'unité eſt au double du nombre des Poulies d'en bas, & par conſéquent la puiſſance & le poids ſont en équilibre, puiſqu'ils ſont en raiſon reciproque de leurs viteſſes.

APPLICATION DE L'EFFET DES POULIES
aux Manœuvres de l'Artillerie.

Fig. 396.   822. De toutes les Machines compoſées, il n'y en a pas qui ſoient plus en uſage pour les manœuvres de l'Artillerie, & pour celles qu'on pratique en général, pour élever facilement des corps fort peſans, que la Chévre. Or pour faire voir ici l'effet de la Chévre ABCD, qui eſt équipée de deux Poulies mouflées immobiles E, F, & de deux autres mobiles G, H, à la moufle deſquelles eſt attachée une piéce de canon peſant 4800 livres. Conſiderez que fi la puiſſance eſt appliquée à la corde EQ, l'on aura Q.P :: 1. 4. ainſi la puiſſance ne ſoutiendra que la quatriéme partie du poids, c'eſt-à-dire, 1200 liv. mais la puiſſance, quand on ſe ſert d'une Chévre, n'eſt jamais appliquée aux cordes, elle eſt toujours appliquée à un Levier MO, qui paſſe dans le Treüil KL de la Chévre. Or ſi le Treüil a un pied de diamétre, & que le Levier depuis l'axe du Treüil juſqu'à l'endroit où eſt appliquée la puiſſance, ſoit de 5 pieds, ou autrement de 60 pouces, le rayon du Treüil & la longueur du Levier feront un Levier du ſecond genre, dont le point d'appui ſera au centre du Treüil, la puiſſance à l'extrêmité O, & le poids à l'endroit I de la circonference du Treüil. Si la puiſſance ſoutient le poids en équilibre, il y aura même raiſon de cette puiſſance au poids, que du rayon du Treüil à la longueur du Levier, c'eſt-à-dire, comme 6 pouces eſt à 60 pouces, ou bien comme 1 eſt à 10 ; mais le poids de 4800 livres eſt réduit à 1200 livres à l'endroit I, la puiſſance qui feroit appliquée au Levier ne ſoutiendra donc que la dixiéme partie de 1200 livres, qui eſt 120 livres : ainſi l'on voit qu'une puiſſance de 120 livres ſoutient par le moyen de la Chévre un poids de 4800 livres, & qu'elle en pourroit élever un beaucoup plus peſant avec une force même moindre que celle qu'on lui a ſuppoſée ici, en augmentant le nombre des Poulies, & la longueur du Levier.

DEFINITION.

823. La Machine ſimple à laquelle une puiſſance eſt immédiatement appliquée, & qui donne le mouvement à toutes les autres, eſt nommée la *premiere* ; celle ſur laquelle la premiere agit, la *ſeconde* ; & celle ſur laquelle la ſeconde agit, la *troiſiéme* : ainſi de ſuite.

COROLLAIRE I.

824. Il ſuit que l'effet de la premiere Machine eſt à la cauſe qui fait agir la ſeconde, comme l'effet de la ſe-

conde eſt à la cauſe qui fait agir la troiſiéme ; ainſi de ſuite juſqu'à la derniere.

COROLLAIRE II.

825. Il ſuit encore que dans les Machines compoſées le rapport de la puiſſance au poids eſt compoſé de l'effet de la premiere Machine à la cauſe qui fait agir la ſeconde, & de l'effet de la ſeconde à la cauſe qui fait agir la troiſiéme : ainſi de ſuite juſqu'à la cauſe qui fait mouvoir le poids, par exemple, dans la Chévre dont nous venons de parler, le rapport de la puiſſance Q au poids P eſt compoſée de celui de 1 à 10, & de celui de 1 à 4 : ainſi multipliant les antecedens de ces rapports les uns par les autres, & les conſequens auſſi les uns par les autres, on aura $\frac{1}{40}$ pour le rapport compoſé, qui eſt celui de la puiſſance au poids, & qui fait voir que la puiſſance eſt la quarantiéme partie du poids; car $\frac{1}{40}$ eſt la même choſe que $\frac{120}{1400}$, qui eſt le rapport que nous avons trouvé.

DES ROUES DENTE'ES.

DEFINITION.

826. Lorſqu'une Machine eſt compoſée de pluſieurs Rouës, il faut que toutes les Rouës ſoient *dentées*, excepté la *premiere*, & que toutes les lanternes ou pignons le ſoient auſſi, excepté le *dernier*, qui doit être rond, afin que la corde qui enleve le poids, s'entortille à l'entour, il faut auſſi qu'il y ait à chaque extrêmité des pivots des axes, pour pouvoir être ajuſtez dans une eſpece d'affut de maniere que la lanterne ou pignon de l'axe de la premiere Rouë engraine dans les dents de la ſeconde, la lanterne ou pignon de la deuxiéme dans les dents de la troiſiéme : ainſi de ſuite juſqu'à la derniere. Cette Machine ainſi compoſée, eſt nommée Machine *des Rouës dentées*, qui eſt propre pour élever de très-gros fardeaux, & d'autant plus gros & plus peſans que les Rouës ſeroient en plus grand nombre. ANALOGIE

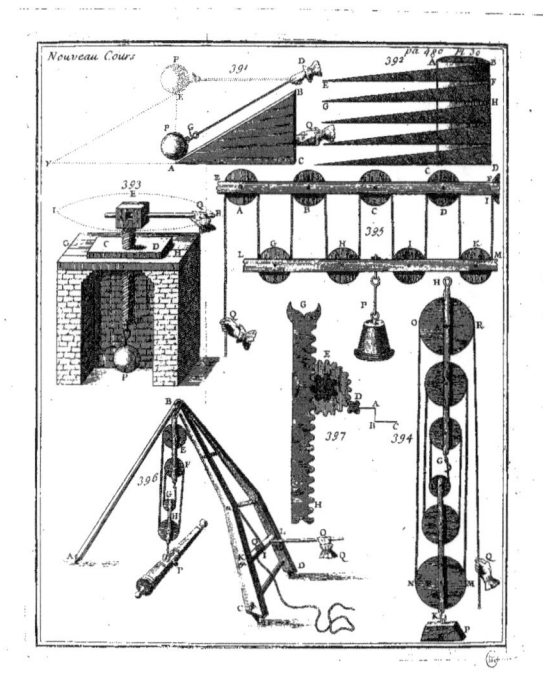

ANALOGIE DES ROUES DENTE'ES.

827. *Ayant nommé* f *le rayon de la premiere Rouë, à la circonference de laquelle est appliquée la puissance,* a *le rayon de son pignon,* g *le rayon de la seconde Rouë,* b *celui de son pignon,* h *le rayon de la troisiéme Rouë,* c *celui de son pignon,* k *le rayon de la quatriéme Rouë,* d *celui de son pignon;* l *le rayon de la cinquiéme Rouë, &* e *celui de son pignon, (qui n'est point denté) il faut faire voir que le rapport de la puissance* Q *au poids* P, *est comme le produit des rayons des essieux au produit des rayons des Rouës.* PLAN-CHE 31. Fig. 398.

Si la premiere Rouë étoit seule, & que la puissance enlevât par son moyen le poids P, qui devroit pour cela être suspendu au pignon ou au treüil de cette Rouë, l'on auroit Q. P :: *a. f.* mais l'effet de la premiere Rouë au lieu d'être employé à lever un poids, est employé à faire tourner la seconde par le moyen des dents de son pignon qui engraine dans les dents de la seconde Rouë; d'où l'on voit que l'effet de la premiere Rouë est la cause qui fait agir la seconde, parce que l'effet des dents de son essieu contre les dents de la seconde Rouë, est égale au poids qu'elle pourroit enlever. Il en est ainsi des autres. Or si l'on nomme l'effet de la premiere Rouë *r*, l'effet de la seconde *s*, celui de la troisiéme *t*, & celui de la quatriéme *u*, l'on aura pour le premier rapport *q. r :: a. f.* pour le second *r. s :: b. g.* pour le troisiéme *s. t :: c. h.* pour le quatriéme *t. u :: d. k.* enfin pour le cinquiéme & dernier rapport, *u. p :: e. l.*

Présentement si l'on multiplie ces cinq proportions terme par terme, c'est-à-dire, les antecedens par les antecedens, & les consequens par les consequens, l'on aura cette proportion *qrstu. rstup :: abcde. fghkl.* Et si l'on divise les deux premiers termes par *rstu*, l'on aura Q. P :: *abcde. fghkl.* d'où l'on tire cette analogie pour toutes les Machines composées des Rouës dentées: *Si*

q. r :: a. f.
r. s :: b. g.
s. t :: c. h.
t. u :: d. k.
u. p :: e. l.

une puissance soutient un poids à l'aide de plusieurs Rouës, la puissance est au poids comme le produit des rayons des pignons est au produit des rayons des Rouës.

APPLICATION.

828. Pour faire voir la force immense qu'on peut donner à une puissance par le moyen des Rouës dentées, supposons que la force de la puissance soit de 50 livres, & que cette puissance soit appliquée à la premiere Rouë d'une Machine composée de cinq Rouës de chacune 12 pouces de rayon, parce que nous les supposons égales, aussi-bien que les pignons qui seront, par exemple, d'un pouce de rayon. Cela posé, le rapport du rayon de chaque pignon au rayon de chaque Rouë, sera comme 1 est à 12 : ainsi le produit de tous les pignons sera 1, & celui de tous les rayons des Rouës sera 248832. Or si l'on veut sçavoir quelle est la pesanteur du poids qu'une puissance de 50 livres, que je suppose être la force d'un homme, pourroit enlever avec cette Machine : je considere que selon ce qui vient d'être démontré, la puissance est au poids comme le produit des rayons des pignons est au produit des rayons des Rouës, & que par consequent le produit des rayons des pignons est au produit des rayons des Rouës, comme la puissance est au poids : ainsi pour trouver le poids, je dis : Si un produit des rayons des pignons donne 248832 pour le produit des rayons des Rouës, que donnera la puissance de 50 livres pour le poids qu'elle seroit capable d'enlever ; l'on trouvera 12441600, qui est le nombre de livres qu'un homme peut enlever avec une force moyenne, aidée d'une Machine composée de cinq Rouës dentées.

DU CRIC.

829. Le Cric dont l'usage est si fréquent dans l'Artillerie, fait encore voir combien les Rouës dentées augmentent la puissance, & pour en calculer la force, con-

sidérez la Figure 397. qui représente à peu près les parties, dont l'intérieur du Cric est composé, qui est mis en mouvement par la manivelle ABC, où est appliquée la puissance; cette manivelle en tournant, fait tourner le petit pignon D, lequel étant engrainé dans la Rouë E, la fait aussi tourner. Au centre de cette Rouë est un autre pignon F, qui fait monter le Cric GH, pour enlever le fardeau. Présentement si l'on suppose que la manivelle AB (que nous considerons ici comme le rayon d'une Rouë,) soit de 15 pouces, que le pignon D ait un pouce de rayon, la Rouë E, 12 pouces aussi de rayon, & le pignon F deux, l'on connoîtra le rapport de la puissance au poids qu'on peut enlever, en considerant le rapport du produit des rayons des pignons au produit des rayons des Rouës: ainsi le produit des pignons sera 2, & le produit des Rouës 180; ce qui fait voir que la puissance sera au poids, comme 2 est à 180, ou bien comme l'unité est à 90. Or si l'on suppose que la puissance est 50, multipliant 50 par 90, l'on aura 4500, qui est à peu près le poids qu'un homme peut enlever par le moyen d'un Cric tel que celui que nous venons d'expliquer: & si au lieu de deux Rouës il y en avoit davantage, l'on voit qu'on peut avec le Cric lever des fardeaux d'une pesanteur immense.

PLAN-
CHE 30.
Fig. 397.

DE LA VIS SANS FIN
appliquée aux Roues dentées.

830. La Vis sans fin est encore une Machine propre à augmenter extrêmement la force de la puissance, surtout quand elle met en mouvement plusieurs rouës dentées. Supposant donc qu'on a une Machine composée d'une Vis sans fin, & de trois rouës, comme celle de la Figure 399, pour sçavoir le rapport de la puissance Q au poids P, je considere que la puissance étant appliquée à une manivelle ou à un levier AB, fera tourner la Vis, qui mettra en mouvement la premiere rouë, à cause que les pas de la Vis sont engrainez avec les dents de la pre-

PLAN-
CHE 31.
Fig. 399.

miere rouë, dont les pignons qui s'engrainent avec les dents de la feconde rouë, la fera tourner auffi, & le pignon de celle-ci la troifiéme rouë, au pignon de laquelle eft attaché le poids.

Préfentement fi l'on nomme n la circonference du cercle, qui auroit pour rayon le levier AC; a l'intervalle d'un pas de la Vis; f l'effet des filets contre les dents de la rouë; g le rayon de la premiere rouë; b celui de fon pignon; h le rayon de la feconde rouë, & d le rayon de fon pignon; k le rayon de la troifiéme rouë, & c celui de fon pignon; t l'effet de la premiere rouë, & u l'effet de la feconde. Voici comme il faut raifonner: l'on fçait que la puiffance qui eft appliquée au levier d'une Vis, eft à l'effet de la Vis, comme l'intervalle d'un des pas de la Vis eft à la circonference du cercle que décrit la puiffance, l'on aura donc cette proportion $q.f :: a. n.$ & l'effet de la premiere rouë donnera encore $f. t :: b. g.$ l'effet de la feconde $t. u :: d. h.$ & celui de la troifiéme $u. p :: c. k.$ Or multipliant ces quatre proportions termes par termes, l'on aura $qftu. ftup :: abdc. hgnk.$ & divifant les deux premiers termes par ftu, l'on aura $Q. P :: acdb. hgnk.$ d'où l'on tire cette analogie.

$$q.\ f.\ ::\ a.\ n.$$
$$f.\ t.\ ::\ b.\ g.$$
$$t.\ u.\ ::\ d.\ h.$$
$$u.\ p.\ ::\ c.\ k.$$
$$qftu. ftup :: acdb. hgnk.$$

831. Si une puiffance enleve un poids à l'aide d'une Vis, & de plufieurs Rouës dentées, la puiffance fera au poids comme le produit de l'intervalle d'un des pas de la Vis, par les rayons des pignons des Rouës, eft au produit de la circonference qui décrit la puiffance par les rayons des Rouës.

APPLICATION.

832. Pour fçavoir quel eft le poids qu'une puiffance de 50 livres peut enlever par le moyen de la Machine précedente, nous fuppoferons que le rayon CA du cercle que décrit la puiffance eft de $10\frac{1}{2}$ pouces, par confequent la circonference fera de 66 pouces; de plus qu'un

des pas de la Vis est de 2 pouces, que le rayon de la premiere rouë est de 24 pouces, & celui de son pignon de 3, que le rayon de la seconde rouë est de 20 pouces, & celui de son pignon de 2; enfin que le rayon de la troisiéme rouë est de 18 pouces, & celui de son pignon d'un pouce & demi.

Cela posé, si l'on multiplie les rayons des pignons les uns par les autres, l'on aura 9 au produit, qui étant multiplié par un des pas de la Vis, qui est de 2 pouces, l'on aura 18 pour un des termes de la proportion; & multipliant aussi les rayons des rouës les unes par les autres, & ensuite le produit par la circonference que décrira la puissance, l'on aura 570240 pour un autre terme de la proportion; ainsi la puissance sera au poids comme 18 est à 570240, ou comme 1 est à 31680. L'on pourra donc dire comme 1 est à 31680, qui est le rapport du produit des rayons des pignons par un pas de la Vis au produit des rayons des rouës par la circonference décrite par la puissance : ainsi 50 qui est la force de la puissance, est au poids que cette puissance est capable d'enlever; l'on trouvera que ce poids est de 1584000 livres.

REMARQUE.

Si un aussi grand poids que celui que nous venons de trouver, peut être enlevé par la force moyenne d'un seul homme avec une Vis à trois rouës seulement, ce n'est pas sans raison qu'Archimede disoit, pour faire voir jusqu'à quel point on pouvoit augmenter la force de la puissance, que si on lui donnoit un point fixe pour appuyer sa Machine, il ne seroit pas embarrassé d'enlever toute la Terre malgré l'immensité de son poids.

MACHINE COMPOSE'E D'UNE ROUE, & d'un Plan incliné.

833. Ayant un plan incliné GH, dont la hauteur est PLAN-GI, & un poids P sur ce plan, où il est retenu par une CHE 31.

corde BP parallele à GH, dont un des bouts est attaché au treüil d'un Tourniquet, qui est mis en mouvement par une puissance Q appliquée à un des leviers AQ, AD ou AC, qui servent à faire tourner le treüil pour attirer le poids P vers le sommet G, on demande quel est le rapport de la puissance au poids.

Ayant nommé GH, a; GI, b; le rayon du treüil, c; & la longueur d'un des leviers AC, AQ ou AD, d; & l'effort que fait la puissance qui seroit appliquée dans la direction PB pour soutenir le poids P, f; l'on aura par la proprieté du plan incliné $f. p :: b. a.$ & par la proprieté de la rouë la puissance Q ne soutenant que l'effort f de l'autre puissance q, l'on aura $Q. f :: c. d.$ Or multipliant les termes de ces deux proportions, l'on aura $Q. f. pf :: bc. ad.$ & divisant les deux premiers termes de cette proportion par f, il viendra $Q. P :: bc. ad.$ qui fait voir que la puissance est au poids, comme le produit du rayon de l'essieu par la hauteur du plan incliné, est au produit du rayon de la rouë ou de la longueur du levier par la longueur du plan incliné.

APPLICATION.

834. Il arrive fort souvent que pour tirer des corps pesans d'une cave, comme sont, par exemple, les muids de vin ou d'eau de vie, l'on se sert d'un Tourniquet pour en faciliter le transport : ainsi si les marches de la cave sont dans un même plan, l'escalier pourroit être regardé comme un plan incliné. Or si la hauteur de ce plan incliné est à sa longueur comme 4 est à 6, & qu'ayant un Tourniquet à l'entrée de l'escalier, le treüil soit, par exemple, de 6 pouces de rayon, & le levier de 36 pouces de longueur depuis le centre du treüil jusqu'à l'endroit où est appliquée la puissance, si l'on vouloit sçavoir la pesanteur du corps qu'une puissance de 50 livres peut soutenir ou attirer à soi par le moyen du Tourniquet, il faut commencer par multiplier le rayon du treüil, qui

DE MATHEMATIQUE. 487
est de 6 pouces, par la hauteur du plan incliné, qui est
de 4 pieds, ou qu'on peut prendre pour telle, le produit
sera 24 pouces; & multipliant la longueur du levier de
36 pouces par 6 pieds, le produit sera 2592 : ainsi la
puissance sera au poids qu'elle est capable de soutenir,
comme 24 est à 2592, ou comme 1 est à 108 : ainsi
pour trouver le poids, il n'y a qu'à dire : si 1 donne 108,
combien donneront 50 ; l'on trouvera 5400 livres pour
le poids que l'on cherche.

DE LA SONNETTE.

835. Presque toutes les Machines composées augmen- Fig. 400.
tent la force de la puissance, excepté celle que l'on nomme communément *Sonnette*, dont on se sert pour enfoncer
des pilots par le moyen d'un gros billot de bois, tel que A,
que l'on nomme *Mouton*. Ce Mouton est attaché par
deux mains de fer ou crampons B, suspendus à deux cordes qui passent sur des poulies G, & à ces cordes sont plusieurs bouts ON, qui sont tirez tout à la fois par des hommes qui levent le Mouton vers G, & le laissent tomber
tout d'un coup sur la tête du pilot CF que l'on veut enfoncer. Mais comme il arrive qu'à mesure que le pilot
s'enfonce, le Mouton tombe de plus haut, & acquiert
par son acceleration un plus grand degré de force, voici
comme l'on pourra mesurer la force du Mouton à chaque coup, & même sçavoir combien il faudra de coups
pour enfoncer un pilot à refus de Mouton.

Nous supposerons que le terrein dans lequel on veut
enfoncer le pilot, est homogéne dans toutes ses parties,
& qu'aussi-tôt que le bout du pilot est entré jusques un
peu au-dessus de la partie que l'on a taillée en pointe, le
terrein dans lequel on l'enfonce résiste toujours également, parce que l'on compte pour rien le frottement de
la terre qui entoure la surface du pilot, qui se trouve de
plus en plus couverte, à mesure que le pilot enfonce.

Cela posé, je suppose que le Mouton A après avoir été

enlevé jusqu'au plus haut de la Sonnette, se trouve éloigné de 3 pieds de la tête C du pilot, & que l'ayant laissé tomber, le pilot se soit enfoncé de 13 pouces, de sorte que la tête sera descenduë de C en D. Or pour sçavoir de combien le pilot sera enfoncé au second coup, qui sera plus fort que le premier, parce que le Mouton au lieu de tomber de H en C, tombera de H en D, je considere que la force ou la quantité de mouvement d'un corps est le produit de sa masse par sa vîtesse *, & qu'ainsi la force du corps A en tombant de H en C, sera à la force du même corps en tombant de H en D, comme le produit de la pesanteur du Corps A par la vîtesse acquise de H en C, est au produit de la pesanteur du même corps par la vîtesse acquise de H en D : mais nous sçavons que les vîtesses d'un corps qui tombe de differentes hauteurs, peuvent s'exprimer par les racines quarrées des espaces parcourus * : ainsi nommant a la masse du corps A; b, l'espace parcouru HC; & d, l'espace parcouru HD, l'on aura $\sqrt{b}$ pour la vîtesse acquise de H en C, & $\sqrt{d}$ pour la vîtesse acquise de H en D : ainsi la force du corps A tombant en C & en D, sera comme $\sqrt{ab}$ est à $\sqrt{ad}$, ou bien comme $\sqrt{b}$ est à $\sqrt{d}$. Mais les effets étant comme les causes, il s'ensuit que l'enfoncement du pilot au premier coup sera à l'enfoncement du pilot au second coup, comme la racine quarrée de l'espace parcouru par le Mouton au premier coup sera à la racine quarrée de l'espace parcouru au second coup. Or dans la supposition l'espace parcouru dans le premier coup est de 3 pieds, ou autrement de 36 pouces, dont la racine sera 6; & comme le pilot aura été enfoncé de 13 pouces, l'espace HD sera de 49 pouces, dont la racine est 7. Je dis donc pour trouver l'enfoncement du pilot au second coup, si la vîtesse 6 a donné 13 pour l'enfoncement du pilot au premier coup, combien donnera la vîtesse 7 pour l'enfoncement du pilot au second coup, l'on trouvera 15 & $\frac{1}{6}$, qui fait voir que le pilot sera enfoncé au second coup de 15 pouces 2 lignes, qui est la distance DE.

Pour

DE MATHEMATIQUE. 489

Pour fçavoir combien il fera enfoncé au troifiéme coup, PLAN-
je confidere que l'efpace HE eſt de 64 & $\frac{1}{6}$, dont la ra- CHE 31,
cine quarrée eſt 8, & je dis encore : Si la vîteſſe 6 donne Fig. 400.
13 pour l'enfoncement du pilot au premier coup, com-
bien donnera 8 ; l'on trouvera 17 pouces & 4 lignes, &
agiſſant toujours de même, l'on trouvera que l'enfoncement du quatriéme coup fera de 19 pouces, 6 lignes,
que celui du cinquiéme fera de 21 pouces, 8 lignes, &
que celui du fixiéme fera de 23 pouces, 10 lignes : ainſi
l'on aura pour l'enfoncement du pilot à chaque coup
les fix termes fuivans, 13 pouces, 15 pouces plus 2 lign.
$17+4$, $19+6$, $21+8$, $23+10$, qui font tous en
progreſſion arithmétique, puiſqu'ils fe furpaſſent de 2
pouces & de 2 lignes; ils fe furpaſſeroient même encore
de quelques parties de point, auſquelles je n'ai pas eu
égard.

L'on fera peut-être furpris de voir que les racines
quarrées des efpaces parcourus par le Mouton, font en
progreſſion arithmétique, de même que les quantitez
qui expriment l'enfoncement du pilot à chaque coup;
mais cela ne peut arriver autrement, comme on le va
voir.

Si l'on a une progreſſion arithmétique $\div$ a. b. c. d. e. f.
dont chaque terme marque le tems pendant lequel un
corps tombant de differentes hauteurs, a mis à parcourir
differens efpaces, & que ces efpaces foient, par exemple,
g. h. i. k. l. m, ces efpaces feront dans la raifon des quarrez des tems, c'eſt-à-dire, comme aa, bb, cc, dd, ee, ff :
Or ſi l'on extrait la racine quarrée de l'une & l'autre de
ces progreſſions, l'on aura $\div$ a. b. c. d. e. f. pour les tems,
& $\sqrt{g}$, $\sqrt{h}$, $\sqrt{i}$, $\sqrt{k}$, $\sqrt{l}$, $\sqrt{m}$, pour celles des efpaces parcourus. Or ſi les tems a, b, c, d, e, f, font en progreſſion
arithmétique, les racines des efpaces le feront auſſi : ainſi
il n'eſt plus étonnant que ſi les tems que le Mouton met
à tomber, font en progreſſion arithmétique, les racines
quarrées des efpaces, qui font les vîteſſes acquifes, le
foient auſſi : mais les vîteſſes acquifes peuvent être re-

Qqq

gardées comme les causes de l'enfoncement du pilot à chaque coup ; & comme les effets sont proportionnels à leurs causes, les causes étant en proportion arithmétique, les effets le seront aussi ; ce qui fait que le pilot doit s'enfoncer plus au second coup qu'au premier, & plus au troisième qu'au second, dans la raison d'une progression arithmétique.

L'on peut tirer de ce qu'on vient de dire, la maniere de connoître combien il faut donner de coups sur un pilot pour le faire entrer à refus de Mouton ; car on n'a qu'à considerer au premier coup de combien le pilot sera enfoncé, & regarder cette quantité comme le premier terme d'une progression arithmétique. Supposant donc que le Mouton tombant de 3 pieds de hauteur, le pilot se soit enfoncé de 12 pouces, & supposant aussi qu'au second coup le pilot se soit enfoncé de 14 pouces, je regarde ce nombre comme le second terme de la progression ; & comme la différence de ce terme-ci à l'autre est 2, je vois que le troisième terme sera 16, que le quatrième sera 18, le cinquième 20. Or si j'ai un pilot, par exemple, de 12 pieds de longueur, cette longueur exprimera la valeur de tous les termes de la progression pris ensemble : ainsi j'ajoute les termes que je viens de trouver pour voir s'ils valent 144 pouces ; & comme il s'en faut beaucoup, je cherche encore quelque terme, comme, par exemple, 22, 24 & 26, qui font avec les autres 152 pouces, qui surpassent la longueur du pilot de 8 pouces ; & comme ce sont 8 termes qui m'ont donné cette quantité, je vois qu'il faut 8 coups pour enfoncer le pilot jusqu'au refus de Mouton, puisque si le Mouton ne rencontroit pas la terre, il enfonceroit le pilot de 8 pouces au-delà de sa hauteur.

APPLICATION DE LA MECANIQUE
à la construction des Magazins à Poudre.

836. De tous les Edifices militaires, il n'y en a point qui soient d'une plus grande consequence que les Maga-

zins à poudre, & qui demandent plus de précaution pour les bien conftruire ; car comme on les fait toujours voûtez, il faut fçavoir quelles fortes de voûtes conviennent le mieux, de la voûte *en plein ceintre*, de celle qui eft *furbaiffée*, ou de celle qui eft *en tiers point*, pour être capable de réfifter le plus à l'effort de la Bombe, quand elle tombe deffus : après cela, il faut fçavoir proportionner l'épaiffeur des pieds droits, qui foutiennent les voûtes au poids, à la pouffée & à la grandeur des mêmes voûtes.

L'opinion de la plûpart des Ingenieurs eft partagée fur la maniere de voûter les Magazins à poudre ; les uns prétendent que la voûte en plein ceintre eft la meilleure de toutes, & les autres au contraire veulent que la voûte en tiers point foit préferable à celle-ci. Ce qu'il y a de certain, c'eft que la voûte en tiers point a moins de pouffée que celle en plein ceintre, & celle en plein ceintre que celle qui eft furbaiffée ; ce que l'on peut démontrer même géométriquement, & fans entrer dans une grande Théorie, je vais faire voir comme la voûte en plein ceintre a plus de pouffée que celle en tiers point

Confiderez la Figure 402. qui eft le profil d'un Magazin à poudre, dont la voûte eft en plein ceintre, & la Figure 403. qui eft un autre profil, dont la voûte eft en tiers point ; dans ces deux Figures l'on a divifé en deux également les arcs ED & VY par des lignes tirées de leurs centres. Or fi l'on confidere la partie fuperieure BAGC de la voûte comme un coin qui agit contre les pieds droits, & contre les autres parties de la voûte pour les écarter, l'on verra que plus l'angle ABC fera aigu, & plus le coin aura de force par la loi des Mécaniques, ou bien fi l'on regarde la ligne AB comme un plan incliné, l'on verra encore que plus il fera incliné, & plus le corps GAB qui tend à gliffer deffus aura de force pour defcendre, puifque la pefanteur relative fera moindre qu'elle ne le feroit, fi le plan incliné approchoit plus d'être horifontal. Or dans la Figure 403. fi l'on regarde encore TQRS comme un coin, l'on verra que l'angle QSR étant obtus,

Fig. 402. & 403.

le coin fera moins d'effort pour écarter les parties RZ & QN, que dans la Figure 402. où l'angle du coin eſt droit; & ſi l'on conſidere de plus la ligne QP comme un plan incliné, l'on verra que l'étant beaucoup moins que le plan AB, la partie TQS n'aura pas tant de force pour deſcendre, que la partie GAB; par conſequent tous les vouſſoirs qui compoſent la voûte en tiers point étant regardez comme des coins, ou comme des corps qui tendent à gliſſer ſucceſſivement ſur des plans inclinez, feront moins d'effort que ceux de la voûte en plein ceintre: d'où il s'enſuit que la voûte en plein ceintre a plus de pouſſée que la voûte en tiers point; & par une ſemblable démonſtration on fera voir que la voûte ſurbaiſſée a plus de pouſſée que celle en plein ceintre.

Un autre défaut de la voûte en plein ceintre, eſt qu'elle oblige à faire le toît fort plat; ce qui rend la voûte moins capable de réſiſter à la chûte des bombes, qui ne font point tant d'effort quand le plan ſur lequel elles tombent, eſt plus incliné, parce qu'alors elles ne font que rouler ſans faire de dommage conſiderable; & ſi l'on veut éviter ce défaut, au lieu de faire le toît comme dans

Fig. 402 & 404.

la Figure 402. le faire comme dans la Figure 404. c'eſt-à-dire, plus roide, l'on eſt obligé de charger la voûte à l'endroit de la clef d'une maſſe de maçonnerie qui oblige abſolument de faire les pieds droits plus épais: d'ailleurs un avantage de la voûte en tiers point, c'eſt que ſi l'on veut faire un Magazin qui ne ſoit pas fort élevé, l'on peut commencer la naiſſance de la voûte à 4 ou 5 pieds au deſſus du rez-de-chauſſée, & le Magazin eſt aſſez élevé, au lieu que le faiſant en plein ceintre, il faut que les pieds droits ayent au moins 8 ou 9 pieds de hauteur; ce qui oblige à les faire plus épais: car il n'y a point de doute qu'à meſure qu'on les fait plus élevez, il ne faille leur donner plus d'épaiſſeur. Enfin je pourrois rapporter encore pluſieurs raiſons en faveur des voûtes en tiers point; mais je crois que ce que j'en ai dit ſuffit pour faire voir combien elles ſont à préferer à celles qui ſont en plein ceintre.

DE MATHEMATIQUE. 493

Quoiqu'il foit prefque impoffible de déterminer l'épaiffeur que doit avoir la voûte d'un Magazin à poudre pour être à l'épreuve de la bombe, puifque les bombes ne font pas toutes d'égale pefanteur, & font fujettes à tomber de differentes hauteurs, cela n'empêche point qu'on ne fe foit déterminé à leur donner 3 pieds d'épaiffeur à l'endroit des reins, & je crois que cette épaiffeur fera fuffifante, quand le toît ne fera point trop plat.

Comme il m'a paru qu'il convenoit de donner une régle pour déterminer l'angle que doit avoir le faîte du toît d'un Magazin, afin qu'il ne foit ni trop obtus, ni trop aigu. Voici comme je m'y prends.

Suppofant qu'on veüille faire un Magazin à poudre, Fig. 404. dont la voûte foit en plein ceintre, je commence par déterminer la largeur du Magazin, qui fera, par exemple, la ligne AC, qui doit fervir de diamétre au demi-cercle de la voûte ; enfuite j'éleve fur le centre B la perpendiculaire BG, & je divife en deux également chaque quart de cercle AN & NC par les lignes BM & BE ; je donne 3 pieds à chacune des lignes DE & LM, qui déterminent l'épaiffeur des reins de la voute, & puis du centre B je décris un demi-cercle à volonté, qui fe trouve divifé en deux également par la perpendiculaire au point G, & dont le diamétre eft la ligne FI, je tire auffi les cordes FG & GI, & par les points E & M je fais paffer les paralleles OH & HK aux cordes qui font dans le demi-cercle, & ces paralleles me donnent le toît OHK, qui forment un angle droit en H, parce que l'angle H eft égal à l'angle G : ainfi fans tâtonner par cette méthode, il fe trouvera toujours que l'angle du faîte d'un Magafin à poudre fera droit, & cet angle me paroît convenir mieux qu'un autre, parce qu'il tient un milieu entre l'angle aigu & l'angle obtus, qui conviennent moins que celui-ci ; car l'angle obtus, comme je l'ai déja dit, rend le toît trop plat, & l'angle aigu charge trop la clef de la voûte par le grand vuide qu'il laiffe au-deffus de la clef, qu'on eft obligé de remplir de maçonnerie.

Fig. 403.

Pour tracer la voûte en tiers point, je suppose que les points V & X marquent l'endroit où doit commencer la naissance de la voûte, je tire une ligne de V en X, laquelle je divise en quatre parties égales; & du point P comme centre, & de l'intervalle PV, je décris l'arc VY, & du point O & de l'intervalle OX, je décris l'arc XY, lequel forme avec le précedent l'intradose VYX de la voûte: après cela je divise chacun de ces arcs en deux également, & je tire les lignes OR & PQ, & je donne à chacune des lignes AQ & BR 3 pieds & 3 pouces, & puis je divise la perpendiculaire LY en trois parties égales, & de l'extrêmité M de la premiere partie, je décris un demi-cercle KTD, & je tire comme dans la Figure 403. les cordes KN, ND, & par les points Q & R je fais passer deux paralleles aux cordes qui forment le toît de la voûte, dont l'angle du faîte est encore droit.

Si j'ai donné aux lignes AQ & BR 3 pieds 3 pouces, c'est parce qu'elles sont au-dessous des reins de la voûte; mais en suivant ce qui vient d'être dit, l'épaisseur des reins de la voûte se trouve dans leur plus foible avoir 3 pieds d'épaisseur: vous pouvez remarquer la différence de la maçonnerie qui se trouve au-dessus de la clef de la voûte en tiers point, & celle qui est au-dessus de la voûte en plein ceintre, c'est-à-dire, que l'une est beaucoup moins chargée que l'autre; car il n'y a que 6 pieds de hauteur de maçonnerie au-dessus de la voûte en tiers point, au lieu que dans celle en plein ceintre, il y en a plus de 10 : c'est aussi la raison pour laquelle les pieds droits de cette voûte sont bien moins épais que ceux de celles en plein ceintre; parce que d'ailleurs ils sont aussi moins élevez.

Mais pour regler l'épaisseur des pieds droits, tant pour les voûtes en tiers point, que pour les voûtes en plein ceintre, j'ai jugé à propos de rapporter ici une Table que j'ai calculée dans la rigueur géométrique, pour proportionner précisément l'épaisseur des pieds droits des voûtes des Magazins à poudre par rapport à la largeur dans œuvre qu'on peut leur donner, & à l'élévation des mêmes pieds droits, c'est-à-dire, que j'ai cherché un juste équilibre entre leur résistance & l'effort des voûtes : j'ai fait abstraction des Contreforts que l'on fait ordinairement pour soutenir les pieds droits, parce qu'en quelque façon on pourroit s'en passer; mais comme il sembleroit que ce seroit vouloir changer ce qui se pratique ordinairement, je laisse à la discrétion de ceux qui auront la conduite de ces sortes d'Ouvrages, d'en faire autant qu'ils le jugeront à propos, & de leur donner les dimensions qui leur conviendront le mieux. Car quoiqu'il semble qu'après avoir donné aux pieds droits des épaisseurs suffisantes pour résister à la poussée des voûtes des Magazins, il soit inutile d'y ajoûter encore des Contreforts, cela n'empêche pas qu'ils ne soient très-bien placez; puisqu'il convient même d'en faire aux murs qui n'ont point de poussée.

Il me reste à donner l'usage de la Table suivante, que j'ai calculée pour quatre sortes de Magazins à poudre. Dans la premiere Colonne l'on voit la largeur des Magazins, qui auroient depuis 20 pieds jusqu'à 36 dans œuvre; & la Colonne qui est à côté, marque l'épaisseur qu'il faut donner aux pieds droits des voûtes en plein ceintre de ces Magasins. Supposant d'ailleurs que tous les pieds droits de ces differens Magazins ayent toujours 9 pieds de hauteur depuis le rez-de-chauffée jusqu'à la naissance de la voûte. Ainsi voulant sçavoir quelle épaisseur il faut donner au pied droit d'un Magazin, dont la largeur seroit de 30 pieds, & dont les pieds droits auroient 9 pieds de hauteur depuis la fondation jusqu'à la naissance de la voûte : je cherche dans la premiere Colonne le nombre 30, & je vois qu'il correspond à 7 pieds, 7 pouces, qui est l'épaisseur qu'il faudra leur donner, pour que leur résistance soit en équilibre avec la poussée de la voûte d'un Magazin fait à l'épreuve de la bombe.

La seconde Table fait voir l'épaisseur qu'il faut donner

aux pieds droits des voûtes des Magazins à poudre, qui feroient faits en tiers point, en fuppofant que la naiffance de la voûte commence à 5 pieds au-deffus du rez-de-chauffée, comme on le voit marqué au fecond profil; & cela pour toutes les largeurs marquées dans la premiere Colonne : ainfi pour fçavoir l'épaiffeur qu'il faut donner au pied droit d'une voûte en tiers point d'un Magazin, dont la largeur dans œuvre feroit de 24 pieds, & dont les pieds droits en dedans ne font élevez que de 5 pieds au-deffus du rez-de-chauffée; il faut chercher dans la premiere Colonne le nombre 24, & l'on verra qu'il correfpond à 5 pieds 10 pouces, qui eft l'épaiffeur que l'on cherche.

La troifiéme Table fert pour regler l'épaiffeur qu'il faut donner aux pieds droits des Magazins, qui ont un étage foûterrein; & j'ai fuppofé en la calculant que la hauteur des pieds droits feroit de 12 pieds depuis la retraite au-deffus de la fondation, jufqu'à la naiffance de la voûte qui doit être en tiers point.

Enfin la quatriéme Table a été calculée pour les pieds droits des Magazins à poudre, qui auroient un étage pratiqué dans la voûte au-deffus de celui du rez-de-chauffée, & la hauteur des pieds droits a été fuppofée de 9 pieds pour tous les Magazins, dont la largeur auroit depuis 20 jufqu'à 36 pieds dans œuvres, & dont les voûtes feroient en tiers points.

Le principe qui m'a fervi à calculer cette Table, eft une fuite d'un des plus beaux Problêmes d'Architecture, que peu de perfonnes fçavent, non pas même les plus fameux Architectes. Ce Problême eft de fçavoir donner au pied droit d'une voûte une épaiffeur qui met la pouffée de la voûte en équilibre avec la réfiftance des pieds droits, ou, ce qui a encore rapport au même, fçavoir quelle épaiffeur il faut donner aux culées des ponts, pour foutenir la pouffée des arches. Le P. Derand dans fon Traité de la Coupe des Pierres, M. Blondel dans fon Cours d'Architecture, & plufieurs autres, ont prétendu donner des
regles

DE MATHEMATIQUE.

TABLE

Pour regler l'épaisseur qu'il faut donner aux pieds droits des voûtes des Magazins à poudre.

Largeur des Magaz. à poudre.	Epaisseur des pieds droits des voûtes en plein ceintre pour les Magazins à un étage.			Epaisseur des pieds droits des voûtes en tiers points pour les Magazins à un étage.			Epaisseur des pieds droits pour les voûtes des Magazins qui ont un étage souterrein.			Epaisseur des pieds droits pour les voûtes des Magazins qui ont un étage au dessus de celui du rez-de-chaussée.		
pieds	pie.	pou.	lig.	pie	pou.	lig.	pieds.	pou.	lig.	pieds.	pou.	lig.
20	5	10	0	5	2	0	7	0	0	5	5	6
21	5	11	8	5	3	0	7	2	5	5	8	6
22	6	2	2	5	5	6	7	4	10	5	10	6
23	6	4	6	5	7	4	7	7	3	6	0	10
24	6	6	0	5	10	0	7	9	8	6	2	6
25	6	8	3	6	0	4	8	0	1	6	4	6
26	6	10	0	6	2	0	8	2	6	6	5	11
27	6	11	9	6	5	0	8	4	10	6	8	0
28	7	2	6	6	8	0	8	7	3	6	10	3
29	7	4	9	6	10	6	8	9	8	7	0	0
30	7	7	0	7	1	0	9	0	1	7	2	9
31	7	9	4	7	2	4	9	2	6	7	5	0
32	7	11	10	7	4	9	9	5	11	7	8	0
33	8	2	8	7	7	0	9	8	4	7	10	6
34	8	3	11	7	9	4	9	10	9	8	2	0
35	8	5	9	7	11	0	10	1	2	8	4	2
36	8	8	0	8	0	0	10	3	7	8	6	0

Rrr

regles là-deſſus ; mais leur principe eſt faux, en ce qu'ils n'ont point d'égard à la hauteur des pieds droits, ni à la hauteur de la voûte : mais M. de la Hire le Pere en a donné une parfaite ſolution dans les Mémoires de l'Académie des Sciences de 1712. J'aurois pû rapporter ſon Mémoire, & en expliquer les endroits qui m'ont paru obſcurs ; mais comme il ſe ſert d'un Calcul algebrique un peu compoſé, qui ne pourroit être entendu des Commençans, je me ſuis contenté de m'en ſervir pour conſtruire la Table que je rapporte ici. Ceux qui en voudront ſçavoir davantage, pourront avoir recours au Mémoire de l'Académie que j'ai cité ; cela leur donnera peut-être occaſion de lire les beaux morceaux qu'elle donne tous les ans, & de s'inſtruire des belles découvertes qu'on y trouve.

Après avoir parlé des Magaſins à poudre, je crois qu'on verra avec plaiſir de quelle maniere ſe fait le choc des bombes qui tombent ſur leurs voûtes, afin qu'on ſente la différence qu'il y a de conſiderer les choſes comme elles nous paroiſſent, ou telles qu'elles ſont en elles-mêmes, & que les Mathématiques donnent ſur ce ſujet des connoiſſances que la pratique des plus habiles Bombardiers ne peut appercevoir.

APPLICATION DES PRINCIPES
de la Mécanique au jet des Bombes.

Nous avons fait voir dans la derniere Propoſition de la huitiéme Partie*, que pour trouver la force avec laquelle une Bombe tomboit ſur un plan, il falloit multiplier ſa peſanteur par la racine quarrée de la hauteur où elle s'étoit élevée, & nous avons agi comme ſi la Bombe tomboit ſelon une direction perpendiculaire à l'horiſon, & comme ſi le plan qu'elle choquoit, étoit de niveau avec la batterie ; mais comme les Bombes ne tombent que rarement par des directions perpendiculaires

* Art 837.

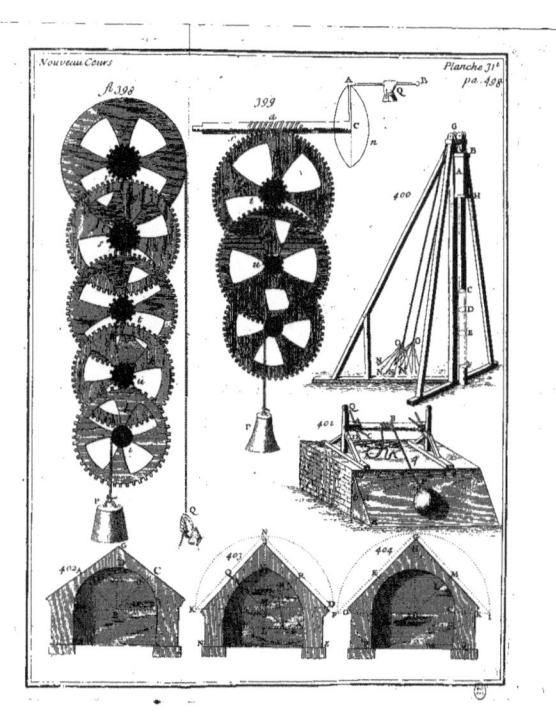

aux plans qu'elles rencontrent, & que le plus souvent elles tombent fur des furfaces qui font plus élevées que la batterie. Le Problême dont je viens de parler, n'est pas abfolument jufte, parce qu'on y fait abftraction des deux circonftances précedentes; & fi on ne les a pas fait entrer, c'eft qu'on n'étoit pas encore prévenu du principe de Mécanique expliqué dans l'article 759. Mais comme il ne refte plus rien à defirer à ce fujet, voici comme il faut raifonner.

Si la ligne AB marque l'élevation du Mortier fur le plan horifontal AC, & que la parabole AHD ait été décrite par la Bombe, la ligne AB qui va rencontrer l'axe prolongé de la parabole, fera la tangente de cette courbe menée du point A, & la ligne BD fera une autre tangente menée du point D; mais quand un corps eft jetté par une direction qui n'eft pas perpendiculaire à l'horifon, la direction felon laquelle ce corps choque un plan, eft marquée par la tangente menée par le point de la parabole, où le corps rencontre le plan : ainfi la Bombe qui aura décrit la parabole AHD, choquera le plan AC, felon la direction BD; mais comme cette ligne eft oblique au plan AC, fi la force de la Bombe eft exprimée par la ligne FD, elle ne choquera pas le plan avec toute la force FD; car fi l'on abaiffe FE perpendiculaire fur AC, & qu'on faffe le parallelogramme EG, la force FD fera égale aux forces FG & FE * agiffantes enfemble; mais la force FG parallele à l'horifon, n'agit point du tout fur le plan AC, il n'y a donc que la force exprimée par FE, qui choque le plan; ce qui fait voir que le choc de la Bombe, felon la direction BD, eft au choc de la même Bombe, felon la direction perpendiculaire BI, comme FE eft à FD, ou comme BI eft à BD, c'eft-à-dire, comme la fous-tangente eft à la tangente, ou bien comme la tangente de l'angle de l'élevation du Mortier eft à la fecante du même angle, ou encore comme le finus de l'angle de l'élevation eft au finus total : ainfi fuppofant que l'angle BAI foit de 50 degrez, l'on peut dire que le choc de la

PLANCHE 32.
Fig. 404.

*Art. 759.

Bombe tombant selon la direction perpendiculaire BI, est au choc par la direction BD, comme 100000 est à 76604.

A ne considerer que le choc des Bombes qui tombent sur un plan horisontal, il semble que ce que l'on vient de dire ne soit pas d'une grande utilité, parce que les Bombes que l'on jetté dans les ouvrages, soit de la part des Assiegez ou des Assiegeans, font toujours beaucoup plus d'effet par leurs éclats, quand elles crevent, que par le poids de leur chûte; & si le poids avoit lieu dans ce cas-ci, ce ne seroit qu'à l'occasion des soûterrains que l'on pratique dans les Places sous les Remparts pour les differens usages ausquels ils sont propres; mais comme le choc d'une Bombe merite plus d'attention, lorsqu'elle tombe sur un édifice que les Assiegeans ont interêt de ruïner, comme un Magazin à poudre, dont il s'agit de percer la voûte, qui est un plan incliné à l'horison, c'est particulierement la chûte des Bombes dans ce cas-ci qu'il nous faut examiner.

Fig. 405.

Si l'on a un Mortier au point A pour jetter une Bombe sur le plan incliné KL, & qu'on veüille sçavoir quel est le choc de la Bombe, qui après avoir décrit la parabole AHD, viendroit tomber à un point D du plan incliné, je considere que la Bombe frappant le point D, agit selon sa direction BD, qui est une tangente menée par le point D de la parabole. Or si l'on prend la ligne FD pour exprimer la force de la Bombe, lorsqu'elle est prête à tomber sur le plan incliné, cette force étant oblique au plan, n'exprimera pas la force avec laquelle la Bombe choquera ce plan, mais seulement la force de la Bombe en elle-même : & si du point F l'on mene la ligne FE perpendiculaire sur KL, elle exprimera la force avec laquelle la Bombe choquera le plan incliné; car faisant le parallelogramme GE, l'on aura les côtez FE & FG, qui exprimeront deux forces, lesquelles agissant ensemble, seront égales à la seule FD; mais la force FG, étant parallele au plan KL, n'agit point du tout sur ce plan. I n'y a donc que la ligne FE qui exprime le choc de la Bombe : ainſi l'on peut dire que le choc d'une Bombe qui tombe obliquement ſur un plan incliné, eſt au choc de la direction perpendiculaire, comme FE eſt à FD, ou comme le ſinus de l'angle FDE, eſt au ſinus total, étant tombée de la même hauteur.

Si l'on vouloit ſçavoir quel eſt ce rapport, il faudroit chercher l'angle FDE, que l'on trouvera en connoiſſant la valeur de l'angle KDC, formé par l'horiſon & le plan incliné, de plus l'angle d'inclinaiſon BAD du Mortier, qui eſt égal à BDA : ainſi ſuppoſant l'angle BDA de 50 dégrez, & l'angle KCD de 70 : ſi on les ajoute enſemble, l'on aura 120 degrez, qui étant ſouſtraits de deux droits, la difference ſera 60 degrez pour la valeur de l'angle FDE, dont le ſinus eſt 86602, par conſequent le rapport du choc de la Bombe, ſelon la direction perpendiculaire, eſt à celle, ſelon la direction oblique FD, comme 100000 eſt à 86602.

Tout le monde croit (& l'on a raiſon dans un ſens) que plus les Bombes tombent de haut, & plus le choc ſur le plan qu'elles rencontrent, eſt violent. Cependant ceci n'eſt vrai que quand le plan que la Bombe rencontre eſt de niveau avec la batterie, parce que tombant de fort haut, elle décrit ſur la fin une ligne courbe, qui approche fort de la verticale ; mais quand le plan eſt incliné à l'horiſon, la chûte par la verticale même eſt celle qui choque le plan incliné avec moins de violence que par toutes les autres directions poſſibles, qui ſeroient entre l'horiſontale & la verticale, ſi les bombes tombent d'une hauteur égale ; & ce n'eſt que quand la tangente menée au point de la parabole qui rencontre le plan incliné, eſt perpendiculaire à ce plan même, que la Bombe choque avec toute ſa force abſoluë. Or pour faire en ſorte qu'une Bombe tombe ſur un plan incliné par une direction perpendiculaire, il faut connoître l'angle d'inclinaiſon que forme le plan avec l'horiſon, & pointer le

Mortier sous un angle qui soit égal au complément de celui du plan incliné.

Fig. 406. Par exemple, si sur le plan incliné KL, on éleve la perpendiculaire BD au point D, qui aille rencontrer la perpendiculaire BE, élevée dans le milieu de l'amplitude AD de la parabole, & qu'on tire la ligne AB, l'angle BAD sera celui qu'il faut donner au Mortier pour chasser la Bombe au point D; mais cet angle est égal à l'angle BDE, lequel est complement de l'angle KDC, puisque BDK est droit; donc l'angle BAE, complement de l'angle d'inclinaison, est celui qu'il faut donner au Mortier, pour que la Bombe choque le plan incliné par une direction perpendiculaire au même plan.

Par cette Théorie l'on pourroit déterminer quelle est la charge, ou si l'on veut, quels sont les degrez de force que doit avoir un Mortier, & l'angle qu'il lui faut donner pour chasser une Bombe sur un plan incliné, en sorte que la Bombe choque ce plan avec toute la force qu'il est possible; démontrer même que lorsque les racines quarrées des differentes hauteurs d'où une Bombe tombera sur un plan incliné, seront reciproquement proportionnelles aux sinus des angles d'incidens formez par les differentes directions des Bombes, que le choc sera toujours égal, & une quantité d'autres choses, qui à la verité sont plus propres à exercer l'esprit, qu'à être mises en pratique; c'est pourquoi je ne parlerai plus que de deux cas qui me restent à expliquer; sçavoir quel est le choc des Bombes qui seroient tirées d'un lieu plus bas ou plus élevé, que le plan incliné qu'elle doit rencontrer : & comme sçachant un de ces cas, il est aisé de concevoir l'autre, voici celui qui regarde le plan incliné plus élevé que la batterie.

Fig. 407. Si par les regles du Jet des Bombes l'on a trouvé l'angle BAI pour donner au Mortier une élevation convenable, afin de jetter une Bombe au point D d'un plan incliné KL, plus élevé que l'horison AP, l'on connoîtra l'amplitude AP de la parabole AHP, & par conſequent ſon axe HI; & avant cela on aura dû ſçavoir l'élévation DQ du point D, ſur l'horiſon AP : mais ſi la Bombe au lieu de tomber en P, tombe en D, menant DO parallele à PA, la vîteſſe de la Bombe ſera exprimée par la racine quarrée de HN. Or ſi l'on prend la ligne FD pour exprimer cette force, & que l'on tire la ligne FE perpendiculaire au plan KL, le choc de la Bombe au point D ſera exprimé par la ligne FE, & non pas par la ligne FD, comme on vient de le voir. Or le rapport du choc perpendiculaire au choc oblique, étant comme FD eſt à FE, ou comme le ſinus total eſt au ſinus de l'angle FDE : ſi l'on veut avoir ce ſinus pour connoître en nombre le rapport de la ligne FD à la ligne FE, il faut chercher la valeur de l'angle MON, formé par l'ordonnée ON & la tangente OM, qui eſt l'angle qu'il auroit fallu donner au Mortier, ſi la Bombe avoit été tirée de l'endroit O, de niveau avec le point D. Pour le trouver, conſiderez que l'on connoît l'abciſſe HN, qui eſt la différence de HI à HD, & que par conſéquent on connoîtra auſſi la ſouſtangente MN, qui eſt un des côtez du triangle rectangle MNO ; & comme pour trouver l'angle que nous cherchons, il nous faut encore le côté ON. Pour le trouver, l'on dira : Comme l'abciſſe HI eſt à l'abciſſe HN, ainſi le quarré de l'ordonnée AI eſt au quarré de l'ordonnée ON, que l'on trouvera par la regle de proportion, dont extrayant la racine quarrée, l'on aura le côté ON, qui donnera avec le côté MN l'angle MON ou MDN ſon égal ; & ſi l'on ajoute à cet angle la valeur de l'angle EDC, formé par le plan incliné & l'horiſon, & que l'on ôte la ſomme de ces deux angles de la valeur de deux droits, l'on aura pour la différence l'angle FDE, dont le ſinus ſervira à déterminer le choc de la Bombe au point D, par rapport au ſinus total qui exprime la force abſoluë.

L'on peut auſſi tirer de tout ceci des regles pour déterminer la force d'un Boulet de canon, qui choqueroit

Fig. 408. & 409.

une surface par des batteries differemment éloignées de cette surface; par exemple, si l'on a une surface verticale AB, & que du point C l'on tire un Boulet, en sorte que l'ame de la piéce soit pointée selon la direction CD perpendiculaire à cette surface, le Boulet au lieu de frapper au point D, frappera au point G, plus bas que le point D, parce que sa pesanteur lui fera décrire la parabole CPG, & le choc du Boulet se fera selon la direction de la ligne IG tangente à la parabole au point G: ainsi ce sera la ligne IK perpendiculaire à la surface qui exprimera le choc du Boulet, & non pas la ligne IG, diagonale du parallelogramme KL. Or si le même Boulet au lieu d'être chassé du point C, est chassé du point E, avec la même force, la distance EF étant plus grande que CA, choquera la surface au point H avec moins de force qu'il ne la choque au point G; ce n'est pas que cette plus grande distance lui ait rien fait perdre de son degré de mouvement; (si l'on compte pour rien la résistance de l'air) mais c'est que la parabole EqH étant plus grande que CPG, le point H où le Boulet aura choqué la surface, sera bien plus éloigné de F que le point G ne l'est de D; par consequent la tangente MH que l'on menera à la parabole par le point H, sera plus incliné à la surface AB, que la tangente IG ne l'est à la même surface. Or faisant MH égal à IG, si l'on mene la ligne MN perpendiculaire à la surface AB, elle sera dans la même raison avec la perpendiculaire IK, comme le choc du Boulet tiré de l'endroit E sera à celui du Boulet tiré de l'endroit C, ou bien comme le sinus de l'angle MHN sera au sinus de l'angle IGK; d'où il s'ensuit que quand on bat avec le canon une surface de fort loin, ce n'est pas que le Boulet ait rien perdu de sa force, qui fait qu'il ne choque pas la surface avec autant de violence, que s'il avoit été tiré de plus près, comme bien des gens le croyent; mais au contraire, c'est que ne frappant la surface que par une direction fort oblique, il n'agit pas avec autant d'effort, que s'il la frappoit par une autre direction

rection qui approchât plus d'être perpendiculaire ; car si un Boulet en sortant de la piéce ne rencontroit pas des corps à qui il communique du mouvement qu'il a reçû de l'impulsion de la poudre, & que l'air ne lui fît aucun empêchement, & que la pesanteur du Boulet ne le fît pas tendre vers le centre de la Terre : en un mot qu'il pût toûjours aller en ligne droite, sa force seroit toûjours la même à quelque distance qu'il fût porté, puisqu'il conserveroit toûjours le mouvement qu'il a reçu, s'il n'en perdoit à mesure qu'il en communique aux corps qu'il rencontre, n'y ayant point de raison que cela puisse être autrement.

M. Tusereau est celui qui m'a occasionné de rechercher ce que l'on vient de voir ; car raisonnant sur les differens effets du choc des Bombes & des Boulets, il s'est apperçû que ces corps n'agissoient pas avec toute leur force absoluë : il m'a prié d'en chercher la cause.

AVERTISSEMENT.

Comme l'on a coûtume de comprendre sous le nom de *Mécanique*, les expériences qui se font avec la poudre, & tout ce qui est mêlé de Théorie & de Pratique, je crois qu'il n'est pas hors de propos de donner ici le moyen de faire des épreuves pour connoître la charge qui convient aux Mines, selon leur differentes lignes de moindre résistance, & de faire voir que ce que l'on pratique ordinairement à ce sujet, n'est pas juste.

NOUVELLE MANIERE DE FAIRE
des épreuves pour sçavoir la charge qu'il convient de donner aux Fourneaux des Mines.

838. De toutes les parties de la Guerre, il n'y en a point où les Mathématiques & la Physique ayent plus de part, que dans la Science des Mines, si on vouloit la traiter avec toute la Théorie qui s'y trouve attachée. La plûpart de ceux qui en ont eu jusqu'ici la conduite, l'ont

fait confifter à fçavoir conduire une Galerie d'une certaine longueur, afin de placer des fourneaux aux endroits qu'on fe propofoit de faire fauter; & il leur fuffifoit d'avoir un peu de pratique, & l'ufage de quelque Table neceffaire à la charge des fourneaux, pour executer ce qui fe fait ordinairement; & ne portant point leur vûë au-delà de la manœuvre ordinaire, ils n'ont pas crû qu'il y avoit des regles qui puiffent mefurer les efforts de la poudre, & une induftrie à conduire des Galeries des rameaux, qui rendiffent une Place auffi refpectable par les forces foûterraines, que par les ouvrages de fortification les mieux conditionnées; & l'on feroit peut être encore dans ce préjugé, fi M. de Valiere n'avoit fait fentir qu'il y avoit dans la conduite des Mines, un Art que la Géométrie feule étoit capable de développer; & c'eft en voulant fuivre fes vûes, que je vais expliquer une des chofes la plus effentielle de la Science des Mines.

L'ufage ordinaire pour charger les Mines, eft qu'après avoir trouvé la quantité de toifes ou de pieds cubes de terres qu'un fourneau doit enlever, on multiplie cette quantité par le nombre de livres de poudre qu'on juge neceffaire pour chaque toife cube; par exemple, fi c'eft une terre vierge, & qu'on veuille employer 16 livres de poudre par toife, voulant fçavoir combien il en faut pour un fourneau qui auroit 15 pieds de ligne de moindre réfiftance, on multiplie 28 toifes cubes (qui eft la valeur de la maffe qui répond à cette ligne) par 16; il vient 448 livres de poudre pour la charge du fourneau.

C'eft ainfi qu'on a agi jufqu'à prefent, pour trouver la charge des fourneaux; mais fi l'on confidere que dans l'effet des Mines, il ne faut pas feulement avoir égard à la pefanteur des terres; mais encore à leur tenacité, l'on verra qu'il ne fuffit pas pour proportionner exactement la charge de deux fourneaux differens, d'avoir égard à la quantité des terres de chacune, c'eft-à-dire, que fi l'on a 8 toifes cubes à enlever d'une part, & 16 toises cubes de l'autre dans le même terrain, la charge des deux fourneaux ne doit pas être dans la raison de 8 à 16; car le grand fourneau sera plus chargé à proportion que le petit, comme on le va voir.

L'on sçait que les corps semblables sont dans la raison des cubes de leurs axes : ainsi si l'on a deux fourneaux à faire jouer, dont les lignes de moindre résistance soient inégales, ces fourneaux ayant à enlever des cônes tronquez semblables, l'on peut dire que les masses sont dans la raison des cubes des lignes de moindre résistance; mais l'on sçait aussi que les surfaces des corps semblables sont dans la raison des quarrez de leurs axes; & comme la tenacité des terres à l'égard de l'effet d'un fourneau, répond précisément à la surface du corps qu'il doit enlever, l'on voit que s'il faut avoir égard dans l'effet des Mines au poids des terres & à leur tenacité, que ce sont les cubes & les quarrez des lignes de moindre résistance, qui déterminent le rapport de leurs poids & de leur ténacité. Or comme la poudre fait plus d'effort pour détacher les terres, qu'elle n'en fait pour les enlever : ce n'est donc point sans raison que je dis qu'il faut pour charger les fourneaux, avoir non seulement égard au rapport du poids des terres, mais encore à celui de leur tenacité. Presentement si l'on fait attention que de plusieurs corps semblables & inégaux, les plus grands ont moins de surface à proportion que les plus petits; l'on verra que la tenacité des terres pouvant être exprimée par la surface du corps que la poudre doit enlever, ou par le quarré de la ligne de moindre résistance, qu'il y a moins de tenacité à proportion dans les Mines qui ont de grandes lignes de moindre résistance, que dans celles qui en ont de plus petites. Par exemple, si l'on suppose deux fourneaux, dont la ligne de moindre résistance du plus petit, soit de 10 pieds, & celle du plus grand de 20, la tenacité des terres sera dans la raison des quarrez de 10 à 20, c'est-à-dire, comme 100 est à 400; & le poids sera comme le cube de 10 est au cube de 20, c'est-à-dire, comme 1000 est à 8000. Ce qui fait voir que de deux Mines, dont l'une a une ligne de moindre résistance double de l'autre, le poids des terres de la plus grande est octuple de celui des terres de la plus petite, tandis que la tenacité de la plus grande n'est que quadruple de la tenacité de la plus petite : & si l'on ne fait attention qu'à la quantité des terres pour proportionner la charge des Mines, l'on charge les grandes Mines beaucoup plus à proportion que les petites; ce qui est une consommation de poudre superfluë, qui peut devenir même nuisible, par les débris qu'une Mine trop chargée jette quelquefois sur ceux mêmes qui la font joüer.

Si l'on vouloit examiner presentement de quelle façon l'air peut avoir part dans l'effet des Mines, il faudroit considerer la force de son ressort, quand il est dilaté dans un fourneau, dans quelle raison la force de ressort augmente à mesure que la poudre s'enflamme ; quelles sont les altérations qu'il peut recevoir, en agissant contre le corps qu'il pousse, calculer même le poids de l'atmosphère qui répond aux lignes de moindre résistance ; faisant voir que ce poids se trouve dans la raison des quarrez des lignes de moindre résistance, tandis que celui des terres, est dans la raison des cubes des mêmes lignes ; mais comme cela me conduiroit insensiblement dans une Physique abstraite, qui demanderoit d'être précedée de certains principes, dont je ne suppose point ici la connoissance ; je me contenterai de ne parler que de ce qui a le plus de rapport à la Géométrie, afin de ne rien avancer qui ne se réduise au calcul.

Comme la méthode de se bien conduire dans l'étude des Sciences, & dans la pratique des Arts, est l'unique voye pour acquerir beaucoup de connoissance ; voici, ce me semble, ce qu'il faudroit suivre pour mesurer la force de la poudre dans les Mines, afin de sçavoir combien il en faut pour la tenacité, combien pour le poids des terres, & combien pour le poids & la tenacité ensemble.

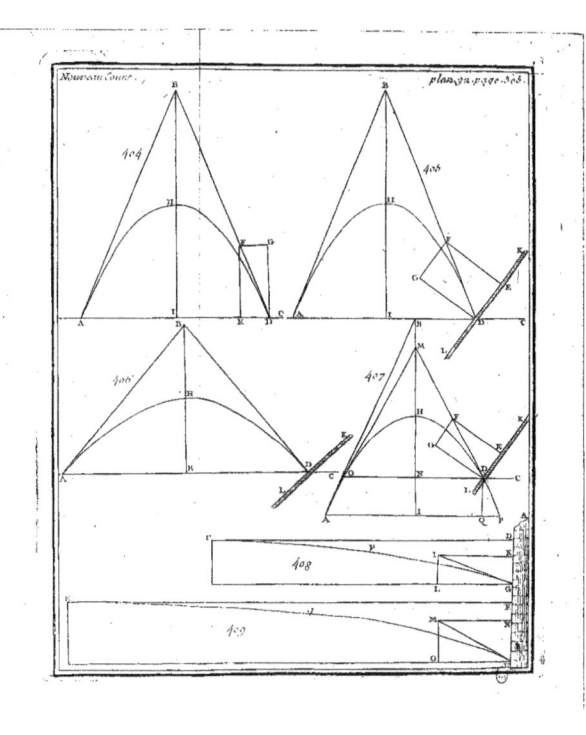

Ayant fait plusieurs Mines, dont les lignes de moindre résistance soient égales, & cela dans un terrain de même consistance, il faudra charger trois ou quatre de ces Mines avec une quantité de poudre médiocre, estimée nécessaire seulement pour ébranler assez les terres depuis le fond du fourneau jusqu'à la surface du terrain, pour qu'on puisse y appercevoir une circonference de cercle, formée sur la surface de la terre : & comme l'on ne pourroit peut-être pas rencontrer par hazard une charge convenable à un pareil effet, il faudroit que ces fourneaux fussent plus ou moins chargez les uns que les autres. Or supposant que ces fourneaux ayant chacun 8 pieds pour ligne de moindre résistance, il s'en rencontre un qui étant chargé avec 50 livres de poudre, ait formé le cercle que nous demandons, c'est-à-dire, qu'il ait tracé le cercle de la grandeur ordinaire de l'entonnoir, sans qu'il paroisse cependant d'entonnoir. Car je suppose que le terrain renfermé dans cette circonference n'a fait que se soûlever tant soit peu. Or si cela arrive ainsi, la quantité de poudre necessaire pour détacher la masse, sera mesurée par 50 livres de poudre : & comme nous avons fait voir que la tenacité des terres étoit dans la même raison que les quarrez des lignes de moindre résistance, si après cette épreuve l'on vouloit sçavoir quelle est la quantité de poudre necessaire pour faire un pareil effet à l'égard d'une Mine qui auroit 12 pieds de ligne de moindre résistance, & placée dans un terrain de même consistance, il faudra dire : Si 64 qui est le quarré d'une ligne de 8 pieds, donne 50 livres de poudre pour la tenacité, combien donneront 144, qui est le quarré d'une ligne de moindre résistance de 12 pieds pour la tenacité de la masse de cette ligne, l'on trouvera 112 livres de poudre pour faire l'effet que l'on demande. Il en sera de même pour toutes les autres.

Comme les Mines ont plusieurs fins, & qu'il y a des cas qu'elles ne sçauroient faire un trop grand déblais des terres, j'ai recours à de nouvelles épreuves, c'est-à-dire, qu'ayant trois ou quatre Mines, dont les lignes de moindre réſiſtance fuſſent encore de 8 pieds, je charge toutes ces Mines avec une quantité de poudre bien plus grande que celle de la premiere épreuve, parce que je veux avoir des grands entonnoirs bien nettoyez : & comme j'ignore la quantité de poudre néceſſaire, je charge mes fourneaux plus fort les uns que les autres ; & ſuppoſant que celui dont l'effet s'eſt trouvé ſelon mon intention, a été chargé avec 70 livres de poudre, je regarde cette charge comme étant capable de vaincre la tenacité & le poids des terres d'une ligne de moindre réſiſtance de 8 pieds. Or négligeant pour un moment la tenacité qui ſe trouve moindre à proportion dans une grande Mine que dans une petite ; & n'ayant plus égard qu'à la maſſe des terres, je me rappelle que ces maſſes ſont comme les cubes des lignes de moindre réſiſtance. Cela poſé, ſi l'on me demande quelle doit être la charge d'une Mine qui auroit 15 pieds de ligne de moindre réſiſtance, afin qu'elle faſſe un effet ſemblable à celui de la ſeconde épreuve, c'eſt-à-dire, qu'elle faſſe un entonnoir, je dis : Si le cube d'une ligne de moindre réſiſtance de 8 pieds, qui eſt 512, demande 70 livres de poudre, que demandera le cube d'une ligne de moindre réſiſtance de 15 pieds, qui eſt 3375 ; pour la quantité de poudre qu'il lui faut, l'on trouvera 461 livres ; ſur quoi l'on pourra diminuer, ſi l'on veut, ce que la grande Mine a moins en tenacité que la petite, comme je le ferai voir dans la ſuite.

Faiſant des ſemblables épreuves pour toutes ſortes de terrains, il me ſuffira de ſçavoir ce qu'il faut de poudre pour une ligne de moindre réſiſtance, déterminé pour chaque ſorte de terrain en particulier, afin de trouver, moyennant cette regle, la charge des fourneaux de telle ligne de moindre réſiſtance que l'on voudra ; & cela d'une façon ſi générale, qu'il m'eſt indifferent de ſçavoir ſi l'excavation d'une Mine eſt un paraboloïde, ou un cône tronqué, ou un ſolide de toute autre eſpece ; puiſque je n'ai pas beſoin de les meſurer pour charger les Mines: ce que je trouve de plus avantageux, c'est, comme il y a toute apparence, que ces corps changent de figure, selon les diffetentes confiftances de la matiere à détacher ou à enlever, je ne m'embarraffe pas fi la figure de l'effet d'une Mine eft differente dans la maçonnerie que dans le roc, dans le roc que dans le tuf, dans le tuf que dans les terres ordinaires ; il me fuffit de fçavoir que ces corps font femblables dans les terrains de même confiftance, & qu'étant femblables, ils font par confequent dans la raifon des cubes des lignes de moindre réfiftance, & par ce principe je trouve avec beaucoup de facilité la charge de tous les fourneaux, comme on le peut verifier par les Tables dont les Mineurs fe fervent, où je vois que pour une ligne de moindre réfiftance de 8 pieds dans les terres ordinaires, il faut 48 livres de poudre : fi l'on demande combien il en faut pour une ligne de moindre réfiftance de 15 pieds, je dis : Si le cube de 8, qui eft 512, donne 48 livres de poudre, combien donnera le cube de 15, qui eft 3376, l'on trouvera 316 livres pour la charge que l'on cherche, qui eft un terme qui répond, comme le voici, au nombre 15 dans la même Table : il en fera de même pour tous les autres ; ce qui fait voir qu'il fuffit de retenir un terme feulement pour trouver toutes les charges des Mines de differentes lignes de moindre réfiftance.

L'on peut tirer de ce que je viens de dire une maniere aifée de calculer les Tables pour la charge des fourneaux, fans s'embarraffer à la vérité de la figure du folide qu'ils ont à enlever, mais ces Tables deviendroient femblables aux anciennes, où ceux qui les ont calculées n'ont eu égard qu'à la maffe, fans penfer à la tenacité : ainfi nous tomberions dans le même cas, c'eft-à-dire, de trop charger les grandes Mines, à proportion des petites ; il faut donc faire voir la maniere d'éviter ce défaut, & l'ufage qu'on peut faire des épreuves précedentes.

Nous avons fuppofé que la tenacité d'une Mine qui auroit 8 pieds de ligne de moindre réfiftance, étoit mêfurée par 50 livres de poudre, & que la tenacité & le poids des terres pour la même ligne, étoient mesurées par 70 livres, qui est la charge qu'il faut pour bien nettoyer l'entonnoir. Or si l'on retranche ce que l'on a estimé necessaire pour la tenacité de la charge qui comprend le poids & la tenacité ensemble, la difference sera ce qu'il faut pour le poids seulement : ainsi souftrayant 50 de 70, l'on aura 20 livres de poudre pour le poids d'une ligne de moindre résistance de 8 pieds. Presentement si l'on demande quelle doit être la charge d'une Mine dont la ligne de moindre résistance seroit de 15 pieds, & que cette charge soit bien proportionée à celle de 8 pieds, on doit commencer par chercher ce qu'il faut pour la tenacité, en disant : Si le quarré d'une ligne de 8 pieds, qui est 64, donne 50 livres pour la tenacité, combien donnera le quarré d'une ligne de 15 pieds, qui est 226, pour la tenacité des terres de la Mine qui répond à cette ligne, l'on trouvera qu'il faut 175 livres de poudre. Pour sçavoir présentement combien il en faut pour le poids, je dis : Si le cube d'une ligne de 8 pieds, qui est 512, donne 20 livres de poudre pour le poids, combien donnera le cube de 15 pieds, qui est 3375, l'on trouvera 132 : ainsi ajoûtant ensemble les deux termes que l'on vient de trouver, l'on aura 307 livres de poudre pour la charge qui convient à la tenacité, & au poids des terres d'une ligne de 15 pieds : mais nous avons vû ci-devant que n'ayant égard qu'à la masse, que lorsqu'une Mine dont la ligne de moindre résistance est de 8 pieds, sera chargée avec 70 livres de poudre, qu'il en falloit 461 livres pour la Mine d'une ligne de 15 pieds : ainsi cette charge-là est bien plus forte que celle que nous venons de trouver, puisqu'elle surpasse la derniere de 154, qui est une quantité de poudre que l'on mettroit de trop dans la Mine de 15 pieds, si l'on n'avoit point égard à ce que les grandes Mines ont de moins en tenacité que les petites.

Les épreuves dont je viens de parler, paroissent assez de consequence conséquence pour mériter la peine d'être exécutées, & c'est à quoi l'on devroit s'attacher dans les Ecoles, sans en excepter une, parce que le terrain qui se trouvera dans le voisinage de celle-ci, ne sera peut-être pas dans celui de l'autre : ainsi l'on pourroit avoir dans la suite des Tables pour toutes sortes de terrains, au lieu que celles qui sont entre les mains de tout le monde, semblent ne regarder que les terres ordinaires ; & comme ces Tables ont été calculées par differentes personnes, celles des unes different entierement de celles des autres : & ce qu'il y a de plus surprenant, c'est que la plûpart de ceux qui en font usage, s'en servent indifferemment dans l'attaque & la défense des Places, n'y trouvant point de difference. Cependant les Mines des Assiégeans & celles des Assiégez ont un objet bien different ; car les Mines des Assiegeans, autant qu'elles regardent le chemin couvert, & même les brêches, ne sçauroient faire de trop grandes ouvertures, pour avoir des logemens spacieux, & capables de contenir beaucoup de monde, au lieu que celles des Assiegez ne doivent que culbuter les travaux de l'Ennemi : autrement si pour faire sauter quelques gabions avec huit ou dix hommes, ils font des entonnoirs à loger des Compagnies entieres de Grenadiers, c'est une conduite qui ne tendra point à leur salut. Il y a cependant des cas où il faut que les Mines des Assiegez fassent des grands effets ; mais ce n'est que lorsqu'elles sont destinées à faire sauter des batteries ; car si ces batteries se trouvent à l'unique endroit duquel on puisse faire brêche, plus les entonnoirs seront grands, & plus il faudra du tems pour les combler, & pour reparer le dommage qu'on y aura fait ; ces entonnoirs ne pouvant point d'ailleurs servir de logement, puisque dans ce tems-là l'Ennemi sera maître du chemin couvert, & aura besoin de cet endroit-là pour rétablir sa batterie.

 Le discours précedent ayant été envoyé à la Cour, elle a jugé à propos que les épreuves que j'y propose, fussent exécutées ; & c'est à quoi l'on va travailler incessamment.

M. de Valiere ayant aussi examiné ce Memoire, a bien voulu me témoigner qu'il avoit bonne opinion de la maniere dont ces épreuves feroient faites, étant satisfait du principe sur lequel elles étoient établies. Il est vrai que j'ai déja eu lieu de m'en appercevoir par le succès des Mines que nous avons fait jouer l'Esté dernier au siege de la Fortification de l'Ecole de la Fere, où j'ai fait sauter jusqu'à trois fois en 18 pieds de terre vierge, les batteries que les Assiegeans avoient faites sur le chemin couvert, avec cette circonstance, que les pieces de 24 qui étoient en batterie, ont été jettées du côté de la Place, comme je me l'étois proposé, afin que les Assiegez s'étant emparez du canon de l'Ennemi, ce dernier fût contraint d'en faire venir du nouveau toutes les fois qu'il seroit obligé de retablir ses batteries. Ceci est arrivé aux attaques de la droite & de la gauche, avec l'applaudissement même de ceux qui avoient le plus douté de la réüssite d'un dessein, qui pour n'avoir pas encore été mis en usage, sembloit demander une épreuve qui confirmât la justesse des regles que j'avois données pour la disposition des Fourneaux, & la quantité des poudres dont ils devoient être chargez, où je n'ai pas manqué d'avoir égard à ce que les grandes Mines ont moins en tenacité que les petites, & à plusieurs autres considerations que je pourrai expliquer quelque jour dans un Traité des Mines, quand les expériences que je suis à portée de faire à ce sujet, m'auront mis en état de justifier la Théorie par la Pratique, ayant l'avantage de travailler sous les yeux d'un Commandant, dont toutes les vûës tendent au bien du Service, & à l'instruction d'une Ecole composée d'un nombre d'Officiers, de la capacité & de l'application desquels on peut tout esperer.

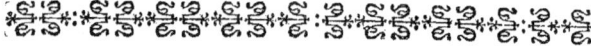

DISCOURS
SUR L'HYDRAULIQUE.

L'Hydraulique est une partie des Mathématiques qui tire ses principes de ceux de la Mécanique, dont elle est une suite ; car dans la Mécanique on considere (comme on vient de le voir) l'équilibre des corps durs, & l'Hydraulique nous montre l'équilibre des liqueurs, leur pesanteur, & même le rapport de leur poids à celui des corps durs, qui seroient plongez dedans : & c'est la consideration de ces choses qui font ordinairement l'objet de l'équilibre des liqueurs ; cependant comme elle ne suffit pas pour l'usage qu'on en peut faire, il y a plus de raison encore de considerer les liqueurs en mouvement qu'en repos ; car comme il s'agit dans la Pratique de sçavoir conduire & estimer la dépense des eaux pour les differens usages ausquels on les destine, il m'a paru que ce ne seroit rien faire pour l'instruction de mon Lecteur, que de ne lui pas donner les principes du mouvement des eaux, afin d'en sçavoir calculer le cours & le choc, selon des directions horisontales, verticales, ou obliques à l'horison. Il est vrai que je ne m'étends pas beaucoup sur cette matiere, n'ayant rapporté que les principales regles, qui suffiront pourtant à ceux qui les entendront bien, pour appercevoir d'eux-mêmes beaucoup de petites choses sur lesquelles j'ai passé legerement. D'ailleurs j'ai appris qu'on étoit à la veille de faire imprimer un petit Manuscrit de M. Varignon sur le Mouvement des Eaux, auquel on pourra avoir recours, quand il paroîtra, si l'on desire quelque chose de plus que ce que je donne ici.

Comme l'air est un corps fluide, dont les proprietez ne sont connues que de peu de personnes, & qu'on ne peut sans leur secours rendre raison des effets de la plûpart des Machines hydrauliques, j'ai crû qu'on me sçauroit bon gré d'expliquer la mécanique de l'air, d'autant plus qu'étant la principale cause des effets de la poudre à canon, & par consequent de la Théorie de l'Artillerie, je contribuerai peut-être à faire méditer nos esprit studieux sur la maniere dont la poudre agit dans les Mines, dans le Canon, & dans les feux d'artifices, & de les mettre dans le goût de s'appliquer à la Physique, pour être en état de raisonner sur la Nature. Ainsi l'on trouvera à la suite de l'Hydraulique un Discours sur l'Air, que j'ai rapporté particulierement pour servir comme d'introduction à la Physique. Ceux qui voudront s'y appliquer, pourront avoir recours au Traité qu'en a donné M. Rohaut, qui est ce que nous avons de meilleur; & l'on ne feroit pas mal de joindre à cet Ouvrage les Principes de Philosophie de Descartes, qui est l'Auteur que M. Rohaut a suivi, & qui le sera un jour universellement, selon toute apparence, quand on sera entierement revenu (comme on l'est déja beaucoup aujourd'hui) du fatras pedantesque de la Philosophie de la plûpart de nos Ecoles. Et si l'on trouve du goût à l'étude de la Physique, après Descartes & Rohaut, on pourra voir la Recherche de la Verité du R. P. Malbranche, qui est un excellent Livre pour former l'esprit, & le rendre capable d'avoir des idées claires; & j'ose me flatter par avance que ceux qui liront ces Ouvrages, me sçauront gré de leur en avoir donné la connoissance; & quoiqu'un Livre de Métaphysique semble ne convenir guéres entre les mains d'un Officier, j'en sçais qui en font un aussi bon usage que des Commentaires de Cesar.

NOUVEAU COURS DE MATHEMATIQUE.

DIXIE'ME PARTIE.

Qui traite de l'Equilibre & du Mouvement des Liqueurs.

DEFINITIONS.

I.

839. Nous avons nommé *Corps fluides* tous ceux dont les parties se divisent, & qui étant divisées, se réunissent & se mettent facilement dans le même état qu'auparavant.

Par exemple, l'*Air*, la *Flamme*, l'*Eau*, le *Mercure*, & les autres Liqueurs, sont des corps fluides.

REMARQUE I.

840. Il faut prendre garde que tout liquide est fluide ; mais que tout fluide n'est pas liquide : car le corps liquide est celui qui étant mis dans un vase, sa superficie se met de niveau, c'est-à-dire, que tous les points de cette superficie sont également éloignez du centre de la Terre, comme nous le ferons voir ailleurs, au lieu que le sable qui peut aussi passer pour un fluide, à cause que ses parties se séparent aisément, ne se met pas de niveau, quand on en remplit un vase.

REMARQUE II.

841. Ce qui fait que les corps liquides se laissent traverser aisément, c'est que leurs parties sont détachées les unes des autres, & sont dans un continuel mouvement :

autrement elles compoferoient un corps dur : car la différence du corps dur au corps liquide, vient de ce que les parties du corps dur font en repos & unies les unes aux autres, au lieu que celles du corps liquide ne fe retiennent point les unes les autres, & font dans un continuel mouvement : auffi voyons-nous que quand les parties d'un corps liquide ceffent de fe mouvoir, elles compofent un corps dur, comme il arrive aux liqueurs, lorfque le froid les a gelées.

Si l'on demande pourquoi les parties qui compofent une liqueur, font dans un extrême mouvement : je réponds que je n'en fçai pas d'autre raifon que celle que donne M. Defcartes, qui croit que dans l'eau, auffi-bien que dans l'air, il y a une matiere fubtile, qui remplit les intervalles que les parties des fluides laiffent entr'elles, & que cette matiere étant dans un continuel mouvement, elle met auffi en mouvement les petites parties du fluide qu'elle environne : de forte que fi le mouvement de cette matiere venoit à diminuer confidérablement, ou à ceffer tout-à-fait, le corps fluide deviendroit dur, comme il arrive à l'eau lorfqu'elle fe gele ; ainfi l'on peut conjecturer que lorfqu'un corps dur devient liquide, comme il arrive aux métaux que l'on fond, leurs parties ne font mifes en mouvement que par cette matiere fubtile qui s'introduit dans leurs intervalles.

II.

La pefanteur *fpecifique* des liqueurs, eft celle qui procede de la denfité des parties de la liqueur, ou de quelqu'autre caufe, par laquelle une liqueur pefe plus qu'une autre de pareil volume.

Par exemple, un pouce cube de mercure pefe plus qu'un pouce cube d'eau : ainfi l'on peut dire que la pefanteur fpecifique de l'eau eft plus grande que celle de l'air.

III.

843. Les corps fluides peuvent être fans *reffort* ou à

DE MATHEMATIQUE. 519

reffort comme les corps durs. L'on dit qu'ils font à reffort, lorfque par la compreffion l'on en chaffe la matiere qui tenoit leurs parties écartées ; mais auffi-tôt que la compreffion ceffe ou diminuë, la matiere qui en avoit été chaffée rentre entre les parties du fluide, & lui rend fon premier volume, comme l'air qui eft un fluide qui a du reffort ; au contraire, les fluides qui ne peuvent être réduits par la compreffion en un moindre volume, font fans reffort fenfible, comme l'eau & la plûpart des autres liqueurs.

IV.

844. Lorfque la furface d'une liqueur eft horifontale, l'on dit que cette liqueur eft de niveau.

COROLLAIRE I.

845. Il fuit que lorfqu'un corps fluide eft contenu dans un vafe, fa furface fuperieure fe met toûjours de niveau ; car fi l'on fuppofe que la furface du fluide contenu dans le vafe cubique ABCD, foit divifée en un grand nombre de parties égales, & que l'on imagine des plans perpendiculaires à l'horifon, tirez par toutes ces divifions, le fluide fera divifé en autant de colonnes égales qu'il y a de divifions dans la furface : mais comme ces colonnes ont toutes des hauteurs & des bafes égales, elles peferont également, & tendront au centre de la Terre avec une force égale ; par confequent la furface fuperieure AB fera de niveau, puifque tous fes points feront également diftans du centre de la Terre.

PLANCHE 33.
Fig. 410.

COROLLAIRE II.

846. Pour confiderer des liqueurs dans l'état de l'équilibre, ce n'eft pas affez que leurs fuperficies foient de niveau, il faut encore faire voir que fi elles font de niveau, il s'enfuit que leurs colonnes font en équilibre, c'eft-à-dire, que la colonne EFGH eft en équilibre avec la colonne GHIK, & celle-ci avec la colonne IKLM ;

car pour que la furface EG de la premiere colonne foit de niveau avec la furface GI de la feconde, il faut qu'elles fe contre-balancent mutuellement ; autrement fi la premiere l'emporte par fon poids fur la feconde, la furface de cette feconde fera plus élevée que celle de la premiere, puifque la premiere colonne ne pourroit être plus pefante que la feconde, fans qu'elle ne faffe monter la feconde ; ce qui ne pourra fe faire fans que la premiere ne defcende : mais dans ce cas la furface de la feconde colonne fe trouvant plus élevée que celle de la premiere, ne pourra fe maintenir dans cette fituation, parce que n'étant pas foûtenue par les côtez, elle retombera à la place qu'aura laiffée la premiere colonne en baiffant : ainfi elle fe mettra de niveau : ce qui rendra ces deux colonnes dans le même état qu'elles étoient auparavant, de même la feconde colonne GHIK ne peut par fon poids faire monter la troifiéme IKLM, puifque la furface IL ne peut monter fans que la furface GI ne defcende ; mais le fluide de la feconde colonne étant de même nature que celui de la troifiéme, & ces colonnes étant d'ailleurs égales, il n'y a pas de raifon que l'une l'emporte fur l'autre ; & s'il étoit poffible que cela fe puiffe faire, il arriveroit encore qu'une colonne ne pourroit faire monter l'autre fans qu'elle ne baiffât elle-même, & pour lors leurs furfaces ne feroient plus de niveau ; ce qui eft contraire à la quatriéme définition. Donc pour qu'une liqueur foit à niveau, ce n'eft pas affez que la furface en foit horifontale, il faut de plus que fes colonnes fe contre-balancent & fe foûtiennent mutuellement, non feulement en s'appuyant contre les côtez du vafe, mais encore en faifant effort fur fon fond pour s'élever mutuellement, comme feroient deux poids égaux aux extrêmitez d'une balance appuyée fur le fond du vafe. C'eft ainfi que l'eau verfée fur de l'huile dans un vafe, l'y force de monter, l'eau plus pefante que l'huile l'emportant fur elle dans le contre-balancement de leurs colonnes, quoiqu'égales ; l'emportant, dis-je, par fon plus grand poids, & non

par

DE MATHEMATIQUE. 521
par la force de sa chûte en la versant; autrement de l'huile versée ainsi sur de l'eau, devroit de même la faire monter : ce qui est contraire à l'experience, au lieu que le cas de l'huile élevée par l'eau versée sur elle y est conforme.

COROLLAIRE III.

847. Donc si l'on a un vase composé de deux cylindres ABCD & EFGH unis ensemble, l'ayant rempli d'eau, les colonnes, comme LM, qui répondent aux côtez AE & FD, sont dans un effort continuel contre ces mêmes côtez, pour monter jusqu'au niveau GH de la liqueur; car la colonne IK étant plus grande que LM, elle fait effort contre cette derniere, qui cherche à s'échapper par le côté FD, laquelle fait autant d'effort pour sortir, que la colonne IN en feroit sur la base du cylindre EGHF, s'il étoit séparé de l'autre ABCD; de sorte que si la colonne IN pesoit 4 livres sur la base que nous imaginons, la colonne LM fera un effort de 4 livres contre le côté FD du vase. Fig. 411.

De même ayant un vase AEFD, dont les côtez BE & CF soient inclinez à l'horison, & forment ensuite un cylindre ABCD, si l'on remplit ce vase de telle liqueur que l'on voudra, toutes les colonnes, comme GH, sont dans un effort continuel contre les côtez inclinez, parce que les colonnes, comme IL & MN, qui répondent à ces côtez, étant plus petites que celle du milieu, elles font effort pour sortir, & se mettre au niveau des plus grandes : ainsi d'autant MN est plus petite que IL, d'autant que la premiere fait plus d'effort que la seconde contre le côté BE; de sorte que si l'on faisoit un trou vertical à l'endroit I, & un autre à l'endroit M, l'on verroit monter l'eau en O & en P, pour se mettre au niveau AD des plus grandes colonnes, si l'air ne résistoit pas; ce qui est conforme à l'experience. Fig. 412.

L'experience fait voir aussi que telle direction que l'on puisse donner à l'eau que l'on fait écouler par les trous

Vuu

d'un vafe, qu'elle en fort toujours avec la même force que les trous foient horifontaux ou verticaux, pourvû qu'ils foient également éloignez de la furface de la liqueur; ce qui prouve que les liqueurs en general font des efforts égaux pour s'échapper des vafes où elles font contenuës. M. Varignon eft le feul que je fçache qui ait donné une raifon mécanique de cette experience, les autres s'étant contentez de voir l'effet fans en chercher la caufe.

PROPOSITION PREMIERE.

Théoreme.

848. *Si l'on verfe une liqueur, par exemple, de l'eau dans un tuyau recourbé ou fiphon, je dis que la furface de cette liqueur fe mettra de niveau dans les deux branches du fiphon.*

DEMONSTRATION.

Fig. 413.

1°. Si les deux branches du fiphon font d'égale groffeur, il eft aifé de prouver que la furface de la liqueur dans chaque tuyau fe trouvera renfermée dans une ligne droite horifontale AB; puifque les colonnes de la liqueur contenuës dans chaque tuyau, fe trouveront dans le même cas que fi elles étoient comprifes dans un vafe, c'eſt-à-dire, de contre-balancer également, fans faire plus d'effort l'une que l'autre pour baiffer ou hauffer; car les côtez LM & NO du tuyau font le même effet pour contenir la liqueur, que le feroient les colonnes LMPQ & RNQO, fi les deux colonnes LH & NK étoient, auffi-bien que les précedentes, renfermées dans un feul vafe AHBK; mais felon cette fuppofition, les colonnes LH & NK feroient en équilibre*, & auroient leur furface de niveau; par confequent fi l'on fupprime toutes les colonnes d'eau qui feroient entre ces deux-ci, & qu'à la place l'on fubftituë les côtez LM & NO du fiphon, l'eau reftera de niveau dans les deux tuyaux. *Ce qu'il falloit démontrer.*

* Art. 846.

Autre Démonstration.

Pour démontrer ceci par les vîtesses, supposons que la surface AL soit descenduë de A en C, par exemple, de 4 pouces: cela étant, la surface NB sera montée de N en E aussi de 4 pouces, puisque les deux tuyaux sont d'égale grosseur: ainsi la quantité de mouvement du fluide dans le premier tuyau, est égale à la quantité du mouvement du fluide dans le second tuyau; par conséquent ils sont en équilibre, & leurs surfaces sont de niveau.

Corollaire I.

849. Il suit que si l'on a un siphon, dont la grosseur des branches soit inégale, la liqueur qui sera versée dans le siphon se mettra encore de niveau dans les deux branches; car si, par exemple, la branche IK est trois fois plus grosse que la branche GH, il y aura trois fois plus de liqueur dans la grosse branche que dans la petite. Or si l'on imagine que l'eau de cette branche soit partagée en trois colonnes égales, il y en aura une, comme, par exemple, OLPM, qui sera en équilibre avec celle du petit tuyau, puisqu'on suppose qu'elles ont des bases égales. Or étant en équilibre, leurs surfaces seront de niveau; mais la colonne OLPM est en équilibre avec la colonne NLMF ou NFBK, & par conséquent de niveau entr'elles: elles seront donc aussi de niveau avec la colonne du petit tuyau.

Pour prouver ceci par les vîtesses, considerez que si la surface de l'eau du petit tuyau est descenduë de A en C de 3 pouces, par exemple, elle sera montée de B en E d'un pouce dans le grand tuyau, puisque la base du grand tuyau est triple de celle du petit; ainsi les vîtesses seront reciproques à leurs masses, & par conséquent l'eau sera en équilibre de part & d'autre, & les surfaces de niveau.

Fig. 414.

Corollaire II.

Fig. 415.

850. Mais si le tuyau avoit une branche perpendiculaire à l'horison, & l'autre inclinée comme dans le siphon ABC, la liqueur que l'on versera dans l'un des tuyaux, se mettra encore de niveau dans l'autre ; car si les deux branches de ce siphon sont d'égale grosseur, & que la ligne EG passe par la surface de la liqueur dans chaque tuyau, l'eau de la branche perpendiculaire sera à celle de la branche oblique, comme EB est à BG ; mais l'eau de la branche inclinée n'agit pas sur la base B avec toute sa pesanteur absoluë ; & considérant que cette liqueur est appuyée sur un plan incliné, l'on pourra dire que la pesanteur relative de la liqueur est à sa pesanteur absoluë, comme la hauteur GD du plan incliné est à sa longueur GB ; & comme nous avons vû que les liqueurs de chaque tuyau étoient comme EB est à BG, il s'ensuit que les hauteurs EB & GD étant égales, l'eau du siphon est en équilibre, & que par conséquent elle est de niveau ; ce que l'on démontrera encore, quand même les branches du siphon seroient d'inégale grosseur.

Corollaire III.

Fig. 414.

851. Il suit encore que l'eau qui est dans le canal HSTP, fait autant d'effort contre les côtez du même canal pour s'échapper, que l'eau de chaque tuyau en fait sur la base TV, qui seroit celle du cylindre, parce que l'eau des petites colonnes QTRP tend à se mettre de niveau avec la surface de la liqueur de chaque branche ; aussi l'experience montre-t'elle que si l'on fait un petit trou vertical au canal d'un siphon, qu'elle monte presqu'à la hauteur de l'eau des branches.

DE MATHEMATIQUE. 525

PROPOSITION II.

Théoreme.

Si l'on met dans les deux branches d'un siphon des liqueurs de differentes pesanteurs, je dis que les hauteurs de ces liqueurs dans les tuyaux, seront entr'elles dans la raison reciproque de leur pesanteur specifique.

DÉMONSTRATION.

852. Si l'on verse du mercure dans le siphon ABCH, il se Fig. 416. mettra de niveau dans les deux branches, comme toutes les autres liqueurs. Or si l'on suppose que la ligne horisontale DE marque le niveau du mercure, & qu'ensuite l'on verse de l'eau dans la branche AB jusqu'à la hauteur G, il est évident que le mercure de cette branche cessera d'être de niveau avec celui de l'autre branche, aussi-tôt qu'on y aura versé de l'eau, & que s'il est descendu de D en I de 2 pouces dans la premiere branche, il sera monté de E en F aussi de 2 pouces dans la seconde. Présentement si l'on tire la ligne horisontale IL, l'on voit évidemment que le mercure IB de la premiere branche est en équilibre avec le mercure LC de la seconde. Or si l'eau se maintient en repos à la hauteur G, & le mercure à la hauteur F, il s'ensuit que l'eau GI est en équilibre avec le mercure FL, si les branches du siphon sont d'égale grosseur, & que d'autant la colonne GI est plus haute que FL, d'autant la pesanteur specifique du mercure est plus grande que celle de l'eau, & que par consequent la pesanteur specifique de ces deux liqueurs est en raison reciproque de leurs hauteurs.

COROLLAIRE.

853. Il suit que si une des branches AB du siphon étoit plus Fig. 417. grosse que l'autre DC, le mercure qui seroit dans la grosse branche sera encore en équilibre avec l'eau de la petite.

Vuu iij

Si après avoir tiré l'horifontale FG la hauteur EF du mercure eſt à la hauteur HK de l'eau dans la raiſon reciproque de la peſanteur ſpecifique de ces deux liqueurs; car ſi l'on imagine une colonne LF de mercure, dont la baſe ſoit égale à celle du tuyau DC, cette colonne ſera en équilibre avec la colonne d'eau HK. Or ſi le tuyau AB eſt cinq fois plus gros que DC, la quantité de mercure EI contiendra cinq colonnes comme LF, qui ſeront toutes en équilibres entr'elles, auſſi-bien qu'avec la colonne HK : ainſi il en ſera de la propoſition précédente pour l'équilibre des liqueurs differentes dans des tuyaux d'inégale groſſeur, la même choſe que dans l'article 849. ſoit que la liqueur la plus peſante ſe trouve dans le gros tuyau, ou dans le petit.

PROPOSITION III.

Théoreme.

Fig. 418. 854. 1°. *Si un corps dur eſt mis dans un fluide de même peſanteur ſpecifique, il y demeurera entierement plongé, à quelque hauteur qu'il ſe trouve.*

2°. *S'il eſt d'une peſanteur ſpecifique plus grande que celle du fluide, il ira au fond du vaiſſeau.*

3°. *S'il eſt d'une peſanteur ſpecifique moindre que celle du fluide, il n'y aura qu'une partie du corps qui s'enfoncera, & l'autre partie reſtera au-deſſus de la ſurface du fluide.*

DÉMONSTRATION DU PREMIER CAS.

Si l'on a un vaſe ABCD, rempli de telle liqueur que l'on voudra, par exemple, de l'eau, & qu'on y plonge un corps E, dont la peſanteur ſoit égale à celle du volume d'eau, dont il occupe la place, il eſt conſtant que ce corps demeurera en équilibre, c'eſt-à-dire, en repos, ſans monter ni deſcendre, quelque ſituation qu'on lui donne; car il a autant de force que le volume d'eau qui ſeroit à fa place ; pour tendre au centre de la Terre : mais les parties de l'eau font en équilibre avec toutes celles de la même eau qui les environne; ainfi le corps E tenant lieu d'une certaine quantité d'eau, dont il occupe la place, fera donc en équilibre avec toute celle du vaiffeau, & demeurera entierement plongé & en repos, à quelque hauteur qu'on le mette. *C. Q. F. D.*

DÉMONSTRATION DU SECOND CAS.

Si le corps F plongé dans le même vafe, eft plus pefant que le volume d'eau, dont il occupe la place, il eft aifé de concevoir qu'il defcendra au fond de l'eau ; car il tendra avec plus de force au centre de la Terre, qu'un pareil volume d'eau : ainfi il ne fera plus en équilibre avec les autres parties de l'eau dont il eft environné, & ira par confequent au fond du vaiffeau. *Ce qu'il falloit démontrer.*

DEMONSTRATION DU TROISIÉ'ME CAS.

Si le corps G eft plus leger qu'un pareil volume d'eau, l'on voit évidemment qu'il doit arriver tout le contraire du cas précédent, c'eft à-dire, qu'au lieu d'aller au fond de l'eau, il doit nager fur la furface, & ne s'enfoncer qu'en partie dedans, qui fera, par exemple, la partie IKMN qui occupe un volume d'eau égal en pefanteur à tout le corps G; car fi, par exemple, ce corps ne pefe que la moitié d'un pareil volume d'eau, la partie enfoncée fera la moitié du corps, & l'eau que cette moitié occupe étant d'une égale pefanteur que tout le corps, ils tendront également au centre de la Terre, & feront par confequent en équilibre, quoique le corps ne foit pas entierement plongé dans l'eau. *C. Q. F. D.*

COROLLAIRE I.

855. Il fuit du premier cas, que fi une puiffance Q vouloit fortir de l'eau un poids E attaché à une corde, fi le poids eft égal à la pefanteur fpécifique de l'eau que

la puissance ne s'appercevra de la pesanteur du poids, que lorsqu'il commencera à sortir de l'eau, puisque tant qu'il sera plongé dedans, elle n'en soutiendra aucune partie ; & c'est la raison qui fait que lorsque l'on tire de l'eau d'un puits, la puissance ne fait presque point d'effort pour soutenir le vaisseau plein d'eau, tant qu'il est plongé dedans, parce qu'elle ne soutient aucune partie de l'eau qui est dans le vaisseau, & que le vaisseau lui-même, quand il est de bois, est à peu près égal à la pesanteur specifique de l'eau, au lieu qu'étant entierement dehors, l'effort de la puissance devient égal au poids de l'eau & de celui du vaisseau.

COROLLAIRE II.

856. Il suit du second cas, que si une puissance Q soutient un corps O plongé dans l'eau, & que la pesanteur spécifique du corps soit plus grande que celle de l'eau, cette puissance ne soutiendra qu'une partie de la pesanteur du corps, qui sera la différence de sa pesanteur specifique à celle du volume d'eau dont il occupe la place, parce que ce corps pese moins dans l'eau que dans l'air du poids d'un pareil volume d'eau : ainsi l'on peut dire en general que les corps plus pesans que l'eau perdent de leur pesanteur, lorsqu'ils sont plongez dedans ; & cela dans la raison de la gravité specifique du corps à celle de l'eau, qui est un principe dont nous avons déja parlé dans l'article 667.

COROLLAIRE III.

857. Il suit du troisiéme cas, que quand un corps est plus leger qu'un pareil volume d'eau, la pesanteur specifique de l'eau est à celle du corps, comme le volume de tout le corps est à sa partie enfoncée : ainsi supposant que le corps G soit un cube ou un parallelepipede, la pesanteur specifique de l'eau sera à celle de ce corps, comme HK est à IK.

COROL.

COROLLAIRE IV.

858. Il fuit auffi qu'un corps s'enfonce differemment dans les liqueurs dont les pefanteurs fpecifiques font differentes, étant certain qu'il s'enfoncera davantage dans une liqueur d'une certaine pefanteur fpecifique, que dans une autre qui feroit plus pefante ; par exemple, l'on voit qu'un vaiffeau chargé s'enfonce plus dans une riviere que dans la mer, parce que l'eau des rivieres eft moins pefante que celle de la mer : ainfi il ne faut pas s'étonner s'il eft arrivé quelquefois qu'un vaiffeau après avoir cinglé heureufement en pleine mer, s'eft perdu & coulé à fond en arrivant à l'embouchure de quelque riviere d'eau douce.

COROLLAIRE V.

859. L'on peut encore remarquer que quoique les métaux foient plus pefans que l'eau, cela n'empêche pas qu'ils ne puiffent nager fur l'eau ; car s'ils compofent des corps creux, dont la pefanteur fpecifique foit moindre que celle du volume d'eau dont ils occupent la place, ils furnageront fans couler à fond.

REMARQUE.

860. Nous avons déja dit dans l'art. 667. que les métaux perdoient de leur pefanteur, lorfqu'ils étoient plongez dans l'eau : & comme c'eft ici l'endroit d'en faire voir la raifon, l'on remarquera qu'il n'y en a pas d'autre que celle qui fait qu'un corps étant plongé dans l'eau, eft plus leger qu'il n'étoit dans l'air de toute la pefanteur fpecifique de l'eau dont il occupe la place. Ainfi l'on pourra toujours trouver la raifon de la pefanteur fpecifique d'un métail avec celle de l'eau, ou de toute autre liqueur, en pefant dans l'air avec des juftes balances une piece de métail ; enfuite on l'attachera à l'un des bras ou baffins de la balance avec un fil de foye, pour voir après que le métail fera plongé dans l'eau, combien il pefera de moins ; & la difference fera celle de la pefanteur fpecifique de ce métail à celle de l'eau.

C'est en suivant ce que l'on vient de dire, qu'on a trouvé que l'Or perd dans l'Eau environ la dix neuviéme partie de son poids, le Mercure la quinziéme, le Plomb la douziéme, l'Argent la dixiéme, le Cuivre la neuviéme, le Fer la huitiéme, & l'Etain la septiéme.

En suivant le même principe, on peut sçavoir aussi le rapport des pesanteurs specifiques des Liqueurs entre-elles, & des Métaux entr'eux; & par consequent des Liqueurs avec les Métaux: par exemple, le rapport du poids d'un pouce cube d'Or avec celui d'un pouce cube de Mercure; & c'est ainsi que l'on a trouvé la pesanteur d'un pouce cube des Métaux & des Liqueurs contenus dans la Table suivante.

Poids d'un pouce cube.

Matieres.	Onc.	Gros.	Gr.	Matieres.	Onc.	Gros.	Gr.
Or.	12	2	17	Marbre blanc.	1	6	0
Mercure.	8	6	8	Pierre de taille.	1	2	24
Plomb.	7	3	30	Eau de Seine.	0	5	12
				Vin.	0	5	5

Matieres.	Onc.	Gros.	Gr.	Matieres.	Onc.	Gros.	Gr.
Argent.	6	5	26	Cire.	0	4	65
Cuivre.	5	6	36	Huile.	0	4	43
Fer.	5	1	27	Chêne sec.	0	4	22
Etain.	4	6	14	Noyer.	0	3	6

L'on peut encore par ce principe mesurer la solidité d'un corps irregulier; car si ce corps pese 90 livres dans l'air, & que dans l'eau il n'en pese que 80, c'est une marque que le volume d'eau, dont il occupe la place, pese 10 liv. ainsi il ne s'agit que de sçavoir combien 10 livres d'eau valent de pouces cubes: ce que l'on trouvera, en disant: Si 70 livres valent un pied cube d'eau, ou 1728 pouces, combien vaudront 10 livres; l'on trouvera 246 pouces & $\frac{6}{7}$ pour la solidité du corps.

APPLICATION DES PRINCIPES PRECEDENS
à la Navigation.

861. Quand on fait des tranfports de munitions de guerre par des batteaux, comme cela arrive fouvent, lorfqu'on a la commodité des rivieres ou des canaux, & que ces munitions peuvent être accompagnées de gros fardeaux; par exemple, comme du Canon, des Affuts, en un mot tout ce qui compofe un équipage d'Artillerie, & qu'un Officier qui a un peu de détail, n'ignore pas le poids des munitions dont il eft chargé, il faut faire voir ici comme il pourra eftimer la charge que les batteaux peuvent porter, afin de fçavoir combien il lui en faudra, fi l'on n'avoit égard qu'aux poids des munitions, fans s'embarraffer du volume.

Comme le pied cube d'eau douce pefe environ 70 livres, & qu'un pied cube de bois de chêne ne pefe qu'environ 58, l'on voit qu'un batteau pourroit être rempli d'eau, fans pour cela couler à fond, parce que l'eau qui feroit dedans eft en équilibre avec celle du dehors, & que la pefanteur fpecifique du bois qui compofe le batteau, eft plus petite que celle de l'eau. L'on peut donc mettre dans le batteau un poids équivalent à celui de l'eau qu'il peut contenir. Or fi l'on mefure la capacité du batteau, & qu'on la trouve, par exemple, de 4000 pieds cubes, ce batteau pourra porter 4000 fois 70 livres, parce que nous avons dit qu'un pied cube d'eau pefoit 70 livres: ainfi le batteau portera 280000 livres; mais comme l'ufage fur les Ports de mer eft d'eftimer la charge des vaiffeaux par tonneaux, & la charge des batteaux fur les rivieres par quintaux, l'on fçaura que le tonneau eft un poids de 2000 livres, & que le quintal eft un poids de 100 livres: ainfi quand l'on dit en terme de Marine, qu'un vaiffeau porte 100 tonneaux, ou eft de 100 tonneaux, cela veut dire qu'il peut porter 200000 livres, ou 2000 quintaux.

Nous avons déja dit que l'eau de la mer étoit plus

pesante que celle des rivieres ; & comme on pourroit avoir besoin de connoître son poids, l'on sçaura que le pied cube pese 73 livres, qui est 3 livres de plus par pied cube que l'eau douce.

Nous allons encore faire voir dans la proposition suivante un principe de l'Equilibre des Liqueurs, qui est plus curieux qu'utile dans la Pratique : c'est pourquoi je n'en ai pas parlé plutôt ; mais comme il ne conviendroit pas de le passer sous silence, voici de quoi il est question.

PROPOSITION IV.
Théoreme.

862. *Si l'on a un vase plus gros par un bout que par l'autre, le remplissant de liqueur, cette liqueur aura autant de force pour sortir par une ouverture égale à sa base, que si cette ouverture étoit égale à celle d'en haut.*

DEMONSTRATION.

Fig. 411.

Si l'on a un vase comme dans la Figure 411. plus large par la base BC que par le haut GH, il est aisé de concevoir que l'eau qui pese sur la base BC fait autant d'effort, que si elle étoit chargée de toute l'eau du volume BOPC ; car nous avons fait voir que toutes les colonnes d'eau comme LM*, tendoient à monter à la hauteur GH ou OP, qui est la même chose, & que l'effort qu'elle faisoit étoit exprimé par le poids de la petite colonne IN ; mais l'effort exprimé par IN, se fait également à l'endroit M de la base qu'à l'endroit L, à cause du perpetuel mouvement des parties qui composent les colonnes d'eau ; mais toutes les colonnes comme LM, indépendamment de l'effort exprimé par IN, font encore effort de tout le poids de leur hauteur LM. D'où il s'ensuit que la colonne LM pese autant sur la base que la colonne IK, & que par consequent la base est autant pressée par l'eau qui est dans le vase, que si elle étoit chargée de tout le volume BOPC. *C. Q. F. D.*

* Art. 847.

DE MATHEMATIQUE. 533

863. Si le vase a ses côtez inclinez, comme dans la Fig. 412. Figure 412. l'on démontrera de même que l'eau fait autant d'effort sur la base EF, que si elle étoit chargée de toute celle qui seroit contenuë dans le volume cylindrique EQRF, qui a pour hauteur celle de l'eau du vase.

L'experience prouve ceci encore mieux que tout le raisonnement que l'on peut faire; car si l'on a un vase plus large par en bas que par en haut, & que le fond soit fermé par un piston qui ait la liberté de se mouvoir, sans cependant que l'eau puisse se répandre; l'on voit, dis-je, que la puissance qui soûtient ce piston a besoin d'une force égale au poids de l'eau qui seroit contenuë dans ce vase, s'il étoit aussi large par en haut que par en bas, à cause de l'effort que les petites colonnes d'eau font pour se mettre au niveau des plus grandes; mais quand l'eau vient à être gelée, & que ces parties ne sont plus en mouvement, elles ne font plus d'effort contre les côtez du vase, & la puissance n'a plus besoin d'une si grande force, parce que pour lors elle ne soûtient plus que la pesanteur réelle de l'eau gelée.

864. Mais si le vaisseau étoit plus large par en haut Fig. 419. que par en bas, comme est le vase ABCD, si on le remplit de liqueur, elle ne fera pas plus d'effort contre la base BD, que si la largeur d'en haut étoit égale à celle d'en bas; car si l'on imagine le cylindre d'eau BDEF, il sera aisé de juger que comme l'eau pese perpendiculairement, il n'y a que celle qui est contenuë dans le cylindre qui fait effort contre la base BD, parce que celle qui est contenuë autour du cylindre, ne pese pas sur la base, mais seulement sur les côtez inclinez du vase.

COROLLAIRE.

865. Il suit de cette Proposition, que quelque forme que puissent avoir plusieurs vaisseaux perpendiculaires à l'horison, & d'égales hauteurs, si ces vaisseaux ont des bases égales, & qu'ils soient remplis d'eau, les bases seront également chargées.

X x x iij

REMARQUE.

Fig. 420. 866. L'effort des liqueurs se mesure à la livre comme celui des poids dans la Mécanique; & comme on peut sçavoir la pesanteur d'un pied cube de toutes sortes de liqueurs, particulierement de celui de l'eau, qui pese 70 livres, l'on trouvera toûjours l'effort de l'eau sur le fond d'un vase, en multipliant la capacité du fond par la hauteur perpendiculaire de l'eau du vase : ainsi ayant un vase ABC perpendiculaire à l'horison, & rempli d'eau jusqu'à l'ouverture A, voulant sçavoir l'effort que fait l'eau sur la base BC, nous supposerons que cette base vaut 4 pieds quarrez, & que la hauteur perpendiculaire AD est de 40 pieds : ainsi multipliant 40 par 4, l'on aura 116 pieds cubes, qui étant multipliez par 70 liv. qui est la pesanteur d'un pied cube d'eau, il viendra 11200 livres, qui est l'effort que l'eau du vase ABC fait sur la base BC; & ce qu'il y a de surprenant, c'est que si tout le vase ne contenoit qu'un pied cube d'eau, qui est équivalent au poids de 70 livres, il faudroit que la puissance Q qui voudroit soûtenir le fond CD (supposant qu'il fût détaché du reste,) eût une force de 11200 livres, pour être en équilibre avec l'effort de l'eau sur la base BC.

CHAPITRE II.

Où l'on considere la force & la mesure des Eaux courantes & jaillissantes.

PROPOSITION V.
Théoreme.

867. *Si l'on a un tuyau ABCD perpendiculaire à l'horison, & rempli de telle liqueur que l'on voudra; comme, par exemple, de l'eau, sa vîtesse par l'ouverture CD de la base sera exprimée par la racine quarrée de la hauteur perpendiculaire AC.*

DE MATHEMATIQUE. 535

DÉMONSTRATION.

Pour faciliter la démonstration de cette Proposition, Fig. 421. nous supposerons que la hauteur AC est divisée en un grand nombre de parties égales, comme AE, EH, &c. & que toute l'eau est partagée en autant de petites lames égales ABGE, qu'il y a de parties, comme AE, dans la hauteur AC. Cela posé, il est clair que si la lame ABEG étoit seule, la vîtesse qu'elle acquereroit en tombant de AB en CD, seroit exprimée par la racine quarrée de la hauteur AC *. Il faut donc prouver que la lame KCLD *Art. 715. est dans le même état, étant chargée de toutes les autres lames qui sont au-dessus, que si elle étoit tombée de AB en CD. Pour cela faites attention qu'un corps qui tombe reçoit à chaque instant de sa chûte un nouveau degré de force ou de pesanteur *; de sorte qu'au second in- *Art. 712. stant il pese le double de ce qu'il pesoit au premier, le triple au troisiéme, ainsi de suite. Or si l'on suppose que la lame CKLD est chargée d'autant d'autres lames que la premiere ABEG a mis d'instans à tomber de A en C, la lame CKLD aura autant de force par la pesanteur que lui donnent toutes les autres, que la premiere ABEG en auroit reçû en tombant de A en C; mais la vîtesse de cette derniere lame pour sortir par l'ouverture CD, lorsqu'elle y sera parvenuë, est exprimée par la racine quarrée de la hauteur AC : par conséquent la lame KCLD, dont la pesanteur est équivalente à celle que la précédente auroit acquise en tombant, tendra aussi à sortir par l'ouverture CD avec une vîtesse exprimée par la racine de la hauteur AC, qui est celle de la hauteur perpendiculaire de l'eau. C. Q. F. D.

COROLLAIRE I.

868. Il suit qu'ayant un tuyau ABC rempli d'eau, & *Art. 715. un trou à l'endroit D de la base, aussi-tôt qu'on l'aura ouvert, l'eau coulera avec une vîtesse exprimée par la racine quarrée de sa hauteur, puisque la colonne d'eau

AD, qui a pour base la grandeur du trou D, peut être considerée divisée en un grand nombre de petites lames, dont celle qui sera près du trou, sortira avec la même vîtesse que celle qu'auroit acquise la premiere lame A en tombant de A en D, & l'eau sortira toûjours avec la même vîtesse, si elle demeure à la même hauteur; ce qui ne peut se faire qu'en substituant dans le tuyau autant d'eau qu'il s'en écoule; mais si on donne à l'eau la liberté de s'écouler, sans en remplacer d'autre, sa vîtesse à la sortie du trou diminuëra à chaque instant, à mesure que le tuyau se vuidera; & cela toûjours dans la raison des racines quarrées des differentes hauteurs de l'eau : ainsi la vîtesse dans le moment qu'elle étoit à la hauteur A, sera à la vîtesse qu'elle aura, quand elle sera baissée à la hauteur G, comme $\sqrt{AD}$ est à $\sqrt{GD}$.

COROLLAIRE II.

Fig. 422. & 423.

869. Donc si l'on a deux tuyaux ABC & EFG de hauteurs inégales, & dont les ouvertures D & H soient égales, si l'eau de chaque tuyau sort en même tems, les vîtesses de l'eau dans ces tuyaux, feront comme les racines quarrées des hauteurs AD & EH.

COROLLAIRE III.

870. Si les tuyaux sont d'égale grosseur, & que les trous D & H soient égaux, il suit aussi que les tems que ces tuyaux mettront à se vuider, feront comme les racines quarrées des hauteurs de l'eau des tuyaux, puisqu'il est clair que la dépense des eaux est dans la raison de leurs vîtesses.

COROLLAIRE IV.

871. Mais si l'on a deux tuyaux, dont les hauteurs soient inégales, aussi-bien que les trous D & H, les vîtesses de l'eau, ou leurs dépenses, feront dans la raison composée des quarrez des diamétres des ouvertures (si elles sont circulaires) & des racines quarrées des hau-

.teurs

teurs differentes de l'eau, puifqu'il n'y a point de doute que plus les ouvertures feront grandes, & plus la dépenfe de l'eau fera grande.

COROLLAIRE V.

872. Comme l'eau contenuë dans un vafe, fait un effort égal contre fes côtez pour s'échapper, il fuit encore que fi l'on a un vafe AD rempli d'eau, toûjours entretenuë à la même hauteur, y faifant deux trous B & C, que les vîteffes de l'eau à la fortie, feront encore exprimées par les racines des hauteurs AB & AC, foit que l'eau à la fortie des ouvertures foit pouffée felon les directions horifontales BE & CF, ou obliques BG & CH. Cependant il eft à remarquer que les vîteffes de l'eau felon les directions inclinées, ne font pas fi grandes en fortant, que felon des directions horifontales, ni fi grandes que felon des directions perpendiculaires à l'horifon, lorfqu'elle coule de haut en bas, parce que les parties de l'eau ne s'échappent pas fi aifément felon des directions obliques, que felon celles qui feroient horifontales, ni ces dernieres auffi aifément que celles qui tombent perpendiculairement à l'horifon.

Fig. 424.

COROLLAIRE VI.

873. Il fuit encore que fi l'eau fort felon une direction BD parallele à l'horifon, le jet BGE de l'eau fera une parabole, qui aura pour fublimité la hauteur AB; car nous avons démontré* que fi l'on a un demi-cercle AFC, dont le diamétre AC foit perpendiculaire à l'horifon, fi un corps étoit pouffé felon une direction BD avec une force exprimée par la racine de AB (qui eft celle qu'il auroit acquife en tombant de A en B) décriroit une parabole BGE, dont l'amplitude CE feroit double de la perpendiculaire BF. Or fi l'on confidere toutes les parties de l'eau comme autant de petits globes, qui font tous pouffez felon la direction BD avec une force exprimée par la ra-

Fig. 425.

*Art. 727. & 728.

Yyy

cine quarrée de la hauteur AB de l'eau, l'on verra qu'ils doivent décrire la parabole BGE.

Fig. 426. De même si l'eau sort selon une direction CG avec une vîtesse exprimée par la racine quarrée de la hauteur AC, que je suppose être celle de l'eau même, le jet décrira la parabole CEF, dont la sublimité sera la ligne AC, puisque nous avons aussi fait voir que le corps qui seroit poussé selon une direction CG oblique à l'horison avec une force exprimée par $\sqrt{AC}$, qui est ici la force de l'eau à sa sortie, décrivoit une parabole.

REMARQUE I.

Quoique nous ayons supposé que les vaisseaux dont nous venons de parler, fussent cylindriques, cela n'empêche pas que s'ils étoient de toute autre figure, les mêmes choses ne subsistassent également.

Toricelli, M. Mariotte & plusieurs autres, ayant reconnu par des experiences que les vîtesses de l'eau étoient dans la raison des racines quarrées de leurs hauteurs, ont conclu que la cause de cet effet venoit de ce que les parties de l'eau acceleroient en venant de la surface pour sortir par le trou du vaisseau; mais ils se sont trompez: car l'eau de la surface n'est pas celle qui sort d'abord par le trou, elle n'y arrive qu'à son tour, après que celle qui est au fond est sortie.

REMARQUE II.

Fig. 427. Si l'on a un reservoir ABCD, & qu'à l'endroit D soit une ouverture qui réponde au tuyau recourbé DE, aussi haut que le réservoir; il est constant que si l'on remplit d'eau le reservoir, elle montera dans le tuyau à la même hauteur E, puisque le reservoir & le tuyau composent ensemble une espece de siphon, & que par consequent à quelque hauteur que soit l'eau dans le reservoir, elle

* Art. 849. montera toûjours à la même hauteur dans le tuyau *: ainsi l'eau d'une fontaine pourra monter à la hauteur de sa source, quand elle sera contenuë dans un tuyau; mais

DE MATHEMATIQUE. 539

il n'en fera pas de même quand la hauteur du tuyau fera Fig. 428.
beaucoup plus petite que celle de la fource; par exemple, fi l'on a un vaiffeau GB avec un tuyau recourbé
BC, dont l'ouverture C foit parallelele à l'horifon, & que
le vaiffeau GB foit toûjours plein d'eau, celle qui fortira
par C, pour former un jet, ne montera pas à la hauteur
AB du refervoir, parce que l'air réfifte contre les petites
parties de l'eau, à mefure qu'elles fortent du trou C, lequel on nomme *Ajutage*. Or M. Mariotte à fait voir
dans fon Traité du Mouvement des Eaux, que les jets
dont les ajutages étoient égaux, diminuoient de leur hauteur, felon la raifon des quarrez de celles des refervoirs.

M. Mariotte a trouvé auffi qu'ayant un refervoir
GB, toûjours rempli d'eau, & dont la hauteur AB étoit
de 13 pieds, & le diamétre de l'ajutage C de 3 lignes, il
fort en une minute par l'ajutage C 14 pintes d'eau,
mefure de Paris, la pinte pefant deux livres: ainfi étant
prévenu de cette regle, il fera facile de réfoudre le Problême fuivant.

PROPOSITION VI.
Problême.

874. *Trouver la dépenfe d'un jet d'eau pendant une minute par un ajutage de 4 lignes de diamétre, l'eau du refervoir étant de 40 pieds de hauteur.*

Nous fçavons que lorfque les ajutages font égaux, la Fig. 428.
dépenfe des eaux eft dans la raifon des racines quarrées
des hauteurs differentes de l'eau, & que quand les ajutages font inégaux, les dépenfes de l'eau font dans la raifon compofée des racines quarrées des hauteurs de l'eau,
& des quarrez des diamétres des ajutages: ainfi en nous
fervant de l'experience de M. Mariotte, l'on pourra dire:
Si le produit du quarré de 3 lignes, qui eft 9, par la racine quarrée de 13, donne 14 pintes pour la dépenfe de
l'eau pendant une minute, combien donnera le produit

Y y y ij

du quarré du diamétre de l'ajutage de 4 lignes, qui est 16, par la racine quarré de 40, pour la dépense de l'eau pendant le même tems, l'on trouvera par la regle de proportion un quatriéme terme qui sera la quantité des pintes d'eau que l'on demande.

CHAPITRE III.

Où l'on considere le mouvement & le choc des Eaux.

PROPOSITION VII.

Théoreme.

857. SI l'on a deux surfaces égales exposées perpendiculairement au coulant de deux fluides homogenes, qui ayent des vîtesses inégales, les chocs de ces fluides contre ces surfaces seront entr'eux comme les quarrez de leurs vîtesses.

DÉMONSTRATION.

Fig. 429. 430. & 431.

Supposant que les Figure 429. & 430. soient deux parties d'Aqueducs, que BC & TV représentent des surfaces égales à LM, il faut démontrer que l'eau rencontrant ces surfaces selon des directions perpendiculaires avec des vîtesses inégales, les chocs de l'eau seront dans la raison des quarrez de leurs vîtesses.

Si l'on imagine deux lames d'eau GH & RS, que je suppose verticales, parallèles & égales aux surfaces BC & TV, comme seroit, par exemple, LM, & que ces lames d'eau soient également éloignées des surfaces BC & TV, il est évident que ces deux lames étant égales, que venant de G en B, & de R en T avec des vîtesses differentes, elles choqueront les surfaces opposées dans la raison de leurs vîtesses. Or si la vîtesse de la lame RS est triple de l'autre GH, & qu'il lui faille une seconde pour venir de R en T d'un mouvement uniforme, il faudra trois secondes à la lame GH pour aller de G en B : ainsi la lame RS aura choqué la surface TV dans le moment que GH sera arrivé de G en I, & le courant de l'eau continuant toûjours de part & d'autre une seconde lame encore comme RS aura frappé la surface TV dans le moment que la lame GH sera arrivée de I en K : enfin une troisiéme lame aura frappé la surface TV dans le moment que GH sera arrivé de K en B pour frapper la surface BC; ainsi cette surface n'aura été frappée que par une lame dans le tems que la surface TV aura été choquée par trois lames ; ce qui fait voir que la quantité d'eau dont ces deux surfaces sont frappées dans le même tems, sont dans la raison des vîtesses du courant : mais nous avons dit aussi que le choc des lames GH & RS étoit dans la raison des vîtesses : ainsi l'on peut dire en general que les chocs de l'eau contre des surfaces égales, sont dans la raison doublée des vîtesses & des quantitez d'eau qui choquent en même tems, ou, ce qui est la même chose, comme les quarrez des vîtesses de l'eau. C. Q. F. D.

COROLLAIRE I.

876. Si les vîtesses de l'eau sont égales, & que les surfaces qu'elles rencontrent soient inégales les chocs perpendiculaires à ces surfaces seront dans la raison des surfaces mêmes.

COROLLAIRE II.

877. Si les surfaces sont inégales, aussi-bien que les vîtesses de l'eau, les chocs seront dans la raison composée des quarrez des vîtesses de l'eau & des surfaces opposées, ou comme les produits des quarrez des vîtesses de l'eau par la valeur des surfaces.

COROLLAIRE III.

878. Si l'on a une surface TV perpendiculaire, & une autre NO oblique au courant, & que les lames d'eau RS & AB soient égales, de même que leurs vîtesses, le

Fig. 430. & 432.

choc contre la surface perpendiculaire sera à celui contre la surface oblique, comme le quarré du sinus total est au quarré du sinus de l'angle d'incidence de la surface oblique; car si CD exprime le choc de l'eau contre la surface perpendiculaire faisant le parallelogramme rectangle EF, le côté CF exprimera la force de l'eau contre la surface oblique NO : ainsi les chocs seront comme $\overline{CD}^2$ est à $\overline{CF}^2$.

COROLLAIRE IV.

Fig. 432. & 433.

879. Si les surfaces sont toutes deux obliques au courant, les chocs de l'eau seront dans la raison des quarrez des sinus des angles d'incidence; c'est-à-dire, qu'ayant les deux surfaces obliques NO & PQ, leurs chocs seront comme les quarrez des perpendiculaires CF & IM, en supposant toûjours les vîtesses de l'eau égales.

REMARQUE.

M. Mariotte ayant fait plusieurs experiences pour mesurer le choc de l'eau, a trouvé que l'eau ayant un pied de vîtesse par seconde, fait un effort d'une livre & demie contre une surface d'un pied quarré. Or pour se servir de cette experience à l'égard du choc que l'eau fait contre une surface, il faut avoir une Pendule ou une Montre qui marque les minutes bien exactement; ensuite attacher au bout d'un fil de soye un corps fort leger, comme, par exemple, un morceau de liege, qu'il faudra faire surnager dans le milieu du courant de l'eau, marquer un piquet à l'endroit où le corps aura commencé à suivre le courant, & faire en sorte d'accompagner ce corps le long du bord de l'eau; & quand on aura parcouru une longueur raisonnable, on prendra garde combien il se sera écoulé de minutes depuis le moment qu'on sera parti jusqu'à l'endroit où l'on aura cessé d'accompagner ce corps; & supposant qu'on ait mis 3 minutes, on mesurera bien exactement le chemin qu'à fait le corps pendant ce tems, que je fuppofe être, par exemple, de 120 toifes. Or pour fçavoir le chemin que le corps a parcouru pendant une feconde, je multiplie 60 par 3, pour avoir 180 fecondes (parce qu'une minute vaut 60 fecondes) & voulant connoître la vîteffe de l'eau pendant une feconde, je réduis les toifes en pieds pour avoir 720 pieds, que je divife enfuite par 180 fecondes, qui donnent 4 au quotient: ainfi la vîteffe de l'eau pendant une feconde fera de 4 pieds.

PROPOSITION VIII.
Problême.

880. *Connoiffant la vîteffe de l'eau, trouver le choc de cette eau contre une furface donnée.*

Nous fervant de l'experience de M. Mariotte, rapportée dans la Remarque précedente, on demande quel eft le choc de l'eau contre une furface de 20 pieds quarrez, en fuppofant que cette eau a 4 pieds de vîteffe par feconde. Pour cela il faut fe rappeller que les chocs de l'eau avec des vîteffes differentes contre des furfaces inégales & perpendiculaires au courant, font comme les produits des quarrez des vîteffes par les furfaces oppofées. L'on pourra donc dire: Si le quarré d'une feconde, qui eft 1, multiplié par une furface de 1 pied, qui eft encore 1, donne une livre & demie pour l'effort de l'eau contre la furface d'un pied quarré, que donnera le produit du quarré de la vîteffe de 4, qui eft 16, par la furface de 20 pieds quarrez, qui eft 320. pour le choc de l'eau contre la furface de 20 pieds, l'on trouvera 480: ce qui fait voir que la furface fait un effort de 480 livres, pour être en équilibre avec le choc de l'eau.

APPLICATION.

Si l'on vouloit trouver l'effort de l'eau contre les aubants d'un Moulin, expofez perpendiculairement à fon courant, il faut connoître d'abord la vîteffe de l'eau, & la grandeur des aubants: ainsi supposant que la vîtesse de l'eau soit de 5 pieds par seconde, & les aubants de 6 pieds quarrez, l'on dira: Si le produit du quarré de la vîtesse d'un pied par un pied quarré, fait un effort d'une livre & demie en une seconde, que sera le produit du quarré de la vîtesse de 5 pieds par la surface de 6 pieds, l'on trouvera pour l'effort que l'on cherche 225 livres.

PROPOSITION IX.
Théoreme.

881. *Si l'on a un vaisseau rempli d'eau qui soit toujours entretenu à la même hauteur, je dis que les chocs de l'eau à la sortie de deux ajutages égaux, seront dans la raison des hauteurs de l'eau au-dessus du centre des deux ajutages.*

DÉMONSTRATION.

Fig. 434. Si le vaisseau ABCD est rempli d'eau, & qu'elle sorte par les deux ajutages E & F, les vîtesses de l'eau seront comme $\sqrt{BE}$ est à $\sqrt{BF}$; & si les ajutages sont égaux, les quantitez d'eau qui sortiront dans le même tems, seront encore comme $\sqrt{BE}$ est à $\sqrt{BF}$: mais ces quantitez d'eau peuvent être regardées comme les masses, & les racines de BE & BF comme leurs vîtesses ; par consequent le choc dont l'eau sera capable à la sortie des deux ajutages, sera égale au produit de $\sqrt{BE} \times \sqrt{BE}$ est à $\sqrt{BF} \times \sqrt{BF}$, c'est-à-dire, comme le quarré des racines des hauteurs de l'eau au-dessus du centre des ajutages ; mais ces deux produits ne sont autre chose que BE & BF : par consequent les chocs de l'eau à la sortie des ajutages égaux, sont comme les hauteurs de l'eau au-dessus du centre des ajutages.

COROLLAIRE.

882. Il suit que si les ajutages sont de differentes grandeurs, les chocs de l'eau à leurs sorties, feront comme les produits des quarrez des diamétres des ajutages par la hauteur de l'eau qui répond à leur centre, s'ils sont circulaires; mais s'ils sont de toute autre figure, il faudra multiplier leur capacité par la hauteur de l'eau qui répond au centre.

DISCOURS

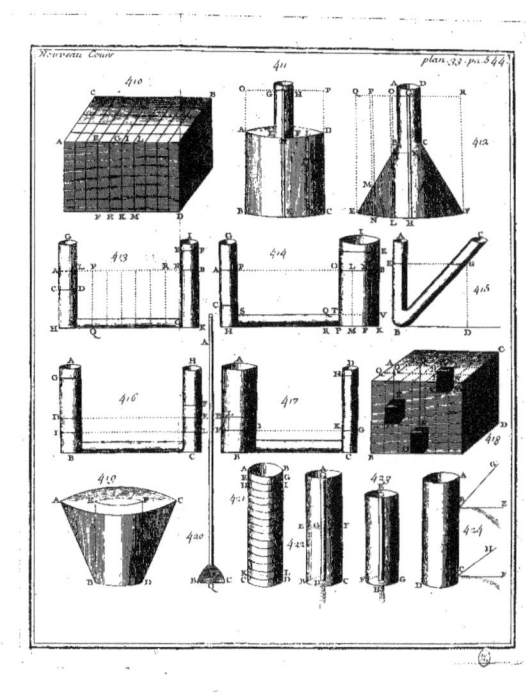

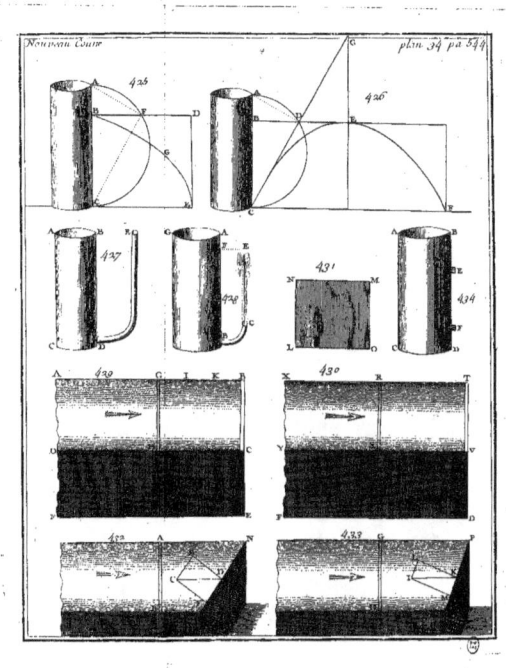

DISCOURS
SUR LA NATURE ET LES PROPRIETEZ
DE L'AIR.
POUR SERVIR D'INTRODUCTION
à la Physique ; servant aussi à rendre raison de l'effet
des Machines Hydrauliques.

Quoique les Anciens nous ayent laissé beaucoup de belles connoissances, il semble qu'on pourroit leur reprocher de n'avoir point assez étudié la nature, sur-tout quand on fait réflexion aux idées fausses qu'ils avoient de l'Air : ce n'est pourtant pas manque qu'ils n'ayent eu assez de tems pour en découvrir les proprietez; mais apparemment qu'il en étoit de ceci comme d'une infinité d'autres choses qui étoient reservées aux découvertes de notre tems; & pour ne parler que de l'Air, nous allons faire voir qu'il a de la pesanteur, qu'il a du ressort, & qu'il est capable d'être condensé & dilaté.

Avant M. Descartes & M. Pascal, si l'on demandoit aux Philosophes pourquoi, en tirant le piston d'une seringue ou d'une pompe, l'eau monte & suit comme si elle adhéroit ; pourquoi quand on remplit d'eau un siphon, & qu'on met chaque jambe dans un vaisseau plein d'eau, si un des vaisseaux est un peu plus élevé que l'autre, l'eau monte par le siphon, sort du vaisseau qui est le plus élevé pour descendre dans celui qui est un peu plus bas, tant que toute l'eau de celui d'en haut soit entrée dans celui d'en bas ; ils répondoient que la nature avoit de l'horreur pour le vuide, ou bien que la nature abhorroit le vuide, comme si elle étoit capable de passion, pour avoir de l'horreur pour quelque chose : car à leur sens ils parloient comme si la nature faisoit de grands efforts pour éviter le vuide ; quoiqu'on voye parfaitement qu'elle ne fait aucune chose pour l'éviter, ni pour le rechercher, & que le vuide ou le plein lui sont fort indifferens.

Il est bien vrai que l'eau monte dans une pompe, quand il n'y a point de jour par où l'air puisse entrer, & qu'ainsi il y auroit du vuide, si l'eau ne suivoit pas le piston, & même qu'elle n'y monte pas, quand il y a des fentes par où l'air peut entrer pour la remplir. De même si l'on fait une petite ouverture au haut d'un siphon, par où l'air puisse s'introduire, l'eau de chaque branche tombe dans son vaisseau, & le tout demeure en repos. D'où l'on a conclu que la nature avoit de l'horreur pour le vuide, puisqu'aussi-tôt qu'il n'y avoit point d'air dans un tuyau, l'eau montoit d'elle-même, & que l'air survenant, l'eau se remettoit dans son premier état ; ce qui a fait croire qu'elle n'y montoit que pour empêcher le vuide.

Mais si l'on fait voir que ces effets (de même que beaucoup d'autres que nous expliquerons dans la suite) ne sont causez que par la pesanteur de l'air, on n'aura plus lieu de douter que la nature n'a point d'horreur pour le vuide, qu'elle suit les loix de la Mécanique aussi-bien par rapport à l'air que par rapport aux liqueurs de differentes pesanteurs, & que ce qu'on peut dire de l'air n'est qu'une suite des principes que l'on a démontrez dans le Traité précedent.

Pour être convaincu de la pesanteur de l'air par une experience dont il est aisé de se convaincre, prenez un tuyau de verre de 20 ou 24 pouces, bien bouché par une de ses extrêmitez, après qu'on l'aura rempli de mercure ; bouchez ensuite le bout qui est ouvert avec le doigt, & soutenez le tuyau perpendiculairement, en sorte que le bout ouvert soit en bas : si vous plongez dans un vafe où il y aura du mercure le bout que vous aurez bouché avec le doigt, & qu'après cela vous laiffiez la liberté au mercure de defcendre, vous verrez que bien loin qu'il retombe dans le vafe pour fe mêler avec l'autre, il demeurera fufpendu de lui-même. La raifon de cet effet vient de la pefanteur de l'air, qui preffe le mercure qui eft dans le vafe, & qui ne preffe pas celui qui eft dans le tuyau, qui eft moins pefant qu'une colonne d'air qui aura la même bafe : ainfi c'eft le poids de l'air qui force le mercure de refter dans le tuyau ; & pour en être plus certain, il n'y a qu'à ouvrir le bout d'en haut qu'on a bouché, & auffi-tôt vous verrez le mercure defcendre, & fe mêler avec celui qui eft dans le vafe.

Si l'on prend un tuyau encore de 20 ou de 24 pouces rempli de mercure bouché par une de fes extrêmitez, & que l'autre extrêmité foit recourbée, vous verrez que le mercure, quoique le tuyau ne foit pas plongé dans un vafe, fe maintiendra fufpendu fans fortir par le bout recourbé, à caufe que le poids de l'air qui pefe fur le mercure du bout recourbé, eft plus pefant que le mercure qui eft dans le tuyau.

Si au lieu d'un tuyau de 20 ou 24 pouces, l'on fe fert d'un qui ait 25 ou 26 pieds, & qu'au lieu de le remplir de mercure, on le rempliffe d'eau, l'on verra que l'eau demeurera fufpendue comme le mercure, quoique le tuyau foit plus grand ; car comme l'eau eft beaucoup plus legere que le mercure, on en mettra une bien plus grande hauteur dans un tuyau que de mercure ; car nous fçavons que les hauteurs de differentes liqueurs font comme les poids des mêmes liqueurs.

Cependant quoique la pefanteur de l'air foûtienne fufpendu le mercure & l'eau dans des tuyaux de la grandeur que nous venons de dire, il ne faut pas croire que fi l'on rempliffoit d'eau un tuyau qui auroit beaucoup plus de 25 ou 26 pieds, comme, par exemple, de 40 pieds, que l'eau y demeurera toute fufpendue ; car l'air ne peut pas soûtenir un plus grand poids que le sien : & c'est par le moyen des tuyaux remplis de mercure ou d'eau que l'on mesure la pesanteur de l'air, comme on le va voir.

Si l'on a un tuyau de verre de 40 pouces, que l'on remplisse de mercure, en sorte qu'il y ait toûjours une de ses extrêmitez bouchée, & que l'autre bout auquel on aura mis le doigt, soit plongé dans un vase où il y ait du mercure, ou que ce bout soit seulement recourbé, & qu'on le soûtienne perpendiculairement dans l'air ou dans le mercure, car cela ne fait rien ; l'on verra qu'aussi tôt qu'on aura ôté le doigt qu'on avoit appliqué sur le bout ouvert, le mercure baissera tant qu'il sera parvenu à la hauteur de 28 pouces, qui est la hauteur où une colonne de mercure est en équilibre avec la colonne d'air qui lui répond.

Si l'on prend un tuyau de 40 pieds, conditionné comme ceux dont nous avons parlé, l'on verra que l'ayant rempli d'eau, elle descendra tant qu'elle soit à la hauteur de 31 pieds, parce qu'une pareille colonne d'eau est en équilibre avec celle de l'air qui lui répond, ou bien avec une colonne de vif-argent de 28 pouces : mais comme nous sçavons qu'un pied cube d'eau pese 72 livres, si l'on multiplie 31 par 72, l'on aura 2232, qui est la quantité de livres que pese une colonne d'air, qui auroit un pied quarré de base, & pour hauteur celle de l'atmosphere.*

* L'on nomme atmosphere l'étenduë de l'air qui est renfermé dans le tourbillon de la terre.

Cette épreuve est encore confirmée par les pompes aspirantes & les seringues ; car aussi-tôt qu'on tire le piston d'une pompe, l'eau suit le piston ; & si l'on continue à lever le piston, l'eau suivra toûjours, mais non pas à la hauteur que l'on voudra, puisqu'elle ne passe pas 31 pieds ; car aussi-tôt qu'on veut la tirer plus haut, le piston ne tire plus l'eau, & elle demeure immobile & suspenduë à cette hauteur, où elle se trouve en équilibre avec le poids de l'air qui pese au-dehors du tuyau sur l'eau qui l'environne. L'on peut remarquer ici, pour désabuser ceux qui croyent que l'eau monte dans les pompes, parce que la nature a de l'horreur pour le vuide, que quand on a hauffé le pifton au-delà de 31 pieds, l'eau demeure à cette hauteur, & il fe trouve un intervalle entre l'eau & le pifton, où il n'y a point, ou très-peu d'air que l'eau ne peut remplir, ne pouvant être pouffée plus haut par l'air exterieur. Si nos Philofophes avoient pris garde à cela, ils auroient fans doute été fort étonnez de voir que la nature ceffe d'avoir de l'horreur pour le vuide au-delà de 31 pieds de hauteur, & ils auroient pû l'accufer d'avoir du caprice, puifqu'à une certaine hauteur elle ne peut fupporter le vuide, & qu'après cela le vuide lui devient indifferent.

Si l'on fe fert d'une feringue longue de 3 pieds ou de 3 pieds & demi, l'on verra encore que mettant le bout du tuyau qui eft ouvert dans un vafe de vif-argent, qu'en tirant le pifton, le vif-argent montera à la hauteur de 28 pouces, & qu'inutilement on levera le pifton pour faire monter le vif-argent plus haut, qu'il demeurera toûjours à la hauteur qui le met en équilibre avec le poids de l'air : ainfi l'eau, le vif-argent & l'air demeurent en équilibre, quand les hauteurs font entr'elles comme leurs poids ; & cela de quelque groffeur que foient les tuyaux, parce que les liqueurs ne pefent pas felon la grandeur de leurs bafes, mais felon leurs hauteurs.

Pour expliquer comme la pefanteur de l'air fait monter l'eau dans les fiphons, nous fuppoferons un fiphon dont une des jambes foit environ haute d'un pied, & l'autre d'un pied un pouce. Si on le remplit d'eau, & qu'on bouche bien les deux ouvertures, pour qu'elle ne puiffe pas fortir ; & qu'après cela l'on ait deux vaiffeaux dont l'un foit un peu plus élevé que l'autre, & que le plus élevé foit rempli d'eau, mettant la plus courte jambe du fiphon dans le vaiffeau plus élevé, & la plus longue dans celui qui eft un peu plus bas, la courte jambe trempant dans l'eau, auffi-tôt qu'on aura débouché les ouvertures, l'eau qui eft dedans, au lieu de defcendre, cherchera à monter ; car l'eau qui eſt dans les deux vaiſſeaux étant preſſée par l'air, & non pas celle qui eſt dans le ſiphon, la forcera d'y entrer pour monter bien plus haut, s'il ſe pouvoit, puiſqu'elle ne montera que d'un pied, au lieu que le poids de l'air eſt capable de la faire monter de 31 pieds.

D'où il arrive que l'eau de chaque jambe étant pouſſée au haut du ſiphon, elle ſe combat à cet endroit; de ſorte qu'il faut que celle qui a le plus de force l'emporte ſur celle qui en a moins: mais comme l'air a plus de hauteur d'un pouce ſur le vaiſſeau plus bas que ſur le vaiſſeau plus élevé, il pouſſe en haut l'eau de la longue jambe plus fortement que celle qui eſt dans l'autre; d'où il ſemble d'abord que l'eau doit être pouſſée de la plus longue jambe dans la plus courte; mais le poids de l'eau de chaque jambe, quoiqu'il reſiſte à l'air, ne reſiſte pas également: car comme l'eau de la longue jambe a plus de hauteur d'un pouce que celle de la petite, elle reſiſte plus fortement de la force que lui donne la hauteur d'un pouce d'eau. Or elle n'eſt pouſſée en haut plus que celle de l'autre jambe, que par la hauteur d'un pouce d'air; mais le pouce d'eau qui eſt dans la plus longue jambe, a plus de force pour deſcendre que le pouce d'air n'en a pour le faire monter, puiſqu'un pouce d'eau eſt plus peſant qu'un pouce d'air: ainſi l'eau de la plus courte jambe eſt pouſſée en haut avec plus de force que celle de la plus grande; ce qui fait qu'elle monte pour paſſer dans l'autre vaiſſeau, & continuera à monter tant qu'il y aura de l'eau dans le vaiſſeau qui lui répond.

C'eſt ainſi que toute l'eau du vaiſſeau le plus élevé, montera & ſe rendra dans le plus bas, tant que la branche du ſiphon qui y trempe, ſera au-deſſous d'une hauteur de 31 pieds; car comme nous l'avons dit, le poids de l'air peut bien hauſſer & tenir ſuſpendue l'eau à cette hauteur; mais dès que la branche qui trempe dans le vaiſſeau élevé excedera cette hauteur, il arrivera que le ſiphon ne fera plus ſon effet, j'entens que l'eau du vaiſſeau élevé ne montera plus en haut du ſiphon pour ſe rendre dans l'autre, parce que le poids de l'air ne peut pas l'élever au-delà de 31 pieds; de forte que l'eau se divisera au haut du siphon, & tombera de chaque jambe dans son vaisseau jusqu'à ce qu'elle soit restée à la hauteur de 31 pieds au-dessus de chaque vaisseau, où elle demeurera en repos suspenduë à cette hauteur par le poids de l'air qui la contre-pese.

Il arrive plusieurs autres choses dans la nature, que les Anciens ont toûjours attribuées à l'horreur du vuide, mais qui n'ont cependant d'autre cause que la pesanteur de l'air; par exemple, si deux corps fort polis sont appliquez l'un contre l'autre, l'on trouve une extrême resistance à les separer, & cette resistance même est si grande, que l'on a crû qu'il n'y avoit point de force humaine qui puisse les desunir. Cependant si l'on fait attention que n'y ayant point d'air entre ces deux corps, si l'on tient celui d'en haut avec la main, il doit arriver que celui d'en bas demeurera suspendu, puisqu'il est pressé par tout le poids de l'air qui le touche par dessous, & qui fait qu'on ne peut les separer qu'on n'employe une force plus grande que celle du poids de l'air; tellement que si ces deux corps, sont, par exemple, chacun d'un pied cube, & qu'ils en ayent la figure, ils seront pressez l'un contre l'autre par une force de 2232 livres, qui est le poids d'une colonne d'air, qui auroit un pied quarré de base: ainsi pour vaincre la force de l'air, afin de separer ces deux corps, il faut employer une force plus grande que celle de 2232 livres, & pour lors ces deux corps se desuniront sans aucune difficulté, puisqu'il importe fort peu à la nature qu'ils soient separez, ou non.

L'experience nous fait voir encore qu'un soufflet, dont toutes les ouvertures sont bien bouchées, est très-difficile à ouvrir, trouvant de la resistance, comme si les aîles étoient collées : si on demande la cause de cet effet, on n'en trouvera pas d'autre que celle de la pesanteur de l'air; car comme il presse les aîles du soufflet, sans pouvoir s'introduire dedans, l'on ne peut lever une des aîles sans lever aussi toute la masse de l'air qui est au dessus, qui résistera d'autant plus, que les aîles du soufflet auront de capacité, tellement que si elles avoient un pied & demi de superficie, il faudroit une force plus grande que celle de 3348 livres, qui est égale au poids de l'air qui répond à un plan d'un pied & demi de superficie; mais dès que l'on fait une ouverture au soufflet, l'air qui entre dedans fait équilibre avec celui de dehors; & l'on ne trouve plus de difficulté à l'ouvrir.

De même si l'on demande pourquoi en mettant la bouche sur l'eau, elle monte lorsque l'on suce; comme cela arrive aussi avec un chalumeau de paille. Il n'y a qu'à considerer que l'eau étant pressée de toute part par le poids de l'air, excepté à l'endroit de la bouche où le chalumeau est appliqué, parce qu'en suçant il arrive que les muscles de la respiration élevant la poitrine, font la capacité du dedans plus grande; ce qui donne à l'air du dedans plus de place à remplir qu'il n'avoit auparavant, & lui donne moins de force pour empêcher l'eau d'entrer dans la bouche, que l'air du dehors n'en a pour l'y faire monter: ce qui devient le même cas que celui qui fait que l'eau monte dans les pompes & dans les seringues.

Comme la pesanteur de l'air n'est pas toûjours la même, & qu'elle varie selon qu'il est plus ou moins chargé de vapeurs, ses effets varient aussi continuellement dans un même lieu; & c'est ce qu'on remarque par le Barometre, où le mercure s'éleve quelquefois au dessus de 28 pouces, & quelquefois descend & se met au dessous; quelque tems après il remonte, & toûjours dans une vicissitude continuelle qui suit celle de l'air. La même chose arrive par consequent dans les pompes où l'eau monte quelquefois dans un tems à 31 pieds & demi, puis elle revient à 31 pieds, puis elle baisse, & n'est plus qu'à la hauteur de 30 pieds & quelques pouces, étant assujetties comme le Barometre aux differentes pesanteurs de l'air.

Comme

DE MATHEMATIQUE.

Comme l'air fur les montagnes fort élevées, ne pefe pas tant que fur le bord de la mer, que nous prendrons pour le lieu le plus bas de la terre, l'experience fait voir que les pompes qui font fur les lieux fort élevez ne font pas monter l'eau fi haut; l'on a même remarqué que fur une montagne élevée de 600 toifes, l'eau au lieu de monter à 31 pieds, comme nous l'avons dit, ne montoit qu'à 26 pieds quelques pouces : le même changement arrive dans les lieux qui font fort bas, où l'eau monte quelquefois jufqu'à 32 ou 33 pieds; mais ces changemens s'obfervent bien mieux avec le Barometre, qui peut fervir non feulement à connoître la pefanteur de l'air dans les lieux differemment élevez, mais encore à mefurer la hauteur des montagnes, & même celle de l'atmofphere.

Car fi on eft au pied d'une montagne, & que le mercure à cet endroit foit élevé de 28 pouces, l'on verra qu'à mefure que l'on montera pour en gagner le fommet, le mercure au lieu de refter à la hauteur de 28 pouces, baiffera, parce qu'étant foûtenu par une moindre colonne d'air, il faut neceffairement qu'il baiffe pour fe mettre en équilibre avec cette colonne : ainfi il demeure fufpendu à une hauteur d'autant moindre, qu'on le porte à un lieu plus élevé ; de forte que s'il étoit poffible d'aller jufques au haut de l'atmofphere pour en fortir entierement dehors, le vif-argent tomberoit, fans qu'il en reftât aucune partie, puifqu'il n'y auroit plus aucun air pour le contre-pefer.

L'on a fait plufieurs belles experiences fur la pefanteur de l'air. La premiere a été fur une des plus hautes montagnes d'Auvergne proche Clermont, que l'on nomme *la montagne du Puy de Dome*, & a fait voir qu'ayant un tuyau plein de mercure, bouché par un bout & recourbé par l'autre, le mercure étant à la hauteur de 26 pouces 5 lignes au pied de la montagne, que partant delà pour aller au fommet, à 10 toifes le mercure étoit defcendu d'une ligne, qu'à 20 toifes il étoit defcendu de 2 lignes, qu'à 100 toifes il étoit defcendu de 9 lignes, & qu'étant monté de 500 toises, il étoit descendu de 3 pouces, 10 lignes; & l'on a trouvé qu'en descendant pour venir au pied de la montagne, à chaque endroit où le mercure étoit descendu, il est remonté à la même hauteur, & s'est retrouvé à 26 pouces 5 lignes, au pied de la montagne, à l'endroit d'où l'on étoit parti. Il ne faut pas être surpris si après avoir dit ailleurs que la hauteur du mercure étoit ordinairement de 28 pouces pour être en équilibre avec l'air, qu'on ne la trouve que de 26 pouces 5 lignes au plus bas lieu de la montagne du Puy de Dome, c'est que cet endroit-là est apparemment plus élevé que le bord de la mer, où effectivement le mercure est à la hauteur de 28 pouces: mais quand le Barometre se trouve dans un lieu plus élevé que le bord de la mer, le mercure est toûjours au dessous de 28 pouces, selon que la colonne d'air qui y répond, est moindre que sur le bord de la mer.

Ceux qui ne raisonnent pas ont de la peine à s'imaginer que l'air a de la pesanteur, parce qu'ils n'en sentent pas le poids; mais si on leur fait remarquer qu'un animal qui est dans l'eau a la liberté de se mouvoir sans sentir le poids de l'eau, à cause qu'il en est pressé également de toutes parts, ils ne s'étonneront plus si on ne s'apperçoit pas du poids de l'air qui nous presse aussi également de toutes parts, & qui est en équilibre avec celui que nous avons dans les poulmons & dans le sang, & avec celui qui est generalement répandu par tout le corps.

Si l'on a crû si long-tems que l'air étoit leger, c'est parce que les anciens Auteurs l'ont dit, & que ceux qui font profession de les croire, les suivent aveuglément, aux dépens même de la verité & de la raison: l'on a même été si éloigné de penser que la pesanteur de l'air fût la cause de l'élevation de l'eau dans les pompes, qu'on a crû qu'il suffisoit de tirer l'air avec un piston pour faire monter l'eau aussi haut que l'on voudroit, & qu'on pouvoit faire passer l'eau d'une riviere par dessus une montagne pour la faire rendre dans le vallon opposé, pourvû qu'il soit un peu plus bas que la riviere, par le moyen d'un siphon placé fur la montagne ; dont l'une des jambes répondroit dans la riviere ; puifque pour cela il ne faudroit que pomper l'air du fiphon, & il n'y a pas plus de quatre-vingt ans que l'on étoit dans cet erreur.

L'air a encore la proprieté de pouvoir être extrêmement condenfé & dilaté, & de conferver toûjours une vertu de reffort, par laquelle il fait effort pour repouffer les corps qui le preffent, jufqu'à ce qu'il ait repris fon exiftence naturelle. L'air fe dilate auffi très-facilement par la chaleur, & fe condenfe par le froid, comme on le remarque dans le Thermometre, où l'on voit que l'air qui eft dans l'efprit de vin fait monter cette liqueur à vûë d'œil dans le tuyau, quand on l'approche du feu, ou quand le foleil donne deffus ; & au contraire on s'apperçoit qu'elle baiffe beaucoup, quand il fait fort froid, ou quand on met le tuyau dans l'eau froide.

L'air qui eft proche de la furface de la terre, eft fort condenfé, parce qu'il n'a pas fon étenduë naturelle ; car puifque celui qui eft au deffus eft pefant, & qu'il a une vertu de reffort, celui que nous refpirons étant chargé du poids de tout l'atmofphere, eft plus condenfé que celui qui eft tout au haut ; par confequent celui qui eft entre ces deux extrêmitez, doit être moins condenfé que celui qui touche la terre, & moins dilaté que celui qui eft au haut de l'atmofphere. Mais pour avoir une idée claire de ceci, fuppofons un grand amas de laine cardée de la hauteur de 80 ou 100 toifes ; il eft conftant que la laine qui eft en bas étant chargée de toute la pefanteur de celle qu'elle porte, ne fera pas fi étenduë que celle qui eft tout au haut, & celle qui eft dans le milieu ne fera pas fi comprimée que celle qui eft au deffous, ni fi étenduë que celle qui eft au deffus. Or fi l'on prend une poignée de la laine qui eft en bas, & qu'on la porte au deffus, en la tenant toûjours preffée de la même façon qu'elle l'étoit dans l'endroit d'où on l'a tirée, elle s'élargira d'elle-même, & prendra la même étenduë que celle qui eft tout en haut ; & au contraire fi on prend dans la main de celle qui eſt en haut, en lui laiſſant ſon étenduë naturelle, ſans la preſſer aucunement, l'on verra que la mettant ſous celle qui eſt en bas, elle ſe comprimera de la même façon que celle qui eſt en bas. L'on peut dire la même choſe de l'air; car ſi l'on prend une veſſie bien ſéche, ſoufflée à la moitié de la groſſeur qu'elle devroit avoir, ſi on l'avoit bien remplie d'air, ſi après l'avoir bien fermée, on la porte au haut d'une montagne fort élevée, l'on verra qu'à meſure que l'on montera, la veſſie deviendra plus enflée qu'elle n'étoit auparavant, & lorſqu'on ſera parvenu au ſommet, on la verra ronde & toute auſſi enflée qu'elle eût été au pied de la montagne, ſi on l'avoit ſoufflée autant qu'on fait ordinairement pour la rendre ſpherique. Cependant il eſt à remarquer que l'air qui eſt dans la veſſie eſt toûjours le même qu'il étoit au pied de la montagne, n'étant point augmenté ni diminué; tout le changement qui lui eſt arrivé, c'eſt de s'être dilaté conſiderablement, c'eſt-à-dire, qu'il occupe un bien plus grand eſpace qu'auparavant; & il eſt à préſumer que ſi on avoit porté cette veſſie au haut d'une montagne beaucoup plus élevée que celle que je ſuppoſe ici, l'air ſe feroit dilaté juſqu'au point de crever la veſſie par la force de ſon reſſort. La raiſon de cette dilatation vient ſans doute de ce que l'air qu'on a mis dans la veſſie au pied de la montagne, étant preſſé par le poids de l'air exterieur, celui de dedans n'a pas plus de liberté de prendre ſon étenduë naturelle que celui de dehors, puiſqu'ils ſont également chargez du poids de l'atmoſphere; mais quand la veſſie ſe trouve au haut de la montagne, l'air qui eſt à cette hauteur n'étant point ſi chargé que celui d'en bas, ne preſſe pas tant les corps qu'il environne; ce qui fait que celui qui eſt dans la veſſie ne trouvant pas une ſi grande réſiſtance pour s'étendre qu'auparavant, ſe dilate & occupe un bien plus grand eſpace que celui où il étoit renfermé dans le lieu d'où on l'a ſorti.

Il arrive tout le contraire, ſi on remplit autant qu'il eſt poſſible une veſſie au ſommet d'une haute montagne; car si l'on descend pour venir dans un lieu beaucoup plus bas, l'on voit que la vessie de bien tenduë qu'elle étoit auparavant, devient flasque & molle à mesure que l'on descend, tant qu'il ne paroît presque plus qu'elle ait été enflée; ce qui ne peut manquer d'arriver par les raisons que nous venons de dire; car l'air qui est dans la vessie se trouvant comprimé de tous côtez par celui qui l'environne, qui est beaucoup plus pesant que sur la montagne, il est forcé de se ramasser, c'est-à-dire, de se condenser pour occuper un plus petit espace que celui qu'il tenoit dans l'endroit d'où on l'a tiré.

C'est sans doute à la dilatation & à la condensation que l'air prend, quand il est porté dans un lieu plus élevé ou plus bas que celui d'où il est sorti, qu'on doit attribuer l'incommodité que ressentent ceux que le besoin conduit sur des hautes montagnes; car comme ils ont dans les poulmons & dans le sang un air plus condensé que celui de l'endroit où ils se trouvent, les chairs n'étant plus pressées si fortement par l'air que de coûtume, laisse à celui qui est dans le corps la liberté de se dilater; ce qui ne peut se faire sans déranger le temperamment de ceux à qui cela arrive. L'on pourra expliquer par un raisonnement tout contraire à celui-ci la peine que ressentent ceux qui d'un lieu haut viennent habiter un lieu bas.

La rarefaction de l'air est très-considerable par les consequences que l'on a tirées de plusieurs experiences; & M. de Mariotte qui en a fait plus que personne, fait voir qu'un certain volume d'air que nous respirons, peut se rarefier de 4000 fois pour être dans son étenduë naturelle, c'est-à-dire, que s'il étoit possible de porter un pied cube d'air de dessus la surface de la terre au haut de l'atmosphere, il occuperoit un espace de 4000 pieds cubes, & peut-être même d'une bien plus grande étenduë. Si cette estimation approche de la verité, il en sera la même chose de la rarefaction de l'air naturel, c'est-à-dire, de l'air qui est au haut de l'atmosphere sur la surface de la terre, que lorsqu'il sera comprimé par l'air du dehors, il occupera un volume quatre mille fois plus petit pour devenir semblable à celui que nous respirons : mais comme l'experience fait voir que celui-ci peut être extrêmement condensé, celui du haut de l'atmosphere qui se seroit condensé de quatre mille fois pour devenir pareil au nôtre, peut donc l'être bien davantage de quatre mille fois pour devenir aussi serré que le nôtre peut être réduit.

Nous avons fait voir que quand on portoit un Barometre du pied d'une montagne au sommet, qu'à mesure que l'on montoit, le mercure baissoit pour se mettre en équilibre avec la colonne d'air, qui devient d'autant moindre, que la montagne est plus élevée ; & en parlant de l'experience qui a été faite sur le Puy de Dome, nous avons dit qu'étant monté de 10 toises, le mercure étoit descendu d'une ligne ; qu'étant monté de 20 toises, il étoit descendu de 2 lignes ; qu'étant monté de 100 toises, il étoit descendu de 9 lignes : enfin qu'étant monté de 500 toises, il étoit descendu de 8 pouces, 10 lignes, ou autrement de 46 lignes ; où l'on peut remarquer que la diminution du mercure n'est pas dans la raison des differentes hauteurs où le Barometre a été porté sur la montagne ; car pour que cela fût ainsi, il faudroit qu'à 100 toises le mercure fût descendu de 10 lignes, & qu'à 500 toises il fût descendu de 50 lignes, pour lors l'on auroit deux progressions arithmétiques ; l'une pour le Barometre, & l'autre pour les differentes hauteurs sur lesquelles il seroit porté, & les termes de la premiere progression se surpasseroient d'une unité, & les termes de la seconde se surpasseroient de 10 toises ; ce qui seroit fort commode pour mesurer la hauteur des montagnes & celle de l'atmosphere, puisque le mercure descendant d'une ligne de 10 toises en 10 toises, l'on n'auroit qu'à observer de combien de lignes il seroit descendu en allant du pied de la montagne au sommet ; ensuite multiplier cette quantité de lignes par 10 toises, & le produit donneroit la hauteur de la montagne au dessus du vallon qui seroit au pied : de même pour sçavoir la hauteur de l'atmosphere, il n'y auroit qu'à multiplier 356 lignes, qui est la hauteur du mercure sur le bord de la mer, par 10 toises, l'on auroit 3360 toises pour la hauteur de l'atmosphere : mais comme la pesanteur de l'air ne suit point une semblable progression, & qu'elle en suit une autre toute differente, voici ce que Messieurs Cassini & Maraldi ont fait pour la trouver, que j'ai tiré des Memoires de l'Academie Royale des Sciences de l'année 1703.

Ils prirent d'abord géométriquement la hauteur des montagnes qui se trouverent sur le chemin de la Meridienne ; & quand ils purent se transporter jusqu'au haut, ils observerent qu'elle étoit la descente du Barometre. Ils avoient fait le même jour, lorsqu'il avoit été possible, une Observation du Barometre sur le bord de la mer, ou dans un lieu dont ils connoissoient l'élevation sur le niveau de la mer, où en tout cas ils ne pouvoient manquer de trouver à leur retour des Observations perpetuelles du Barometre qu'on fait à l'Observatoire, que l'on sçait être plus haut que la mer de 46 toises.

Par les comparaisons des differentes hauteurs des montagnes avec les differentes descentes du mercure sur ces montagnes, ces Messieurs jugerent que la progression suivant laquelle les colonnes d'air qui répondoient à une ligne de mercure, qui vont en augmentant des hauteurs, quand on descend de la montagne, pouvoient être telles que la premiere colonne ayant 61 pieds, la seconde en eût 62, la troisiéme 63 ; & ainsi toûjours de suite, du moins jusqu'à la hauteur d'une demi-lieuë ; car ils n'avoient pas observé sur des montagnes plus élevées.

En observant cette progression, ils retrouverent toûjours, à quelques toises près, par la descente du mercure sur une montagne, la même hauteur de cette montagne qu'ils avoient euë immédiatement après l'operation géométrique.

On peut donc en admettant cette progression, mesurer par un Barometre qu'on portera sur une montagne, combien elle fera élevée fur le niveau de la mer, pourvû qu'on puiſſe ſçavoir à quelle hauteur étoit à peu près en même tems le Barometre ſur le bord de la mer, ou dans un lieu dont l'élevation au deſſus de la mer ſoit connu ; & cette méthode réüſſira le plus ſouvent, quand même la montagne ſeroit fort éloignée de la mer ; que ſi cette progreſſion regnoit dans tout l'atmoſphere, il ſeroit bien facile d'en trouver la hauteur ; car les 28 pouces de mercure étant la même choſe que 336 lignes, on auroit une progreſſion arithmétique de 336 termes, dont la difference ſeroit l'unité, & le premier terme de 61 : mais comme l'on n'eſt pas ſûr que la peſanteur de l'air ſuit une ſemblable progreſſion, le principe paroît trop incertain pour qu'on puiſſe en rien conclure pour la hauteur de l'atmoſphere, qui ne ſe trouveroit que de 6 lieuës & $\frac{1}{2}$, ſelon cette progreſſion, au lieu que M. de Mariotte a fait voir par une nouvelle maniere de calculer la hauteur de l'atmoſphere, qu'elle avoit environ 25 lieuës, qui eſt la hauteur que tous les Phyſiciens lui donnent préſentement : mais la progreſſion précedente peut être fort utile pour meſurer la hauteur d'une montagne qui ne paſſe point 1200 toiſes.

Fin du Cours de Mathématique.

TABLE
DES TITRES CONTENUS
dans cet Ouvrage.

PREMIERE PARTIE.
Qui traite de la Géométrie.

LIVRE PREMIER.
Où l'on donne l'Introduction à la Géométrie.

Définitions, page 1
Premiere Regle pour reduire les quantitez algebriques à leurs moindres termes, 10
Addition des quantitez algebriques incomplexes & complexes, Ibid.
Souſtraction des quantitez algebriques incomplexes & complexes, 11
Eclaircissement sur la Souſtraction litterale, 12
Multiplication des quantitez incomplexes, ibid.
Multiplication des quantitez complexes, 13
Eclaircissement sur la multiplication des quantitez complexes, 15
Proposition I. Théoreme. Le quarré de toutes grandeurs exprimées par deux lettres positives, eſt égal au quarré de chacune de ces lettres, plus à deux rectangles compris ſous ces mêmes lettres, 16
Prop. II. Théoreme. Le cube de toutes grandeurs positives exprimées par deux caracteres, eſt égal au cube du premier, plus au cube du ſecond, plus à trois parallelepipedes du quarré du premier par le ſecond, plus enfin à trois autres

TABLE.

parallelepides du quarré du second par le premier, ibid.

PROP. III. Théoreme. *Si l'on a une ligne divisée également & inégalement, je dis que le rectangle compris sous les parties inégales, avec le quarré du milieu, est égal au quarré de la moitié de la ligne*, 17

PROP. IV. Théoreme. *Si l'on a une ligne droite divisée en deux également, & qu'on lui en ajoûte une autre, je dis que le rectangle compris sous la composée de deux, & sous l'ajoûtée, avec le quarré du milieu, sera égal au quarré de la ligne composée de la moitié & de l'ajoûtée*, 18

PROP. V. Théoreme. *Si l'on a deux lignes, dont la premiere soit double de la seconde, je dis que le quarré de la premiere sera quadruple du quarré de la seconde*, 19

Division des quantitez algebriques incomplexes & complexes, ibid.

Maniere d'extraire la racine quarrée, 23

Maniere d'approcher le plus près qu'il est possible de la racine d'un nombre donné par le moyen des decimales, 28

Maniere d'extraire la racine quarrée des quantitez algebriques, 29

Démonstration de la racine quarrée, 31

Maniere d'extraire la racine cube, 33

Maniere d'approcher le plus près qu'il est possible de la racine cube d'un nombre donné par le moyen des decimales, 38

Maniere d'extraire la racine cube des quantités litterales, 39

Démonstration de la racine cube, 40

Methode de dégager les quantitez inconnuës des équations, 43

Usage de l'addition & de la soustraction pour le dégagement des inconnues, ibid.

Usage de la multiplication pour dégager les inconnuës, & pour délivrer de fractions les équations, 45

Usage de la division pour dégager les inconnuës, 46

Usage de l'extraction des racines pour dégager les inconnuës, 48

Maniere de substituer dans une équation la valeur des inconnuës, 50

TABLE

Maniere de faire évanoüir toutes les inconnuës d'une équation, 52

Application des regles precedentes à la resolution de plusieurs Problémes curieux, 54

LIVRE II.

Qui traite des Proportions, des Rapports & des Fractions.

Définitions, 62

PROP. I. Théoreme. *Si quatre grandeurs sont en proportion géometrique, le produit des extrêmes sera égal à celui des moyens,* 66

PROP. II. Théoreme. *Si quatre grandeurs sont disposées de telle sorte que le produit des extrêmes soit égal à celui des moyens, ces quatre grandeurs seront proportionnelles,* 68

PROP. III. Théoreme. *Lorsque quatre grandeurs sont en proportion arithmetique, la somme des deux extrêmes est égale à la somme des deux moyens,* 70

PROP. IV. Théoreme. *Lorsque plusieurs grandeurs sont en proportion géometrique, ou qu'elles forment des rapports égaux, la somme des antecedens est à la somme des consequens, comme celui des antecedens que l'on voudra est à son consequent,* 71

PROP. V. Théoreme. *Lorsque deux raisons ont même raison à une troisiéme, ces deux raisons sont égales entr'elles,* 72

PROP. VI. Théoreme. *Deux grandeurs demeurent en même raison, quoique l'on ajoûte à l'une & à l'autre, pourvû que ce que l'on ajoûte à la premiere soit à ce que l'on ajoûte à la seconde, comme la premiere est à la seconde,* ibid.

PROP. VII. Théoreme. *Deux grandeurs demeurent en même raison, quoique l'on retranche à l'une & à l'autre, pourvû que ce qu'on retranche à la premiere soit à ce qu'on retranche à la seconde, comme la premiere est à la seconde,* 73

PROP. VIII. Théoreme. *Si l'on multiplie les deux termes d'une raison par une même quantité, les produits seront*

a ij

TABLE.

dans la même raison que ces termes étoient avant d'être multipliez, ibid.

PROP. IX. Théoreme. *Si l'on divise les deux termes d'une raison par une même quantité, les quotiens seront dans la même raison que les grandeurs que l'on a divisées,* 74

PROP. X. Théoreme. *Dans toutes les équations les racines des produits qui forment chaque membre, sont reciproquement proportionnelles, c'est-à-dire, qu'en prenant les racines d'un des membres pour les extrêmes, & les racines de l'autre pour les moyens, on formera une proportion géometrique,* 75

Maniere de reduire les fractions en même dénomination, 76
Addition des fractions, 77
Soustraction des fractions, ibid.
Multiplication des fractions, 78
Division des fractions, 80
Regle de proportion des fractions, 81
Extraction des racines des quantitez fractionnaires, 82

LIVRE III.

Où l'on considere les differentes positions des lignes droites.

Définitions, 85
PROP. I. Problême. *D'un point donné hors d'une ligne donnée, tirer une perpendiculaire sur cette ligne,* 87
PROP. II. Problême. *D'un point donné dans une ligne donnée, élever une perpendiculaire,* 88
PROP. III. Problême. *Diviser une ligne donnée en deux parties égales,* ibid.
PROP. IV. Théoreme. *On ne peut élever à un même point dans une ligne donnée, plus d'une perpendiculaire,* 89
PROP. V. Théoreme. *D'un point donné hors d'une ligne, on ne peut faire tomber qu'une seule perpendiculaire sur cette ligne,* ibid.
PROP. VI. Théoreme. *Une ligne perpendiculaire est la plus courte de toutes les lignes que l'on peut mener d'un point à une ligne.* 90

TABLE

PROP. VII. Théoreme. *Quand une ligne tombe obliquement sur une autre, elle forme deux angles, qui pris ensemble, valent deux droits,* ibid.

PROP. VIII. Théoreme. *Lorsque deux lignes droites se coupent, elles forment les angles opposez aux sommets égaux,*
91

PROP. IX. Théoreme. *Lorsque deux lignes droites & paralleles viennent aboutir sur une troisiéme, elles forment des angles égaux du même côté,* ibid.

PROP. X. Théoreme. *Lorsque deux lignes paralleles sont coupées par une troisiéme ligne, elles forment les angles alternes égaux.* 92

PROP. XI. Théoreme. *D'un point donné mener une parallele à une ligne,* ibid.

LIVRE IV.

Qui traite des proprietez des Triangles & des Parallelogrammes.

Efinitions, 93

PROP. I. Théoreme. *L'angle exterieur d'un triangle est égal aux deux interieurs opposez, & les trois angles d'un triangle valent deux droits,* 94

PROP. II. Théoreme. *Deux triangles sont égaux, lorsqu'ils ont deux côtez égaux chacun à chacun avec l'angle compris égal,* 95

PROP. III. Théoreme. *Deux triangles sont égaux, quand ils ont un côté égal, & que les angles sur le côté égal sont égaux chacun à chacun,* 96

PROP. IV. Théoreme. *Les parallelogrammes qui ont la même base, & qui sont renfermez entre les mêmes paralleles, sont égaux* ibid.

PROP. V. Théoreme. *Les triangles sont égaux, lorsqu'ayant la même base, ils sont renfermez entre les mêmes paralleles,* 98

PROP. VI. Théoreme. *Les complemens des parallelogrammes sont égaux,* 99

a iij

TABLE.

PROP. VII. Théoreme. *Les parallelogrammes qui ont la même hauteur, sont dans la même raison que leurs bases,*
100

PROP. VIII. Théoreme. *Si l'on coupe les deux côtez d'un triangle par une ligne parallele à la base, les côtez du triangle seront coupez proportionnellement,* ibid.

PROP. IX. Théoreme. *Les triangles semblables ont leurs côtez proportionnels,*
101

PROP. X. Théoreme. *Si l'on abaisse de l'angle droit d'un triangle rectangle une perpendiculaire sur le côté opposé, elle divisera ce triangle en deux autres triangles, qui lui seront semblables,*
103

PROP. XI. Théoreme. *Dans un triangle rectangle le quarré du côté opposé à l'angle droit est égal aux quarrez des deux autres côtez pris ensemble,* ibid.

PROP. XII. Théoreme. *Dans un triangle obtus-angle, le quarré du côté opposé à l'angle obtus, est égal au quarré de deux autres côtez pris ensemble, si on leur ajoûte deux rectangles compris sous le côté qui a été prolongé pour la perpendiculaire, & sous la partie qui est entre la perpendiculaire & l'angle obtus,*
105

PROP. XIII. Théoreme. *Dans tous triangles le quarré du côté opposé à un angle aigu, avec deux rectangles compris sous le côté où tombe la perpendiculaire, & sous le segment entre la perpendiculaire & l'angle aigu, est égal au quarré de deux autres côtez pris ensemble,*
106

LIVRE V.

Où l'on traite des proprietez du Cercle.

Définitions, 108

PROP. I. Théoreme. *Si du centre d'un cercle on abaisse une perpendiculaire sur une corde, elle la divisera en deux également,*
109

PROP. II. Théoreme. *Si du centre d'un cercle on mene une ligne au point où une tangente touche le cercle, je dis que*

TABLE.

cette ligne sera perpendiculaire sur la tangente ; 110

PROP. III. Théoreme. *L'angle qui est à la circonference d'un cercle, a pour mesure la moitié de l'arc sur lequel il s'appuye,* ibid.

PROP. IV. Théoreme. *Si l'on a un angle formé par une corde & une tangente, cet angle aura pour mesure la moitié de l'arc soutenu par la corde,* 111

PROP. V. Théoreme. *Si deux lignes se coupent indifferemment dans un cercle, je dis que le rectangle compris sous les parties de l'une, est égal au rectangle compris sous les parties de l'autre,* 112

PROP. VI. Théoreme. *Si d'un point pris hors d'un cercle, l'on tire deux lignes qui aillent se terminer à la circonference concave, je dis que le rectangle compris sous l'une des lignes entieres & sous sa partie exterieure au cercle, est égal au rectangle compris sous l'autre ligne entiere, & sous sa partie exterieure,* ibid.

PROP. VII. Théoreme. *Si l'on éleve une perpendiculaire à tel point que l'on voudra du diametre d'un cercle, le quarré de la perpendiculaire sera égal au rectangle compris sous les parties du diametre,* 113

PROP. VIII. Problême. *Mener un tangente à un cercle par un point donné,* ibid.

PROP. IX. Théoreme. *Si d'un point hors d'un cercle l'on mene une tangente & une secante, je dis que le quarré de la tangente sera égal au rectangle compris sous la secante & sa partie exterieure au cercle,* 114

PROP. X. Théoreme. *Si l'on a une tangente perpendiculaire au diametre d'un cercle, je dis que si l'on tire autant de lignes qu'on voudra de l'extrêmité du diametre à la tangente, le quarré du diametre sera égal au rectangle compris sous l'une des lignes, telle que ce soit, & sous sa partie interieure au cercle,* ibid.

PROP. VI. Théoreme. *Diviser une ligne en moyenne & extrême raison,* 115

TABLE.

LIVRE VI.

Qui traite des Poligones reguliers inscrits & circonscrits au cercle.

Définitions, 116
PROP. I. Problême. *Inscrire un exagone dans un cercle*, 117
PROP. II. Problême. *Decrire un dodecagone dans un cercle*, 118
LEMME. *Si l'on a un triangle isoscele, dont chaque angle de la base soit double de celui du sommet, je dis que divisant l'un des angles de la base en deux également par une ligne qui aille rencontrer le côté opposé, qu'elle divisera ce côté en moyenne & extrême raison au point de rencontre,* ibid.
PROP. III. Problême. *Inscrire un decagone dans un cercle,* 119
PROP. VI. Théoreme. *Si l'on a une ligne droite composée du côté de l'exagone & du decagone inscrit dans le même cercle, elle sera divisée en moyenne & extrême raison au point où se joignent les deux lignes,* 120
PROP. V. Théoreme. *Le quarré du côté du pentagone inscrit dans un cercle, est égal au quarré du côté de l'exagone, plus celui du côté du decagone inscrit dans le même cercle,* ibid.
PROP. VI. Problême. *Inscrire un pentagone dans un cercle,* 121
PROP. VII. Problême. *Inscrire un quarré dans un cercle,* 122
PROP. VIII. Problême. *Inscrire un octogone dans un cercle,* ibid.
PROBLEME. I. *Diviser une ligne droite en autant de parties égales que l'on voudra,* 123
PROBLEME. II. *Diviser un arc de cercle en un nombre de parties égales pairement paires,* 124
Maniere de decrire la quadratrice, ibid.

PROP. IX.

TABLE.

PROP. IX. Problême. *Diviser un angle en trois parties égales*, 125

PROP. X. Problême. *Décrire un enneagone dans un cercle*, 126

PROP. XI. Problême. *Décrire un eptagone dans un cercle*, ibid.

PROP. XII. Problême. *Décrire un ondecagone dans un cercle*, 127

PROP. XIII. Problême. *Circonscrire un poligone autour d'un cercle*, ibid.

LIVRE VII.

Où l'on considere le rapport qu'ont les circuits des figures semblables, & la proportion de leurs surfaces,

Définitions, 129

PROP. I. Théoreme. *Si l'on a deux poligones reguliers & semblables, je dis que le circuit du premier poligone est au circuit du second, comme le rayon du premier est au rayon du second*, ibid.

PROP. II. Théoreme. *Si du centre d'un poligone regulier l'on abaisse une perpendiculaire sur l'un de ses côtez, je dis que la superficie de ce poligone sera égale à un triangle rectangle, qui auroit une hauteur égale à la perpendiculaire, & pour base une ligne égale au circuit du poligone*, 130

PROP. III. Théoreme. *La superficie d'un cercle est égale à un triangle qui auroit pour hauteur le rayon du cercle, & pour base la circonference*, 131

PROP. IV. Théoreme. *Si l'on a deux poligones semblables, la superficie du premier sera à celle du second, comme le quarré de la perpendiculaire tirée du centre sur l'un des côtez dans le premier, est au quarré de la perpendiculaire, semblablement tirée dans le second, ou comme le quarré du rayon du premier, est au quarré du rayon du second*, 133

PROP. V. Théoreme. *Les superficies des cercles sont dans la même raison que les quarrez de leurs rayons*, 134

TABLE.

Prop. VI. Théoreme. *Les triangles semblables sont dans la même raison que les quarrez de leurs côtez homologues*, ibid.

Prop. VII. Théoreme. *Les quadrilateres qui ont leurs bases & leurs hauteurs reciproques, sont égaux*, 135

Prop. VIII. Théoreme. *Les parallelogrammes sont dans la raison composée de leurs bases & de leurs hauteurs*, 136

Prop. IX. Théoreme. *Si l'on a trois lignes en proportion continuë, je dis que le quarré fait sur la premiere, est au quarré fait sur la seconde, comme la premiere ligne est à la troisiéme.* 137

Prop. X. Théoreme. *Si l'on a deux lignes droites inégales, je dis que le rectangle compris sous ces deux lignes, est moyenne proportionnelle entre le quarré de chacune de ces lignes,* 138

Prop. XI. Théoreme. *Si l'on a quatre grandeurs en proporportion géometrique, il y aura même raison du quarré de la premiere au quarré de la seconde, que du quarré de la troisieme au quarré de la quatriéme;* ibid.

Prop. XII. Problême. *Trouver une moyenne proportionnelle entre deux lignes données,* ibid.

Prop. XIII. Problême. *Trouver une troisiéme proportionnelle à deux lignes données,* 139

Prop. XIV. Problême. *Trouver une quatrieme proportionnelle à trois lignes données,* 140

Prop. XV. Problême. *Faire un quarré égal à un rectangle,* 141

Prop. XVI. Problême. *Trouver un quarré qui soit à un autre selon une raison donnée,* 142

Prop. XVII. Problême. *Trouver le rapport de deux figures semblables,* ibid.

Prop. XVIII. Problême. *Faire un rectangle égal à un autre qui ait un côté déterminé,* 143

TABLE.

LIVRE VIII.
Qui traite des corps & de leurs surfaces.

Définitions, 145

PROP. I. Théoreme. *La surface de tout prisme, sans y comprendre les bases, est égale à celle d'un rectangle, qui auroit pour base une ligne égale à la somme de tous les côtez du poligone qui sert de base au prisme, & une hauteur égale à celle du prisme,* 147

PROP. II. Théoreme. *La surface d'une pyramide droite est égale à celle d'un triangle qui auroit pour base une ligne égale à la somme des côtez du poligone regulier, qui sert de base à la pyramide, & pour hauteur une ligne égale à une perdiculaire tirée du sommet de la pyramide sur un des côtez de sa base,* 148

PROP. III. Théoreme. *Les parallelepides & les prismes droits, sont en raison composée des raisons de leurs trois demensions,* 149

PROP. IV. Théoreme. *Toute pyramide est le tiers d'un prisme de même base & de même hauteur,* 150

PROP. V. Théoreme. *Les pyramides de même hauteur sont dans la raison de leurs bases,* 152

PROP. VI. Théoreme. *Si l'on a deux prismes, dont les bases & les hauteurs soient reciproques, je dis qu'ils sont égaux,* 153

PROP. VII. Théoreme. *Une pyramide tronquée est égale à une pyramide qui auroit pour base un plan égal aux deux quarrez qui lui servent de base pris ensemble, plus un plan qui seroit moyenne géometrique entre ces deux quarrez, & pour hauteur l'axe de la pyramide tronquée,* 154

LEMME. *La ligne qui sera moyenne proportionnelle entre les deux parties du diametre d'un grand cercle d'une couronne, sera égale au rayon d'un cercle égal à la couronne,* 155

PROP. VIII. Théoreme. *Si l'on a une demi-sphere inscrite dans un cylindre, je dis que la demi-sphere est égale aux deux tiers du cylindre,* 156

TABLE.

PROP. IX. Théoreme. *Les soliditez des spheres sont dans la même raison que les cubes de leurs diametres*, 158

PROP. X. Théoreme. *La surface d'une demi-sphere est égale à celle d'un cylindre où elle est inscrite*, 159

PROP. XI. Théoreme. *La solidité d'une zone est égale aux deux tiers du cylindre qui a pour base le plus grand cercle de la zone, plus au tiers du cylindre, qui a pour base son plus petit cercle*, 162

PROP. XII. Théoreme. *Si l'on coupe une demi-sphere inscrite dans un cylindre par un plan parallele à la base du cylindre, je dis que la surface de la zone est égale à celle du cylindre correspondant*, 163

PROP. XIII. Théoreme. *Lorsque trois lignes sont en proportion continuë, le parallelepipede fait sur ces trois lignes, est égal au cube fait sur la moyenne*, 164

PROP. XIV. Théoreme. *Lorsque quatre lignes sont en progression géometrique, le cube fait sur la premiere est au cube fait sur la seconde, comme la premiere ligne est à la quatriéme*, ibid.

PROP. XV. Problême. *Trouver deux moyennes proportionnelles entre deux lignes données*, 165

PROP. XVI. Problême. *Trouver entre deux nombres donnez deux moyennes proportionnelles*, 166

PROP. XVII. Problême. *Faire un cube qui soit à un autre dans une raison donnée*, 168

PROP. XVIII. Problême. *Faire un cube égal à un parallelepipede*, 169

TRAITE' DES SECTIONS CONIQUES.

CHAPITRE I.

Où l'on considere les proprietez de la Parabole.

Définitions, 173

PROP. I. Théoreme. *Le rectangle compris sous l'abcisse & le parametre est égal au quarré de l'ordonnée*, 174

TABLE

PROP. II. Théoreme. *Dans la parabole, les quarrez des ordonnées sont dans la même raison que les abcisses*, 175

PROP. III. Théoreme. *Mener une tangente à une parabole par un point donné*, 176

PROP. IV. Théoreme. *Si on éleve une perpendiculaire sur la tangente d'une parabole à l'endroit où elle touche cette courbe, & que de ce même point on tire une ordonnée à l'axe, je dis que la partie de l'axe compris entre la perpendiculaire & l'ordonnée, sera égale à la moitié du parametre*, ibid

PROP. V. Théoreme. *La sous-tangente d'une parabole, est double de l'abcisse correspondante*, 177

PROP. VI. Théoreme. *Si l'on tire une ligne parallele à la tangente d'une parabole, je dis que cette ligne sera divisée en deux également par le diametre de la tangente*, 178

PROP. VII. Théoreme. *Le quarré d'une ordonnée quelconque au diametre d'une parabole, est égal au rectangle compris sous l'abcisse & sous le parametre du diametre*, 180

PROP. VIII. Théoreme. *Si l'on coupe un cone par un plan parallele à un de ses côtez, la section sera une parabole*, 182

PROP. IX. Problême. *Décrire une parabole, le parametre étant donné*, 183

PROP. X. Problême. *Trouver l'axe d'une parabole donnée* ibid.

PROP. XI. Problême. *Trouver le parametre d'une parabole donnée*, 184

PROP. XII. Problême. *Trouver le foyer d'une parabole dont on connoît le parametre*, ibid.

CHAPITRE II.

Qui traite de l'Ellipse.

Définitions, 185

PROP. I. Théoreme. *Dans l'Ellipse le rectangle compris sous les parties du grand axe, est au quarré de l'ordonnée correspondante, comme le quarré du grand axe est au quarré du petit*, 186

b iij

TABLE.

PROP. II. Théoreme. *Si des extrêmitez de deux diametres d'une Ellipse l'on tire des ordonnées à l'axe, je dis que le quarré de la partie de l'axe comprise entre le centre & une des ordonnées, sera égal au rectangle compris sous les parties de l'axe coupé par l'autre ordonnée,* 189

PROP. III. Théoreme. *Le rectangle compris sous les parties d'un diametre de l'Ellipse, est au quarré de l'ordonnée correspondante, comme le quarré du même diametre est au quarré de son conjugué,* 190

PROP. IV. Théoreme. *La somme des quarrez des deux axes d'une Ellipse, est égale à la somme des quarrez des deux diametres conjuguez,* 193

PROP. V. Théoreme. *Si par l'extrêmité d'un des axes de l'Ellipse, l'on mene une tangente qui aille rencontrer deux diametres prolongez, je dis que le rectangle fait des parties de la tangente, est égal au quarré de la moitié de l'autre axe,* 194

PROP. VI. Théoreme. *Si l'on coupe un cone par un plan obliquement à la base, la section sera une Ellipse,* 195

PROP. VII. Théoreme. *Si l'on coupe un cylindre par un plan obliquement à la base, la section sera une Ellipse,* 197

PROP. VIII. Théoreme. *Deux axes conjuguez d'une Ellipse étant donnez, la décrire par un mouvement continu,* ibid.

PROP. IX. Théoreme. *Trouver le centre & les deux axes conjuguez d'une Ellipse donnée,* 198

CHAPITRE III.

Qui traite de l'Hyperbole.

Définitions, 199

PROP. I. Théoreme. *Dans l'Hyperbole le rectangle des parties du grand axe prolongé, est au quarré de l'ordonnée correspondante, comme le quarré du grand axe est au quarré du petit,* 209

PROP. II. Théoreme. *Si l'on mene une ligne droite parallele au second axe, en sorte qu'elle coupe une des Hyperboles, &*

TABLE.

qu'elle soit terminée par les asymptotes, je dis que le rectangle compris sous la plus grande partie & sous la plus petite, sera égal au quarré de la moitié du second axe, 201

PROP. III. Théoreme. *Si l'on mene par deux points quelconques de deux Hyperboles opposées, deux lignes droites paralleles entr'elles, & terminées par les asymptotes, je dis que le rectangle compris sous les parties d'une des lignes, sera égal au rectangle compris sous les parties de l'autre,* 202

PROP. IV. Théoreme. *Si l'on mene par deux points quelconques d'une Hyperbole, ou deux Hyperboles opposées, deux lignes droites paralleles entr'elles d'une part, & deux autres lignes droites d'un autre aussi paralleles entr'elles, & terminées par les asymptotes, je dis que les rectangles compris sous les lignes tirées des mêmes points, sont égaux,* 203

PROP. V. Problême. *Par un point donné d'une Hyperbole, mener une tangente, les asymptotes étant données,* 204

PROP. VI. Théoreme. *Le quarré d'une ordonnée quelconque, menée parallele à la tangente d'une Hyperbole, est au rectangle compris sous les parties du grand diametre prolongé, comme le quarré du petit diametre est au quarré du grand,* 205

PROP. VII. Théoreme. *Si l'on coupe un cone droit par un plan parallele à l'axe, je dis que la section sera une Hyperbole,* 206

PROP. VIII. Problême. *Trouver deux moyennes proportionnelles entre deux lignes données,* 207

SECONDE PARTIE.

Qui traite de la Trigonometrie rectiligne.

Définitions, 213
Calcul des triangles rectangles,
PROP. I. Problême. *Dans un triangle rectangle, dont on*

TABLE.

connoît un angle aigu, & le côté opposé à l'autre angle aigu, trouver le côté opposé à l'angle connu, 218

PROP. II. Problême. Connoissant dans un triangle un angle aigu, & le côté opposé à l'autre angle aigu, trouver l'hypotenuse, 219

PROP. III. Problême. Dans un triangle rectangle, dont on connoît un angle aigu, & le côté opposé à cet angle, trouver le côté opposé à l'autre angle aigu, ibid.

PROP. IV. Problême. Dans un triangle rectangle, dont on connoît les deux côtez qui comprennent l'angle droit, trouver un angle aigu, 220

PROP. V. Théoreme. Dans un triangle où l'on connoît deux côtez qui comprennent un angle aigu, trouver la valeur de cet angle, ibid.

PROP. VI. Théoreme. Dans tous triangles les sinus des angles sont dans la même raison que leurs côtez opposez, 221

PROP. VII. Théoreme. Dans un triangle obtus-angle le sinus de l'angle obtus, est le même que celui de son supplement, ibid.

PROP. VIII. Problême. Dans un triangle dont on connoît deux angles & un côté, on demande de trouver les deux autres côtez, 222

PROP. IX. Problême. Dans un triangle dont on connoît deux côtez avec un angle opposé à l'un de ces côtez, trouver les deux autres angles, 223

PROP. X. Théoreme. Dans tous triangles dont on connoît deux côtez avec l'angle compris, la somme des deux côtez connus est à leur difference, comme la tangente de la moitié de la somme de deux angles inconnus, est à la tangente de la moitié de leur difference, 224

PROP. XI. Problême. Dans un triangle dont on connoît deux côtez avec l'angle compris entre ces deux côtez, trouver les autres angles, 225

PROP. XII. Théoreme. Dans tous triangles dont on connoît les trois côtez, la base est à la somme de deux autres côtez, comme la difference de ces deux mêmes côtez est à la difference

TABLE

difference des segmens, coupé par la perpendiculaire tirée du sommet sur la base, 226

Prop. XIII. Problême. *Connoissant les trois côtez d'un triangle, l'on demande de trouver la valeur d'un des segmens de la base,* 227

Usage des Logarithmes pour le calcul des triangles, ibid.

Premier Exemple. *Ayant un triangle rectangle, dont on connoît un angle aigu avec le côté opposé à l'autre angle aigu, trouver le côté opposé à l'angle connu,* 228

Second Exemple. *Si l'on a un triangle rectangle, dont on connoît les deux côtez qui renferment l'angle droit, trouver un angle aigu,* 229

Troisiéme Exemple. *Dans un triangle dont on connoît un côté avec les deux angles sur la base, trouver l'autre côté,* ibid.

Application de la Trigonometrie à la pratique, 230

Prop. XIV. Problême. *Trouver une distance qui ne soit accessible que par une de ses extrêmitez,* ibid.

Prop. XV. Problême. *Trouver une distance entierement inaccessible,* 233

Prop. XVI. Problême. *Tirer une ligne parallele à une autre inaccessible,* ibid.

Prop. XVII. Problême. *Mesurer une hauteur inaccessible,* 235

Maniere de lever une Carte par le moyen de la Trigonometrie, 236

Des attentions qu'il faut faire pour lever une Carte particuliere, 239

Application de la Trigonometrie à la Fortification, 240

Maniere de tracer les Fortifications sur le terrein, 245

Autre maniere de tracer en se servant de la planchette, 246

Application de la Trigonometrie à la conduite des Galeries des Mines, 247

TABLE.

TROISIE'ME PARTIE.

Où l'on donne la Théorie & la Pratique du Nivellement.

Définitions, 251
Chap. I. Où l'on donne l'usage du Niveau d'eau, 252
Chap. II. Où l'on donne la maniere de faire le Nivellement composé, 255
Chap. III. Où l'on donne la maniere de niveler deux termes entre lesquels il se trouve des hauteurs & des fonds, 257
Chap. IV. Où l'on fait voir la maniere de connoître de combien le niveau apparent est élevé au-dessus du vrai, pour une ligne de telle longueur qu'on voudra, 261
Chap. V. Où l'on fait la description du Niveau de M. Hugeins. 264
Chap. VI. Où l'on donne la maniere de se servir du Niveau de M. Hugeins, 268
Chap. VII. Où l'on donne la maniere de faire le Nivellement composé avec le Niveau de M. Hugeins, 270

QUATRIE'ME PARTIE.

Du Toisé en general, où l'on enseigne la maniere de faire le calcul du Toisé des Plans, des Solides, & de la Charpente. 276

Chap. I. Où l'on fait voir comment on multiplie deux dimensions, dont la premiere est composée de toises & de parties de toises, & la seconde de toises seulement, 278
Chap. II. Où l'on donne la maniere de multiplier deux dimensions, dont chacune est composée de toises, pieds, pouces, &c. 285
Chap. III. Où l'on donne la maniere de multiplier trois dimensions exprimées en toises, pieds, pouces, &c. 291

TABLE.

CHAP. IV. *Où l'on donne la maniere de calculer le Toisé de la Charpente*, 298

CINQUIE'ME PARTIE.

Où l'on applique la Géométrie à la mesure des Superficies & des Solides.

CHAP. I. *De la mesure des Superficies*, 307
PROP. I. Problême. *Mesurer les figures triangulaires*, ibid.
PROP. II. Problême. *Trouver la superficie des figures quadrilateres*, 308
PROP. III. Problême. *Mesurer la superficie des poligones reguliers & irreguliers.* 309
PROP. IV. Problême. *Mesurer la superficie des cercles & de leurs parties*, 310
PROP. V. Problême. *Mesurer la superficie d'une Ellipse*, 311
PROP. VI. Problême. *Mesurer l'espace renfermé par une parabole*, ibid.
Application de la Géométrie à la mesure des surfaces des corps, 312
PROP. VII. Problême. *Mesurer les surfaces des prismes & des cylindres*, ibid.
PROP. VIII. Problême. *Mesurer les surfaces des pyramides & des cones*, 313
PROP. IX. Problême. *Mesurer les surfaces des spheres, celles de leurs segmens, & celles de leurs zones*, 314
CHAP. II. *Où l'on applique la Géométrie à la mesure des corps solides*, 315
PROP. X. Problême. *Mesurer la solidité des cubes, des parallelepipedes, des prismes & des cylindres*, ibid.
PROP. XI. Problême. *Mesurer la solidité des pyramides & des cones*, 317
PROP. XII. Problême. *Mesurer la solidité des pyramides*

c ij

TABLE.

& des cones tronquez, 318

PROP. XIII. Problême. *Mesurer la solidité des secteurs des cylindres & des cones tronquez*, 320

PROP. XIV. Problême. *Mesurer la solidité d'une sphere*, 321

PROP. XV. Problême. *Mesurer la solidité d'un paraboloïde*, 323

PROP. XVI. Problême. *Mesurer la solidité d'un spheroïde*, 324

PROP. XVII. Problême. *Mesurer la solidité d'un hyperboloïde*, 326

Application de la Géométrie aux Mines, 327
Application de la Géométrie au toisé des voûtes, ibid.

PROP. XVIII. Problême. *Mesurer la solidité de la maçonnerie de toutes sortes de voûtes*, 331

Application de la Géométrie à la maniere de toiser le revêtement d'une Fortification, 335

Maniere de mesurer la solidité de l'onglet d'un bâtardeau, 342

Principe general pour mesurer les surfaces & les solides, 345

PROP. I. Problême. *Connoissant le centre de gravité d'une ligne droite, trouver la valeur de la surface qu'elle décrira après avoir fait une circonvolution autour de l'axe*, 347

PROP. II. Problême. *Si on a une demi-circonference de cercle dont on a le centre de gravité, je dis que cette demi-circonference ayant fait une circonvolution sur l'axe que la surface décrira, qui est celle d'une sphere, sera égal à un rectangle compris sous une ligne droite égale à la demi-circonference, & sous celle qui seroit égale à une circonference qui auroit pour rayon la perpendiculaire tirée du centre de gravité sur l'axe*, 348

PROP. III. Problême. *Si l'on a un rectangle qui fasse une circonvolution autour de l'axe, je dis que la solidité du corps qu'il décrira, sera égal au produit du rectangle par la circonference du cercle qui auroit pour rayon la perpendiculaire tirée du centre de gravité sur l'axe*, 349

PROP. IV. Problême. *Si l'on a un triangle isoscele, qui fasse*

TABLE.

une circonvolution autour de sa base, qui sera ici regardé comme l'axe, je dis que le solide qu'il décrira sera égal au produit du triangle par la circonference du cercle, qui auroit pour rayon la perpendiculaire tirée du centre de gravité sur l'axe, 350

PROP. V. Problême. *Si l'on fait faire à un demi-cercle une circonvolution autour de l'axe, je dis que le solide qu'il décrira, qui est une sphere, sera égal au produit de la superficie du demi-cercle, par la circonference qui auroit pour rayon la perpendiculaire tirée du centre de gravité sur l'axe,* 353

SIXIE'ME PARTIE.

Où l'on applique la Géométrie à la division des Champs.

PROP. I. Problême. *Diviser un triangle en autant de parties égales qu'on voudra par les lignes tirées de l'angle opposé à la base,* 355

PROP. II. Problême. *Diviser un triangle en deux parties égales par une ligne tirée d'un point donné sur un des côtez du triangle,* ibid.

PROP. III. Problême. *Diviser un triangle en trois parties égales par des lignes tirées d'un point pris sur un de ses côtez,* 356

PROP. IV. Problême. *Diviser un triangle en trois parties égales par des lignes tirées dans les trois angles,* 357

PROP. V. Problême. *Diviser un triangle en deux parties égales par des lignes tirées d'un point donné à volonté dans la superficie du triangle,* ibid.

PROP. VI. Problême. *Diviser un triangle en deux parties égales par une ligne parallele à la base,* 358

PROP. VII. Problême. *Diviser un trapezoïde en deux parties égales par une ligne parallele à la base,* 359

PROP. VIII. Problême. *Diviser un trapeze en deux également par une ligne parallele à l'un de ses côtez,* 380

c iij

TABLE.

PROP. IX. Problême. *Diviser un trapezoïde en trois parties égales*, ibid.

PROP. X. Problême. *Diviser un trapeze en deux parties égales*, 361

PROP. XI. Problême. *Diviser un trapeze en deux parties égales par une ligne tirée d'un de ses angles*, ibid.

PROP. XII. Problême. *Diviser un trapezoïde en deux parties égales par une ligne tirée d'un point pris sur l'un de ses côtez*, 362

SEPTIE'ME PARTIE.

Où l'on applique la Géométrie à l'usage du Compas de proportion. 364

PROP. I. Problême. *Diviser une ligne droite en autant de parties égales qu'on voudra*, 365

PROP. II. Problême. *Trouver une troisiéme proportionnelle à deux lignes données*, ibid.

PROP. III. Problême. *Trouver une quatriéme proportionnelle à trois lignes données*, 366

Usage de la ligne des poligones, 367

PROP. IV. Problême. *Inscrire un poligone dans un cercle*, ibid.

PROP. V. Problême. *Décrire un poligone regulier sur une ligne donnée*, ibid.

Usage de la ligne des cordes, 368

PROP. VI. Problême. *Prendre sur la circonference d'un cercle un angle d'autant de degrez qu'on voudra*, ibid.

PROP. VII. Problême. *Un angle étant donné sur le papier, en trouver la valeur par le moyen de la ligne des cordes*, ibid.

PROP. VIII. Problême. *Connoissant la quantité de degrez d'un arc de cercle, trouver son rayon*, 369

PROP. IX. Problême. *Ouvrir le Compas de proportion, de*

TABLE.

maniere que les lignes des cordes fassent tel angle que l'on voudra, ibid.

PROP. X. Problême. *Le Compas de proportion étant ouvert d'une grandeur quelconque, connoître la valeur de l'angle formé par les lignes des cordes,* 370

Usage de la ligne des plans, ibid.

PROP XI. Problême. *Faire un quarré qui soit à un autre selon une raison donnée,* ibid.

PROP. XII. Problême. *Connoître le rapport d'un quarré à un autre,* 371

PROP. XIII. Problême. *Ouvrir le Compas de proportion de maniere que les lignes des plans forment un angle droit,* ibid.

PROP. XIV. Problême. *Faire un quarré égal à deux autres donnez,* 372

Usage de la ligne des solides, ibid.

PROP. XV. Problême. *Faire un cube qui soit à un autre selon une raison donnée,* ibid.

PROP. XVI. Problême. *Trouver le rapport qui est entre deux cubes,* ibid.

Application de la Géométrie à l'artillerie, 373

PROP. I. Problême. *Faire l'analyse de l'alliage du métal, dont on fait les pieces de canon,* ibid.

PROP. II. Problême. *Trouver le calibre des boulets & des pieces de canon,* 377

PROP. III. Problême. *Trouver le diametre des lignes servant à mesurer la poudre,* 379

PROP. IV. Problême. *Trouver quel longueur doivent avoir les pieces de canon par rapport à leurs calibres,* 381

PROP. V. Problême. *Où l'on donne la maniere de connoître le nombre des boulets qui sont en pile,* 390

PROP. VI. Problême. *Où l'on donne la maniere de dégorger les embrasures des batteries de canon dans les sieges,* 394

TABLE.

HUITIEME PARTIE.

Qui traite du Mouvement & du Choc des Corps.

CHAPITRE I.

Du Choc des Corps.

DEfinitions, 401
PROP. I. Théoreme. *Si deux corps semblables de même matiere & égaux, sont mûs avec des vîtesses inégales, l'effort du corps qui aura le plus de vîtesse sera plus grand sur le corps qu'il rencontrera, que celui dont la vîtesse sera plus petite*, 404
PROP. II. Théoreme. *Si deux corps inégaux & de même matière, sont poussez avec des vîtesses égales, le plus grand corps fera plus d'impression sur le corps qu'il rencontrera, que le plus petit*, ibid.
PROP. III. Théoreme. *Si deux corps ont des masses & des vîtesses qui soient en raison reciproque, ces deux corps auront une même quantité de mouvement*, 406
PROP. IV. Théoreme *Lorsque deux corps sans ressort se meuvent dans la même détermination & vers un même côté, le corps qui a le plus de vîtesse ayant rencontré celui qui en a moins, & ces deux corps allant ensemble, ils auront une quantité de mouvement égale à la somme de celle qu'ils avoient avant le choc*, 407
PROP. V. Théoreme. *Si deux corps se meuvent dans un sens opposé sur une même direction, ces deux corps venant à se rencontrer, & n'en faisant plus qu'un, la quantité de mouvement de ces corps sera la difference des quantitez de mouvemens que les deux corps avoient avant le choc,*
408.

CHAP. II.

TABLE.

CHAPITRE II.
Du Mouvement des Corps jettez.

Définitions, 409

PROP. I. Théoreme. *Si rien ne s'opposoit au mouvement des corps jettez, chacun de ces corps conserveroit toûjours avec une vîtesse égale le mouvement qu'il auroit reçu, & suivroit toûjours une même ligne droite,* 410

PROP. II. Théoreme. *Un corps qui tombe reçoit des parties égales de vîtesse dans des tems égaux, de sorte que dans le second instant il a une vîtesse double de celle qu'il avoit dans le premier instant de sa chûte; & dans le troisième il en a un triple, & ainsi de suite,* 412

PROP. III. Théoreme. *Les espaces que parcourt un corps en tombant dans quelque tems que ce soit, sont entr'eux comme les quarrez des mêmes tems,* ibid.

PROP. IV. Théoreme. *L'espace qu'un corps parcourt dans un tems donné, lorsqu'étant en repos il commence à tomber, est la moitié de l'espace que ce corps parcoureroit d'un mouvement égal dans un pareil tems avec la vîtesse qu'il a acquise dans le dernier moment de sa chûte,* 415

PROP. V. Théoreme. *La force qui porte un corps perpendiculairement en haut, se diminuë également,* 416

PROP. VI. Problême. *Connoissant l'espace qu'un corps pesant parcourt en un tems déterminé, trouver l'espace qu'il parcourera dans un tems donné,* 417

PROP. VII. Problême. *Connoissant le tems qu'un corps a mis à parcourir un espace déterminé, connoître le tems qu'il mettra à parcourir un espace donné,* ibid.

CHAPITRE III.
De la Théorie & de la Pratique du Jet des Bombes, pour servir à la construction & à l'usage d'un Instrument universel pour le Jet des Bombes.

PROP. VIII. Théoreme. *Si un corps est jetté selon une direction quelconque, pourvû qu'elle ne soit point per-*

d

TABLE.

pendiculaire à l'horifon, je dis qu'il décrira par son mouvement compofé de celui d'impreffion & de fa pefanteur, une parabole, 418

PROP. IX. Problême. *Connoiffant la ligne de projection (qu'on fuppofe parallele à l'horifon) & la ligne de chûte d'une parabole décrite par un mobile, on demande de quelle hauteur ce mobile doit tomber pour avoir à la fin de fa chûte une viteffe avec laquelle il puiffe d'un mouvement uniforme parcourir la ligne de projection, dans le même tems qu'il parcourera par fa pefanteur la ligne de chûte.* 421

PROP. X. Théoreme. *Le parametre de toute parabole décrite par un mobile, eft quadruple de la ligne de hauteur de cette parabole,* 424

Application des principes précedens à l'art de jetter des Bombes, 426

PROP. XI. Problême. *Etant donnée la ligne de but, l'angle formé par le parametre & la direction du mortier, & l'angle formé par la direction du mortier & la ligne de but, trouver le parametre, la ligne de projection & la ligne de chûte,* ibid.

PROP. XII. Problême. *Trouver qu'elle élevation il faut donner à un mortier pour jetter une bombe à tel endroit que l'on voudra, pourvû que cet endroit foit de niveau avec la batterie,* 427

PROP. XIII. Problême. *Trouver quelle élevation il faut donner à un mortier pour chaffer une bombe à une diftance donnée, en fuppofant que la batterie n'eft pas de niveau avec l'endroit où l'on veut jetter la bombe, c'eft-à-dire, en fuppofant que cet endroit eft beaucoup plus élevé, ou plus bas que la batterie,* 429

PROP. XIV. Problême. *Conftruction d'un Inftrument univerfel pour jetter les bombes fur toutes fortes de plans,* 431

Ufage de l'Inftrument univerfel pour le jet des bombes, 432

PROP. XV. Problême. *Trouver par le moyen de l'Inftrument univerfel, quelle hauteur il faut donner à un mortier pour jetter une bombe à une diftance donnée, fuppofant que le lieu où l'on veut la jetter foit de niveau avec la batterie,* ibid

TABLE.

PROP. XVI. Problême. *Trouver quelle élevation il faut donner au mortier pour châsser une bombe à une distance donnée, supposant que l'endroit où l'on veut jetter la bombe soit beaucoup plus élevé ou plus bas que la batterie, & cela en se servant de l'Instrument universel,* 434

PROP. XVII. Théoreme. *Si l'on tire deux bombes avec la même charge à differentes élevations de mortier, je dis que la portée de la premiere bombe sera à celle de la seconde, comme le sinus double de l'élevation du mortier pour la premiere bombe, est au sinus de l'angle double de l'élevation pour la seconde,* 436

PROP. XVIII. Théoreme. *Si l'on tire deux bombes à differens degrez d'élevations avec la même charge, il y aura même raison du sinus de l'angle double de la premiere élevation au sinus du double de la seconde, que de la portée de la premiere élevation à la portée de la seconde,* 438

PROP. XIX. Problême. *Connoissant l'amplitude d'une parabole décrite par une bombe, sçavoir quelle est la hauteur où la bombe s'est élevée au dessus de l'horison,* 439

PROP. XX. Problême. *Connoissant la hauteur où une bombe s'est elevée, sçavoir la pesanteur ou le dégré de mouvement qu'elle a acquis en tombant par son mouvement acceleré,* ibid.

NEUVIÈME PARTIE.

Qui traite des Mécaniques.

CHAPITRE PREMIER.

Où l'on donne l'Introduction à la Mécanique.

Définitions, 443
LEMME. *Si l'on a deux puissances, & que dans le même tems elles fassent parcourir à un corps deux lignes qui seroient les côtez d'un parallelogramme, je dis que*

d ij

TABLE.

ces deux forces agissant ensemble sur le corps, lui feront parcourir la diagonale du même parallelogramme dans un tems égal à celui que chaque puissance en particulier aura employé à faire parcourir au corps chacun de ses côtez, 445

Théoreme servant de principe general pour la Mécanique.

Si l'on a trois puissances appliquées à des cordes qui soient attachées à un corps, je dis que pour être en équilibre, il faut que les deux puissances que l'on compare soient dans la raison reciproque des perpendiculaires menées d'un des points de la direction de la puissance qui n'entre point dans la proportion sur les directions de celles que l'on compare, 449

CHAPITRE II.

Où l'on fait voir le rapport des puissances qui soûtiennent des poids avec des cordes. 451

Proposition. Théoreme. *Si deux puissances soûtiennent un poids par des cordes, je dis que ces deux puissances seront en équilibre entr'elles, si elles sont en raison reciproque des perpendiculaires tirées d'un des points de la direction du poids sur celles des puissances,* 452

CHAPITRE III.

Du Plan incliné.

Définitions, 455
Prop. Théoreme. *Si une puissance soûtient un poids sur un plan incliné par une direction parallele au plan, je dis, 1°. que la puissance sera au poids comme la hauteur du plan est à sa longueur. 2°. Que si la direction de la puissance est parallele à la base du plan incliné, la puissance sera au poids comme la hauteur du plan incliné est à la longueur de sa base,* ibid.

TABLE.

CHAPITRE IV.
Du Levier.

D*Efinition*, 458
P**ROP**. Théoreme. *Deux puissances que l'on compare seront en équilibre, si elles sont en raison reciproque des perpendiculaires tirées du point d'appui sur les lignes de direction des puissances*, ibid.

CHAPITRE V.
De la Roüe dans son Essieu.

D*Efinition*, 465
P**ROP**. Théoreme. *Si une puissance soûtient un poids à l'aide d'une roüe par une ligne de direction tangente à la roüe, je dis que la puissance sera au poids comme le rayon du treüil est au rayon de la roüe*, 466

CHAPITRE VI.
De la Poulie.

D*Efinition*, 467
P**ROP**. Théoreme. *Si une puissance soûtient un poids à l'aide d'une poulie, dont la chappe soit immobile, je dis,* 1°. *que la puissance sera égale au poids.* 2°. *Que si la chappe est mobile, de sorte que le poids qui y seroit attaché soit enlevé par la puissance, cette puissance sera la moitié du poids, lorsque la direction de la puissance & celle du poids seront paralleles*, 468

CHAPITRE VII.
Du Coin.

D*Efinition*, 471
P**ROP**. Théoreme. 1°. *La force qui chasse le coin est à la résistance du bois comme la moitié de la tête du coin est*

TABLE.

à la longueur d'un de ses côtez. 2°. *Que si une puissance soûtient un poids à l'aide d'un coin, la puissance sera au poids comme la hauteur du coin est à sa longueur,* 472.

CHAPITRE VIII.
De la Vis.

Définition, 473
Prop. Théoreme. *Si une puissance presse ou enleve un poids à l'aide d'une vis, la puissance sera au poids, comme la hauteur d'un des pas de la vis est à la circonference du cercle que décrira la puissance appliquée au levier, par le moyen duquel on meut la vis,* 475

CHAPITRE IX.
Des Machines composées.

Définitions, 476
Analogie des Poulies mouflées. Si une puissance soûtient un poids à l'aide de plusieurs poulies, je dis que la puissance est au poids comme l'unité est au double du nombre des poulies d'en bas, qui sont toûjours les poulies mobiles, 477
Application de l'effet des poulies aux manœuvres de l'Artillerie, 478
Des Roües dentées. Définition, 480
Analogie des Roües dentées. La puissance est au poids comme le produit des rayons des essieux au produit des rayons des roües, 481
Du Cric, 482
De la Vis sans fin, appliquée aux roües dentées, 483
Machine composée d'une roüe & d'un plan incliné, 485
De la Sonnette, 487
Application de la Mécanique à la construction des Magazins à poudre, 490
Table pour regler l'épaisseur qu'il faut donner aux pieds droits des voûtes des Magazins à poudre, 497.

TABLE.

Application des principes de la Mécanique au jet des bombes, 498

Nouvelle maniere de faire des épreuves pour sçavoir la charge qu'il convient de donner aux Fourneaux des Mines, 505

DIXIE'ME PARTIE.

Qui traite de l'Equilibre & du Mouvement des Liqueurs.

Définition, 517

PROP. I. Théoreme. *Si l'on verse une liqueur, par exemple, de l'eau dans un tuyau recourbé ou siphon, je dis que la surface de cette liqueur se mettra de niveau dans les deux branches du siphon,* 522

PROP. II. Théoreme. *Si l'on met dans les deux branches d'un siphon des liqueurs de differentes pesanteurs, je dis que les hauteurs de ces liqueurs dans les tuyaux, seront entre-elles dans la raison reciproque de leur pesanteur specifique,* 525

PROP. III. Théoreme. 1°. *Si un corps dur est mis dans un fluide de même pesanteur specifique, il y demeurera entierement plongé, à quelque hauteur qu'il se trouve.*

2°. *S'il est d'une pesanteur specifique plus grande que celle du fluide, il ira au fond du vaisseau.*

3°. *S'il est d'une pesanteur specifique moindre que celle du fluide, il n'y aura qu'une partie du corps qui s'enfoncera, & l'autre partie restera au dessus de la surface du fluide,* 526

Application des principes précedens à la Navigation, 531

PROP. IV. Théoreme. *Si l'on a un vase plus gros par un bout que par l'autre, le remplissant de liqueur, cette liqueur aura autant de force pour sortir par une ouverture égale à sa base, que si cette ouverture étoit égale à celle d'en haut,* 532

TABLE.

CHAPITRE II.

Où l'on considere la force & la mesure des Eaux courantes & jaillissantes.

PROP. V. Théoreme. *Si l'on a un tuyau perpendiculaire à l'horison, & rempli de telle liqueur que l'on voudra; comme, par exemple, de l'eau, sa vîtesse par l'ouverture de la base sera exprimée par la racine quarrée de la hauteur perpendiculaire du tuyau,* 534

PROP. VI. Problême. *Trouver la dépense d'un jet d'eau pendant une minute par un ajutage de 4 lignes de diamétre, l'eau du reservoir étant de 40 pieds de hauteur,* 539

CHAPITRE III.

Où l'on considere le mouvement & le choc des Eaux.

PROP. VII. Théoreme. *Si l'on a deux surfaces égales, exposées perpendiculairement au courant de deux fluides homogenes, qui ayent des vîtesses inégales, les chocs de ces fluides contre ces surfaces, seront entr'eux comme les quarrez de leurs vîtesses,* 540

PROP. VIII. Problême. *Connoissant la vîtesse de l'eau; trouver le choc de cette eau contre une surface donnée,* 543

PROP. IX. Théoreme. *Si l'on a un vaisseau rempli d'eau qui soit toûjours entretenu à la même hauteur, je dis que les chocs de l'eau à la sortie de deux ajutages égaux, seront dans la raison des hauteurs de l'eau au dessus du centre des deux ajutages,* 544

Discours sur la nature & les proprietez de l'Air, pour servir d'introduction à la Physique, servant aussi à rendre raison de l'effet des Machines Hydrauliques, 545

Fin de la Table.

Fautes

REMARQUE.

COmme il est de conséquence que le Lecteur ne se trouve point arrêté par des fautes d'impression, on a eu soin de donner ici un *Errata* de celles qui se trouvent dans cet Ouvrage, qu'il faut corriger avant même de le lire. Il ne s'en seroit, peut-être pas tant glissé, si j'avois pû revoir les Epreuves moi-même. Mais à l'occasion des fautes d'impression qui se trouvent dans les Livres de Mathématiques, je suis bien aise d'avertir ceux qui ne sçavent pas faire le choix de ces sortes de Livres, de prendre toujours les Editions de Paris, préférablement à celles de Hollande; car comme ce sont ordinairement des Livres contrefaits, dont les Epreuves n'ont point été corrigées; il s'y rencontre une si grande quantité de fautes, qu'en bien des endroits on a peine à trover le sens de l'Auteur.

ERRATA.

COmme l'on a trouvé que la premiere Définition de la premiere Partie étoit un peu trop général pour ne convenir qu'à la Géométrie seulement, on pourra la prendre aussi pour celle des Mathématiques.

Page 8 *art.* 41 *lig.* 4, un 3 au devant, *lis.* un 3 après.
Page 24 *art.* 81 *lig.* 20, de 6 reste 3, *lis.* de 36 reste 3.
Page 29 *art.* 93 *lig.* 17, par 100, *lis.* par 1000.
Page 40 *art.* 102 *lig.* 13, dont la racine cube, *lis.* dont le cube.
Page 50 *art.* 123 *lig.* 6. *lis.* $z = d + c$.
Page 51 *art.* 127 *lig.* 6, ax, *lis.* aa.
Page 56 *lig.* 16, $17x - 102$, *lis.* $17x = 102$.
Page 83 *art.* 192 *lig.* 4, *lis.* & les deux conséquens aussi l'un par l'autre.

Page 121 lig. 11, ABD, lif. ADB.
Page 185 art. 431 lig. 2, CB lif. CD.
Page 188 lig. 18, 402, lif. 442, & 414, lif. 453.
Page 194 lig. 10, +xabb, lif. xxbb.
Page 227 art. 515, 100000, lif. 10000.
Page 233 lig. 2, complement, lif. supplement.
Page 234 lig. 11, CD, lifez CB.
Page 272 lig. 3, OB, lif. OP.
Ibid. lig. 28, GD lif. GB.
Page 273, lig. 32, BF, lif. PF.
Page 285 art. 554 lig. 28, je pofe 8 pouces, lif. je pofe 3 pouces.
Page 288 lig. 19, 6 pieds, lif. 5 pieds.
Page 298 art. 557 lig. 16, la folive, lif. la partie.
Page 323 lig. 13, Sheroïque, lif. Spheroïde.
Page 324 lig. 4, EG, lif. AG.
Ibid. art. 605 lig. 10, OP, lif. OQ.
Page 325, lig. 6, ML. lif. NL.
Page 333 lig. 11, lif. le quarré de la plus grande or‑ donnée.
Page 336 lig. 6, lif. du profil qu'il faut multiplier.
Page 338 lig. 4, IHD, lif. IDH.
Ibid. lig. 14. 5 toifes, lif. 4 toifes.
Page 357 art. 641 lig. 17, BDE, lif. BDC.
Page 358 art. 643. lig. 28, rectangle, lif. triangle.
Page 361 art. 647 lig. 6, la ligne, lif. la figure.
Page 386 lig. 5, charabres, lif. chambres.
Pag. 392 lig. 14, parallele à la bafe, lif. oblique à la bafe.
Page 395 lig. 33, PS, lif. MS.
Page 423 lig. 7, $\frac{GD \times GD}{AP}$, lifez $\frac{GD \times GD}{AG}$.

Ibid. lig. 9. x, lif. y.
Ibid. art. 728 lig. 8, CE, lif. GE.
Page 404. art. 729, lig. 20, IG, lif. IH.
Page 446 lig. 7, E lif. F.

Approbation de M. SAURIN, Censeur Royal.

J'AY lû par l'ordre de Monseigneur le Garde des Sceaux un Manuscrit intitulé, *Nouveau Cours de Mathématique, a l'usage de l'Artillerie & du Genie*: J'ai trouvé cet Ouvrage fort clair, & fait avec beaucoup de méthode, sçavant, & très-propre à ceux pour qui il est composé. A Paris le 10 Octobre 1723.

SAURIN.

PRIVILEGE DU ROY,

LOUIS par la grace de Dieu, Roy de France & de Navarre ; A nos amez & feaux Conseillers ; les Gens tenans nos Cours de Parlement, Maitre des Requêtes ordinaires de notre Hôtel, Grand Conseil, Prévôt de Paris, Baillifs, Sénéchaux, leurs Lieutenans Civils, & autres nos Justiciers qu'il appartiendra, SALUT. Notre bien-amé & féal le Sieur BERNARD BELIDOR, *Professeur Royal des Mathématiques, Correspondant des Académies des Sciences de France & d'Angleterre*, Nous a fait remontrer qu'il avoit composé un Traité qui a pour titre : *Cours de Mathématique & de Fortifications, à l'usage des Ingenieurs & des Officiers d'Artillerie*, qu'il desireroit donner au Public : mais comme il ne le peut faire imprimer sans s'engager à de très-grands frais, à cause de beaucoup de Planches absolument nécessaires pour l'intelligence de ce qui y est contenu, qu'il a été obligé de faire graver, il Nous a très-humblement fait supplier de lui accorder nos Lettres à ce nécessaires. A CES CAUSES voulant favorablement traiter l'Exposant, & lui donner moyen de faire imprimer cet Ouvrage, qui ne peut être que très-utile à nos Officiers d'Artillerie, & à nos Ingenieurs, nous lui avons permis & permettons par ces Présentes de faire imprimer ledit Livre intitulé : *Cours de Mathématique & de Fortification, à l'usage des Ingenieurs & des Officiers d'Artillerie*, en tels volumes, marge, caractere, conjointement, ou séparément, & autant de fois que bon lui semblera, de le faire vendre & débiter par tout notre Royaume, pendant le tems de dix années à compter du jour de la datte des Présentes. Faisons défenses à toutes personnes de quelque qualité & condition qu'elles soient d'en introduire d'impression étrangere dans aucun lieu de notre obéissance, comme aussi à tous Libraires, Imprimeurs, & autres, d'imprimer, faire imprimer, vendre, débiter ni contrefaire ledit Livre en tout ou en partie, d'en faire aucun extrait sous quelque prétexte que ce soit, d'augmentation, correction, changement de titre ou autrement sans la permission expresse & par écrit de l'Exposant ou de ceux qui auront droit de lui, à peine de confiscation des Exemplaires contrefaits, de trois mille livres d'amende contre chacun des contrevenans, dont un tiers à Nous, un tiers à l'Hôtel Dieu de notre bonne Ville de Paris, & l'autre tiers à l'Exposant, & de tous dépens, dommages & intérêts ; à la charge que ces Présentes seront enregistrées tout au long sur le Registre de la Communauté des Libraires & Imprimeurs de Paris, dans trois mois du jour de la datte ; que l'impression de ce Livre sera faite dans notre Royaume & non ailleurs, en bon papier & en beaux caracteres, conformément aux Reglemens de la Librairie ; qu'avant que de les exposer en vente, les Manuscrits qui auront servi de Copie à l'impression du Livre, seront remis dans le même état où l'Approbation y aura été donnée, à notre très-cher & féal Chevalier Garde des Sceaux de France le sieur Fleuriau d'Armenonville : qu'il en sera ensuite remis deux Exemplaires dans notre Bibliotheque publique, un dans celle de notre Château du Louvre, & un dans celle de notre très-cher & féal Chevalier Garde des Sceaux de France le Sieur Fleuriau d'Armenonville ; le tout à peine de nullité des Présentes : Du contenu desquelles vous mandons & enjoignons de faire jouir l'Exposant ou ses Successeurs & ayans cause, pleinement & paisiblement, sans souffrir qu'il leur soit fait aucun trouble ou empêchement : Voulons que la copie desdites Présentes qui sera imprimée au commencement ou à la fin dudit Livre, soit tenue pour düement signifiée, & qu'aux copies collationnées par l'un de nos amez & féaux Conseillers & Secretaires, foi soit ajoûtée comme à l'Original. Commandons au premier notre Huissier ou Sergent de faire pour l'exécution des Présentes tous actes requis ou nécessaires, sans demander autre permission, & nonobstant clameur de Haro, Charte Normande, & Lettres à ce contraires. Car tel est notre plaisir. Donné à Paris le vingt-cinquiéme jour du mois de Novembre l'an de grace mil sept cens vingt-trois, & de notre Regne le neuviéme. Par le Roy en son Conseil.

ROBINOT.

Registré sur le Registre V de la Chambre Royale & Syndicale de la Librairie & Imprimerie de Paris, N°. 717. fol. 416. conformement au Reglement de 1723. qui fait défense, art. IV. à toutes personnes de quelque qualité & condition qu'elles soient, autres que les Libraires & Imprimeurs, de vendre, debiter, & faire afficher aucuns Livres pour les vendre en leurs noms, soit qu'ils s'en disent les Auteurs ou autrement : Et à la charge de fournir les Exemplaires prescrits par l'article CVIII. *du même Reglement. A Paris le 23 Decembre 1723.*

BRUNET, Syndic.

J'ai cedé sans reserve au Sieur Jombert l'aîné, le Privilege général que j'ai obtenu du Roy le vingt-cinquiéme jour du mois de Novembre 1723. d'un Ouvrage intitulé : *Cours de Mathématique & de Fortification*, à l'usage des Ingenieurs & des Officiers d'Artillerie, pour en jouir comme chose à lui appartenante. A la Fère ce 25 Novembre 1724.

BERNARD BELIDOR.

Je cede au sieur Jean-Luc Nyon Libraire à Paris, moitié dudit Privilege pour le Nouveau Cours de Mathématique seulement. A Paris ce 25 Janvier 1725.

C. JOMBERT.

Registré les Cessions ci-dessus & de l'autre part, sur le Registre VI. de la Communauté des Libraires & Imprimeurs de Paris, page 130. conformement aux Reglemens, & notamment à l'Arrêt du Conseil du 13. Août 1703. A Paris le 26 Janvier 1725.

BRUNET, Syndic.

www.ingramcontent.com/pod-product-compliance
Lightning Source LLC
Chambersburg PA
CBHW050053230426
43664CB00010B/1301